Peter Longerich · Deutschland 1918–1933

Peter Longerich
Deutschland 1918–1933
Die Weimarer Republik
Handbuch zur Geschichte

Dr. Peter Longerich, geboren 1955,
1983 Promotion in Neuer Geschichte in München,
1983–1989 Tätigkeit am Institut
für Zeitgeschichte, München
1989–1993 weitere Forschungen mit Unterstützung
des Deutschen Historischen Instituts, London,
und der Deutschen Forschungsgemeinschaft
Seit 1993 Lecturer am Royal Holloway College/
University of London
1995/1996 Forschungsaufenthalt in der
Holocaust Gedenk- und Forschungsstätte Yad Vashem,
Jerusalem

Veröffentlichungen in Auswahl:
Propagandisten im Krieg, München 1987
Die braunen Bataillone, München 1989
Hitlers Stellvertreter, München 1992

Gedruckt auf chlorfreiem Papier

Die Deutsche Bibliothek – CIP-Einheitsaufnahme

Longerich, Peter:
Deutschland 1918–1933: Die Weimarer Republik.
Handbuch zur Geschichte/Peter Longerich.–
Hannover: Fackelträger, 1995
ISBN 3-7716-2208-5

© 1995 Fackelträger-Verlag GmbH, Hannover
Alle Rechte vorbehalten.
Nachdruck – auch auszugsweise – nur mit Genehmigung des Verlages.
Umschlaggestaltung: Liselotte Lüddecke (Foto dpa)
Satz: Projektpartner Media Consult, Burgdorf
Druck: Graphischer Großbetrieb Pößneck
Printed in Germany 1995
ISBN 3-7716-2208-5
ISBN 3-7716-2210-7 (broschiert)

Inhalt

Vorwort   9

Einleitung   21

1918–1923

I. Die letzten Tage des Kaiserreichs   31
Septemberkrise   31
Die Übergangsregierung unter Max v. Baden   35

II. Novemberrevolution   42
Beginn der Aufstandsbewegung   42
Bildung der revolutionären Regierung   47
Das Bündnis der beiden sozialdemokratischen Parteien
(November/Dezember 1918)   55

III. Gegenkräfte   61
Wirtschafts- und Sozialpolitik   61
Landwirtschaft   65
Staatsapparat   67
Reorganisation der bürgerlichen Parteien   70
Militär und Regierung   71
Der Bruch des Revolutionsbündnisses   77

IV. Zweite Revolutionswelle, Verfassung und Friedensschluß   83
Januar-Unruhen   83
Vorbereitungen zum Aufbau und zur Sicherung des Staates   86
Radikalisierung und Scheitern der zweiten Revolution   88
Verfassungsgebung   93
Liquidierung des Krieges   97

V. Die Wende gegen die Revolution 1919/20   101
Reformen und Polarisierung   101
Vorgeschichte und Verlauf des Kapp-Putsches   106
Innenpolitische Folgen des Kapp-Putsches:
Die Wende von 1920   110

VI. Die Republik unter
innerem und äußerem Druck (1920–1922) 115
Reparationen und Inflation 115
Regierung Fehrenbach: Reparationsverhandlungen
und Putschversuch von links 118
Regierung Wirth: Erfüllungspolitik und Rechtsradikalismus 121

VII. Das Krisenjahr 1923 131
Regierung Cuno: Verschärfung des Reparationsstreits
und Besetzung des Ruhrgebiets 131
Regierung Stresemann: Wege aus der Krise 136
Herbst 1923: Aufstandsbewegungen, Putschversuche,
Diktaturpläne 140

1924–1929

I. Im Zeichen der Stabilisierung:
Von Stresemann zu Marx 145
Sozial- und innenpolitische Konsequenzen
der Stabilisierung 145
Außenpolitische Konsequenzen der Stabilisierung 153
Wahlen im Zeichen des Dawes-Planes 156

II. Die Weimarer Republik in den mittleren Jahren:
Zwischen Stabilität und Fragilität 159
Grundprobleme der Wirtschaft 160
Ausbau des Sozialstaats 173
Kultur der „Klassischen Moderne" 176
Neue Ansätze im Verhältnis der Generationen
und der Geschlechter 183
1. Verhältnis der Geschlechter und Familienleben (184) 2. Generationen (186)
Die Formierung politischer Interessen in sozialen Milieus 189
1. Sozialistisches Milieu (191) 2. Katholisches Milieu (196) 3. Mittelständisch-
bürgerliches Milieu (199) 4. Konservativ-agrarisches Milieu (207)
5. Entstehen eines nationalistisch-rechtsradikalen Milieus (212)
6. Die nationalsozialistische Herausforderung (220)
Das blockierte politische System: Möglichkeiten und Grenzen
der Regierungsbildung in den mittleren Jahren der Republik 223

III. Die Politik der bürgerlichen Regierungen
Luther und Marx 1925–1928 228
Einleitung der konservativen Wende 1925:
Bildung der Regierung Luther und Wahl Hindenburgs 228

Neue außenpolitische Rahmenbedingungen:
Locarno und Völkerbund 231
Regierung Luther: Antizyklische Wirtschaftspolitik
und Flaggenstreit 236
Regierung Marx III: Fürstenabfindung und Streit
um die Reichswehr 239
Kabinett Marx IV: Regierung der rechten Mehrheit 242

IV. Die Große Koalition
vor der Krise (1928–1930) 247
Reichstagswahlen 1928 und innenpolitische
Auseinandersetzungen 1928/29 247
Die Neuregelung der Reparationen im Young-Plan 251

1929–1933

I. Der Übergang zur Präsidialregierung und
die Anfänge der Ära Brüning 254
Das Ende der Großen Koalition: Durchsetzung des
Young-Plans und Finanzstreit 254
Übergang zum Notverordnungsregime und neuer
außenpolitischer Stil unter Brüning 264
Reichstagswahlen von September 1930:
Durchbruch der NSDAP 267
Brünings Kompromiß mit den Sozialdemokraten 273
Voraussetzungen und Konsequenzen der Präsidialregierung 275
Brünings Primat der Außenpolitik 279
Innenpolitik: Deflationspolitik und Agrarprotektionismus 282
Die Festigung der NSDAP unter dem Präsidialsystem 287
Anfänge der Reparationspolitik Brünings 298

II. Brünings Politik in der
totalen Krise (1931/32) 301
Krisenverschärfung im Sommer 1931 301
Die Depression und ihre Auswirkungen 303
Außenpoltik auf dem Tiefpunkt der Krise 305
Fortsetzung der Deflationspolitik und Umbildung
der Regierung Brüning 310
Herausforderung durch die NSDAP 311
Verhinderte Krisenbekämpfung:
Alternativen und selbstgeschaffene Zwangslagen 312
Die Wiederwahl Hindenburgs und das Ende Brünings 316

III. Von Papen über Schleicher zu Hitler 323

Mißlungene Einbindung der NSDAP in das
Prädialregime v. Papens 323
Die Wahlen vom Juli 1932 und der Anspruch
der NSDAP auf die Macht 329
Krisenbekämpfung, außenpolitische Verhandlungen
und Verfassungspläne 334
November-Wahlen und das Ende v. Papens 340
Der letzte Versuch: Kanzler v. Schleicher und die Querfront 345

Epilog 353

Anhang 361

Anmerkungen
1918–1923 361
1924–1929 375
1929–1933 387

Abkürzungen 400

Karte: Die Weimarer Republik 401

Tabelle 1: Ergebnisse der Wahlen zu der Nationalversammlung und zum Reichstag 1919–1933 402

Tabelle 2: Die wichtigsten Minister in den Regierungen der Weimarer Republik 404

Literaturverzeichnis 408

Personenregister 423

Vorwort

1. „Bonn ist nicht Weimar." Diesen Satz an den Anfang einer Geschichte der Weimarer Republik zu stellen, ist sicher nicht sehr originell; zahlreiche Beiträge zur Weimarer Republik, die in den vergangenen Jahrzehnten verfaßt wurden, beginnen mit diesem aus den fünfziger Jahren stammenden Zitat. „Bonn ist nicht Weimar" ist so geradezu zu einer Standardformel geworden für die in der Bundesrepublik weit verbreitete Überzeugung, daß die zweite deutsche Republik auf wesentlich stärkeren Fundamenten aufgebaut sei als ihre Vorgängerin und sich längst aus dem Schatten der Jahre 1918–1933 gelöst habe. Aber die Tatsache, daß die Unterschiede zwischen Bonn und Weimar immer wieder in so plakativer Form hervorgehoben worden sind, zeigt ja gerade, wie lebendig die Erinnerung an die mißglückte erste Republik blieb, welche Bedeutung Weimar als Vergleichsmaßstab für die Bundesrepublik hat. In zahlreichen innenpolitischen Diskussionen – sei es um die Einführung plebiszitärer Elemente im Grundgesetz, um die Volkswahl des Bundespräsidenten, um den Stil der politischen Auseinandersetzung, um Parlamentarismuskritik und Parteienverdrossenheit – hat die Warnung vor „Weimarer Verhältnissen" eine entscheidende Rolle gespielt. Immer dann, wenn in der Bundesrepublik – beispielsweise durch das Auftreten rechtsradikaler Parteien oder durch Wellen von Antisemitismus, Ausländerfeindschaft oder durch Massenarbeitslosigkeit – innenpolitische Krisensituationen hervorgerufen wurden, war die Erinnerung an Weimar schnell bei der Hand, und aus der so selbstbewußt vertretenen Formel wurde schnell die ängstliche und unsichere Frage: Ist Bonn vielleicht doch Weimar? Aus der historischen Perspektive des Bonner Staates erschien die erste deutsche Republik eben für lange Zeit als „die große Negativfolie, auf der sich die Wirklichkeit der zweiten spiegelt, das Menetekel unserer derzeitigen politischen Existenz" – wie es der Weimar-Historiker Hagen Schulze noch 1987 formuliert hat.[1]
Eine solche „Negativfolie" erfüllt eine wichtige Rolle für den moralischen Haushalt der Bundesrepublik. Weimar ist nicht nur das irritierende, abschreckende und warnende Beispiel, das helfen soll, antidemokratische und destabilisierende Fehlentwicklungen im Ansatz zu erkennen und gegen sie vorzugehen; die Beschwörung des Negativbildes dient auch dazu, das nach dem Zweiten Weltkrieg in Westdeutschland errichtete politische System immer wieder positiv zu be-

stätigen (läßt sich doch – Bonn ist nicht Weimar! – beweisen, daß in der Bundesrepublik die richtigen Konsequenzen aus den Lehren der Jahre 1918–1933 gezogen wurden). Ob als „Menetekel" oder als erfolgreich absolvierter Lernprozeß in Sachen Demokratie, in jedem Fall spielt die Erinnerung an Weimar eine zentrale Rolle für das Selbstverständnis der Bundesrepublik. Das bedeutet aber auch, daß das vorherrschende historische Bild von Weimar notwendigerweise geprägt wurde durch die Erfahrung der westdeutschen Nachkriegsdemokratie und ihrer Bemühungen, sich gegen das negative Weimarer Modell abzugrenzen: Wenn Weimar ein wichtiger Vergleichsmaßstab für die Bundesrepublik sein soll, dann gilt erst recht, daß die Bundesrepublik zum Maßstab für die Interpretation von Weimar wurde. Die Geschichte der Weimarer Republik, wie wir sie verstehen, ist also, wie jeder historische Diskurs, zu einem erheblichen Teil eine Rückprojektion, sie ist geprägt durch die Konfrontation des erfolgreichen Bonner Modells mit der erfolglosen Weimarer Variante. Viele historische Erklärungsversuche zum Scheitern Weimars lassen sich daher auf die Formel bringen: „Weimar war nicht Bonn" – eine Erkenntnis, die in Wirklichkeit aber ein Umkehrschluß ist aus dem Postulat, daß Bonn nicht Weimar sei (oder nicht sein dürfe). Auf diese Weise gerät aber die Geschichte Weimars in Gefahr, zur negativ akzentuierten Vorgeschichte der Bundesrepublik reduziert zu werden.

2. Wenn solche Generalisierungen überhaupt möglich sind, dann ließe sich argumentieren, daß die Formel „Weimar ist nicht Bonn" auch die Hauptströmung der westdeutschen Zeitgeschichtsforschung zur ersten deutschen Republik charakterisiert. Die Republik von Weimar wurde durch bundesrepublikanische Historiker überwiegend am erfolgreicheren „Bonner Modell" gemessen, für ihren Untergang scheinen eben jene Faktoren maßgeblich zu sein, die beim zweiten Anlauf einer Demokratiegründung in Deutschland anders, besser gelöst wurden: Schwerwiegende Mängel des parlamentarischen Systems und der Verfassung, Nichtakzeptanz des „Parteienstaates" in der Bevölkerung, Zersplitterung der Parteienlandschaft, das Fehlen eines durch einen demokratischen Grundkonsens getragenen Verfassungspatriotismus, keine ausreichende rechtliche Verpflichtung von Beamten, Richtern und Soldaten auf die demokratische Grundordnung, kein entschiedener „Verfassungsschutz" gegenüber den Feinden der demokratischen Ordnung, schließlich eine unklare außenpolitische Orientierung, namentlich die mangelnde Bereitschaft, die mögliche Aussöhnung mit Frankreich wirklich einzuleiten; aber auch: schlechte Ausgangsbedingungen für wirtschaftliches Wachstum, ein überorganisierter Kapitalismus, der der Entwicklung einer freien Marktwirtschaft zu wenig Raum ließ, ein Mangel an Sozialpartnerschaft, also das rücksichtslose Ausnutzen von kurzfristigen Vorteilen durch die Tarifparteien ohne Rücksicht auf lang-

fristige Folgen, kein ausreichender „Lastenausgleich" für die wirtschaftlichen Folgen des Krieges bzw. für die von der Inflation Getroffenen, schließlich das Züchten eines übertriebenen sozialstaatlichen Anspruchsdenkens.

Karl Dietrich Bracher ließe sich stellvertretend für andere als einer der Initiatoren dieser Haupströmung der westdeutschen Weimar-Forschung benennen, die sich bei der Entwicklung ihrer Fragestellungen am Modell einer liberalen parlamentarischen Demokratie, so wie sie das Grundgesetz entwirft, orientierte. Die Ergebnisse dieser – tatsächlich natürlich über die Jahrzehnte weit aufgefächerten und hier in keiner Weise in ihrer intellektuellen Vielfalt darstellbaren – Forschungen fanden ihren Niederschlag unter anderem in einer Reihe wichtiger Sammelbände und Überblicksdarstellungen, deren Titel Programme enthalten: „Belagerte Civitas", „Selbstpreisgabe einer Demokratie", „Die unvollendete Demokratie".[2]

Ein anderer Titel, in dem die Papiere einer internationalen Konferenz aus dem Jahre 1973 zusammengefaßt sind – „Industrielles System und politische Entwicklung in der Weimarer Republik"[3] – signalisiert eine Interessenverlagerung fort von der Geschichte politischer Institutionen hin zu wirtschafts- und sozialgeschichtlichen Fragestellungen: Das Modell, an dem Weimar hier gemessen wird, ist das einer innovationsfreudigen, wachstumsorientierten Wirtschaft und eines transparenten, rational funktionierenden politischen Systems, das einen einigermaßen störungsfreien Interessenausgleich zwischen den verschiedenen wirtschaftlichen und sozialen Interessen sicherstellt und sich um kalkulierbare außenwirtschaftliche Bedingungen bemüht. Daß die historische Realität von Weimar gegenüber einem solchen Modell erhebliche Defizite aufweist, die das Scheitern der Republik historisch fast unvermeidlich erscheinen lassen, liegt auf der Hand. Auch in dieser Forschungsrichtung ist die Orientierung am „Modell Bundesrepublik", hier als Prototyp eines modernen, funktionstüchtigen Industriestaats, unübersehbar.

Man könnte argumentieren, daß die Mehrheit der westdeutschen Weimar-Historiker (und zwar sowohl die mehr politikgeschichtlich als auch die wirtschafts- und sozialgeschichtlich orientierten Forscher) auch dazu beitrugen – sei es direkt oder indirekt, bewußt oder unbewußt –, die Richtigkeit der in der Gründungsphase der Bundesrepublik getroffenen politischen, wirtschaftlichen und sozialen Grundentscheidungen zu bestätigen. Im Rahmen der politischen Bildung (in der das Schicksal der ersten deutschen Republik immer eine wichtige Rolle einnahm) leistete die in der Bundesrepublik vorherrschende Weimar–Historie einen nicht unerheblichen Beitrag, die Existenz der zweiten deutschen Demokratie zu sichern. Denn wenn Bonn nicht Weimar ist, ist die Weimarer Republik nicht nur abschreckendes Beispiel antidemokratischer Gefährdungen („Menetekel"), sondern ihr kommt auch die Funktion einer in der Gegenwart wohl beherzigten Lektion zu („Negativfolie").

Neben dem Hauptstrom der westdeutschen Weimar-Forschung könnte man – wiederum nur stichwortartig – zwei wichtige Seitenlinien benennen, die einen anderen Maßstab an ihren historischen Gegenstand anlegten:

Da ist zum einen die von linken Historikern vertretene Vorstellung, daß durch eine erfolgreiche Revolution, durch die Errichtung einer sozialistisch-radikaldemokratischen Republik (das heißt eine Rätedemokratie oder zumindest durch eine dauerhafte Beteiligung der Räte an der neuen Ordnung), die Barrieren gegen eine Demokratisierung der deutschen Gesellschaft hätten beseitigt und (das wäre die logische Schlußfolgerung) der Siegeszug einer rechtsradikalen Massenbewegung hätte verhindert werden können. Als Klassiker dieser Richtung ließe sich Arthur Rosenberg benennen, in seiner Nachfolge etwa Peter von Oertzen und andere.[4] Die Weimarer Republik wird hier durch die Brille einer enttäuschten Revolutionshoffnung betrachtet – eine Perspektive, die natürlich gerade Ende der sechziger Jahre in vogue war, also in einem intellektuellen Klima, in dem Hoffnungen auf radikale politische Veränderungen weit verbreitet waren. Eine zweite wichtige Nebenlinie ist die von namhaften Historikern (hier u. a. Reinhard Rürup oder Heinrich-August Winkler)[5] vertretene Vorstellung, eine gemeinsame und entschiedene Reformpolitik der beiden sozialdemokratischen Parteien (etwa ein personelles Revirement in Verwaltung, Justiz und Armee, erweiterte Mitbestimmungsmöglichkeiten und einige gezielte Sozialisierungsmaßnahmen in der Wirtschaft) hätten 1918/19 entscheidend dazu beitragen können, die Grundlagen für eine stabile und soziale Demokratie zu legen. Dieser moderatere Standpunkt, die Vorstellung, daß die revolutionären Energien von 1918/19 in eine konsequente Reformpolitik hätten umgeformt werden können, ist unverkennbar beeinflußt von der sozialdemokratischen Reformdiskussion der später sechziger und siebziger Jahre. Keines der hier nur grob skizzierten Modelle, an denen die Weimarer Republik gemessen wird – liberaler Parlamentarismus, moderne Industriegesellschaft, demokratischer Sozialismus, soziale Demokratie – ist historisch falsch oder illegitim, für alle vier Modelle lassen sich in der Geschichte der Weimarer Republik ausreichende Anknüpfungspunkte finden: Es handelt sich bei ihnen nicht um reine, am Schreibtisch entstandene Phantasieprodukte von Historikern, sondern denkbare (d. h. ansatzweise historisch nachweisbare) Alternativen zum tatsächlichen Geschichtsverlauf. Alle vier Modelle haben jedoch vor allem eines gemeinsam: Sie stammen aus den Arsenalen der politischen Debatte der Bundesrepublik, und alle zusammengenommen spiegeln vor allem den breiten Horizont der innenpolitischen Diskussionen in

Westdeutschland während der fünfziger, sechziger und siebziger Jahre wieder; sie dokumentieren, um es noch einmal zu betonen, wie sehr das Verständnis Weimars durch die Geschichte Bonns geprägt ist.

3. Mit dem Ende der alten Bundesrepublik aber verändert sich notwendigerweise auch der bisher vorherrschende Interpretationsrahmen für die Weimarer Republik, der mit der Formel „Berlin ist nicht Weimar" nur unzureichend umschrieben wäre. Denn mit der Entscheidung für Berlin als neue/alte Hauptstadt kommt ja zum Ausdruck, daß das vereinigte Deutschland mehr als die um einige Länder erweiterte alte Bundesrepublik ist: Berlin ist eben nicht mehr Bonn, oder, um das Wortspiel noch weiter fortzusetzen, Berlin ist in vielerlei Hinsicht wieder Berlin: Die Situation Deutschlands als größtes, bevölkerungsreichstes und wirtschaftlich potentestes Land in West- und Zentraleuropa erinnert an andere Epochen der deutschen Geschichte, z. B. an das Kaiserreich, ja es werden sogar immer wieder Vergleiche mit großdeutschem Machtstreben angestellt, wie sie etwa in der polemischen Formulierung vom „Vierten Reich" zum Ausdruck kommen.

Trotz aller Verunsicherungen und Befürchtungen, die der Vereinigungsprozeß der beiden deutschen Staaten in seiner Anfangsphase hervorrief, scheinen sich solche Prognosen Mitte der neunziger Jahre ebensowenig zu bewahrheiten wie Parallelen mit der Weimarer Republik. Das vereinigte Deutschland steht, so soll hier argumentiert werden, in größerer Distanz zum Weimarer Modell als die alte Bundesrepublik. Dabei geht es nicht so sehr um den wachsenden zeitlichen Abstand, sondern um entscheidende qualitative Veränderungen: Es scheint, daß die Bundesrepublik ihren Charakter als Provisorium nach 1989/90 endgültig verloren und somit mit der improvisierten, unvollendeten und eine vergleichsweise kurze Zeitspanne umfassenden Weimarer Republik nur noch wenig gemein hat. Mit der Vereinigung der beiden deutschen Staaten und der Wiedererlangung der vollen staatlichen Souveränität 1990 hat die Bundesrepublik die Folgen des Zweiten Weltkrieges überwunden, ist die Nachkriegsgeschichte endgültig vorbei, wichtige Vergleichsmaßstäbe entfallen damit: Die größere Bundesrepublik läßt sich nun nicht mehr, wie die Weimarer Republik, vorwiegend unter dem Gesichtspunkt der Konsequenzen eines verlorenen Weltkrieges interpretieren, und ihre politischen Institutionen scheinen hinreichend getestet und als Ergebnis dieses Tests weithin akzeptiert worden zu sein, so daß sich für einen Vergleich mit dem Weimarer Staat, der ungeliebten „Republik ohne Republikaner", nur noch eine sehr schwache Grundlage findet. Die Bundesrepublik hat im Gegensatz zu Weimar ihre Pubertätsphase erfolgreich hinter sich gebracht und ist erwachsen geworden. Nun aber sieht sie sich mit komplexeren Problemen konfrontiert, die mit der Schablone „Weimar" nur noch teilweise erfaßt werden können. Zwar wird man in einer solchen erwachsenen, gefestigten, auch selbstbewußteren Bundesrepublik die Weimarer Lehren nicht vergessen, Weimar verliert aber seine Bedeutung als stets präsente „Negativfolie" oder als alles überschattendes „Menetekel".

Dabei kann es bei der notwendigen Neubestimmung unseres Verhältnisses zu Weimar nicht darum gehen, voreilig ein überopportunistisches Bild einer stabilen, „saturierten" Bundesrepublik zu entwerfen oder über Schwächen und Fehlentwicklungen in diesem Staat leichtfertig hinwegzugehen, indem etwaige Parallelen mit Weimar schon im Ansatz als irrelevant ausgeblendet werden. Vielmehr geht es um eine Erweiterung der historischen Perspektive; die neue Wirklichkeit des vereinigten Deutschland ermöglicht eine solche Horizonterweiterung nicht nur, sondern sie erzwingt sie geradezu. War die politische Tagesordnung in der alten Bundesrepublik hauptsächlich durch die beiden Fragen geprägt, wie sich die Kriegsfolgen (einschließlich der Teilung) überwinden ließen und die neu geschaffenen demokratischen Institutionen die notwendige Akzeptanz in der Bevölkerung finden könnten (beides Fragen, bei denen die Parallelen zu Weimar auf der Hand liegen), so steht die neue Bundesrepublik vor einer neuen, keineswegs einfacheren Problematik: Jetzt muß die Position bestimmt werden, die ein demokratisch fundierter deutscher Nationalstaat in einem renationalisierten Europa spielen kann. Dabei stellt sich also die höchst komplexe Aufgabe, drei Ziele miteinander in Übereinstimmung zu bringen: Die Verwirklichung der nationalen Einheit (die, hier ist der Vergleich mit 1871 außerordentlich lehrreich, 1990 ja nur in einem staatsrechtlichen Sinne vollzogen wurde), die Bewahrung und der Ausbau der demokratischen Grundordnung und die Sicherung einer stabilen Friedensordnung in einem Europa der Nationalstaaten. Auf dem Einklang dieser drei Ziele ruht die Existenz des vereinigten Deutschland, und sie sollte daher auch unsere historische Perspektive bestimmen. Denn die deutsche Geschichte der letzten zwei Jahrhunderte bietet genügend Vergleichs- und Anschauungsmaterial für die Anstrengungen, diese drei Ziele – nationale Einheit, Freiheit und Selbstbestimmung im Inneren sowie Frieden und Sicherheit nach außen – miteinander in Übereinstimmung zu bringen; und sie bietet ebenso viel Evidenz für das Scheitern dieser Bemühungen. In dieser Perspektive kommt der Periode der Weimarer Republik eine entscheidende Weichenstellung zu: Sie ist einerseits ein entscheidender Abschnitt in einer Entwicklungslinie der deutschen Geschichte, die man als emanzipatorisch-freiheitlich bezeichnen kann. Diese Linie reicht auf der einen Seite von der national-demokratischen bzw. der national-liberalen Reformbewegung in den ersten Jahrzehnten des 19. Jahrhunderts über die 1848er Revolution sowie die sozialistischen und bürgerlichen Oppositionsbewegungen im Kaiserreich bis hin zur Revolution von 1918/19, und sie findet – nach

dem verlorenen Kampf um die Errichtung eines demokratischen Nationalstaates während der Weimarer Jahre – ihre Fortsetzung in der Wi-
derstandsbewegung gegen den Nationalsozialismus, in der Durchsetzung und Festigung einer demokratischen Kultur im westdeutschen
Teilstaat nach 1949 sowie in der Bürgerrechtsbewegung der DDR. Aber
ebenso steht die Weimarer Republik in einer anderen, repressiven
Traditionslinie innerhalb der deutschen Geschichte, die ihre gesamte
Existenz überschattete: Die Weimarer Republik nahm das Erbe der autoritären und agressiven Politik der deutschen Eliten im 19. Jahrhundert, die Überreste des wilhelminischen Obrigkeitsstaates und die Rui-
nen des Ersten Weltkrieges in sich auf, und in ihr wurden die Wurzeln
für den Nationalsozialismus und seine Konsequenzen, den Zweiten
Weltkrieg und die Spaltung Europas, gelegt. Es gibt keine andere
Epoche der deutschen Geschichte, die durch beide Traditionslinien so
nachhaltig geprägt wurden: Über lange Zeit waren weder die demokratischen noch die antidemokratischen Kräfte wirklich dominierend,
und die eklatante Spannung zwischen den beiden Traditionslinien
macht die Besonderheit und die Ambivalenz der Weimarer Republik
aus. Die Weimarer Republik besaß das Potential zur Entwicklung eines
demokratisch fundierten Nationalstaates – aber in ihr sind auch alle nur
denkbaren Widerstände gegen die Entwicklung dieses Potentials ver-
eint. Daher soll in diesem Buch dafür plädiert werden, die Weimarer
Republik nicht vorwiegend unter dem Blickwinkel ihres Scheitern zu
sehen, sie nicht als bloße Inkubationsphase des Nationalsozialismus
oder als negative Vorgeschichte der Bundesrepublik zu betrachten,
sondern als eine kurze, aber sehr ereignisreiche Epoche, die nach eigenen, adäquaten Maßstäben interpretiert werden muß und die gleichzeitig in einem größeren historischen Kontext gesehen werden sollte,
der hier mit der Gegenüberstellung einer demokratisch-emanzipatori-
schen und einer repressiv-aggressiven Traditionslinie nur angedeutet
werden kann.
4. Sieht man Weimar in einem erweiterten historischen Kontext, so
wird man nicht mit der „Stunde Null" 1918 beginnen können, sondern
man wird die relative politische Rückständigkeit Deutschlands in Rechnung stellen und Weimar vor dem Hintergrund stark entwickelter autoritärer Traditionen sehen müssen. Was war demokratisch an der Weimarer Demokratie? Bereits bei den Wahlen von 1920 verloren die demokratischen Parteien die Mehrheit, die sie nie wiedererlangen sollten;
zwei der drei „Weimarer Parteien", waren, wie sich herausstellen sollte,
nur bedingt auf die parlamentarische Demokratie verpflichtet: Die DDP
wandelte sich, nachdem sie den ganz überwiegenden Teil ihrer Anhängerschaft verloren hatte, am Ende der Republik in eine nationalistische Splittergruppe, und das Zentrum, das sich von Anfang an gegenüber der Forderung nach einer umfassenden Parlamentarisierung des

Regierungssystems reserviert gezeigt hatte, stellte schließlich mit Brüning den Kanzler, der den Schritt zur autoritären Präsidialregierung machte; in beiden Parteien fanden 1933 diejenigen, die Hitlers Ermächtigungsgesetz glaubten zustimmen zu müssen, eine Mehrheit. Demokratische Symbole und Rituale (wie die schwarz-rot-goldenen Farben der Staatsflagge oder die jährlichen Verfassungsfeiern) wurden nie von einer breiten Mehrheit akzeptiert; bereits 1925 wurde mit Hindenburg ein Reichspräsident gewählt, der der parlamentarischen Demokratie innerlich ablehnend gegenüberstand, sich zwar weitgehend an die Buchstaben der Verfassung hielt, jedoch die präsidialen Rechte in extensivster Form auslegte und ausbaute; der Staat wurde schließlich von seinen Staatsdienern von Anfang an zum Teil offen abgelehnt (man denke nur an die Reichswehr, die sich angesichts des Staatsstreiches von 1920 für „neutral" erklärte, oder die bayerischen Richter, die dem Putschisten Hitler 1924 eine selbstlose vaterländische Gesinnung bescheinigten); führende Wirtschaftskreise und einflußreiche Interessengruppen machten aus ihrer Gegnerschaft gegenüber der Republik keinen Hehl, von einer starken linksradikalen Fundamental-Opposition gar nicht zu reden. Demokratisch verankert war das Weimarer Regierungssystem also nur in seiner Anfangsphase, und diese kurze Zeit nach dem Ende des Ersten Weltkrieges läßt sich als Ausnahmezeit charakterisieren: Der Übergang zur parlamentarischen Demokratie konnte nur deshalb erfolgen, weil die alten Eliten durch die Niederlage gelähmt waren bzw. auf sie voller Verantwortungsscheu reagierten und die Mehrheit der Bevölkerung sich von demokratischen Reformen günstige Friedensbedingungen und damit eine schnelle Überwindung der Kriegsfolgen versprach. Schon 1919 erwies sich dies aber als Illusion, und die enttäuschten Hoffnungen wandten sich rasch gegen die demokratischen Parteien. In dem ohnehin mehr schlecht als recht funktionierenden parlamentarischen Regierungssystem waren schließlich 1930 sowohl der nur mühsam hergestellte außenpolitische Konsens (mit der Verabschiedung des Young-Planes) als auch der äußerst wacklige sozialpolitische Konsens (mit den ergebnislosen Bemühungen, einen Kompromiß für die Finanzierung der Sozialversicherung zu finden) endgültig verbraucht. Eine Initiative für eine parlamentarische Regierungsbildung kam danach nicht mehr zustande.

Die Weimarer Republik ist also nicht eine parlamentarische Demokratie, die heroisch bis zum Untergang gegen die radikalen Kräfte von links und rechts ankämpfte, sondern sie läßt sich am besten als ein halb parlamentarischer, halb autoritärer Staat charakterisieren, als ein eigenartiges Übergangssystem, das man als Typus etwa in der Mitte zwischen dem obrigkeitsstaatlichen, pseudoparlamentarisch verbrämten Regierungssystem des Kaiserreichs und der – durchaus noch durch einen patriarchalischen Stil geprägten – Kanzlerdemokratie der Adenauerzeit plazieren könnte. Dieser Übergangstypus entsprach dem Kompromiß, der in der besonderen Gründungssituation 1918/19 erzielt werden konnte. Es wäre aber kurzschlüssig, ein solch halb parlamentarisches, halb autoritäres Übergangssystem von vornherein als Fehlkonstruktion, als eine der nationalsozialistischen Bestie leichtfertig präsentierte Beute darzustellen. Statt dessen muß man eindeutig zwischen den Schwächen der Republik und den Erfolgen der NS-Bewegung (die sich nicht einfach automatisch aus den Defiziten des Weimarer Staates ergeben, sondern an sich erklärungsbedürftig sind) differenzieren: Zunächst erwies sich der Versuch, auf der Basis der Weimarer Verfassung eine Mehrheitsregierung der demokratischen Parteien zu errichten, als Fehlschlag; dann wurde versucht, mit Minderheitsregierungen oder unter Einschluß nichtdemokratischer Parteien zu regieren, und erst nachdem dieser Versuch 1930 aufgegeben wurde und sich auch das dann errichtete autoritäre Präsidialregime als wenig attraktiv erwies, setzte der große Erfolg der NSDAP ein. Mit anderen Worten: Die Schwächen der parlamentarischen Demokratie erklären nicht in vollem Umfang die Defizite des Weimarer Staates (der nie eine volle parlamentarische Demokratie war, sondern immer ein starkes autoritäres Element enthielt), und die Defizite dieses Weimarer Staates erklären nicht alleine die Erfolge der NSDAP.

Der Weimarer Staat (nicht unbedingt die parlamentarische Demokratie), das soll in diesem Buch deutlich werden, hätte durchaus eine Chance zum Überleben gehabt, allerdings (nachdem die demokratischen Parteien bereits nach einer kurzen Anfangsphase keine Mehrheit gefunden hatten) nur dann, wenn es gelungen wäre, das starke autoritäre Element dieses Systems gezielt zur Massenmobilisierung einzusetzen und ein plebiszitär legitimiertes Präsidialregime zu errichten. Damit wären die autoritären Kräfte gegenüber den Anhängern einer parlamentarischen Demokratie allerdings eindeutig in eine dominierende Position geraten, und es erscheint fraglich, ob eine Rückkehr zur parlamentarischen Regierungsweise wieder ohne weiteres möglich gewesen wäre.

Ein solcher autoritär gewendeter Weimarer Staat hätte sich zwar erheblich von den Intentionen und Hoffnungen der demokratischen Gründer der Republik 1918/19 entfernt; eine autoritäre Lösung war aber andererseits bereits im Gründungskompromiß von 1918/19 angelegt, sie mußte fast automatisch in Kraft treten, wenn das Modell der parlamentarischen Demokratie versagte. Aus der „Bonner" Perspektive erscheint der Übergang der Weimarer Republik in ein Präsidialregime in den Jahren 1930–1933 als verhängnisvoller Schritt zur Auflösung der Weimarer Republik, als abschreckendes Beispiel für jeden Versuch, parlamentarische Spielregeln außer Kraft zu setzen. Löst man sich aber einmal von dieser „Bonner" Betrachtungsweise – und das scheint nach dem erfolgreichen Ende des westdeutschen Provisoriums legitim – dann ließe sich argumentieren, daß ein autoritäres Regime, daß die Spielregeln moderner Massenpolitik beherrscht hätte, in der historischen Situation die am ehesten vorstellbare Alternative zur NS-Diktatur dargestellt hätte: eine Notlösung mit vielen Schwächen zwar, aber doch ein Regime, das sich qualitativ deutlich vom terroristischen NS-Staat unterschieden hätte. Mißt man das Scheitern der Weimarer Republik an diesem historisch denkbaren Modell – und das soll in diesem Buch ansatzweise versucht werden – kommt man notwendigerweise zu anderen Ergebnissen, als wenn man vom „Bonner" Vergleichsmaßstab ausgeht, der geprägt ist durch Idealvorstellungen einer parlamentarischen Demokratie, die erst nach 1945 zum Grundkonsens wurden.

4. Das vorliegende Buch verfolgt zwar die Absicht, die Ursachen für die Schwächen und den Untergang der Weimarer Republik und den Aufstieg der NSDAP zu analysieren, es ist aber nicht in erster Linie ein argumentatives Buch, in dem diese Fragestellungen in vollem Umfang systematisch entwickelt werden könnten. Es wendet sich vielmehr in erster Linie an Leser, die sich zwar für solche Fragen interessieren, gleichzeitig und vor allem aber Grundinformationen über die Geschichte der Weimarer Republik suchen. Die Zielsetzung und der äußere Rahmen dieses Buches ist durch die im gleichen Verlag erschienene Vorgängerpublikation vorgegeben, die 1962 erstmalig herausgegebene und in zahlreichen Neuauflagen erschienene Veröffentlichung „Die Weimarer Republik", die Beiträge von Richard Freyh, Andreas Hillgruber, F. A. Krummacher und Walter Tormin, dem Herausgeber, vereinigte und nun durch das vorliegende, von Grund auf und vollständig neu erarbeitete Buch ersetzt wird.

In dem vorliegenden Buch sollen in erster Linie in einem mehr oder weniger chronologischen Abriß die wichtigsten Ereignisse der Innen- und Außenpolitik, orientiert am Handeln der Verfassungsorgane, politischen Gruppierungen und Hauptpersonen, dargestellt werden. Dabei wird allerdings der chronologische Bericht immer wieder unterbrochen werden, um die wichtigsten Charakteristika der einzelnen Zeitabschnitte sowie die politischen Grundlagen des Weimarer Staates, die wirtschaftlichen Probleme, sozialen Strukturen und kulturellen Phänomene dieser Zeit etwas gründlicher erörtern zu können. Dabei orientiert sich die Gliederung der Arbeit an der mittlerweile klassischen Einteilung der Weimarer Republik in drei Perioden: die Nachkriegszeit von 1918–1923, die fragile, scheinbare Stabilität der Jahre 1924–1929 und schließlich die Untergangsphase 1930–1933. Die Informationen, die diesem Buch zugrunde liegen, stammen zum einen aus der großen Zahl der mittlerweile zur Geschichte der Weimarer Republik veröffentlichten Quellenpublikationen[6], zum anderen aus der äußerst umfangreichen Spezialliteratur[7]. Daneben wurden laufend die „großen", um-

18

fassenden und auf umfangreichen Quellenstudien beruhenden Weimar-Gesamtdarstellungen herangezogen.

Herrn Robert Kellner und Herrn Klaus Hofmann danke ich sehr herzlich für die laufende Versorgung mit den notwendigen Materialien aus den Münchner Bibliotheken. Astrid Thompsom, Werner Bührer und meinem Vater, Heinz Longerich, bin ich dankbar für ihre Korrekturen des Manuskripts. Erst bei den Schlußarbeiten an diesem Text ist mir bewußt geworden, was und wie viel ich im einzelnen den Kolleginnen und Kollegen am Royal Holloway College der Universität London verdanke, die mich von anderen Aufgaben entlastet und damit die zügige Fertigstellung des Manuskripts ermöglicht haben. In kollegialer Verbundenheit widme ich ihnen ich dieses Buch.

Richmond upon Thames, im Sommer 1995

Anmerkungen

1 Vom Scheitern einer Republik, in: Die Weimarer Republik. Politik – Wirtschaft – Gesellschaft. Hg. v. Karl Dietrich Bracher, Manfred Funke, Hans-Adolf Jacobsen, Düsseldorf 1987, 617-625, 617.

2 Karl Dietrich Bracher, Die Auflösung der Weimarer Republik. Eine Studie zum Problem des Machtverfalls in der Demokratie, Villingen 1955 (zahlreiche Neuauflagen); Die Weimarer Republik. Belagerte Civitas. Hg. v. Michael Stürmer, Königstein 1980; Weimar. Selbstpreisgabe einer Demokratie. Eine Bilanz heute. Hg. v. Karl Dietrich Erdmann u. Hagen Schulze, Düsseldorf 1980; Horst Möller: Weimar. Die unvollendete Demokratie, München 1985.

3 Hg. v. Hans Mommsen, Dieter Petzina und Bernd Weisbrod, 2 Bde, Düsseldorf 1977. Hier geht es vor allem um die wechselseitigen Zusammenhänge von wirtschaftlichem Wachstum, Sozial- und Tarifpolitik, Außenwirtschaftspolitik, Staatsintervention und der Einflußnahme wirtschaftlicher Interessengruppen.

4 Arthur Rosenberg: Die Entstehung der Deutschen Republik, Berlin 1928 (zahlreiche Neuauflagen unter dem Titel: Entstehung der Weimarer Republik); ders.: Die Geschichte der Weimarer Republik, Karlsbad 1935 (zahlreiche Neuauflagen unter dem Titel: Geschichte der Weimarer Republik); Peter von Oertzen, Betriebsräte in der Novemberrevolution. Eine politikwissenschaftliche Untersuchung über Ideengehalt und Struktur der betrieblichen und wirtschaftlichen Arbeiterräte in der deutschen Revolution 1918/19, Düsseldorf 1963, 2. Aufl., Bonn-Bad Godesberg 1976. Von dieser Position muß man wiederum klar Autoren abgrenzen, die 1918/19 die realistische Chance (bzw. die Gefahr) für eine bolschewistische Revolution nach russischem Vorbild sehen: Diese Auffassung, die sowohl von dogmatisch-marxistischen wie von einigen konservativen Historikern vertreten wurde, kann jedoch durch die neuere Revolutionsforschung als widerlegt gelten.

5 Reinhard Rürup: Die Revolution von 1918/19 in der deutschen Geschichte, Bonn 1993; Heinrich August Winkler: Von der Revolution zur Stabilisierung. Arbeiter und Arbeiterbewegung in der Weimarer Republik, 1918-1924, z. B. 146ff.

6 Akten zur Deutschen Auswärtigen Politik 1918-1945; Serie A, 1918-1925, 12 Bde., Göttingen 1982-1994; Serie B, 1925-1933, 21 Bde., Göttingen 1966-1978; Akten der

Reichskanzlei, Weimarer Republik, Boppard 1968ff (mit einem oder mehreren Bänden zu jedem einzelnen Kabinett); Dokumente zur deutschen Verfassungsgeschichte. Hg. v. Ernst Rudolf Huber, Bd. 3, Stuttgart 1966; Quellen zur Geschichte des Parlamentarismus und der politischen Parteien, Düsseldorf 1959ff: Erste Reihe: Von der konstitutionellen Monarchie zur parlamentarischen Republik; Zweite Reihe: Militär und Politik; Dritte Reihe: Die Weimarer Republik (jeweils mit zahlreichen Einzelbänden); Ursachen und Folgen. Vom deutschen Zusammenbruch 1918 und 1945 bis zur staatlichen Neuordnung Deutschlands in der Gegenwart. Eine Urkunden- und Dokumentensammlung zur Zeitgeschichte. Hg. u. bearb. v. Herbert Michaelis u. Ernst Schraepler, Bde. 3-8, Berlin 1959-1963.

7   Dies sind insbesondere: Hans Mommsen: Die verspielte Freiheit. Der Weg der Republik von Weimar in den Untergang 1918 bis 1933, Berlin 1989; Detlev J. K. Peukert: Die Weimarer Republik. Krisenjahre der klassischen Moderne, Frankfurt a. M. 1987; Gerhard Schulz: Zwischen Demokratie und Diktatur, 3 Bde., Berlin 1963-1992; Hagen Schulze: Weimar. Deutschland 1917-1933, Berlin 1982; Heinrich August Winkler: Weimar 1918-1933: Die Geschichte der ersten deutschen Demokratie, München 1993.

Einleitung

Das historische Erbe des Kaiserreichs und die Erfahrung des Ersten Weltkriegs

Am Anfang der ersten deutschen Demokratie steht die Niederlage von 1918, die Niederlage einer für den Krieg umfassend mobilisierten, durch den Krieg auf vielfältige Weise veränderten und schließlich als Folge des verlorenen Krieges schwer erschütterten Gesellschaftsordnung. Der erste Weltkrieg[1] war ein zutiefst moderner Krieg: Der industrialisierte „totale" Krieg bezog die gesamte Wirtschaft und Gesellschaft in den Sog der Kriegsanstrengungen ein; der aus allen verfügbaren Ressourcen gespeiste Krieg erreichte einen bisher nicht gekannten Grad an Vernichtung: Das Deutsche Reich allein verzeichnete fast zwei Millionen Tote.

Dieser totale Krieg mit seinen massiven Auswirkungen wurde durch ein Land geführt, das durch tiefgreifende Widersprüche und erhebliche innere Spannungen geprägt war, die hier nur stichwortartig charakterisiert werden können. Das wilhelminische Reich war ein Obrigkeitsstaat, der eine gespaltene Gesellschaft beherrschte: Zwar existierte ein nach dem allgemeinen Wahlrecht für Männer gewähltes Parlament, seine Befugnisse waren jedoch im wesentlichen auf die Genehmigung des Haushalts und auf die Mitwirkung bei der Gesetzgebung beschränkt. Anordnungen des Kaisers benötigten zwar eine ministerielle Gegenzeichnung, der Reichskanzler war jedoch dem Parlament gegenüber nicht verantwortlich, er wurde vom Kaiser ernannt und entlassen. Die militärische Kommandogewalt des Monarchen, ein Restbestand des absolutistischen Regierungssystems, war sogar jeglicher Kontrolle entzogen. In Preußen, das etwa zwei Drittel der Bevölkerung des Deutschen Reiches und die Masse des staatlichen Verwaltungsapparates umfaßte, herrschte das Dreiklassenwahlrecht, das dem überwiegenden Teil des Volkes nur unzureichende Möglichkeiten gab, sich am politischen Leben auf Landes- und Gemeindeebene zu beteiligen. Nach wie vor besaßen in Preußen-Deutschland die Großgrundbesitzer, der erzkonservative ostelbische Adel und die von ihm beherrschte Konservative Partei eine privilegierte und dominierende Rolle: Mit dem Staatsapparat auf vielfältige Weise verbunden und durch ihn unterstützt, ge-

Das Kaiserreich: eine gespaltene Gesellschaft

Großagrarier

21

lang es den Großagrariern insbesondere, einen umfangreichen staatlichen Agrarschutz durchzusetzen.

Trotz dieser Dominanz junkerlich-obrigkeitsstaatlicher Elemente konnte sich jedoch das Bürgertum in Wirtschaft, Wissenschaft und Kultur frei entfalten und vor allem die Rechtsetzung erheblich mitbestimmen, es gab ein relativ reges politisches Leben, weitgehende Rechtssicherheit, ein erhebliches Maß an Presse- und Meinungsfreiheit, Industrie, Wissenschaft und Technik erzielten Spitzenleistungen. Mit der Nationalliberalen Partei und dem linksliberalen Freisinn verfügten Bürgertum und Mittelstand über eigenständige Vertretungen ihrer Interessen im politischen Raum, die unter den gegebenen verfassungsrechtlichen Bedingungen relativ erfolgreich agierten. In der Klassengesellschaft des deutschen Kaiserreichs hatte die Arbeiterschaft zwar weitaus geringere Handlungsspielräume, aber nach dem Fall des Sozialistengesetzes 1890 konnten sich auch die Sozialdemokraten einigermaßen frei entfalten, sie erzielten bei den Wahlen steigende Stimmenanteile: 1907 wurde die SPD stärkste Partei, 1912 erreichte sie sogar mehr als ein Drittel aller Stimmen.

Arbeiterbewegung

Zu der Klassenspaltung der Gesellschaft, zu den Spannungen zwischen Industrie- und Agrarinteressen trat als weiteres Charakteristikum des Kaiserreichs die konfessionelle Trennlinie. Die Mehrheit der Katholiken, die etwa ein Drittel der Bevölkerung umfaßten und nach wie vor unter dem Trauma der Verfolgung litten, das durch Bismarcks „Kulturkampf" ausgelöst worden war, unterstützte die Zentrumspartei; deren Hauptziel bestand darin, eine weitere Verdrängung der katholischen Kirche aus dem öffentlichen Leben zu verhindern. Als sich jedoch die kulturpolitischen Auseinandersetzungen in den achtziger Jahren abschwächten, zeigten sich in vielen Fragen Übereinstimmungen zwischen protestantischer Monarchie und Zentrum, das neben den Konservativen zur wichtigsten Stütze der Regierung wurde und so in eine parlamentarische Schlüsselrolle hineinwuchs. Mehr und mehr kam man seit den 90er Jahren im Zentrum zu der Überzeugung, daß die politischen Anliegen der Partei unter der Monarchie der Hohenzollern durchaus gewahrt wurden und eine volle Parlamentarisierung des Reiches der Stellung des Katholizismus eher schaden könnte. Damit befand sich das Zentrum im Gegensatz zur SPD und zu den Linksliberalen, die für eine Parlamentarisierung der Monarchie eintraten. Ohne eine Reform des preußischen Wahlrechts ergab jedoch die Forderung nach Parlamentarisierung an sich keinen Sinn, da der Kanzler zugleich preußischer Ministerpräsident war und damit, solange das Dreiklassenwahlrecht existierte, von der konservativen Mehrheit im preußischen Abgeordnetenhaus abhing.

Aufgrund der Eigenart der Verfassung, die die Regierungstätigkeit vom Parlament abkoppelte und der Regierung die Möglichkeit gab, etwaige

Bürgertum

Zentrum

gegen die Regierung gerichtete Parlamentsinitiativen mit Hilfe der dominanten Stellung Preußens im Bundesrat abzublocken, gab es im Kaiserreich keine parlamentarisch gebildeten Regierungskoalitionen, sondern die politische Initiative lag bei der Regierung; sie versuchte, im Parlament mehrheitsfähige Blöcke zu mobilisieren, um Unterstützung für ihre Gesetzgebungsprojekte zu finden. Dabei kam es der Regierung nicht nur darauf an, die Sozialdemokraten zu isolieren, sondern sie versuchte auch, durch wechselnde Allianzen die verschiedenen Kräfte der Mitte und der Rechten (nationalliberal, linksliberal, Zentrum und Konservative) gegeneinander auszuspielen. Dies führte zu einem besonders ausgeprägten konfrontativen Stil der Innenpolitik, der die vorhandenen Gegensätze noch verschärfte. Angesichts der stetig anwachsenden Sozialdemokratie wurden die Handlungsspielräume für diese Art von „Politik von oben" allerdings immer enger. Die Rolle der Parteien innerhalb dieses halbparlamentarischen Systems bestand demnach nicht darin, aus eigener Initiative kompromißfähige Mehrheiten zustande zu bringen und sich an der Bildung von Regierungen zu beteiligen, sondern sie beschränkte sich weitgehend darauf, bei den Verhandlungen über Regierungsvorlagen ihre jeweiligen sektoralen Interessen möglichst unnachgiebig zu vertreten. Auf diese Weise trugen die Parteien dazu bei, die Spaltung der Gesellschaft in relativ geschlossene „Lager" zu verfestigen: Im einzelnen entwickelten sich so ein sozialistisches Arbeitermilieu, ein bürgerlich-mittelständisches, ein konservativ-agrarisches sowie ein katholisches Milieu.

Innenpolitik im Kaiserreich

Milieus

Die relative Machtlosigkeit des Reichstages und die begrenzte politische Rolle der Parteien bedeutete aber nicht, daß das Kaiserreich eine „unpolitische" Gesellschaft gewesen wäre. Im Gegenteil, die ständigen Reibungen und Auseinandersetzungen zwischen den verschiedenen Milieus förderten einen starken Politisierungsprozeß innerhalb der einzelnen Lager: Spätestens in den 90er Jahren beginnen die Massen, das politische Leben zu dominieren. Das gilt nicht nur für die wachsende Bedeutung der Arbeiterbewegung, sondern auch im katholischen, liberalen und im agrarischen Lager wurde die bis dahin vorherrschende informelle Führung durch Honoratioren abgelöst durch einen neuen, populistischen Stil: Massenkommunikation, aber auch bürokratische Organisation waren nun die Führungsmittel, mit deren Hilfe man versuchte, den Meinungsbildungsprozeß der immer aktiver werdenden Basis zu kanalisieren. Dabei gerieten die Parteien immer stärker unter den Druck gut organisierter Interessenorganisationen und Agitationsverbände, die sich dem neuen Stil besser angepaßt hatten; gerade die liberalen und die konservativen Parteien waren in Gefahr, die Führungsrolle in „ihren" Milieus zu verlieren.

Massenpolitik

In dieser Gesellschaft voller Widersprüche und dynamisch sich entwickelnder Gegensätze übernahm insbesondere seit der Jahrhundert-

Nationalsozialismus

wende ein aggressiver Nationalismus immer mehr die Rolle einer Integrationsideologie, trat immer stärker der Wunsch in den Vordergrund, innere Probleme durch eine großartige „Weltpolitik" zu kompensieren. Die mehrfach gespaltene Gesellschaft des Kaiserreichs, die zudem noch durch starke regionale Besonderheiten und Gegensätze gekennzeichnet war, erfuhr nun in den Kriegsjahren 1914–1918 vielfältige und tiefgreifende Veränderungen, die hier ebenfalls nur summarisch und soweit sie für die Geschichte der Weimarer Republik von Interesse sind, aufgezeigt werden können:

1. Die Kriegsbegeisterung, die im Sommer 1914 breite Schichten erfaßte, trug den vom Kaiser zu Kriegsbeginn ausgerufenen „Burgfrieden": Die Auseinandersetzungen und Interessenkonflikte zwischen Parteien, Verbänden und Konfessionen, zwischen Unternehmern und Arbeitgebern traten vorübergehend zugunsten der gemeinsamen Kriegsanstrengungen zurück. Mit der Zustimmung zu den Kriegskrediten im August 1914 reihten sich die Sozialdemokraten in diese Front ein und eröffneten damit die Perspektive, der größte Oppositionsblock könne sich in die künftige Innenpolitik integrieren lassen. Die euphorische Burgfriedensstimmung ließ sich jedoch nur so lange aufrechterhalten, wie militärische Erfolge sich einstellten oder zumindest in erreichbarer Nähe schienen. Als das wichtigste Ziel der deutschen Kriegplanung, ein schneller, umfassender Sieg im Westen, scheiterte und der Krieg im Herbst 1914 in Stellungskämpfen erstarrte, begann der Burgfrieden zu bröckeln. Die von der Führung ausgegebene Parole hieß nun: Durchhalten, bis ein entscheidender militärischer Erfolg erreicht werden konnte.

2. Auf die sich mit dem Ausbleiben kriegsentscheidender militärischer Erfolge und angesichts zunehmender Opfer immer eindringlicher stellende Frage nach dem Sinn des Krieges sollte mit der seit Herbst 1914 zum Teil in der Öffentlichkeit geführten Diskussion über die Kriegsziele eine Antwort gefunden werden. Anhänger eines Verständigungsfriedens – vor allem Sozialdemokraten und Linksliberale – standen den Annexionisten gegenüber: Konservative, Nationalliberale, verschiedenste nationalistische Gruppierungen, aber auch die Mehrheit des Zentrums. Die Forderungen der Annexionisten liefen auf eine deutsche Hegemonie in Zentraleuropa, ja auf dem Kontinent hinaus: Dies sollte – die verschiedenen Vorschläge variierten – durch Einverleibung französischer Gebiete (man dachte an die Kanalküste und an die nordfranzösischen Erzgebiete), durch einen Anschluß Luxemburgs, durch einen Vassallenstatus für Belgien sowie durch Annexionen bzw. die Bildung von Satellitenstaaten im Osten geschehen. In der Diskussion über die Annexionen spiegelte sich vor allem das Problem wider, wer nach dem Ende des Krieges dessen Kosten tragen würde – sowohl die materiellen wie die politischen, denn es war klar, daß am Ende des Krieges die-

jenigen bisher oppositionellen Kräfte, die jetzt den Burgfrieden mittrugen, für ihre im Krieg bewiesene Loyalität Gegenleistungen in Gestalt von innenpolitischen Reformen einfordern würden. Die Kriegszieldiskussion trug dazu bei, daß in großen Teilen der Bevölkerung ein möglicher Frieden mit übertriebenen Erwartungen verbunden wurde.

3. Rohstoff- und Lebensmittelmangel und die bisher nicht gekannte Beanspruchung des Produktionsapparates und des Arbeitskräftepotentials für die Herstellung von Kriegsmitteln führten schrittweise zu umfassenden staatlichen Eingriffen und Lenkungsmaßnahmen im Bereich der Wirtschaft. Eine wirkungsvolle Organisation der Kriegswirtschaft, das war bald klar, ließ sich nur organisieren, indem man Arbeitnehmervertreter heranzog; allmählich bildete sich eine enge Kooperation zwischen Militär, Bürokratie, Industrie und Gewerkschaften heraus. Seit 1915 wurden aus Vertretern von Unternehmern, Gewerkschaften und Militärbehörden „Kriegsausschüsse" gebildet, um die große Fluktuation der Arbeiter infolge der relativ hohen Löhne in der Rüstungsindustrie einzudämmen; die Vertreter der Armee übernahmen dabei zunehmend die Rolle von Schlichtern. Seit Herbst 1916 wurden im neu geschaffenen Kriegsamt unter General Groener das gesamte Beschaffungswesen der Armee vereinheitlicht und Anstrengungen zur Gesamtsteuerung der Rüstungsindustrie unternommen. Pläne für eine allgemeine Dienstpflicht mündeten im Dezember 1916 im Gesetz über den vaterländischen Hilfsdienst, durch das die Arbeitspflicht für alle Männer eingeführt und die Freiheit des Arbeitsplatzwechsels eingeschränkt wurde. Um für das Gesetz eine breite parlamentarische Mehrheit zu erreichen, wurden Zugeständnisse an die Gewerkschaften gemacht: Es wurden paritätische Schlichtungsausschüsse nach dem Vorbild der Kriegsausschüsse gebildet, während in den Betrieben Arbeiter- und Angestelltenausschüsse, Vorläufer der Betriebsräte, eingerichtet wurden. Die Gewerkschaften waren damit in aller Form als Partner von Regierung und Unternehmern anerkannt worden, sie waren in die Kriegsanstrengungen eingebunden, was ihre Position gegenüber der immer unzufriedener werdenden Arbeiterschaft nicht einfacher machte.

Mobilisierung von Wirtschaft und Gesellschaft

4. Nachdem die Westfront im Herbst 1914 erstarrt war und in den kommenden beiden Jahren entscheidende Veränderungen der militärischen Situation ausblieben, zeichnete sich zwischen Spätsommer 1916 und Frühjahr 1917 die politische und militärische Wende des Krieges ab. Innenpolitisch bedeutsam war – nach dem Scheitern der Verdun-Offensive – im August 1916 die Übertragung der Obersten Heeresleitung auf Paul von Hindenburg, den populären Führer des Ostheeres, sowie seinen unentbehrlichen und ehrgeizigen Mitarbeiter, Erich Ludendorff. Angesichts eines schwachen, seine Stellung als Oberbefehlshaber in keiner Weise ausfüllenden Kaisers und eines angeschlagenen Kanzlers (Bethmann-Hollweg) setzten Hindenburg und Ludendorff das Primat

Kriegswende 1916/17

der Militärs durch, indem sie massiv in die Innen-, Außen- und Kriegswirtschaftspolitik eingriffen und eine verdeckte Militärdikatur errichteten. Die entscheidenden Veränderungen in der Kriegswirtschaft vom Herbst 1916 trugen bereits ihre Handschrift. Trotz dieser verstärkten Anstrengungen verschärften sich jedoch Kriegsmüdigkeit und Unzufriedenheit an der Heimatfront. Außenpolitisch-strategisch war mit dem Kriegseintritt der USA im April 1917 – als Folge des von Deutschland erklärten uneingeschränkten U-Boot-Krieges – absehbar, daß sich die militärische Lage an der Westfront über kurz oder lang zuungunsten Deutschlands verschlechtern werde. Andererseits zeichnete sich jedoch mit der russischen Revolution im März kurzfristig das Zusammenbrechen dieses Kriegsgegners und damit ein Ende des Zweifrontenkrieges ab. Damit wurden aber auch die Kräfte auf den Plan gerufen, die einen Kompromißfrieden mit den Westmächten weiteren Kriegsanstrengungen vorzogen.

5. Seit dem Winter 1916 kam die Innenpolitik in Bewegung, wuchs das Gewicht des Reichstages: Mehr und mehr setzte sich die Erkenntnis durch, daß die Suche nach einer Friedenslösung und in enger Verbindung hiermit die Forderung nach inneren Reformen auf die politische Tagesordnung gehörten: Dabei ging es vor allem um ein neues Wahlrecht in Preußen sowie um eine Stärkung der Rechte des Parlaments in **Wachsende** der Reichsverfassung, jedoch noch nicht um die volle Parlamentarisie- **Rolle des** rung des Regierungssystems. Dabei zeichneten sich insbesondere bei **Reichstags** den Nationalliberalen wie bei der Zentrumspartei eine wachsende Bereitschaft ab, bei der Lösung der entscheidenden Probleme enger mit den Linksparteien zusammenzuarbeiten. Als im Sommer 1917 die wenig aussichtsreiche Kriegslage zu einer innenpolitischen Krise führte, ergriffen die Fraktionen von SPD, Fortschritt, Zentrum und Nationalliberalen, die zusammen über eine breite Parlamentsmehrheit verfügten, die Initiative: Sie bildeten ein Koordinationsgremium, den Interfraktionellen Ausschuß, um die Forderungen nach einer Reform des Regierungssystems und nach einem Vorstoß in der Friedensfrage noch klarer zu artikulieren. In der nach langwierigen Verhandlungen am 19. Juli 1917 vom Reichtstag verabschiedeten Friedensresolution, der schließlich eine Mehrheit aus Sozialdemokraten, Linksliberalen und Zentrum zustimmte, wurde – in allerdings auslegungsfähigen Formulierungen und ohne Resonanz bei den Kriegsgegnern zu erzielen – vorgeschlagen, einen Frieden auf der Grundlage der Verständigung anzustreben und auf die Durchsetzung von Annexionen und weitgehenden wirtschaftlichen Forderungen zu verzichten. Bei der Vorbereitung der Resolution waren die Meinungsunterschiede zwischen den Mehrheitsparteien und dem Reichskanzler klar zum Ausdruck gekommen. Der stets vermittelnde Kurs Bethmann-Hollwegs geriet jetzt auch unter das Kreuzfeuer der OHL, die schließlich ultimativ seinen Rücktritt erzwang.

Nach der nur wenigen Monate dauernden Kanzlerschaft Michaelis', eines konservativen Beamten, wurde im November 1917 der Zentrumspolitiker Hertling zum Kanzler ernannt. Durch die Aufnahme von Parteienvertretern in die Regierung, darunter der Fortschrittpolitiker Payer als Vizekanzler, wurde immerhin eine „personelle Parlamentarisierung" der Reichsregierung eingeleitet, ohne damit die Regierung wirklich auf die Politik der Mehrheitsparteien festzulegen.

6. Nach dem Sieg der Bolschewisten im Herbst 1917 wurde im Osten schließlich im Dezember ein Waffenstillstand geschlossen. Die anschließenden Verhandlungen in Brest-Litowsk führten – nachdem die **Brest-Litowsk** russische Seite die Verhandlungen unterbrochen und die deutschen Truppen in dieser Pause weiter nach Osten marschiert waren – im März 1918 zum Abschluß eines Friedensvertrages, tatsächlich ein deutsches Friedensdiktat. Wesentlich war, daß Rußland der Selbständigkeit seiner westlichen Gebiete (Polen, das bereits im November 1916 zum Königreich erklärt worden war, baltische Staaten, Ukraine) zustimmen mußte. Ebenso wurde Rumänien im Mai in einem Friedensvertrag zu massiven Zugeständnissen an Deutschland und seine Verbündeten gezwungen. Im Laufe des Jahres 1918 rückten deutsche Truppen weiter in die Ukraine vor, um die diesem neu geschaffenen, vom Bürgerkrieg beherrschten Staat aufgezwungenen Getreideablieferungen auch durchzusetzen. Die Hoffnungen innerhalb der politischen und militärischen Führung des Kaiserreichs konzentrierten sich nun zum einen darauf, „den Osten" als Nahrungsmittelreservoir benutzen zu können, und zum anderen, das dort freiwerdende militärische Potential im Westen einzusetzen, wo man hoffte, noch vor dem Eintreffen der amerikanischen Verstärkungen einen entscheidenden Durchbruch erringen und damit – wenn schon nicht den ursprünglich avisierten totalen Sieg – doch günstige Friedensbedingungen erreichen zu können.

7. Durch die Blockade war Deutschland seit Kriegsbeginn von seinen lebenswichtigen Einfuhren weitgehend abgeschnitten worden. Ca. 20% der in Friedenszeiten in Deutschland verbrauchten Lebensmittel entfielen infolge der Blockade, zusätzlich sank aber die Leistungsfähigkeit der Landwirtschaft während des Krieges rapide ab. Seit 1916 machte sich der Lebensmittelmangel massiv bemerkbar; trotz der schrittweisen Bewirtschaftung der Nahrungsmittelproduktion (einschließlich konfliktreicher direkter Zugriffe auf die bäuerlichen Produzenten), trotz der Einführung eines umfassenden Rationierungssystems gehörte der Hunger seit dem Winter 1916/17 zum Kriegsalltag. Bereits im Dezember 1915 hatte eine größere Gruppe von Kriegsgegnern innerhalb der SPD-Fraktion im Reichstag gegen die neuen Kriegskredite gestimmt. Die in den folgenden Monaten aus der SPD-Fraktion ausgeschlossenen **Opposition** Opponenten bildeten im Frühjahr 1916 eine eigene Fraktion, die „Sozi- **gegen den** aldemokratische Arbeitsgemeinschaft", aus der innerparteilichen Op- **Krieg**

positionsbewegung formierte sich im April 1917 die Unabhängige Sozialdemokratische Partei Deutschlands, USPD, die Front gegen die weitere Unterstützung der Kriegsanstrengungen durch die Sozialdemokratie machte. Bereits Anfang 1916 hatten zwei führende Vertreter des linken Parteiflügels, Karl Liebknecht und Rosa Luxemburg, den radikalen Spartakusbund gegründet. Auch in den Gewerkschaften machte sich eine Oppositionsbewegung breit. Ihr Schwerpunkt lag in den Rüstungsbetrieben, deren Belegschaften sich nicht mehr in erster Linie aus in gewerkschaftlicher Disziplin geschulten Facharbeitern zusammensetzten, sondern aus angelernten Kräften (Frauen und Jugendlichen) bestanden, die ein schwer kontrollierbares Protestpotential bildeten. Im April 1917 kam es zu Massenstreiks, die sich unmittelbar gegen die Herabsetzung der Lebensmittelrationen richteten, aber auch eine Reaktion auf die russische Revolution darstellten. Marinemeutereien in Wilhelmshaven im August 1917 wurden mit Todesurteilen geahndet. Anfang 1918 folgte mit den Januarstreiks eine weitere größere Welle von vor allem politisch motivierten Unruhen, deren Zentrum in der Berliner Rüstungsindustrie lag und bei denen die oppositionelle Gewerkschaftsgruppe der Revolutionären Obleute eine führende Rolle spielte. Die Führung der SPD trat in die Streikleitung ein, primär um die Bewegung unter Kontrolle zu bringen; damit belastete sie das Verhältnis zu den anderen reformbereiten Parteien im Reichstag und mußte sich später den Vorwurf gefallen lassen, der kämpfenden Front in den Rücken gefallen zu sein. Die Unzufriedenheit ging jedoch über die Arbeiterschaft hinaus. Große Teile des Mittelstands erfuhren während des Krieges einen erheblichen gesellschaftlichen Abstieg: Kleine Betriebe wurden im Zuge der Rationalisierung der Kriegsproduktion geschlossen; Angestellte und Beamte erlitten erhebliche Einkommensverluste und schließlich waren große Teile der Ersparnisse mittelständischer Haushalte in Kriegsanleihen angelegt.

8. Als Reaktion auf die in der Friedensresolution des Reichstages bekräftigten Forderung nach einem Verständigungsfrieden wurde 1917 die Vaterlandspartei, eine Sammelbewegung der nationalistischen Rechten, gegründet. Pate bei dieser Neugründung stand Ludendorff, den Vorsitz übernahm Großadmiral Tirpitz, eigentlicher Organisator war jedoch der Landwirtschaftsfunktionär Wolfgang Kapp. Die Agitation der Vaterlandspartei stärkte die illusionäre Hoffnung auf einen Siegfrieden nachhaltig. Um der wachsenden Unzufriedenheit ein Ventil zu geben, schürten rechtsradikale Agitationsverbände wie der Alldeutsche Verband vorhandene antisemitische Vorurteile, indem sie die Schuld an der Misere jüdischen „Kriegsgewinnlern" und „Drückebergern" gab. Angeblich um den in der zweiten Hälfte des Krieges zunehmenden antisemitischen Tendenzen zu begegnen, ließ die Heeresführung eine Erhebung über den Anteil von Juden in der Armee durch-

Vaterlandspartei und Antisemitismus

führen; deren Ergebnisse (die die grassierenden Vorurteile in keiner Weise bestätigten) wurden aber geheimgehalten, was die Gerüchtebildung um die angebliche negative Rolle der Juden im Rahmen der Kriegsanstrengungen weiter verstärkte.

9. Der Versuch, eine Bilanz der Auswirkungen des ersten Weltkrieges auf die deutsche Gesellschaft zu ziehen, muß notwendigerweise ein widersprüchliches Bild ergeben:

– Auf der einen Seite vergrößerte der Krieg bestehende gesellschaftliche Unterschiede und Spannungen: Die prekäre Ernährungslage verschärfte die Gegensätze zwischen Agrarproduzenten und Konsumenten, zwischen „Land" und „Stadt", das wachsende Protestpotential in der Industrie markierte deutlicher denn je die Gegensätze zwischen Arbeiterschaft einerseits und Unternehmern/Staatsbürokratie andererseits, während gleichzeitig, anknüpfend an die Agitation der nationalistischen Verbände des Kaiserreichs, sich ein eigenständiges rechtsradikales Milieu mit eigenen organisatorischen Strukturen auszuprägen begann.

– Andererseits führte der Krieg, durch die Egalität des Mangels und die Gleichheit des alltäglichen gewaltsamen Todes, auch zu einer Marginalisierung von sozialen Gegensätzen; die Solidarität des Schützengrabens, die Uniformierung der gesamten Gesellschaft ließen die Vision einer kriegerischen „Volksgemeinschaft" entstehen. Hinzu kamen ganz neue, kriegstypische Gegensätze, wie die zwischen Fronttruppe und Etappe oder die zwischen Militär- und Zivilleben oder auch das Auseinanderklaffen von ganz unterschiedlichen Generationserfahrungen, die sich zwischen den verschiedenen Lebenswelten der „Frontgeneration", der älteren Daheimgebliebenen und der Jugendlichen, die während des Krieges heranwuchsen, auftaten.

Auswirkungen des Weltkriegs

– Im politischen Bereich führte der Krieg zu einer Aufwertung der Sozialdemokratie und zu einer Anerkennung der Gewerkschaften. Die Mehrheitsparteien übernahmen in der zweiten Kriegshälfte in der Innenpolitik eine führende Rolle und verstärkten ihren direkten Einfluß auf die Regierungspolitik. Andererseits brachte der Krieg eine moderne, korporativ verankerte Diktatur hervor, geriet der Einzelne in eine existenzielle Abhängigkeit von einer umfassenden staatlichen Versorgungsbürokratie.

– Der Krieg bedeutete auch eine Orgie von Nationalismus und Chauvinismus. Erst wenn man sich das Ausmaß dieser nationalistischen Selbstüberschätzung vergegenwärtigt, kann man ermessen, wie sehr die unerwartete Niederlage von 1918 ein Absturz mit tiefen sozialpsychologischen, das Selbstwertgefühl einer ganzen Nation verletzenden Folgen war. Die Realität der Nachkriegswelt wurde nun an den Maßstäben gemessen, die eine vollkommen überzogene, illusionäre Siegeserwartung während des Krieges aufgerichtet hatte.

– Der erste Weltkrieg bedeutete aber vor allem einen ungeheuren Zivilisationsbruch, eine vollkommene Umwertung überkommener Werte; die existentielle Ausnahmesituation des totalen Krieges, die Massenvernichtung in der industrialisierten, anonymen Schlacht, millionenfacher Tod und Verkrüppelung, aber auch die Selbstbehauptung im Inferno – alle diese Erfahrungen gingen in eine langfristig nachwirkende, kriegsorientierte Mentalität ein, die man mit Schlagworten wie „Frontgeist" oder „Kriegserlebnis" zu fassen suchte. Der Krieg bewirkte eine ungeheure Brutalisierung der Gesellschaft, brachte ein unkontrollierbares Gewaltpotential hervor; Politik wurde nun vielfach auf ein Freund-Feind-Schema reduziert und als Fortsetzung der militärischen Auseinandersetzung begriffen.

Alle diese Folgen des Weltkriegs sollten tiefe Spuren in der Geschichte der Weimarer Republik hinterlassen.

---

1 Diese Einleitung versteht sich als Überblick, auf einen detaillierten Nachweis der Literatur wird daher hier verzichtet. Zum Kaiserreich vgl.: Thomas Nipperdey: Deutsche Geschichte 1866-1918, 2 Bde., München 1990/1992; zum Ersten Weltkrieg: Gerald D. Feldman: Armee, Industrie und Arbeiterschaft in Deutschland 1914 bis 1918, Berlin/Bonn 1985; Der Erste Weltkrieg. Wirkung, Wahrnehmung, Analyse. Hg. v. Wolfgang Michalka, München/Zürich 1994.

1918–1923

I. Die letzten Tage des Kaiserreichs

Septemberkrise

Nachdem die deutschen Offensiven des Frühjahrs und Sommers 1918 gescheitert waren und Anfang August englische und französische Streitkräfte bei Amiens erfolgreich einen großangelegten Gegenangriff durchgeführt hatten, war jede Aussicht, noch einmal die militärische Initiative zurückzugewinnen, hoffnungslos. Angesichts des überlegenen feindlichen Potentials, insbesondere der nun kontinuierlich landenden amerikanischen Truppen, war die Niederlage des Kaiserreiches eine Frage der Zeit.[1] Die OHL zögerte jedoch, aus dieser Tatsache die Konsequenzen zu ziehen und den unvermeidlichen Offenbarungseid zu leisten.

Militärische Lage

In der Reichsregierung und in den Führungsgremien der Parteien nahm man zwar die sich verschlechternde Kriegslage und den Niedergang der Stimmung im Lande wahr, glaubte aber immer noch, über die wirkliche Dramatik der militärischen Lage im unklaren gelassen, zu einem „Verständigungsfrieden" kommen zu können; denn nach wie vor verlief ja die Westfront auf belgisch-französischem Boden, und nach der Besetzung umfangreicher Gebiete im Osten schien das Reich über unerschöpfliche Ressourcen zu verfügen.

Als Österreich-Ungarn am 14. September an alle kriegführenden Mächte einen Aufruf zu Friedensverhandlungen richtete, sich also der Bruch der Kriegskoalition abzeichnete, wurde dies bei den Mehrheitsparteien noch nicht als Beginn der Katastrophe empfunden. Aus der Sicht führender Politiker in MSPD, Zentrum und Fortschrittspartei eröffnete sich vielmehr nun die doppelte Chance, endlich die Grundsätze der Friedensresolution von 1917 zu verwirklichen und in die seit langem angestrebte Reform des monarchisch-obrigkeitsstaatlichen Regierungssystems einzutreten.

In dem seit dem 12. September wieder tagenden Interfraktionellen Ausschuß drängten Zentrum und Fortschrittliche Volkspartei auf einen

Verhandlungen der Mehrheitsparteien

Eintritt der MSPD in die bestehende bürgerliche Regierung, um die innere Lage zu stabilisieren und den Kriegsgegnern einen akzeptablen Partner für Friedensverhandlungen zu präsentieren.[2] Die MSPD hingegen wollte eine ausschließlich aus Vertretern der Mehrheitsparteien zusammengestellte Regierung und knüpfte an ihren Eintritt bestimmte Bedingungen. Wenn die SPD in diesen Verhandlungen insbesondere eine „Parlamentarisierung" der Reichspolitik forderte, dann wollte sie damit erreichen, daß die personelle Zusammensetzung der Regierung die Mehrheitsverhältnisse im Reichstag widerspiegelte. Eine umfassende Änderung der Verfassung verlangte die MSPD zu diesem Zeitpunkt jedoch nicht: Sie wollte lediglich die Verfassungsbestimmung aufheben, die es Abgeordneten verbot, Mitglieder des Bundesrates bzw. der Reichsleitung zu sein. Bemerkenswerterweise verzichteten die Sozialdemokraten zu diesem Zeitpunkt darauf, das Kernstück parlamentarischer Kontrolle einzufordern, die Wahl des Regierungschefs durch die Volksvertretung.[3] Auch innerhalb des Zentrums wurde der Wunsch nach Ablösung des Reichskanzlers Hertling lauter, man wollte jedoch einen offenen Sturz des Parteikollegen vermeiden.[4] Die Mehrheit innerhalb des Zentrums wandte sich aber gegen die sozialdemokratische Forderung, Abgeordneten die Übernahme eines Regierungsamtes zu gestatten und damit einen Schritt zur Parlamentarisierung zu tun. Diese Position entsprach der traditionellen Einstellung des Zentrums, das einen Dualismus von Regierung und Reichstag anstrebte, jedoch keine volle parlamentarische Verantwortung der Regierung.[5] Erst unter dem Eindruck der alarmierenden Meldungen über den Zusammenbruch Bulgariens zeigte sich das Zentrum schließlich in beiden Fragen, der Auswechslung des Kanzlers sowie der Verfassungsreform,[6] konzessionsbereit. Am 28. September waren die Verhandlungen der Mehrheitsparteien so weit gediehen, daß man Hertling den Rücktritt nahelegte.[7] Die Mehrheitsparteien einigten sich auf folgende Hauptpunkte für ein Regierungsprogramm: Festhalten an der Friedensresolution des Reichstages vom 19. Juli 1917, Beitritt Deutschlands zu einem „Völkerbund", Wiederherstellung Belgiens, Autonomie für Elsaß-Lothringen, Wahlrechtsreform in Preußen, die „Ausschaltung unverantwortlicher Nebenregierungen" (also der ausschließlich dem Kaiser verantwortlichen obersten militärischen Dienststellen, insbesondere der OHL) sowie eine Lockerung des Gesetzes über den Belagerungszustand.[8]

Die Sozialdemokraten befanden sich bei der Entscheidung über eine Regierungsbeteiligung in einer schwierigen Lage: Mußte ihr Eintritt in ein „total bankrottes Unternehmen", wie der Fraktionsvorsitzende Scheidemann es nannte,[9] nicht die Überlebensfähigkeit des verhaßten Systems erhöhen und die SPD-Führung von ihrem Massenanhang trennen, der tiefgreifende Veränderungen wollte?

Maßgeblich für die Haltung der SPD wurde die Einstellung ihres Vor-

32

sitzenden Ebert,[10] der sich gegen die Bedenken Scheidemanns und anderer durchsetzen konnte. In der schwierigen und unübersichtlichen Lage sah Ebert zwei Gefahren: Zum einen befürchtete er, daß das Regime Hindenburg/Ludendorff zu einer umfassenden Militärdiktatur ausgebaut werden könnte, vor allem aber wollte er den Ausbruch einer alsbald nicht mehr zu kontrollierenden Revolution verhindern. In einer Sitzung der SPD-Fraktion hat Ebert diese Haltung auf den Punkt gebracht: „Wollen wir jetzt keine Verständigung mit den bürgerlichen Parteien und der Regierung, dann müssen wir die Dinge laufen lassen, dann greifen wir zur revolutionären Taktik, stellen uns auf die eigenen Füße und überlassen das Schicksal der Partei der Revolution. Wer die Dinge in Rußland erlebt hat, der kann im Interesse des Proletariats nicht wünschen, daß eine solche Entwicklung bei uns eintritt. Wir müssen uns im Gegenteil in die Bresche werfen, wir müssen sehen, ob wir genug Einfluß bekommen, unsere Forderungen durchzusetzen, und, wenn es möglich ist, sie mit der Rettung des Landes zu verbinden, dann ist es unsere verdammte Pflicht und Schuldigkeit, das zu tun."[11] Die Bemühungen der Mehrheitsparteien um eine Reform des Regierungssystems und um Aufnahme von Friedensverhandlungen gerieten jedoch unversehens in den Sog der dramatischen Wende innerhalb der Obersten Heeresleitung.

Dort traf in der Nacht vom 25. auf den 26. September die Nachricht[12] ein, Bulgarien strebe einen Sonderfrieden an, während sich seine Armee in voller Auflösung befinde. Damit war deutlich, daß die bevorstehende militärische Niederlage nicht mehr, wie urspünglich angenommen, auf Monate hinausgezögert werden könne. Ludendorff entschloß sich nun, ein Waffenstillstandsangebot ins Spiel zu bringen und dessen Abwicklung den Mehrheitsparteien zu überlassen.[13] Dieses so überraschende, diplomatisch in gar keiner Weise vorbereitete „Angebot" eines Waffenstillstandes war natürlich – darüber waren sich alle Beteiligten im klaren – das kaum verhüllte Eingeständnis der militärischen Niederlage. Um die Verantwortung hierfür nicht eingestehen zu müssen, entwickelte Ludendorff eine Notkonstruktion: Erwiesen sich die Waffenstillstandsbedingungen als nicht annehmbar, könne man sich ja hinter die Rheinlinie zurückziehen und den Krieg aus der Defensive weiterführen. Damit hatte Ludendorff den Keim der Legende von der „Unbesiegbarkeit" des Heeres gelegt; die Verantwortung für die Durchführung der illusionären Idee, den Krieg in einem völlig erschöpften Land wieder aufzunehmen, hatte er der künftigen parlamentarischen Reichsleitung zugeschoben.

Am 28. September überzeugte Ludendorff Hindenburg von seiner Idee eines mit der Parlamentarisierung verbundenen Waffenstillstands- und Friedensersuchens;[14] am gleichen Tag ließ er den Vorschlag dem angeschlagenen Hertling übermitteln.[15] Gleichzeitig wurde im Auswärtigen

Einstellung Eberts

Ludendorffs Forderung nach einem Waffenstillstand

Amt ein Referentenentwurf erstellt, in dem vorgeschlagen wurde, eine neue Regierung zu bilden, die „alle Kräfte des Volkes auf breitester nationaler Grundlage zusammenfassen" sollte.[16] Der Staatssekretär des Auswärtigen, Hintze, machte sich diese Auffassung zu eigen und entwickelte am 29. September die Idee einer „Revolution von oben"; um dem „Choc vorzubeugen", den das plötzliche Eingeständnis der Niederlage zur Folge haben müsse, solle eine totale Mobilisierung, ein „Volkskrieg" entfacht werden, gleichzeitig seien „möglichst breite Kreise an der Regierung durch Heranziehung zu interessieren". Auch hier tauchte also die illusorische Vorstellung eines letzten Aufbäumens der gesamten Nation auf, die über die unvermeidbare Niederlage hinwegtäuschen sollte. Hintze schlug ferner vor, den diplomatischen Vorstoß zur Einleitung von Waffenstillstandsverhandlungen über den amerikanischen Präsidenten Wilson, unter Berufung auf dessen 14 Punkte vom Januar 1918, zu lancieren.[17] Ludendorff und Hindenburg billigten diese Vorschläge, ebenso der Kaiser. Hertling entschloß sich angesichts dieser Entwicklung zum Rücktritt.

„Revolution von oben"

Die Annahme der Waffenstillstandsbedingungen der Entente durch Bulgarien am 30. September machte auf dramatische Weise deutlich, daß nicht mehr allzuviel Zeit blieb, um die Verantwortung für die Liquidierung des Krieges auf eine parlamentarische Regierung abzuwälzen. In einem kaiserlichen Erlaß vom 30. September, mit dem der Rücktritt Hertlings bestätigt wurde, kam die neue Linie zum Ausdruck: „Ich wünsche, daß das deutsche Volk wirksamer als bisher an der Bestimmung der Geschicke des Vaterlandes mitarbeite. Es ist daher Mein Wille, daß Männer, die vom Vertrauen des Volkes getragen sind, in weitem Umfange teilnehmen an den Rechten und Pflichten der Regierung."[18] „Wir sind damit", so berichtete der bayerische Gesandte Graf v. Lerchenfeld dem Ministerpräsidenten in München, „mit beiden Füßen in den Parlamentarismus gesprungen."[19]

Mit ihrem Vorstoß vom Ende September entzog sich die Führung des Reiches der Verantwortung für die Niederlage, sie legte gleichzeitig den Grundstein für die „Dolchstoßlegende",[20] also der Behauptung, die „Heimat" sei der „unbesiegten" Front in den Rücken gefallen – eine der folgenschweren Grundbelastungen der Weimarer Demokratie in ihrer Geburtsstunde. Ludendorff hat dieses Manöver in einer Ansprache vor leitenden Offizieren der OHL am 1. Oktober klar herausgestellt: „Ich habe aber S. M. gebeten, jetzt auch diejenigen Kreise an die Regierung zu bringen, denen wir es in der Hauptsache zu danken haben, daß wir so weit gekommen sind. Wir werden also diese Herren jetzt in die Ministerien einziehen sehen. Die sollen nun den Frieden schließen, der jetzt geschlossen werden muß. Sie sollen die Suppe jetzt essen, die sie uns eingebrockt haben!"[21] Auch General Wilhelm Groener, der wenige Tage später zu Ludendorffs Nachfolger ernannt werden sollte, bekann-

Flucht der Militärs aus der Verantwortung

34

te sich in bemerkenswerter Offenheit zu dieser verantwortungslosen Haltung: „Die Heeresleitung stellte sich bewußt auf den Standpunkt, die Verantwortung für den Waffenstillstand und alle späteren Schritte von sich zu weisen [...]. Es kam mir und meinen Mitarbeitern darauf an, die Waffe blank und den Generalstab für die Zukunft unbelastet zu erhalten."[22]

Die Übergangsregierung unter Max v. Baden

Bei der Suche nach einem geeigneten Kanzler verfiel man auf einen Angehörigen der alten Führungshierarchie, den Prinzen Max v. Baden.[23] Die Vertreter der Mehrheitsparteien, namentlich die Sozialdemokraten, äußerten zunächst erhebliche Vorbehalte gegen den badischen Thronfolger, seine politischen Fähigkeiten wurden mit ironischen Kommentaren bedacht. Die Entscheidung, dennoch in eine Regierung des Prinzen einzutreten, fiel schließlich vor allem deswegen, weil sich die Mehrheitsparteien – ein wichtiges Indiz für ihre relative Schwäche – auf keinen Kandidaten aus ihren Reihen einigen konnten.[24] Der Name des Prinzen war bereits bei der Diskussion um die Nachfolge des Reichskanzlers Michaelis im Herbst 1917 ins Spiel gebracht worden. Seine Kandidatur wurde seit diesem Zeitpunkt insbesondere von dem württembergischen Fortschritts-Abgeordneten Conrad Haußmann sowie von Kurt Hahn, einem Mitarbeiter des Verbindungsstabs der OHL beim AA, betrieben; entscheidend war jedoch, daß Ludendorff die Kandidatur befürwortete.

Bildung der Regierung

Der Prinz v. Baden galt als aufgeschlossen und moderat. Seine süddeutsche Herkunft sollte den Alliierten signalisieren, es sei bewußt ein Gegenakzent gegen das preußische „Junkertum" gesetzt worden; andererseits stand er als Mitglied eines regierenden Hauses für die Kontinuität des Monarchismus. Der Prinz war zwar verschiedentlich in programmatischen Reden für einen ausgewogenen Frieden eingetreten; er war jedoch erklärter Gegner sowohl der Friedensresolution wie auch der „westlichen Demokratie" und somit kaum der ideale Kandidat für die Durchsetzung des Programms der Mehrheitsparteien.[25]

In seiner nur fünfwöchigen Amtszeit erwarb der Prinz innerhalb der Regierung „keine echte Entscheidungsbefugnis und Führungsrolle";[26] eigentliche „Säule" der Koalition war der von der Regierung Hertling übernommene Vizekanzler Payer. Die Regierung des Prinzen bestand aus einem engeren Kreis („Kriegskabinett"), dem neben dem Reichskanzler und Vizekanzler vier parlamentarische Staatssekretäre ohne Geschäftsbereich angehörten, nämlich Philipp Scheidemann (SPD), Adolf Gröber, Matthias Erzberger (beide Zentrum) und der erst am

14. Oktober ernannte Haußmann (Fortschrittspartei) sowie weitere Staatssekretäre für Auswärtiges, Inneres und das Reichsschatzamt. Zum umfangreicheren und seltener tagenden Gesamtkabinett gehörten weitere sechs Staatssekretäre, darunter der Sozialdemokrat Gustav Bauer als Leiter des Reichsarbeitsamtes. Bedingung für die Ernennung des Prinzen war, daß er das von der OHL verlangte und von den Mitgliedern der alten Regierung bereits vorformulierte Waffenstillstands- und Friedensgesuch übernahm, das v. Baden für übereilt und schädlich hielt. Die OHL übte in dieser Frage massiven Druck auf den designierten Kanzler aus; unter anderem sandte sie einen Offfzier nach Berlin, der am 2. Oktober die Parteiführer, am nächsten Tag die soeben ernannten Regierungsmitglieder in dramatischer Form über die militärische Lage informierte – und damit die später erhobene Behauptung, erst die Revolte der Heimat habe die Niederlage herbeigeführt, als Legendenbildung erscheinen läßt. Das Protokoll hält stichwortartig fest: „Zusammenbruch mazedonische Front. Schwächung Westfront. Feind frische Reserven, Lage verschärft sich täglich. Front fest. Jeder versäumte Tag kostet tausende Soldaten das Leben."[27]

So während der Regierungsbildung unter erheblichen Druck gesetzt, kamen noch am Abend des 3. Oktober Mitglieder der alten wie der neuen Regierung zusammen und verabschiedeten eine Note an den amerikanischen Präsidenten, die die Bitte enthielt, „die Herstellung des Friedens in die Hand zu nehmen", wobei man sich als Grundlage der Friedensregelung auf die Kongreßrede des Präsidenten vom 8. Januar 1918 (jene nun immer wieder genannten „Vierzehn Punkte") bezog; außerdem ersuchte man um den „sofortigen Abschluß eines Waffenstillstandes".[28]

Die Wirkung der Note kann man nicht treffender charakterisieren, als es der Kanzler in einer Aufzeichnung vom 16. Oktober tat: „Dieser Schritt kam einer Kapitulation gleich und ist von unseren Feinden wie auch im neutralen Ausland nicht anders als militärische Bankerotterklärung aufgefaßt worden." Die Verantwortung für diesen Schritt und seine Folgen, so der Prinz, trage die Oberste Heeresleitung; eine wirkliche Alternative habe es aber nicht mehr gegeben. Denn angesichts der Lage seien nur zwei Entscheidungen möglich gewesen „entweder der Kampf bis zur Vernichtung oder der Versuch, nach dem militärischen Zusammenbruch wirtschaftlich und politisch zu retten, was noch zu retten ist. Der Wunsch, in Ehren unterzugehen, liegt sicher für den Einzelnen nahe, der verantwortliche Staatsmann muß aber damit rechnen, daß das Volk in seinen breiten Massen ein Recht hat, nüchtern zu verlangen, zu leben, statt in Schönheit zu sterben."[29]

Der Appell der deutschen Regierung an Präsident Wilson führte zu einem Notenaustausch,[30] der sich bis Anfang November hinzog; auf

Waffenstillstandsgesuch

Deutsch-amerikanischer Notenwechsel

36

deutscher Seite entstand der nicht unbegründete Eindruck, die Alliierten wollten das diplomatische Vorgeplänkel so lange hinziehen, bis Deutschland militärisch zusammenbreche. Im Verlaufe des Notenwechsels wurde die Reichsregierung zu wesentlichen Zugeständnissen gezwungen: Auf die Nachfrage des amerikanischen Präsidenten vom 8. Oktober mußte die Regierung in ihrer Note vom 11./12. anerkennen, daß die „14 Punkte" Wilsons nicht, wie sie gewünscht hatte, einen Verhandlungsgegenstand bildeten, sondern die Vorbedingung des Friedenschlusses. Das bedeutete faktisch die Abtretung Elsaß-Lothringens, großer Teile der preußischen Ostgebiete sowie die sofortige Räumung der im Krieg besetzten Territorien.

In seiner zweiten Note vom 14. Oktober verlangte der amerikanische Präsident die sofortige Einstellung des U-Boot-Krieges, nicht näher umschriebene „befriedigende Sicherheiten und Bürgschaften", die es den deutschen Armeen nach Abschluß des Waffenstillstandes nicht erlauben sollten, den Krieg noch einmal wiederaufzunehmen, sowie vor allem die völlige Entmachtung der Monarchie; aus der diplomatisch verklausulierten Formulierung, mit der dieser letzte Punkt umschrieben war, glaubten die Politiker der Mehrheitsparteien zu diesem Zeitpunkt allerdings noch herauslesen zu können, der Thron sei durch eine Reform des Regierungssystems zu retten.[31]

Nachdem sich die Regierung nach heftigen Diskussionen zur Einstellung des U-Boot-Krieges durchgerungen hatte,[32] weigerte sich die Oberste Heeresleitung jedoch, diesen Beschluß mitzutragen; man sei notfalls gezwungen, sollten die Verhandlungen scheitern, „den Kampf bis zum letzten Mann unserer Ehre halber auszukämpfen".[33] Wieder flüchtete sich jetzt die OHL in die Illusion, es gäbe noch eine Alternative zu der von ihr selbst eingeleiteten Abwicklung der Niederlage. Noch wenige Tage zuvor hatte Ludendorff eine Levée en masse, eine letzte Mobilisierung der Massen, wie sie u. a. von Walther Rathenau öffentlich vorgeschlagen worden war, abgelehnt.[34]

Opposition der OHL

Dem Kanzler gelang es jedoch, den Widerspruch der OHL beiseite zu räumen.[35] Dieser abgewiesene Querschuß Ludendorffs bildete aber nur den Beginn einer Serie von Störmanövern und Gegenaktionen der militärischen Führungsspitze, die nach der dritten, entscheidenden Note des amerikanischen Präsidenten vom 23. Oktober mit voller Wucht einsetzen sollte. In dieser Note kündigte Wilson erstens an, es kämen nur Waffenstillstandsbedingungen in Betracht, die eine „Wiederaufnahme der Feindseligkeiten seitens Deutschlands unmöglich" machten. Zweitens kritisierte der Präsident, daß aus den von deutscher Seite angekündigten Verfassungsänderungen nicht hervorgehe, „daß die Grundsätze einer dem deutschen Volke verantwortlichen Regierung jetzt bereits vollständig angenommen sind, oder daß eine Bürgschaft besteht oder erwogen wird, damit die Systemänderung und die Durch-

37

führung der Maßregeln, über die jetzt teilweise eine Einigkeit erzielt worden ist, dauernd sein werden [...]." Nach wie vor sei klar, „daß die entscheidende Initiative noch immer bei denen liegt, die bis jetzt die Herrscher in Deutschland waren." Wenn die Alliierten in der Zukunft gezwungen seien, weiter „mit den militärischen Beherrschern und monarchischen Autokraten Deutschlands" zu verhandeln, dann könne Deutschland nicht erwarten, Friedensverhandlungen zu führen, „sondern muß sich ergeben".

Die OHL reagierte auf die Note mit einem Befehl an alle Armeen, in dem sie die von Wilson geforderte Kapitulation rundheraus als „unannehmbar" bezeichnete und die Truppe aufrief, „den Widerstand mit äußersten Kräften fortzusetzen".[36] Der Kanzler forderte daraufhin den Kaiser auf, durch einen „Personenwechsel in der Obersten Heeresleitung das Ende der Doppelregierung" herbeizuführen oder seinen Rücktritt entgegenzunehmen.[37] Das Verhalten der OHL, so der Kanzler, gefährde den Plan, den Krieg durch eine parlamentarisch gebundene Regierung zu liquidieren; scheitere dieses Unternehmen, so seien „Reich, Heer und Thron, ja die Dynastie" auf das äußerste gefährdet.

Entlassung Ludendorffs

Dem Kaiser blieb keine andere Wahl: Am kommenden Tag entließ er Ludendorff, nicht jedoch Hindenburg.[38] Er begründete die Entlassung bemerkenswerterweise damit, er habe das Vertrauen zum Generalstab verloren und beabsichtige, in Zukunft mit der Sozialdemokratie zusammenzuarbeiten. Zum Nachfolger Ludendorffs wurde der ehemalige Leiter des Kriegsamtes, General Groener[39], ernannt.

Bereits am 24. Oktober war die Regierung daran gegangen, die in der Note verlangten Reformen des Regierungssystems durchzuführen. Der von Wilson zum Ausdruck gebrachte Zweifel an der Ernsthaftigkeit der geplanten Regierungsreform, so äußerte Erzberger bündig, „müsse durch Verfassungsänderung erledigt werden".[40] So wurde die schon im Gesetzgebungsverfahren befindliche Verfassungsänderung – sie sah neben der Aufhebung der Unvereinbarkeit von Mandat und Amt die Mitwirkung des Reichstages bei Kriegserklärungen und Friedensschlüssen, jedoch immer noch nicht die volle parlamentarische Verantwortlichkeit des Kanzlers vor – im Eiltempo nachgebessert: Das Ergebnis war das bereits am 28. Oktober in Kraft getretene „Gesetz zur Abänderung der Reichsverfassung und des Gesetzes betr. die Stellvertretung des Reichskanzlers vom 17. März 1878".[41] Durch dieses Gesetz wurde das in seinen letzten Atemzügen liegende Kaiserreich noch in eine konstitutionelle Monarchie umgeformt. Diese „Oktoberreformen" wurden zwar aufgrund der revolutionären Ereignisse nicht mehr politische Wirklichkeit, sie zeigen jedoch, wie weit das Kaiserreich unter äußerstem politischen Druck reformfähig war. Im wesentlichen handelte es sich dabei um folgende Änderungen der Verfassung: Die Bestimmung, die die Unvereinbarkeit von Reichstagsmandat und Regierungsamt vor-

Verfassungs-reform

sah, wurde gestrichen (bei der Bildung der Regierung v. Baden hatte man diese Bestimmung umgangen, indem man die Staatssekretäre, die gleichzeitig Parlamentsmitglieder waren, nur „kommissarisch" ernannte); bei Kriegserklärungen und Friedensverträgen sollten Reichstag und Bundesrat künftig zustimmen; der Reichskanzler sollte gegenüber dem Reichstag verantwortlich sein; der Reichskanzler trage für alle „Handlungen von politischer Bedeutung" des Kaisers die Verantwortung; die bisher unumschränkte kaiserliche Kommandogewalt, ein Relikt des absolutistischen Staates, wurde eingegrenzt, indem künftig Personalia der Gegenzeichnung des Kanzlers bzw. des zuständigen Ministers bedurften. Alle anderen Akte der kaiserlichen Kommandogewalt und der dem Kaiser direkt unterstellten militärischen Spitzenbehörden – Oberste Heeresleitung und Seekriegsleitung – unterlagen dieser Kontrolle jedoch nicht.[42]

Der Regierung gelang es auch nicht, sich diese militärischen Kommandobehörden zu unterstellen. Noch am 17. Oktober hatte der Fortschritts-Abgeordnete Gothein in der Sitzung des Interfraktionellen Ausschusses auf diesen entscheidenden Punkt hingewiesen: „Unsere Katastrophe ist vom Generalstab jahrzehntelang vorbereitet worden: Durchmarsch durch Belgien. Ähnlich liegen die Dinge beim U-Boot-Krieg. Diese militärische Nebenregierung muß aus der Welt geschafft werden. Wie soll das Ausland Glauben und Vertrauen zu uns gewinnen, wenn das nicht geschieht."[43] In der abschließenden Beratung der Verfassungsreform im Kriegskabinett erklärte Vizekanzler Payer zu diesem Punkt aber nur lakonisch, er habe mit Hindenburg und Ludendorff am Vorabend gesprochen: „Aus militärischen Gründen könne Exz. Hindenburg nicht unter den Kriegsminister gestellt werden. Diese Gründe erschienen ihm durchschlagend [...]" Die Ausschaltung dieser gefährlichen „Nebenregierung" – das gleiche gilt für die Seekriegsleitung – war also den Reformern nicht gelungen.[44]

Fortbestehen der „militärischen Nebenregierungen"

Parallel zu den Änderungen der Reichsverfassung war die Regierung Anfang Oktober – jetzt massiv durch die Oberste Heeresleitung unterstützt – daran gegangen, die Reform des Wahlrechts in Preußen wieder aufzunehmen. Die Mehrheitsfraktionen in den beiden preußischen Kammern gaben daraufhin ihren Widerstand gegen die Abschaffung des Dreiklassenwahlrechts auf und sprachen sich für die entsprechenden Reformgesetze aus (ohne daß das parlamentarische Verfahren bis zur Revolution beendet werden konnte).[45]

Reform des preußischen Wahlrechts

Nachdem mit der Änderung der Reichsverfassung wesentliche Bedenken Wilsons ausgeräumt waren, blieb die Frage der vom Präsidenten in seiner letzten Note geforderten Beseitigung der Monarchie. Der in den letzten Oktobertagen verstärkt aufkommenden Abdankungsforderung glaubte sich Wilhelm II. entziehen zu können, indem er sich am 29. Oktober, gegen den Widerstand des Kanzlers, ins Große Hauptquartier

39

Widerstand des Kaisers gegen Abdankungsforderungen

nach Spa begab.[46] Mit diesem Schritt wollte der Kaiser zugleich ostentativ das durch die Entlassung Ludendorffs ins Wanken geratene Bündnis zwischen Krone und Armee wiederherstellen. Das Projekt einer auf die Sozialdemokraten gestützten „parlamentarischen Monarchie", das bei der Entlassung Ludendorffs angedeutet worden war, hatte sich damit nach nur drei Tagen als rein taktische Maßnahme des Kaisers erwiesen.

Innerhalb der kommenden Tage verstärkte sich der Druck auf den Kaiser, den der Kanzler zunächst zu einem freiwilligen Thronverzicht zu bewegen suchte.[47] Kaiser und militärische Führung setzten jedoch zu einer Gegenoffensive[48] an; im Hauptquartier breitete sich eine illusionäre Durchhaltementalität aus. Am 2. November erklärte der Kaiser, er werde auf seinem Posten bleiben; ein Plan für den Aufmarsch der Truppen in der Heimat werde ausgearbeitet. Nach Abschluß des Waffenstillstandes werde er der Regierung genügend Truppen zur Verfügung stellen, um die „Ordnung" wiederherzustellen.[49]

Verschiedene Aktivitäten dieser Tage standen im Zusammenhang mit dieser Gegenoffensive; sie knüpften an Ludendorffs Versuche von Mitte Oktober an, die Annahme der politischen Bedingungen Wilsons zu verhindern und den von ihm selbst ausgelösten und mittlerweile ins Rollen gekommenen Prozeß der Kriegsbeendigung und Parlamentarisierung doch noch zu unterbrechen.[50] Diese Gegenoffensive machte auf dramatische Weise den nach wie vor bestehenden Dualismus zwischen einer monarchisch-militärischen „Nebenregierung" und der parlamentarisch legitimierten Reichsleitung deutlich.

Auf der Linie der Gegenoffensive lag es, wenn der neu ernannte Generalquartiermeister Groener am 5. November 1918 gegenüber dem Kabinett jeden Gedanken an eine Abdankung des Kaisers und – am 6. November gegenüber den Führern der Mehrheitssozialdemokratie – ebenso scharf den Gedanken einer Thronfolge durch einen der Prinzen ablehnte. Indem er für den Abdankungsfall bolschewistisches Chaos heraufbeschwor, traf er die zu diesem Zeitpunkt unter den Politikern vorherrschende Befürchtung: „In der nach der Heimat zurückströmenden Soldateska bricht die menschliche Bestie hervor. Des Generalfeldmarschalls und meine Gesamtauffassung ist: Der schlimmste Feind, dessen das Heer sich zu erwehren hat, ist die Entnervung durch die Einflüsse der Heimat, ist der drohende Bolschewismus."[51]

Befehl zum Auslaufen der Hochseeflotte

Die folgenreichste Aktion im Zuge dieser „Gegenoffensive" der Militärmacht bildete indes der Befehl der Seekriegsleitung zum Auslaufen der Hochseeflotte am 30. Oktober 1918; die Admiräle hatten sich zu diesem Schritt entschlossen, ohne die Regierung zuvor ausreichend zu informieren. Der Befehl war am 24. Oktober, also am gleichen Tag erlassen worden, an dem Ludendorff den Armeen befohlen hatte, „den Widerstand mit äußersten Kräften fortzusetzen".[52] Die nicht durchgeführte

Unterstellung der Kommandobehörden unter die Reichsregierung zeigte ihre gefährlichen Auswirkungen. Die Admiräle verfolgten mit ihrem Vorgehen mehrere Motive: Sie wollten in einer Entscheidungsschlacht in der Nordsee doch noch den Beweis für die Schlagkraft der Flotte antreten, damit die „Ehre" der Marine retten und den „Flottengedanken" für die Zunkuft bewahren; vor allem aber wollten sie den Waffenstillstandsprozeß torpedieren und eine Konterrevolution einleiten.[53]

Versucht man, ein Resümee der Parlamentarisierung des Kaiserreichs zu ziehen, so wird man sicher das kontinuierliche Bemühen der Mehrheitsparteien um Reformen hervorheben müssen. In der historischen Situation kam jedoch der entscheidende Anstoß von Ludendorff; und noch wichtiger scheint das ultimative Drängen des amerikanischen Präsidenten, das dem parlamentarischen Prinzip erst wirklich zum Durchbruch verhalf. Ironischerweise sollte aber gerade der Teil der Reformen, den die Mehrheitsparteien sich nicht zutrauten, nämlich die Kontrolle über die Militärs, den unmittelbaren Auslöser für die Revolution der unzufriedenen Massen bilden und in den folgenden Monaten eine der Hauptforderungen der revolutionären Bewegung bleiben. Die Mehrheitsparteien standen demnach nicht an der Spitze des Demokratisierungsprozesses.

II. Novemberrevolution

Beginn der Aufstandsbewegung

Die Novemberrevolution[54] brachte schlagartig die tiefe, über Jahre angestaute Unzufriedenheit breiter Volksschichten zum Ausbruch. Ihre Initialzündung erhielt sie durch den Aufstand der Matrosen: Als am 29. Oktober die Vorbereitungen zum Auslaufen der Hochseeflotte für den folgenden Tag getroffen werden sollten, verweigerten Matrosen auf mehreren Schiffen die Ausführung der Befehle. Der Plan zur Flottenoperation, zur „Todesfahrt", wie v. Baden es zutreffend nennen sollte,[55] wurde zwar aufgegeben, die Unruhe unter den Matrosen setzte sich jedoch fort: Es kam zu regelrechten Meutereien. Das Dritte Flottengeschwader wurde nun von Wilhelmshaven in seinen Heimathafen Kiel dirigiert; durch Arrestierung der Hauprädelsführer und Landurlaub für die Masse der Matrosen glaubte man, der Unruhe Herr zu werden. In den kommenden Tagen organisierten die Matrosen in Kiel jedoch Versammlungen und Demonstrationen, die Unruhe griff auf weitere Schiffe und Landeinheiten der Marine über, Teile der Arbeiterschaft solidarisierten sich.

Kieler Matrosenaufstand

Die Erinnerung an das harte Durchgreifen der Marineführung während der Meuterei des Jahres 1917 war durch die Verhaftungsaktionen geweckt worden, gegen sie richtete sich jetzt vor allem der Widerstand der Matrosen. Am 3. November stoppte eine Militärpatrouille einen Demonstrationszug; dabei wurden sieben Demonstranten erschossen. Am 4. November breitete sich die Bewegung jedoch weiter aus, die Matrosen verschafften sich Waffen; der Kieler Marine-Gouverneur mußte in Verhandlungen mit einer spontan von den Aufständischen gebildeten Kommission, dem ersten Soldatenrat der revolutionären Bewegung, eintreten.[56]

Am Abend des gleichen Tages trafen Staatssekretär Haußmann und der Marinesachverständige der MSPD-Fraktion, Gustav Noske, in Kiel ein. Durch die Regierung beauftragt, die Unruhen zu begrenzen, versuchten sie zunächst, sich vermittelnd in die Verhandlungen des Gouverneurs mit den Matrosen einzuschalten.[57]

Während diese Verhandlungen noch andauerten, stellte eine Versammlung von Soldaten- und Arbeitervertretern am Abend des 4. November einen Forderungskatalog von 14 Punkten auf, der in den folgenden Tagen den meisten aufständischen Garnisonen als Vorbild für ihre Resolutionen diente. Die Forderungen betrafen die Bereinigung der Situation im Sinne der Matrosen (Entlassung der Inhaftierten, Straffreiheit etc.) sowie eine Lockerung der scharfen Disziplin (Aufhebung des Vorgesetztenverhältnisses außerhalb des Dienstes, „sachgemäße Behandlung" der Matrosen, Aufhebung der Briefzensur). Die einzige politische Forderung war die nach vollständiger Rede- und Pressefreiheit.[58]

Für den nächsten Tag hatten die Gewerkschaften den Generalstreik ausgerufen; in der Nacht hatte sich ein Arbeiterrat konstituiert; auf allen auf der Reede liegenden Schiffen der Kaiserlichen Marine wehten rote Fahnen, Kiel war vollständig in den Händen der Aufständischen. In der weitgehend unübersichtlichen Situation gelang es Noske, sich an die Spitze der Bewegung zu setzen: Auf einer Matrosenversammlung rief er dazu auf, der Bewegung eine starke Führung zu geben, und ließ sich akklamatorisch zum Vorsitzenden eines neuen Soldatenrates wählen, dessen Mitglieder er gleich selbst bestimmte. **Eingreifen Noskes**

Zwar gelang es Noske, der in ständigem telefonischen Kontakt mit Berlin stand, am 6. November die Regierung zu einem Amnestieversprechen zu bewegen; dies reichte jedoch nicht mehr aus, um die Aufstandsbewegung unter Kontrolle zu halten. Die sich rasch auch auf andere Marinegarnisonen ausbreitende und zunehmend von der Arbeiterschaft mitgetragene Bewegung erhob nun verstärkt auch politische Forderungen, namentlich die nach raschem Abschluß des Waffenstillstandes und nach der Abdankung des Kaisers. Um durch die in Gang gekommene Aufstandsbewegung nicht in eine Nebenrolle abgedrängt zu werden, ließ sich Noske am 7. November durch den Soldatenrat zum Gouverneur von Kiel ernennen. In den folgenden Tagen dämmte er von dieser Position aus erfolgreich die revolutionäre Bewegung in der Hafenstadt ein.

Seit dem 3. November hatten aber bereits kleinere und größere Trupps von Matrosen Kiel verlassen und die Initiative zum Aufstand in anderen Hafenstädten ergriffen. So kam es am 5. November in Lübeck zur Bildung eines Soldatenrates, am 6. in Hamburg, Wilhelmshaven, Bremen, Rostock und zahlreichen anderen norddeutschen Städten. Am 7. erreichte die Bewegung das Binnenland: So fielen Braunschweig und Hannover an die Aufständischen; in Köln, dem zentralen Eisenbahn-Knotenpunkt im Rücken des Feldheeres, wurde am 8. November ein Arbeiter- und Soldatenrat gebildet; dies hatte eine Signalwirkung für die Aufstandsbewegung im gesamten Rheinland.[59] Bis zum 10. November waren praktisch in allen deutschen Städten Arbeiter- und Soldatenräte vorhanden. **Ausbreitung des Aufstands**

Neben Kiel und der Küstenregion war München das zweite Zentrum dieser deutschen Revolution.[60] Bildete die bevorstehende „Todesfahrt" der Flotte den Anlaß für den Aufstand der Matrosen, so war es in Mün- **Revolution in München**

43

chen die bedrohliche Vorstellung, nach dem Zusammenbruch der Habsburger Monarchie könnten alliierte Truppen in den militärisch kaum geschützten Süden des Reiches eindringen. Schleunige Beendigung des Krieges und zu diesem Zweck: Beseitigung der alten politischen Ordnung, wurden zu den populären Zielen der Revolution in Bayern.

Eisner

Getragen wurde die bayerische Revolution vor allem von der Arbeiterschaft des Rüstungszentrums München, die in dem USPD-Vorsitzenden Kurt Eisner einen zum politischen Umsturz entschlossenen Führer fand. Letztlich möglich wurde die Revolution aber erst durch die tiefgreifende Unzufriedenheit und Kriegsmüdigkeit in den städtischen Mittelschichten und auf dem Land, die in der zweiten Kriegshälfte zu einem rapiden Verfall der staatlichen Autorität in Bayern geführt hatten. Als es am 7. November im Anschluß an eine gemeinsame Veranstaltung der beiden sozialdemokratischen Parteien und der Gewerkschaften in München zu Massendemonstrationen kam, nutzte Eisner die erregte Stimmung und dirigierte einen Teil der Demonstranten zu den Kasernen der Stadt. Die Soldaten schlossen sich der Menge an, und noch am gleichen Abend wurden in einer friedlichen, auf keinerlei Widerstand treffenden Massenaktion die wichtigsten öffentlichen Gebäude besetzt. Ein Soldatenrat unter Vorsitz Eisners wurde gebildet, der in der folgenden Nacht in einer konstituierenden Sitzung im Landtag zu einem Arbeiter-, Soldaten- und Bauernrat erweitert wurde. Der Rat erließ noch in der Nacht einen Aufruf, in dem Bayern zum „Freistaat" ausgerufen, Wahlen zu einer konstituierenden Nationalversammlung angekündigt und der „Bruderkrieg der Sozialisten" für beendet erklärt wurden.[61] Die königliche Familie war mittlerweile aus der Residenz geflohen; die befürchtete Gegenaktion der überrumpelten Staatsmacht blieb aus. Den Mehrheitssozialdemokraten, durch die Aktion ins Hintertreffen geraten, blieb am folgenden Tag nur übrig, die neue Situation anzuerkennen und gemeinsam mit den Unabhängigen eine Regierung zu bilden, in der Eisner die Ämter des Ministerpräsidenten und des Außenministers übernahm.

Räte-bewegung

Je mehr sich die revolutionäre Bewegung ins Binnenland vorschob, um so mehr verlagerte sich die Initiative zur Revolte von den Matrosen und Soldaten zur Arbeiterschaft. Die Bildung der Arbeiterräte ging dabei durchaus unterschiedlich vor sich: In vielen größeren Städten – so etwa in Berlin – wurden reine Arbeiterräte gebildet, in der Regel auf Vollversammlungen, zu denen die einzelnen Betriebe Delegierte entsandt hatten. In den meisten kleineren Städten übernahmen die Mehrheitssozialdemokraten die Initiative und organisierten eine Volksversammlung, die die Zusammensetzung des örtlichen Rates bestimmte. Häufig kam es auch vor, daß sich die beiden sozialistischen Parteien und das örtliche Gewerkschaftskartell auf die Zusammensetzung der

Räte einigten, die in einigen Fällen nachträglich durch eine Volksversammlung bestätigt wurden. Daneben kam es auch zu regelrechten Listenwahlen auf der Basis der Wohnbezirke.[62] Existierte am Ort auch ein Soldatenrat, so wurde in der Regel bald ein gemeinsamer „Arbeiter- und Soldatenrat" gebildet.

Mitte November ergab sich folgendes Gesamtbild: Die SPD dominierte die Räte in Südwestdeutschland, in Hessen, im Rheinland, in Niedersachsen, dem gesamten ostelbischen Gebiet, in Hannover, Magdeburg, Dresden, Chemnitz, Köln, Kassel und den meisten Städten des Ruhrgebiets. Die Vorherrschaft der USPD beschränkte sich auf eine Reihe von Großstädten, insbesondere Bremen, Braunschweig, Leipzig, mehrere Städte in Mitteldeutschland und im Ruhrgebiet sowie (bis zu einem gewissen Grade) in Hamburg. In einigen Städten, darunter Berlin, Frankfurt, Essen, Oberhausen, herrschte ein relatives Gleichgewicht zwischen den beiden sozialistischen Parteien.[63] Die äußerste Linke, also in erster Linie der Spartakusbund, verfügte nur in wenigen Arbeiterräten über einige Vertreter, lediglich in zwei oder drei Großstädten hatte sie einen größeren Einfluß auf die Räte.

Das Bild einer insgesamt von gemäßigten Kräfte beherrschten Bewegung wird noch deutlicher, wenn man in Betracht zieht, daß bei der Rätebildung in vielen kleineren Ortschaften – das Land blieb ohnehin weitgehend passiv[64] – häufig Vertreter bürgerlicher Kreise berücksichtigt wurden. Dort, wo das Bürgertum von den Arbeiter- und Soldatenräten ausgeschlossen war, bildeten sich in der zweiten Novemberhälfte vielerorts eigenständige „Bürgerräte", die von den Arbeiter- und Soldatenräten mit unterschiedlichem Erfolg eine Beteiligung an der lokalen Machtausübung forderten. Die Bürgerräte trugen insbesondere aber auch dazu bei, das durch die Revolution angeschlagene Selbstbewußtsein des Bürgertums und seine politische Artikulationsfähigkeit wiederherzustellen.[65]

Neben dem Rat der Volksbeauftragten auf Reichsebene (auf den im nächsten Abschnitt einzugehen sein wird) und der lokalen Rätebewegung bildeten sich auch auf Länderebene provisorische Regierungen. Die preußische Regierung wurde am 12. November paritätisch von den beiden sozialdemokratischen Parteien neu gebildet; das gleiche Modell kam am 15. November in Sachsen zum Zuge, das bereits am 9. November zum Freistaat erklärt worden war. In Württemberg wurde die zunächst am 9. November durch SPD und USPD gebildete Regierung bereits am 11. November auf Wunsch der Mehrheitssozialdemokraten durch bürgerliche Vertreter ergänzt. In Baden war am 10. November eine Regierung aus Sozialdemokraten beider Richtungen sowie aus Vertretern bürgerlicher Parteien zustande gekommen. In Hessen bildete der seit dem 11. November amtierende mehrheitssozialdemokratische Ministerpräsident am 14. Dezember zusammen mit Zentrum und Fort-

Neubildung der Landesregierungen

schrittpartei eine erste „Weimarer Koalition". In den übrigen kleineren deutschen Staaten kam es meist zu Koalitionen von Mehrheitssozialdemokraten und Bürgerlichen, überwiegend unter einem Ministerpräsidenten der MSPD. Nur in Braunschweig existierte eine ausschließlich aus Unabhängigen bestehende Regierung. In Hamburg und Bremen übten Arbeiter- und Soldatenräte mit stark linksradikaler Tendenz die Macht aus; in beiden Hansestädten wurden die Senate (also die Regierungen) zunächst für abgesetzt erklärt, nach wenigen Tagen aber wieder eingesetzt, wobei man von der – reichlich illusorischen – Vorstellung ausging, ihre Tätigkeit auf rein administrative Funktionen beschränken zu können.[66] Die Bildung neuer Regierungen ging einher mit dem Ende der Monarchien auch in den Einzelstaaten: Bis zum 30. November 1918 hatten die insgesamt 22 Monarchen des Deutschen Reiches abgedankt bzw. ihre Throne ohne förmliche Erklärung verlassen.[67]

Die innnerhalb weniger Tage sich vollziehende Bildung von Räten folgte keinem einheitlichen Plan, es gab weder eine Zentrale noch ein irgendwie fixiertes Programm. Trotz der großen Unterschiede der Rätebildung von Ort zu Ort lassen sich deutlich Elemente einer einheitlichen und elementaren Volksbewegung erkennen. Die Räte, so könnte man die Bewegung charakterisieren, waren in einer Volkserhebung spontan gebildete Organe, die angetreten waren, um unmittelbar an die Stelle der nicht mehr ausreichend legitimierten und auseinanderbrechenden staatlichen Macht zu treten. Die Rätebewegung war in erster Linie ein Ordnungsfaktor und keineswegs das verkörperte Chaos. Ein Motiv stand bei der Rätebildung fast überall im Vordergrund: Keine Gewalt! Die Räte stellten die beachtliche Fähigkeit der sozialdemokratischen Basis zur Selbstorganisation unter Beweis; eine Bewegung „von unten", die auch als Gegenreaktion auf die bürokratische Verkrustung des Parteiapparates und seine enge Zusammenarbeit mit den staatlichen Behörden während der Kriegszeit gesehen werden muß. So konnte etwa ein skeptischer Beobachter der revolutionären Ereignisse, der in München lebende Thomas Mann, schon wenige Tage nach dem Umsturz in Bayern notieren: „Ich bin befriedigt von der relativen Ruhe und Ordnung, mit der vorderhand wenigstens alles sich abspielt. Die deutsche Revolution ist eben die deutsche, wenn auch Revolution. Keine französische Wildheit, keine russisch-kommunistische Trunkenheit."[68]

Die sich erst im Zuge der Rätebildung herauskristallisierende Programmatik dieser Bewegung beinhaltete in erster Linie die schnelle Beendigung des Krieges, die Beseitigung des Obrigkeitsstaates und die Humanisierung der militärischen Disziplin. Die alte Ordnung, so könnte man die Grundforderung der weitgefächerten Bewegung bestimmen, sollte durch eine demokratische und soziale Republik auf parlamenta-

Ziele und Charakter der Räte-bewegung

rischer Grundlage ersetzt werden. Die Räte sahen ihre Aufgaben vor allem in der Aufrechterhaltung der öffentlichen Sicherheit und der Ernährung, sodann in der Demobilisierung. Sie versuchten nicht, die staatliche Ordnung zu zerschlagen und sich an die Stelle der Exekutive zu setzen, sondern beschränkten sich in der Regel auf eine Kontrolle der Verwaltung, ohne in größerem Umfang in deren personelle Zusammensetzung oder administrative Abläufe einzugreifen. Vielfach nahm die „Kontrolle" alsbald die Form einer engen Zusammenarbeit an.[69]

Von den Räten ging kein Impuls zur direkten Durchsetzung sozialistischer Reformen mit revolutionären Mitteln aus; die Rätebewegung trat mehrheitlich – das sollte das Ergebnis des 1. Rätekongresses im Dezember[70] zeigen – für baldige Wahlen zu einer Nationalversammlung ein. Die Räte begriffen sich jedoch als lokale Machtinstrumente der neuen Regierung gegenüber den Kräften des alten Systems und wären überwiegend dazu bereit gewesen, eine von der Regierung initiierte, aktive Reformpolitik auch vor Ort durchzusetzen.

Die Räte benannten sich zwar nach den Organen der revolutionären Bewegung in Rußland, inhaltlich waren sie jedoch von der Oktoberrevolution weit entfernt. Die Vorstellung, die Rätebewegung zu einem politischen System zu verfestigen, einen Rätestaat als Alternative zu Parlamentarismus und Parteienstaat zu entwickeln, war im November und Dezember 1918 nur in einem kleinen Teil der Bewegung lebendig.

War der unmittelbare Anlaß der Revolution der Wunsch gewesen, die Kräfte des alten Regimes zu beseitigen, die einem sofortigen Kriegsende entgegenstanden, so lassen sich die Umwälzungen des Herbstes 1918 doch nicht auf eine durch die schwierige Situation hervorgerufene Revolte reduzieren. In den Novembertagen entzündete sich vielmehr der Funke, der ein über zwei Jahre aufgebautes revolutionäres Szenario zur Explosion brachte. Dieses revolutionäre Szenario war zurückzuführen auf die breite, mit der Dauer des Krieges anwachsende Unzufriedenheit mit dem autoritären Staat, dem inhumanen Militärsystem und der schlechten Versorgungslage. Andererseits erhielt sich trotz dieser düsteren Lage eine allgemeine Hoffnung auf eine grundlegende Veränderung der Lebensbedingungen, eine Hoffnung, die zunehmend auf das alte Zukunftsversprechen der Sozialdemokraten, den „Sozialismus", Bezug nahm – auch wenn die meisten mit diesem Begriff zunächst recht vage Vorstellungen verbanden.[71]

Anlaß und tiefere Ursachen für die Revolution

Bildung der revolutionären Regierung

Der Aufstand der Massen machte das Kalkül der Mehrheitssozialdemokratie zunichte, durch Mitarbeit in einer Regierung der „parlamentari-

Sozialdemo-kratie und Revolution

schen Monarchie" einen friedlichen Übergang zur Demokratie zu erreichen.[72] Wie weit die Konzessionsbereitschaft der Sozialdemokraten an das alte Regime gegangen war, hatte Ebert in der Besprechung mit Groener am 6. November deutlich gemacht: Die Frage Monarchie oder Republik, so Ebert, habe für die Sozialdemokraten nur theoretische Bedeutung; man würde sich auch mit einer Monarchie mit parlamentarischem System abfinden. Ein kaiserlicher Prinz solle daher mit der Regentschaft beauftragt werden; dies sei die letzte Gelegenheit zur Rettung der Monarchie.[73]

In diese Besprechung platzte die Nachricht von der Ausbreitung der Aufstandsbewegung auf Hamburg und Hannover hinein. Den führenden Sozialdemokraten – die sich von dieser Entwicklung äußerst betroffen zeigten[74] – wurde schlagartig klar, daß sie vor einer breiten revolutionären Bewegung standen und durch ihre Mitarbeit in der kaiserlichen Regierung ins Abseits zu geraten drohten.

Innerhalb kürzester Zeit schwenkte die MSPD-Führung nun um und beschloß (Noske hatte in Kiel ein Vorbild gesetzt), die Spitze der revolutionären Bewegung zu übernehmen, um sie in ruhigere Bahnen zu lenken. Die Beschwörung von „Ruhe und Ordnung", die Verhinderung von „Chaos" und „Anarchie" nach russischem Muster, zieht sich wie ein roter Faden durch die Erklärungen der führenden sozialdemokratischen Vertreter der folgenden Tage.

Zusätzliche Dramatik erhielt die Situation durch die amerikanische Antwortnote auf das deutsche Waffenstillstandsersuchen, die seit dem 5. November vorlag. Die deutsche Seite wurde aufgefordert, sich mit dem alliierten Oberkommando in Verbindung zu setzen, um die Waffenstillstandsbedingungen entgegenzunehmen. Am 6. reiste eine Delegation unter Führung Erzbergers nach Frankreich ab. Die sozialdemokratische Führung befürchtete nun, ein plötzlicher Rückzug aus der Regierung könne den Waffenstillstand in letzter Minute verhindern.

Andererseits jedoch mußten die Sozialdemokraten auf die Zuspitzung der Lage in Berlin reagieren. Als der Polizeipräsident am 7. November eine Reihe von Versammlungen der USPD aus Anlaß des Jahrestages der russischen Revolution verbot, antwortete die MSPD-Führung am gleichen Tag mit einem Ultimatum an den Reichskanzler. Dabei rangen sich die Sozialdemokraten nun dazu durch, sich die Forderung nach Abdankung des Kaisers zu eigen zu machen. Sie griffen damit die zentrale, massenwirksame Forderung der Revolte auf (wobei sie allerdings bewußt die Möglichkeit einer Regentschaft eines anderen Mitgliedes des Hauses Hohenzollern offenhielten). Das Ultimatum hatte folgenden Wortlaut:

Ultimatum der MSPD vom 7. 11.

„Die Sozialdemokratische Partei fordert, daß die Versammlungsverbote für heute aufgehoben werden; Polizei und Militär zu äußerster Zurückhaltung angehalten werden; daß die preußische Regierung sofort im

48

Sinne der Reichstagsmehrheit umgestaltet wird; daß der sozialdemokratische Einfluß in der Reichsregierung verstärkt wird; daß die Abdankung des Kaisers und der Thronverzicht des Kronprinzen bis morgen
mittag bewirkt werden. Werden diese Forderungen nicht erfüllt, so tritt
die Sozialdemokratie aus der Regierung aus."[75]
Als der Kanzler daraufhin mit dem Rücktritt drohte,[76] schwächte Scheidemann das Ultimatum in der Kabinettsitzung vom 7. November sogleich wieder ab und machte deutlich, daß es vor allem als Geste gegenüber den Aufständischen gedacht war: „Die Bewegung wächst uns
sonst über den Kopf."[77] In einem Flugblatt vom 8. November betonte
die SPD-Parteileitung, das Ultimatum sei erfüllt – bis auf die Abdankung des Kaisers, also die wichtigste, die Massen bewegende Frage.
Zur Begründung gab man an, der Waffenstillstand habe nicht, wie ursprünglich geplant, sofort unterzeichnet werden können, vorher wolle
man jedoch nicht aus der Regierung austreten.[78]
Die Masse der Arbeiterschaft war aber – insbesondere unter dem Eindruck der revolutionären Ereignisse in München – auch in der Hauptstadt nicht mehr länger zu halten; in den Betrieben traten die Arbeiter
am Morgen des 9. November in den Ausstand und formierten sich zu
Demonstrationszügen ins Zentrum. Bereits am 8. November hatten die
Unabhängigen einen Soldatenrat gebildet, und auf einer am Abend des
gleichen Tages abgehaltenen Sitzung waren die Mitglieder des Partei-
vorstands der MSPD von ihren Vertrauensleuten in den Betrieben über
die kritische Stimmung in der Arbeiterschaft informiert und zur Aktion
gedrängt worden.[79] Unter dem Druck der Parteibasis schloß sich die
Führung der Sozialdemokratie der Bewegung notgedrungen an: Der
„Vorwärts" verbreitete am Vormittag des 9. November einen Aufruf zum
Generalstreik und zu Demonstrationen im Namen eines „Sozialdemokratischen Arbeiter- und Soldatenrates von Berlin", und in einer Sitzung
der Reichstagsfraktion am selben Morgen, an der auch eine Arbeiter-
abordnung teilnahm, wurde beschlossen, „bei einer notwendigen Aktion gemeinsam mit den Arbeitern und Soldaten vorzugehen" und die
Regierung aufzufordern „uns die Macht zu übergeben";[80] Scheidemann
trat aus der Regierung aus.[81] Die Sozialdemokraten befanden sich an
diesem Tag unversehens in einer günstigen Ausgangsposition, da die
USPD-Führung, in der Mehrheit auf eine Revolution ebenfalls nicht
vorbereitet, wegen der Anwesenheit ihres Vorsitzenden Haase in Kiel
nur begrenzt handlungsfähig war, während die radikalen, zur Revolution bereiten Kräfte, die Revolutionären Obleute sowie die Spartakusgruppe, erst für den 11. November Massenstreiks vorgesehen hatten.[82]
Als sich am Morgen des Tages die Angehörigen einer der wenigen in
Berlin vorhandenen Kampfeinheiten, des Naumburger Jägerbataillons
Nr. 4, der MSPD-Führung zur Verfügung stellten, kündigte sich das Ende von Kaiser und Regierung an. Wilhelm konnte nun davon überzeugt

**Revolution
in Berlin
9. 11. 1918**

werden, daß sein Plan, nach Abschluß des Waffenstillstands an der Spitze seiner Truppen die Revolution zu zerschlagen, vollkommen illusionär war; Groener fand hierfür deutliche Worte: „Das Heer wird unter seinen Führern und Kommandierenden Generalen in Ruhe und Ordnung in die Heimat zurückmarschieren, aber nicht unter dem Befehl Eurer Majestät, denn es steht nicht mehr hinter Eurer Majestät."[83] Im Laufe des Vormittags teilte man aus Spa auf dringende Anfragen der Reichskanzlei die bevorstehende Abdankung Wilhelms II. telefonisch mit; als zunächst keine schriftliche Bestätigung eintraf, übermittelte der Kanzler die Meldung von der Abdankung des „Kaisers und Königs" eigenmächtig der Presse.[84] Der Kaiser nahm diese Erklärung hin, wollte jedoch den Rücktritt nur auf seine Funktion als Deutscher Kaiser, nicht auf seine Eigenschaft als König von Preußen beziehen. Außerdem übertrug er den Oberfehl über das Feldheer dem Chef der Obersten Heeresleitung, ein für das Selbstbewußtsein der Generäle wichtiger Schritt, sah man sich hier doch als eine von der im Entstehen begriffenen neuen Reichsleitung unabhängige Instanz.[85]

Abdankung Wilhelms II.

Gegen Mittag erschienen Ebert, Scheidemann und andere führende Sozialdemokraten beim Reichskanzler[86] und forderten von ihm die Übergabe der Regierungsgewalt, wobei Ebert erneut das vorherrschende Motiv der sozialdemokratischen Führung, die Wahrung von „Ruhe und Ordnung", die „Vermeidung von Blutvergießen" hervorhob. Der nun folgende historische Akt stellte allerdings eher eine geordnete Machtübergabe als eine revolutionäre Tat dar: Der Kanzler bekundete die Machtlosigkeit seiner Regierung und bot Ebert, nachdem dieser die Idee einer Regentschaft als „zu spät" zurückgewiesen hatte, den Posten des Kanzlers an, wobei er bei dieser „Ernennung" den von der Verfassung des Kaiserreichs gesetzten Rahmen sprengte; Ebert akzeptierte nach kurzem Zögern.[87]

Reichskanzler Ebert

Auch der nun folgende Versuch der Sozialdemokraten, das militärische Instrument vollends in die Hand zu bekommen, zeigt die übergroße Vorsicht der sozialdemokratischen Revolutionäre wider Willen: Als der preußische Kriegsminister Scheüch die Forderung, sein Amt müsse mit einem Sozialdemokraten besetzt werden, rundheraus ablehnte, reagierten Ebert und schließlich auch Scheidemann geradezu erleichtert: „Da können wir nur dankbar sein", „Sehr erfreulich" lauteten ihre Kommentare; man bat höflich um Verständnis, daß man dem Minister einen Parteigenossen als Unterstaatssekretär beiordnen wollte, was Scheüch konzedierte. So wenig wie die militärische Kommandogewalt des Kaisers durch die Reformen des Oktobers beseitigt worden war, so gelang es auch der neuen Regierung nicht, sich die Militärs vollständig unterzuordnen.

Als Scheidemann gegen Mittag vom Balkon des Reichstags aus die Republik ausrief, geschah dies wiederum in erster Linie, um durch einen

50

symbolischen Akt demonstrativ mit dem alten Regime zu brechen und so der aufgestauten Erregung der Massen ein Ventil zu geben: „Das deutsche Volk hat auf der ganzen Linie gesiegt. Das alte Morsche ist zusammengebrochen; der Militarismus ist erledigt. Die Hohenzollern haben abgedankt! Es lebe die deutsche Republik!" Scheidemann kündigte in seiner Ansprache ferner an, der Regierung würden „alle sozialistischen Parteien angehören."[88]

Ausrufung der Republik

Ebert, über die Ausrufung zunächst nicht informiert, soll Scheidemann nach dessen Rede schwere Vorwürfe gemacht haben; er hätte die Frage der Staatsform – vor allem mit Rücksicht auf die Loyalität der Beamtenschaft – zunächst lieber offengehalten und durch die zu wählende Konstituante entschieden gesehen.[89] Die Tatsache, daß wenige Stunden später Liebknecht vom Balkon des Schlosses aus die „freie sozialistische Republik Deutschland" ausrief, machte die Polarisierung innerhalb der Revolutionsbewegung deutlich.

Ebert ging zunächst daran, eine Reihe von Aufrufen zu erlassen, die vor allem der Beruhigung der Lage dienen sollten. So heißt es in seinem Aufruf an „das deutsche Volk", der Prinz v. Baden habe ihm „die Wahrnehmung der Geschäfte des Reichskanzlers übertragen". Er sei im Begriff, eine neue Regierung „im Einvernehmen mit den Parteien" zu bilden. (Von einer Festlegung auf ein Bündnis mit der USPD war in diesem Dokument bemerkenswerterweise nicht die Rede.) Wichtigste Aufgabe der neuen Regierung sei es, den Frieden herzustellen und die Ernährung zu sichern. Ebert schloß: „Mitbürger! Ich bitte Euch alle dringend: Verlaßt die Straßen! Sorgt für Ruhe und Ordnung."[90]

Aufrufe Eberts

In einem weiteren Aufruf vom 9. November forderte Ebert die Beamten auf, sich loyal zu verhalten: „Ein Versagen der Organisation in diesen schweren Stunden würde Deutschland der Anarchie und dem schrecklichsten Elend ausliefern."[91] Eine weitere Proklamation vom gleichen Tag, von Ebert gemeinsam mit den mittlerweile in die Regierung berufenen Mehrheitssozialdemokraten Scheidemann und Landsberg gezeichnet, kündigte Wahlen zu einer Nationalversammlung an.[92]

Die Mehrheitssozialdemokraten traten unmittelbar nach der Übernahme des Kanzleramtes durch Ebert in Verhandlungen mit der USPD über die Bildung einer Regierung ein. Die USPD erhob zunächst, unter dem Einfluß des führenden Vertreters des linken Parteiflügels, Karl Liebknecht, eine Reihe von Forderungen, denen der SPD-Vorstand nicht oder nur mit Einschränkungen zustimmte.

Verhandlungen MSPD–USPD

Die Mehrheitssozialdemokraten bekannten sich zwar zur Forderung der USPD, Deutschland solle eine „soziale Republik" sein, wollten jedoch eine Entscheidung hierüber der zu schaffenden konstituierenden Versammlung überlassen. Die Vorstellung der USPD, in dem neuen Staat solle „die gesamte exekutive, legislative und die jurisdiktionelle Macht ausschließlich in den Händen von gewählten Vertrauensmännern der gesamten werktätigen Bevölkerung und der Soldaten" liegen, wurde von der MSPD ablehnend behandelt: „Ist mit diesem Verlangen die Diktatur eines Teils einer Klasse gemeint", ihre Antwort, „hinter dem nicht die Volksmehrheit steht, so müssen wir diese Forderung ablehnen, weil sie unseren demokratischen Grundsätzen widerspricht."[93] Schien hier noch ein unüberbrückbarer Gegensatz zwischen beiden Parteien zum Ausdruck zu kommen, so entschloß sich die USPD am folgenden Tag, dem 10. November – dem aus Kiel zurückgekehrten Haase gelang es, den linken Parteiflügel zu dominieren –, ihre weitergehenden Forderungen fallenzulassen. Allerdings konnten sie gegenüber der MSPD durchsetzen, das eigentliche Kabinett solle nur aus Sozialdemokraten beider Parteirichtungen bestehen, während die – meist bürgerlichen – Fachminister nur als „technische Gehilfen" zu fungieren hätten. Die „politische Gewalt" hingegen solle in den Händen der Arbeiter- und Soldatenräte liegen, die alsbald zu einer Vollversammlung zusammenkommen sollten. Außerdem wollten die USPDler die Frage einer konstituierenden Versammlung erst „nach einer Konsolidierung der durch die Revolution geschaffenen Zustände" angehen.[94]

Beide Parteien standen bei der nun relativ schnell zustandekommenden Einigung unter erheblichem Druck, da sie verhindern wollten, daß die am Nachmittag im Zirkus Busch beginnende, schwer einschätzbare Versammlung der 3000 Berliner Arbeiter- und Soldatenräte maßgeblichen Einfluß auf die Regierungsbildung nehme. Die Wahl von Arbeiter- und Soldatenräten in den Fabriken und Kasernen der Hauptstadt war auf Betreiben der Revolutionären Obleute buchstäblich über Nacht vorbereitet und am Morgen des 10. November (einem Sonntag) durchgeführt worden. Die Radikalen sollten jedoch bei diesen Wahlen keine Mehrheit erreichen, da es der MSPD in der Nacht gelungen war, ihren Propagandaapparat zu aktivieren, und sie mit der Parole „Kein Bruderkampf!" die Grundstimmung der Massen getroffen hatte.[95] Vor allem aber hatten sich die Sozialdemokraten erfolgreich darauf konzentriert, die Soldaten auf ihre Linie zu bringen, wobei sie bei ihrer improvisierten Agitation in den Kasernen technisch und logistisch durch den Preußischen Kriegsminister Scheüch unterstützt worden waren. Auch in der zentralen Frage der Sicherheit der Regierung hatte Scheüch damit begonnen, entscheidende Hilfestellung zu leisten: Am Abend des 9. hatte er den Obersten Reinhardt in die Reichskanzlei abgestellt, wo dieser bei der Aufstellung eines – zunächst allerdings nur sehr schwachen – bewaffneten Ordnungsdienstes maßgeblich beteiligt gewesen war.[96] Auch hatten sich im Kriegsministerium am 9. November ein Soldatenrat und hieraus ein „Aktionsausschuß" gebildet, der sich in einem „Befehl" als „Spitze der ausführenden Militärgewalt" bezeichnete und seine Tätigkeit weitgehend mit der Führung des Ministeriums wie mit der Regierung Ebert abstimmte.[97]

Auf der Versammlung im Zirkus Busch[98] wurden zunächst die sechs Volksbeauftragten bestätigt: von seiten der MSPD der Parteivorsitzende Friedrich Ebert, der Reichstagsfraktionsvorsitzende Philipp Scheidemann sowie der Reichstagsabgeordnete Otto Landsberg; von Seiten der USPD ihr Vorsitzender Hugo Haase, der Mitbegründer der Partei, Wilhelm Dittmann, sowie der Vertrauensmann der Revolutionären Obleute, Emil Barth. Nachdem der Plan der Radikalen, ein nur aus Anhängern ihrer Richtung gebildetes Komitee einzusetzen, am Widerstand vor allem der Soldatenvertreter gescheitert war, wurden schließlich ein durch beide Parteien paritätisch besetztes vierzehnköpfiges Aktionskomitee der Arbeiter sowie ein ebenfalls vierzehnköpfes Komitee der Soldaten, überwiegend bestehend aus Parteilosen, gewählt; beide bildeten zusammen den „Vollzugsrat des Arbeiter- und Soldatenrates Großberlin". Dieser erhob den Anspruch, bis zur Bildung einer gesamtdeutschen Räteversammlung den Rat der Volksbeauftragten zu kontrollieren. Eine genaue Festlegung der Kompetenzen der beiden revolutionären Gremien erfolgte jedoch zunächst nicht. Auch nahm die Versammlung teilweise einen dermaßen turbulenten Verlauf, daß das Bündnis zwischen USPD und MSPD zeitweise wieder infrage gestellt zu sein schien.[99]

> **Versammlung der Berliner Arbeiter und Soldatenräte**

> **Vollzugsrat**

Endgültig besiegelt wurde das Bündnis zwischen USPD und MSPD wohl erst während einer Sitzung in der Reichskanzlei am Abend des 10. November.[100] Nicht unwesentlich für das Zustandekommen dieses Bündnisses war erneut die Haltung des Kriegsministers Scheüch, der zunächst Ebert, dann dem im Entstehen begriffenen Regierungsbündnis militärischen Schutz zusagte. Noch in der Nacht begann er damit, mit Hilfe des im Kriegsministerium gebildeten „Aktionsausschusses" den soeben ins Leben gerufenen Ordnungsdienst so zu verstärken, daß dieser innerhalb weniger Tage in der Lage sein sollte, die Regierungsgebäude wirksam zu sichern.[101] Bereits am 10. November begann sich also die reale Machtbasis der provisorischen Regierung von den Räten fort zu den Militärs zu verschieben.

In der Reichskanzlei lag zu diesem Zeitpunkt außerdem bereits ein Telegramm des Generalquartiermeisters Groener vor, das den Willen der Obersten Heeresleitung zum Ausdruck brachte, der neuen Regierung als gleichberechtigte Instanz gegenüberzutreten. Groener legte dar, Hindenburg habe sich „bereit erklärt", an der Spitze der OHL zu bleiben, bis das Heer in die Heimat zurückgeführt sei. Der Feldmarschall erwarte außerdem von der neuen Regierung Unterstützung hinsichtlich der Heeresverpflegung, der Durchführung des ungestörten Eisenbahnverkehrs sowie bei der Aufrechterhaltung des Gehorsams der Mannschaften gegenüber den Offizieren.[102]

> **Telegrammwechsel Ebert – Groener**

Ebert antwortete sachlich-zurückhaltend, indem er „für die mir ausgesprochene Bereitwilligkeit, mit der von mir gebildeten Regierung zum

Wohl des Landes zusammen zu wirken", dankte und die OHL bat, „zu meiner Verfügung zu stehen".[103] Am Abend des gleichen Tages nahm Groener außerdem telefonischen Kontakt mit Ebert auf.[104] Allerdings war mit dieser ersten Verständigung noch keineswegs – wie Groener es später darstellte – ein „Bündnis" zwischen Ebert und OHL gegen die zur Fortsetzung der Revolution drängenden Kräfte geschlossen; viel entscheidender für die Überlebensfähigkeit der Regierung Ebert/Haase erscheint vielmehr die Unterstützung durch das preußische Kriegsministerium und die stark von ihm beeinflußte Berliner Soldatenratsbewegung.[105]

Denn die OHL war zu diesem Zeitpunkt überhaupt nicht in der Lage, Ebert zur Unterstützung Truppen zur Verfügung zu stellen. Ihre eigene Position war noch gefährdeter als die der Regierung; die Aufstandsbewegung hatte bereits die Garnison von Spa erfaßt.[106] Die Existenz der OHL ließ sich zu diesem Zeitpunkt nur noch damit rechtfertigen, den Rücktransport des Feldheeres und seine Auflösung zu organisieren.[107] Ebenfalls am 10. November erließ Ebert als „Reichskanzler" einen Aufruf an das Heimatheer, in dem er dazu aufforderte, „Ruhe und Ordnung unter allen Umständen" zu bewahren und Soldatenräte in allen Truppenteilen zu bilden.[108] Mit einem Befehl vom gleichen Tag versuchte Hindenburg, die auch im Feldheer in Gang gekommene Bildung von Soldatenräten zu unterlaufen; um „diese Bewegung in die Hand der Offiziere zu bekommen", rief er zur Bildung von „Vertrauensräten" auf, die bei „allen wirtschaftlichen und sozialen Fragen zur engsten Mitarbeit von den Truppenbefehlshabern heranzuziehen" seien.[109]

Schlüsselrolle der Soldatenräte

Den Soldatenräten war innerhalb der revolutionären Bewegung eine Schlüsselrolle zugefallen: Überall hatten Soldaten in der Revolution die Initiative ergriffen; sie waren in den neu entstehenden revolutionären Gremien dementsprechend relativ stark repräsentiert. Alsbald aber sollten ihre Sonderinteressen deutlich hervortreten: Die Soldatenvertreter waren – im Gegensatz zu den Arbeiterräten – nicht unbedingt sozialistisch gesinnt, und sie hatten ein starkes Eigeninteresse daran, innerhalb eines neuen Sicherheitsapparates verwendet zu werden. Die wichtige Rolle der Soldaten bei der Beseitigung des alten Systems und bei der Sicherung des neuen machte sie zur Prätorianergarde der Revolution.

Entscheidend für die weitere innenpolitische Entwicklung war jedoch zunächst die Beendigung der militärischen Kampfhandlungen. Bevor der Rat der Volksbeauftragten sich konstituieren konnte, beschloß eine Runde der alten Regierungsmitglieder unter Vorsitz des amtierenden Kanzlers Ebert, ergänzt durch die neuen „Volksbeauftragten" Scheidemann und Landsberg, am 10. November in aller Eile die Unterzeichnung des Waffenstillstandes.

Die alliierten Waffenstillstandsbedingungen sahen unter anderem die

Räumung der besetzten Gebiete, einschließlich Elsaß-Lothringens, innerhalb von 15 Tagen vor; ferner waren alle deutschen Truppen aus den linksrheinischen Gebieten abzuziehen; sie würden von alliierten Truppen besetzt werden. Alle deutschen Truppen waren aus Österreich-Ungarn, Rumänien, der Türkei sowie aus dem ehemaligen Rußland zurückzunehmen. Die deutsche Seite hatte außerdem sofort größere Mengen schweren Kriegsgeräts sowie Transportmittel zu übergeben. Ferner wurde die Blockade der deutschen Häfen aufrechterhalten.[110] Am folgenden Tag wurde das Waffenstillstandsabkommen durch Erzberger in Compiègne unterzeichnet.[111] Der erste Weltkrieg war damit beendet.

Waffenstillstand

Das Bündnis der beiden sozialdemokratischen Parteien (November/Dezember 1918)

Eberts Herrschaft war von Anfang an auf zweifache Weise legitimiert: Auf der einen Seite verkörperte „Reichskanzler Ebert" infolge der Machtübertragung durch v. Baden, durch die Übernahme der kaiserlichen Staatssekretäre und die Anerkennung seitens der Militärs die Kontinuität des Staats- und Regierungsapparates; auf der anderen Seite leitete der „Volksbeauftragte Ebert" seine Stellung – ohne dies eigentlich gewollt zu haben – aus dem Willen der revoltierenden Massen und der Beauftragung durch die Rätebewegung ab. Das Bündnis mit den Unabhängigen und die Zusammenarbeit mit den Konservativen dienten vor allem der Gefahrenabwehr gegen das in seiner wahren Größenordnung noch nicht erkennbare revolutionäre Potential auf der äußersten Linken. Auf die Machtübernahme nicht vorbereitet und durch und durch defensiv eingestellt, fanden Ebert und seine Freunde sich in einer unmöglichen Machtkonstellation wieder – sie bildeten das Zentrum einer „Achse", die vom Revolutionär Barth bis zum General Hindenburg reichte! Das Abblocken der revolutionären Bewegung durch die Mehrheitssozialdemokraten und die alsbald einsetzende Konsolidierung des staatlichen Machtapparates sowie der wirtschaftlich und sozial maßgeblichen Schichten hatten nun zur Folge, daß sich in den kommenden Wochen die Machtbasis der Regierung von den revolutionären Massen hin zu den konservativen Kräften verlagerte. Waren die Unabhängigen am 10. November aus der Sicht Eberts noch unverzichtbar gewesen, um die radikalen Kräfte einzudämmen, so konnten nun Militär und Bürokratie nach relativ kurzer Zeit diese Rolle übernehmen, und der von ihnen ausgehende Druck auf einen Bruch mit den Unabhängigen mußte demzufolge von Tag zu Tag stärker werden.[112]

Kräftekonstellation

55

**Rat der Volks-
beauftragten**

Am 11. November nahm der Rat der Volksbeauftragten seine Tätigkeit auf. Von Anfang an lag die Leitung und Geschäftsführung der Regierung unbestritten in der Hand Eberts, obwohl Haase formell gleichberechtigter Vorsitzender des Rates war. Ebert präsidierte in den Sitzungen mit großem Geschick, und er beherrschte souverän den eingespielten Apparat des Reichskanzleramtes, das im wesentlichen aus dem alten Personal bestand, nur einige wichtige Positionen waren mit Mehrheitssozialdemokraten besetzt worden. Wenn Ebert im Schriftverkehr des Regierungsapparates immer wieder als „Reichskanzler" bezeichnet wurde, dann entsprach dieser ihm von seinem kaiserlichen Vorgänger „verliehene" Titel der tatsächlichen Machtsituation und kam in einem hohen Maße auch dem Selbstverständnis Eberts entgegen.[113] Ebert betrachtete sich nicht als vom Volk in das Zentrum der Macht getragener Revolutionär, sondern in erster Linie als „Konkursverwalter des alten Regimes":[114] Er wollte die parlamentarische Demokratie umgehend verwirklichen und den Entscheidungen einer Nationalversammlung nur dort vorgreifen, wo dies unabweisbar notwendig war.

**Haltung
Eberts**

Für Ebert und die Führung der Mehrheitssozialdemokratie standen Ende 1918 nicht weitgehende gesellschaftspolitische Reformen im Vordergrund, sondern die Bewältigung der bestehenden Schwierigkeiten: Beruhigung der innenpolitischen Lage, Bewahrung der Reichseinheit, Liquidierung des Krieges, Aufrechterhaltung der lebenswichtigen Produktion und der Volksernährung – kurzum nicht weniger als die Sicherung der Existenzgrundlagen des deutschen Volkes. Diese umfassenden, drängenden Tagesaufgaben waren nach Auffassung der führenden Mehrheitssozialdemokraten nur mit Hilfe des bestehenden staatlichen Apparates zu gewährleisten; eine energischere Politik gegen die alten Eliten hingegen mußte nach ihrer Überzeugung Chaos und Anarchie heraufbeschwören.

Dabei war Ende 1918 weder die Funktionsfähigkeit des bestehenden Staatsapparates noch die Errichtung einer parlamentarischen Demokratie ernsthaft durch ein Rätesystems nach bolschewistischem Vorbild bedroht. Denn die Verfechter des Rätesystems – Spartakus und andere Kräfte auf dem linken Flügel der USPD – bildeten selbst innerhalb der von den Mehrheitssozialdemokraten und gemäßigten Unabhängigen beherrschten Rätebewegung eine kleine Minderheit.[115] Die heterogene Zusammensetzung der USPD und die sich ständig verschiebenden Fronten innerhalb dieser Partei sowie eine sich Tag für Tag verändernde Gesamtkonstellation machten diese Minderheit aus der Sicht der MSPD-Führung allerdings zu einem schwer einschätzbaren, gefährlichen Faktor, der durch die Projektion „russischer Zustände" geradezu eine existenzbedrohende Dimension erhielt. Die Revolutionsfurcht der Sozialdemokraten bestimmte ihr Handeln in diesen entscheidenden Wochen, nicht die tatsächliche Stärke der linken Revolutionäre.

Die von Liebknecht und Luxemburg geführte Spartakusgruppe, die nur einige tausend Anhänger umfaßte, versuchte jedenfalls, durch rastlose Agitation in Versammlungen und auf Straßendemonstrationen die in der Umbruchsituation labile und politisch haltlose Masse weiter zu radikalisieren. Der Spartakusbund verband mit der Forderung „Alle Macht den Räten" die Vorstellung, sämtliche Gesetzgebungs- und Verwaltungsfunktionen den Räten (an der Spitze dem Vollzugsrat) zu übertragen.

Spartakus

Ähnliche Ziele wie Spartakus vertraten die vor allem in den Berliner Metallbetrieben starken Revolutionären Obleute. Sie setzten jedoch auf die (in ihrem Sinne) politisch bewußte und disziplinierte Industriearbeiterschaft und wollten demzufolge die Macht bei den Arbeiterräten konzentriert sehen, da sie den nichtproletarischen Elementen in der Rätebewegung (Soldaten und Bürgerliche) das revolutionäre Bewußtsein absprachen.

Revolutionäre Obleute

Die gemäßigten Unabhängigen (unter anderem Haase, Dittmann, Kautsky, Eisner) wollten den parlamentslosen Zustand ausdehnen und zunächst die in der Revolution errungene Machtposition festigen. Auch sie sahen aber überwiegend in den Räten temporäre Organe und waren – mit prominenten Ausnahmen, wie etwa Eisner – gegen die Errichtung eines dauerhaften Rätesystems.

USPD

Die ersten Maßnahmen der noch schwachen Regierung Ebert/Haase waren konsequenterweise darauf gerichtet, Unterstützung sowohl bei den Militärs als auch bei den revoltierenden Massen zu finden.

Zunächst ging die Regierung am 11. November daran, den bereits aufgenommenen Kontakt zur OHL weiter zu verstärken. Aus der äußerst diffizilen Aufgabe, Millionen von Soldaten innerhalb von nur zwei Wochen ins Heimatgebiet zurückzuführen, ergab sich aus der Sicht der Regierung der Sachzwang, die Funktionsfähigkeit des militärischen Kommandoapparates aufrechtzuerhalten, also die bestehende Spitzenorganisation unangetastet zu lassen, ja ihre Autorität zu stärken. Zu diesem Zweck bestätigte man zunächst den Text eines von der OHL vorformulierten Telegramms, in dem der Rat der Volksbeauftragten Hindenburg bat, „die militärische Disziplin, Ruhe und straffe Ordnung im Heer unter allen Umständen aufrechtzuerhalten".[116] In einem weiteren Telegramm an die OHL vom nächsten Tag (das ebenfalls von dieser vorformuliert worden war) wurde im Namen des Rats der Volksbeauftragten dieses Leitmotiv noch einmal hervorgehoben: Die „Volksregierung" erwarte „strengste Selbstzucht", „willige Unterordnung des Mannes unter den Offizier"; „unbedingter Gehorsam", „Disziplin und Ordnung" seien zu wahren; die Soldatenräte sollten bei Fragen der Verpflegung, des Urlaubs sowie bei der Verhängung von Disziplinarstrafen beratend mitwirken, ihre „oberste Pflicht ist es, auf die Verhinderung von Unordnung und Meuterei hinzuwirken".[117] Damit hatte der Rat der Volks-

Verhältnis Volksbeauftragte – OHL

beauftragten die schon am 10. November begonnenen Versuche Hindenburgs entscheidend gestärkt, die Rätebewegung im Feldheer in die „Hand der Offiziere zu bekommen". Darüber hinaus gelang es der OHL, in weiten Teilen der Westarmee die Bildung von Soldatenräten überhaupt zu verhindern, indem sie den unterstellten Armeen bedeutete, ihre diesbezüglichen schriftlichen Befehle seien nicht unbedingt zu befolgen.[118] Groener bemühte sich mehrfach mit Erfolg darum, den bei der OHL gebildeten Soldatenrat, der eine Art Vorgesetztenrolle gegenüber den anderen Räten beanspruchte, als Sprachrohr der Heeresleitung einzusetzen, um „beruhigend" auf die Soldaten einzuwirken.[119] In „Richtlinien für die Einwirkung auf die Truppe", von der OHL am 16. November erlassen, wurde klargestellt, welche Funktion den Soldatenräten aus der Sicht der militärischen Führung zukam: „Gerade im Punkt des Ordnunghaltens, des Sichfügens dem gemeinsamen Interesse bei der Rückwärtsbewegung des Heeres ist es dem Offizier vielfach nicht mehr geglückt, den Mann bei der Truppe zurückzuhalten. Verständige, wohlgesinnte Leute des S.-Rates der Truppe dagegen haben es erreicht, den Mann zur Pflichterfüllung zu bekehren. Der S.-Rat der Truppe ist somit vielfach eine Vertrauensstelle geworden, die durch Beeinflussung des Mannes dem Offizier seine volle Befehlsgewalt zurückgewonnen hat."[120]

Der noch am 9. November durch die Ausbreitung der revolutionären Bewegung in der Armee gefährdeten OHL gelang es also sehr schnell, ihre neue Aufgabenstellung, die Durchführung des Rückzugs, als Chance zu begreifen, um in den kommenden Wochen ihre Stellung als oberste militärische Kommandobehörde wieder zu festigen und sich als Gegengewicht zu dem neuen revolutionären Machtzentrum in Berlin zu etablieren.[121]

Programm der Volksbeauftragten

Auf der anderen Seite versuchte der Rat der Volksbeauftragten, durch ein Bündel populärer Maßnahmen an die Loyalität der Massen zu appellieren. Durch sein am 12. November verkündetes „Programm" wurden der Obrigkeitsstat abgebaut und wichtige sozialpolitische Verbesserungen in die Wege geleitet: Es wurden der Belagerungszustand aufgehoben, Vereins-, Versammlungs-, Meinungs-, Religionsfreiheit garantiert, Amnestie für alle politischen Straftaten gewährt, die Zensur abgeschafft, die noch aus feudalen Zeiten stammenden Gesindeordnungen sowie die einschränkenden Bestimmungen des Hilfsdienstgesetzes außer Kraft gesetzt, die zu Kriegsbeginn aufgehobenen Arbeiterschutzbestimmungen wiederhergestellt und für den 1. Januar 1919 die Einführung des Achtstundentages angekündigt.[122]

Entscheidend für die weitere politische Entwicklung war jedoch, daß es Ebert gelang, sich einer wirksamen Kontrolle des Vollzugsrates zu entziehen und gegen dessen Widerstand die Entscheidung zur frühzeitigen Wahl der Nationalversammlung durchzusetzen.

58

Auf einer gemeinsamen Sitzung[123] von Vertretern des Vollzugsrates am 18. November kam es zu ersten Auseinandersetzungen um den Wahltermin. Während die Mehrheitssozialdemokraten auf möglichst frühzeitigen Wahlen bestanden, wollten die Unabhängigen die Entscheidung dem – auf einer Reichskonferenz der Räte zu schaffenden – Zentralrat der Republik überlassen; man wollte erst das Rätesystem ausbauen und institutionalisieren und die neue politische Ordnung nicht mit dem Abschluß des Friedensvertrages belasten. Ferner bemängelte der Vollzugsrat in dieser Sitzung Personalentscheidungen, die die Regierung ohne seine Mitwirkung getroffen hatte, so die Ernennung des Liberalen Preuß zum Leiter des Reichsamts des Innern. Die damit aufgeworfene grundsätzliche Frage der Kompetenzabgrenzung beider revolutionärer Organe wurde aber vertagt.

Machtkampf mit dem Vollzugsrat

Schließlich gelangte man am 22. November zu einer Vereinbarung über die Kontrolle der Regierung der Volksbeauftragten durch den Vollzugsrat:[124] „Die politische Gewalt liegt in den Händen der Arbeiter- und Soldatenräte der deutschen sozialistischen Republik [...] Die Bestellung des Rates der Volksbeauftragten durch den Arbeiter- und Soldatenrat von Groß-Berlin bedeutet die Übertragung der Exekutive der Republik." Dem Vollzugsrat obliege die Berufung und Abberufung der Mitglieder des Kabinetts; vor der Berufung von Fachministern sei der Vollzugsrat zu hören.

Jedoch sollte der Vollzugsrat nicht in der Lage sein, diese Kontrolle auch effektiv auszuüben. Verantwortlich hierfür war nicht nur die Obstruktionshaltung der mehrheitssozialdemokratischen Mitglieder innerhalb des Vollzugsrats, sondern auch die unentschlossene Politik dieses vorwiegend mit internen Problemen beschäftigten, desorganisierten Gremiums;[125] hinzu kam, daß die revolutionäre Legitimation des Vollzugsrates langsam blasser werden mußte, während sich gleichzeitig der Rat der Volksbeauftragten als das eigentliche Machtzentrum etablieren konnte. So gelang es Ebert Anfang Dezember, einen Beschluß des Rats der Volksbeauftragten herbeizuführen, der es dem Vollzugsrat verbot, von sich aus Vertreter in die Reichsämter zu entsenden, um so eine direkte Kontrolle der Exekutive vorzunehmen.[126]

Ein wesentlicher Schritt auf dem Weg zur Reetablierung der staatlichen Macht und gleichzeitig eine Vorentscheidung für die parlamentarische Verfassung des Weimarer Staates bildete die Reichskonferenz[127] vom 25. November, zu der auf Einladung des Kabinetts 110 Vertreter der Reichsorgane sowie fast aller deutschen Länder zusammenkamen. Die Reichskonferenz brachte den Willen der – meist unter Führung der MSPD stehenden – Länderregierungen zum Ausdruck, an den Grundsatzentscheidungen über die neue staatliche Ordnung maßgeblich beteiligt zu werden, nachdem ihre bisherige Vertretung, der in der Verfassung des Kaiserreichs mit starken Kompetenzen vorgesehene Bun-

Reichskonferenz v. 25. 11.

Einberufung Nationalversammlung

desrat, durch den Rat der Volksbeauftragten auf reine Verwaltungsbefugnisse beschränkt worden war.[128]

Ebert stellte auf dieser Konferenz die baldige Berufung der Nationalversammlung als eine beschlossene Sache dar, obwohl weder der Rat der Volksbeauftragten geschweige denn der Vollzugsrat einen diesbezüglichen Beschluß gefaßt hatten. Nach längerer, kontroverser Diskussion zog Ebert ein „Resümee" der Konferenz; darin hieß es, der „Berufung einer konstituierenden Nationalversammlung" werde „allgemein zugestimmt, ebenso der Absicht der Reichsleitung, die Vorbereitungen zur Nationalversammlung möglichst bald durchzuführen" – ohne daß die Reichskonferenz einen förmlichen Beschluß in dieser Sache gefaßt hätte.[129]

Unmittelbar nach der Konferenz legte Staatssekretär Preuß dem Kabinett den Entwurf einer Verordnung betreffend die Wahl zur verfassunggebenden deutschen Nationalversammlung vor. Gegen die für den 19. Januar vorgesehenen Wahlen erhoben die drei von den Unabhängigen gestellten Volksbeauftragten lebhaften Protest: Erst müsse der zu bildende Zentralrat entscheiden, die im Osten stehenden Truppen und Kriegsgefangenen hätten keine Möglichkeit, sich an der Wahl zu beteiligen, und ein verfrühter Wahltermin werde, so ihre Warnung, zu einem „Abfall der oberschlesischen und rheinisch-westfälischen Industrie- und Grubenarbeiter" führen.

Man einigte sich schließlich auf den Vorschlag Eberts, den Termin auf den 16. Februar zu verlegen und dem nationalen Rätekongreß die Bestätigung dieses Datums vorzubehalten; außerdem wurde eine Nachwahl für später ins Reich zurückkehrende Soldaten vorgesehen.

III. Gegenkräfte

Während der Rat der Volksbeauftragten sich so im November/Dezember dem Kontrollanspruch der durch den Vollzugsrat verkörperten Rätebewegung entziehen und die baldige Errichtung eines parlamentarischen Systems einleiten konnte, vollzogen sich gleichzeitig weitere folgenschwere Entwicklungen, die die künftige politische und gesellschaftliche Verfassung der entstehenden Republik maßgeblich beeinflußten. Hierzu sind vor allem zu rechnen:

- die Konsolidierung des kapitalistischen Wirtschaftssystems bzw. die Abwehr von Sozialisierungsbestrebungen durch sozialpolitische Zugeständnisse gegenüber den Gewerkschaften sowie durch die weitgehende Untätigkeit der provisorischen Regierung auf diesem Gebiet;
- die (in der Umbruchsituation keineswegs selbstverständliche) Bewahrung des Großgrundbesitzes, das heißt die Sicherung der Machtstellung der ländlich-konservativen Führungsschicht im östlichen Preußen durch Verzicht auf eine Bodenreform,
- die Konsolidierung des alten Beamtenapparates,
- die Komplettierung der Parteienlandschaft durch die Neugründung bzw. Wiederbelebung der bürgerlichen Parteien sowie
- die Reetablierung des militärischen Kommandoapparates.

Wirtschafts- und Sozialpolitik

Nach ersten Gesprächen zwischen führenden Gewerkschaftsfunktionären und Vertretern der elektrotechnischen sowie der Schwerindustrie im Oktober 1918 einigten sich Arbeitgeber- und Arbeitnehmervertreter Anfang November auf einen gemeinsamen Vorstoß: Sie forderten die Errichtung einer Demobilmachungsbehörde – als selbständiges Reichsamt -, der eine paritätisch von Gewerkschaften und Industrieverbänden zu besetzende Kommission beizuordnen sei.[130] Die Leitung der neuen Behörde sollte dem Oberstleutnant Joseph Koeth, dem Chef der Kriegsrohstoffabteilung im Preußischen Kriegsministerium, also dem zentralen Lenkungsorgan der staatlichen Rüstungspolitik während des Krieges, übertragen werden. Koeths Name war von Walther Rathenau, dem Begründer der Rohstoffabteilung, ins Spiel gebracht worden.

Demobilmachung

Rathenau hatte damit seinen eigenen Vorschlag einer Leveé en masse binnen weniger Tage in ein vollkommen neues Konzept umgebogen:[131] Statt totaler Mobilmachung nun die totale Demobilisierung! Beiden auf den ersten Blick völlig konträren Konzepten lag aber die verbindende Idee zugrunde, die Gewerkschaften in einen so oder so unvermeidlichen finalen Kraftakt mit seinen weitreichenden wirtschaftlichen, politischen und sozialen Folgen einzubeziehen. Der Plan zur Errichtung des neuen Amtes überstand die Ereignisse vom 9. November unbeschadet: Am 12. November wurde Koeth Leiter des neuen Reichsamts für wirtschaftliche Demobilmachung.

Mit ihrem Vorgehen wollten Gewerkschaften und Unternehmerverbände verhindern, daß der während des Krieges entstandene umfangreiche staatliche Kontroll- und Regulierungsapparat seine Tätigkeit in der nun einsetzenden schwierigen Phase der Umstellung auf die Friedenswirtschaft fortsetzen konnte. Der Ausbruch der revolutionären Unruhen veranlaßte vor allem die Unternehmer dazu, sich rasch auf ein weitergehendes Abkommen, einen sozialpolitischen Basiskompromiß mit den Gewerkschaften zu einigen, der den Manövrierraum beider Seiten gegenüber dem durch die Revolution vorübergehend gelähmten Staatsapparat vergrößern sollte.

Stinnes-Legien-Abkommen

In dem nach den beiden Verhandlungsführern benannten sogenannten Stinnes-Legien-Abkommen[132] vom 15. November wurden die Gewerkschaften durch die Arbeitgeber als „berufene Vertreter der Arbeiterschaft" anerkannt; eine „Beschränkung der Koalitionsfreiheit der Arbeiter und Arbeiterinnen" sei unzulässig. Die Arbeitgeber versprachen, die „Werkvereine", also die von den Unternehmern als Konkurrenz zu den Gewerkschaften geförderten „wirtschaftsfriedlichen" Organisationen nicht mehr zu unterstützen. Sämtliche aus dem Heeresdienst zurückkehrenden Arbeitnehmer hätten Anspruch auf ihren alten Arbeitsplatz. Die Arbeitsbedingungen sollten künftig durch Kollektivvereinbarungen geregelt werden. In Betrieben mit mehr als 50 Beschäftigen sei ein „Arbeiterausschuß" einzusetzen. Die Arbeitszeit solle künftig acht Stunden pro Tag (bei einer sechstägigen Arbeitswoche) betragen. (Allerdings waren sich beide Seiten darüber einig, daß der Achtstundentag nur dann eingeführt werden könne, wenn eine entsprechende internationale Vereinbarung zustande käme.)[133] Zur Durchführung der Vereinbarungen sowie zur Klärung von etwaigen Problemen zwischen den Tarifparteien solle ein „Zentralausschuß", die spätere Zentralarbeitsgemeinschaft, gebildet werden. Die wichtigsten Punkte dieser Vereinbarung, namentlich der Achtstundentag, die Einführung des Tarifvertrages sowie die Einrichtung der „Arbeiterausschüsse", wurden in den folgenden Wochen durch Anordnungen des Demobilmachungsamtes bzw. durch Verordnungen des Rats der Volksbeauftragten bestätigt.[134]

Überblickt man die Ergebnisse dieser Vereinbarung, so wird man kaum sagen können, daß die Gewerkschaften ihre durch die revolutionären Ereignisse starke Position in vollem Umfang genutzt hätten. Zwar hatten die Arbeitgeber erhebliche Zugeständnisse gemacht, als Gegenleistung hatten die Gewerkschaften aber – durch die Anerkennung der Sozialpartnerschaft – auf weitergehende Sozialisierungsbestrebungen verzichtet. Andererseits: Die Arbeitgeber waren erst angesichts der revolutionären Drohung bereit gewesen, die Gewerkschaften als Partner anzuerkennen; mit dem allmählichen Schwinden dieser Drohung mußte auch die Geschäftsgrundlage des Basiskompromisses von 1918 entfallen.

Die Umstellung von Kriegs- auf Friedenswirtschaft[135] sollte nach den Plänen des Demobilmachungsamtes zwei Phasen[136] durchlaufen: Zunächst mußten die durch die Auflösung des Heeres sowie das Ende der Rüstungsproduktion freigesetzten Kräfte (etwa sechs bzw. drei Millionen Menschen) kurzfristig beschäftigt werden; man dachte an Landwirtschaft, Holzeinschlag, Erdarbeiten und sonstige Notstandsprojekte sowie an gezielte Staatsaufträge, für die die Regierung 500 Millionen RM bereitstellte;[137] zu einer sofortigen, umfassenden Umstellung der Produktion auf zivilen Bedarf sah man wegen technischer Schwierigkeiten und wegen des Kohlemangels zunächst keine Möglichkeit.[138] Durch eine Verordnung des Rats der Volksbeauftragten vom 4. Januar 1919 wurden die Betriebe – wie bereits in dem Stinnes-Legien-Abkommen vorgesehen – dazu gezwungen, ihre früheren Arbeiter wieder einzustellen;[139] die Verkürzung der Arbeitszeit auf acht Stunden erleichterte die notwendige Streckung der Arbeit. Durch die Schaffung einer einheitlichen Erwerbslosenfürsorge (bereits durch Verordnung vom 13. November), die Verpflichtung der Betriebe, Schwerbeschädigte einzustellen, durch die Vereinheitlichung und den Ausbau der Arbeitsnachweise (die Vorstufe der Arbeitsämter) sowie zahlreiche andere Maßnahmen[140] wurde die Umstellung auf die Friedenswirtschaft abgefedert. Nach der vorläufigen Unterbringung der Arbeitskräfte sollte sich dann in einer zweiten Phase, so die Planungen des Demobilmachungsamtes, die allmähliche, kontrollierte Umstellung auf die Friedenswirtschaft einschließlich der notwendigen Umverteilung der Arbeitskräfte vollziehen.

Die Demobilmachung war durch relativ hohe staatliche Ausgaben[141] (für sozialpolitische Maßnahmen und für unproduktive Arbeiten) sowie ein gewisses Entgegenkommen der Unternehmer gegenüber Lohnforderungen und Verbesserung der Sozialleistungen gekennzeichnet,[142] war doch das Hauptziel zunächst einmal eine Unterbringung der entlassenen Soldaten und Rüstungsarbeiter. Da dieser Politik sozialer Zugeständnisse gegenüber den revoltierenden Massen keine ausreichende wirtschaftliche Basis zugrunde lag, konnte sie nur mit einer weite-

Durchführung der Demobilisierung

ren Entwertung des Geldes erkauft werden. Daß wichtige Elemente des zwischen Arbeitgebern und Arbeitnehmern ausgehandelten sozialpolitischen Kompromisses (Achtstundentag, Arbeitsplatzgarantie für Kriegsteilnehmer etc.) alsbald durch Maßnahmen der provisorischen Regierung garantiert wurden, hatte wiederum zur Konsequenz, daß nun sozialpolitische Auseinandersetzungen innerhalb des Kabinetts ausgetragen werden sollten. Der Preis für die relativ reibungslose Demobil- machung sollte zu einem späteren Zeitpunkt fällig werden.

Zurückstellung von Sozialisierungsbestrebungen

Unter dem Primat der Demobilmachung wurden Sozialisierungsabsichten[143] zunächst zurückgestellt. Koeth, der der Industrie nahestand, betonte immer wieder, daß es während der Demobilmachung unmöglich sei, „neue Grundsätze für die Wirtschaft" aufzustellen; er machte die öffentlich erörterte Verstaatlichung für die „kolossale Zurückhaltung der Privatauftraggeber" mitverantwortlich.[144] Nicht nur die Gewerkschaften hatten sich mit dem Stinnes-Legien-Abkommen auf eine Kooperation mit der Arbeitgeberseite eingestellt, sondern auch die Vertreter der Mehrheitssozialdemokraten griffen geradezu dankbar jedes Argument auf, das in der Umsturzphase gegen eine Sozialisierung der Industrie vorgebracht wurde. Jeder Schritt in Richtung Sozialisierung, so ihre Befürchtung, werde die wirtschaftlichen Schwierigkeiten noch vergrößern und müsse Kräfte der radikalen Linken weiter stärken. Der Sozialdemokrat Bauer, Staatssekretär des Arbeitsamtes, wandte sich beispielsweise gegen die „Schwätzerei von der sofortigen Vergesellschaftichung", die „russische Zustände" zur Folge haben müsse; auch Scheidemann meinte, die „Sozialisierung der Betriebe jetzt durchzuführen, ist unmöglich, wenn man jetzt davon zu viel redet, so wirkt das nicht befruchtend auf die Unternehmer".[145]

Dabei erscheint es durchaus als fraglich, ob das auch von sozialdemokratischer Seite vorgebrachte Argument, eine Verstaatlichung oder staatliche Lenkung bestimmter Industriezweige werde zu einem ökonomischen Chaos führen, wirklich stichhaltig war. Angesichts der im Kriege eingeführten umfassenden staatlichen Regulierungsmaßnahmen – Lenkung des Arbeitsmarktes, Preiskontrollen, weitgehende Kartellisierung, bürokratische Handhabung der Rüstungsaufträge, Bewirtschaftung von Rohstoffen, Lebensmitteln etc. – war Ende 1918 gar nicht abzusehen, welche Politik die größeren Risiken enthielt: die Deregulierung, die Wiedereinführung der Marktbeziehungen oder die Verfestigung des Staatseinflusses durch eine Verstaatlichung von Schlüsselindustrien. Auch das von Gegnern der Sozialisierung ins Feld geführte Argument, das Staatseigentum könne durch die Alliierten als Pfand betrachtet werden und würde daher für ausländische Geldgeber nicht kreditwürdig, war in gar keiner Weise fundiert.[146]

Ausschlaggebend für die ablehnende Haltung der Sozialdemokraten gegenüber der Sozialisierung waren vielmehr andere Gründe: Ihre –

auch auf anderen Gebieten zutage tretende – Konzeptionslosigkeit, ihre grundsätzlich Ablehnung, weitergehende gesellschaftliche Reformmaßnahmen ohne die Zustimmung der Nationalversammlung vorzunehmen, die Scheu, mit dem Aufwerfen der Eigentumsfrage die Kooperation mit den bürgerlichen Kräften zu gefährden und andererseits die Kräfte der radikalen Linken durch eine solche Diskussion weiter zu stärken.

Die weitere Behandlung der Sozialisierungsfrage durch die Sozialdemokraten war demnach vor allem durch eine Beschwichtigungstaktik geprägt. Am 18. November beschloß das Kabinett salomonisch, daß „diejenigen Industriezweige, die nach ihrer Entwicklung zur Sozialisierung reif sind, sofort sozialisiert werden sollen"; eine Kommision solle die Einzelheiten festlegen.[147] Am 30. November übertrug der Rat der Volksbeauftragten die Federführung für die Kommission dem Reichswirtschaftsamt,[148] dessen Leiter, August Müller, ein entschiedener Gegner der Sozialisierung war; Müller versuchte denn auch die Arbeit der Kommission zu behindern.[149] So erklärte er beispielsweise am 25. November auf der bereits erwähnten Reichskonferenz: „Jetzt stehen wir aber vor einer zerschlagenen und verarmten Volkswirtschaft in Deutschland. Aus diesem Zustande den Sozialismus entwickeln zu wollen, sei ein Ding der Unmöglichkeit. Dazu komme, daß die leitenden Köpfe der Unternehmer in Industrie, Handel und Landwirtschaft zumeist auf privatkapitalistische Anschauungen und Willensrichtungen eingestellt seien und alle erst umlernen oder ersetzt werden müßten, ehe der Sozialismus verwirklicht werden kann."[150]

Die zunächst einmal vertagte Sozialisierung sollte jedoch nach dem Auszug der Unabhängigen aus dem Rat der Volksbeauftragten zum wichtigsten Streitpunkt der Anfang 1919 beginnenden zweiten Revolutionsphase werden.

Landwirtschaft

Der Rat der Volksbeauftragten machte auch keinerlei Anstalten, in den Großgrundbesitz – in den ostelbischen Gebieten das Rückgrat der autoritären Ordnung des Kaiserreichs – einzugreifen.[151]

Die Novemberrevolution war weitgehend – einen Ausnahmefall stellen die radikal gesinnten Bauernräte in Bayern dar – an der sich überwiegend passiv verhaltenden Landbevölkerung vorbeigelaufen. Nachdem sich die Vertreter der Landwirtschaftsverbände relativ schnell von dem Revolutionsschock erholt hatten, machten sie bereits am 11. November in einem Spitzengespräch mit dem Rat der Volksbeauftragten deutlich, welche Konsequenzen eine Revolutionierung des Agrarsektors haben würde: Ein Ausgreifen der Unruhen auf das flache Land, so die Vertreter der Verbände, würde unweigerlich die prekäre Ernährungssituation zur Katastrophe ausarten lassen; die von den Vertretern der Verbände gleichzeitig angebotene Zusammenarbeit war selbstverständlich an die Erhaltung des status quo auf dem Lande geknüpft. Der Rat der Volksbeauftragten erließ denn auch am gleichen Tag einen Aufruf „An die deutsche Landbevölkerung", der einer Garantieerklärung der Eigentumsverhältnisse auf dem Land gleichkam. Im Einvernehmen mit den landwirtschaftlichen Verbänden rief der Rat der Volksbeauftragten, der durch das geschickte Vorgehen der landwirtschaftlichen Verbände äußerst alarmiert über die Ernährungslage war,[152] auch dazu auf, „Bauernräte" zu bilden, um die „Volksernährung" sowie „Ruhe und Ordnung" auf dem Land zu sichern.[153]

Bauern- und Landarbeiterräte

Die Bauern- und Landarbeiterräte, wie sie bald genannt wurden, waren ein äußeres Zugeständnis der landwirtschaftlichen Organisationen an die revolutionäre Zeit und dienten vor allem der Neutralisierung der Landarbeitergewerkschaften: Die ländlichen Räte stießen auf relativ geringes Interesse bei der Landbevölkerung und wurden nur schleppend gewählt, wobei die bäuerlichen Verbände zum dominierenden Faktor wurden. In den Räten besaß „das Land" vor allem eine Organisation zur Abwehr von Übergriffen „der Stadt", seien es nun durch Arbeiter- und Soldatenräte angeordnete Konfiskationen oder die um sich greifende Hamsterei, die zum Teil die Form organisierter Plünderungen annahm.[154] Ausdrücklich wurde als Zweck der Räte die „gegenseitige Hilfe beim Schutz von Personen und Eigentum" festgeschrieben.[155]

Siedlungspläne

Als Kompensation für die nicht angegangene umfassende Agrarreform setzte der Staatssekretär des Reichsarbeitsamtes, Bauer, eine Sachverständigenkommission ein, die sich mit Fragen der „Landsiedlung" beschäftigen sollte.[156] Damit war bereits eine Vorentscheidung gegen eine Bodenreform, wie sie in den Programmen der sozialistischen Parteien enthalten war, gefallen. Die Kommission folgte denn auch konservativen Vorstellungen einer „inneren Kolonisation": Ihr Vorschlag, der die Grundlage einer noch 1919 verabschiedeten Siedlungsgesetzgebung bildete, sah vor, durch Abgabe von staatlichem Domänenland, durch Übernahme bisher nicht genutzter Flächen sowie durch begrenzte Enteignung der großen Güter eine Million Bauernstellen zu schaffen.[157] Der Währungsverfall der folgenden Jahre sollte jedoch umfassende Siedlungspläne verhindern.

Landarbeiterordnung

Die vorläufige Landarbeitsordnung vom 24. Januar 1919, eine vom Gesetzgeber bestätigte, freie Vereinbarung von ländlichen Arbeitgeber- und Arbeitnehmerverbänden, brachte den Landarbeitern eine gewisse soziale Besserstellung, blieb jedoch hinter dem, was die Industriearbeiterschaft im Stinnes-Legien-Abkommen hatte durchsetzen können zurück: Zwar wurden das Prinzip des Tarifvertrages eingeführt und ei-

ne Höchstarbeitszeit (saisonbedingt zwischen 8 und 11 Stunden)[158] festgelegt; jedoch wurden weder die Landarbeitergewerkschaften anerkannt, noch wurde die Koalitionsfreiheit der Landarbeiter in vollem
Umfang bestätigt.[159]

Staatsapparat

Für das nahtlose Fortbestehen des konservativen Beamtenapparates[160] **Kontinuität**
war die Tatsache, daß die bürgerlichen Staatssekretäre durch den Rat **der Staats-**
der Volksbeauftragten im Amt belassen wurden und weitgehend **sekretäre**
eigenständig agieren konnten, von hervorragender Bedeutung. Am
11. November bestimmte die Regierung: „Die Staatssekretäre und Chefs
der Reichsbehörden sind von der Reichsregierung mit der vorläufigen
Weiterführung der Geschäfte beauftragt worden. Das Eindringen unbe-
fugter Personen in die Geschäftsräume der Reichsbehörden und die
Übernahme amtlicher Geschäfte durch solche Personen ist nicht ge-
stattet." Die Behördensprache hatte bereits wieder die revolutionäre
Terminologie ersetzt.[161]
Unter den übernommenen Staatssekretären befanden sich die beiden
Nationalliberalen Paul v. Krause (Justiz, seit 1917 im Amt) und Eugen
Schiffer (Reichsschatzamt, zuvor Unterstaatssekretär), der Anfang Ok-
tober 1918 zum Leiter des Auswärtigen Amtes ernannte Wilhelm Solf
(DDP, seit 1911 Leiter des Reichskolonialamtes) sowie der Parteilose
Otto Rüdlin, seit 1917 Leiter des Reichspostamtes. Im Amt belassen
wurden ebenfalls, wie bereits geschildert, der Preußische Kriegsmini-
ster Heinrich Scheüch sowie der Leiter des Reichsmarineamtes, Vizead-
miral Ernst Ritter v. Mann.
Zu den republikanisch gesinnten „alten" Staatssekretären gehörten
Müller (Reichswirtschaftsamt, seit 1917 Unterstaatssekretär) sowie die
im Oktober ernannten Erzberger und Bauer. Zu Unmut bei den Unabhängigen sollte vor allem die Neuberufung von Hugo Preuß zum Leiter des Reichsinnenamtes führen, da abzusehen war, daß die in seinen
Zuständigkeitsbereich fallende Vorbereitung der Verfassung eine dezi-
diert liberale Handschrift tragen würde. Auch bei der schon erwähnten
Berufung des der Industrie nahestehenden Koeth war dessen „fachliche" Qualifikation der entscheidende Gesichtspunkt gewesen. Demgegenüber fiel die einzige Neuberufung eines Unabhängigen, nämlich die
von Emanuel Wurm zum Leiter des Reichsernährungsamtes, nicht sehr
ins Gewicht.[162]
Indem er die Aufgaben der Staatssekretäre auf rein „fachliche" Funktionen beschränken wollte, glaubte der Rat, ihr politisches Gewicht eli-
minieren zu können. Zur Durchsetzung des politischen Führungsan-

spruchs wurden den Staatssekretären Beigeordnete – Vertreter von SPD und USPD – zur Seite gestellt, die ihre Amtsführung kontrollieren sollten.[163]

Beigeordnete in den Reichsämtern

Selbstverständlich war diese Vorstellung illusorisch, da diese „Kommissare" sich innerhalb des homogenen Verwaltungsapparates nicht behaupten konnten. Der Bürokratie gelang es statt dessen, ihnen eine Alibi-Funktion zuzuweisen, sie als „Schutzschilde" gegen weitere Interventionsversuche zu benutzen.[164] Am Beispiel der „Kontrolle" des Auswärtigen Amtes wird dies besonders deutlich: Der Staatssekretär des Amtes, Solf, ließ den ihm „beigeordneten" Kautsky nur ausgewählte Vorgänge einsehen, er durfte an den internen Sitzungen des Amtes nur auf ausdrückliche Einladung teilnehmen.[165] Währenddessen nutzte Solf nach Kräften seinen Handlungsspielraum: Im November und Dezember versuchte er massiv, bei den Siegermächten ein möglichst negatives Bild der inneren Situation in Deutschland zu zeichnen und sie zu entsprechenden kritischen Äußerungen zu veranlassen; auf diese Weise wollte er den Eindruck erwecken, jede entschlossene Reformpolitik des Rats der Volksbeauftragten stoße auf den entschlossenen Widerstand der Alliierten. Insgesamt legte Solf über Mittelsmänner den Alliierten dreimal den Gedanken einer bewaffneten Intervention in Deutschland nahe, um mit Hilfe dieser Drohung den innenpolitischen Spielraum der eigenen Regierung zu verkleinern.[166]

Als der entnervte Kautsky den Rat der Volksbeauftragten vor die Alternative stellte, entweder werde er oder es müsse Solf gehen, vertröstete man ihn auf die Abberufung Solfs zu einem späteren Zeitpunkt. Bis zur Ernennung Brockdorff-Rantzaus Ende Dezember verhielt sich Kautsky passiv; Ende Dezember schieden aber die Unabhängigen aus der Regierung aus, und der Auftrag Kautskys als Beigeordneter erlosch. Ein Nachfolger wurde nicht ernannt.

Die Beibehaltung oder Neuberufung nicht-sozialdemokratischer, tatsächlich keineswegs „unpolitischer" und in keiner Weise zu kontrollierender Staatssekretäre bedeutete, daß Ebert de facto gemeinsam mit bürgerlichen Koalitionspartnern regierte, die von Woche zu Woche gegenüber den linken Regierungsmitgliedern von der USPD wachsenden Einfluß gewannen.

Haltung der Beamtenschaft

Die Beibehaltung der Staatssekretäre war nicht zuletzt auch ein wichtiges Signal für die Beamtenschaft, die – nachdem der erste Schock der Revolution vorbei war – in die Verwaltungsroutine zurückfiel und damit begann, in einem zähen Kleinkrieg mit der provisorischen Regierung (bzw. mit den Räten auf regionaler und lokaler Ebene) die Funktionen der revolutionären Organe abzuschwächen.

Diese Taktik läßt sich etwa am Beispiel der preußischen Kommunalverwaltung besonders plastisch nachvollziehen.[167] Der Erlaß des preußischen Innenministers Heine (SPD) vom 13. November beschränkte die in den Gemeinden gebildeten Räte auf Kontrollfunktionen und ließ die nach dem Dreiklassenwahlrecht gebildeten gemeindlichen Selbstverwaltungsorgane bestehen. In der Folgezeit stärkte Heine auf verschiedene Weise die Stellung des etablierten, durchgehend konservativen Beamtenapparates (namentlich die der Landräte) bei dessen Auseinandersetzungen mit den örtlichen Arbeiterräten.[168] Für die Vorbereitung der nach gleichem und allgemeinem Wahlrecht gebildeten neuen Gemeinde- und Kreisvertretungen und für die Bestellung der Selbstverwaltungsorgane ließ sich die Ministerialbürokratie Zeit: Die Wahl der neuen Kreisausschüsse (die entscheidenden Gremien für die Führung der Verwaltung in den Landkreisen) fand erst im Juni 1919 statt; die Neuwahl der unbesoldeten Kommunalbeamten erfolgte bis Ende August, die besoldeten Magistratsmitglieder blieben weiter im Amt, ohne sich überhaupt einer Wahl stellen zu müssen.

Es kann kein Zweifel darüber bestehen, daß die Regierung gerade in den ersten Wochen ihres Bestehens vom Funktionieren des Verwaltungsapparates abhängig war. Jedoch führten die bei den Sozialdemokraten beider Richtungen stark ausgeprägte Hochachtung vor der Autorität des „Fachmannes" und eine gewissen Bewunderung für das Funktionieren der bürokratischen Maschinerie des Staates dazu, die eigenständige, tatsächlich hochpolitische Rolle der Staatssekretäre und des nur scheinbar rein „sachlichen" Aufgaben nachgehenden Beamtenapparates zu unterschätzen und ihnen relativ großen Spielraum einzuräumen.[169] Die Sozialdemokraten – die keine organisatorischen Vorbereitungen für die Übernahme der Macht getroffen hatten – waren allzu sehr bereit, den in der Beamtenschaft vorherrschenden, rein formalen Loyalitätsbegriff zu akzeptieren. Wenn die Beamtenschaft vorgab, ihre Loyalität gelte nicht einer bestimmten Regierungsform, sondern sei an ein abstraktes Staatsideal gebunden – einem keinerlei Sonderinteressen verpflichteten, auf ethischen Prinzipien begründeten Rechtsstaat – , so verbarg sich dahinter in Wirklichkeit der alte Obrigkeitsstaat: Die Aufrechterhaltung der vermeintlich neutralen staatlichen Ordnung diente nicht zuletzt dazu, die Privilegien der traditionellen Führungsschichten zu bewahren, nach wie vor sollte dem Funktionieren der staatlichen Maschinerie absolute Priorität gegenüber Individualrechten eingeräumt werden. Der in diesen Tagen immer wieder betonte Sachzwang, der Staatsapparat müsse ungestört erhalten bleiben, um die Ernährung zu sichern und Chaos zu verhindern, hätte sich aber auch umgekehrt zur Durchsetzung einer entschiedeneren pro-republikanischen Haltung innerhalb der Beamtenschaft einsetzen lassen.

Fortbestehen des Obrigkeitsstaates

Reorganisation der bürgerlichen Parteien

Als die bürgerlichen Parteien sich unmittelbar nach der Überwindung des ersten Revolutionsschocks reorganisierten, knüpften sie – im übrigen durch die Revolutionsregierung in keiner Weise behindert – personell, organisatorisch und programmatisch weitgehend an die Verhältnisse des Kaiserreichs an.[170]

DDP

Im November 1918 scheiterte der Versuch einer gesamtliberalen Parteigründung, und es kam erneut zur Bildung einer rechts- und einer linksliberalen Partei.[171] Mit dem Aufruf zur Bildung einer Deutschen Demokratischen Partei[172] im Berliner Tageblatt vom 16. November hatte eine Gruppe um den Chefredakteur des Blattes, Theodor Wolff, den Versuch unternommen, eine links von der alten Fortschrittspartei stehende, radikal-demokratische Partei zu initiieren. Als sich die Masse der Mitglieder der Fortschrittspartei und ein Teil der Nationalliberalen kurz darauf der Neugründung anschlossen, kam gegenüber den ursprünglichen Plänen das bürgerlich-liberale Element jedoch stärker zur Geltung.

DVP

Um der Umarmung des gesamten liberalen Lagers durch die DDP zu entgehen, proklamierten die drei Vorsitzenden des Zentralvorstandes der Nationalliberalen Partei, darunter Gustav Stresemann, die Gründung einer Deutschen Volkspartei. Nachdem weitere Versuche einer Fusion mit der DDP gescheitert waren, gründete sich die neue Partei offiziell am 15. Dezember; man wählte Gustav Stresemann zu ihrem ersten Vorsitzenden.

Die beiden liberalen Parteien sprachen in erster Linie die gebildeten und besitzenden mittelständischen Schichten an; der DDP gelang es darüber hinaus, auch innerhalb der Arbeiterschaft, insbesondere bei den Anhängern der „Werkvereine", also der „wirtschaftsfriedlichen" Arbeitnehmerorganisationen, Anhänger zu gewinnen. Die DDP stellte sich ohne Vorbehalte auf den Boden der Demokratie, sie verstand sich als bürgerlicher Partner der Sozialdemokraten, angetreten aber auch, um eine sozialistische Mehrheit zu verhindern. Die DVP erkannte zwar die Republikgründung als Tatsache an, machte jedoch auch ihre Vorbehalte gegenüber dem neuen System deutlich. Angesichts der Konkurrenz von der DDP strich Stresemann vor allem den bürgerlichen und nationalen Charakter der DVP heraus und versuchte, sie als einzig wahrhaft liberale Partei darzustellen.

Die DDP entfachte schon kurz nach ihrer Gründung einen sehr gut organisierten Wahlkampf, der moderne, aus den USA entliehene Methoden der Massenpropaganda enthielt. Sie profitierte ferner von der Unterstützung einer Reihe führender Zeitungen sowie von massiven finanziellen Zuwendungen der Industrie: Ein durch Siemens und Borsig begründeter Industriefonds finanzierte neben DVP und DNVP in erster

Linie die DDP, die bei den Wahlen zur Nationalversammlung schließlich fast ein Fünftel der Stimmen erreichen sollte. Demgegenüber gelang es der DVP, die wie ihr nationalliberaler Vorgänger die eigentliche Interessenpartei der Schwerindustrie werden sollte, im Winter 1918/19 noch nicht, in vergleichbarer Weise materielle Unterstützung starker wirtschaftlicher Interessengruppierungen zu finden.

Am 24. November erging ein Aufruf zur Bildung einer Deutschnationalen Volkspartei, die sich am 16. Dezember durch eine Fusion von Deutschkonservativen, Freikonservativen/Reichspartei, Christlichsozialen, dem rechten Flügel der Nationalliberalen, Deutschvölkischen und Antisemiten konstituierte. Ihre Basis besaß die DNVP, die in der Kontinuität der preußischen Konservativen stand, vor allem in den evangelischen Gebieten des östlichen Preußens. Nach außen mehr eine Gesinnungs- als eine Interessenpartei mit Anhang in allen sozialen Schichten, vertrat sie jedoch insbesondere die Anliegen der Großagrarier und des rechtskonservativen Flügels der Schwerindustrie. Ausgeprägt war die Bindung an die protestantische Kirche sowie an den preußischen Staat, die Partei war betont nationalistisch und militaristisch gesinnt.[173] **DNVP**

Die Führung des Zentrums[174] war angesichts der Novemberrevolution gelähmt, die Spitzenorganisation der Partei zerfiel, als sich die Fraktion nach der letzten Sitzung des alten Reichstages auflöste. Die Separation des bayerischen Landesverbandes, der am 12. November – als Reaktion auf die Ereignisse im preußischen Berlin – eine betont föderalistische „Bayerische Volkspartei" gründete, konnte in dieser Situation nicht verhindert werden; jedoch trat man bei den Wahlen zur Nationalversammlung noch gemeinsam an. **Zentrum**

Bei den Versuchen verschiedener Landesverbände, die Partei wiederzubeleben, stand zunächst die Frage im Vordergrund, ob man sich nicht als überkonfessionelle, christliche Volkspartei reorganisieren solle. Die Tatsache, daß sich endlich doch die Befürworter einer katholischen Partei durchsetzten, ist auch als Reaktion auf die antikirchliche Politik des sozialdemokratischen preußischen Kultusministers Hoffmann zu verstehen, die in Zentrumskreisen als eine Art Neuauflage des Kulturkampfes verstanden wurde und die Katholiken veranlaßte, sich enger um die Mutterkirche zu scharen.

Militär und Regierung

Neben der Konsolidierung der Unternehmerposition, des Großgrundbesitzes, des Beamtenapparates sowie der bürgerlichen Parteien waren es aber vor allem die Reetablierung des militärischen Apparates und seine Einflußnahme auf die provisorische Regierung, die dazu führten, daß die Volkserhebung vom November 1918 nicht in einer Politik tiefgreifender Umgestaltungen in Wirtschaft, Gesellschaft und Staat mündete, sondern es vielmehr nach weniger als zwei Monaten zu einer Spaltung von gemäßigten und radikalen Kräften kam. Die teilweise Wiederherstellung des Militärapparates war aber nur wegen der unentschlossenen Militärpolitik des Rats der Volksbeauftragten möglich.[175]

Pläne zur Bildung einer Volkswehr

In zahlreichen Städten waren in der Novemberrevolution durch die Arbeiter- und Soldatenräte Verbände gebildet worden, die die öffentliche Sicherheit herstellen und die Räte schützen sollten. Diese Verbände, die sich als Sicherheitswehren, Volkwehren usw. bezeichneten, bestanden aus Freiwilligen, die sich in der Regel aus den Ersatztruppenteilen rekrutierten und meist den sozialistischen Parteien oder den Gewerkschaften angehörten; der Einfluß der Radikalen war gering. Ihre Gesamtstärke betrug etwa 150 000 bis 200 000 Mann. In Berlin bestanden drei Formationen: Die Volksmarinedivison, die im November zum Schutz des Regierungszentrums gebildet worden war, die Republikanische Soldatenwehr, die dem sozialdemokratischen Stadtkommandanten Wels unterstand, sowie die Sicherheitswehr Groß-Berlin des Polizeipräsidenten.[176]

Pläne wurden entwickelt, aus diesen lokalen Verbänden eine im ganzen Reich einheitliche Schutztruppe zu bilden. Zwar beschloß der Rat der Volksbeauftragten Anfang Dezember ein Gesetz zur Bildung einer freiwilligen Volkswehr, doch übertrugen die Volksbeauftragten die Aufstellung den Militärs, die das Projekt verschleppten. Von der ursprünglich als Kern der Volkswehr geplanten Truppe von 11 000 Mann waren im Februar 1919 nur 600 Mann vorhanden, während gleichzeitig die Freikorps, also die Freiwilligenverbände, die seit Ende November in Eigenregie des Militärs aufgestellt wurden und der Kontrolle der Regierung vollkommen entzogen blieben, über ein Vielfaches dieser Stärke verfügten.[177]

Ende November war der Rückzug des Westheeres in das Reichsgebiet abgeschlossen. Damit war die Rolle der OHL als „Liquidationsinstitution" eigentlich beendet. Außerdem ergab sich mit dem Einrücken der Truppen in die Garnisonen eine neue Bedrohung für die Befehlshierarchie: War es der OHL während des Rückmarsches gelungen, die Rätebewegung innerhalb des Feldheeres in Schach zu halten bzw. sogar für die Aufrechterhaltung der Disziplin einzuspannen,[178] so waren die in ihre Kasernen zurückgekehrten Soldaten dem Einfluß der radikaleren und selbstbewußteren Garnisons-Soldatenräte ausgesetzt.

OHL gegen Soldatenräte

Auf ihre Bekämpfung konzentrierte sich nun die Aufmerksamkeit der OHL. Bereits die Ende November durch die OHL erlassene „Weisung für die Propaganda unter den Truppen des Feldheeres" diente im wesentlichen der Stimmungsmache gegen Arbeiter- und Soldatenräte.[179] Die Räte, so die Weisung, bestünden aus „jungen Burschen, die nie am

Feinde waren oder aus Reklamierten, die daheim viel Geld verdienten"; sie seien bereits jetzt stark von Spartakus und Unabhängigen beeinflußt; man sehe „russischen Zuständen" entgegen. Während die OHL die Weisung erteilte, die Räte in den Heimatgarnisonen weitgehend zu ignorieren, gingen die Führer der zurückmarschierenden Truppeneinheiten zum Teil weiter: Sie stellten die ihnen unterstehenden Soldaten auf eine gewaltsame Beseitigung der Räte ein. Infolgedessen kam es seit Anfang Dezember überall im Reich zu zahlreichen bewaffneten Übergriffen von ehemaligen Fronttruppen auf Räteanhänger, zum gewaltsamen Vorgehen gegen „rote" Abzeichen und Symbole, zur Auflösung örtlicher Räteorgane und Schutzwehren sowie zu provokativen Demonstrationen militärischer Gewalt.[180] Infolge dieses gewaltsamen Vorgehens der Militärs befand sich Deutschland bereits im Dezember in einem bürgerkriegsähnlichen Zustand; jetzt baute sich in der Räteorganisation das Radikalisierungspotential auf, das sich in der im Januar ausbrechenden zweiten Revolutionswelle entladen sollte.

Durch diese von ihr selbst provozierten Zusammenstöße war die Heeresleitung in der Lage, sich der Regierung als „Ordnungsfaktor" zu präsentieren. Voraussetzung für den wirkungsvollen Einsatz dieses Instruments war allerdings, so das Hauptargument der Militärs, die Wiederherstellung der vorrevolutionären Disziplin, also die restlose Entfernung der Soldatenräte aus der Armee. Zu diesem Zweck mußten die Mehrheitssozialdemokraten gezwungen werden, sich von der Rätebewegung zu trennen. Seit Ende November arbeiteten die Militärs zielstrebig auf eine Entmachtung oder Spaltung des Rats der Volksbeauftragten hin: auf örtlicher Ebene durch ihr geschildertes aggressives Verhalten gegenüber den Räten, auf Reichsebene durch direkte Einflußnahme auf ihren Ansprechpartner Ebert. Bereits am 1. Dezember machte Groener in einem Schreiben, das an einen Mittelsmann in Eberts Umgebung gerichtet war, die Forderung der Militärs ganz klar: „Zweckmäßig wäre ein Kabinettszwist, der zum Ausscheiden Dittmann-Barth führte."[181] Das Militär entwickelte sich zum Motor der Gegenrevolution; die sozialdemokratische Führung sah keinen Anlaß, sich dieser Entwicklung entgegenzustellen. Auch der der OHL beigeordnete sozialdemokratische Reichstagsabgeordnete Carl Giebel war weder in der Lage noch durch die Regierung wirklich bevollmächtigt, sich dieser Eigenmächtigkeit der Militärs zu widersetzen.[182]

Gegenrevolutionäre Absichten der Militärs

Anfang Dezember verschärfte die OHL – sie war mittlerweile von Spa nach Kassel umgezogen – ihren Kurs gegenüber den Räten, nachdem klar geworden war, daß die bisher unter Kontrolle gehaltenen Soldatenräte des Feldheeres, kaum waren sie der Einwirkung der heimischen Rätebewegung ausgesetzt, aus dem Ruder zu laufen drohten. Am 1. und 2. Dezember fand ein Kongreß der Feld- und Soldatenräte in Bad Ems statt, der ursprünglich von der OHL gefördert worden war,

Kongreß der Feld- und Soldatenräte

hatte man doch gehofft, nun die gesamte Rätebewegung im militärischen Bereich auf die eigene Linie bringen zu können. Die durchweg mehrheitssozialdemokratisch orientierten Soldatenvertreter erfüllten zunächst auch die in sie gesetzten Erwartungen und stellten sich hinter die Politik Eberts: Sie forderten die Einberufung einer verfassunggebenden Nationalversammlung sowie – indem sie die auslegungsfähige Formulierung des Rats der Volksbeauftragten vom 18. November übernahmen[183] – die „schrittweise Sozialisierung der dafür reifen Betriebe"; gleichzeitig wandte man sich gegen „Streiks der lebenswichtigen Industrien".[184] Andererseits wurde auf dem Kongreß eine Resolution über die Tätigkeit der Soldatenräte verabschiedet, die den Intentionen der OHL widersprach: Die Soldatenräte forderten u. a. gleiche Ernährung für Mannschaften und Offiziere, Mitwirkung bei den wirtschaftlichen und sozialen Angelegenheiten der Truppen sowie Gestaltung des Dienstes „in regelmäßiger Fühlung mit den Soldatenräten".[185]

Die OHL ging nun dazu über, von der Regierung offen den Bruch mit der Rätebewegung zu fordern.[186] In einem Schreiben an Ebert vom 8. Dezember verlangte Hindenburg, die Autorität der Offiziere restlos wiederherzustellen: Die „S.-Räte müssen aus der Truppe verschwinden". Darüber hinaus erhob er politische Forderungen, insbesondere die sofortige Einberufung der Nationalversammlung; ferner sollten etwa den Behörden anstelle von Arbeiterräten, so die bezeichnend patriarchalische Diktion, „tüchtige Männer aus dem Arbeiterstande beigegeben werden".[187]

Pläne der Militärs

Zu diesem Zeitpunkt war die OHL bereits entschlossen, die Rätebewegung durch einen zentral geführten Schlag vollständig und endgültig zu beseitigen.[188] Seit Ende November hatten die Militärs Pläne entwickelt, anläßlich der Rückkehr der Berliner Truppen die Macht in der Reichshauptstadt zu übernehmen, die Räte aufzulösen, die Bevölkerung zu entwaffnen, den alten, 1912 gewählten Reichstag (der nach einem Beschluß des Rats der Volksbeauftragten nicht mehr zusammentreten sollte)[189] wieder einzuberufen sowie Ebert zum Reichspräsidenten mit diktatorischen Vollmachten auszurufen. Diese Aktion, so die Pläne der Militärs, sollte vor dem 16. Dezember abgeschlossen sein, um die für diesen Tag in Berlin geplante Eröffnung des Reichs-Kongresses der Räte (durch den die Revolution eine neue Legitimation erhalten sollte) zu verhindern. Diese Pläne wurden Ebert unterbreitet. Der reagierte nicht eindeutig, erweckte jedoch bei den Militärs den Eindruck, ihren Plänen stillschweigend zuzustimmen.[190] Bereits Ende November hatte die Oberste Heeresleitung damit begonnen, sich durch Bildung eines besonderen Generalkommandos unter Leitung des Generalleutnants Lequis eine Außenstelle in Berlin zu schaffen.

Unter dem Eindruck des bevorstehenden Truppeneinmarsches kam es am 6. Dezember zu einem verworrenen putschartigen Unternehmen von Angehörigen der in Berlin stationierten Ersatztruppen: Der Vollzugsrat wurde vorübergehend verhaftet, während vor der Reichskanzlei aufmarschierende Demonstranten den Versuch unternahmen, Ebert zum Präsidenten auszurufen. Der entzog sich zwar diesem Ruf, jedoch mit einer nicht ganz eindeutigen, hinhaltenden Erklärung. Diese Aktion vom 6. Dezember ging vor allem auf eine Gruppe von Beamten des Auswärtigen Amtes sowie rechtsgerichteter Offiziere zurück, die sich die Unzufriedenheit von in Berlin liegenden Truppenteilen mit der Politik des Vollzugsrates zunutze gemacht hatten. Die Tatsache, daß im Anschluß an den mißlungenen Coup eine Abteilung Gardefüsiliere in einen Zug linksorientierter Demonstranten feuerte und dabei 16 Personen tötete, hätte fast den Bruch zwischen Ebert und dem Vollzugsrat zur Folge gehabt.[191]

Putschversuch v. 6. 12.

Wegen seiner Haltung am 6. Dezember mußte sich Ebert am folgenden Tag auf einer gemeinsamen Sitzung von Vollzugsrat und Rat der Volksbeauftragten zum Teil heftige Kritik anhören.[192] Die Volksbeauftragten wurden verpflichtet, allen verfassungspolitischen Experimenten, wie etwa eine Ausrufung Eberts zum Präsidenten, eine klare Absage zu erteilen.[193] Ferner wurde die Kompetenzabgrenzung zwischen beiden Gremien, wie sie am 22. November festgelegt worden war, erneuert: „Aus der Stellung des Vollzugsrats ergibt sich das Recht der Kontrolle, dem Rat der Volksbeauftragten liegt die ihm übertragene Exekutive ob." Da die Kontrollbefugnisse des Vollzugsrats jedoch nicht genauer definiert wurden, konnte auch diese Vereinbarung an der Dominanz der Volksbeauftragten nichts ändern.

Inzwischen gingen die Vorbereitungen der OHL für den demonstrativen Einzug von Frontverbänden in Berlin und anschließender Machtübernahme weiter: Zwischen dem 10. und 15. Dezember sollten neun unter dem Kommando des Generalleutnants Lequis zusammengefaßte Divisionen – insbesondere Einheiten der Garde, des kaiserlichen Elitekorps – in Berlin einrücken. Ein Aktionsplan[194] des Generalkommandos sah die sofortige Besetzung der zentralen Gebäude und die weitgehende Wiederherstellung vorrevolutionärer Verhältnisse vor; von einer Präsidentschaft Eberts war allerdings hier keine Rede. Der bereits zitierte Brief von Hindenburg an Ebert vom 8. Dezember[195] mit seinen ultimativ erhobenen Forderungen gehört zur unmittelbaren Vorgeschichte dieses Putsch-Unternehmens. Die Militärs handelten dabei in enger Zusammenarbeit mit anderen rechtsgerichteten Kräften: Am 7. Dezember forderte Groener den Präsidenten des Reichstages, Fehrenbach, der sich zu einer geheimgehaltenen Mission nach Kassel begeben hatte, auf, sofort, noch vor Beginn des Rätekongresses, das Parlament wiedereinzuberufen; Fehrenbach wandte sich auch, nachdem er sich mit den Führern der bürgerlichen Parteien besprochen hatte, in einem Rundschreiben an die Abgeordneten und rief sie auf, sich für eine

Einmarsch der Feldtruppen in Berlin

Parlamentssitzung bereit zu halten.[196] Außerdem wurde in diesen Tagen in einer Pressekampagne der „Druck des Auslands" gegen die Rätebewegung mobilisiert: Seit dem 11. Dezember erschienen in bürgerlichen Zeitungen, aber auch im „Vorwärts" – völlig unzutreffende – Meldungen, wonach die Alliierten in Kürze ultimativ die Auflösung der Räte verlangen würden.[197] Auch in Hamburg machten sich konterrevolutionäre Bestrebungen bemerkbar: Am 9. Dezember war in der Hansestadt ein Putschversuch aufgedeckt worden, an dem aktive bürgerliche Gruppierungen, enttäuschte Anhänger der Räteorganisation und Angehörige der zurückgekehrten Fronttruppen beteiligt waren.[198]

Die Konzentration von starken Truppenverbänden im Berliner Raum alarmierte den Vollzugsrat und die USPD-Vertreter in der Regierung.[199] Ebert geriet jetzt von zwei Seiten unter immer stärker werdenden Druck: Während die Linke den Einmarsch verhindern oder zumindest durch bestimmte Auflagen den Charakter einer militärischen Machtdemonstration nehmen wollte, hielt die OHL bis zuletzt an dem ursprünglichen Putschplan fest und übte entsprechenden Druck auf Ebert aus. Hindenburg, so hielt Groener am 9. Dezember fest, betrachte die radikalen Elemente im Vollzugsrat als die „allerschlimmsten Feinde des deutschen Volkes"; er halte es „für seine Pflicht, diesen Feind mit allen Mitteln zu bekämpfen, die ihm zur Verfügung stehen", und forderte Ebert auf, sich mit den mit ihm „harmonierenden Mitgliedern der Regierung [...] zu den Truppen zu begeben, um diesen Kampf gemeinsam zu führen."[200] Ebert gelang es jedoch, diese Forderung abzuwehren, allerdings nur, indem er den Militärs Zusagen für die Form des Einmarsches machte, die wiederum einen Bruch einer am Vortag mit dem Vollzugsrat abgeschlossenen Vereinbarung darstellten.[201]

Ebert kam es vor allem darauf an, während des Einmarsches demonstrativ die wechselseitige Loyalität von Regierung und Soldaten zu dokumentieren. Zu diesem Zweck sollte eine öffentliche Vereidigung der Truppen auf die „Deutsche Republik und die demokratische Regierung" erfolgen[202], während er selbst am 10. Dezember in seiner Begrüßungsansprache vor dem Brandenburger Tor eine Formulierung gebrauchte, die als Bestätigung der von den Militärs ausgelegten Dolchstoß-Legende angesehen werden konnte: „Eure Opfer und Taten sind ohne Beispiel. Kein Feind hat Euch überwunden! Erst als die Übermacht der Gegner an Menschen und Material immer drückender wurde, haben wir den Kampf aufgegeben."[203]

Eberts Ansprache an die Truppen

Daß aus dem demonstrativen Einmarsch schließlich kein Staatsstreich wurde, hat verschiedene Ursachen. Neben der immer deutlicher zu Tage tretenden Bereitschaft zur entschlossenen Gegenwehr auf seiten der Linken entwickelte die Truppe, wie Groener einräumen mußte, einen derartigen „Drang nach Hause", daß mit ihr „absolut nichts anzufangen war".[204] Hinzu kam aber, daß dem preußischen Kriegsminister Scheüch zunehmend Bedenken gegen die Machtübernahme der OHL in Berlin, die seine eigene Stellung einschränken mußte, gekommen waren und er sich zahlreichen der im „Aktionsplan" vorgesehenen Maßnahmen entgegenstellte; am 15. Dezember reichte er sein Abschiedsgesuch ein.[205] Auch wenn der Staatsstreich ausblieb, so führten die umfasssenden Vorbereitungen der Militärs (und die durch sie ausgelöste Aktion vom 6. Dezember) zu tiefgreifenden Spannungen zwischen MSPD und USPD-Vertretern, durch die das Bündnis der beiden Parteien massiv beschädigt wurde.

Am 11. Dezember kam es im Rat der Volksbeauftragten zu einem erneuten Eklat: Die Verhaftung einer Reihe von Ruhrindustriellen durch den Arbeiter- und Soldatenrat Dortmund am 8. Dezember und ihre durch den Berliner Vollzugsrat angeordnete Überführung nach Berlin – eine unmittelbare Reaktion auf die Verhaftung des Vollzugsrats am 6. Dezember – nahm Ebert zum Anlaß, mit dem Bruch des Regierungsbündnisses zu drohen: „Wir verlangen, daß heute noch der Vollzugsrat von jedem Eingriff in die Exekutive absieht, sonst treten wir sofort aus der Regierung aus."[206] Diese Drohung Eberts – von Scheidemann und Landsberg sofort bekräftigt – kann wohl kaum bedeutet haben, daß man auf seiten der Mehrheitssozialdemokraten gewillt gewesen wäre, den Unabhängigen die gesamte Regierungsmacht zu überlassen; sie stellte vielmehr in der gegebenen Situation – vor dem Hintergrund des im Gang befindlichen Truppeneinmarsches, der umlaufenden Putschgerüchte und Präsidentschaftspläne – eine offene Drohung der Sozialdemokraten dar, sich einen neuen Partner zu suchen – und das konnten nach Lage der Dinge nur die Militärs sein.

Drohender Bruch des Regierungsbündnisses

Der Bruch des Revolutionsbündnisses

Auf dem Ersten Allgemeinen Kongreß der Arbeiter- und Soldatenräte,[207] der vom 16. bis 21. Dezember in Berlin tagte, verfügte die MSPD über eine klare Mehrheit (292 von 489 Delegierten). Dementsprechend lehnte der Kongreß den Antrag des Vertreters der Revolutionären Obleute ab, „unter allen Umständen an dem Rätesystem als Grundlage der Verfassung der sozialistischen Republik" festzuhalten und den Räten die „höchste gesetzgebende und Vollzugsgewalt" zuzuerkennen.[208] Hingegen wurde der – mit Ebert abgesprochene[209] – Antrag des Mehrheitssozialdemokraten Max Cohen-Reuß angenommen, die Wahlen zur Nationalversammlung am 19. Januar durchzuführen.[210] Damit wurde die den Unabhängigen im November angebotene Verschiebung des Termins auf den 16. Februar wieder rückgängig gemacht.[211] Der Kongreß beschloß ferner auf Antrag der MSPD, die „gesetzgebende und vollziehende Gewalt" dem Rat der Volksbeauftragten zu über-

Erster Kongreß der Arbeiter- und Soldatenräte

Zentralrat

tragen und einen Zentralrat zu wählen, der die „parlamentarische Überwachung des deutschen und preußischen Kabinetts" ausüben solle.[212] Nachdem die weitergehenden Vorstellungen der USPD, dem Zentralrat echte legislative Funktionen zuzuerkennen, abgelehnt worden waren, setzte sich innerhalb der Unabhängigen der linke Flügel mit seiner Forderung durch, die Wahlen zum Zentralrat zu boykottieren, so daß sich dieser schließlich aus 27, ausschließlich von den Mehrheitssozialdemokraten vorgeschlagenen Kandidaten zusammensetzte.[213] Der Bruch zwischen den beiden sozialdemokratischen Parteien zeichnete sich also ab.

In anderen Fragen bezog der Kongreß jedoch durchaus Positionen, die links von der Haltung der Mehrheitssozialdemokraten lagen. So erteilte der Kongreß der Regierung den Auftrag, „mit der Sozialisierung aller hierzu reifen Industrien, insbesondere des Bergbaues, unverzüglich zu beginnen",[214] was eine deutliche Kritik an der offenkundigen Verschleppungstaktik der Mehrheitssozialdemokraten war, die auf dem Rätekongreß die Sozialisierungsfrage wegen Zeitmangels von den Beratungen hatten ausnehmen wollen.[215]

Hamburger Punkte zur Militärpolitik

Noch brisanter waren indes die sogenannten „Hamburger Punkte" zur Militärpolitik, eine Reaktion auf die militärpolitische Untätigkeit der Regierung und die von der Armee ausgehende Putschgefahr: Danach sollte, so die wichtigsten Vorstellungen des Kongresses, die Kommandogewalt über die Streitkräfte bei den Volksbeauftragten unter Kontrolle des neu gebildeten Zentralrats liegen; in den Garnisonen sei die Kommandogewalt durch die Arbeiter- und Soldatenräte auszuüben. Die Soldatenräte seien für die „Zuverlässigkeit der Truppenteile und die Aufrechterhaltung der Disziplin" verantwortlich. Als „Symbol der Zertrümmerung des Militarismus und der Abschaffung des Kadavergehorsams", so die noch durch den Geist der Revolte geprägte Formulierung, sollten alle Rangabzeichen entfernt werden. Die Offiziere sollten gewählt werden, der Aufbau der Volkswehr sei zu beschleunigen.[216]

Widerstand der OHL

Diese Beschlüsse stießen sogleich auf den entschiedenen Protest der OHL, die mit dem kollektiven Rücktritt aller ihr angehörenden Offiziere drohte[217] und deutlich machte, daß sie die Beschlüsse nicht anerkennen werde: „Es bleibt deshalb bei den bisher gegebenen Befehlen" telegraphierte Hindenburg am 19. Dezember aus Kassel.[218] In einer gemeinsamen Sitzung von Regierung der Volksbeauftragten und Zentralrat am 20. machte Groener erneut schärfste Bedenken gegen die Hamburger Beschlüsse geltend, die die Demobilmachung und den Waffenstillstand gefährdeten und deren unvermeidliche Folge „der völlige Zusammenbruch" sei. Im übrigen nehme er „diese ganzen Beschlüsse nicht so tragisch" und riet der Regierung: „Je mehr Sie die Finger davon lassen, sich die Sache entwickeln lassen, uns arbeiten lassen, desto eher wird es in Ordnung kommen."[219] Ebert verfiel, ganz im Sinne

Groeners, auf eine Verzögerungstaktik: Er setzte durch, daß die Durchführung des Beschlusses bis zur Erarbeitung von Ausführungsverordnungen (die nie zustande kamen) zurückgestellt wurde.[220]

Mit dem Aussetzen des Kongreßbeschlusses hatte Ebert in der Auseinandersetzung um die Militärpolitik eine eindeutige Entscheidung für den überkommenen Militärapparat und gegen die Rätebewegung getroffen. Jetzt war tatsächlich ein „Bündnis" zwischen ihm und Groener abgeschlossen, das den Bruch mit der USPD unvermeidlich machte. Der auf dem Rätekongreß gebildete Zentralrat[221] sah seine Funktion – darin war er sich mit dem Rat der Volksbeauftragten einig – nicht in der Kontrolle der Regierung, sondern darin, diese von störenden Einflüssen der Rätebewegung abzuschirmen und schließlich die Räte zu liquidieren. Nach der Wahl zur Nationalversammlung im Januar 1919 sollte der Zentralrat zwar verschiedentlich als Verteidiger der Räte auftreten, nun aber wurde er durch den Rat der Volksbeauftragten nicht mehr maßgeblich an den Regierungsgeschäften beteiligt.

„Bündnis" Ebert – Groener

Endgültig zerbrach die Koalition von MSPD und USPD über die Weihnachtskämpfe in Berlin.[222] Die im Stadtschloß einquartierte Volksmarinedivision geriet zunehmend in Konflikt mit dem Rat der Volksbeauftragten, der den Abzug der ursprünglich zu seinem eigenen Schutz aus revoltierenden Matrosen gebildeten Truppe verlangte. Am 23. Dezember besetzte eine Abteilung der Division die Reichskanzlei; eine andere Gruppe stürmte die Stadtkommandantur und setzte den sozialdemokratischen Stadtkommandanten Otto Wels fest. Die drei mehrheitssozialdemokratischen Volksbeauftragten riefen den preußischen Kriegsminister zu Hilfe. Nun schaltete sich die Oberste Heeresleitung ein, die die lang erwartete Möglichkeit wahrnahm, endlich mit den Radikalen abzurechnen und den Bruch des Regierungsbündnisses zustande zu bringen.

Berliner Weihnachtskämpfe

Die OHL widersetzte sich der Anordnung Eberts, der den Rückzug der während der Nacht gegen das Regierungszentrum anrückenden Truppen verlangte, da er noch eine Verhandlungslösung für möglich hielt. Im Tagebuch Groeners heißt es dazu: „Ebert bittet OHL um Hilfe. Truppen dringen darauf in Reichskanzlei ein. Ebert verbietet ihnen das Schießen und will Reichskanzlei sowohl von Matrosen als von Truppen räumen lassen. Telefonisch weise ich Ebert darauf hin, daß er dadurch unsere Truppen verdirbt, und verlange von ihm, daß er sich von uns schützen läßt. Sonst könnten wir nicht mehr mit ihm gehen."[223]

Teile der dem Kommando Lequis unterstehenden Gardekavallerieschützendivision marschierten am nächsten Tag unter dem Kommando ihres 1. Generalstabsoffiziers, Hauptmann Waldemar Papst, auf und beschossen Schloß und Marstall mit Artillerie. Aus den folgenden Kämpfen ging jedoch die Volksmarinedivision, der bewaffnete Sympathisanten zu Hilfe eilten, als Sieger hervor. Die von der OHL aufgebotenen

Truppenteile des alten Frontheeres, so zeigte sich hier, waren in Bürgerkriegskämpfen nicht einsatzfähig. 56 Soldaten der Garde und 11 Matrosen kamen bei den Kämpfen ums Leben. Angesichts dieses Ausgangs der Kämpfe mußte die Regierung schließlich einlenken: Die Volksmarinedivision blieb geschlossen erhalten, Wels wurde entlassen.[224]

Rücktritt der USPD-Volksbeauftragten

Als der Zentralrat das Vorgehen Eberts billigte (und auf Fragen nach der künftigen Militärpolitik und dem weiteren Vorgehen in der Sozialisierungsfrage keine die USPD-Vertreter befriedigenden Antworten gab) traten die drei Volksbeauftragten der Unabhängigen in der Nacht vom 28. auf den 29. Dezember aus der Regierung aus.[225]

An ihre Stelle traten die Mehrheitssozialdemokraten Noske und Wissell, zuständig für Militärfragen bzw. Wirtschaft. Noske, der zum Nachfolger des Kriegsministers Scheüch ernannte Oberst Reinhardt und die OHL zogen aus der Niederlage der ehemaligen Fronttruppen bei den Weihnachtskämpfen die Schlußfolgerung, künftig gegen innenpolitische Gegner nur noch Freiwilligenverbände einzusetzen.[226] Dabei machte Noske überhaupt keine Anstalten, die Volkswehr-Konzeption (republikanische Gesinnung der Freiwilligen, demokratische Strukturen der Verbände, eindeutige Unterordnung unter die Regierung) wieder aufzugreifen, sondern ihm kam es einzig und allein darauf an, „mit allem Nachdruck Freiwillige auf die Beine (zu) bringen".[227]

Bildung von Freikorps

Die Regierung konzentrierte sich nun auf die Aufstellung von Freikorps – Freiwilligenverbände, in denen die alte Kommandogewalt der Offiziere unangefochten galt und die überwiegend Soldaten anzogen, die der Revolution gegenüber feindlich oder indifferent eingestellt waren und die nach dem Zusammenbruch keine andere Perspektive als die Ausübung des „Soldatenhandwerks" sahen. Bereits Anfang Januar zeigten sich Noske und Ebert bei der Besichtigung einer dieser Einheiten, des Landesjägerkorps in Zossen, höchst beeindruckt von deren militärischem Erscheinungsbild.[228]

An warnenden Stimmen in bezug auf die politische Zuverlässigkeit der Freikorps mangelte es nicht. So äußerte sich etwa der Sozialdemokrat Max Cohen-Reuß am 9. Januar 1919 auf einer Sitzung des Zentralrats über seine eigenen Eindrücke: „Es sind viele Offiziere darunter, denen alles sozialistische Empfinden fern liegt und die sich darauf freuen, einmal wieder dazwischenhauen zu können. Ich muß sagen, es graut mich vor dem, was kommen kann. An denen ist die ganze Zeit spurlos vorübergegangen. Ich habe die ungeheure Befürchtung, daß wir lediglich mit Militaristen anderer Gesinnung kämpfen [...]"[229]

Ende der ersten Revolutionsphase

Der Bruch des Bündnisses zwischen USPD und MSPD markiert das Ende der ersten Phase der Revolution. Die Machtbasis der provisorischen Regierung hatte sich nun endgültig von der Rätebewegung hin zu den Militärs verlagert. Die Tatsache, daß die OHL sich jetzt als Bündnispartner Eberts etablieren konnte, verdankte sie nicht ihrer militärischen Stärke – tatsächlich mußten im Bürgerkrieg taugliche Freiwilligen-Truppen erst neu aufgestellt werden – sondern ihrem aggressiven Vorgehen gegen die Linke, durch das das ohnehin schon spannungsgeladene Verhältnis zwischen den beiden sozialdemokratischen Parteien endgültig aufbrach, aber auch der militärpolitischen Untätigkeit der Regierung Ebert/Haase.

In ihrer kurzen Amtszeit hat die Regierung der Volksbeauftragten unverkennbare Leistungen vollbracht: friedliche Überleitung der Macht auf allen Ebenen, Zurückführung der Truppen und Einleitung der Demobilmachung, wichtige sozialpolitische Maßnahmen, Abschluß des Waffenstillstandes, Erhalt der Reichseinheit, Sicherung der Ernährung und Versorgung der Bevölkerung, Vorbereitung der Verfassung und anderes mehr. Dem stehen aber große Versäumnisse und nicht ausgeschöpfte Handlungsspielräume gegenüber: Die Mehrheitssozialdemokraten hatten sich nicht entschließen können, die Machtposition, in die sie durch die Revolution gelangt waren, auszunutzen, um durch einige grundlegende Reformen die Macht derjenigen konservativen Eliten in Landwirtschaft, Schwerindustrie, Militär und Staatsapparat zu beschränken, die aus dem Kaiserreich in die neue Zeit hineinragten und der Entfaltung einer parlamentarischen Demokratie in Deutschland entgegenstanden.

Leistungen und Versäumnisse der Volksbeauftragten

Wie ist diese Untätigkeit der Sozialdemokraten zu erklären? Das von den Mehrheitssozialdemokraten ins Feld geführte Argument, zu solchen Reformen sei erst ein gewähltes Parlament berechtigt, war machtpolitisch naiv, denn für die Einführung einer parlamentarischen Demokratie mußten erst einmal die gesellschaftspolitischen Voraussetzungen geschaffen, mußten Vorrechte und Privilegien der Klassen- und Untertanengesellschaft abgeschafft werden.

Auch die außenpolitischen Rahmenbedingungen[230] – von den Sozialdemokraten gerne als Argument für den Aufschub von Reformen herangezogen – waren keineswegs so restriktiv, wie die MSPD sie interpretierte. Es ist sicher richtig, daß die Deutschlandpolitik der Alliierten in den ersten Wochen nach dem Umsturz durch eine diffuse Bolschewismus-Furcht bestimmt war und sie insbesondere der Rätebewegung skeptisch gegenüberstanden. Wegen der schlechten Informationslage und erheblicher Auffassungsunterschiede waren die alliierten Regierungen aber keineswegs in der Lage, auf einzelne innenpolitische Maßnahmen oder Absichten in Deutschland unmittelbar und einheitlich zu reagieren. Hinzu kam, daß das Hauptinteresse der Alliierten sich nun immer stärker auf den Abschluß eines Friedensvertrages richtete und sie daher vor allem an der Errichtung einer einigermaßen stabilen, unterzeichnungswilligen Regierung interessiert waren – und zu diesem Zweck konnten sie kein Interesse an einer Kontinuität der konservati-

Außenpolitische Rahmenbedingungen

ven Machteliten des Kaiserreichs haben. Sie waren insgesamt gesehen bereit, der deutschen Revolutionsregierung einen relativ großen innenpolitischen Handlungsspielraum einzuäumen, wenn sie sich nur klar genug gegen bolschewistische Forderungen abgrenzte. Die diffuse Bolschewismus-Furcht der Alliierten war also keineswegs eine Barriere gegen jede Art von Reformen, sondern sie hätte sich auch für eine sozialdemokratische Reformpolitik – gerade zur Verhinderung „russischer Zustände" – nutzen lassen.

Wenn also in der deutschen Öffentlichkeit im November/Dezember 1918 die Auffassung entstand, der außenpolitische Rahmen verbiete sofortige Reformen, dann nur, weil dieser Eindruck durch die traditionellen Machteliten (durch Manipulation des AA und der Presse) verbreitet wurde und weil die Mehrheitssozialdemokraten diese Argumente gerne aufnahmen, um damit ihre reformerische Untätigkeit zu rechtfertigen.

Evolutionäre Grundhaltung der MSPD-Führung

Die Argumente, die sich zur Erklärung dieser weitgehenden Untätigkeit und mangelnden Vorbereitung der SPD auf eine revolutionäre Situation anführen lassen – die deterministische Ideologie der Partei (also ihr erstarrtes marxistisches Dogma, die Revolution sei in jedem Fall unvermeidlich), ihre übergroße Angst vor dem „bolschewistischen Chaos", die Abkopplung der SPD-Führung von der Basis und ihre bürokratische Verkrustung – alle diese Argumente lassen sich auf die gleiche Erkenntnis zurückführen: Das Verhalten der SPD-Führung von 1918 war nun einmal das Ergebnis einer allmählichen Integration der Sozialdemokratie in die Gesellschaft des Kaiserreichs. Sie hatte sich den Bedingungen, die sie zur größten und erfolgreichsten sozialdemokratischen Bewegung der Welt hatten werden lassen, angepaßt und sie verinnerlicht: Hatte das Kaiserreich der sozialdemokratischen Arbeiterschaft parlamentarische Vertretung, relative Rechtssicherheit, Organisationsfreiheit und zunehmende Sozialstaatlichkeit gewährt, so ging es aus der Sicht der SPD-Führung vor allem darum, diese Ausgangsbedingungen evolutionär weiterzuentwickeln. Ein abrupter Bruch mit der bestehenden Ordnung war aus dieser Perspektive verhängnisvoll.

Die Antwort auf die Frage, ob mit einer energischeren Reformpolitik die Basis der Weimarer Demokratie soweit hätte verändert werden können, daß sie nicht 14 Jahre später Opfer einer rechtsradikalen Massenbewegung geworden wäre, muß spekulativ bleiben. Eine entschiedenere Politik der Sozialdemokraten hätte eine andere Republik geschaffen, in der möglicherweise andere Gegenkräfte ausgelöst und andere Risiken herbeigeführt worden wären.

Die halbherzige Politik der Sozialdemokraten hat also sicher das Ende der Weimarer Demokratie nicht determiniert – sie hat jedoch zu erheblichen Belastungen beigetragen, deren Auswirkungen sich in den folgenden Jahren ganz konkret aufzeigen lassen.

IV. Zweite Revolutionswelle, Verfassung und Friedensschluß

Januar-Unruhen

Der Austritt der Unabhängigen aus dem Rat der Volksbeauftragten führte zur endgültigen Spaltung der Arbeiterbewegung, zur weiteren Radikalisierung innerhalb von Arbeiterschaft und Rätebewegung und schließlich zu einer zweiten Revolutionswelle.[231] Beschleunigt wurde dieser Prozeß durch die Tatsache, daß überall im Reich Räte bereits seit Ende November den Pressionen von Behörden und Militärorganen ausgesetzt und in zahlreiche gewalttätige Auseinandersetzungen mit zurückgekehrten Fronttruppen verwickelt worden waren.[232]

Beginn der zweiten Revolutionswelle

War die sozialdemokratisch orientierte Arbeiterschaft im November von der Hoffnung bewegt gewesen, weitgesteckte politische Ziele durch Übernahme der Regierungsmacht zu erreichen, so trat nach dem Scheitern des Regierungsbündnisses die unmittelbare Durchsetzung sozial- und wirtschaftspolitischer Ziele in den Vordergrund. War die Revolution in der ersten Phase eine Volksbewegung gewesen, so gewann nun der Klassenkampf die Oberhand. Die Hauptforderung war nicht mehr Demokratisierung, sondern Sozialisierung.

Die zweite Revolutionswelle ging primär von der sozialdemokratischen Basis aus, nicht von den Räten. Die Wiederaufnahme der Revolution war nicht nur eine Konsequenz der Spaltung der organisierten Arbeiterbewegung, sondern zugleich auch ein Protest der Basis gegen diese Spaltung. Im Verlauf der wiederaufbrechenden Revolution, die durchaus von Anhängern beider sozialdemokratischer Parteien getragen wurde, erhielt die radikale Linke (spartakistische Gruppen, linker Flügel der USPD und schließlich auch die Kommunisten) immer mehr an Einfluß, während sich die gemäßigten Kräfte allmählich zurückzogen. Bezeichnenderweise traten in der zweiten Revolutionsphase häufig radikaler gesinnte Betriebsräte neben die bestehenden örtlichen Arbeiter- und Soldatenräte.

Die Gründung der Kommunistischen Partei Deutschlands zur Jahreswende 1918/19 markiert einen wichtigen Schritt bei der Formierung der radikalen Linken, ihr Einfluß auf die im Januar ausbrechende zweite Revolutionswelle blieb jedoch begrenzt. Die neue Partei war ein Zusammenschluß der Spartakusgruppe (die sich soeben von der USPD

Gründung der KPD

getrennt hatte) mit kleineren linksradikalen Gruppierungen. Der in Berlin tagende Gründungsparteitag faßte – gegen das Votum von Rosa Luxemburg – den Beschluß, die Wahlen zur Nationalversammlung zu boykottieren; damit war eine Vorentscheidung zugunsten einer antiparlamentarisch-revolutionären Taktik getroffen. Der Parteitag nahm ferner das von Luxemburg am 14. Dezember veröffentliche Programm der Spartakusgruppe als verbindlich für die Partei an, in dem deutliche Vorbehalte gegen die diktatorischen Methoden der Bolschewiki formuliert waren. Die ursprünglich in Aussicht genommene Vereinigung mit der Bewegung der Revolutionären Obleute kam jedoch nicht zustande. Der teilweise lebhafte Verlauf des Parteitages machte deutlich, daß die heterogen zusammengesetzte Partei in ihrer Anfangsphase keineswegs eine Kaderpartei leninistischen Typs war. In der revolutionären Rhetorik der Delegierten zeigte sich eine radikal-utopische Aufbruchstimmung, die über den tatsächlichen Handlungsspielraum der radikalen Linken erheblich hinwegtäuschte.[233]

Neben der Enttäuschung und Verbitterung von Teilen der Industriearbeiterschaft über die ausbleibenden Erfolge der revolutionären Bewegung, neben den zunehmenden Konfrontationen mit dem Militär bildeten die wirtschaftlichen Schwierigkeiten der Demobilisierungsphase einen weiteren Hauptgrund für den Ausbruch einer zweiten Revolutionswelle.

Schwierigkeiten des Demobilisierungsprozesses

Anfang 1919 sollte die zweite Phase der Demobilmachung, die allmähliche Umstellung der Industrie auf Friedensproduktion und die entsprechende Umschichtung der Arbeitskräfte, einsetzen. Jedoch schlugen die Versuche, die Wirtschaft durch staatliche Aufträge anzukurbeln, weitgehend fehl.[234] Die Anfang 1919 erlassene Verordnung, die die Unternehmen zur Einstellung der alten Arbeitskräfte zwang, wurde begleitet von einer breiten Entlassungswelle, der in erster Linie Frauen und Jugendliche zum Opfer fielen.[235] Pläne, Arbeiter aus den Städten in die Landwirtschaft abzuziehen, erwiesen sich als nicht durchführbar. Sprunghaft ansteigende Arbeitslosenzahlen[236] in den Monaten Dezember 1918 bis April 1919, weitgehende Unterbeschäftigung[237] der in den Betrieben vorhandenen Arbeitskräfte sowie die geringe Kaufkraft der nominell erhöhten Löhne[238] waren deutliche Indikatoren für bevorstehende Massenarbeitslosigkeit.

Vor diesem Hintergrund begann die zweite Revolutionswelle im Januar 1919 mit Aufständen in Berlin, Bremen und im Ruhrgebiet:

Berliner Januar-Unruhen

– Der Funke, der die zweite Revolutionswelle entzündete, waren die Berliner Januar-Unruhen.[239] Anlaß war die Entlassung des von der USPD gestellten Berliner Polizeipräsidenten Eichhorn – unmittelbare Folge der Weihnachtskämpfe und des Bruchs der Regierung. Die Protestdemonstration, die USPD, KPD und Revolutionäre Obleute für den 5. Januar angekündigt hatten, mündete alsbald in einen bewaffneten,

84

aber unzureichend vorbereiteten Aufstand gegen die Regierung. Erst nachdem unmittelbar nach der Demonstration kleinere Gruppen von linksradikalen Demonstranten Verlagshäuser im Berliner Zeitungsviertel besetzt hatten, bildeten die Linksparteien einen Revolutionsausschuß, der unter dem Eindruck unzutreffender Meldungen über die Kräftelage zum Generalstreik und zum Sturz der Regierung aufrief. Am 6. Januar faßte die Regierung den Beschluß, den Aufstand mit militärischen Mitteln niederzuschlagen: Das Kommando einem Militär zu übertragen, erschien mit Rücksicht auf die Stimmung in der Arbeiterschaft inopportun, und so verfiel man auf Noske, der mit den klassischen Worten „Einer muß der Bluthund werden" akzeptierte.[240] Nachdem Verhandlungen mit den Aufständischen gescheitert waren – Ebert und Noske hatten sich nachhaltig gegen Kompromißlösungen ausgesprochen – schlugen die von Noske geführten Freikorps-Truppen am 11. und 12. Januar den Aufstand auf brutale Weise nieder. In den folgenden Tagen wurde dann Berlin abschnittsweise militärisch besetzt und planmäßig „gesäubert" – eine Absicht, die die Militärs bereits einen Monat zuvor verfolgt hatten. Im Zuge dieser Aktion wurden die beiden Köpfe der revolutionären Bewegung, Rosa Luxemburg und Karl Liebknecht, bereits seit Ende Dezember Objekte einer systematischen Mordhetze antisozialistischer Kreise, durch Freikorpsangehörige ermordet. Den Befehl hierzu gab der 1. Generalstabsoffizier der Gardeschützenkavalleriedivision, der schon bei den Weihnachtskämpfen maßgeblich in Erscheinung getretene Hauptmann Papst.[241]

Ermordung Luxemburgs und Liebknechts

– In Bremen wurde am 10. Januar eine Räterepublik durch Kommunisten und Unabhängige proklamiert, die alsbald der Wahl einer Volksvertretung zustimmen mußte. Obwohl die Führer der Räterepublik in Verhandlungen einwilligten und zum Rücktritt bereit waren, gab Noske seinen Truppen den Befehl, die Hansestadt zu besetzen; die militärische Aktion endete am 4. Februar nach heftigen Kämpfen im Stadtzentrum.[242]

Bremer Räterepublik

– Bereits seit 1918 hatte sich innerhalb der Bergarbeiterschaft an der Ruhr[243] eine Streikbewegung ausgebreitet, in der – auch gerade unter dem Eindruck der Beschlüsse des Rätekongresses – die Forderung nach Sozialisierung des Bergbaus immer lauter wurde. Anfang Januar proklamierte der Essener Arbeiter- und Soldatenrat die sofortige Sozialisierung des Bergbaus und ließ am 11. Januar die Büros des Kohlensyndikats (der Absatzorganisation des gesamten Ruhrbergbaus) und des Bergbaulichen Vereins besetzen. Zur Durchführung der Sozialisierung wurde eine aus je drei Vertretern von SPD, USPD und KPD zusammengesetzte „Neunerkommission" gebildet, die wenige Tage später durch eine nach Essen einberufene Konferenz der Arbeiter- und Soldatenräte bestätigt wurde; die Wahl von Räten auf allen Zechen wurde beschlossen. Den sozialistischen Parteien war es damit gelungen, die

Ruhraufstand

85

Kontrolle über die Streikbewegung zurückzuerlangen, die kurz darauf zum Erliegen kam. Die Regierung reagierte auf die Sozialisierungsforderung, indem sie mit der Bergbauverordnung vom 18. Januar drei „Reichsbevollmächtigte" für den Ruhrbergbau (je einen Vertreter von Gewerkschaften, Arbeitgebern und Bergbauverwaltung, alle drei keine Anhänger der Sozialisierung) ernannte, die Wahl von Zechenräten anordnete[244] und im Februar die Einrichtung von paritätisch besetzten Arbeitskammern im Bergbau vornahm.[245] Sie erkannte jedoch die Neunerkommission nicht an und ging auf die Sozialisierungsforderung nicht konkret ein.

Die folgenden Streiks und Unruhen müssen auch vor dem Hintergrund des Ergebnisses der Wahlen zur Nationalversammlung am 19. Januar und der im Februar beginnenden Verfassungsberatungen gesehen werden; aufgrund der neuen Mehrheitsverhältnisse war klar, daß eine Sozialisierung auf parlamentarischem Wege nicht zustande kommen würde. Dies erhöhte die Verbitterung der radikal gesinnten Arbeiter, bei denen sich nun der Eindruck verstärkte, durch die Entscheidung der Mehrheitssozialdemokraten für frühe Wahlen zur Nationalversammlung um die in der parlamentslosen Zeit eher möglich gewesene Sozialisierung betrogen worden zu sein.

Vorbereitungen zum Aufbau und zur Sicherung des Staates

Wahlen zur Nationalversammlung

In den Wahlen zur Verfassunggebenden Nationalversammlung am 19. Januar 1919, bei denen erstmalig Frauen stimmberechtigt waren, das Wahlalter von 25 auf 20 Jahre herabgesetzt und die zum ersten Mal nach dem Verhältniswahlrecht durchgeführt wurden, erreichte die MSPD 37,9% und die USPD 7,6% der Stimmen. Die Linke – die KPD hatte die Wahlen boykottiert – war damit deutlich unter der Mehrheitsgrenze geblieben, was sich im übrigen bereits bei den Landtagswahlen, die seit dem 9. November stattgefunden hatten, angedeutet hatte. Zweitstärkste Partei wurde das Zentrum mit 19,7%, es folgten die DDP mit 18,5%, die DNVP mit 10,3% und die DVP mit 4,4%. Vergleicht man diese Ergebnisse mit den Resultaten der letzten Wahlen zum Reichstag von 1912, so zeigt sich – obwohl die Sozialdemokraten (USPD und MSPD) ihren Stimmenanteil um mehr als 10% verbessern konnten – eine bemerkenswerte Kontinuität: Die Blöcke der Wähler von Zentrum, Liberalen und Konservativen waren in etwa gleich stark geblieben, wobei sich allerdings bei den Liberalen ein deutlicher Umschwung nach links (DDP) vollzogen hatte.[246]

Die konstituierende Sitzung der Nationalversammlung fand am 6. Februar in Weimar statt; die Verlegung nach Thüringen war nicht nur er-

86

folgt, weil man sich in Berlin nicht mehr vor weiteren Unruhen sicher glaubte, sondern auch, wie Ebert vor dem Kabinett betonte, „das Mißtrauen gegen Berlin [...] im Süden und Westen zu groß" wäre und er nicht zuletzt auch darauf spekulierte, daß es „in der ganzen Welt angenehm empfunden werde, wenn man den Geist von Weimar mit dem Aufbau des neuen Deutschen Reiches verbindet."[247]

Das Wahlergebnis machte eine Hereinnahme bürgerlicher Politiker in die Regierung unumgänglich. Zum Chef dieses neuen Kabinetts – man wählte zunächst die Bezeichnung Präsident des Reichsministeriums – wurde Philipp Scheidemann, neben Ebert der führende Politiker der MSPD, ernannt. Aus der Regierung der Volksbeauftragten wurden die Mehrheitssozialdemokraten Landsberg (Justiz), Noske (Wehrwesen) und Wissell (Wirtschaft) übernommen; ferner wurden die Sozialdemokraten Gustav Bauer (Arbeit), Robert Schmidt (Ernährung) und Eduard David (ohne Ressort) berufen. Hinzu kamen drei Vertreter des Zentrums, darunter Erzberger als Finanzminister, sowie drei Politiker der DDP (unter ihnen Preuß als Leiter des Innenressorts sowie Schiffer als Finanzminister); ebenfalls der DDP nahe stand der parteilose Außenminister Ulrich Graf Brockdorff-Rantzau. Bemerkenswert ist die hohe Kontinuität in der Zusammensetzung der Regierung: Fast alle Kabinettsmitglieder hatten dem Kabinett v. Baden und/oder der Regierung der Volksbeauftragten angehört.[248]

Neubildung der Regierung

Bereits in der Anfangsphase der zweiten Revolutionswelle konsolidierte sich der militärische Machtapparat, der den in den Hamburger Punkten zum Ausdruck gebrachten Angriff auf die militärische Disziplin abwehren konnte. Die OHL konnte aus den Resten der alten Armee funktionsfähige Einheiten aufbauen, die nicht nur im Kampf gegen die Aufständischen für die Regierung unentbehrlich waren, sondern vor allem zum „Grenzschutz" im Osten eingesetzt wurden, so insbesondere gegen den im Dezember 1918 ausgebrochenen polnischen Aufstand in Posen. Parallel zu dieser Rekonsolidierung der Armee wurden die von den Räten geschaffenen Sicherheits- oder Volkswehren aufgelöst.[249]

Konsolidierung des militärischen Apparates

Zunächst gelang es den Militärs, die vorgesehenen „Ausführungsbestimmungen" zu den Hamburger Punkten so zu gestalten, daß die ursprünglichen Beschlüsse des Rätekongresses nicht einmal ansatzweise aus ihnen herauszulesen waren. Dies geschah in den vorläufigen Verordnungen über Kommandogewalt und Stellung der Soldatenräte, Rangabzeichen und militärischen Gruß[250] vom Januar 1919, in denen die Existenz von Soldatenräten zwar formal bestätigt, ihre Mitwirkungsrechte jedoch so definiert waren, daß sie den Kern der militärischen Kommandogewalt praktisch nicht mehr betrafen.

Aber auch diese sehr restriktiven Regelungen sollten nur für den preußischen Kontingentsteil der Armee gelten, insbesondere aber nicht für die Freikorps und die noch außerhalb der Reichsgrenzen stehende

Besatzungsarmee im Osten. Sie wurden auch von Anfang an durch die OHL offen kritisiert; so teilte Groener Ebert in einem Schreiben vom 27. Januar mit, seiner Auffassung nach sei die Idee einer irgendwie gearteten Kontrolle der Vorgesetzten „ein völliger Unsinn und außerdem eine Forderung, die sich auf die Dauer mit der Ehre und Würde eines aufrechten Mannes nicht vereinbaren läßt."[251] Das Gesetz über die vorläufige Bildung der Reichswehr vom März sicherte die Übernahme des Großteils der mittlerweile entstandenen Freiwilligenverbände in die Reichswehr.[252] Dies und die Bildung von „Einwohnerwehren" als freiwilligen Reserveformationen der Armee (mit schätzungsweise mehr als einer Million Mitgliedern, vornehmlich aus bürgerlichen Kreisen und aus der Landbevölkerung) verstärkte den durch und durch konservativen Charakter der bewaffneten Macht.[253]

Radikalisierung und Scheitern der zweiten Revolution

Auf die in den Wahlen und der Regierungsbildung deutlich zum Ausdruck kommende antisozialistische Tendenz reagierten die Hochburgen der radikalen Arbeiterbewegung wiederum mit einer Reihe von Streiks und Unruhen.

Generalstreik im Ruhrgebiet
– Die Absetzung und Verhaftung des Soldatenrats des Armeekorps in Münster durch den Kommandierenden General und gewaltsames Vorgehen von Freikorpstruppen im Ruhrgebiet führten im Februar zu einem Generalstreik im Ruhrbergbau, der allerdings nach wenigen Tagen erlosch, nachdem sich Sozialdemokraten und Gewerkschaften distanziert hatten und es zu Kämpfen zwischen Freikorps und bewaffneten Arbeitern gekommen war.[254]

Unruhen in Mitteldeutschland
– Auch im mitteldeutschen Bergbaugebiet um Halle und Merseburg herrschte Anfang 1919 erhebliche Unruhe.[255] Die unter dem Einfluß des linken USPD-Flügels stehende, gut organisierte Rätebewegung erhob die Forderung nach einem umfassenden Ausbau der Mitbestimmungsrechte der Betriebsräte und auch – unter dem Eindruck der Essener Beschlüsse – nach Sozialisierung. Als Verhandlungen mit der Reichsregierung aus der Sicht der Führer der Bergleute unbefriedigend verliefen, wurde auch in Mitteldeutschland der Generalstreik für den 24. Februar ausgerufen.

In der folgenden Verhandlungsrunde konnten die Streikenden erreichen, daß ihnen die Regierung – die durch den Streik in Weimar praktisch von der Außenwelt abgeschnitten war – zusagte, die Einrichtung der Betriebsräte in der Verfassung abzusichern. Die SPD hatte der Nationalversammlung außerdem unter dem Eindruck des Streiks Gesetzentwürfe zur Enteignung der Kohle- und Kaliindustrie unterbreitet. Der

Streik in Mitteldeutschland wurde Anfang März abgebrochen, nachdem es zu Auseinandersetzungen mit Regierungstruppen gekommen war.

– Anfang März ergriffen auch in Berlin[256] USPD und KPD die Initiative für einen Generalstreik, an dem sich auch große Teile der SPD-Basis und die Freien Gewerkschaften beteiligten. Mit diesem Streik wurden in erster Line politische Ziele verfolgt: Anerkennung der Arbeiter- und Soldatenräte, Durchführung der Hamburger Punkte, Bildung einer revolutionären Arbeiterwehr und Auflösung der Freikorps sowie Aufnahme von Beziehungen zu Sowjetrußland.

Berliner März-Unruhen

Nachdem die Regierung ihre schon gegenüber der mitteldeutschen Aufstandsbewegung abgegebenen Versprechungen – verfassungsrechtliche Absicherung von Betriebsräten und Sozialisierung – wiederholt hatte, zogen sich SPD und Gewerkschaften aus der Streikfront zurück, am 8. März beschloß auch die USPD den Abbruch des Streiks. Jedoch war der Streik von Anfang an durch Unruhen und Kämpfe begleitet gewesen, die sich bis zum 13. März hinzogen. Auf die vom Stab der Gardekavallerieschützendivision ausgegebene Falschmeldung (hier spielte wiederum Hauptmann Papst eine wichtige Rolle), es seien 60 Polizisten durch Spartakisten ermordet worden, erließ Noske am 9. März seinen berüchtigten Schießbefehl: „Jede Person, die mit Waffen in der Hand gegen Regierungstruppen kämpfend angetroffen wird, ist sofort zu erschießen." Aufgrund dieser Anordnung, die in verschiedenen, teilweise noch verschärften Versionen verbreitet wurde, wurden in den folgenden Tagen zahlreiche Aufständische erschossen. Insgesamt forderten die Berliner Märzkämpfe mindestens 1 000 Opfer. Trotz der alsbaldigen Aufdeckung der Falschmeldung über den Spartakistenmord blieb der Befehl bis zum 16. März in Kraft. Die mit der Niederschlagung des Berliner Märzaufstandes betraute „Abteilung Lüttwitz" verfaßte ein Merkblatt, mit dem sie ihre Schlußfolgerungen für künftige Bürgerkriegskämpfe zog: „Je schärfer die Mittel, desto schneller der Erfolg [...] Die schärferen Mittel sind die humaneren; nur Artillerie und Minenfeuer macht dem Gegner hinter Mauern und Barrikaden Eindruck."[257]

Noskes Schießbefehl

– Innerhalb der Bergarbeiterschaft im Ruhrgebiet war – nachdem sich die Sozialisierung durch direkte Aktionen nicht hatte verwirklichen lassen – die Forderung nach Schichtverkürzung bei gleichem Lohn in den Vordergrund getreten. Nach blutigen Zusammenstößen in Witten Ende März setzte eine neue Streikwelle ein, ein von USPD und KPD beherrschter „Zentralzechenrat" bildete sich, im April wurde erneut ein Generalstreik ausgerufen. Ziele des Streiks waren u. a. die Einführung der Sechsstundenschicht unter Tage, die Durchführung der militärpolitischen Beschlüsse des Rätekongresses, die Anerkennung der Arbeiter- und Soldatenräte sowie die Entwaffnung der Polizei und die Auflösung der Freikorps. Dem sozialdemokratischen Reichstagsabgeordneten Severing, der als Staatskommissar in das Ruhrgebiet entsandt wurde,

Erneuter Generalstreik im Ruhrgebiet

gelang es, durch sein geschicktes Vorgehen ein Abflauen der Streikbewegung zu erreichen; allerdings mußten die Zechenleitungen die Siebenstundenschicht zugestehen. Das Ergebnis von drei Monaten harter Auseinandersetzungen im Ruhrgebiet war aber vor allem eine erhebliche Radikalisierung und Erbitterung großer Teile der Industriearbeiterschaft.[258]

Weitere Streiks

– Außerdem kam es im März und April zu Massenstreiks in Oberschlesien sowie zu weiteren regionalen Generalstreiks: Von Ende März bis Anfang April in Württemberg, Anfang April in Magdeburg sowie ebenfalls im April in Mannheim und Braunschweig, wo kurzfristig Räterepubliken ausgerufen wurden.[259]

Separatistische Bewegung

– Die Anfang 1919 im Rheinland aufkommende, von der französischen Besatzungsmacht unterstützte separatistische Bewegung war zwar nicht eigentlich Bestandteil der zweiten Revolutionswelle, sie verdeutlichte jedoch – auch wenn sie nur von einer kleinen Minderheit in der Bevölkerung unterstützt wurde –, welche Gefahren der geschwächten Autorität der Reichsregierung zu dieser Zeit drohten.[260]

Ermordung Eisners

– In Bayern[261] war die zweite Phase der Revolution mit der Ermordung des Ministerpräsidenten Kurt Eisner durch den Leutnant Graf Arco-Valley am 21. Februar 1919 ausgelöst worden. Nachdem Eisners USPD bei den Landtagswahlen vom 12. Januar nur drei Mandate hatte erreichen können, wollte Eisner in der konstituierenden Sitzung des Landtags seinen Rücktritt erklären; auf dem Weg dorthin erschoß ihn Arco-Valley. Unmittelbar nach dem Mord an Eisner schoß ein kommunistisches Mitglied des Revolutionären Arbeiterrates im Landtag auf den Vorsitzenden der bayerischen MSPD, Erhard Auer, und verletzte diesen schwer. Noch am gleichen Tag erklärte der Vollzugsausschuß der Münchner Arbeiterräte den Belagerungszustand und verkündete einen dreitägigen Generalstreik. Die für den 22. Februar einberufene Münchner Räteversammlung berief einen Zentralrat der bayerischen Republik, der sich aus Vertretern der beiden sozialdemokratischen Parteien, der KPD und der Bauernräte zusammensetzte. Aus dem nun folgenden Machtkampf zwischen Zentralrat und Landtag ging das Parlament als Sieger hervor: Es wählte am 17. März den Mehrheitssozialdemokraten Johannes Hoffmann zum Ministerpräsidenten.

Münchner Räterepublik

Die USPD-Mitglieder des Zentralrats holten jedoch sogleich zum Gegenschlag aus: In der Nacht vom 6. auf den 7. April wurden die Räterepublik proklamiert, elf Volksbeauftragte ernannt, der Landtag aufgelöst, die Regierung Hoffmann für abgesetzt erklärt und eine Rote Armee gebildet. Zu diesem Zeitpunkt war jedoch die Rätebewegung bereits politisch weitgehend isoliert; ihre Macht reichte kaum über die Stadtgrenzen Münchens hinaus.

Nach einem mißlungenen Versuch von regierungsnahen Truppen, die Räterepublik zu stürzen, übernahmen am 13. April die bayerischen

Kommunisten die Macht in München und errichteten einen Vollzugsrat der Betriebs- und Soldatenräte. Ein weiterer Machtwechsel folgte am 27. April zugunsten der gemäßigten Kräfte um Ernst Toller. Doch auf die von Toller angestrebte Verhandlungslösung ließ sich die nach Bamberg ausgewichene Regierung Hoffmann nicht mehr ein. Am 1. Mai rückten Freikorps in München ein; auf die Ermordung von zehn Geiseln durch Rotgardisten reagierten die Freikorps mit einer Terrorwelle, der Hunderte von Anhängern der Räterepublik, aber auch zahlreiche Unbeteiligte zum Opfer fielen.

Das kurze Kapitel der Münchner Räterepublik hatte zu einer enormen Aufheizung der Stimmung innerhalb der konservativen Mittelschichten in München und Oberbayern geführt. Ein fanatischer Haß gegen die Revolution und jede Spielart linker Politik herrschte hier nun vor; eine spezielle Aversion gegen das „rote" Berlin verstärkte die traditionelle Ablehnung alles Preußischen. Die Tatsache, daß zahlreiche führende Vertreter der bayerischen Revolution, wie Eisner und Toller, Juden waren, verschärfte außerdem die ohnehin schon stark ausgeprägten antisemitischen Vorurteile. München bereitete sich nun darauf vor, zum Zentrum der Gegenrevolution zu werden. Es war diese Atmosphäre, in der einer der V-Männer des Bayerischen Reichswehrgruppenkommandos, Adolf Hitler, seine ersten Agitationsversuche unternahm.

Mit der Niederschlagung der Münchner Räterepublik war das Ende der zweiten Revolutionswelle erreicht. Der Versuch der Arbeiterschaft, durch Streiks und direkte Aktionen Sozialisierungen durchzusetzen, war gescheitert, ebenso die lokalen Ansätze zur Bildung von Räteregierungen. Große Teile der Arbeiterschaft reagierten verbittert und enttäuscht, die Spaltung der organisierten Arbeiterbewegung vertiefte sich weiter. Diese Tendenz wurde noch verstärkt, als sich herausstellte, daß die von den Mehrheitssozialdemokraten zugesagten Gesetzgebungsprojekte zur Sozialisierung weit hinter den Erwartungen zurückblieben. Der Regierung hatte bereits seit dem 2. Januar 1919 der Vorschlag der von ihr im Dezember eingesetzten Sozialisierungskommission vorgelegen, sofort die Übernahme der mineralischen Bodenschätze und Bergwerke durch das Reich bekanntzugeben.[262] In ihrem Bericht vom Februar 1919 kam die Sozialisierungskommission zu dem Ergebnis, daß die Vergesellschaftung des Kohlenbergbaus wirtschaftlich und politisch erforderlich sei. Die MSPD-Regierungsvertreter nahmen jedoch diese Vorschläge nicht auf; sie begründeten dies mit verfassungspolitischen Bedenken und mit dem Argument, Staatseigentum könne von den Alliierten leichter beschlagnahmt werden.[263]

Im März hatten die Sozialdemokraten, wie bereits erwähnt, den streikenden Bergarbeitern außerdem die Zusage gemacht, einen Betriebsräteartikel in die Verfassung aufzunehmen und gesetzliche Schritte zur Sozialisierung der Kohle- und Kaliindustrie zu unternehmen. Bei den

Ende der zweiten Revolutionswelle

Scheitern der Sozialisierungspläne

**„Gemeinwirt-
schaft"**

folgenden Beratungen der „Sozialisierung" stellte sich jedoch immer eindeutiger heraus, daß der sozialdemokratische Wirtschaftsminister Wissell – gestützt auf Vorschläge seines Unterstaatssekretärs v. Moellendorf – Vorstellungen von „Gemeinwirtschaft" vertrat, die keine Abschaffung des Privateigentums an den Produktionsmitteln vorsahen, sondern – im Anschluß an die Erfahrungen der Kriegswirtschaft – eine staatlich moderierte, durch ein abgestuftes System von Selbstverwaltungsorganen vorgenommene Gesamtlenkung der Volkswirtschaft, an der auch Vertreter der Arbeitnehmer und der Konsumenten beteiligt sein sollten.[264]

Diese Vorstellungen wurden in den endgültigen Fassungen der Gesetze zur Regelung der Kohlen- und Kaliwirtschaft[265] umgesetzt: Für beide Branchen wurden Zwangssyndikate geschaffen, in denen auch die Arbeitnehmer vertreten sein sollten. Übrig blieb somit von der Forderung nach Sozialisierung die Mitwirkung der Arbeiter an der Preisfestsetzung in der Kohlen- und Kaliindustrie – und die Rhetorik eines als bloße Rahmenvorschrift gedachten Sozialisierungsgesetzes[266], in dem jedem Deutschen „die sittliche Pflicht" auferlegt wurde, „seine geistigen und körperlichen Kräfte so zu betätigen, wie es das Wohl der Gesamtheit erfordert", und die Reichsregierung ermächtigt wurde, auf gesetzlichem Wege „geeignete" Unternehmen in „Gemeinwirtschaft" zu überführen; ein Schritt, zu dem sich aber keine Reichsregierung entschließen sollte. Angesichts dieser inhaltlichen Entleerung der Sozialisierungspolitik löste sich die Sozialisierungskommission im April auf, nachdem ihre Alibifunktion offensichtlich geworden war.

**Auflösung der
Räte**

Schließlich hatte mit dem Ende der zweiten Revolutionswelle auch die Stunde für die noch existierenden Arbeiter- und Soldatenräte geschlagen. Mit dem Zusammentritt der seit Dezember 1918 neu gewählten Volksvertretungen auf Reichs-, Landes- und kommunaler Ebene entfiel die ursprüngliche Legitimation der in der Novemberrevolution geschaffenen Räte, die sich ja überwiegend als Provisorien bei der Überleitung der Macht auf demokratisch gewählte Organe verstanden hatten. Seit dem Frühjahr 1919 übten auch die öffentlichen Verwaltungen verstärkten Druck auf die Räte aus und machten ihnen zunehmend bei der Finanzierung Schwierigkeiten. Im Herbst und Winter 1919 lösten sich die meisten Arbeiterräte auf.[267] Dies veranlaßte die Anhänger des Rätegedankens dazu, sich verstärkt auf die Bildung von Betriebsräten zu verlegen, von denen noch zu berichten sein wird.[268]

Verfassungsgebung

Die zweite Revolutionswelle bildete den bewegten Hintergrund für die Entstehungsgeschichte der Weimarer Verfassung.[269] Die führende politische Kraft, die Mehrheitssozialdemokraten, war ohne verfassungspolitische Gesamtkonzeption in die Beratungen der Nationalversammlung gegangen und hatte ihre Vorbereitung weitgehend dem linksliberalen Preuß, dem Staatssekretär im Reichsinnenamt, überlassen. Als Preuß Anfang Januar einen ersten Entwurf vorlegte, hatte der Rat der Volksbeauftragten vor allem zwei Änderungswünsche: Er wandte sich gegen Preuß' Absicht, die bisherigen Einzelstaaten zugunsten eines Einheitsstaates aufzulösen, und wollte sich statt dessen lediglich durch eine allgemein gehaltene Neuregelungsklausel eine spätere Änderung der föderativen Struktur des Reiches vorbehalten; außerdem verlangten die Volksbeauftragten einen Grundrechtekatalog, auf den Preuß' Entwurf, ganz auf die staatliche Organisation konzentriert, bewußt verzichtet hatte.[270]

Preuß' Entwurf

Daneben gelang es den neuen, meist unter sozialdemokratischer Führung stehenden Länderregierungen in den kommenden Wochen, sich maßgeblich in den Prozeß der Verfassungsgebung einzubringen: Eine am 25. Januar tagende Konferenz von Vertretern der Reichsregierung und der Einzelstaaten beschloß auf Antrag Eisners, einen „Staatenausschuß" einzusetzen und diesen an der Erstellung eines vorläufigen Reichsgrundgesetzes zu beteiligen.[271] In den folgenden Verhandlungen schaltete sich der Staatenausschuß aber auch in die Beratung der Reichsverfassung selbst entscheidend mit ein.

Staatenausschuß

Das Ergebnis dieser Erörterungen legte Preuß der in Weimar zusammentretenden Nationalversammlung vor. Die Nationalversammlung akzeptierte von vornherein eine Reihe wichtiger Neuerungen der Umbruchphase als gegebene Tatsachen und traf damit wichtige Vorentscheidungen für den künftigen Verfassungsaufbau. In dieser Haltung kam eine Selbstbeschränkung der Konstituante zum Ausdruck, die sich eben nicht als Organ eines unumschränkten revolutionären Volkswillens sah.

Präjudiziert wurde die Verfassungsgebung insbesondere durch das am 10. Februar 1919 verabschiedete Gesetz über die vorläufige Reichsgewalt,[272] in dem die wichtigsten Verfassungsorgane des künftigen Staates und ihre Kompetenzen bereits in nuce beschrieben wurden: Die Nationalversammlung sollte gleichzeitig als nationales Parlament fungieren, das gemeinsam mit dem Staatenausschuß für die Gesetzgebung verantwortlich war; ferner wurden hier die Funktionen von Reichspräsident und Reichsregierung beschrieben und mit der Möglichkeit der Volksabstimmung ein plebiszitäres Element eingeführt. Ohne daß hier

Gesetz über die vorläufige Reichsgewalt

auf die Einzelheiten der weiteren Verfassungsberatungen eingegangen werden kann, sollen ihre wichtigsten Ergebnisse im Überblick zusammengefaßt werden:

Verhältnis Reich – Länder

1. Gegen die unitarischen Vorstellungen, wie sie etwa Preuß vertrat, setzte sich das bundesstaatliche Prinzip durch, wobei allerdings die Gewichte zugunsten des Reiches verschoben wurden. So hatte der Reichsrat, die Vertretung der Länder (wie man die deutschen Staaten jetzt nannte), im Vergleich mit dem Bundesrat des Kaiserreichs eine weit schwächere Stellung innerhalb des Gesetzgebungsprozesses. Durch die konkurrierende und die Grundsatzgesetzgebung war das Reich in der Lage, auf zahlreichen Sachgebieten selbständig die Initiative zu ergreifen. Die bisher recht schwache Reichsverwaltung gewann eine Reihe von Kompetenzen hinzu, so vor allem das Eisenbahnwesen, die ungeteilte Zuständigkeit in militärischen Fragen sowie die volle Finanzhoheit.

Problem Preußen

Es gelang jedoch in der Verfassung nicht, Preußen – das mehr als drei Fünftel der Fläche und der Bevölkerung Deutschlands umfaßte – befriedigend in das Reich zu integrieren. Auch die meisten führenden Sozialdemokraten wandten sich gegen die Auffassung Preuß', das größte deutsche Land in mehrere Einzelstaaten aufzulösen. Sie wollten die Funktion Preußens als starker Klammer zwischen West- und Ostdeutschland (wie sie seit 1815 bestand) nicht aufgeben; sie befürchteten, daß beispielsweise ein selbständiger Rheinstaat französischen Ambitionen viel weniger widerstehen könnte als eine in Preußen verankerte Rheinprovinz. Um dem Übergewicht Preußens einigermaßen zu begegnen, verfiel man darauf, die Anzahl seiner Vertreter im Reichsrat auf zwei Fünftel der Stimmen zu begrenzen, wobei sie zur Hälfte nicht durch die preußische Regierung, sondern durch die Provinziallandtage gestellt werden sollten.

Reichstag

2. Vor allem sah die Verfassung eine gegenüber dem Kaiserreich deutlich gestärkte Stellung des Parlaments vor: Der Reichstag hatte nun die zentrale Stellung innerhalb des Gesetzgebungsprozesses (einschließlich des Initiativrechts), er entschied über Krieg und Frieden und konnte den Reichskanzler durch ein Mißtrauensvotum absetzen. Der Reichstag sollte alle vier Jahre durch das gesamte deutsche Volk nach dem Verhältniswahlrecht gewählt werden. Mit der Einführung der Verhältniswahl (anstelle des absoluten Mehrheitssystems) hatte man dem Prinzip der Wahlgerechtigkeit den Vorzug vor dem Gesichtspunkt effizienter Mehrheitsbildungen gegeben. Wie auch immer man die Vor- und Nachteile der beiden Wahlsysteme beurteilen mag – keines von beiden verfügte über eine eingebaute Garantie gegen eine antidemokratische Massenbewegung.[273]

3. Dem Parlament wurde ein ebenfalls vom Volk auf jeweils sieben Jahre gewählter und damit ein gleichermaßen legitimierter Reichspräsi-

94

dent gegenübergestellt. Der Reichspräsident ernannte und entließ die Reichsregierung, konnte den Reichstag auflösen, war Inhaber des militärischen Oberbefehls und berechtigt, vom Reichstag beschlossene Gesetze dem Volk zur Abstimmung vorzulegen. Ferner standen ihm die Ausnahmebefugnisse des Artikels 48 zu. Danach war der Präsident ermächtigt, notfalls mit Hilfe der bewaffneten Macht gegen ein Land vorzugehen, das „die ihm nach der Reichsverfassung oder den Reichsgesetzen obliegenden Pflichten nicht erfüllt"; außerdem konnte der Präsident, „wenn die öffentliche Sicherheit und Ordnung erheblich gestört oder gefährdet wird", die zu ihrer Wiederherstellung notwendigen Maßnahmen treffen, gegebenenfalls mit militärischen Mitteln eingreifen und Grundrechte außer Kraft setzen. Diese Maßnahmen waren jedoch auf Verlangen des Reichstages wieder rückgängig zu machen. Die vorgesehene Konkretisierung dieser Rechte durch ein Gesetz sollte nie zustandekommen.

Reichspräsident

Der Reichspräsident war zwar nicht formal Leiter der Regierung, wie etwa der amerikanische Präsident, er besaß jedoch aufgrund seiner verfassungsmäßigen Stellung eine Machtfülle, die es ihm erlaubte, eine von ihm weitgehend abhängige „Präsidialregierung" zu schaffen oder sogar – bei extensiver Auslegung seiner Kompetenzen – eine regelrechte „Präsidialdiktatur".

Der Reichspräsident war in die Lage versetzt, das durch die Verfassung zwischen ihm und dem Reichstag geschaffene Spannungsverhältnis zu seinen Gunsten zu entscheiden: Drohte der Reichstag, dem Kanzler das Mißtrauen auszusprechen oder Notverordnungen des Präsidenten zu überstimmen, verfügte der Reichspräsident mit dem Recht zur Auflösung des Parlaments über das geeignete Gegenmittel. Hatten die Verfassungsschöpfer ursprünglich mit den starken Rechten des Reichspräsidenten eine Ersatzverfassung für den Fall einer parlamentarischen Blockade schaffen wollen, so hatten sie doch gleichzeitig ein allzu bequemes Instrumentarium bereitgestellt, mit dem der für das Funktionieren eines parlamentarischen Systems notwendige Einigungszwang zwischen den Fraktionen leicht aufgehoben werden konnte, also die Selbstblockade des Parlaments erst geschaffen wurde.

Verhältnis Reichstag–Reichspräsident

Dabei ergab sich der Wunsch nach einem „starken Mann" an der Spitze des Reiches nicht nur im Hinblick auf einen möglichen Notstand, sondern er stand in der deutschen monarchisch-autokratischen Tradition: Immer noch herrschte die Vorstellung vor, eine überparteiliche Staatsspitze vom schädlichen Parteienhader frei halten zu müssen, im Grunde genommen also ein tiefes Mißtrauen gegen den Parlamentarismus. Bezeichnend für diese Einstellung war die Auffassung des Historikers Friedrich Meinecke, der im Zuge der Verfassungsberatungen um eine Stellungnahme gebeten worden war: „Wir brauchten eine starke Zentralgewalt, die auch gegenüber dem Parteitreiben festen Kurs steu-

„Ersatzkaisertum" des Präsidenten

ern könnte, wir brauchten [...] ein 'Ersatzkaisertum' und nicht die französische oder die englische, sondern die nordamerikanische Verfassung mit ihrer starken plebiszitären Präsidentschaft [...]"[274] Daß diese Auffassung nicht unumstritten war, macht eine Äußerung des sozialdemokratischen Abgeordneten Molkenbuhr deutlich: „Als Kaiserersatz habe man den Präsidenten eingeführt [...] Neben der Amtszeit von 7 Jahren enthalte der Entwurf noch den echt napoleonischen Trick der Präsidentenwahl durch das Volk."[275]

Volksentscheid

4. Ein starkes plebiszitäres Element in der Verfassung trug weiterhin zur Schwächung des Parlaments bei.[276] Nach Artikel 73 war ein Volksentscheid herbeizuführen, wenn mindestens ein Zehntel der Stimmberechtigten ein Volksbegehren unterstützte. Die Geschichte der sieben, allesamt gescheiterten Volksbegehren der Weimarer Zeit sollte bestätigen, daß Plebiszite in der Regel kein geeignetes Instrument sind, amtierenden Regierungen den oppositionellen „Volkswillen" aufzuzwingen.

5. Ursprünglich kannte der Verfassungsentwurf nur die „klassischen", die persönlichen Freiheiten gegenüber dem Staat betreffenden Grundrechte. Während der Beratungen wurde versucht, den Ansprüchen der verschiedensten Gruppen Rechnung zu tragen, deren Vorrechte und Sonderinteressen nun in einem zweiten Hauptteil der Verfassung

Grundrechte

(„Grundrechte und Grundpflichten der Deutschen") gesondert berücksichtigt wurden, was zu einer „merkwürdigen Mischung aus Rechtssätzen, Merksprüchen und politischen Forderungen" führte.[277]

So wurden z. B. den Beamten ihre „wohlerworbenen Rechte" ebenso zugesichert, wie ausdrücklich Mutterschutz und Jugendschutz, Ehe- und Erbrecht in der Verfassung verankert wurden. Aufgrund von Absprachen zwischen Zentrum und Sozialdemokraten fanden zahlreiche Artikel umfassende Kompromißlösungen in den heiklen Schul- und Kirchenfragen Eingang in die Verfassung. Auch die Bestimmungen über die Wirtschaftsverfassung waren eine unverbundene Aneinanderreihung von Minimalgarantien für unterschiedliche Vorstellungen: Anerkennung des Eigentums, Bestimmungen über Enteignung, Bodenreform, Schutz der Sozialversicherung, aber auch des Mittelstandes. Daneben war vorgesehen, auf Bezirks- und Reichsebene „Arbeiterräte" und „Wirtschaftsräte" zu bilden; von diesen Planungen sollte nur der „Vorläufige Reichswirtschaftsrat" mit beratenden Funktionen verwirklicht werden.

Kompromißcharakter der Verfassung

6. Die Verfassung ließ den „großen Wurf" vermissen, es fehlte an richtungweisenden Ideen, die ein „Verfassungspathos" hätten stiften können; die gesamte Konstruktion war durch die Glanzlosigkeit teilweise mühsam ausgehandelter Kompromisse geprägt. Auch die Bestimmungen über die Reichsflagge waren das Ergebnis einer solchen Verhandlungslösung: Um die republikanischen Farben Schwarz-Rot-Gold

durchzusetzen, mußten die Befürworter dieser Lösung (MSPD und Zentrum) zusätzlich eine besondere (den Farben des Kaiserreichs entsprechende) schwarz-weiß-rote Handelsflagge akzeptieren, die wie ein Feigenblatt eine schwarz-rot-goldene „Gösch" in der oberen rechten Ecke trug. Auch das verfassungsrechtliche Verbot, Orden und Ehrenzeichen zu verleihen, unterstrich den nüchternen Stil der Gesamtverfassung. Die in der Summe der Kompromisse zu Tage tretende Unentschiedenheit der gesamten Konstruktion kam insbesondere auf zweierlei Weise zum Ausdruck: In der letztendlichen Unverbindlichkeit der Grundrechte (die nicht vor einem Verfassungsgericht einklagbar waren) und in der mangelnden Bereitschaft, einen Verfassungskern von Grundwerten zu definieren, der nicht durch Parlamentsmehrheiten verändert werden konnte.

Bereits während der Verfassungsberatungen zeigte das Stimmungsbarometer nach rechts, und bei den Wahlen vom Juni 1920 verloren die Sozialdemokraten und die DDP entscheidend; bereits zu diesem Zeitpunkt hatten die Weimarer Parteien keine Mehrheit mehr. Vor diesem Hintergrund fragt sich, ob die häufig geäußerte Kritik am mangelnden Parlamentarismus-Verständnis der Weimarer Verfassung berechtigt ist oder ob sie nicht im Grunde genommen einen falschen historischen Maßstab anlegt, nämlich den einer gewachsenen parlamentarisch-demokratischen Tradition. Konnte aber die Weimarer Verfassung demokratischer sein als die deutsche Bevölkerung und die von ihr hervorgebrachten Parteien? Wäre der Versuch, mit Hilfe einer anderen Verfassung die deutsche Bevölkerung zur parlamentarischen Demokratie zu erziehen, nicht von vornherein illusorisch gewesen? War nicht die Idee eines populären „Ersatzkaisertums" die der allgemeinen Stimmungslage entsprechende und weisere Entscheidung? Oder anders gesagt: Steckte nicht in einer gemäßigt autoritären Präsidialherrschaft das größere Potential, um die unterentwickelte und von Anfang an schwer belastete Weimarer Demokratie vor populären antidemokratischen Massenbewegungen zu schützen?

Fehlkonstruktion des Weimarer Verfassungswerks?

Die Verfassung wurde bei der Schlußabstimmung am 31. Juli 1919 mit 262 gegen 75 Stimmen angenommen. Für die Vorlage stimmten die Abgeordneten der drei Weimarer Parteien, dagegen USPD, DNVP und DVP, jedoch waren 86 Abgeordnete, überwiegend den Mehrheitsparteien angehörend, bei den Abstimmungen nicht anwesend.

Liquidierung des Krieges

Ebenfalls im Sommer 1919 wurden mit dem Versailler Friedensvertrag[278] wesentliche Rahmenbedingungen für die Existenz der Republik

Versailler Friedensvertrag

gesetzt. Inzwischen war der Waffenstillstand vom 11. November 1918 mehrfach verlängert worden, wobei jede Verlängerung mit einschneidenden Auflagen verbunden worden war. Am 7. Mai wurden die von einer Vorkonferenz der Alliierten und Assoziierten Mächte formulierten Friedensbedingungen einer nach Versailles geladenen deutschen Delegation mit der Aufforderung übergeben, hierzu innerhalb einer kurzen Frist Stellung zu nehmen: Verhandlungen würden nicht stattfinden.[279]

Die deutsche Öffentlichkeit, ganz auf einen Verständigungsfrieden auf der Basis der „14 Punkte" Präsident Wilsons eingestellt, reagierte auf die Veröffentlichung der Friedensbedingungen entsetzt und empört. Im einzelnen sollte der Friedensvertrag Deutschland folgende Lasten auferlegen:

Gebietsabtretungen

1. Etwa ein Siebtel des Gebiets (mit wertvollen Bodenschätzen) und ca. ein Zehntel der Bevölkerung des Deutschen Reiches – überwiegend Nichtdeutsche – sollten ohne weiteres abgetreten werden, und zwar:
– Elsaß-Lothringen an Frankreich,
– große Teile Posens und Westpreußens an Polen,
– das Memelgebiet (das zunächst französisch besetzt und 1923 an Litauen abgetreten wurde) sowie
– die Stadt Danzig, die als „Freie Stadt" dem Schutz des Völkerbundes unterstellt wurde.
Ferner mußten sämtliche Kolonien aufgegeben werden, die in der Regel in Mandate unter Kontrolle des Völkerbundes umgewandelt wurden.
2. In folgenden Gebieten sollten Volksabstimmungen stattfinden:
– in Eupen-Malmedy
– in Nordschleswig
– in Oberschlesien
– in Teilen Ost- und Westpreußens
– sowie im Saargebiet nach dem Ablauf von 15 Jahren.

Abstimmungsgebiete

Nach der Durchführung der Abstimmungen im Jahre 1920 fielen Eupen-Malmedy an Belgien, Nordschleswig wurde zwischen Dänemark und Deutschland geteilt, die fraglichen Gebiete Ost- und Westpreußens blieben deutsch. Oberschlesien wurde 1921 zwischen Deutschland und Polen geteilt.[280]

Besetzungen

3. Militärisch besetzt wurden – auf die Dauer von maximal 15 Jahren – die linksrheinischen Gebiete sowie einige östlich des Rheins liegende Brückenköpfe.

Anschlußverbot

4. Der in den Verfassungen beider Länder bereits vorgesehene Anschluß Deutsch-Österreichs an Deutschland wurde von der Zustimmung des Völkerbundes abhängig gemacht und damit praktisch verboten.
5. Das Reichsheer wurde auf eine Stärke von 100 000 Berufssoldaten

begrenzt; ferner wurden zahlreiche, Armee und Flotte betreffende, Entwaffnungsbestimmungen erlassen. Um ihre Durchführung sicherzustellen, wurde eine internationale Militärkontrollkommission mit umfassenden Inspektionsrechten eingerichtet. **Militärische Restriktionen**

6. Deutschland wurde verpflichtet, die der Zivilbevölkerung der alliierten Staaten zugefügten Schäden wiedergutzumachen. Die Schadenshöhe hielt der Vertrag zunächst offen. Zur Begründung dieser Verpflichtung diente der Artikel 231, in dem Deutschland und seine Verbündeten als Verursacher des Krieges bezeichnet wurden. Ferner wurde Deutschland verpflichtet, den Kaiser sowie eine Reihe von Politikern und Militärs an die Alliierten zur Strafverfolgung wegen möglicherweise begangener Kriegsverbrechen auszuliefern. **Reparationen**

7. Die von Deutschland mit Rußland, Rumänien und Finnland geschlossenen Friedensverträge wurden aufgehoben.

Nach wirkungslosen Protesten wurden am 28. Mai deutsche Gegenvorstellungen übergeben[281], die jedoch von den Alliierten in ihrer Antwortnote vom 16. Juni weitgehend übergangen wurden. Insbesondere wiesen die Alliierten die deutsche Erklärung zur Kriegsschuldfrage in einer ausführlichen Darstellung energisch zurück; Deutschland habe nicht nur den Krieg „gewollt und entfesselt", sondern sei auch „für die rohe und unmenschliche Art, auf die er geführt worden ist, verantwortlich".[282] Die Antwortnote enthielt das Ultimatum, den Friedensvertrag binnen fünf Tagen anzunehmen. **Ultimatum**

Innerhalb der Regierung sprachen sich unter anderem die Minister der DDP sowie die Sozialdemokraten Scheidemann, Landsberg und Bauer gegen eine Unterzeichnung des Friedensvertrages aus. Erzberger, David und Noske votierten für die Annahme, da sie sich darüber im klaren waren, daß einem negativen Votum unweigerlich die Besetzung Deutschlands durch die Alliierten folgen müsse.[283] Die sich im Parlament abzeichnende Mehrheit machte den Rücktritt Scheidemanns am 20. Juni unvermeidlich. **Annehmen oder ablehnen?**

Möglichkeiten, militärischen Widerstand zu leisten, wurden erkundet und von einem Teil der Generalität befürwortet, jedoch von der OHL als aussichtslos bezeichnet.[284] In den preußischen Ostprovinzen formierte sich eine relativ breite Bewegung, die einen selbständigen „Oststaat" als Keimzelle einer nationalen Erhebung ausrufen und eine sofortige Offensive gegen Polen einleiten wollte. Mit großer Mühe konnte auch diese Initiative verhindert werden.[285]

Der Vertrag wurde schließlich vom Reichstag am 22. Juni mit 237 gegen 138 Stimmen verabschiedet, jedoch mit der Einschränkung, man sei nicht bereit, die These von der Kriegsschuld Deutschlands anzuerkennen und die Verpflichtung zur Auslieferung von möglichen Kriegsverbrechern zu übernehmen.[286] Diese Note wurde jedoch durch die Alliierten in der Nacht vom 22. auf den 23. zurückgewiesen; das Ultimatum, das einmal verlängert worden war und am 23. auslief, wurde aufrechterhalten.

Zustimmung zum Friedensvertrag

Daraufhin faßte der Reichstag am 23. Juni einen Beschluß, der die Regierung ermächtigte, auch der vorbehaltslosen Annahme des Friedensvertrages zuzustimmen. Die deutsche Regierung überreichte den Alliierten eine Note, in der sie festhielt, sie sei zur Unterzeichnung durch einen „übermächtigen" Gewaltakt gewungen worden: „Durch einen Gewaltakt wird die Ehre des deutschen Volkes nicht berührt. Sie nach außen hin zu verteidigen, fehlt dem deutschen Volke nach den entsetzlichen Leiden der letzten Jahre jedes Mittel."[287]

Die Selbstversenkung der im britischen Stützpunkt Scapa Flow internierten deutschen Flotte am 21. Juni und eine Aktion von Freikorpsangehörigen und Studenten, die in das Berliner Zeughaus eindrangen und im Krieg von 1870/71 erbeutete französische Fahnen verbrannten, blieben ohnmächtige Gesten des Protests. Sie waren symptomatisch für die in Deutschland vorherrschende Verweigerungshaltung, der durch das „Friedensdiktat" geschaffenen Realität ins Auge zu sehen.

Chancen der Friedensordnung

Bei einer nüchternen Analyse des Versailler Vertrages hätten jedoch auch die Chancen erkannt werden können, die er im Rahmen der Neuordnung Europas der deutschen Politik bot. Positiv zu verbuchen war, daß trotz erheblicher Gebietsverluste die Reichseinheit erhalten geblieben war, was nach der verheerenden Niederlage keineswegs als selbstverständlich hatte angenommen werden können. Zweitens stand Deutschland nicht mehr der geschlossenen Front der Kriegsgegner gegenüber: Im Gegenteil ergab sich die Chance, die tiefen Gegensätze, die nach der bolschewistischen Revolution zwischen Rußland und den westlichen Siegermächten herrschten, zugunsten der deutschen Politik zu nutzen; und nach der Ablehnung der Ratifizierung des Versailler Vertrages durch das amerikanische Repräsentantenhaus und dem Abschluß eines deutsch-amerikanischen Friedensvertrages 1921 spielten die USA eher die Rolle eines Mittlers denn eines Siegers. Drittens eröffneten sich für die deutsche Außenpolitik vielfältige Möglichkeiten, gegenüber dem von Finnland bis Jugoslawien reichenden Gürtel kleinerer, neu geschaffener Staaten eine Führungsrolle zu übernehmen. Viertens sprach der Zeitfaktor für eine allmähliche Lockerung der harten und diskriminierenden Friedensbestimmungen, etwa hinsichtlich der Bewaffnung und der Reparationen. Die mittel- und langfristigen Perspektiven der deutschen Politik sahen demnach keineswegs nur düster aus – vor allem wenn man sie mit der Sackgasse verglich, in die die wilhelminische „Weltpolitik" 1914 geführt hatte. Eine solche Betrachtungsweise lag aber außerhalb der seinerzeit vorherrschenden nationalistischen Selbsttäuschung.

V. Die Wende gegen die Revolution 1919/20

Reformen und Polarisierung

Nach der „Befriedung" der Unruhezentren im Frühjahr 1919, nach der Verabschiedung der Verfassung und der Ratifizierung des Versailler Vertrages brachte die zweite Jahreshälfte 1919 nicht nur eine leicht verbesserte wirtschaftliche Situation, sondern auch eine vorübergehende äußere Beruhigung der politischen Lage.[288] Hinter den Kulissen begannen jedoch die Kräfte des radikalen linken und rechten Lagers, sich neu zu formieren.

Zum Leiter einer Regierung aus Zentrum und Sozialdemokraten wurde am 21. Juni, auf dem Höhepunkt der Diskussion um die Annahme des Friedensvertrages, der bisher für das Arbeitsressort zuständige Gustav Bauer (SPD) ernannt, der nach Inkrafttreten der Verfassung im August wieder den traditionellen Titel Reichskanzler führte. Der Sozialdemokrat Hermann Müller übernahm das Außenministerium und damit die Aufgabe, den Versailler Vertrag zu unterzeichnen, sein Parteikollege David wurde Reichsinnenminister. Die Sozialdemokraten Noske und Wissell fungierten wieder als Reichswehr- bzw. Reichswirtschaftsminister; Wissell trat allerdings bereits nach wenigen Wochen zurück, nachdem seine Gemeinwirtschaftspläne am geschlossenen Widerstand des Kabinetts gescheitert waren.[289] Sein Nachfolger wurde sein Hauptkontrahent in dieser Frage, Robert Schmidt. Unter den Zentrumspolitikern im Kabinett war der zum Reichsfinanzminister ernannte Erzberger die herausragende Figur. Die Deutsche Demokratische Partei blieb zunächst wegen der Annahme des Friedensvertrages der Regierung fern; im Herbst traten jedoch die demokratischen Politiker Schiffer (Justiz), Koch (Inneres) und Geßler (Reichswehr) der Regierung bei.[290]

Regierung Bauer

Wichtigstes Gesetzgebungsvorhaben der Regierung Bauer war die Reform der Reichsfinanzen.[291] Die Konzeption Erzbergers sah vor, den seit Gründung des Kaiserreiches schwebenden Konflikt zwischen Reich und deutschen Bundesstaaten über die Kompetenzen in der Finanzpolitik zugunsten des Reiches voranzutreiben und so entscheidend zu seiner Vereinheitlichung und Stärkung beizutragen. Die hohe Verschuldung des Reiches, so der Ansatz der Reform, sollte durch erhöhte Einnahmen beglichen werden; ein Vorhaben, das allerdings durch die Inflation überrollt werden sollte. Organisatorisch waren mit der Finanzreform der Aufbau einer Reichsfinanzverwaltung und die

Erzbergers Finanzreform

101

Übernahme des Eisenbahnwesens durch das Reich verbunden. Materiell bedeutete die Reform, daß das Reich nun Dreiviertel des gesamtstaatlichen Steueraufkommens für sich beanspruchte und sich nicht mehr mit einem Drittel begnügte. Durch verschiedene Abgaben und Steuern sollte eine Umverteilung zugunsten materiell schlechter gestellter Schichten in Gang gesetzt werden. Das zweite große Reformvorhaben der Regierung Bauer war das Betriebsrätegesetz.[292] Die Sozialdemokraten brachten den Entwurf ein, um den nicht zuletzt an der Politik der SPD gescheiterten Rätegedanken in einer modifizierten Form wieder aufzugreifen und Terrain innerhalb der Arbeiterschaft wiedergutzumachen. Im Vordergrund des Entwurfs stand der Gedanke innerbetrieblicher Kooperation; die Absicht der SPD, den Betriebsräten neben Mitwirkungsrechten auf sozialem und personellem Gebiet auch echte Mitbestimmungs- und Informationsmöglichkeiten bei der wirtschaftlichen Führung der Unternehmen einzuräumen, konnte jedoch aufgrund der heftigen Gegenwehr der DDP nicht durchgesetzt werden. Der von der zweiten Revolutionswelle ausgehende Anstoß zur „Konstitutionalisierung" der Betriebe war damit weitgehend verpufft.

Die über Monate geführten kontroversen Auseinandersetzungen um das Betriebsrätegesetz sah die USPD am 13. Januar 1920 als Chance, durch außerparlamentarische Aktionen die Arbeiterschaft erneut für den Rätegedanken zu mobilisieren; sie erhob die Forderung, die Betriebsräte zu Organen der Sozialisierung zu machen. Während der parlamentarischen Beratung des Betriebsrätegesetzes organisierten der noch bestehende Vollzugsrat der Berliner Räte und die Bezirksleitung der USPD einen Marsch auf das Reichstagsgebäude; aus gewaltsamen Auseinandersetzungen mit regierungsnahen Sicherheitskräften entwickelte sich eine Schießerei, bei der 42 Menschen getötet wurden. Hierauf wurde der Ausnahmezustand über große Teile des Reiches verhängt.[293]

In diesen gewalttätigen Auseinandersetzungen kam deutlich die anhaltende Radikalisierungstendenz innerhalb der USPD zum Ausdruck. Die Niederschlagung der zweiten Revolutionswelle hatte die Position des linken Parteiflügels gestärkt, der sich in seiner kompromißlosen Haltung gegenüber der Politik Eberts bestätigt sah. Nach heftigem innerparteilichem Streit konnte sich die Parteilinke auf dem Leipziger Parteitag vom Dezember 1919 in einer wichtigen Grundsatzfrage durchsetzen. Man beschloß die Trennung von der Zweiten (sozialistischen) Internationale und die Aufnahme von Verhandlungen mit der im März 1919 gegründeten Dritten (kommunistischen) Internationale.[294] Dies mußte die Hoffnungen innerhalb der KPD verstärken, die USPD mit ihrer wesentlich stärkeren Anhängerschaft auf eine gemeinsame Linie zu bringen; um die Chancen hierfür zu erhöhen, drängte die KPD-Führung den linken Fügel aus der Partei, der sich kurz darauf im Februar 1920 als Kommunistische Arbeiterpartei Deutschlands konstituierte.[295] Auf der anderen Seite des politischen Spektrums machten sich seit Ende 1919 ebenfalls Radikalisierungstendenzen bemerkbar; man sprach von einer „Welle von rechts", die insbesondere in der protestantischen Kirche, im akademischen Bereich sowie in den Mittelschichten immer stärkere Resonanz fand.[296]

„Welle von rechts"

Vor allem aber zeigten sich diese rechtsradikalen Tendenzen im Zulauf der „Völkischen". Diese, in der Tradition der nationalistischen und antisemitischen Bewegung des Kaiserreichs stehende Gruppierung machte sich die Verunsicherung und Orientierungslosigkeit traditionell konservativer Bevölkerungskreise zunutze und versuchte, mit beispielloser Demagogie gegen die politische Linke und republikanische Ordnung zu Felde zu ziehen. Die völkischen Propagandisten verlegten sich vor allem darauf, nationalistische Phrasen und soziale Demagogie mit einem rassistischen Antisemitismus zu einer explosiven Mixtur zu verbinden. Das von den Völkischen verbreitete antijüdische Zerrbild war facettenreich: Zum einen hetzte man gegen den „zersetzenden" Einfluß linker jüdischer Intellektueller, Journalisten und Politiker, denen man eine führende Rolle bei Kriegsniederlage und Revolution zuschrieb, während man andererseits dem antisemitischen Ressentiment einen „antikapitalistischen" Anschein gab – beispielsweise in der karikaturhaften Darstellung jüdischer „Kriegsgewinnler" oder „Schieber" – um so einen Massenanhang im Kleinbürgertum, aber auch bei den nichtsozialistisch gebundenen Arbeitern zu gewinnen. Die antisemitische Propaganda konzentrierte sich insbesondere auf die „Ostjuden", die während und nach dem Ersten Weltkrieg zu einigen Zehntausenden nach Deutschland kamen, und stellte ihr traditionelles Erscheinungsbild und ihre Lebensweise als fremd und abstoßend dar.

Völkische

Der Deutsche Schutz- und Trutzbund war eine der wichtigsten völkischen Organisationen. Er war im Februar 1919 auf Veranlassung des Alldeutschen Verbandes, des einflußreichen imperialistisch-nationalistischen Agitationsverbandes des Kaiserreiches, ins Leben gerufen worden. Die neugegründete Organisation, die sich ab Oktober 1919 Deutschvölkischer Schutz- und Trutzbund nannte, geheimbündlerische Züge besaß und über 100 000 Mitglieder vereinigte, entfaltete eine rege Propaganda und wirkte durch Doppelmitgliedschaften auf andere Rechtsorganisationen, wie etwa den Stahlhelm, ein; insbesondere unterstützte der Trutzbund auch die frühe NSDAP.[297]

Im Januar 1919 hatte sich in München in der durch die Revolution aufgewühlten Atmosphäre eine Deutsche Arbeiterpartei gebildet, ein zunächst vollkommen unbedeutender Diskussionszirkel. Diese völkische Splittergruppe erhielt im September 1919 Aufwind durch den Eintritt Adolf Hitlers, der im Auftrag des Münchner Reichswehrkommandos zur Erkundung der politischen Szene der Stadt eingesetzt worden

Deutsche Arbeiterpartei

103

war. Hitler nahm alsbald die Propagandaarbeit der Partei in die Hand und organisierte Veranstaltungen, die sich zunächst in einem relativ bescheidenen Rahmen hielten. Im Februar 1920 trat die Partei, die sich nun als Nationalsozialistische Deutsche Arbeiterpartei bezeichnete, erstmals in einer Massenveranstaltung an eine größere Öffentlichkeit, man präsentierte ein vorwiegend völkisch-antisemitisches 25-Punkte-Programm, das zugleich antikapitalistisch-mittelständische Elemente enthielt. Von diesem Zeitpunkt an gehörte die Partei zum festen Bestandteil der politischen Szene Münchens.[298]

Rechtsradikale Tendenzen der DNVP

Auch innerhalb der Deutschnationalen Volkspartei wuchs der Einfluß der Völkischen. In dem im April 1920 vom Hauptvorstand der DNVP verabschiedeten Programm hieß es: „Nur ein starkes deutsches Volkstum, das Art und Wesen bewußt bewahrt und sich von fremdem Einfluß freihält, kann die zuverlässige Grundlage eines starken deutschen Staates sein [...]. Wir wenden uns gegen die seit der Revolution immer verhängnisvoller hervortretende Vorherrschaft des Judentums in Regierung und Öffentlichkeit."[299]

Ideologisch gestützt wurden die rechtsradikalen Tendenzen vor allem durch zwei Propagandaparolen, die weit bis in das bürgerliche Lager hinein (und darüber hinaus) akzeptiert wurden: der „Kampf gegen die Kriegsschuldlüge" und die „Dolchstoßlegende".

„Kriegsschuldlüge"

Die Tatsache, daß die Alliierten die „Kriegsschuld" Deutschlands in den Friedensvertrag hineingeschrieben hatten, um ihre Reparationsforderungen zu begründen, nutzte die politische Rechte, um jede kritische Diskussion über die tatsächliche Verantwortung des Kaiserreichs für den Ersten Weltkrieg im Keim zu ersticken. Der „Kampf gegen die Kriegsschuldlüge" wurde geradezu zu einer nationalen Angelegenheit, Zweifel an der Unschuld der damaligen Führungsschicht wurden in die Nähe des Verrats gerückt. Der Freispruch für die deutsche Politik im Vorfeld des Ersten Weltkriegs sollte dazu beitragen, die 1918/19 nicht unterbrochene Kontinuität von staatlichen Institutionen und mächtigen Eliten im nachhinein zu rechtfertigen.[300]

„Dolchstoßlegende"

Während so die Verantwortung der traditionellen Führungsschichten für den Ausbruch des Ersten Weltkriegs geleugnet wurde, sprach die „Dolchstoßlegende" sie auch von der Schuld an der (zu spät eingestandenen und daher so verheerenden) Niederlage frei und diskriminierte gleichzeitig ihre innenpolitischen Gegner in den demokratischen Parteien.

Ein Jahr nach dem Zusammenbruch des Kaiserreichs, im November 1919, wurde der Untersuchungsausschuß, den die Nationalversammlung zur Aufklärung der Ursachen des deutschen Zusammenbruchs eingesetzt hatte, von einigen der geladenen prominenten Zeugen, darunter die Generale a. D. Hindenburg und Ludendorff sowie der ehemalige Vizekanzler Karl Helfferich, zu einem frontalen Angriff auf die

Gründer der Republik mißbraucht. Schuld am Zusammenbruch, so die Argumentation der Vertreter des alten Regimes, seien nicht sie, sondern die damaligen oppositionellen Kräfte, allen voran die Sozialdemokraten: Sie hätten mit der Friedensresolution die innere Geschlossenheit des Reiches erschüttert, durch Unterstützung von Streiks die Heimatfront gelähmt und durch die innere „Zersetzung" von Armee und Flotte die militärische Abwehrbereitschaft beeinträchtigt. Dieses Zerrbild des deutschen Zusammenbruchs gipfelte in der klassischen Schlußfolgerung Hindenburgs: „Die deutsche Armee ist von hinten erdolcht worden."[301]

Die 1918 von der politischen und militärischen Führung des Kaiserreichs eingeschlagene Taktik, sich aus der Verantwortung zu stehlen und den republikanischen Kräften die Last der Niederlage zuzuschieben, war damit auf eine griffige, mit der ganzen Autorität Hindenburgs abgesegnete Formel gebracht worden. Während im „Kampf gegen die Kriegsschuldlüge" permanent der Unschuldsbeweis für die Politik des Kaiserreichs angetreten wurde, sollte die Dolchstoßthese eine zentrale Funktion in der gegen die Republik gerichteten rechtsradikalen Propaganda erhalten. Verbunden mit der hemmungslosen Agitation gegen die Annahme des Versailler „Schanddiktats", eng gekoppelt mit dem beständig beklagten „Unrecht" der Revolution, stempelte sie die tragenden Personen des „Systems" zu Verrätern und „Novemberverbrechern".

Ein wichtiges Element dieser rechtsradikalen Diffamierung der Republik war die konsequente persönliche Verächtlichmachung des politischen Führungspersonals. Die rechtsorientierte Publizistik nutzte geschickt bürgerliche Ressentiments gegen soziale Aufsteiger und Außenseiter und schreckte nicht davor zurück, körperliche Äußerlichkeiten, als unangemessen empfundene Kleidung und Unsicherheiten im Auftreten auf böswillige Weise zu karikieren und lächerlich zu machen. Das berühmteste Beispiel dieser Art ist das auf der Titelseite der Berliner Illustrierten vom 24. August 1919 abgebildete Foto der Volksbeauftragten Ebert und Noske – in Badehose, welch ein Skandal! In dem auch heute noch häufig beklagten Mangel an führungsstarken, charismatischen Persönlichkeiten in den republikanischen Parteien Weimars spiegeln sich auch Nachwirkungen dieser systematischen Diffamierung deutlich wider.

Diffamierung republikanischer Politiker

Reichsfinanzminister Erzberger wurde zur geradezu idealen Zielscheibe dieser antirepublikanischen Kampagne[302]: Er war maßgeblich an der Friedensresolution von 1917 beteiligt gewesen, hatte die Waffenstillstandskommission geleitet, sich entschieden für die Unterzeichnung des Friedensvertrages eingesetzt und zog mit seiner Finanzreform den Zorn der bessergestellten Schichten und den Widerstand partikularistisch gesinnter Kreise auf sich. Hinzu kam, daß er im Juli 1919 in der

Nationalversammlung im Zusammenhang mit der Bildung des Untersuchungsausschusses durch massive Angriffe auf die Staatsmänner der Kriegsjahre hervorgetreten war; als führender Repräsentant des linken Zentrumsflügels besaß er zudem eine Schlüsselposition für das Regierungsbündnis und war daher ein lohnendes Ziel.

Streit Erzberger – Helfferich

Erzbergers wichtigster Gegner wurde Helfferich, nun führender DNVP-Politiker. In einer Kampagne, die in der Verbreitung der Broschüre „Fort mit Erzberger!" gipfelte, warf Helfferich seinem Gegner Unwahrhaftigkeit und die Verquickung von Politik und Geschäft vor. Der Beleidigungsprozeß, den Erzberger nun gegen Helfferich anstrengte, wurde zu einer symbolischen Auseinandersetzung zwischen einem führenden Repräsentanten der Republik und einem ihrer maßgeblichen Gegner; auf der Anklagebank saß nach weitverbreiteter Auffassung das in Erzberger in aller Häßlichkeit personifizierte „System". Der Haß gegen Erzberger entlud sich bereits in offener Gewalt, als ein entlassener Fähnrich ihn auf dem Weg zum Gerichtsaal anschoß und erheblich verletzte.

Zwar gelang es Erzberger, die meisten Vorwürfe zu widerlegen, doch blieb ein nicht zu entkräftender Restverdacht. Helfferich wurde nur zu einer symbolischen Geldstrafe verurteilt; aber Erzbergers Ansehen und Karriere waren zerstört, er mußte am Tag der Urteilsverkündung[303], dem 12. März 1920, von seinem Posten zurücktreten. Der Tiefstand, den das Ansehen und die Autorität der Regierung nach Erzbergers Rücktritt erreicht hatten, bildete den Hintergrund des unmittelbar danach, am 13. März, einsetzenden Versuchs einer Gegenrevolte.

Vorgeschichte und Verlauf des Kapp-Putsches

Die Revolte im März 1920, der sogenannte Kapp-Putsch[304], ging in erster Linie von unzufriedenen Freikorpsverbänden aus. Bei den Waffenstillstandsverhandlungen war angesichts der unklaren Situation im vom Bürgerkrieg erfaßten Rußland vereinbart worden, die im Baltikum stehenden deutschen Truppen dort zunächst als Gegengewicht gegen bolschewistische Kräfte zu belassen. Aufgrund von vagen Zusagen der lettischen Regierung gingen die Freikorpsangehörigen davon aus, sie könnten sich nach Abschluß der Kämpfe im Baltikum ansiedeln.

Deutsche Baltikum-Truppen

Seit Juni 1919 forderten die Alliierten den vollständigen Abzug der Baltikum-Truppen, der von der Regierung Scheidemann bereits im Mai eingeleitet worden war. Die Freikorps verweigerten bzw. verzögerten jedoch die Räumung und bestanden auf der Einhaltung des Siedlungsversprechens. Erst unter massivem Druck der Alliierten und der deutschen Regierung gelang es, die Freikorps nach und nach bis zum Jahresende 1919 zum Abzug zu bewegen. Die „Baltikumer" sahen sich von der Reichsregierung um die Früchte ihrer militärischen Erfolge betrogen.[305]

Ein großer Teil der aus dem Baltikum zurückkehrenden Truppen war seit Sommer 1919 auf ostelbische Güter verlegt worden, wo sie – zum Teil als Ersatz für entlassene gewerkschaftlich organisierte Landarbeiter – „Arbeitskommandos" bildeten, die jederzeit wieder militärisch einsetzbar waren.[306] Andere Baltikumer schlossen sich verschiedenen Freikorps an und verstärkten die dort vorherrschende Unzufriedenheit. Denn die durch den Versailler Vertrag verfügte Reduzierung der deutschen Streitkräfte auf 100 000 Mann bedeutete das Aus für die Freiwilligenformationen. Zahlreiche entlassene oder von der Entlassung bedrohte Freikorpsoffiziere bereiteten sich Anfang 1920 in konspirativer Weise darauf vor, sich diesem Abbau des Militärs entgegenzustellen.

Ihre Ambitionen trafen sich mit Plänen einer Gruppe politischer Verschwörer, die sich in der „Nationalen Vereinigung" zusammengefunden hatten, einer Nachfolgeorganisation der „Vaterlandspartei" mit Sitz in Berlin. Zu diesem Kreis gehörten unter anderem Ludendorff, Hauptmann Papst, der Generallandschaftsdirektor Wolfgang Kapp und verschiedene deutschnationale Politiker. Wichtigste Ziele dieser Gruppe waren die Ausschaltung von Parlament und Parteien, die (vorübergehende) Errichtung einer Diktatur und langfristig ein autoritäres Präsidialsystem; durch die seit Herbst 1919 spürbare Aufwärtsbewegung im rechten Lager fühlte man sich in diesen Plänen zunehmend bestärkt.

Putschpläne

Zum offenen Konflikt kam es, als General v. Lüttwitz, Leiter des Reichswehrgruppenkommandos I und so etwas wie ein Patron der Freikorps, sich Ende Februar der Auflösung der Marinebrigaden Ehrhardt und v. Loewenfeld widersetzte. Darüber hinaus stellte v. Lüttwitz am 10. März an Ebert und Noske politische Forderungen, die dem entsprachen, was die Rechtsparteien zur gleichen Zeit vehement verlangten: Sofortige Auflösung der Nationalversammlung (die auch nach Verabschiedung der Verfassung weiter als provisorisches Parlament tätig war), Neuwahlen zum Reichstag sowie die Einsetzung von parteipolitisch nicht gebundenen „Fachministern" in Schlüsselressorts. Darüber hinaus beanspruchte v. Lüttwitz den Posten des Chefs der Heeresleitung für sich, der zu diesem Zeitpunkt vom ehemaligen preußischen Kriegsminister General Reinhardt bekleidet wurde. Ebert und Noske lehnten diese Forderungen, die auf einen kalten Putsch hinausliefen, ab; Noske verlangte am folgenden Tag von v. Lüttwitz, den Abschied zu nehmen.[307]

Ultimatum durch v. Lüttwitz

Durch die Konfrontation mit den auf einen Staatsstreich hinauslaufenden Vorstellungen des Generals wurde Noske, bis dahin über die gefährliche Stimmung in der Reichswehr nur unzureichend ins Bild gesetzt, die Gefahr eines unmittelbar bevorstehenden Rechtsputsches bewußt. Er informierte das konsternierte Kabinett am 12. März (eher beiläufig, unter Punkt 3 der Tagesordnung) über eine unmittelbar bevorstehende Militäraktion und leitete Gegenmaßnahmen ein.[308]

Besetzung Berlins

Durch das Vorpreschen v. Lüttwitz' und die Reaktion des Ministers waren die Putschisten unter Zugzwang geraten. In der Nacht vom 12. auf den 13. März rückte die Brigade Ehrhardt überstürzt in Berlin ein. In einer noch in der gleichen Nacht stattfindenden Besprechung mit führenden Militärs forderte Noske, Gewalt müsse mit Gewalt beantwortet werden. Diese Position wurde nur von General Reinhardt geteilt, während der Chef des Truppenamtes, General v. Seeckt, und die übrigen Generäle erklärten, militärischer Widerstand sei angesichts der Überlegenheit der Putschtruppen sinnlos und werde zur Spaltung der Reichswehr führen; sinngemäß: Truppe dürfe nicht auf Truppe schießen. Die Reichswehr erklärte sich also angesichts des in Gang gekommenen Staatsstreichs für „neutral".[309]

„Neutrale" Haltung der Reichswehr- führung

In einer turbulenten Kabinettssitzung entschlossen sich daraufhin Ebert, Bauer und die Mehrheit der Minister, nach Dresden auszuweichen; am nächsten Tag begaben sie sich, da die sächsische Hauptstadt nicht sicher genug schien, von dort nach Stuttgart.[310]

Am Morgen des 13. März besetzten die Putschtruppen das Regierungsviertel; Kapp, durch v. Lüttwitz mit der Bildung einer provisorischen Regierung betraut, quartierte sich im Reichskanzleramt ein. In einem Programmaufruf stellte sich Kapp als Leiter einer „Regierung der Tat" vor[311] und machte verschiedene recht vage Versprechungen an den „Grundbesitz", die Arbeiterschaft, die Beamtenschaft, die Soldaten etc. Ein Aufruf der Reichsregierung nannte den Putsch einen „Akt der Tollheit" und rief zur Loyalität gegenüber der verfassungsmäßigen Regierung auf.[312]

„Regierung Kapp"

In einem durch Ebert, die sozialdemokratischen Minister und Wels für den Parteivorstand der SPD gezeichneten Aufruf[313] wurde am gleichen Tag zum Generalstreik aufgefordert. Zwar distanzierten sich die genannten Sozialdemokraten alsbald wieder von dieser Streikaufforderung (deren Entstehungsgeschichte unklar ist), doch die Bewegung war bereits ins Rollen gekommen. Die Führungsrolle bei der Abwehr des Kapp-Lüttwitz-Putsches fiel jedoch dem ADGB zu, der gemeinsam mit der Arbeitsgemeinschaft Freier Angestelltenverbände (AFA) ebenfalls am 13. März zum Generalstreik aufrief; der Deutsche Beamtenbund schloß sich drei Tage später an.[314] USPD und KPD gingen eigenständige Wege: Die USPD wollte mit Hilfe des Generalstreiks nicht die verfassungsmäßige Regierung sichern, sondern die Bildung eines rein sozialistischen Kabinetts erreichen, während die KPD, die sich dem Streik nach anfänglichem Zögern erst am 14. anschloß, auf die Errichtung eines Rätestaates hinarbeitete. Mit dem gemeinsamen Vorgehen aller drei Arbeiterparteien war zwar der Beweis angetreten, daß die Linke in der Lage war, eine „Aktionseinheit" herzustellen; dieses Bünd-

Generalstreik

nis bildete jedoch über die Abwehr des Rechtsputsches hinaus keine tragfähige Basis für eine weitere Zusammenarbeit, es enthielt vielmehr den Keim des Konflikts mit der sozialdemokratisch-bürgerlichen Koalition in sich. Außerdem ist auch die faktische Bedeutung des Bündnisses für das Ende der Kapp-Regierung fraglich: Der Streik, an einem Samstag ausgerufen, konnte erst am 15. März wirksam werden; zu diesem Zeitpunkt zeichnete sich jedoch das Ende des Putsches bereits ab. Die Reichswehrführung entzog sich erfolgreich dem Zugriff der Kapp/ v. Lüttwitz-Regierung; ebenso verweigerten die Beamten in den Ministerien des Reiches und Preußens jede Zusammenarbeit mit der Staatsstreich-Regierung. Die Masse der Reichswehrkommandeure und der Beamten in der Provinz verhielt sich unentschlossen; eine reservierte Einstellung gegenüber Kapp herrschte auch in den Industrieverbänden vor, die Haltung von DNVP und DVP war gespalten. Zwar bestanden in Reichswehr, Beamtenschaft und konservativen Kreisen große Sympathien mit der Generalrichtung des Putsches, andererseits fürchtete man jedoch einen massiven Gegenschlag der Linken. Entscheidend für die weitgehende Zurückhaltung gegenüber dem Putschversuch dürfte aber die Tatsache gewesen sein, daß das überhastet und mangelhaft vorbereitete Unternehmen von Anfang an erkennbar geringe Erfolgsaussichten hatte.

Geringe Unterstützung für Kapp

Rückhalt sollte Kapp im wesentlichen nur bei den konservativen Führungsschichten im östlichen Preußen finden. Verschiedene Reichswehrbefehlshaber, vor allem in Nord- und Ostdeutschland, traten auf die Seite von Kapp und v. Lüttwitz; mehrere Oberpräsidenten und Regierungspräsidenten wurden ausgewechselt, so daß ein Teil der Staatsverwaltung in die Hände der Putschisten fiel. Der Oberpräsident von Ostpreußen, der Sozialdemokrat August Winnig, unterzeichnete gemeinsam mit dem Kommandierenden General des ostpreußischen Reichswehr-Gruppenkommandos einen Aufruf, in dem die Kapp-Regierung anerkannt wurde.[315] Im Westen und im Süden des Reiches war die Unterstützung jedoch gering. Der Generalstreik mündete in vielen Orten in Kämpfen zwischen bewaffneten Arbeitern und Militärs, so in Pommern, Mecklenburg und vor allem im Rhein-Ruhr-Gebiet.

Der in Berlin verbliebene Vizekanzler Schiffer nahm mit der „Regierung Kapp/v. Lüttwitz" Verhandlungen auf. Die von ihm zugesagten Kompromisse (er stellte u. a. eine Amnestie in Aussicht) wurden jedoch von der nach Stuttgart ausgewichenen Regierung Bauer abgelehnt; innerhalb weniger Tage in eine völlig aussichtslose Situation geraten, traten Kapp/v. Lüttwitz am 17. März zurück. Als es beim Abzug der Brigade Ehrhardt aus Berlin am Brandenburger Tor zu Protestkundgebungen kam, feuerten die Freikorpsangehörigen in die Menge; zwölf Demonstranten starben.

Ende des Putsches

Die Gewerkschaften waren jedoch nicht bereit, den Generalstreik sofort abzubrechen; aus dem Kampfinstrument gegen die Putsch-Regierung wurde nun ein Machtmittel zur Durchsetzung politischer Forderungen. Die Freien Gewerkschaften, AFA und Beamtenbund stellten der Regierung am 18. März in einem Neun-Punkte-Programm konkrete Bedingungen: neben umfassenden Säuberungsmaßnahmen gegen die Putschisten und ihr Umfeld vor allem die Forderung, bei der Neuordnung der politischen Verhältnisse und der Neubildung der Regierung entscheidend mitzuwirken; daneben forderte man insbesondere eine entschiedenere Sozialpolitik und Sozialisierungsmaßnahmen. In Verhandlungen mit den Regierungsparteien gelang es den Gewerkschaftsvertretern, ihre Forderungen – allerdings in etwas abgeschwächter Form – durchzusetzen;[316] sie brachen daher den Generalstreik am 22. März ab.

Die USPD gab sich jedoch mit diesen Zusagen nicht zufrieden: Ebenfalls am 22. März sah sich der inzwischen nach Berlin zurückgekehrte Reichskanzler Bauer gezwungen, einer Delegation, bestehend aus dem Vorsitzenden der Freien Gewerkschaften, Carl Legien, und den USPD-Politikern Artur Crispien und Rudolf Hilferding, weitergehende Zusicherungen zu machen, um auch die USPD für eine Beendigung des Streiks zu gewinnen: Die Reichswehr sollte aus Berlin zurückgezogen, der Belagerungszustand aufgehoben und Arbeiter in die Sicherheitswehr aufgenommen werden; ferner sagte Bauer zu, mit den bürgerlichen Fraktionen über die Bildung einer „reinen Arbeiterregierung" zu verhandeln.[317]

Das Projekt einer „Arbeiterregierung" mußte jedoch schon daran scheitern, daß es hierfür keine parlamentarische Mehrheit gab. Auch Ebert machte seine ablehnende Haltung im Kabinett ganz klar: „Arbeiterregierung ist, da man darunter Mitwirkung von U-Sozialisten versteht, unmöglicher noch, als ich es 1918 acht Wochen lang kennen gelernt habe."[318]

Durch ihren Vorstoß erreichten die Gewerkschaften aber immerhin eine Neubildung der Regierung. Bei den hierzu notwendigen Koalitionsverhandlungen wurde auch Legien beteiligt, der aber das ihm angebotene Reichskanzleramt ablehnte.

Innenpolitische Folgen des Kapp-Putsches: Die Wende von 1920

Zwar war die Absicht der Putschisten gescheitert, eine Rechtsregierung zu installieren, doch hatte der Staatsstreichversuch eine Reihe von Konsequenzen, die die innenpolitische Landschaft veränderten.

1. Mit dem Zusammenbruch des Kapp-Putsches waren die Gegenaktionen bewaffneter Arbeiter keineswegs automatisch beendet. Es kam

erneut zu einer Aufstandsbewegung, die in den folgenden Tagen und Wochen niedergeschlagen wurde, wobei teilweise die gleichen Freikorpseinheiten zum Einsatz kamen, die sich zuvor am Kapp-Putsch beteiligt hatten. Zentren dieser Auseinandersetzungen waren Thüringen und insbesondere das Ruhrgebiet.

Im Ruhrgebiet[319] war es nach dem Kapp-Putsch zur Entwaffnung von Reichswehreinheiten, Freikorps und Sicherheitspolizei durch Streikende gekommen, die bewaffnete Arbeiterwehren bildeten. Als Freikorpsverbände versuchten, die Kontrolle über das Revier zurückzugewinnen, schlossen sich die Arbeiterwehren in den nun ausbrechenden Kämpfen zu einer „Roten Ruhrarmee" zusammen, die bis zum 22. März das gesamte Ruhrgebiet kontrollierte.

Kämpfe im Ruhrgebiet

In der „Roten Ruhrarmee", einer von allen Anhängern der drei sozialistischen Parteien getragenen Massenbewegung mit etwa 50 000 Mitgliedern, kam die Verbitterung des Ruhrproletariats über die im November 1918 geweckten, aber immer wieder enttäuschten Hoffnungen auf gesellschaftliche Veränderungen, insbesondere im Hinblick auf die Sozialisierung, zum Ausdruck. Geführt wurde der Aufstand von den in den Ruhrgebietsstädten gebildeten Vollzugsräten; in Essen existierte ein Zentralrat, der aber nicht überall anerkannt wurde.

Die Reichsregierung suchte eine Verhandlungslösung und einigte sich am 24. März mit Vertretern der Aufständischen auf eine Beendigung der Kämpfe unter Bedingungen, die in einem „Bielefelder Abkommen" festgehalten wurden. Das Abkommen war eine erweiterte Fassung der in Berlin am 20. März zwischen Gewerkschaften und Regierung getroffenen Vereinbarung und umfaßte unter anderem folgende Punkte: Einflußnahme der Arbeiterorganisationen auf die Regierungsbildung, umfassende Maßnahmen gegen die Putschisten, Sozialisierung einzelner Wirtschaftszweige, Amnestie für die Aufständischen.[320] Das Abkommen bewirkte eine Spaltung der Aufstandsbewegung. Denjenigen Aufständischen, die sich nicht unterwarfen – dazu gehörten der Essener Zentralrat und die Kampfleitung der „Roten Ruhrarmee" –, stellte die neue Regierung Müller am 28. März ein Ultimatum. Verschärft wurde der Konflikt durch sehr strenge Übergabemodalitäten, die der Führer der um das Ruhrgebiet zusammengezogenen Truppen, General Watter, eigenmächtig erließ. Die Essener Zentrale proklamierte hierauf den Generalstreik, den über 300 000 Bergarbeiter befolgten. Eine weitere Radikalisierungswelle setzte ein, die Vollzugsräte verloren zunehmend die Kontrolle über die bewaffneten Arbeiter.

Nach weiteren erfolglosen Einigungsversuchen begann am 3. April der Einmarsch der Truppen in das Ruhrgebiet. Der Aufstand wurde innerhalb weniger Tage auf außerordentlich brutale Weise unterdrückt: Gefangene Rotarmisten wurden häufig erschossen, Standgerichte sprachen 205 Todesurteile aus, von denen 50 vollstreckt wurden. Auf seiten der Aufständischen waren mindestens tausend Tote zu beklagen. Nach der Novemberrevolution und den Aufständen in der ersten Jahreshälfte 1919 bildete der „Ruhrkrieg" – entstanden aus der Abwehr einer versuchten Gegenrevolution – die dritte revolutionäre Welle der frühen Weimarer Republik. Zwar kam es auch bis 1923 immer wieder zu Aufständen und Unruhen, jedoch nicht mehr zu vergleichbaren, von der Basis ausgehenden Massenbewegungen. Die wichtigste Zielsetzung der Arbeiterbewegung an der Ruhr seit Ende 1918, die Sozialisierung, im März 1920 den Gewerkschaften nach ihrem Generalstreik gegen Kapp von der Regierung zugesagt, wurde tatsächlich nie erreicht: Das Sozialisierungsversprechen versickerte erneut in Expertenberatungen.[321]

Regierungs-neubildung

2. Der Kapp-Putsch führte zu Regierungsumbildungen im Reich und in den beiden größten deutschen Staaten, Preußen und Bayern.

Im Reich wurde eine neue Regierung unter dem Sozialdemokraten Hermann Müller gebildet. Wehrminister Noske, dem man mangelnde Wachsamkeit im Vorfeld des Putsches zur Last legte, wurde durch den DDP-Politiker Otto Geßler ersetzt. Ebenso gehörte Vizekanzler Schiffer, dem seine Verhandlungsführung mit den Putschisten zum Vorwurf gemacht wurde, dem Kabinett nicht mehr an.[322]

Preußen

In Preußen wurde wieder ein Sozialdemokrat, Otto Braun, Ministerpräsident; Innenminister Heine, dessen allzu vorsichtige Personalpolitik dazu geführt hatte, daß zahlreiche Beamte sich den Kapp-Putschisten angeschlossen hatten, wurde durch Carl Severing ersetzt. Braun und Severing sorgten dafür, daß Preußen bald das demokratische Bollwerk der Republik genannt werden konnte. Der Kapp-Putsch wurde zum Ausgangspunkt eines umfassenden personellen Revirements in der preußischen Verwaltung. War im Frühjahr 1920 noch die große Mehrzahl der Regierungspräsidenten- und Landratsstellen mit Beamten besetzt, die aus der preußisch-königlichen Verwaltung hervorgegangen waren, so trieb Severing nun energisch die Ernennung von republikanisch gesinnten Beamten voran. Ein weiterer betont republikanischer Personalschub sollte nach den Morden an Erzberger und Rathenau 1921 bzw. 1922 bei den preußischen Regierungspräsidenten einsetzen.[323]

Bayern

In Bayern[324] löste der Kapp-Putsch ein staatsstreichähnliches Unternehmen aus, das im Unterschied zu der Berliner Aktion erfolgreich verlief.

Am 14. März, am zweiten Tag des Kapp-Putsches, hatte der Kommandeur der Reichswehrgruppe IV, General v. Möhl, den sozialdemokratischen Ministerpräsidenten Hoffmann aufgefordert, die vollziehende Gewalt auf das Militär zu übertragen, um einen Rechtsputsch zu verhindern. Begleitet wurde dieser Vorstoß durch massive Drohungen von Vertretern der rechtskonservativen Szene. Hoffmann, dessen Regierung im Parlament von der Tolerierung durch die bürgerlichen Parteien abhängig war, trat darauf zurück; zwei Tage später wählte der Landtag den oberbayerischen Regierungspräsidenten Gustav Ritter v. Kahr zum Ministerpräsidenten einer Rechtsregierung.

Nach dem Rechtsruck entwickelte sich Bayern zur „Ordnungszelle", zum Sammelplatz und Aufmarschgebiet aller rechtsradikalen Kräfte, die sich unter dem Schutz der Regierung v. Kahr ungehindert entfalten konnten. Nicht zuletzt Hitlers NSDAP, auf die an anderer Stelle zurückzukommen sein wird, profitierte von dieser Atmosphäre.[325]

3. Der Kapp-Putsch hatte auch Konsequenzen für die Armee. Der Wechsel von Noske zu Geßler an der Spitze des Wehrministeriums war gleichbedeutend mit einem endgültigen Rückzug der Sozialdemokraten von der Militärpolitik. Unter Geßler und dem neuen Chef der Heeresleitung, v. Seeckt, vollzog sich nun eine „Entpolitisierung" der Reichswehr, eine Distanzierung und Loslösung vom politischen System: die Armee sollte zum politisch neutralen „Staat im Staat" werden. Entpolitisierung bedeutete, daß die Reichswehr sich nach Möglichkeit nicht in innenpolitische Auseinandersetzungen hineinziehen lassen wollte; sie bedeutete nicht eine entschiedene Abwehr republikfeindlicher Bestrebungen innerhalb der Truppe. Im Gegenteil: Die meisten Reichswehrangehörigen waren nur in einem formalen Sinne loyal gegenüber der Reichsverfassung; sie waren innerlich Gegner der Demokratie und einer abstrakten Vorstellung vom Staat als „Ordnungsmacht" verpflichtet.[326]

Reichswehr als „Staat im Staat"

4. Eine weitere Konsequenz des Kapp-Putsches waren die Reichstagswahlen vom Juni 1920 mit ihrem scharfen Ruck nach rechts. Die Auflösung der Nationalversammlung und Wahl eines „regulären" Reichstages hatte zu den Hauptforderungen der Rechten vor dem Kapp-Putsch gehört; die Neuwahlen waren somit ein Erfolg der Putschisten und ihrer Sympathisanten.

Reichstagswahlen vom Juni 1920

Die Wahlen hatten schwere, ja verheerende Verluste der drei „Weimarer" Parteien zur Folge: Die SPD erhielt 21,7% (1919: 37,9), die DDP 8,3% (18,5), das Zentrum 13,6% (19,7), wobei allerdings noch die 4,4% der erstmalig selbständig kandidierenden Bayerischen Volkspartei zum katholischen „Block" hinzuzurechnen sind. Damit hatten die drei auf dem Boden der Verfassung stehenden Parteien ihre Mehrheit verloren – sie sollten sie bei keiner der folgenden Reichstagswahlen wieder erringen. Am augenfälligsten war der starke Anstieg der USPD von 7,6 auf 17,9%, der zusammen mit den 2,1% der erstmalig kandidierenden KPD die Radikalisierungstendenz in der Arbeiterschaft widerspiegelte. Die Rechtsparteien konnten sich von 10,3 auf 15,1% (DNVP) bzw. von 4,4 auf 13,9% (DVP) verbessern.

5. Bezeichnend für die bereits Anfang der zwanziger Jahre wieder erreichte Konsolidierung republikfeindlicher Kräfte innerhalb des Staats-

Mangelnde Bestrafung der Putschisten

apparates ist die justitielle „Aufarbeitung" des Kapp-Putsches. Angeklagt wurden insgesamt drei der am Kapp-Putsch Beteiligten; nur einer, Traugott v. Jagow, Kapps Innenminister, wurde schließlich wegen Hochverrats zu fünf Jahren Freiheitsentzug verurteilt; allerdings wurde er 1924 begnadigt und erstritt sich sodann seine Pension. V. Lüttwitz, der zunächst ins Ausland ausgewichen war, kehrte 1921 zurück; ein Prozeß gegen ihn fand niemals statt, auch er konnte sich seine Pension sichern. Kapp kehrte 1922 aus Schweden zurück und wurde festgenommen; er verstarb noch im gleichen Jahr. Die noch schwebenden Verfahren wurden 1925 unter einer Amnestie des Reichspräsidenten eingestellt.[327]

VI. Die Republik unter innerem und äußerem Druck (1920–1922)

Reparationen und Inflation

Entscheidend für die Entwicklung der Weimarer Republik in den Jahren 1919 bis 1923 wurde – neben allen anderen Schwierigkeiten und Belastungen – das Doppelproblem von Inflation und Reparationen. Mit ihm verbanden sich außenpolitische, wirtschafts- und finanzpolitische sowie innenpolitische Implikationen.[328]

Ursachen der Inflation

Hauptursache der Inflation waren die Kriegskosten. Das Deutsche Reich hatte den Ersten Weltkrieg überwiegend durch Anleihen und durch Erhöhung des Geldumlaufs, also durch eine „Inflationssteuer" finanziert. Zu diesen Kriegskosten sind auch die nach 1918 neu anfallenden Folgekosten des Krieges zu rechnen, so etwa die Versorgung der Kriegsopfer und Kriegshinterbliebenen. Hinzu kam, daß es in der Nachkriegszeit eine starke Aufwärtsbewegung bei Löhnen, Gehältern und Sozialleistungen gegeben hatte – Unternehmer und Staat waren gezwungen gewesen, den revoltierenden Massen entgegenzukommen. Die revolutionäre Bewegung war also in eine Lohnbewegung übergegangen, ein „Inflationskonsens" zwischen Staat, Arbeitnehmern und Unternehmern hatte diese Bewegung im Interesse der Stabilisierung des politischen Systems getragen. Die Inflation erleichterte zudem die deutschen Exporte; die Inflation verhinderte, daß Deutschland von der weltweiten Nachkriegsdepression mit hoher Massenarbeitslosigkeit erfaßt wurde, die die Weimarer Republik vermutlich schon 1920/21 an ihr Ende gebracht hätte. Deutschland befand sich 1920 und 1921 – im Gegensatz zu den anderen Industrieländern – in einer Phase der Hochkonjunktur und Vollbeschäftigung.

Belastungen durch Reparationen

Zusätzlich förderten die Reparationen[329] die Inflation; sie waren aber nicht, so die vorherrschende zeitgenössische Meinung in Deutschland, der eigentliche Auslöser der Inflation. Reparationen waren als Schadensersatz für die der alliierten Zivilbevölkerung durch die deutschen Streitkräfte zugefügten Schäden definiert und waren damit praktisch in unbegrenzter Höhe einforderbar. Der Versailler Vertrag legte vorläufig 20 Milliarden Goldmark in Devisen und Sachwerten fest, die endgültige Summe der Reparationen sollte bis zum 1. Mai 1921 durch eine alliierte Kommission fixiert werden.[330] Während der Jahre 1919 bis 1922 wurden etwa 10% des Volkseinkommens für die Reparationen ausgegeben. Ihr Anteil an den Gesamtausgaben des Reiches betrug 1919: 51,4%, 1920: 17,6%, 1921: 32,7% und 1922: 69%.[331] Die Inflation bot die Möglichkeit, die tatsächliche Leistungsfähigkeit und Belastbarkeit der deutschen Volkswirtschaft gegenüber den Alliierten zu verschleiern und sich damit einer definitiven Festlegung der Reparationssumme zu entziehen; ein weiteres starkes Argument für den Inflationskonsens. Solange aber die endgültige Höhe der Reparationen noch nicht festgelegt war, konnte Deutschland keine langfristigen Auslandsanleihen aufnehmen.

Weitere alliierte Forderungen

Die Reparationsforderung war aus deutscher Sicht eng verbunden mit zwei weiteren, im Versailler Vertrag vorgesehenen massiven Eingriffen der Alliierten in die deutschen Verhältnisse: Der Forderung nach Entmilitarisierung und der Abtretung weiterer Gebiete, also insbesondere Oberschlesiens. Außenpolitisch versuchte man, mit Hilfe einer hinhaltenden Verhandlungsführung Konzessionen in allen drei Punkten zu erreichen, indem man etwa nachzuweisen suchte, daß Gebietsabtretungen die Reparationsfähigkeit des Reiches weiter herabsetzten oder der weitere Abbau des Militärs die Existenz des deutschen Staates und damit die Stabilität Zentraleuropas gefährdete. Innenpolitisch heizten die häufigen Konflikte mit den Alliierten die Radikalisierung auf der Linken wie auf der Rechten an, da die Regierung immer wieder den Volkszorn gegen die Zumutungen der Siegermächte mobilisierte, dann aber doch einlenken und die ursprünglich als unerträglich dargestellten Forderungen sogar exekutieren mußte. Gefördert wurde die Radikalisierung langfristig aber auch durch die rasante Geldentwertung. So „positiv" die Inflation bei der Überwindung der unmittelbaren Nachkriegsschwierigkeiten auch gewirkt hatte, spätestens ab 1922/23 löste sie eine Verelendung breiter Schichten mit gefährlichen politischen Folgen aus. Das Treibenlassen der Inflation ist kennzeichnend für die Regierungspolitik in diesen Jahren, die ganz darauf gerichtet war, den unweigerlich auf die deutsche Bevölkerung zukommenden Folgelasten des verlorenen Krieges auszuweichen – sowohl im Hinblick auf die Leistungen gegenüber den Siegermächten als auch in bezug auf die unvermeidliche Neuverteilung des Volkseinkommens, die den Kosten des Krieges und den in der Revolution an die Arbeiterschaft gemachten Zugeständnissen in irgendeiner Form Rechnung tragen mußte.

Folgen der Inflation

Die Inflation löste tiefgreifende und komplexe wirtschaftliche und soziale Umschichtungsprozesse aus, die hier nur in aller Kürze beschrieben werden können:

1. Die Inflation begünstigte die Besitzer von Sachwerten, also vor allem Grundbesitz und Unternehmen. Die Inflation beschleunigte den Konzentrationsprozeß, insbesondere innerhalb der Schwerindustrie, und verlieh damit diesem Teil des Unternehmerlagers größeres Gewicht.

Trotz dieser gestärkten Stellung und eindeutigen Interessenlage ist die Inflation ein zu komplexes Phänomen, als daß man sie primär auf die Manipulation von Inflationshaien innerhalb der Großindustrie zurückführen könnte.

2. Die Bezieher von Löhnen und Gehältern konnten insgesamt gesehen während der Inflation ihre Einkommenssituation gegenüber den miserablen Kriegsjahren etwas verbessern, ohne jedoch an den Vorkriegsstand anknüpfen zu können. Präzisere Aussagen sind wegen der komplizierten Datenlage allerdings äußerst schwierig. Hervorzuheben ist aber, daß bei allen Arbeitnehmergruppen eine Nivellierung der Einkommen festzustellen ist; die Empfänger niedriger Einkommen mußten am stärksten gestützt wurden, da sie das größte Unruhepotential stellten.

3. Man kann zwar nicht von einer Vernichtung des gesamten Mittelstandes sprechen, jedoch von einer Katastrophe für alle diejenigen, die ganz oder überwiegend von Geldvermögen lebten, also Sparer, Bezieher von Lebensversicherungen, Hypothekengläubiger, Inhaber öffentlicher Anleihen und Kapitalrentner. Diejenigen, die ihre Einkünfte in erster Linie aus Gewerbebetrieben, Einzelhandelsgeschäften, dem Handwerk oder der Landwirtschaft bezogen, konnten dagegen im großen und ganzen ihren Besitzstand wahren. Auch hinsichtlich des Mittelstandes sind präzise Aussagen sehr schwierig, da sich Verlierer nicht leicht von Gewinnern abgrenzen lassen: Hausbesitzer gehörten beispielsweise zu den Verlierern der Inflation, da sie die Mieten aufgrund der Wohnungszwangsbewirtschaftung nicht den gestiegenen Unterhaltskosten anpassen konnten; sie gewannen jedoch, wenn sie hoch verschuldet gewesen waren. Nicht nachvollziehbar ist bisher auch, inwieweit es nicht auch Rentiers gelang, ihre Geldvermögen rechtzeitig wertbeständig anzulegen. Die Hauptwirkung der Inflation dürfte demnach vor allem in einer Fraktionierung des Mittelstandes bestanden haben: Die durch die Inflation betroffenen Gruppen scherten aus der „ständischen" Front aus und suchten nach neuen Wegen, ihre Inflationsverluste zu kompensieren.

4. Es spricht einiges dafür, Unzufriedenheit und Radikalisierung des Mittelstandes nicht primär auf die Inflation zurückzuführen, sondern auf die Unfähigkeit der Politik, in der Stabilisierungsphase Schadensbegrenzung und Lastenausgleich zu betreiben. Mindestens ebenso stark wie die errechenbaren Wirkungen der Inflation auf Einkommen und Vermögen dürften ihre politisch-sozialpsychologischen Rückwirkungen gewesen sein, die offensichtliche Ungerechtigkeit der Geldentwertung mit ihren massiven Verstößen gegen die Grundsätze traditionellen, ehrbaren Wirtschaftens: Die Belohnung des Schuldenmachens und einer schlechten Zahlungsmoral, die Bestrafung des Sparens und kaufmännischer Solidität, der Verstoß gegen den Grundsatz von „Treu

und Glauben", der in der Aufhebung des Geldes als wertbeständigem Tauschobjekt lag – all dies führte zu einem enormen Vertrauensverlust in die gesellschaftliche und staatliche Ordnung und zu einer geradezu panischen Inflationsangst, die sich wenige Jahre später in der Depression lähmend auf die Wirtschaftspolitik auswirken sollte.

Regierung Fehrenbach: Reparationsverhandlungen und Putschversuch von links

Nach dem Ergebnis der Reichstagswahlen vom Juni 1920 bestand für die bisher regierende Weimarer Koalition keine Mehrheit mehr. Theoretisch wäre eine Koalition der drei „Weimarer" Parteien mit der USPD mehrheitsfähig gewesen; tatsächlich schied diese Möglichkeit nach den nur kurze Zeit zurückliegenden blutigen Konfrontationen aus. Die Alternative war eine Öffnung nach rechts. Dies geschah unter der Kanzlerschaft des Zentrumsabgeordneten und letzten Präsidenten des kaiserlichen Reichstages, Konstantin Fehrenbach, der von Juni 1920 bis Mai 1921 eine aus DDP, Zentrum und DVP gebildete rein bürgerliche Regierung führte. Die SPD hatte es abgelehnt, sich zu beteiligen, unterstützte jedoch Fehrenbachs Regierung in wichtigen Abstimmungen. Die wichtigsten Ministerien waren wie folgt besetzt: Außenminister wurde der parteilose Walter Simons, Wirtschaftsminister Ernst Scholz (DVP), Schatzminister Hans v. Raumer (DVP), Arbeitsminister Heinrich Brauns (Zentrum); auf ihren Posten blieben Innenminister Koch (DDP), Finanzminister Wirth (Zentrum) sowie Wehrminister Geßler (DDP).[332]

Regierungs-bildung

Das Schicksal der Regierung Fehrenbach war aufs engste mit der Reparationsproblematik verknüpft, d. h. mit der Aushandlung der Höhe, der Dauer und der Modalitäten der Zahlungen.[333] Die Reichsregierung hatte sich in den Reparationsverhandlungen bereit erklärt, Zahlungen in Höhe von insgesamt 100 Milliarden Goldmark zu leisten sowie sich an dem Wiederaufbau der zerstören Gebiete zu beteiligen. Die Siegermächte gingen jedoch auf diese Vorschläge nicht ein.[334]

Reparations-verhandlun-gen

Auf seiten der Alliierten herrschten in der Reparationsfrage unterschiedliche Interessen vor. Während Großbritannien eine gemäßigte Position vertrat, wollte Frankreich – das ein wiedererstarkendes Deutschland als Bedrohung empfinden mußte – die Reparationsfrage nicht nur zur Schwächung des besiegten Kriegsgegners einsetzen, sondern sie auch als Interventionsinstrument nutzen. In dieser Haltung wurde Frankreich durch die Tatsache, daß die Kooperation zwischen den drei westlichen Alliierten nach Kriegsende nicht durch einen Beistandspakt fortgesetzt wurde, bestärkt.

Die deutsche Politik war im Prinzip auf die Erfüllung der alliierten Forderungen festgelegt – die Alternative bestand letztlich in der Besetzung Deutschlands –, sie ging dabei jedoch konzeptionslos und dilettantisch vor.

Bevor die Alliierten der deutschen Seite die vorgesehene Reparationshöhe eröffneten, einigten sie sich auf einer Reihe von Konferenzen zwischen April und Juli 1920 auf eine gemeinsame Linie:

– In Boulogne vereinbarten sie eine Gesamtforderung von 269 Milliarden Goldmark in 42 Jahren; in Brüssel fand man einen Schlüssel für die Verteilung der Entschädigungen: Frankreich 52, Großbritannien 22, Italien 10, Belgien 8, Serbien 5%; die restlichen 3% sollten sich Rumänien, Portugal und Japan teilen.[335] **Boulogne Brüssel**

– Auf der Konferenz von Spa[336] vom Juli 1920 wurde neben den alliierten Forderungen nach weiterer Entwaffnung Deutschlands[337] die Frage der im Versailler Vertrag vorgeschriebenen, aber (nicht zuletzt infolge des Ruhrkrieges) nur unzureichend erfüllten Kohlelieferungen verhandelt; angesichts des massiven alliierten Druckes mußte sich die deutsche Regierung für das nächste halbe Jahr zu erhöhten Lieferungen bereit erklären, während die Alliierten finanzielle Hilfen anboten. **Spa**

– Während der Brüsseler Konferenz[338] vom Dezember 1920 kam es, wegen französisch-britischer Meinungsunterschiede, noch zu keiner Festlegung der Gesamtsumme. Die deutsche Seite betonte die Grenzen ihrer Leistungsfähigkeit und unterbreitete den Vorschlag, Reparationen durch Sachleistungen zu ersetzen, was der französischen Haltung entgegenkam, auf britischer Seite aber wegen Gefährdung ihrer Exporte abgelehnt wurde. **Brüssel**

– Auf der Pariser Konferenz[339] vom Januar 1921 einigten sich die Alliierten auf eine Gesamtforderung von 226 Milliarden Goldmark in 42 Jahren, außerdem wurde die Forderung nach einer jährlichen Zahlung in Höhe von 12% des deutschen Exports erhoben. **Paris**

Auf der Londoner Konferenz[340] vom März 1921, zu der auch wieder die deutsche Regierung hinzugezogen wurde, stellte die Reichsregierung den alliierten Forderungen ein Angebot von insgesamt 50 Milliarden (das entsprach dem Jetztwert der geforderten 226 Milliarden) Goldmark entgegen, von denen 20 Milliarden durch Sachleistungen bereits erfüllt seien. Allerdings knüpfte man diese Zusage an die Voraussetzung, daß Oberschlesien beim Reich belassen werde und Deutschland in vollem Umfang am Welthandel teilnehmen könne.[341] Diese von den Alliierten als eine „ausgesprochene Herausforderung"[342] empfundene deutsche Gegenvorstellung beantworteten sie mit Sanktionsdrohungen, die – nachdem die deutsche Seite nicht in die Zahlungen einwilligte – auch durchgesetzt wurden: Am 8. März wurden Düsseldorf, Duisburg und Ruhrort besetzt, die Interalliierte Rheinlandkommission übernahm die Zollverwaltung für das besetzte Gebiet. **London**

119

Londoner Ultimatum

Die deutsche Seite bot daraufhin wiederum 50 Milliarden zum Jetztwert oder als Alternative Annuitätenzahlungen in Höhe von 200 Milliarden Goldmark an.[343] Dieses Angebot wurde jedoch von den Alliierten abgelehnt und am 5. Mai mit einem Ultimatum beantwortet[344]: Danach sollte das Reich an Reparationen insgesamt 132 Milliarden Goldmark zahlen, wobei allerdings nur Schuldverschreibungen in Höhe von 50 Milliarden im Laufe des Jahres 1921 übergeben werden sollten, während über die genaue Höhe und die Zahlungsmodalitäten des restlichen Betrages eine spätere Vereinbarung vorgesehen war. Außerdem sollten 26 % des Werts der deutschen Ausfuhr transferiert werden. Da diese Summe auf ca. 1 Milliarde geschätzt wurde, ergab sich zusammen mit den Annuitäten eine jährliche Belastung von 3 Milliarden Mark. Sollte die deutsche Regierung sich nicht innerhalb von sechs Tagen zur Erfüllung dieser Bedingungen bereit erklären, so das Ultimatum, werde man das gesamte Ruhrgebiet besetzen.

Das Londoner Ultimatum bezog sich aber nicht nur auf die deutschen Reparationsleistungen, sondern auch auf die Auslieferung der deutschen „Kriegsverbrecher" und die Durchführung der Demilitarisierung. Mit diesen Forderungen konfrontiert, trat die Regierung Fehrenbach am 5. Mai zurück. Die Beantwortung des Ultimatums blieb einer innerhalb weniger Tage zu bildenden neuen Regierung überlassen.

Die fast einjährige Regierungszeit des Kanzlers Fehrenbach war nicht nur durch den Reparationsstreit, sondern auch durch erhebliche innenpolitische Auseinandersetzungen gekennzeichnet.

Unter der Regierung Fehrenbach, dem ersten rein bürgerlichen Kabinett der jungen Republik, konsolidierte sich die Opposition auf der äußersten Linken – und entzog sich durch eine riskante Putsch-Politik selbst die Möglichkeit, auf die politische Entwicklung einwirken zu können.

Spaltung der USPD

Nachdem sich die Mehrheit der Delegierten der USPD auf ihrem Parteitag im Oktober 1920 für einen Beitritt zur Kommunistischen Internationale ausgesprochen hatte, kam es zur Spaltung der Partei: Die Mehrheit fusionierte im Dezember 1920 mit der – an Mitgliedern und Wählern weitaus schwächeren – KPD, während die unterlegene Minderheit unter dem alten Namen USPD zusammenblieb.

Ende Februar 1921 setzten sich innerhalb der KPD die Anhänger der von der Kommunistischen Internationale vertretenen „Offensivtheorie" durch: Um die internationale kommunistische Bewegung aus der Stagnation herauszureißen, wollte man eine Revolution um jeden Preis; die politische Rechte in Deutschland sollte zu gewaltsamem Vorgehen provoziert werden, dies sollte eine breite Gegenbewegung innerhalb der hinter der KPD zu einenden Arbeiterschaft hervorrufen.

Die KPD-Führung entschloß sich, im mitteldeutschen Industriegebiet, einer ihrer Hochburgen, erneut einen Aufstandsversuch zu unternehmen. Da die alarmierte preußische Regierung überraschend eine große Polizeiaktion in der unruhigen Region anordnete, entschied die KPD-Führung am 17. März, den Aufstand, obwohl unzureichend vorbereitet, sofort zu beginnen. In den folgenden Tagen kam es zu Streiks und Werksbesetzungen sowie zu Kämpfen zwischen Polizei und bewaffneten Arbeitern. Nicht nur Mitteldeutschland war von dieser Aufstandsbewegung betroffen, sondern auch das Ruhrgebiet und Hamburg. Es gelang der KPD-Führung jedoch nicht, die Masse der Arbeiterschaft mitzureißen. Ende März war die Polizei Herr der Lage. Insgesamt waren 145 Zivilisten und 35 Polizeibeamte ums Leben gekommen.[345]

März-Aufstand der KPD

Regierung Wirth: Erfüllungspolitik und Rechtsradikalismus

Die Bildung einer neuen Regierung war auf das engste mit dem Problem verbunden, eine parlamentarische Mehrheit für die Annahme des Londoner Ultimatums zustande zu bringen. Nachdem die DVP ihre Zustimmung verweigert hatte, wurde erneut eine „Weimarer Koalition" aus MSPD, DDP und Zentrum unter dem linken Zentrumspolitiker Joseph Wirth, der im Kabinett Fehrenbach bereits Finanzminister gewesen war, gebildet. Dem Kabinett gehörten unter anderem an: von der MSPD Gustav Bauer (Vizekanzler), Robert Schmidt (Wirtschaft), und Georg Gradnauer (Inneres), Heinrich Brauns (Zentrum) als Arbeitsminister, Otto Geßler (DDP) als Wehrminister, Eugen Schiffer (DDP) als Justizminister, der parteilose Friedrich Rosen als Chef des AA sowie Walther Rathenau als Wiederaufbauminister.[346] Da die Regierung über keine parlamentarische Mehrheit verfügte und zudem über die Hälfte der DDP-Abgeordneten nicht der Regierungsvorlage zustimmen wollte, war die neue Regierung bei der Abstimmung über das Londoner Ultimatum am 11. Mai 1921 auf die Stimmen der USPD angewiesen.

Regierungs-bildung

Die Regierung Wirth war vor allem mit zwei Problemen konfrontiert: mit der Durchführung des Versailler Vertrages und der Abwehr der wachsenden rechtsradikalen Bewegung, die beständig die „Nachgiebigkeit" der Regierung gegenüber den Alliierten anprangerte. Dramatische außen- und innenpolitische Ereignisse beherrschten im schnellen Wechsel die Schlagzeilen der folgenden Monate.

1. Mit seiner Politik der weitestgehenden „Erfüllung" der alliierten Forderungen verfolgte Wirth das Kalkül, den Alliierten die Vertragstreue der deutschen Seite zu beweisen, aber gleichzeitig, indem er die Grenzen der Leistungsfähigkeit des Reiches nachzuweisen trachtete, die Reparationsforderungen ad absurdum zu führen und langfristig zu einer Senkung der Belastungen zu kommen.[347] Ziel seiner Politik, so Wirth, sei es nicht, „Erfüllungspolitik um ihrer selbst willen zu treiben, son-

Kalkül der „Erfüllungs-politik"

dern der Welt durch die Erfüllung im Rahmen des Möglichen den praktischen Nachweis zu erbringen, wo die Grenze des Erfüllbaren liegt und wo sie nicht überschritten werden kann. [...] Erfüllungspolitik treiben heißt nicht, an die Ausführungsmöglichkeit alles dessen zu glauben, was die Gegenseite uns auferlegt hat und für dieses Jahr auferlegt."[348]

Die Regierung hatte mit der Annahme des Londoner Ultimatums drei Verpflichtungen übernommen: Reparationsleistungen, Entwaffnung sowie Bestrafung deutscher Kriegsverbrecher. Hinzu kam als weiteres Problem der deutsch-alliierten Beziehungen die drohende Abtretung Oberschlesiens.

Reparations-leistungen

– Mit der Zahlung der zum 30. Mai 1921 fälligen ersten Rate von einer Milliarde Goldmark (zum größten Teil allerdings in kurzfristigen Schatzwechseln, die im August unter größten Schwierigkeiten eingelöst werden konnten) war die Reparationsproblematik bis zum nächsten Zahlungstermin (Januar 1922) erst einmal aufgeschoben.[349] Durch die Unterzeichnung des Wiesbadener Abkommens im Oktober 1921 gelang es, einen Teil der an Frankreich zu leistenden Reparationen in Sachleistungen umzuwandeln, eine ähnliche Vereinbarung wurde 1922 mit Belgien getroffen.[350]

Wiesbadener Abkommen

– Bereits auf der Konferenz von Spa vom Juli 1920 hatten die Alliierten der von Deutschland erbetenen Fristverlängerung für die Reduzierung der Friedensstärke des Heeres auf 100 000 Mann zugestimmt, hatten jedoch deutlich die vollständige Durchführung der Entmilitarisierungsbestimmungen des Versailler Vertrages gefordert, darunter vor allem die Entwaffnung der Einwohnerwehren und der Sicherheitspolizei sowie die Ablieferung von Waffen im Privatbesitz. Während die meisten Länder mit der Entmilitarisierung der Einwohnerwehren begonnen hatten, widersetzte sich Bayern. Im August 1920 hatte der Forstrat Escherich, der Begründer der bayerischen Einwohnerwehren, einen reichsweiten Dachverband, die „Organisation Escherich", als Auffangorganisation für die aufzulösenden Wehren ins Leben gerufen. Über die nun auch fällige Auflösung der „Orgesch" kam es zu einem Streit zwischen dem Reich und Bayern, das trotz immer nachdrücklicher erhobener Vorstellungen der Alliierten die Auflösung nicht vollziehen wollte. Schließlich gelang es jedoch der Reichsregierung im Juni, sich gegenüber Ministerpräsident v. Kahr durchzusetzen.[351]

Entwaffnung der Einwoh-nerwehren

Verurteilung deutscher „Kriegsver-brecher"

– Hinter der im Londoner Ultimatum vom Mai 1921 erhobenen Forderung nach rascher Aburteilung etwaiger deutscher Kriegsverbrecher stand der im Versailler Vertrag erhobene alliierte Anspruch auf Auslieferung solcher Verdächtiger. Anfang Februar 1920 hatte der französische Staatspräsident Millerand im Namen der alliierten Mächte eine Liste mit den Namen von 895 Personen überreicht, die ausgeliefert und als Kriegsverbrecher angeklagt werden sollten.[352] Darunter befanden sich eine Reihe deutscher Fürsten, unter anderem der Kronprinz, führende Politiker, z. B. der ehemalige Kanzler Bethmann-Hollweg, und prominente Militärs, insbesondere Hindenburg und Ludendorff. Angesichts des starken deutschen Widerstandes gegen die Auslieferungsforderung hatten sich die Alliierten jedoch mit der Strafverfolgung der fraglichen Personen durch das Reichsgericht einverstanden erklärt, sich aber die Forderung nach Auslieferung vorbehalten. Die gesamte Frage wurde durch neun eher symbolische, zwischen Mai und Juli stattfindende Verfahren erledigt, bei denen es zu sechs Verurteilungen kam. Obwohl die Alliierten dieses Vorgehen der deutschen Justiz für ungenügend erklärten, die Urteile aufhoben und erneut die Auslieferung erwogen,[353] verzichteten sie in dieser Frage letztlich auf weiteren Druck auf die deutsche Regierung.[354]

Die im Versailler Vertrag vorgesehene und am 20. März 1921 durchgeführte Oberschlesien-Abstimmung[355] erbrachte ingesamt eine deutsche Mehrheit; auf dem Lande konnten sich aber vielfach polnische Majoritäten durchsetzen. Während die deutsche Seite ganz Oberschlesien beanspruchte, befürworteten Polen und die Alliierten eine Teilung. Am 3. Mai brach ein polnischer Aufstand aus, nachdem die nationalpolnische Bewegung bereits im August 1919 und im August 1920 versucht hatte, das Ergebnis der Abstimmung durch gewaltsamen Anschluß der umstrittenen Gebiete an Polen vorwegzunehmen. Gegen den erneuten polnischen Aufstand (der nur auf schwachen Widerstand der alliierten Überwachungstruppen stieß) wurde – mit stillschweigender Duldung der Reichsregierung – wiederum, wie 1919 und 1920, ein oberschlesischer „Selbstschutz" aufgestellt: Zu diesem Zweck wurden einige aufgelöste Freikorpseinheiten wieder mobilisiert. Sie erreichten mit der Erstürmung des Annaberges einen wichtigen Erfolg. Die explosive Lage konnte schließlich durch die Interalliierte Abstimmungskommission entschärft werden: Ihr gelang es, die bewaffneten Verbände auf beiden Seiten zum Abzug zu bewegen.

Da sich Großbritannien und Frankreich über die Trennungslinie in Oberschlesien nicht einigen konnten, wurde die Oberschlesienfrage an den Völkerbund überwiesen. Die Entscheidung der Botschafterkonferenz[356] vom 20. Oktober über die Teilung Oberschlesiens, verbunden mit der Androhung von Sanktionen, führte zur Demission der Regierung Wirth. Die Abtretung Ostoberschlesiens konnte damit nicht verhindert werden; sie wurde durch das deutsch-polnische Abkommen vom 15. Mai 1922 vollzogen.[357] Mit dem Verlust großer Teile Ostoberschlesiens war ein wesentliches Kernstück der Erfüllungspolitik gescheitert.

2. Die durch das Londoner Ultimatum und die Abtretung Ostoberschlesiens aufgeheizte „nationale" Stimmung bot der rechtsextremen Agitation gute Ansatzpunkte und führte zu einer weiteren Radikalisie-

Oberschlesien

rung des gesamten rechten Lagers. Insbesondere die von der Regierung gedeckte, in konspirativer Weise vor sich gehende Wiederaufstellung von Freikorps ermöglichte es, Untergrundorganisationen und geheime Verschwörerzentralen zu etablieren.

Terror von rechts

Höhepunkte dieser rechtsradikalen Umtriebe bildeten der Mord am Fraktionsvorsitzenden der bayerischen USPD, Karl Gareis, im Juni sowie die Ermordung Erzbergers im August 1921. Für diese Tat waren zwei Offiziere verantwortlich, die Mitglieder der „Organisation Consul" waren, einer geheimen Terrorgruppe, die der ehemalige Führer der Kapp-Putsch-Truppe, Kapitän Ehrhardt, leitete.

Verordnung zum Schutz der Republik

Die Reichsregierung erließ hierauf am 29. August 1921 eine Verordnung zum Schutz der Republik[358], die der Regierung Sondervollmachten im Kampf gegen republikfeindliche Kräfte verlieh. In Bayern lehnte Ministerpräsident v. Kahr die Durchführung der Verordnung mit der Begründung ab, sie richte sich einseitig gegen rechte Kräfte und gefährde die Eigenständigkeit des Freistaates. Als v. Kahr sich im Laufe der hierdurch ausgelösten erneuten Krise mit dem Reich nicht durchsetzen konnte und zurücktrat, gelang es dem neuen Ministerpräsidenten v. Lerchenfeld relativ schnell, sich mit der Berliner Regierung auf einen Kompromiß zu einigen. Die umstrittene Rechtsvorschrift wurde daraufhin durch eine abgeschwächte Zweite Verordnung zum Schutze der Repulik ersetzt.[359]

Kabinettsumbildung

3. Nach dem Rücktritt des Reichskabinetts wegen der Entwicklung der Oberschlesienfrage am 22. Oktober wurde Wirth am 25. erneut mit der Bildung einer Regierung beauftragt. Das zweite Kabinett Wirth war eine Minderheitsregierung aus Zentrum und SPD; Reichswehrminister Geßler (DDP) wurde als bloßer „Fachminister", nicht als Vertreter seiner Partei behandelt. Durch den Austritt der DDP aus der Regierung fiel das Justizressort an Gustav Radbruch (MSPD). Das Wiederaufbauministerium, das Auswärtige Amt und das Finanzministerium wurden zunächst nicht besetzt, um Manövriermasse für eine Verbreiterung der Koalition zu behalten.[360]

Probleme bei den Reparationsleistungen

4. Auch die neu gebildete Regierung hatte sich in erster Linie mit dem Reparationsproblem zu beschäftigen.[361] Nachdem die erste, Ende Mai fällige Reparationsrate von 1 Milliarde Goldmark gezahlt werden konnte, stellten die beiden nächsten Raten von je 500 Millionen im Januar und Februar 1922 die Regierung vor unüberwindliche Schwierigkeiten. Das Reich mußte daher die Alliierten im Dezember 1921 um einen Zahlungsaufschub ersuchen.[362] Diese entsprachen der Bitte schließlich auch, stellten allerdings hierfür verschiedene Bedingungen, so insbesondere die Forderungen nach einer Erhöhung des deutschen Steuereinkommens sowie nach Kontrolle des Haushalts.[363]

Die deutsche Regierung lehnte diese beiden letzten Forderungen ab; darüber hinaus wies sie darauf hin, daß sie die Zahlungen für 1922 nur noch mit Anleihen aufbringen könne; die alliierten Regierungen müßten ihre Entscheidung revidieren.[364] Das Kalkül der Erfüllungspolitik war, wie Rathenau, seit Anfang Februar Außenminster, in der Kabinettssitzung vom 24. März 1922 klarmachte, erneut an seine Grenzen gestoßen: Wenn die Erfüllungspolitik „rein positiv sei", werde dies zu keiner Änderung der dem Reich auferlegten Lasten führen; die Erfüllungspolitik sei „kein Selbstzweck", und sie bedeute „kein restloses 'Ja'".[365]

Nachdem sich die Hoffnung Wirths nicht erfüllt hatte, die Reparationsfrage auf der internationalen Wirtschaftskonferenz von Genua (April/ Mai 1922) in den Mittelpunkt zu stellen, folgte eine intensive Verhandlungsphase, an deren Ende sich die Regierung in der Steuer- wie in der Frage der Haushaltskontrolle erneut den kaum modifizierten Bedingungen der Alliierten beugen mußte, um den Zahlungsaufschub bis zum Jahresende zu sichern und die drohende Sanktion – die Besetzung des Ruhrgebietes – zu verhindern.[366]

Die Reparationsfrage mußte notwendigerweise zur innenpolitischen Auseinandersetzung um die volkswirtschaftliche Verteilung der finanziellen Belastungen führen. Da diese nicht aus den laufenden Erträgen der Volkswirtschaft aufgebracht werden konnten, hatte Wirtschaftsminister Schmidt (SPD) schon im Mai vorgeschlagen, 20% des Kapitalvermögens von Industrie, Landwirtschaft, Handel, Banken und Hausbesitz zu enteignen.[367] Mit diesem Vorschlag hatte er insbesondere das Ziel verfolgt, die von der Inflation nicht geschädigten Besitzer von „Sachwerten" die Lasten der Geldentwertung mittragen zu lassen. Eine solche Umverteilung war jedoch weder im Kabinett noch im Parlament mehrheitsfähig gewesen.[368] Eine bescheidenere Variante der Vermögensbelastung hatte Wirth im Herbst 1921 in Verhandlungen mit dem Reichsverband der Deutschen Industrie und Bankenvertretern durchzusetzen versucht: Danach hätte die Industrie – als Gegenleistung für Steuererleichterungen – mit der Substanz ihres Vermögens für eine Auslandsanleihe in Höhe von 1,5 Milliarden Goldmark haften sollen; gleichzeitig hatten Vorgespräche zur Aufnahme der industrienahen DVP in die Regierung begonnen, die nun auch von der MSPD befürwortet wurde.[369] Diese Pläne wurden jedoch nicht verwirklicht, da die DVP sich nach der Abtretung der oberschlesischen Gebiete ebenso, wie die DDP weigerte, in einem Kabinett Wirth mitzuarbeiten, und die der DVP nahestehende Schwerindustrie Forderungen für die „Kreditaktion" aufstellte, die nicht annehmbar waren: Privatisierung der Reichsbetriebe, insbesondere der Reichsbahn.[370] Schießlich wurde zwischen Zentrum, MSPD, DDP und DVP ein Steuerkompromiß ausgehandelt, der neben verschiedenen Mehrbelastungen als Zugeständnis an die Sozialdemokraten eine Zwangsanleihe in Höhe von 1 Milliarde RM vorsah.[371] Als dieses Steuerpaket schließlich im Frühjahr 1922 verabschiedet wurde,[372] lagen bereits die schon erwähnten alliierten For-

Finanzierung der Reparationen

derungen nach weiteren Steuererhöhungen vor, die eine neue Verhandlungsrunde über die Haushaltssanierung notwendig machten.[373]

Wirtschafts-konferenz in Genua

5. Auf der bereits erwähnten Wirtschaftskonferenz in Genua ergab sich jedoch die Perspektive, den außenpolitischen Handlungsspielraum durch eine Verbesserung der Beziehungen zu Rußland zu erweitern und so den Reparationsdruck der Alliierten langfristig zu lockern. Auf der Konferenz hatten Großbritannien und Frankreich klargestellt, daß das weltweit isolierte Rußland zunächst seine Vorkriegsschulden anerkennen und die Entschädigung westlicher Eigentümer zusagen müsse, um international anerkannt zu werden und Zugang zu ausländischen Krediten zu erhalten; ein internationales Konsortium unter deutscher Beteiligung sollte die Vergabe dieser Kredite überwachen. Dabei verwiesen die Alliierten Rußland auf die Möglichkeit, die Übernahme neuer finanzieller Verpflichtungen durch Reparationsforderungen an Deutschland (der Versailler Vertrag sah entsprechende Forderungen ausdrücklich vor) auszugleichen. Diese Möglichkeit wurde von den Befürwortern einer aktiven Rußlandpolitik innerhalb des AA dazu benutzt, um Kanzler Wirth und Außenminister Rathenau zu einem eigenständigen, überraschenden Vorgehen Deutschlands in der Rußlandfrage zu bewegen. Sie konnten sich dabei auf Vorgespräche stützen, die zuvor in Berlin stattgefunden hatten.

Rapallo-Vertrag

So gelang es den beiden Delegationen sehr schnell, am Rande der Genuaer Konferenz am 16. April zu einer Übereinkunft zu kommen. In dem nach dem Verhandlungsort benannten Vertrag von Rapallo vereinbarten Deutschland und die Sowjetunion die Wiederaufnahme diplomatischer Beziehungen und verzichteten gegenseitig auf die Erstattung von Kriegskosten, Deutschland darüber hinaus auf die Entschädigung des in Rußland sozialisierten deutschen Vermögens.

Die deutschen Motive für den Abschluß des Vertrages sind komplex. Für eine Verbesserung der Beziehungen zu Rußland sprachen wirtschaftliche wie militärpolitische Motive: Seit Anfang 1921 bestand eine geheime Zusammenarbeit zwischen Reichswehr und Roter Armee, die eine rüstungswirtschaftliche Kooperation und eine Ausbildung von deutschen Soldaten an durch den Versailler Vertrag verbotenen Waffen einschloß.

Politisch bot der Vertrag der deutschen Seite die Möglichkeit, die internationale Isolierung zu durchbrechen und durch ein engeres Zusammengehen mit Rußland ein Gegengewicht gegen den übermächtigen Druck des Westens zu schaffen. Darüber hinaus eröffnete eine gemeinsame russisch-deutsche Politik langfristig die Perspektive, eine Revision des am Ende des Ersten Weltkrieges errichteten internationalen Systems einzuleiten und insbesondere die Existenz Polens infrage zu stellen. Genau diese Aussichten lösten aber bei den übrigen Teilnehmern der Genuaer Konferenz erhebliche Irritationen aus und führten

126

zu einer starken Belastung des deutsch-französischen Verhältnisses.[374]

6. Unter dem Eindruck des verschärften Drucks der Alliierten auf die deutsche Finanzpolitik entfaltete die nationalistische Rechte im Frühjahr und Sommer 1922 wiederum verstärkte Aktivitäten. Im Zentrum der Agitation stand, vergleichbar mit der Rolle Erzbergers im Vorjahr, die Person des Außenministers Rathenau, also desjenigen, der die Erfüllungspolitik an prominenter Stelle nach außen vertrat; seine jüdische Herkunft wurde benutzt, um seine nationale Loyalität anzuzweifeln.

Am 24. Juni wurde Rathenau von zwei Attentätern ermordet, die beide **Ermordung** zu dem Kreis um die Organisation Consul gehörten (die auch hinter **Rathenaus** dem Mord an Erzberger gestanden hatte). Auch ein fehlgeschlagener Attentatsversuch auf Scheidemann Anfang Juni war von zwei ehemaligen Freikorpsleuten des gleichen Kreises begangen worden.

Die Regierung reagierte mit zwei weiteren Verordnungen zum Schutze **Maßnahmen** der Republik, die im Juli durch ein entsprechendes Gesetz abgelöst **zum Schutz** wurden. Durch diese Bestimmungen wurden die Maßnahmen gegen **der Republik** republikfeindliche Handlungen weiter verschärft und ein Staatsgerichtshof zum Schutz der Republik eingerichtet.[375] Auch jetzt kam es wieder zu einem Konflikt mit Bayern, das das Gesetz nicht anwandte, sondern eine eigene Schutzverordnung erließ. Auch dieser Streit konnte jedoch durch eine Kompromißlösung beigelegt werden: So wurde beim Staatsgerichtshof ein zweiter Senat eingerichtet, der sich nur mit süddeutschen Angelegenheiten beschäftigen und ausschließlich mit Richtern aus diesen Staaten besetzt werden sollte. Ministerpräsident v. Lerchenfeld, dem zu großes Entgegenkommen in diesen Verhandlungen vorgeworfen wurde, mußte allerdings im November 1922 zurücktreten; er wurde durch Eugen Ritter v. Knilling, einen weiter rechts stehenden Politiker, ersetzt.[376]

Bei den Auseinandersetzungen um das Republikschutzgesetz im Som- **Agitationen** mer 1922 war die bayerische Regierung mit einer breiten Agitations- **der NSDAP** front der Rechten konfrontiert gewesen, die ihr eine zu schwache Vertretung bayerischer Interessen vorwarf. Ihren Höhepunkt erreichte die Kampagne im August mit einer machtvollen Kundgebung der rechtsstehenden Verbände in München, an der die NSDAP mit einem großen Kontingent teilnahm. Hitler begann nun, infolge des verstärkten Konflikts mit dem Reich, auch in etablierten Rechtskreisen Bayerns hoffähig zu werden.[377] Diese Anerkennung und die erregte Stimmung dieser Wochen – wieder einmal war es gelungen, das in Krieg und Nachkriegszeit entstandene antipreußische und antisozialistische Klima neu zu beleben – bildeten einen günstigen Nährboden für die Agitation der NSDAP, die sich nun mit besonderem Engagement ihren Hauptthemen, der Bedrohung durch Bolschewismus, Internationalismus, die Versailler Siegermächte und vor allem durch „die Juden", zuwandte.

Die NSDAP, die Anfang der zwanziger Jahre weitgehend auf Bayern beschränkt war und sich in ihren verschwommenen völkisch-antisemitischen Vorstellungen nicht sehr von anderen rechtsextremen Gruppierungen unterschied, hob sich jedoch bereits zu diesem Zeitpunkt durch drei wesentliche strukturelle Elemente von der übrigen rechtsextremen Szene ab:

– Seitdem sich Hitler im Sommer 1921 zum „Vorsitzenden mit diktatorischen Machtbefugnissen" hatte küren lassen, war die NSDAP eine „Führerpartei". Diese Entwicklung läßt sich nicht ausschließlich auf die Tatkraft Hitlers zurückführen; denn der Ruf nach einem „Führer" war seit dem Ende des Ersten Weltkriegs innerhalb der gesamten politischen Rechten verbreitet. Hitler wuchs erst allmählich in diese bereits vor seinem Auftreten auf der politischen Bühne geschaffene Rolle hinein. Der Agitator wurde nicht nur unumschränkter „Führer" der NSDAP, auf den die gesamte Parteiorganisation ausgerichtet war, seine Person wurde auch zum eigentlichen „Programm" der Partei, „Hitler" wurde Hauptinhalt der Parteipropaganda. Der „Führer" verkörperte nur vage bestimmte Zukunftshoffnungen und fungierte als Lichtgestalt, die der in düsteren Farben beschworenen Gegenwart entgegengehalten wurde. Hitler begann nun, seine eigene Biographie zu einem heroischen „Kampf" zu stilisieren und sie zum Kern einer mythisch verklärten Geschichte der „Bewegung" zu machen.

Parteiführer Hitler

– Innerhalb der Propaganda der NSDAP nahmen denn auch die Rednerauftritte Hitlers einen zentralen Platz ein. Daneben traten einfallsreiche und einprägsame Plakate, Flugblätter und Symbole, wobei man das Rot des politischen Gegners als aggressive Leitfarbe verwandte, sich aber auch an Methoden der Geschäftsreklame orientierte. Provokation, Auffallen um jeden Preis war der erste Grundsatz dieser Propaganda, der zweite die inhaltliche Konzentration auf wenige Punkte, der dritte das Prinzip der Wiederholung, das „Einhämmern" der auf wenige Kernpunkte reduzierten Propagandaparolen. Durch diesen direkten Appell an die Massen unterschied sich die Partei von Anfang an auffallend von den übrigen, teils sektiererischen, teils elitären Gruppierungen der völkischen Rechten.

NS-Propaganda

– Wichtiger Bestandteil dieser Propagandataktik war die nationalsozialistische Sturmabteilung, die SA. Ursprünglich 1920 als Saalschutztruppe gegründet, wurde die SA zu Hitlers persönlichem innerparteilichen Machtinstrument mit zunehmend offensiven Aufgaben nach außen: Zurschaustellung der Stärke und Geschlossenheit der Partei, Gewaltdrohung und direkte Gewaltanwendung gegenüber den politischen Gegnern. Der Terror der SA ergänzte so die Parteipropaganda; die auf Hitler eingeschworene SA verstärkte die innenpolitische Stellung und die öffentliche Wirkung des „Führers". Im Gegensatz zu den übrigen paramilitärischen Verbänden, die sich von jeder Parteipolitik distanzierten und deren Aktivitäten sich im wesentlichen in einem mili-

SA

tärähnlichen Übungsbetrieb erschöpften, schien die SA durch ihren zielgerichteten Einsatz im Auftrag einer politischen Bewegung einen entschlossenen politischen Willen zu verkörpern. Als paramilitärischer Verband von der Reichswehr unterstützt und mit rechtsstehenden Wehrverbänden eng verbunden, bildete sie für Hitler ein Vehikel, um in Kreisen der etablierten Rechten anerkannt zu werden; allerdings schränkten diese Querverbindungen auch die totale Kontrolle der SA durch Hitler ein, wie sich im November 1923 zeigen sollte.

7. Der nach der Ermordung Rathenaus einsetzende rapide Verfall der Währung veranlaßte die deutsche Regierung dazu, im Juli ein zweites Mal die Alliierten zu ersuchen, die noch ausstehenden Zahlungen für 1922 zu stunden, und zu bitten, sie auch von den Barzahlungen für 1923 und 1924 zu befreien.[378]

Ende der Erfüllungspolitik

Die Alliierten gewährten zunächst einen vorläufigen Zahlungsaufschub und machten eine endgültige Entscheidung wiederum von einer Reform der öffentlichen Finanzen Deutschlands abhängig; über diese Forderung fanden im Sommer und Herbst außerordentlich komplizierte Verhandlungen statt.

In einer Reparationsnote vom 14. November bat die Reichsregierung schließlich um ein Moratorium für drei bis vier Jahre und um eine Neufestsetzung der im Londoner Abkommen vorgesehenen Gesamtsumme der Reparationen auf eine Höhe, die „einschließlich des Dienstes der aufzunehmenden Anleihen aus dem Überschuß des Haushalts bestritten werden" könnte. Als Sofortmaßnahme sollte eine Stützungsaktion der Reichsmark stattfinden, für die ein Auslandskredit von 500 Millionen RM benötigt werde. Durch rigorose Sparmaßnahmen und eine Erhöhung der Produktivität sollten Haushalt und Handelsbilanz ins Gleichgewicht gebracht werden.[379] Zu den leistungssteigernden Maßnahmen wurde dabei ausdrücklich auch eine „Neuregelung des Arbeitszeitrechts unter Festhaltung des Achtstundentages als Normalarbeitstag" gerechnet.

Während die Note vom 14. November außenpolitisch eine endgültige Abkehr von der Erfüllungspolitik bildete, war in den Ankündigungen von Spar- und Arbeitszeitmaßnahmen bereits das innenpolitische Konfliktpotential beschrieben, das bei der vorgesehenen Rückkehr zur Stabilität der Währung ins Haus stand und das zu einer Zerreißprobe für eine bürgerlich-sozialdemokratische Regierung werden mußte.

8. Innerhalb des Regierungsbündnisses vollzog sich bereits seit dem Sommer ein Polarisierungsprozeß zwischen den beiden Lagern.

Polarisierung im Regierungslager

Nachdem sich der linke Flügel der USPD Ende 1920 abgespalten hatte, näherten sich die beiden sozialdemokratischen Parteien wieder einander an: Im Juli 1922 bildete sich die „Arbeitsgemeinschaft der sozialdemokratischen Reichstagsfraktionen", im September schlossen sie sich zur „Vereinigten Sozialdemokratischen Partei Deutschlands" zusammen. Als Gegengewicht verbanden sich Zentrum und DDP mit der DVP und BVP zur „Arbeitsgemeinschaft der verfassungstreuen Mitte"; damit hatte erstmalig der „Bürgerblock" Gestalt angenommen.[380]

Verlängerung der Amtszeit des Präsidenten

Die Annäherung der DVP an die Regierung wurde im Oktober 1922 durch ihre Zustimmung zu der (verfassungsändernden) Verlängerung der Amtszeit des Reichspräsidenten bis 1925 augenfällig dokumentiert; die urprünglich für Dezember 1922 angesetzte, in der Verfassung eigentlich vorgesehene Volkswahl erschien den Regierungsparteien angesichts der Gesamtlage zu risikoreich; ein für die Schwäche der jungen Republik bezeichnender Schritt.[381]

VII. Das Krisenjahr 1923

Regierung Cuno: Verschärfung des Reparationsstreits und Besetzung des Ruhrgebiets

Die Weigerung der SPD, die bestehende Weimarer Koalition, wie von den bürgerlichen Parteien vorgesehen, um die DVP zu erweitern, bedeutete das Ende des Regierungsbündnisses.[382] Der Reichspräsident ernannte darauf am 22. November 1922 den parteilosen Generaldirektor Wilhelm Cuno zum Reichskanzler. Dieser bildete eine Regierung aus überwiegend rechts stehenden „Fachleuten": Neben vier Parteilosen gehörten der Regierung Politiker des bürgerlichen „Blocks" an (Zentrum, BVP, DDP und DVP), ohne daß diese Parteien eine Koalitionsvereinbarung getroffen hatten. Vertreten waren unter anderem wiederum die Zentrumspolitiker Brauns im Arbeits- und Hermes im Finanzministerium sowie Geßler (DDP) als Wehrminister. Angewiesen war die bürgerliche Minderheitsregierung Cuno auf die Tolerierung bzw. Unterstützung durch Sozialdemokraten oder Deutschnationale.[383]

Regierungsbildung

Die Regierung Cuno hatte von ihrer Vorgängerin den in ein akutes Stadium tretenden Reparationsstreit übernommen. Die deutsche Note vom 14. November 1922 wurde von der französischen Regierung am 27. negativ beantwortet. In Paris herrschte die Überzeugung vor, daß die Regierung Cuno ebensowenig wie ihre Vorgängerin wirklich bereit war, die Reparationslasten zu erfüllen. Die Forderung nach „produktiven Pfändern" wurde nun immer lauter. Auch die Vorschläge, die die Reichsregierung zu den alliierten Reparationskonferenzen in London und Paris im Dezember 1922 und Januar 1923 ausarbeitete und die sich ganz auf der Linie der Note vom 14. November bewegten, fanden keine positive Reaktion der alliierten Seite.[384]

Am 26. Dezember stellte die Reparationskommission eine schuldhafte Verzögerung bei den Sachlieferungen fest[385]; am 9. Januar 1923 rügte die Reparationskommission eine Verfehlung Deutschlands bei den Kohlelieferungen.[386] Zwar waren beide Beschlüsse gegen die Stimme des britischen Vertreters erfolgt, doch besaß Frankreich nun eine formale Handhabe für eine Politik der „produktiven Pfänder". Am 11. Januar marschierten französische und belgische Truppen im Ruhrgebiet ein, um – so die offizielle Begründung – die für die Durchsetzung der Reparationsforderungen ins Ruhrgebiet entsandte Kontrollkommission (MICUM) zu schützen.[387]

Ruhrgebietsbesetzung

Der französische Entschluß, das Ruhrgebiet zu besetzen, war nicht nur eine Reaktion auf die Haltung Deutschlands in der Reparationsfrage, sondern entsprach vor allem dem französischen Sicherheitsbedürfnis gegenüber dem potentiell überlegenen Nachbarn im Osten: Sicherheit sollte langfristig durch eine entscheidende Schwächung Deutschlands erreicht werden, das heißt durch eine dauerhafte Kontrolle über das Rheinland. Zu dem anhaltenden Mißtrauen gegen Deutschland hatten verschiedene Faktoren entscheidend beigetragen. Frankreich war auf den Export lothringischen Eisenerzes nach Deutschland und auf den Import deutscher Kohle angewiesen. Der Boykott der lothringischen Erze durch die deutsche Schwerindustrie und die hinter den Erwartungen zurückbleibenden deutschen Kohlelieferungen wurden zu einem ernsthaften Problem für die französische Schwerindustrie.[388] Hinzu kam, daß der Vertrag von Rapallo in Frankreich den Verdacht geweckt hatte, es werde zu einer umfassenden deutsch-russischen Annäherung und damit zu einer Veränderung der gesamten Nachkriegsordnung kommen.

Passiver Widerstand

Bei ihrem Einmarsch in das Ruhrgebiet stießen französische und belgische Truppen auf eine nahezu geschlossene Abwehrfront. Der Reichstag nahm mit großer Mehrheit – allerdings beteiligten sich 49 meist linke Abgeordnete der SPD nicht an der Abstimmung – eine Protestresolution an. Die Regierung rief zum passiven Widerstand gegen alle Anordnungen und Maßnahmen der Besatzungsmacht auf. Die Beamten des Reiches und Preußens wurden angewiesen, den Anordnungen der Besatzungsmacht nicht zu folgen.[389] Auch die Sachlieferungen an Frankreich, insbesondere die von Kohle, wurden eingestellt, worauf die Reparationskommission im Januar den Londoner Zahlungsplan vom Mai 1921 wieder einsetzte und den deutschen Moratoriumsantrag vom 14. November endgültig ablehnte.[390]

Insbesondere in der ersten Phase des Ruhrwiderstandes schien es der Regierung zu gelingen, unter den maßgeblichen politischen Kräften einen an den Kriegsausbruch 1914 erinnernden „Burgfrieden" zu stiften. Getragen wurde der Widerstand vor allem von den Gewerkschaften, den Unternehmerverbänden und der Beamtenschaft, insbesondere den Angehörigen der Reichsbahn. Da die für das Ruhrgebiet zuständigen Landesbehörden der preußischen Regierung unterstanden, waren auch die Sozialdemokraten aktiv in die Organisation des Widerstandes eingebunden. Deutsche Behörden und Betriebe weigerten sich, Anordnungen der Besatzungsmacht auszuführen.

Rigorose Besatzungspolitik

Die Besatzungstruppen, die für das Ruhrgebiet den Belagerungszustand verhängt hatten, reagierten mit einschneidenden Maßnahmen, wie etwa der Ausweisung einer großen Zahl von Beamten aus dem besetzten Gebiet, Verboten von Kundgebungen und Streiks und der Einführung der Vorzensur. Urteile französischer Kriegsgerichte verliehen diesen Maßnahmen Nachdruck. Verschiedentlich gingen Besatzungstruppen mit Waffengewalt gegen Streikende und Demonstranten vor; so wurden etwa bei einem Zwischenfall in Essen Ende März 13 Krupp-Arbeiter getötet.

Im Februar und März wurde die besetzte Zone schrittweise über das Ruhrgebiet hinaus ausgedehnt. Außerdem wurden die nach den Bestimmungen des Versailler Vertrages besetzten linksrheinischen Gebiete nun ebenfalls als „produktives Pfand" betrachtet und auch hier Beschlagnahmen vorgenommen. Die Besatzungsmächte verfügten über nahezu unbegrenzte Möglichkeiten, den Druck auf die deutsche Bevölkerung und die Reichsregierung zu erhöhen: So wurde die Lieferung von Kohle aus dem besetzten Gebiet in das Reich untersagt, die Zollgrenze wurde an die Ostgrenze des besetzten Gebietes verlegt, es kam zu einer weitgehenden Einstellung des Güterverkehrs. Außerdem wurde ein Einreiseverbot für alle deutschen Regierungsmitglieder verhängt. Schließlich gingen die Besatzungsmächte zunehmend dazu über, die Stillegung deutscher Betriebe zu verfügen. Einen Höhepunkt erreichte die Krise im Mai, als etwa 300 000 Arbeiter im besetzten Gebiet für eine Erhöhung der Löhne streikten.

Für die Reichsregierung wurde der Ruhrwiderstand ein extrem kostspieliges Unternehmen: Die ausgewiesenen Angehörigen des öffentlichen Dienstes mußten unterstützt werden, die stillgelegten Betriebe erhielten Lohnzuschüsse, während gleichzeitig die Steuereinnahmen aus der industriellen Kernregion des Reiches ausfielen und Kohle für teure Devisen importiert werden mußte. Angesichts der unbeugsamen französischen Haltung erwies sich der passive Widerstand als untaugliches Mittel: Er verursachte ungeheure, auf Dauer nicht zu tragende Kosten, während es den Besatzungsmächten, die die Eisenbahnen in eigene Regie übernahmen und auf Halde liegende Kohle beschlagnahmten, gelang, Woche für Woche mehr Kohle aus dem Ruhrgebiet abzutransportieren.

Neben den passiven trat alsbald der aktive Widerstand, getragen vor allem von ehemaligen Freikorpsangehörigen. Diese verübten mit Unterstützung von Reichswehrdienststellen, in der Anfangsphase durch die Regierung toleriert, Sprengstoffanschläge und Sabotageakte. Einer dieser Aktivisten, Albert Leo Schlageter, ein NSDAP-Mitglied, wurde durch ein französisches Kriegsgericht wegen Spionage und Sabotage zum Tode verurteilt und Ende Mai erschossen: Er wurde zum Märtyrer des Widerstandes an der Ruhr.

Aktiver Widerstand

Diese Märtyrerrolle hob auch Karl Radek, der Deutschlandspezialist der Komintern, in einer im Juni in Moskau gehaltenen Rede hervor[391]; Schlageter wurde als ehrlicher Kämpfer und tragische Gestalt dargestellt. Radek entwickelte die Perspektive, den nationalrevolutionären Radikalismus in eine sozialrevolutionäre Bewegung umzuwandeln; der

"Nationalbolschewismus" erschien als eine mögliche Strategie, auf das neue Massenphänomen des Faschismus zu reagieren.

Deutsche Vorschläge zur Reparationsfrage

Um einen Ausweg aus der unhaltbar werdenden Situation zu finden, schlug die deutsche Regierung in einer Note vom 2. Mai eine Neuregelung der Reparationsfrage vor. Man erklärte sich zur Zahlung einer Gesamtsumme von 30 Milliarden Goldmark (bzw. in einer durch eine Sachverständigenkommission festzulegenden Höhe) bereit und bot als Garantie unter anderem an, dafür zu sorgen, daß „die gesamte deutsche Wirtschaft zur Sicherung des Anleihedienstes herangezogen wird". Voraussetzung für die Aufnahme von Verhandlungen sei allerdings die Räumung des Ruhrgebiets.[392] Der deutsche Vorschlag wurde von den Alliierten als vollkommen unbefriedigend zurückgewiesen; die französische Regierung forderte umgekehrt die Einstellung des passiven Widerstandes durch die deutsche Seite.[393]

Die Regierung Cuno versuchte nun, in Verhandlungen mit der Industrie ihren Garantievorschlag zu konkretisieren. Maßgebliche Wirtschaftsvertreter erklärten sich zu einer solchen Garantie bereit, erhoben allerdings – wie bei der „Kreditaktion" von 1921 – massive Gegenforderungen: Privatisierung der Reichsbetriebe, Abbau staatlicher Regulierungsmaßnahmen und eine „Steigerung der allgemeinen Arbeitsleistung", das hieß vor allem die Erhöhung der Arbeitszeit.[394] Diese Vorstellungen waren wiederum für SPD und Gewerkschaften unannehmbar.

In einem Memorandum an die alliierten Mächte vom 7. Juni präzisierte die deutsche Regierung noch einmal ihre Reparationsvorschläge, insbesondere (ungeachtet der innenpolitischen Meinungsunterschiede) die Frage der Garantien.[395] Auch dieser Vorschlag führte jedoch zu keinen konkreten Ergebnissen, da die französische Seite auf einer Aufgabe des passiven Widerstandes bestand, wozu man im Frühsommer 1923 noch keinesfalls bereit war.

Während der Ruhrbesetzung machten sich in verschiedenen Teilen des Reiches Kräfte bemerkbar, die in unterschiedlicher Weise die Position der Reichsregierung unterminierten bzw. die Reichseinheit gefährdeten.

Separatismus

1. Die französische Besatzungsmacht begann erneut, wie bereits 1918/19, separatistische Bestrebungen in den besetzten Rheinlanden zu fördern. Ziel dieser Bewegung war die Bildung eines an Frankreich angelehnten „Pufferstaates". Da die deutschen Behörden durch die Besatzungsorgane daran gehindert wurden, gegen diese Bestrebungen vorzugehen, bildeten sich „aktivistische" Gruppen, die Anschläge auf Personen und Einrichungen der separatistischen Bewegung verübten.[396]

2. Der offiziell ausgegebenen Parole von der „Einheitsfront" gegen die Ruhrbesetzung widersetzte sich vor allem ein Politiker auf der äußersten Rechten: Adolf Hitler nutzte die politische Krise, um die Agitation

seiner Partei nicht gegen die Franzosen, sondern gegen die seiner Auffassung nach an der Schwäche des Reiches eigentlich schuldigen „Novemberverbrecher" zu konzentrieren. Der für Ende Januar 1923 in München anberaumte Parteitag war eine gute Gelegenheit, die Stärke der NSDAP durch eine Serie von Massenveranstaltungen und Aufmärschen zu demonstrieren.[397]

Stärkung der NSDAP

Anfang Februar 1923 bildeten verschiedene radikal-völkische Kräfte in Bayern gemeinsam mit der nationalsozialistischen SA einen eigenständigen Dachverband, die „Arbeitsgemeinschaft der Vaterländischen Kampfverbände". Durch die Eingliederung in diese Arbeitsgemeinschaft wurde die SA – nun unter Leitung von Hermann Göring, einem hochdekorierten Jagdflieger – in die verdeckten Mobilmachungsvorbereitungen der Reichswehr einbezogen und erhielt damit zunehmend den Charakter eines Wehrverbandes. Die Arbeitsgemeinschaft trat äußerst provokativ auf: Sie entfaltete einen regen Manöverbetrieb, der vor allem der Machtdemonstration gegenüber der Regierung diente. Ihren Höhepunkt erreichten diese Aktivitäten in der Nacht zum 1. Mai, als die Arbeitsgemeinschaft in München einige tausend Bewaffnete zusammenzog und so – allerdings erfolglos – versuchte, die geplante Großdemonstration von SPD und Gewerkschaften zu verhindern.

3. In Sachsen kam es nach Verhandlungen zwischen SPD und KPD im März zur Bildung einer rein sozialdemokratischen, aber von den Kommunisten unterstützten Regierung unter Ministerpräsident Erich Zeigner. Beide Parteien hatten unter anderem vereinbart, „Proletarische Hundertschaften" als „Abwehrorganisationen" gegen rechtsradikale Umsturzversuche aufzustellen; in Preußen verbot der sozialdemokratische Innenminister zur gleichen Zeit diese durchaus militanten Organisationen. In Sachsen hatte die KPD mit ihrer Einheitsfronttaktik erstmals einen wichtigen Erfolg errungen. Als Teil der revolutionären Strategie der KPD konnte das Zusammengehen mit der SPD jedoch lediglich ein Zwischenschritt sein. Radikalisierung der gesamten Arbeiterschaft und Herbeiführung einer revolutionären Situation waren die nächsten Ziele der Kommunisten – und dafür bot die Krisensituation des Jahres 1923 ausgezeichnete Voraussetzungen.[398]

Linksregierung in Sachsen

Im Sommer 1923 war die Situation an der Ruhr für die Regierung unhaltbar geworden. Die ungeheuren Ausgaben für den passiven Widerstand und die durch ihn hervorgerufenen Einnahmeverluste führten zu einer enormen Beschleunigung der Inflation. Bereits im Sommer und Herbst 1922, also noch vor der Ruhrbesetzung, hatte die Geldentwertung ein Ausmaß erreicht, das die Bezeichnung Hyperinflation rechtfertigte.[399] Der Dollarkurs, der in den Monaten März bis Juni 1922 mit etwa 300 RM relativ stabil geblieben war, war nach der Ermordung Rathenaus im Juni ins Bodenlose gefallen; zum Zeitpunkt der Ruhrbesetzung lag er bei etwa 10 000 Reichsmark.[400] Mit dem Übergang zur

Hyperinflation

Hyperinflation kam die Inflationskonjunktur zum Stillstand; auch aus der Sicht der Industrie begann die Geldentwertung nun kontraproduktiv zu wirken.

Unter dem Eindruck der hohen Kosten des Ruhrwiderstandes fiel der Dollarkurs bis Ende Januar auf 49 000 RM und konnte durch eine Stützungsaktion der Reichsbank ab Mitte Februar für etwa zwei Monate auf etwa 20 000 RM gehalten werden; nachdem diese Aktion aus Devisenmangel beendet werden mußte, fiel der Kurs auf etwa 150 000 RM Mitte Juni. Der Banknotenumlauf erhöhte sich von 2 Billonen RM Ende Januar auf 3,5 Billonen Ende Februar, auf 5,5 Billonen im März und 12 Billonen Mitte Juni.

Kollaps der Wirtschaft

Im Sommer 1923 begann die Wirtschaft zu kollabieren. Der Einzelhandel ging dazu über, Waren zu horten und die Läden nur noch stundenweise zu öffnen. Es kam zu Hungerdemonstrationen, massenhaften „Hamstereien" und Plünderungen. Die Regierung konzentrierte sich vor allem auf eine Bekämpfung der Krisensymptome und wandte sich insbesondere gegen Alkoholmißbrauch, Wucher, „Schlemmerei" und andere Zurschaustellung von Luxus – deutliche Hinweise auf die Verzweiflung und die sich immer mehr steigernden Haßgefühle in der Bevölkerung auf Besserverdienende und „Inflationsgewinnler".[401] Der durch die rapide Geldentwertung hervorgerufene Vertrauensverlust in die bestehende Ordnung ging weit über politische Desorientierung hinaus: Der große Zulauf, den in der Hyperinflation Propheten, Weltuntergangsverkünder und allerlei Erlösergestalten (die sogenannen „Inflationsheiligen") hatten, verdeutlicht den tiefgreifenden Sinnverlust, den viele in der Krise erfuhren, aber auch das große Bedürfnis nach einer neuen politisch-religiösen Weltdeutung – die hochgradig ideologisierte Schwarz-Weiß-Propaganda der NSDAP kam solchen Wünschen in einem hohen Umfang entgegen.[402]

Rücktritt Cuno

Im August war die Situation für die Regierung Cuno unhaltbar geworden. Angesichts einer um sich greifenden Streikbewegung kündigte die SPD-Fraktion Cuno die bisherige Tolerierungspolitik auf und signalisierte ihre Bereitschaft zum Eintritt in die Regierung. Dies führte zum Rücktritt Cunos am 13. August 1923.

Regierung Stresemann: Wege aus der Krise

Bildung einer Großen Koalition

Cunos Nachfolger Stresemann, der auch das Außenministerium übernahm, bildete eine Große Koalition unter Einschluß der DVP. Vizekanzler und Wiederaufbauminister wurde Robert Schmidt (SPD), Justizminister Radbruch (SPD), Finanzminister der dem linken SPD-Flügel angehörende Hilferding; der parteilose, der DVP nahestehende ehe-

malige Oberbürgermeister von Essen, Hans Luther, blieb Ernährungsminister, v. Raumer (DVP) wurde Wirtschaftsminister, und – wie immer
– gehörten Geßler (DDP) als Wehrminister und Brauns (Zentrum) als
Arbeitsminister der Regierung an.[403]

Stresemann stand vor einem unentwirrbar scheinenden Problemknäuel: Beendigung des nicht mehr finanzierbaren Ruhrkampfes; Ablösung der französischen Besetzung durch ein Arrangement über die
Reparationen (das auch deswegen unumgänglich war, da nur die
Klärung der Reparationsfrage den Zugang zu Auslandskrediten ermöglichte); die Reparationsfrage ließ sich aber nur durch eine Stabilisierung
der Währung klären; mit dem Ende der inflationären Illusion mußte
aber der sozialpolitische Verteilungskampf aufbrechen, und zwar in erster Linie im Hinblick auf die Arbeitszeit; und während alle diese Probleme zu lösen waren, mußten gleichzeitig die radikalen politischen
Bewegungen im Rheinland, in Mitteldeutschland und in Bayern abge-
wehrt werden. Innerhalb von nur drei Monaten sollte es Stresemann
gelingen, diese Probleme zu lösen:

1. Als erstes schlug Stresemann in Besprechungen mit Vertretern der **Abbruch des**
wichtigsten Parteien sowie der Wirtschaftsverbände und Beamtenorga- **Ruhrwider-**
nisationen des besetzten Gebietes am 24. September die Aufgabe des **stands**
passiven Widerstandes vor. Als ausschlaggebend nannte der Kanzler
den durch die Unterstützung des Widerstandes eingetretenen völligen
Verfall der deutschen Währung sowie die Tatsache, daß der Widerstand
selbst nachlasse und er außenpolitisch keinen Erfolg mehr verspre-
che.[404] Die Vertreter von Parteien und Verbänden stimmten dieser Ansicht (mit Ausnahme des DNVP-Abgesandten) einmütig zu. Am nächsten Tag versicherte sich Stresemann auch der Zustimmung der Ministerpräsidenten und der Parteiführer.[405]

Am 26. September forderten Reichspräsident und Reichsregierung in
einem Aufruf an das deutsche Volk zum Abbruch des passiven Widerstandes auf.[406] Am gleichen Tag erließ der Reichspräsident eine Notverordnung aufgrund Art. 48 der Reichsverfassung, mit der er die vollziehende Gewalt auf den Reichswehrminister übertrug.[407]

2. Die Geldentwertung nahm unter der Regierung Stresemann wahrhaft **Einleitung der**
astronomische Formen an: Am 1. August hatte der Dollarkurs bei 1,1 **Währungs-**
Millionen Reichsmark gestanden, Ende des Monats bei 10 Millionen, **stabilisierung**
Ende September war er bereits auf 160 Millionen gestiegen, am 9. Oktober überstieg er die Milliarden-, am 15. November die Billionengren-
ze.[408] Der erste entscheidende Schritt zur Währungsstabilisierung bestand in der Errichtung einer Deutschen Rentenbank (durch Verordnung[409] vom 15. Oktober 1923), deren Kapital durch eine Belastung aller landwirtschaftlich und gewerblich genutzten Grundstücke mit einer
Grundschuld in der Gesamthöhe von 3,2 Milliarden gebildet wurde.
Dieses Kapital diente als Deckung für die von der Reichsbank einen

137

Monat später auszugebenden Rentenbankscheine, die „Rentenmark". Reichsbank und Reichsfinanzministerium legten für die neue provisorische Rechnungseinheit den Kurs von 1 Billion Papiermark fest.

Wiederaufnahme der Reparationsverhandlungen

3. Durch die Einleitung der Währungsstabilisierung war auf deutscher Seite die Grundlage für eine Wiederaufnahme der Reparationsverhandlungen gelegt, die sich als einzig gangbarer Weg anbot, um die französische Ruhrbesetzung abzulösen. Am 15. Oktober beschloß das Kabinett, an die Reparationskommission heranzutreten, die Zahlungsunfähigkeit zu erklären und sie zu bitten, die finanzielle Leistungsfähigkeit Deutschlands zu überprüfen.[410] Die Regierung ging bei diesem Schritt von der zutreffenden Überlegung aus, daß die amerikanische und die britische Regierung an der Stabilisierung Deutschlands und der Wiederherstellung seiner wirtschaftlichen Leistungsfähigkeit (und das hieß auch: eines einheitlichen Wirtschaftsraums) interessiert sein müßten und entsprechenden Druck auf die französische Regierung ausüben würden.

Unter britischem und amerikanischem Druck stimmte die französische Regierung – die Aussicht, das Problem der französischen Schulden gegenüber den USA lösen zu können, spielte dabei eine entscheidende Rolle – diesem Vorschlag zu, und die Reparationskommission beschloß im November die Einsetzung zweier Expertenkommissionen unter Beteiligung amerikanischer Sachverständiger, die die deutsche Leistungsfähigkeit überprüfen bzw. die Frage des deutschen Auslandsvermögens untersuchen sollten.

Arbeitszeitverlängerung

4. Die sozialpolitischen Kosten der Stabilisierung – ausgetragen als Auseinandersetzung um die Erhöhung der Arbeitszeit – sollten im Herbst 1923 zum beherrschenden innenpolitischen Thema der Regierung Stresemann werden.

Die Arbeitgeber hatten sich seit Herbst 1922 um Verlängerung der Arbeitszeit[411], also um die Revision der wichtigsten sozialpolitischen Errungenschaft der Novemberrevolution, bemüht; das sozialpolitische Rollback war für sie Voraussetzung für die Währungsstabilisierung.

Die Arbeitszeitverlängerung wurde von den bürgerlichen Regierungsvertretern, namentlich von Reichsarbeitsminister Brauns (Zentrum) und dem Wirtschaftsminister v. Raumer (DVP), unterstützt.[412] Letzterer brachte in einer Kabinettssitzung sein sozialpolitisches Credo auf die bemerkenswert klare Formel: „Furcht vor Entlassungen erhöhe den Trieb zur Arbeit."[413] Auch die sozialdemokratischen Kabinettsmitglieder waren bereit, eine Arbeitszeitverlängerung hinzunehmen, ohne sie jedoch nach außen verantworten zu wollen. „Man sollte", so faßte der Vizekanzler Schmidt den sozialdemokratischen Kurs zusammen, „gerade in dieser Frage handeln, ohne viel zu reden."[414] Die Sozialdemokraten hatten auch keine Einwände gegen den Vorschlag des Reichskanzlers, die Arbeitszeitfrage mit Hilfe eines Ermächtigungsgesetzes zu regeln,

durch das insgesamt, wie Stresemann am 1. Oktober formulierte, „die
für die Erhaltung der Wirtschaft notwendigen Maßnahmen auf finanz-
politischem, sozialpolitischem und wirtschaftspolitischem Gebiete getroffen werden sollten".[415]
Bereits am Tag zuvor, am 30. September, hatten die Zechenbesitzer des
Ruhrgebietes den Beschluß gefaßt, die Arbeitszeit im Bergbau entgegen den gesetzlichen Bestimmungen eigenmächtig ab 8. Oktober wieder auf den Stand der Vorkriegszeit zu verlängern.[416]
Dieser letztlich erfolglose Vorstoß der Bergwerksbesitzer korrespon-
dierte mit einer Kampagne des rechten Flügels der DVP und der Hugenberg-Presse[417], nun, nach dem Abschluß der Währungsstabilisierung, die SPD aus der Regierung herauszudrängen.[418] Der Fraktionsvorsitzende der DVP, Scholz, erhob am 2. Oktober in einer Besprechung der Führer der Regierungsparteien die Forderung nach
personellen Umbesetzungen im Kabinett und nach Aufnahme der
DNVP in die Regierung – offensichtlich für die Sozialdemokraten un-
annehmbare Forderungen, die ihren Austritt aus der Regierung provo-
zieren und damit den politischen Widerstand gegen die Arbeitszeiterh-
höhung beseitigen sollten. Diese Versuche zur Beendigung der Koalition mit den Sozialdemokraten ergänzten sich mit Plänen Stinnes' vom
Ende September, ein diktatorisches „Direktorium" zu errichten, für das **Direktoriums-**
die Namen v. Seeckt, Minoux (Generaldirektor im Stinnes-Konzern) so- **pläne**
wie Otto Wiedfeldt (ehemaliges Mitglied der Krupp-Direktion und jetzt
Botschafter in Washington) genannt wurden. V. Seeckt, der auch von
deutschnationaler Seite gedrängt wurde, die Macht zu übernehmen,
entwarf außerdem im September ein Regierungsprogramm, in dem
vorgesehen war, Gewerkschaften und Tarifverträge abzuschaffen.[419]
Anfang November sollte der Versuch zur Errichtung eines Direktoriums
noch einmal aufgenommen werden.
Die sozialdemokratischen Vertreter in der Regierung hatten zunächst
keine grundsätzlichen Einwände gegen eine Erhöhung der Arbeitszeit;
sie mußten sich jedoch einem Beschluß der SPD-Fraktion beugen, die
sich gegen eine Regelung von Arbeitszeit und sozialpolitischen Fragen
in dem vorgesehenen Ermächtigungsgesetz wandte. Die SPD, so Vizekanzler Robert Schmidt, „könne die Arbeiterschaft nicht verprellen";
der Achtstundentag sei „das einzige, was der Arbeiterschaft noch geblieben sei". Die SPD schlug statt dessen vor, die Arbeitszeitfrage in einem besonderen Arbeitszeitgesetz zu regeln. Da die DVP auf der Regelung der Arbeitszeit und der sozialpolitischen Fragen durch das Ermächtigungsgesetz bestand, blieb Reichskanzler Stresemann nichts anderes übrig, als die Demission des Kabinetts zu erklären.[420]
Da jedoch in den folgenden Tagen die vom rechten DVP-Flügel avi-
sierte Aufnahme der DNVP in die Regierung nicht zustande kam, wurde bereits am 6. Oktober eine neue Große Koalition, abermals unter

Regierungs-umbildung

Stresemann, gebildet, wobei eine Reihe wichtiger Kabinettsposten neu besetzt wurde. Das Finanzministerium erhielt statt des prononciert linken Hilferding der rechtsstehende Luther; ferner traten Koeth als Wirtschaftsminister und der der DNVP nahestehende Graf Kanitz als Ernährungsminister ein.

Koeth, der während seiner Zeit als Leiter des Demobilmachungsamtes der möglichst umfassenden und sofortigen Beschäftigung der ehemaligen Soldaten und Rüstungsarbeiter oberste Priorität eingeräumt hatte, vertrat nun eine andere Ansicht: „Es müsse der Industrie ermöglicht werden, unproduktive Elemente hinauszubringen. Die Betriebe könnten nicht mehr Stätten der sozialen Fürsorge sein, sie müßten wieder wahre Produktionsstätten werden."[421]

Ermächti-gungsgesetz

Die Regierung klammerte nun die Arbeitszeitfrage aus dem Ermächtigungsgesetz aus, das vom Reichstag am 13. Oktober 1923 beschlossen wurde.[422] Man einigte sich mit den Sozialdemokraten darauf, ein Arbeitszeitgesetz zu verabschieden, das vom Grundsatz des Achtstundentages ausgehen, aber tarifliche und gesetzliche Ausnahmeregelungen zulassen sollte.[423] Durch das Ausscheiden der SPD aus dem Kabinett Stresemann Anfang November kam dieses Vorhaben jedoch zunächst nicht zustande.

Mittlerweile wurden die Auseinandersetzungen um die sozialpolitischen Kosten der Stabilisierung überlagert durch aktuelle Gefahren: Das Reich drohte in einem Bürgerkrieg zu versinken.

Herbst 1923: Aufstandsbewegungen, Putschversuche, Diktaturpläne

Ende des Separatismus

1. Nach dem Abbruch des passiven Widerstandes rief die separatistische Bewegung am 21. Oktober 1923 in Aachen eine Rheinische Republik aus und bildete eine provisorische Regierung. In verschiedenen rheinischen Städten übernahmen die Separatisten gewaltsam die Macht. Es folgten Proklamationen der „Pfälzischen Republik" sowie der „Republik Birkenfeld". Gegen die Separatisten bildete sich sehr schnell eine breite Widerstandsfront in der Bevölkerung, es kam zu regelrechten Schlachten zwischen bewaffneten Anhängern beider Seiten. Ende November war der Separatismus im wesentlichen besiegt.[424]

Buchrucker-Putsch

2. Die Aufgabe des Ruhrwiderstandes löste unmittelbar einen Putschversuch von rechtsradikaler Seite aus: Am 1. Oktober 1923 versuchte der Major a. D. Bruno Ernst Buchrucker, der im Wehrkreis III für die geheimen Ersatzformationen der Reichswehr („Arbeitskommandos") zuständig war, mit den ihm unterstellten, während der Ruhrkrise mobilisierten Einheiten die Festung Küstrin im Handstreich zu nehmen, um

eine Initialzündung für einen Staatsstreich zu erreichen. Während sein Unternehmen bereits im Ansatz am Widerstand der Festungsgarnison scheiterte, führte eine parallele Aktion zum Erfolg: Kurzfristig gelang es Meuterern, die Festung Spandau einzunehmen.[425]

3. In Bayern[426] war die politische Rechte, durch die Bildung linker Regierungen in Mitteldeutschland und durch den Eintritt von Sozialdemokraten in die Reichsregierung ohnehin alarmiert, durch die Aufgabe des Ruhrwiderstandes in äußerste Erregung geraten. Hitler nutzte diese Situation und übernahm am 25. September die politische Führung des „Deutschen Kampfbundes", eines Zusammenschlusses seiner SA mit anderen rechtsradikalen Verbänden, der sich erst Anfang September unter maßgeblichem Einfluß Ludendorffs gebildet hatte.

Konflikt Bayern – Reich

Aufgeschreckt durch diesen Schritt und die gesteigerten Aktivitäten Hitlers, war nun die bayerische Regierung mehr denn je entschlossen, sich den Nationalsozialisten entgegenzustellen: Sie verhängte einen Ausnahmezustand und ernannte den eigentlichen „starken Mann" in Bayern, v. Kahr, zum „Generalstaatskommissar", also zu einer Art Landesdiktator.

Aufgrund dieser Maßnahmen brach erneut ein heftiger Konflikt mit dem Reich aus. Die Reichsregierung hatte sogleich auf den bayerischen Ausnahmezustand mit der Verhängung eines eigenen, reichsweiten Ausnahmezustandes reagiert. Die hieraus entstehenden Kompetenzprobleme spitzten sich nun immer mehr auf die Stellung des Reichswehrbefehlshabers in Bayern, v. Lossow, zu, der von beiden Seiten in Anspruch genommen wurde. Als v. Lossow schließlich den Weisungen aus Berlin nicht nachkam und von der dortigen Reichswehrführung entlassen wurde, setzte ihn die bayerische Regierung wieder ein und unterstellte sich gleichzeitig die in Bayern stationierten Reichswehrkräfte.

Seit Ende September hatten bayerische Regierung, Reichswehrkommando und Verbände damit begonnen, in Nordbayern einen „Grenzschutz" gegenüber dem „linken" Thüringen aufzubauen. Organisator des Grenzschutzes, der eine immer offensivere Prägung erhielt, wurde der vom Reich per Haftbefehl gesuchte Kapitän Ehrhardt, der zu diesem Zweck freies Geleit in Bayern erhielt. In diese Aufmarschpläne waren auch Deutscher Kampfbund und SA einbezogen, deren Mitglieder auch durch die Reichswehr militärisch ausgebildet wurden.

4. Während des ganzen Sommers hatte sich der Konflikt zwischen Reichsregierung und sächsischer Landesregierung verschärft.[427] Immer heftiger griff Ministerpräsident Zeigner öffentlich die Zusammenarbeit der Reichswehr mit den Rechtsradikalen und die Politik der Regierung in der Ruhrkrise an.

Konflikt Sachsen/ Thüringen – Reich

Vor allem aber wurde immer deutlicher, daß die KPD versuchte, sich in Sachsen und Thüringen (wo Koalitionsverhandlungen mit der sozial-

141

demokratischen Minderheitsregierung stattfanden) eine revolutionäre Plattform zu schaffen. Seit August 1923 begann die russische KP-Führung – durch die zunehmende Streikwelle gegen die Cuno-Regierung von einer revolutionären Chance überzeugt – damit, die deutsche KPD auf einen Umsturz festzulegen.[428] Der Eintritt von Vertretern der KPD in die sächsische Regierung am 10. Oktober sowie in die thüringische am 16. Oktober waren wichtige Schritte bei der Durchsetzung dieser Politik.

Der Konflikt mit der Reichsgewalt verschärfte sich nach der Neubildung der Regierung sogleich, als der sächsische Wehrkreisbefehlshaber – nach der Verhängung des Ausnahmezustandes Inhaber der vollziehenden Gewalt – am 13. Oktober die Auflösung der Proletarischen Hundertschaften verfügte. Als Ministerpräsident Zeigner sich weigerte, dieser Anordnung nachzukommen, beschloß die Reichsregierung am 27. Oktober die Reichsexekution gegen Sachsen, nachdem bereits seit dem 22. Oktober Truppen in die größten Städte eingerückt waren, was zum Teil blutige Auseinandersetzungen nach sich gezogen hatte. Ende Oktober setzte das Reich in Sachsen einen Reichskommisssar ein, der die Bildung einer Regierung ohne kommunistische Beteiligung verlangte; es wurde eine sozialdemokratische Minderheitsregierung gebildet.

Durch die Reichsexekution in Sachsen erhöhten sich die Spannungen mit der linken thüringischen Regierung. Wie in Sachsen verfügte die Reichswehr die Auflösung der Proletarischen Hundertschaften und ließ – um dieser Forderung Nachdruck zu verleihen und gleichzeitig ein Gegengewicht gegen den bayerischen Grenzaufmarsch zu bilden – am 6. November Truppen in Thüringen einmarschieren. Da die Reichsregierung entschlossen war, auch gegen Thüringen eine Reichsexekution durchzusetzen, löste sich die KPD/SPD-Regierung Mitte November auf.

5. Der Plan der KPD, die Krise von 1923 für eine revolutionäre Politik auszunutzen, war damit endgültig fehlgeschlagen. Bereits am 21. Oktober hatte die KP-Zentrale ihrerseits alle Vorbereitungen für eine Revolution abgebrochen, nachdem klar geworden war, daß die Masse der Arbeiterschaft zu einem Generalstreik nicht bereit war. Nur die Hamburger KP-Führung hatte – durch ein Mißverständnis oder in bewußter Opposition zur Zentrale – das Signal zum Aufstand gegeben, wobei die Verlegung der im Raum Hamburg stationierten Reichswehrtruppen nach Mitteldeutschland und Streiks auf den Werften günstige Voraussetzungen für einen Aufstand zu bieten schienen. Am 23. Oktober stürmten bewaffnete Aufständische eine Reihe von Polizeiwachen, mußten jedoch nach kurzer Zeit überlegenen Polizeikräften weichen. Die massenhafte Unterstützung der Arbeiterschaft war ausgeblieben, die Hamburger Aktion blieb vollkommen isoliert. Von einem „zweiten Oktober" war die KPD weit entfernt.[429]

Hamburger Aufstand der KPD

6. Die Tatsache, daß die Regierung Stresemann gegen die linke sächsische Regierung weit rigoroser vorgegangen war als gegen die rechte bayerische, führte zur Kabinettskrise und zum Austritt der Sozialdemokraten aus der Regierung am 2. November. Die Regierung Stresemann trat am 23. November zurück; bis zum 30. November blieb sie noch geschäftsführend im Amt.[430]

Austritt der SPD aus der Regierung

In dieser Situation griff v. Seeckt Anfang November – diesmal in Absprache mit Ebert – die Pläne zur Errichtung eines Direktoriums wieder auf.[431] Als Leiter eines solchen provisorischen, außerhalb der Verfassung stehenden und mit Ausnahmevollmachten versehenen Notstands-Regimes versuchte er wiederum den ehemaligen Krupp-Direktor und deutschen Botschafter in Washington, Wiedfeldt, zu gewinnen. Offensichtlich verfolgte v. Seeckt, der in einem Brief an v. Kahr am 5. November die gemeinsamen politischen Überzeugungen hervorhob, mit diesen Plänen die Absicht, eine verdeckte Militärdiktatur zu etablieren.[432]

Direktoriums-pläne

7. Die nach dem Einmarsch der Reichswehrtruppen in Mitteldeutschland fortfallende kommunistische „Bedrohung", die eingeleitete Währungsstabilisierung sowie die offenbar bevorstehende Errichtung eines Direktoriums stärkten wiederum die Position v. Kahrs gegenüber seinen rechtsradikalen Widersachern. V. Kahr unternahm den Versuch, die hinter ihm stehenden rechtskonservativen Gruppierungen mit der rechtsradikalen Opposition zu einem gemeinsamen Vorgehen zusammenzubinden.

Auf einer Besprechung am 6. November erklärte v. Kahr, daß es für die Errichtung einer „nationalen Diktatur" zwei Wege gebe, den „normalen", nichtparlamentarischen (also die Einsetzung eines Direktoriums, unter einer – verfassungsrechtlich äußerst zweifelhaften – Berufung auf Artikel 48) oder den „anormalen", das hieß die Übernahme der Macht durch die Reichswehr, ohne formalen Bezug zur Verfassung.

Für Hitler waren diese Vorstellungen v. Kahrs gleichbedeutend mit dem Verzicht auf eine eigenständige politische Rolle; NSDAP und die in die Aufmarschpläne der Militärs bereits eingebundene SA wären nach den Vorstellungen v. Kahrs wie die übrigen rechtsradikalen Verbände auch in eine Einheitsfront der gesamten politischen Rechten unter Führung der Reichswehr-Generalität einbezogen worden. Hitler entschloß sich daher, durch eine überraschende Aktion v. Kahr und seine Anhäger zu überrumpeln, in München die Führung zu übernehmen und sich an die Spitze einer Aufstandsbewegung gegen Berlin zu setzen.[433]

Hitler-Putsch

Die Gelegenheit hierzu bot sich am Abend des 8. November an: Das „Triumvirat" v. Kahr, v. Lossow und v. Seißer (letzterer war Kommandeur der Landespolizei) hatte zu einer Kundgebung im Bürgerbräukeller aufgerufen. Hitler ließ das Versammlungslokal umstellen, sprengte die Veranstaltung und zwang v. Lossow, v. Kahr und v. Seißer, sich auf

143

seine Linie festzulegen; die wichtigsten Positionen für diktatorische Regime in Bayern und im Reich wurden bereits in der Nacht verteilt. Schon wenige Stunden später aber sagten sich die drei starken Männer von dieser erpreßten Zusage wieder los und begannen, Gegenmaßnahmen einzuleiten. Als sich die Putschisten am nächsten Morgen völlig isoliert einer Übermacht aus Reichswehr und Polizei gegenübersahen, versuchten sie, mit einem Marsch in die Innenstadt noch einmal die eigene Stärke zu demonstrieren, so Unterstützung bei der Bevölkerung zu finden und das Blatt vielleicht noch einmal wenden zu können. Die Aktion wurde durch die Landespolizei an der Feldherrnhalle gewaltsam abgebrochen: Fünfzehn Putschisten, vier Polizisten und ein Unbeteiligter kamen ums Leben.

Beginn der Stabilisierung Mit dem gescheiterten Hitler-Putsch (oder genauer gesagt, dem eigenmächtigen Versuch Hitlers, der Errichtung einer Diktatur unter rechtskonservativer Führung zuvorzukommen) war auch das letzte Unruhezentrum des Herbst 1923 beseitigt, die Pläne zur Errichtung eines Direktoriums wurden fallengelassen. Die Republik befand sich nun auf dem Weg in die innenpolitische Stabilisierung, nachdem die ersten Schritte zur außen-, finanz-, wirtschafts- und sozialpolitischen Stabilisierung eingeleitet worden waren. Die bewegte Nachkriegszeit der Republik war damit zu Ende: Die Staatsmacht war soweit gefestigt, daß die innenpolitischen Gegner der Republik ihre Putsch- und Revolutionspläne aufgaben und sich darauf verlegten, durch eine Kombination von parlamentarischer und außerparlamentarischer Strategie zu versuchen, die Macht zu erobern.

Die relativ glatte Lösung der äußerst verwickelten, mehrschichtigen Krisensituation von 1923 durch die Große Koalition unter Stresemann ist wohl das stärkste Argument gegen die These, die Weimarer Republik sei von Anfang an zum Scheitern verurteilt gewesen.

1924–1929

I. Im Zeichen der Stabilisierung: Von Stresemann zu Marx

Mit dem fehlgeschlagenen Putsch vom 9. November 1923 und der Durchführung der Währungsreform nach dem 15. November hatte die Krise in Deutschland ihren Höhepunkt überschritten. In den folgenden Monaten begann sich die Politik der Stabilisierung auszuwirken. Die Stabilisierung, eingeleitet von der Regierung Stresemann, fortgeführt von der Ende November gebildeten Regierung Marx, beinhaltete im wesentlichen zwei große Sachkomplexe: Im Inneren drastische Einsparungsmaßnahmen, ein breit angelegtes sozialpolitisches Rollback zu Lasten der Arbeitnehmer, die weitgehende Abwehr der Entschädigungsforderungen der von der Inflation Getroffenen sowie die Rekonsolidierung der Lage in den Zentren der Krise des Jahres 1923; außenpolitisch bedeutete sie die Anerkennung der Reparationsverpflichtung, wodurch die Basis für die Wiedereinbeziehung Deutschlands in die internationale Ordnung und seine Rückkehr auf den Weltmarkt gelegt, aber auch die verhängnisvolle Abhängigkeit von amerikanischen Krediten begründet wurde. Die „Stabilisierung" führte also nur scheinbar zu stabilen Verhältnissen.

Stabilisierung

Sozial- und innenpolitische Konsequenzen der Stabilisierung

Die sozialpolitischen Stabilisierungsmaßnahmen führten zu außerordentlich schwerwiegenden Eingriffen des Staates zu Lasten von Arbeitnehmern und großen Teilen des Mittelstandes. Diese Maßnahmen betrafen zunächst vor allem die Neuregelung der Arbeitszeit und des Tarifvertragswesens. Die bürgerlichen Regierungen Stresemann und Marx unterstützten die Bemühungen der Arbeitgeber, die Arbeitszeit über den Achtstundentag hinaus zu verlängern. Seit den Auseinandersetzungen um die Arbeitszeitfrage im Oktober hatten sich die Interven-

Verlängerung der Arbeitszeit

tionsmöglichkeiten der Regierung gegenüber den Tarifparteien entscheidend verbessert; fast unbemerkt von der Öffentlichkeit war es der Regierung Stresemann gelungen, einen folgenschweren Umbau der Weimarer Sozialordnung zu vollziehen.[1]

Da das Projekt eines neuen Arbeitszeitgesetzes durch das Ausscheiden der SPD aus der Regierung Stresemann Anfang November zunächst nicht zustande gekommen war, bestand die letzte gesetzliche Barriere gegen die Verlängerung der Arbeitszeit über acht Stunden hinaus in der immer wieder (zuletzt im Oktober) verlängerten Demobilmachungsverordnung, die allerdings am 17. November auslief; danach galt automatisch, soweit dies nicht tariflich anders geregelt wurde, die Vorkriegsarbeitszeit.

Um eine Verlängerung der Arbeitszeit zu erreichen, mußte also die Regierung Stresemann im November 1923 in dieser Frage nichts weiter tun, als sich untätig zu verhalten: Sie ließ den 17. November 1923 verstreichen, ohne die Demobilmachungsverordnung wieder zu verlängern, und sie unternahm keine neue Initiative für ein Arbeitszeitgesetz: Für eine parlamentarische Verabschiedung fehlte ihr eine Mehrheit; das bestehende Ermächtigungsgesetz schloß ausdrücklich Arbeitszeitfragen aus; und die verbleibende Möglichkeit, die Arbeitszeitfrage mit Hilfe einer präsidialen Notverordnung zu regeln, wurde zwar besprochen, aber nicht umgesetzt.[2] Die Entwicklung in der Arbeitszeitfrage ohne gesetzliche Regelung einfach „laufen zu lassen", wurde denn auch von Finanzminister Luther und Innenminister Jarres ausdrücklich befürwortet.[3]

Der Ende 1923 durch die Inaktivität der Regierung eintretende gesetzlose Zustand in der Arbeitszeitfrage wurde von der Unternehmerseite sogleich ausgenutzt, um die Gewerkschaften, die sich angesichts der tiefen wirtschaftlichen Krise und ihrer durch die Inflation geleerten Streikkassen in einer prekären Situation befanden, zu erheblichen Zugeständnissen zu zwingen. So teilten die Vertreter des Zechenverbandes den Führern der Bergarbeiterorganisationen am 13. November mit, man gedenke, zur Vorkriegsarbeitszeit zurückzukehren; im Weigerungsfall werde man die Zechen am 30. November schließen und die Arbeiterschaft entlassen.[4] Die Bergarbeiterverbände sahen sich gezwungen, dem Druck der Arbeitgeber nachzugeben, und stimmten in der entscheidenden Sitzung, die unter Leitung des Reichsarbeitsministers Brauns am 28./29. November stattfand, einer Verlängerung der Arbeitszeit untertage von 7 auf 8 Stunden zu.[5]

Auch in der Eisen- und Stahlindustrie übten die Arbeitgeber erheblichen Druck aus und drohten damit die Betriebe stillzulegen bzw. die Produktion in den während der Besatzungszeit geschlossenen Werken nicht wieder aufzunehmen. Bereits am 10. November hatte der Industrielle Klöckner dem Reichsarbeitsminister mitgeteilt: „Ich muß aber hier ausdrücklich erwähnen – ich tue dieses, weil ich als Deutscher hierzu verpflichtet bin –, daß in dem besetzten Gebiet kein Betrieb wieder die Arbeit aufnehmen kann, ohne daß die Arbeitszeit auf die Friedensarbeitszeit erhöht wird."[6] Schließlich wurde – ebenfalls mit direkter Unterstützung Brauns' – in der Eisen- und Stahlindustrie das zwölfstündige Zweischichtsystem wieder eingeführt, so daß die Arbeitszeit von 48 auf insgesamt 59 Stunden in der Woche – die Pausen nicht gerechnet – verlängert wurde.[7]

Hatte die gesetzgeberische Passivität der Regierung Stresemann in der Arbeitszeitfrage die Voraussetzungen gebildet, das Prinzip des Achtstundentages zu durchbrechen, so war mit der Schlichtungsordnung am 30. Oktober 1923 das Instrument geschaffen worden, mit der das Reichsarbeitsministerium sich wiederum auf Dauer den entscheidenden Einfluß auf die Ausgestaltung der Tarifverträge sicherte. Durch die Neuregelung der Schlichtung wurden die seit 1916 bestehenden Schlichtungsausschüsse reorganisiert und insbesondere deren unparteiische Vorsitzende ermächtigt, im Alleingang Schiedssprüche zu fällen; der Reichsarbeitsminister wurde außerdem in die Lage versetzt, durch eigene Schlichter in Tarifauseinandersetzungen einzugreifen und Schiedssprüche für verbindlich zu erklären.[8] Mit der Einführung der staatlichen Zwangsschlichtung war die Tarifautonomie durchbrochen; der im November 1918 durch Gewerkschaften und Unternehmerverbände abgesteckte sozialpolitische Rahmen erhielt nun einen obrigkeitsstaatlichen, autoritären Zug. Der Arbeitsminister sollte das neue Instrument in der Umstellungsphase nach der Währungsstabilisierung 1923/24 vor allem nutzen, um die Arbeitszeit zu erhöhen und die Lohnentwicklung zu bremsen,[9] womit er insbesondere die Kritik der Gewerkschaften auf sich zog: So führte die Tatsache, daß der Reichsarbeitsminister im Mai 1924 zwei Schiedssprüche für den Ruhrbergbau für verbindlich erklärte, zum bisher größten Streik im Revier.[10] Andererseits jedoch war die Einführung der Zwangsschlichtung auch ein Versuch, das Prinzip der Tarifverträge in einer sehr schwierigen wirtschaftlichen Situation zu retten. Die Inanspruchnahme des Staates in Tarifauseinandersetzungen sollte aber auch zur Folge haben, daß der jeweils unterlegene Teil nun die Regierung für seine Niederlage mitverantwortlich machte. Die Zwangsschlichtung verleitete die Tarifparteien dazu, Maximalforderungen an den staatlichen Schlichter zu stellen, statt untereinander Kompromißlösungen anzustreben. Arbeitgebern und Gewerkschaften war es nicht gelungen, einen eigenständigen Mechanismus zur Austragung ihrer Konflikte zu errichten.

Mitten in der einsetzenden Stabilisierung wurde die Regierung Stresemann am 23. November 1923 gestürzt. Ausgangspunkt war ein Mißtrauensantrag der Sozialdemokraten, die ihre Kritik an dem unterschiedlichen Vorgehen der Regierung gegen die radikalen Kräfte in

Schlichtung

Sturz Stresemanns

Bayern und in Sachsen zum Ausdruck bringen wollten; als Stresemann angesichts dieses Antrages die Vertrauensfrage stellte, scheiterte er an der negativen Mehrheit von SPD, DNVP, KPD.[11]

Kabinett Marx Der Vorsitzende des Zentrums, Wilhelm Marx, bildete am 30. November 1923 aus Politikern seiner eigenen Partei sowie aus DVP, DDP und BVP eine Minderheitsregierung, deren personelle Zusammensetzung mit der der Regierung Stresemann weitgehend identisch war: Innenminister Karl Jarres wurde Vizekanzler, Hans Luther erneut Finanzminister, Stresemann blieb weiterhin Außenminister. Die neue Regierung verlangte von der Parlamentsmehrheit zur Durchsetzung ihrer Sanierungspolitik ein Ermächtigungsgesetz, also eine pauschale Verlagerung der Gesetzgebungskompetenz auf die Regierung, wie sie bereits die Regierung Stresemann im Oktober 1923 erhalten hatte. Als die SPD dem zunächst nicht zustimmen wollte, drohte der Reichskanzler mit der Auflösung des Reichstages.[12]

Darüber hinausgehend regte Reichswehrminister Geßler in der Kabinettssitzung vom 2. Dezember 1923 an, man müsse „für später ins Auge fassen, die Frist zur Wahl zu verlängern", sich also über die Verfassungsbestimmung, die die Neuwahlen des Parlaments spätestens 60 Tage nach seiner Auflösung vorsah, hinwegzusetzen. Der Staatssekretär im Reichspräsidialamt, Meissner, hielt es „nicht für ratsam, schon jetzt von einer Verlängerung der Wahlzeit zu sprechen. Ergäbe die allgemeine Lage, daß am Ende der sechzig Tage eine Wahl nicht möglich sei, so müsse dann eine Verlängerung der Frist auf Grund des Artikels 48 erfolgen."[13]

Ermächtigungsgesetz Die Pläne zum Verfassungsbruch wurden jedoch ad acta gelegt, als die SPD sich schließlich dazu durchrang, am 8. Dezember einem auf zwei Monate befristeten Ermächtigungsgesetz zuzustimmen, nachdem die Regierung zugesichert hatte, vor Erlaß der Verordnungen je einen Ausschuß des Reichstages und des Reichsrats anzuhören.[14] Das Ermächtigungsgesetz wurde zur Verabschiedung von etwa 70 Verordnungen genutzt, durch die insbesondere – unter der Parole der notwendigen „Stabilisierung" – zahlreiche sozialpolitische Einschränkungen durchgesetzt wurden.[15]

Arbeitszeit Dies galt zunächst für die Arbeitszeitfrage. Die Regierung folgte dem allgemeinen Trend, indem sie am 14. Dezember die Arbeitszeit im öffentlichen Dienst von 48 auf 54 Stunden verlängerte.[16] Die Arbeitszeitverordnung vom 21. Dezember schrieb zwar grundsätzlich den mittlerweile kräftig durchlöcherten Achtstunden-Arbeitstag fest, ließ jedoch generell die Möglichkeit zu, durch tarifliche Vereinbarungen oder behördliche Ausnahmegenehmigung eine längere Arbeitszeit (die zehn Stunden nicht überschreiten sollte) einzuführen.[17] Die Tatsache, daß das Kabinett am 15. Dezember Abänderungen des Entwurfs mit der Begründung angenommen hatte, die „letzten Tarifverträge, die besonders im Bergbau und in der Metallindustrie abgeschlossen worden seien, gingen zum Teil über die in dem ursprünglichen Entwurf vorgesehenen Bestimmungen hinaus",[18] machte das Zusammenspiel zwischen Arbeitgebern und Regierung in der Arbeitszeitfrage deutlich: Die Regierung benutzte den – während des kurzen gesetzlosen Zustandes in der Arbeitszeitfrage gelungenen – Einbruch in den Achtstundentag, um den verlängerten Arbeitstag zu zementieren. Als Reaktion auf die faktische Abschaffung des Achtstunden-Arbeitstages kündigte der ADGB die 1918 geschaffene Zentralarbeitsgemeinschaft auf.[19]

Ende der Zentralarbeitsgemeinschaft

Mit dem erfolgreichen Vorgehen von Arbeitgebern und Regierung gegen den Achtstundentag war die wesentliche sozialpolitische Errungenschaft der Novemberrevolution beseitigt worden; ein wesentlicher Teil des historischen Kompromisses von 1918 wurde in der Krise von 1923 beendet.

Die unter dem Ermächtigungsgesetz durchgeführte Stabilisierungspolitik führte aber auch zu tiefgreifenden Belastungen der Staatsbediensteten und bedeutete eine schwere Enttäuschung für die Hoffnungen des Mittelstandes auf eine Inflationsentschädigung. Maßgebliche Kraft hinter dieser Politik rigoroser Ausgabenbeschränkungen war der parteilose Finanzminister Luther, ehemaliger Essener Oberbürgermeister und der westdeutschen Schwerindustrie eng verbunden.[20]

Am 12. Dezember beschloß die Regierung eine Herabsetzung der Beamtengehälter weit unter den Vorkriegsstand (die Beamten des höheren Dienstes erhielten z. B. nur noch etwa 40% ihrer Besoldung von 1913).[21] Ebenso wurde das Personal im öffentlichen Dienst rigoros abgebaut; so wurde – unter anderem durch zwangsweise Versetzung von Beamten in den Ruhestand – bis zum 31. März 1924 der Personalbestand allein der Reichsverwaltung um 25% vermindert: Fast 400 000 Bedienstete waren ausgeschieden.[22]

Personalabbau

Durch drei um die Jahreswende 1923/1924 erlassene Steuernotverordnungen[23] sollten die Staatsfinanzen saniert und das Steuersystem auf die neuen Währungsverhältnisse umgestellt werden. Diese Neuregelung der Vermögens-, der Erbschafts-, der Umsatz-, der Einkommens- und der Körperschaftsteuer führte insgesamt gesehen zu einer stärkeren Belastung der Verbraucher und zu einer Begünstigung des Besitzes, also insbesondere von Industrie und Landwirtschaft, die schon auf der „Gewinnerseite" der Inflation gestanden hatten.[24]

Steuerreform

Eine Entschädigung der Inflationsverlierer kam andererseits über Ansätze nicht hinaus. Nach heftigen internen Diskussionen und gegen den Widerstand des Reichsfinanzministers hatte die Regierung in der Dritten Steuernotverordnung eine Aufwertungsregelung vorgesehen.[25] Sie gab damit dem Druck der sich organisierenden Inflationsgeschädigten partiell nach und versuchte gleichzeitig, das Verlangen des Reichsgerichts[26] nach individueller Kompensation der Inflationsschä-

Problem der Inflationsentschädigung

den durch eine pauschale Regelung zu begrenzen. Die Verordnung setzte für bestimmte Vermögensanlagen einen Aufwertungssatz, also eine Entschädigung, von 15% fest. Die Tilgung dieser Aufwertungsschuld wurde jedoch bis 1932 hinausgeschoben, bei öffentlichen Anleihen sogar bis zum Ende der Reparationsverpflichtungen (deren Laufzeit zu diesem Zeitpunkt noch gar nicht ausgehandelt worden war). In den Beratungen des Kabinetts hatte Luther das Motiv, die Ansprüche der Inflationsgeschädigten möglichst weitgehend zu ignorieren, klar zum Ausdruck gebracht: „Allein mit Rücksicht auf die noch umlaufenden 60 Milliarden Kriegsanleihe sei eine Aufwertung für den Staat ganz unmöglich."[27] Einer Allianz der Schuldner und Sachwertbesitzer (also in erster Linie Staat, Grundbesitz und Industrie) war es also gelungen, den in der Inflation aufgebrochenen Konflikt mit den Gläubigern, d. h. dem überwiegend mittelständischen Besitzer von Geldvermögen, weitgehend zu ihren Gunsten zu entscheiden.

Dieser Allianz gelang es nicht nur, die Entschädigungsansprüche der Inflationsverlierer zu minimalisieren, sondern auch eine breite Belastung der „Inflationsgewinner", also derjenigen, die ihre Schulden mit Pfennigbeträgen hatten ablösen können, zu verhindern. Von der in der Stabilisierungsphase erhobenen Forderung nach einer „Inflationssteuer" blieben nur zwei Maßnahmen übrig, die ebenfalls in der Dritten Steuernotverordnung umgesetzt wurden: Durch eine Obligationssteuer mußte eine relativ geringe Abgabe auf während der Inflationszeit getilgte Schuldverschreibungen geleistet werden; zweitens wurde durch eine bis 1926 begrenzte Mietzinssteuer ein Teil der nach der Freigabe der Mieten den Hausbesitzern zufließenden Mehreinnahmen zugunsten der Länder abgeschöpft. Die einzige Maßnahme, mit der Inflationsgewinne wirklich wirksam erfaßt wurden, traf also wiederum vorwiegend den Mittelstand.[28]

Die – trotz steigender Erwerbslosenzahlen erfolgende – Begrenzung der Reichsmittel für die Arbeitslosenfürsorge[29] und die äußerst großzügige pauschale Entschädigung der Ruhrindustrie für die durch die französische Besatzung erzwungenen Ablieferungen (ironisch „Ruhrspende" genannt)[30] komplettieren das Bild: Die Stabilisierung wurde zu Lasten von Arbeitnehmern und mittelständischen Sparern, zugunsten von Industrie und Staatskasse durchgeführt. Dies sollte sich unmittelbar auf das politische Klima auswirken.

Bilanz der ökonomischen Stabilisierung

Zur innenpolitischen Stabilisierung ist auch eine Reihe von Maßnahmen zu rechnen, die getroffen wurden, um die Verhältnisse in den Krisenregionen des Jahres 1923 zu bereinigen sowie den auf dem Höhepunkt der Krise erlassenen Ausnahmezustand zu „entmilitarisieren".

1. Nach dem Abbruch des passiven Widerstandes an der Ruhr waren die Voraussetzungen geschaffen, die Reparationsverhandlungen wiederaufzunehmen und die Verhältnisse in den besetzten Gebieten zu

150

beruhigen. Durch Verträge, die die deutsche Industrie des besetzten Gebietes mit der MICUM, der französisch-belgischen Gesellschaft zur Ausbeutung des Besatzungsgebietes, abschloß, wurde die Lieferung von Sachleistungen geregelt, die auf die deutschen Reparationslasten angerechnet und durch die Reichsregierung wiederum mit den betroffenen Unternehmen verrechnet wurden. Ferner kam es zu Vereinbarungen zwischen den Eisenbahnverwaltungen der Besatzungsmächte und der Reichsbahn, so daß der Verkehr mit dem Reichsgebiet noch Ende 1923 wieder aufgenommen werden konnte.

Normalisierung der Lage an der Ruhr

Ende des Jahres wurden – unter anderem von dem Kölner Oberbürgermeister Adenauer verfolgte – Pläne, im Westen Deutschlands einen eigenständigen Bundesstaat zu errichten, endgültig aufgegeben. Ebenso ließen rheinische Finanzkreise das Projekt einer gemeinsam mit Frankreich zu errichtenden Rheinisch-Westfälischen Geldnotenbank fallen. Hintergrund dieser Pläne war die Tatsache, daß die Regierung zunächst, um nicht erneut die Inflation in Gang zu setzen, beschlossen hatte, die neue Währung nicht im besetzten Gebiet einzuführen. Angesichts der allmählichen „Normalisierung" der Verhältnisse gab die französische Regierung ihre Unterstützung der separatistischen Bewegung auf.[31]

2. Anfang 1924 gelang es auch, das Verhältnis des Reiches zu Bayern[32] zu bereinigen. Hauptstreitpunkt war das weitere Schicksal des Generals v. Lossow, der im Vorfeld des Hitler-Putsches mit seinen Truppen auf die Seite der bayerischen Regierung „übergetreten" war. Der bayerische Ministerpräsident v. Knilling erklärte gegenüber dem Vertreter der Reichsregierung in München am 13. Dezember, es sei ihm unmöglich, v. Lossow jetzt fallen zu lassen.[33] Zwei Tage später signalisierte die bayerische Seite jedoch Entgegenkommen: Bayern verlangte als Gegenleistung für das Ende der „Inpflichtnahme" der in Bayern stationierten Reichswehrdivison und den Abschied v. Lossows eine Geste, nämlich die wohlwollende Aufnahme einer Denkschrift, in der Änderungen der Reichsverfassung, insbesondere im Hinblick auf die Finanzpolitik, gefordert wurden.[34]

Bayern – Reich

Schließlich kam am 14. Februar 1924 eine Vereinbarung zwischen Bayern und dem Reich zustande: Danach sollte der Landeskommandant „im Benehmen" mit der bayerischen Regierung abgerufen werden, die Landesregierung bei einem Einsatz bayerischer Truppen außerhalb des Landes vorher gehört und die Eidesformel um eine Verpflichtung auf die Verfassung des jeweiligen „Heimatstaates" ergänzt werden.[35] V. Lossow sowie der durch die Ereignisse im Vorfeld des Hitler-Putsches schwer belastete v. Kahr traten daraufhin im Februar von ihren Posten zurück.

Die bayerische Regierung war jedoch nicht bereit, die Vollziehung des durch das Reich angeordneten Ausnahmezustandes (eines der Streit-

151

Hitler-Prozeß

punkte im Herbst 1923) im weiß-blauen Staat anzuordnen – bevor nicht der Prozeß gegen die Verschwörer vom 9. November beendet worden war. Dieser Prozeß fand nicht vor dem nach dem Republikschutzgesetz eigentlich zuständigen Staatsgericht zum Schutz der Republik statt, sondern vor einem bayerischen Sondergericht. Damit war gewährleistet, daß die Verbindungen und Absprachen, die im Herbst 1923 zwischen Hitler und der bayerischen Regierung bestanden hatten, nicht in vollem Umfang aufgedeckt wurden. Das Münchner Gericht gelangte denn auch am 1. April 1924 zu einem äußerst milden Urteil: Hitler und drei seiner Mitstreiter wurden zu fünf Jahren Festungshaft verurteilt, die nach sechs Monaten zur Bewährung ausgesetzt werden konnten; Röhm, Frick und drei andere Angeklagte erhielten ein Jahr und 3 Monate Haft auf Bewährung; Ludendorff wurde freigesprochen. Das Urteil, in dem das Gericht den Angeklagten bescheinigte, sie seien „von rein vaterländischem Geiste und dem edelsten selbstlosen Willen geleitet" sowie der gesamte Verlauf des Prozesses, der geradezu eine Bühne für Hitlers politische Tiraden bildete, machten noch einmal die Rückendeckung deutlich, die der Führer der NSDAP seitens des bayerischen Staates besaß.[36] Diese Sympathien wurden von breiten Bevölkerungsschichten geteilt: Bei den Landtagswahlen vom 6. April 1924 erhielten die Nationalsozialisten 17,1% in Bayern, in München 50 Prozent der Stimmen.[37]

3. Neben dem Ermächtigungsgesetz bildete die Aufrechterhaltung des im September 1923 verhängten militärischen Ausnahmezustands die Voraussetzung für die starke Stellung der Regierung Marx.[38] Auf Wunsch v. Seeckts, der eine Zermürbung der Reichswehr in weiteren innenpolitischen Streitigkeiten befürchtete, schlug der Reichswehrminister in der Kabinettsitzung vom 12. Februar vor, den militärischen Ausnahmezustand aufzugeben und eine entsprechende Ermächtigung ziviler Behörden, gegebenenfalls des Reichsinnenministers, ins Auge zu fassen.[39] Dies geschah durch die Verordnung des Reichspräsidenten vom 28. Februar:[40] Die Verordnungen über den militärischen Ausnahmezustand wurden aufgehoben, gleichzeitig wurde jedoch der Reichsinnenminister dazu ermächtigt, die zur Abwehr „staatsfeindlicher Bestrebungen" notwendigen Maßnahmen zu treffen. Bayern wurde von dieser Verordnung aufgrund des dort herrschenden Ausnahmezustandes ausgenommen, nachdem die bayerische Regierung massiv vorstellig geworden war und die Kabinettsmitglieder Ebert gedrängt hatten, diesen Sonderwünschen stattzugeben.[41] Dieser zivile Ausnahmezustand blieb bis zum 25. Oktober 1924 bestehen.

Als sich nach dem Ablauf des Ermächtigungsgesetzes am 14. Februar im Parlament eine Mehrheit für die Aufhebung einzelner Verordnungen abzeichnete und sich insbesondere der Widerstand gegen die Dritte Steuernotverordnung formierte, löste der Reichspräsident auf Ersuchen

Ziviler Ausnahmezustand

152

der Regierung am 13. März den Reichstag auf und setzte Neuwahlen für den 4. Mai fest.[42]

Außenpolitische Konsequenz der Stabilisierung

In den Wahlkampf platzte am 9. April die Bekanntgabe des „Dawes-Planes", also des Gutachtens des von der Reparationskommission im November eingesetzten Sachverständigenausschusses, der die deutsche Leistungsfähigkeit im Hinblick auf die Reparationsfrage überprüfen sollte. Die Lösung der Reparationsproblematik bildete einen Eckpfeiler der Stabilisierungspolitik; sie erlaubte nicht nur die notwendige Fixierung der Belastungen, sondern sie bot auch die Voraussetzung für den Zugang zu Auslandskrediten.[43]

Dawes-Plan

Das Komitee, benannt nach dem amerikanischen Bankier und Organisator des US-Nachschubs im Weltkrieg, Charles Dawes, war bald dazu übergegangen, einen umfassenden Reparationsplan zu entwerfen, der allerdings nicht die Gesamthöhe und die Dauer der Reparationszahlungen berührte, da in diesem Punkt die Londoner Beschlüsse von 1921 fortgelten sollten.[44] Die Kommission empfahl aber, die Annuitäten mit 1 Milliarde Mark beginnen zu lassen und sie innerhalb von 5 Jahren auf 2,5 Milliarden zu steigern. Die Reparationen sollten durch Haushaltsmittel, durch die Verpfändung bestimmter Zölle und Verbrauchssteuern sowie durch die Ausstellung von Schuldverschreibungen zu Lasten der deutschen Industrie (die mit einer internationalisierten Bank für Industrieobligationen abrechnen sollte) und der Reichsbahn (die zu diesem Zweck in eine Aktiengesellschaft mit einem internationalen Aufsichtsrat umgewandelt wurde) aufgebracht werden. Ein Reparationsagent mit Sitz in Berlin sollte die Umwandlung der Reparationsleistungen in die Währung der Gläubigerländer übernehmen: Standen Devisen auf deutscher Seite nicht in ausreichendem Maße zur Verfügung, konnte er Reichsmark-Beträge zunächst auflaufen lassen und schließlich die zu zahlenden Annuitäten entsprechend senken. Dieser „Transferschutz" machte die deutschen Leistungen also von einem Exportüberschuß abhängig. Da die deutsche Handelsbilanz tatsächlich aber negativ war, war nicht damit zu rechnen, daß die Annuitäten tatsächlich eine Höhe von 2,5 Milliarden erreichen würden. Der Plan sah außerdem eine regierungsunabhängige Notenbank vor, in deren Direktorium auch ausländische Vertreter einrücken sollten; sie sollte verhindern, daß die Reichsregierung erneut eine Flucht in die Inflation anträte. Die Rentenmark sollte durch eine neue Währung (später Reichsmark genannt) ersetzt werden, die durch Gold und Devisen zu decken war. Entscheidender Vorteil für die deutsche Seite war ferner, daß die erste Annuität nur zu 200 Millionen durch Reichsmittel aufzubringen war, während die restlichen 800 Millionen durch eine internationale Anleihe finanziert werden sollten. Wenn dem Gesamtplan, erstmalig in der Geschichte der Reparationsverhandlungen, die deutsche Leistungsfähigkeit zugrunde gelegt wurde, dann geschah dies vor allem unter amerikanischem Einfluß: Die USA als Hauptgläubiger der Entente mußten ein vitales Interesse danach haben, sowohl die deutschen Reparationsleistungen an ihre Schuldner sicherzustellen als auch einen stabilen Absatzmarkt für ihre Exporte zu schaffen.

Die Regierung und die Sozialdemokraten reagierten grundsätzlich positiv auf den Dawes-Vorschlag; der politischen Rechten, aber auch den Kommunisten lieferte der erneute Versuch, die Reparationen zu fixieren, Munition für ihre gegen „Versklavung" gerichtete Propaganda.

Die Regelung der Reparationsfrage auf der Basis der Dawes-Vorschläge war für Außenminister Stresemann der erste Schritt auf dem Weg zur Umsetzung einer geschlossenen außenpolitischen Konzeption. [45] Er verfolgte mit seiner Politik das Ziel, zunächst den außenpolitischen Handlungsspielraum Deutschlands zu vergrößern und seine prinzipielle Gleichberechtigung wiederherzustellen, eine vollständige Revision des Versailler Vertrages herbeizuführen und schließlich die deutsche

Stresemanns außenpolitische Konzeption

Großmachtstellung wiederaufzurichten. Die Tatsache, daß Stresemann zwischen 1923 und 1929 ununterbrochen Leiter des Auswärtigen Amtes war, verlieh der deutschen Außenpolitik in der „Ära Stresemann" eine relativ hohe Kontinuität und Berechenbarkeit. Die außenpolitische Konzeption Stresemanns war eng verbunden mit seinen innenpolitischen Vorstellungen: Die Überwindung des Versailler Vertrages sollte auch zur Stabilisierung der innenpolitischen Verhältnisse beitragen; eine erfolgreiche Außenpolitik konnte eine wichtige Klammer bilden, um langfristig eine tragfähige Kooperation zwischen den zerstrittenen Lagern herbeizuführen.

Mit dem Dawes-Plan war der erste Schritt getan, die Reparationsfrage nicht mehr primär als Instrument französischer Machtpolitik zu behandeln, sondern als Teil der notwendigen Neuregelung des Weltfinanzsystems. Je mehr dieser globale Aspekt an Bedeutung gewann, desto mehr rückten notwendigerweise die eigenständigen politischen und wirtschaftlichen Interessen der USA, des Hauptgläubigerlandes der Welt, aber auch Großbritanniens (dessen Vorbehalte gegen die französische Politik während der Ruhrbesetzung deutlich zu Tage getreten waren), in den Vordergrund.

Gelang es der deutschen Außenpolitik, diese Interessen zu ihren Gunsten zu aktivieren und die Beziehungen zu den angelsächsischen Mächten, aber auch zur Sowjetunion, zu verbessern, so war die französische Politik, die eigenen Sicherheitsinteressen rücksichtslos durchzusetzen, isoliert, und Frankreich war gezwungen, sich auf eine grund-

154

legende Verständigungspolitik gegenüber Deutschland einzulassen. Denn eine Revision des Versailler Vertrages, das war die Grundvoraussetzung der Politik Stresemanns, ließ sich nicht gegen den Nachbarn im Westen, sondern nur durch eine – immer in einem globalen Kontext stehende – konsequente Politik der Aussöhnung durchsetzen.

Versucht man, die Revisionsziele in Stufen[46] zu gliedern, so ging es zunächst darum, durch eine grundlegende Verständigung mit Frankreich das durch den Versailler Vertrag geschaffene Bündel von Überwachungsmaßnahmen und außenwirtschaftlichen Restriktionen zu beseitigen, die Besetzung der Westgebiete zu beenden und eine Freigabe des Saarlandes zu erreichen. An zweiter Stelle standen die endgültige Regelung der Reparationen (über die Vorläufigkeit des Dawes-Planes waren sich alle Beteiligten im klaren) sowie ein Ende der Rüstungsrestriktionen bzw. eine internationale Rüstungsangleichung. An dritter Stelle sollte die territoriale Revision folgen, das heißt die Neufestsetzung der Grenze mit Polen und der Anschluß Österreichs. Diese letzte Stufe setzte allerdings voraus, daß sich Deutschland im Zuge der Neuregelung seiner Beziehungen mit Frankreich sicherheitspolitisch nur im Hinblick auf seine Westgrenze band und sich durch eine verstärkte deutsch-französische Zusammenarbeit die polnisch-französischen Beziehungen lockerten.

Stufen der Revision

In der grundsätzlichen Zielrichtung – Revision und Wiederherstellung der deutschen Großmachtstellung – unterschied sich Stresemann, im Weltkrieg leidenschaftlicher Annexionist, nicht von den Vertretern der nationalistischen Rechten, sondern darin, daß er die gleichen außenpolitischen Ziele flexibler und prinzipiell mit friedlichen Mitteln verfolgte (wobei allerdings fraglich erscheint, ob die angestrebte Revision der deutsch-polnischen Grenze mit nichtkriegerischen Mitteln ein realistisches Ziel bildete). Stresemann hatte erkannt, daß Deutschland, da ihm in der gegebenen Situation keine militärischen Machtmittel zur Verfügung standen, seine Lage nur im Rahmen eines globalen Interessenausgleichs verbessern konnte, wobei es in erster Linie seine Stellung innerhalb des Weltwirtschaftssystems – Hauptschuldner und zugleich potentielles Zielland für Waren- und Kapitalexport – ausspielen mußte. Dabei zeichneten ihn konzeptioneller Weitblick, Realitätssinn und Kompromißbereitschaft aus, zudem seine Fähigkeit, sich auf der internationalen Bühne als verläßlicher und flexibler Ansprechpartner zu präsentieren – und nicht zuletzt seine Bereitschaft, sich für seine Politik mit großem persönlichen Engagement, bis zur völligen Zerrüttung seiner Gesundheit, einzusetzen.

Wahlen im Zeichen des Dawes-Planes

Wahlen v. 4. Mai 1924

Die Wahlen vom 4. Mai 1924 brachten der radikalen Rechten, die massiv gegen die „Versklavung" Deutschlands durch den Dawes-Plan zu Felde gezogen war, erhebliche Erfolge:[47] Die DNVP wurde stärkste bürgerliche Partei; sie vergrößerte ihren Stimmenanteil von 15,1 auf 19,5%. Die Deutschvölkische Freiheitspartei, die aus den nach dem Rathenau-Mord 1922 von der DNVP abgespaltenen radikalen antisemitischen Kräften gebildet worden war und sich nun mit Teilen der (verbotenen) NSDAP verbündet hatte, erhielt 6,5% der Stimmen. Die SPD sank von 21,7 auf 20,5%; ihr war es also nicht gelungen, die 17,9%, die die nun mit ihr wiedervereinigte USPD 1920 erreicht hatte, auf sich zu ziehen. Die Kommunisten, bei denen sich nach dem Fehlschlag der deutschen Oktoberrevolution die Ultralinken durchsetzten, erreichten demgegenüber einen Stimmenanteil von 12,6%. Die DVP erhielt statt 13,9 nur noch 9,2%, die DDP statt 8,3 lediglich 5,7%. Das Zentrum hielt sich bei 13,4 (statt 13,6) %, auf die BVP entfielen 3,2 (statt 4,4) %. Bürgerliche Splittergruppen, wie die Wirtschaftspartei oder der Landbund, erhielten zusammen immerhin 8,5%. Zwei (sich teilweise überlagernde) Haupttendenzen kamen in diesen Wahlergebnissen zum Ausdruck: Die Stimmenzugewinne der extremen Parteien spiegelten die innenpolitische Radikalisierung der Krise von 1923; die Aufsplitterung des bürgerlichen Lagers zuungunsten der beiden liberalen Parteien war eine Reaktion auf die Enttäuschung der Aufwertungshoffnungen und brachte die Fraktionierung des Mittelstandes infolge von Inflation und Stabilisierung zum Ausdruck.[48]

Zweites Kabinett Marx

Nach erfolglosen Verhandlungen mit der DNVP, die durch Aufnahme der zehn Landbund-Abgeordneten stärkste Fraktion geworden war, bildete Reichskanzler Marx schließlich eine Minderheitsregierung, die sich nach dem Austritt der BVP nur noch auf Zentrum, DDP und DVP stützen konnte.[49] Die neue Regierung sah sich zunächst mit dem Problem konfrontiert, auf der Grundlage des Dawes-Plan eine Neuregelung der Reparationsfrage auszuhandeln und die notwendige parlamentarische Mehrheit für deren Verabschiedung zustande zu bringen.

Londoner Konferenz

Auf der Londoner Konferenz, die in zwei Sitzungsfolgen im Juli und August 1924 zunächst ohne, dann mit Beteiligung der Deutschen tagte, wurde der Dawes-Plan in den wesentlichen Punkten akzeptiert und in eine Reihe von Vereinbarungen eingebracht. Man kam überein, die während der Ruhrbesetzung getroffenen wirtschaftlichen und finanziellen Maßnahmen (Zollgrenze, MICUM-Verträge, Eisenbahnregie usw.) aufzuheben, sobald die deutsche Seite den Inhalt des Vertrages in Gesetze umgesetzt habe. Außerdem kündigte die französische Seite an, ihre Truppen aus dem Ruhrgebiet sowie aus den im März 1921 besetzten „Sanktionsstädten" Düsseldorf, Duisburg und Ruhrort binnen eines Jahres abzuziehen; ein kleineres Gebiet wurde bereits im unmittelbaren Anschluß an die Konferenz geräumt.[50]

Für die deutsche Position war wesentlich, daß das Reich auf der Konferenz als gleichberechtigter Partner behandelt worden war. Die Reparationen wurden nicht länger als Konsequenz der deutschen Kriegsschuld behandelt, sondern als deutscher Beitrag zum europäischen Wiederaufbau. Es bestand Konsens, daß die Wiederherstellung der deutschen Prosperität und des deutschen Außenhandels die Voraussetzung für die Reparationsleistungen bildete.

Veränderungen der internationalen Szene

Die Konferenz hatte zu einem Zeitpunkt stattgefunden, zu dem bei den drei westlichen Siegermächten entscheidende politische Veränderungen eingetreten waren, die insgesamt einen „weltpolitischen Szenenwechsel" auslösten:[51] Während in den Vereinigten Staaten der bis dahin vorherrschende Isolationismus entscheidend durchbrochen wurde, kamen in Frankreich und Großbritannien verhältnismäßig deutschfreundliche Regierungen an die Macht: Bei den französischen Wahlen vom Mai 1924 siegte die Wahlallianz von Sozialisten und bürgerlichen Radikalen, und in Großbritannien gelang es Labour, zwischen Januar und November 1924 unter Ramsay MacDonald eine Minderheitsregierung zu bilden.

Annahme des Dawes-Plans

Bei der parlamentarischen Durchsetzung der in London getroffenen Abkommen bildete das Gesetz über die Reichsbahn die schwerste Hürde, da hierfür eine verfassungsändernde Zweidrittelmehrheit erforderlich war. Der Regierung gelang es aber schließlich, fast die Hälfte der Abgeordneten der DNVP – die die Annahme des Dawes-Vorschlages stets als nationalen Verrat bekämpft hatte – zur Zustimmung zu bewegen:[52] Zu diesem Zweck veröffentlichte die Regierung unter anderem unmittelbar vor der Abstimmung eine Erklärung gegen die deutsche „Kriegsschuld" und stellte die von der DNVP geforderte Wiedereinführung der vor dem Weltkrieg herrschenden Agrarzölle in Aussicht;[53] die DVP gab der DNVP außerdem die Zusage, sich für ihre Aufnahme in die Regierung einzusetzen.

Mit der Neuregelung der Reparationen entfiel jedoch die außenpolitische Klammer, die bisher das Kabinett geeinigt hatte. Die DVP verlangte nach der Dawes-Abstimmung die Aufnahme der DNVP in die Regierung, obwohl nur die Hälfte der deutschnationalen Abgeordneten der Vorlage zugestimmt hatte. Reichskanzler Marx nahm jedoch sowohl mit Deutschnationalen wie mit Sozialdemokraten Verhandlungen zur Bildung einer „ganz großen Koalition" auf, die jedoch scheiterten. Nachdem auch Versuche, ein reines Rechtskabinett zu bilden, nicht zum Erfolg geführt hatten, wurde der Reichstag erneut aufgelöst.[54]

Wahlen v. 7. 12. 1924

Bei den im Dezember stattfindenden Neuwahlen zum Reichstag schwächte sich die Radikalisierungstendenz der Mai-Wahlen leicht ab.[55]

Die sich im Laufe des Jahres 1924 verbessernde Konjunktur und leichte Erhöhungen der Reallöhne trugen hierzu sicherlich erheblich bei. Der SPD gelang es, ihr Ergebnis von 20,5 auf 26% zu verbessern, ebenso der DNVP mit 20,5 gegenüber 19,5%; die Kommunisten sanken von 12,6 auf 9%, die vereinten Nationalsozialisten und Völkischen errangen nur noch 3 statt 6,5%. Leichte Verbesserungen erreichten die DDP (von 5,7 auf 6,3%), die DVP (von 9,2 auf 10,1%) das Zentrum (13,6 statt 13,4%) sowie die BVP (3,7, statt 3,2%). Mit dieser Trendwende im Wählerverhalten schienen die schweren Belastungen der Stabilisierung nach etwa einem Jahr innenpolitisch bewältigt.

II. Die Weimarer Republik in den mittleren Jahren: Zwischen Stabilität und Fragilität

Nach der innen- und außenpolitischen Bewältigung der Krise von 1923 und nach den Wahlen von 1924 befand sich die Weimarer Republik auf einem relativ stabilen Kurs. Die nun beginnenden „goldenen Zwanziger" lassen sich als Blütezeit der Republik beschreiben, als relativ kurze Zeit der Normalität zwischen den Krisen, in der die republikanischen Kräfte die Chance hatten, die in der Verfassung niedergelegte Vorstellung einer modernen sozialstaatlichen Demokratie in die Wirklichkeit umzusetzen: Die innenpolitische Lage beruhigte sich, die wirtschaftlichen Verhältnisse konsolidierten sich, der Sozialstaat wurde ausgebaut, es entfaltete sich eine moderne Kultur. Andererseits entstanden bzw. verfestigten sich in jenen Jahren Verhältnisse und Strukturen, in denen sich der Rechtsradikalismus wieder sammelte, die NSD-AP zu ihrem einmaligen Siegeszug antreten konnte und die republikanische Blüte in kürzester Zeit zertreten wurde. Unter diesem Blickwinkel sind die mittleren Jahre der Republik durch eine Selbstblockade des Parlamentarismus, durch tiefgreifende strukturelle Probleme in der Wirtschaft, durch einen total überforderten Wohlfahrtsstaat sowie durch antimoderne (oder schon postmoderne) Kulturkritik gekennzeichnet. Beide Sichtweisen sind legitim; ja gerade die Ambivalenz der Entwicklungen in Politik, Wirtschaft, Sozialpolitik und Kultur macht die Geschichte der Weimarer Republik aus.

Widersprüchlichkeit des Zeitabschnitts

Die Innenpolitik der Jahre von 1925 bis 1929 war nicht, wie die Nachkriegszeit oder die Krisenjahre 1930 bis 1932, durch eine Kette spektakulärer Ereignisse bestimmt. In den mittleren Jahren der Republik waren die einzelnen Kabinette nicht vor jeweils veränderte Ausgangsbedingungen oder jäh hereinbrechende, dramatische Ereignisse gestellt, sondern sie fanden relativ stabile, sich einigermaßen kontinuierlich entwickelnde äußere Voraussetzungen vor.

Im folgenden soll daher die vorwiegend ereignisgeschichtlich orientierte Darstellung der Innen- und Außenpolitik unterbrochen und die gesamte mittlere Periode der Republik im Querschnitt dargestellt werden. Die strukturellen Grundprobleme der Weimarer Republik werden in ihrer angedeuteten Ambivalenz zwischen Stabilität und Fragilität in den Blick genommen.

Grundprobleme der Wirtschaft

1. Wirtschaftlich waren die Jahre von 1924 bis 1929 eine Zeit „relativer Stagnation".[56] Obwohl die deutsche Volkswirtschaft sich nach der Stabilisierung der Währung deutlich erholte und hohe Wachstumsraten erzielte, erreichte das Produktionsniveau in den zwanziger Jahren nur mit Mühe den Stand der Vorkriegszeit.

Im Vergleich mit 1913 (=100) betrug die Industrieproduktion:[57]			
1919	38 %	1925	82 %
1920	55 %	1926	79 %
1921	66 %	1927	100 %
1922	72 %	1928	102 %
1923	47 %	1929	102 %
1924	70 %	1930	90 %

Damit lag Deutschland erheblich hinter den meisten hoch entwickelten Ländern zurück, deren Industrieproduktion bereits Mitte der zwanziger Jahre deutlich den Vorkriegsstand überschritten hatte.[58] Die Antwort auf die Frage nach den Ursachen dieser Wachstumsschwäche ist nicht einfach, zumal sich hinter den globalen Zahlen unterschiedliche Entwicklungen in einzelnen Branchen verbergen.

Relative Stagnation

Abgesehen von den besonderen Ursachen für die Stagnation der deutschen Industrie, muß man zunächst einmal betonen, daß die industriellen Wachstumsraten in der gesamten Zwischenkriegszeit weltweit geringer waren als in den Jahrzehnten vor dem Ersten und nach dem Zweiten Weltkrieg. Es scheint, daß die weltweite industrielle Entwicklung in der Zeit zwischen den Weltkriegen einen schwierigen Transformationsprozeß durchmachte: Während eine globale Wachstumsbewegung in den alten Industrien – Stahl, Kohle, Schiffsbau sowie Textil – auslief, war das Wachstum der neuen Industrien – Chemie, Elektro, Automobil – noch nicht so weit fortgeschritten, um zum Motor für die gesamte Wirtschaft zu werden. Diese schwierige strukturelle Umstellungsphase fiel mit den weltwirtschaftlichen Folgen des Ersten Weltkrieges zusammen.

Weltwirtschaftliche Folgen des Kriegs

2. Die Weltwirtschaft hatte sich infolge des Ersten Weltkriegs erheblich verändert: Wegen des Ausfalls von europäischen Exporten während des Krieges und aufgrund des erhöhten Bedarfs der kriegführenden Staaten waren in den USA und Kanada, Südamerika, Australien, Japan und in anderen Staaten umfangreiche Industrien aufgebaut worden, die eine Wiederaufnahme der europäischen Exporte im Vorkriegsum-

fang verhinderten. Die Zerrüttung des internationalen Finanzsystems infolge des Weltkriegs erschwerte zusätzlich die Bemühungen um den Wiederaufbau eines funktionierenden Welthandels.

3. Bot die Gesamtlage der Weltwirtschaft schon keine besonders guten Bedingungen für den deutschen Export, so wirkten sich außerdem bestimmte Restriktionen des Versailler Vertrages, wie die Beschlagnahme der Auslandsvermögen und der Handelsflotte sowie der Verlust der Kolonien, zusätzlich negativ aus. Als Folge dieser diversen Hindernisse blieb die deutsche Leistungsbilanz – bis auf das Jahr 1926 – negativ; das Ausfuhrvolumen der Industrie, die bereits vor dem Ersten Weltkrieg in erheblichem Umfang exportabhängig gewesen war, blieb in den zwanziger Jahren stets unter dem von 1913. **Wirtschaftliche Restriktionen des Versailler Vertrags**

Zu den erschwerten weltwirtschaftlichen Bedingungen kommt eine Reihe binnenwirtschaftlicher Gründe für die Wachstumsschwäche der deutschen Wirtschaft.

4. Auffällig ist zunächst die geringe Investitionsquote in der deutschen Industrie, die in der zweiten Hälfte der zwanziger Jahre unter der der letzten Vorkriegsjahre lag:

Durchschnittlicher Anteil der Investitionen am Nettosozialprodukt (in laufenden Preisen):

1900–1904	13,9 %
1905–1909	13,3 %
1910–1913	15,2 %
1925–1929	11,1 %

(Walther G. Hoffmann, Das Wachstum der deutschen Wirtschaft seit der Mitte des 19. Jahrhunderts, Berlin/Heidelberg/New York 1965, 104 f.)

„Kapitalmangel" war bereits ein zeitgenössisches Schlagwort, mit dem die Flaute in der Wirtschaft erklärt werden sollte. Dem entsprach – als Folge der Inflation nicht verwunderlich – eine ebenfalls im Vergleich mit der Zeit vor 1914 geringere Sparquote. Relativ hohe Zinsen, Folge der restriktiven Kreditpolitik der Reichsbank, machten Deutschland für ausländische Anleger interessant, hemmten aber offensichtlich die Investitionsbereitschaft. Vor allem aber wurde nicht nur zu wenig, sondern in hohem Maße auch falsch investiert. So läßt sich den Banken ein sehr konservatives Verhalten attestieren, die Kredite bevorzugt an in jahrzehntelanger Zusammenarbeit „bewährte", jedoch nicht sehr innovative Branchen wie Lebensmittelherstellung oder Textilien vergaben, jedoch gegenüber den dynamischen Wachstumsindustrien, wie Chemie, Maschinenbau oder Elektroindustrie, weit zurückhaltender wa- **Geringe Investitionen** ren.[59] Charakteristisch für solche Fehlinvestitionen in den zwanziger Jahren ist der Aufbau von teilweise erheblichen Überkapazitäten[60] in alten Leitsektoren, so etwa im Bergbau und in der Stahlindustrie. Das Hauptproblem der Weimarer Zeit scheint demnach nicht Kapitalmangel, sondern nicht ausgelastete Produktionsanlagen gewesen zu sein.

Löhne und Produktivität

Anlage-Investitionen (in Mio. RM)

	1924	1925	1926	1927	1928	1929	1930	1931	1932
Private	3224	4503	4049	5149	5545	4549	3734	2484	1552
Öffentliche	4201	5785	6661	7880	8213	8266	6685	3974	2695
insgesamt	7425	10288	10710	13029	13758	12815	10419	6458	4247

Statistisches Jahrbuch 1936, S. 506

5. Besonders umstritten ist, inwieweit die Lohnentwicklung für die relative Stagnation der deutschen Wirtschaft verantwortlich zu machen ist. Die Anhänger dieser These gehen davon aus, daß die deutschen Löhne in der zweiten Hälfte der zwanziger Jahre schneller gewachsen wären als die Produktivität und damit das Investitionsvolumen entscheidend verringert hätten. Diese These folgt der klassischen Lohnkosten-Argumentation der Unternehmerseite.

Tatsächlich stiegen die Stundenlöhne nach der Stabilisierung zunächst kräftig, wobei man allerdings das sehr niedrige Ausgangsniveau während der Krise berücksichtigen muß. Dieser Anstieg verlangsamte sich etwas während der Rezession[62] von 1925/26; unter dem Eindruck der Reform der Beamtenbesoldung von 1927 und der verbesserten Konjunktur zogen die Löhne von 1927 bis 1930 wiederum stark an. Erst in dieser letzten Phase dürfte die Lohnsteigerung den Produktivitätszuwachs deutlich übertroffen haben.

Allerdings sind die Aussagen über die „zu hohen Löhne" nicht mit letzter Sicherheit zu machen, wie sich anhand der folgenden Zahlen verdeutlichen läßt. Wir konzentrierten uns dabei auf die stärksten Wirtschaftssektoren, Industrie und Handwerk. Um die Aussage, die Löhne seien unverhältnismäßig stark gestiegen, zu überprüfen, müssen effektive Stundenlöhne (nicht die niedriger liegenden Tariflöhne) mit der Produktivität pro Arbeitsstunde verglichen werden, d. h. es muß der gesamte Wert der Industrieproduktion durch das Produkt aus der Gesamtzahl der Erwerbstätigen und der durchschnittlichen Arbeitszeit dividiert werden. Dabei liegen über den Wert der Industrieproduktion unterschiedliche Schätzungen vor; zwei werden hier als Varianten A und B eingeführt. Um die Vergleichbarkeit herzustellen, müssen diese

Zahlen auf einen Index umgerechnet werden, wobei man sich gewöhnlich auf das letzte Vorkriegsjahr als Basis (=100) bezieht. (Wählte man ein anderes „Normaljahr", würden die Zahlen selbstverständlich wesentlich anders aussehen.) Demnach ergibt sich folgendes Bild:

Löhne und Produktion in Industrie und Handwerk

	I Ak	II WSt.	III Stun	IV Index Arbeit	V Index Indu A	B	VI Index Pro A	B	VII Index Lohn	VIII Index Tarif
1913	10,9	55,1	600	100	100	(100)	100	(100)	100	100
1924	10,8				78				85,6	81,8
1925	11,7	46,3	540	90	92	(103,4)	102,1	(114,9)	103,1	95,2
1926	10,5	45,2	475	79,1	88	(93,7)	111,3	(118,4)	109,7	102,7
1927	12,3	46,5	572	95,3	111	(118,8)	116,5	(124,6)	115,7	104,1
1928	12,7	47,5	603	100,5	114	(119,1)	113,4	(118,5)	125,3	110,7
1929	12,3	46,4	572	95,3	114	(121,4)	119,6	(127,4)	130,0	115,0
1930	10,8	44,0	475	79,5	101	(106,1)	127,0	(133,5)	131,3	121,5
1931	9,0	41,9	377	62,8		(85,1)		(135,5)	132,3	125,6
1932	7,6	41,2	313	52,2		(72,8)		(139,7)	125,2	119,4

I (Ak): Anzahl der Arbeitskräfte in Industrie und Handwerk in Millionen; Hoffmann, Wachstum, 199
II (WSt): Durchschnittliche Wochenstundenzahl der Industriearbeiter; Rainer Skiba/Hermann Adam, Das westdeutsche Lohnniveau zwischen den beiden Weltkriegen und nach der Währungsreform, Köln 1974, 193
III (Stun): Gesamtzahl der geleisteten Wochenstunden (Multiplikation von I u. II) in Millionen
IV (Index Arbeit): Index der insgesamt geleisteten Wochenstunden auf der Basis 1913 = 100
V (Index Indu): Index der Industrieproduktion auf der Basis 1913=100
Variante A Wagenführ, Industriewirtschaft, 56 sowie Konjunkturstatisches Handbuch 1936, 47: Industrieproduktion
Variante B Hoffmann, 393: Gesamtproduktion von Industrie und Handwerk
VI (Index Pro): Index der Produktivität pro Arbeitsstunde auf der Basis 1913=100 (V dividiert durch IV)
VII (Index Lohn): Index der tatsächlichen Bruttowochenlöhne, Basis 1913=100; Bernhard Bry, Wages in Germany 1871–1945, Princeton 1960, 331; Preisindex nach Bevölkerung und Wirtschaft. Hg. v. Statistischen Bundesamt, Wiesbaden 1972, 250.
VIII (Index Tarif): Index der Tariflöhne (1913=100); Quellen wie VII.

Diese – mit den angedeuteten Unsicherheiten behafteten – Zahlen zeigen, daß zumindest in den Jahren 1928/29 die Löhne in Industrie und Handwerk tatsächlich der Produktivität etwas vorauseilten. Andererseits aber: Infolge erhöhter Abgaben und Steuern, durch Preissteigerungen und durch die Verringerung der Arbeitszeit erreichten die realen Wochenlöhne jedoch erst 1928 den Stand von 1914. Was in der Argumentation der Unternehmer unerträglicher Kostendruck war, erschien aus Arbeitnehmerperspektive als Wiederherstellung bescheidener materieller Lebensverhältnisse.

Aus der Tabelle ergibt sich aber noch etwas anderes: Die Unternehmen waren in der Lage, bei sinkender Produktion (1926 und nach 1929) die Zahl der Arbeitskräfte ganz erheblich zu reduzieren und damit die Lohnkosten insgesamt – trotz steigender Stundenlöhne – begrenzt zu halten. Zwar stieg die Arbeitsproduktivität im Verlauf der Wirtschaftskrise wieder an (und übertraf alsbald die Werte des Lohnindex), doch dies drückte lediglich aus, daß die Firmen ihre Arbeitskräfte schneller entlassen konnten, als sie ihre Produktion reduzieren mußten; es wurden weniger Produkte mit erheblich weniger Arbeitskräften hergestellt.

Rolle der fixen Kosten

Die geringe Auslastung der Anlagen wirkte sich aber fatal auf die Kostenstruktur der Unternehmen aus, da sich die fixen Kosten der nicht genutzten Produktionsanlagen nicht in gleicher Weise reduzieren ließen.[63] Das Beispiel zeigt sehr deutlich, daß hohe Arbeitsproduktivität – isoliert betrachtet – kein Indiz für eine „gesunde" Wirtschaft ist, wie eine relativ niedrige Arbeitsproduktivität allein genommen keine „kranke" Wirtschaft charakterisiert. Den Stellenwert der „zu hohen Löhne" für den Zusammenbruch der Weimarer Wirtschaft wird man erst im Rahmen einer umfassenden Analyse der Kostenstruktur[64] und der Rentabilitätsentwicklung der Unternehmen bestimmen können.

Wirkung der Schlichtung auf die Löhne

Bei der Debatte um die Löhne in der Weimarer Republik spielt auch die Frage eine erhebliche Rolle, ob insbesondere in den Jahren 1927/28 – wie von den Unternehmern behauptet – das Instrument der Zwangsschlichtung durch die Reichsregierung benutzt wurde, um überhöhte, „politische Löhne" durchzusetzen. Wäre dieses Argument zutreffend, so fände die zunehmende Gegnerschaft des Unternehmerlagers gegen ein politisches System, das die Tarifvertragsfreiheit auf so eindeutige Weise manipulierte, eine plausible sozialpolitische Erklärung.

Tatsächlich wurde in der Zeit unmittelbar nach der Stabilisierung der Mark das neue Instrument der Zwangsschlichtung durch den Reichsarbeitsminister vor allem dazu genutzt, die Löhne zu senken und die Arbeitszeit zu erhöhen, jedoch gleichzeitig das Prinzip der Tarifvertragsfreiheit zu erhalten. Im Laufe der kommenden Jahre wurde – trotz heftiger Kritik der Gewerkschaften an den „Zwangstarifen" – die Schlichtung von den Arbeitnehmern weit öfter in Anspruch genommen als von den Arbeitgebern; von Gewerkschaftsseite kamen auch die mei-

sten Anträge, Schlichtungsvorschläge für verbindlich zu erklären.[65] Bereits 1925 galten für ca. 40% der Arbeiter „Zwangstarife".[66]
Vor allem nach Überwindung der Wirtschaftskrise von 1926 wurde die Zwangsschlichtung von dem Zentrums-Arbeitsminister Brauns in der Tat in einem gewissen Umfang als Kompensation für die unternehmerfreundliche Wirtschaftspolitik seiner Regierung eingesetzt; dagegen richtete sich seit 1927, vor allem seit 1928 (im Ruhreisenstreit[67]), die Politik der Unternehmer, die dieses Instrument beseitigen wollten.
Gegen die Behauptung, die Lohnbewegung in der zweiten Hälfte der zwanziger Jahre sei primär auf die staatliche Zwangsschlichtung zurückzuführen, spricht aber die Tatsache, daß die Bruttostundenverdienste in diesem Zeitraum erheblich über den tariflich vereinbarten Sätzen[68] lagen. Der Staat scheint demnach mit seiner Schlichtungspolitik primär eine Lohnentwicklung flankiert zu haben, die in erster Linie durch die im Zuge des Konjunkturaufschwungs verbesserte Situation der Arbeitnehmer verursacht worden war.
Der Widerstand der Unternehmer gegen die Zwangsschlichtung Ende der zwanziger Jahre richtete sich demnach nicht in erster Linie gegen eine einseitige Handhabung des Instruments, sondern sie wollten die staatliche Schlichtung, die für das Funktionieren des Tarifwesens entscheidenden sozialpolitischen Interventionsmöglichkeiten des Staates beseitigen, um das 1918 zum Durchbruch gekommene Prinzip der Tarifvertragsfreiheit zu Fall zu bringen.
6. An die Diskussion um die Lohnhöhe in der Weimarer Zeit schließt sich die Frage an, ob nicht andere Kosten, insbesondere Sozialversicherungsabgaben und Steuern, als Wachstumsbremse wirkten.

Kostenbelastungen durch Steuern und Sozialabgaben

Die volkswirtschaftliche Steuerlastquote, einschließlich der Abgaben zum Sozialversicherungssystem, betrug in der zweiten Hälfte der zwanziger Jahre etwa 25% und hatte sich damit gegenüber dem Vorkriegsstand verdoppelt. Wesentliche Ursache war nicht nur die erhöhte Ausgabenbereitschaft der öffentlichen Hand, sondern auch die Tatsache, daß Reich, Länder, Gemeinden und Sozialversicherungsträger infolge der Vermögensverluste in der Inflation und Schwierigkeiten bei der Kreditaufnahme ihre Einnahmen in einem weit höheren Ausmaß durch Steuereinnahmen (bzw. Beitragszahlungen) decken mußten.[69]
Während in den ersten beiden Jahren nach der Stabilisierung der erhöhte Bedarf an Steuern, Abgaben und Beiträgen zur Sozialversicherung in erster Linie auf die Verbraucher und Lohnsteuerpflichtigen abgewälzt wurde, man aber gleichzeitig die Unternehmen und einkommenssteuerpflichtigen höheren Einkommen tunlichst entlastete, drehte sich dieser Trend ab 1926 um: Bis zum Beginn der Wirtschaftskrise sank der Anteil der Staatseinnahmen, der durch die Konsumenten aufgebracht wurde, während der Prozentsatz der Einnahmen aus der Lohnsteuer und den Arbeitnehmer-Sozialversicherungsbeiträgen relativ

konstant blieb; gleichzeitig wuchs aber der Anteil von Abgaben (Steuern, Sozialversicherungsbeiträgen), die von Unternehmen und Beziehern höherer Einkommen zu leisten waren, ganz erheblich.[70]

Betriebliche Sozialleistungen

Was die Ausgaben für die Sozialversicherung anbelangt, so läßt sich allerdings zeigen, daß z. B. in den meisten großen Stahlkonzernen zwischen 1926 und 1930 die freiwilligen Sozialleistungen schneller stiegen als die gesetzlich vorgeschriebenen Abgaben;[71] dies deutet darauf hin, daß die Steigerung der Aufwendungen für soziale Zwecke nicht einseitig im Zusammenhang mit einer „übertriebenen" staatlichen Sozialversicherungsgesetzgebung zu sehen ist, sondern auch der Politik der Unternehmen entsprach, die durch einen konsequenten Ausbau der betrieblichen Sozialpolitik die „Betriebsverbundenheit" der Arbeitnehmer stärken wollten.[72]

Staatliche Ausgaben

Betrachtet man die Ausgabenseite,[73] so zeigt sich, daß 1928/29 43,3% aller öffentlichen Ausgaben (etwa 7 Milliarden RM) für Sozialausgaben (einschließlich der Aufwendungen für die Sozialversicherung sowie die öffentlichen Ausgaben für den Wohnungsbau) verwandt wurden, gegenüber 42,7% 1925/26 (etwa 5 Milliarden) und 20,6% 1913/14 (ca. 1,7 Milliarden). Diese Steigerung des Sozialetats entsprach keineswegs einer übertriebenen Ausgabenfreude, sondern diente vor allem dazu, die schlimmsten Folgen von Krieg, Inflation und sozialpolitisch rücksichtsloser Sanierung aufzufangen. So wurden etwa 7% aller öffentlichen Ausgaben für die Kriegsopferversorgung ausgegeben (die nicht nur die Kriegsversehrten und Hinterbliebenen, sondern auch die Pensionen für ehemalige Berufssoldaten umfaßte) sowie über 4% für die sogenannte Kleinrentnerfürsorge,[74] also Unterstützungszahlungen für Personen, die infolge der Inflation ihr Vermögen verloren hatten.

Neben dem Sozialetat ergab sich eine zweite große Belastung daraus, daß ein erheblicher Teil (13,1% 1928/29) aller öffentlichen Ausgaben für innere und äußere Kriegsfolgelasten (also vor allem die Reparationen) ausgegeben werden mußte.

Insbesondere die Kommunen konnten die erheblich erhöhten öffentlichen Ausgaben nur mit Hilfe ausländischer Kredite finanzieren. Auf ihre „verschwenderische" Ausgabenpolitik konzentrierte sich die öffentliche Kritik, die sich vor allem über einzelne „Luxusbauten", wie Schwimmbäder oder Kultureinrichtungen, erregte.[75] In der Tat hatten sich die Investitionen der Gemeinden mit über 5 000 Einwohnern zwischen 1925 und 1928 fast verdoppelt, und zwar insbesondere für Straßen- und Kanalisationsbauten, Schulen, Krankenhäuser und den Wohnungsbau. Die laufenden Ausgaben der Gemeinden flossen vor allem in den Schulbereich und in die kommunale Fürsorge, von der mehr und mehr Dauererwerbslose zu versorgen waren.[76] Wollte die Weimarer Republik ein Mindestmaß an sozialer Stabilität erreichen, waren solche Ausgaben unverzichtbar.

7. In der zeitgenössischen Debatte wurden die Jahre der relativen wirtschaftlichen Stabilität häufig mit einer starken Tendenz zur „Rationalisierung" der Wirtschaft identifiziert.[77] Unter Rationalisierung verstand man so unterschiedliche Dinge wie die Einführung neuer Produktionsverfahren, die Reform der innerbetrieblichen Arbeitsorganisation, insbesondere die Zerlegung und Kontrolle der Arbeitsabläufe und eine leistungsgerechte Entlohnung, die Einführung von Fließverfahren, die Stillegung unrentabler Betriebe, aber auch die Vorstellung einer „vernünftigen" Gesamtsteuerung des Wirtschaftsablaufs: An die Stelle eines wild wuchernden Konkurrenzsystems mit hohen Reibungsverlusten sollte ein effizienterer „organisierter Kapitalismus" treten. Verband sich der Begriff Rationalisierung in den zwanziger Jahren häufig mit einer Technologie-Euphorie, so wurde er nach Beginn der Weltwirtschaftskrise vor allem als Schlagwort genutzt, um die häufig mit massiven Entlassungen verbundenen Fehlinvestitionen der zwanziger Jahre zu bezeichnen.

Rationalisierung

Tatsächlich sind durchaus Zweifel angebracht, ob der Rationalisierung wirklich eine zentrale Rolle für die Wirtschaftsentwicklung in der Stabilitätsphase zuzumessen ist. Es scheint, daß es nur in wenigen Bereichen zu wirklichen technischen Innovationswellen kam; und wo grundlegende Verbesserungen eingeführt wurden, war dies häufig schon in der Kriegs- und Inflationszeit geschehen.[78] Zur massiven Durchsetzung neuer Technologien kam es eigentlich nur in zwei Branchen: Im Bergbau, wo die Einführung von mechanischen Abbau- und Fördergeräten im großen Stil fortgesetzt wurde, und in den großen Automobilwerken, die sich an dem Vorbild der amerikanischen Fließbandproduktion orientierten. In der Schwerindustrie verstand man unter Rationalisierung vor allem Konzentration: die Errichtung von größer dimensionierten Produktionsanlagen und die Bildung von schwerindustriellen Komplexen aus dicht beieinanderliegenden Kohlegruben, Hütten- und Walzwerken. In allen Wirtschaftszweigen führte die Reform des Bürobetriebs in den zwanziger Jahren dazu, daß Angestellte in erheblichem Umfang entlassen wurden.

In der Stabilisierungsphase wurden unter dem Stichwort der „Rationalisierung" Kapazitätserweiterungen in verschiedenen Bereichen geschaffen, die in der beginnenden Krise als Überkapazitäten kostenbelastend wirken sollten. Durch Rationalisierungsmaßnahmen wurden in den zwanziger Jahren Arbeitskräfte freigesetzt, ohne durch neue Technologien wirkliche Wachstumsimpulse zu schaffen.

8. Als eine andere Ursache für die Schwäche der Weimarer Wirtschaft in der Stabilisierungsphase wird häufig eine überzogene Konzentration und Kartellisierung der deutschen Industrie genannt.

Während des Krieges und in der Inflationszeit hatte es innerhalb der Industrie einen sehr starken Trend zur vertikalen Konzentration gege-

**Konzen-
tration**

ben, also zum Zusammenschluß aufeinanderfolgender Stufen der Verarbeitung und des Absatzes. Diese Tendenz setzte sich – trotz des spektakulären Zusammenbruchs des größten Wirtschaftsimperiums, des Stinnes-Konzerns im Jahre 1924 – in der Stabilisierungsphase fort, wurde aber noch übertroffen von einer horizontalen Konzentrationsbewegung, also Zusammenschlüssen innerhalb der gleichen Branche.[79]

Insbesondere in der Chemie- und der Stahlindustrie bildeten sich Mammutkonzerne: So entstand 1925 der IG-Farben-Konzern, ein sowohl vertikaler wie horizontaler Zusammenschluß, in dem die führenden sechs deutschen Chemieunternehmen, die etwa ein Drittel der Kapazität der gesamten deutschen Chemieindustrie repräsentierten, die bisher zwischen ihnen bestehende Konkurrenzsituation weitgehend bereinigten und zu einer großflächigen Arbeitsteilung übergingen. Eine vergleichbare arbeitsteilige Spezialisierung wurde unter dem Dach der 1926 gegründeten Vereinigten Stahlwerke erreicht, in denen etwa die Hälfte der deutschen Eisen- und Stahlproduktion zusammengefaßt wurde.

Neben der Fusion von Unternehmen war die Bildung von Kartellen – Abkommen zwischen den Firmen einer Branche, die der Marktaufteilung und der Preisregelung dienten – eine zweite wichtige Tendenz in der zunehmenden Organisation der deutschen Wirtschaft. 1925 existierten in der Industrie 2 500 Kartelle, 1930 3 000.[80] Hochgradig kartellisiert waren wiederum die Kohleförderung und die Stahlindustrie, also Bereiche, die auch eine hohe Unternehmenskonzentration aufwiesen. Die für die gesamten zwanziger Jahre charakteristische Ersetzung von Markt durch Organisation wurde durch die staatliche Wirtschaftspolitik in keiner Weise behindert, im Gegenteil, sogar durch Steuervorteile[81] begünstigt. Diese zunehmende Organisation der Wirtschaft war in erster Linie eine Reaktion auf schrumpfende Absatzbedingungen; durch die Außerkraftsetzung von Marktmechanismen konnten Preisvorteile gewahrt werden.

9. Wachstumshemmend wirkte sich aber auch die restriktive Währungspolitik der Reichsbank aus,[82] die gerade während der Jahre wirtschaftlicher Stabilität für ein relativ hohes Zinsniveau sorgte. Die Hauptmotive des Reichsbankpräsidenten Schacht bestanden darin, die deutsche Währung stabil zu halten, die Exportfähigkeit zu stärken und den deutschen Kapitalmarkt für ausländische Anleger attraktiv zu machen, schließlich aber auch nachzuweisen, daß der Dawes-Plan währungspolitisch nicht durchführbar sei. Aus der von solchen komplizierten Zielsetzungen beherrschten Währungspolitik ergaben sich immer wieder Zielkonflikte zur Konjunkturpolitik.

Angesichts der nach der Stabilisierung der Mark Ende 1923 einsetzenden starken Kreditnachfrage, die zwar zu einer Verbesserung der wirtschaftlichen Lage, aber auch zu neuen inflationären Tendenzen geführt hatte, begrenzte die Reichsbank im April 1924 das Kreditvolumen auf den Ist-Stand.[83] Dies bedeutete zwar einen erneuten Rückschlag für die Konjunktur, führte jedoch zu einem Rückgang des Preisauftriebs und kurzfristig im Sommer 1924 zu einer aktiven Handelsbilanz. Nun flossen der Reichsbank in großem Umfang Gold und Devisen zu, die als Deckung für die (im Oktober 1924 anstelle der Rentenmark neu eingeführte) Reichsmark eingesetzt wurden und die währungspolitische Voraussetzung für die Wiedereingliederung Deutschlands in den Weltmarkt – wie sie mit dem Dawes-Plan beabsichtigt war – schaffen sollten.

Mit dem Inkrafttreten des Dawes-Planes strömten in großem Umfang ausländische, vor allem amerikanische Kredite nach Deutschland, die für deutsche Investoren eine willkommene Alternative für die mit hohen Zinsen belastete Geldaufnahme im Inland bildeten. Dieser Zufluß ausländischer Kredite wurde zunächst auch von der Reichsbank als durchaus positive Entwicklung begrüßt.[84]

Politik der Reichsbank

Allerdings versuchte Schacht, die Aufnahme von Auslandskrediten auf die Privatwirtschaft zu begrenzen. Im November 1924 erwirkte er eine Notverordnung, durch die die Aufnahme von Auslandskrediten durch Länder und Gemeinden von der Genehmigung des Reichsbankpräsidenten abhängig gemacht wurde.[85] Nach Protesten der Länder wurde daraufhin im Dezember 1924 eine Beratungsstelle für Auslandskredite durch die Reichsbank, die Reichsregierung und die Länder gemeinsam eingerichtet.

Als aber Anfang 1925 der ausländische Kapitalzufluß abebbte, konnte sich die Reichsbank nicht entschließen, ihren restriktiven Kurs aufzugeben, weil sie die Geldwertstabilität für vorrangig hielt, aber auch, um die Wirtschaft von unsoliden Firmen zu „reinigen", die in der Inflationszeit entstanden oder expandiert waren. In der Tat führte die im Sommer 1925 eintretende Rezession zu einer großen Zahl von Konkursen sowie zu Lohn- und Preissenkungen, die wiederum einen Exportüberschuß ermöglichten. Die restriktive Geldpolitik brachte die Reichsbank in einen schweren Konflikt mit der Regierung, die ihrerseits mit Hilfe einer aktiven Konjunkturpolitik einen Ausweg aus der Rezession suchte.[86]

Ende 1925 ging die Reichsbank schließlich dazu über, ihren restriktiven Kreditkurs aufzugeben. Ab Mitte 1926 begann sie, den Diskontsatz schrittweise zu verringern, um das Zinsniveau zu senken. In der zweiten Jahreshälfte 1926 fing die Konjunktur an, sich zu erholen; gleichzeitig verschlechterte sich die Handelsbilanz wieder, und es trat erneut ein Importüberschuß ein. Die im Zuge des Aufschwungs sich verstärkende Kapitalnachfrage führte dazu, daß trotz niedrigerer Zinssätze innerhalb Deutschlands nach wie vor in starkem Maße Auslandskredite beansprucht wurden. Nun änderte Schacht jedoch seine bis dahin positive Haltung gegenüber der hohen Auslandsverschuldung: Zum einen befürchtete er, die Kontrolle über die Währungspolitik zu verlieren (er sprach von einer „zweiten Reichsbank" in Gestalt der ausländischen Kredite); zum anderen aber wollte er vermeiden, daß die aus den Auslandskrediten stammenden, sich in der Reichsbank reichlich ansammelnden Devisen weiterhin für den Reparationstransfer benutzt wurden. Denn der anhaltende Devisenstrom machte sein ursprüngliches Kalkül zunichte, aufgrund der deutschen Exportschwäche werde ein so eklatanter Devisenmangel eintreten, daß der im Dawes-Plan vorgesehene Stopp der Reparationstransfers ausgelöst werden könnte, bevor die Annuitäten 1928/29 den Höchststand erreichten.[87] Um die Auslandskredite zu stoppen, senkte Schacht den Diskontsatz im Januar 1927 auf den Tiefststand. Als sich jedoch herausstellte, daß dies zu einer zu hohen Belastung der Reserven der Reichsbank führte, kehrte Schacht im Sommer 1927 wieder zu einer restriktiven Kreditpolitik zurück. Die Verteuerung der Kredite leitete die sich bereits Ende 1927 abzeichnende Stagnation ein.

Es zeigte sich also, daß die äußerst wechselhafte Währungspolitik der Reichsbank ganz wesentlich durch reparationspolitische Überlegungen beeinflußt war: Verfolgte Schacht in der Währungspolitik zunächst eine deflatorische Tendenz, um die Anfangsvorteile des Dawes-Planes (Zugang zu Auslandskrediten bei niedrigen Annuitäten) in vollem Umfang nutzen zu können und gleichzeitig durch niedrige Preise ein „Exportdumping" zu bewirken und so die Währungsreserven der Reichsbank zu erhöhen, stand in den Jahren 1926/27 die Absicht im Vordergrund, den Dawes-Plan mit seinen Jahr für Jahr steigenden Annuitäten durch ein Abblocken des Devisenzustroms außer Kraft zu setzen.

Während sich Schacht also bemühte, durch währungspolitische Manöver das Nichtfunktionieren des Dawes-Planes zu beweisen, ließ er intern keinen Zweifel aufkommen, daß die deutsche Volkswirtschaft eigentlich durchaus in der Lage sei, die „Leistungen der Volljahre in Gestalt von 2 1/2 Milliarden ohne weiteres bezahlen" zu können.[88] Tatsächlich entsprachen die geforderten 2,5 Milliarden in etwa den Einsparungen, die sich aus den im Vergleich mit dem späten Kaiserreich wesentlich geringeren Militärausgaben ergaben (selbst wenn man die Kriegsfolgelasten, die die Republik zu tragen hatte, in die Rechnung einbezieht).

10. Bereits während der sogenannten stabilen Jahre der Weimarer Republik war ein Ansteigen der Arbeitslosenzahlen zu verzeichnen:

Arbeitslosigkeit (in Tsd.) [89]						
	1924	1925	1926	1927	1928	1929
Januar	1904	800	2221	2257	1791	2850
April	745	523	2113	1462	1234	1712
Juli	756	406	2004	927	1018	1252
Oktober	670	636	1709	787	1164	1557

Arbeitslosigkeit

Nach dieser Statistik sank die Arbeitslosigkeit nach der Überwindung der Krise von 1923 in den Jahren 1924/25 stark ab; selbst der saisonübliche Anstieg der Arbeitslosenzahlen im Winter hielt sich 1924/25 in sehr engen Grenzen. Hierauf folgte in der Krise von 1925/26 ein sehr starker Anstieg der Erwerbslosenzahlen auf über 2,2 Millionen, die sich während des Sommers 1926 nur sehr langsam abbauten und sich im Winter 1926/27 wieder auf über 2,2 Millionen erhöhten. Während des Sommers 1927 gelang es noch einmal, die Zahlen erheblich herunterzudrücken, doch lagen sie trotz guter Konjunktur beträchtlich über denen des Sommers 1925. Im folgenden Winter milderte sich zwar der saisonübliche Anstieg der Arbeitslosenzahl (auf knapp 1,8 Millionen), dafür lagen die Zahlen des Sommers 1928 wieder über denen des Vorjahrs. Obwohl die wirtschaftliche Lage 1928 wesentlich besser war als 1925, waren dennoch vergleichsweise erheblich höhere Arbeitslosenziffern zu verzeichnen.

Beschäftigung

Die Arbeitslosenstatistik gibt jedoch kein vollständiges Bild der Arbeitsmarktsituation. Durch die hohen Kriegsverluste war der Prozentteil der erwerbsfähigen Bevölkerung in der Nachkriegszeit verhältnismäßig niedrig gewesen; mit dem Eintritt der relativ starken Geburtenjahrgänge der Vorkriegszeit in das Berufsleben stieg insbesondere während der zweiten Hälfte der zwanziger Jahre der Anteil der Erwerbspersonen (Erwerbstätige und Arbeitsuchende) an der Gesamtbevölkerung an, nämlich von 51,7% (1925) auf 55,2% (1928). Diese auf den Arbeitsmarkt drängenden Kräfte fanden auch zum Teil Beschäftigung:

Beschäftigte (in Tsd.)[91]			
1925	31033	1929	32266
1926	29852	1930	30483
1927	31963	1931	28115
1928	32531	1932	26113

Tatsächlich stieg die Zahl der Erwerbstätigen von 31,0 Millionen (1925) auf 32,5 Millionen (1928), der Anteil der Beschäftigten unter den 14- bis 64jährigen erhöhte sich von 56,7% (1925) auf 58,2% (1928).[90] Wenn also eine wachsende Zahl von Menschen trotz verbesserter wirtschaftlicher Lage nicht beschäftigt werden konnte, dann hatte dies unter anderem auch mit einer Vergrößerung des gesamten Arbeitskräftepotentials zu tun, das nicht vollständig absorbiert werden konnte.

Ursachen der relativen Stagnation

11. Zusammenfassend läßt sich also zu den Ursachen der ökonomischen Schwäche sagen, daß die relative Stagnation (geringes Wachstum und geringe Investitionsbereitschaft) der deutschen Wirtschaft zwischen 1924 und 1929 vor dem Hintergrund einer weltwirtschaftlichen Wachstumsschwäche gesehen werden muß; diese weltweite Stagnation war zum einen auf die Veränderungen des Welthandels und des Weltwährungssystems infolge des Ersten Weltkriegs zurückzuführen, zum anderen auf einen globalen, mit schwierigen Umstellungsprozessen verbundenen Strukturwandel innerhalb der Industrie.

Gleichzeitig sahen sich die deutschen Unternehmen erheblich gestiegenen Kosten gegenüber, nicht nur bei den Löhnen und Sozialabgaben sowie den Steuern, sondern auch bei den Kapitalkosten, die durch die Vernichtung der Geldvermögen und den (nur im Zusammenhang mit der Reparationspolitik verständlichen) restriktiven Kurs der Reichsbank hoch gehalten wurden.

Neben speziellen Problemen wie dem Erscheinen relativ starker Jahrgänge auf den Arbeitsmarkt und der inflexiblen Überkonzentration der deutschen Wirtschaft bestand das Grundproblem der „Stabilisierungsphase" offensichtlich darin, daß die Investitionen, die die Unternehmen in den Jahren 1924 bis 1928 getätigt hatten, um die steigenden Löhne durch (arbeitssparende) Produktionsanlagen aufzufangen, sich nach 1928, nachdem die Wachstumsbewegung ihren Scheitelpunkt überschritten hatte, wegen der mangelnden Auslastung als unrentabel erwiesen; die fixen Kapitalkosten, die durch diese Investitionen verursacht wurden, verschärften die ohnehin prekäre finanzielle Situation der Unternehmen.[92]

Als Ausweg bot sich an, die variablen Kosten, d. h. in erster Linie die Lohnkosten und die Lohnnebenkosten, zu senken. Dies konnte aber nur durch einen massiven Angriff auf das System der Tarifverträge und die Verfassung der Sozialversicherungen geschehen. Da beides integrale Bestandteile des politischen Systems der Weimarer Republik waren, konnten diese Ziele nur mit Hilfe parlamentarischer Mehrheiten, nötigenfalls aber auch durch Ausschaltung des Parlaments erreicht werden. In diesem Zusammenhang erhalten die fortgesetzten Klagen der Unternehmen über die „zu hohen Löhne" eine eindeutige Funktion als Druckmittel gegenüber der Politik.

12. Vertreten wurden die unternehmerischen Interessen durch den Reichsverband der deutschen Industrie (RDI), mit dem im Jahre 1919 erstmalig eine einheitliche Spitzenorganisation der industriellen Verbände errichtet worden war, die etwa 70–80% aller Betriebe vertrat.[93] Innerhalb des RDI bestanden zwei Lager: Zum einen eine schwerindustrielle Gruppe vorwiegend rheinisch-westfälischer Eisen- und Stahlindustrieller sowie Bergbauunternehmer, die wirtschaftspolitisch an einer Absicherung des Binnenmarkts durch Zollschranken interessiert war, gegen die Reparationspolitik opponierte, einen antigewerkschaftlichen Kurs verfolgte, für eine Rechtsregierung eintrat und überwiegend das parlamentarische System ablehnte; sie besaß mit dem Langnamverein eine eigene Organisation außerhalb des RDI. Dem stand eine Gruppierung aus den innovativen Industrien (Elektro-, Chemie- und Maschinenindustrie) gegenüber, die exportorientiert und daher gegen Zollschranken war, die Reparationen als notwendiges Übel hinnahm, die Republik prinzipiell anerkannte und gegenüber den Gewerkschaften und den Sozialdemokraten kooperationsbereit war. Bis 1924 überwog die schwerindustrielle Gruppe innerhalb des RDI; nach der Währungsstabilisierung und dem Abschluß des Dawes-Planes übernahm die exportorientierte Gruppierung (unter dem Vorstandsvorsitzenden der Bayer-Werke, Carl Duisberg) die Führung des RDI, wobei es aber den Schwerindustriellen gelang, sich eine Veto-Funktion zu erhalten.

Der Reichsverband nahm Einfluß auf alle bürgerlichen Parteien, insbesondere aber war er – vor allem über seinen schwerindustriellen Flügel – mit der DVP verbunden. Seit 1926 traten nun verschiedene führende RDI-Repräsentanten, insbesondere der führende Braunkohlenfabrikant Paul Silverberg, für eine Wiederbeteiligung der Sozialdemokraten an der Regierung ein. Dahinter stand das Kalkül, die SPD für den massiven Abbau sozialstaatlicher Leistungen mitverantwortlich zu machen und sie endgültig auf die Anerkennung der bestehenden Wirtschaftsordnung festzulegen. Als sich diese Erwartungen in der Großen Koalition (1928–1930) nicht in vollem Umfang erfüllten, sollten sich diejenigen Kräfte innerhalb des RDI durchsetzen, die eine autoritäre Regierungsform anstelle der parlamentarischen Demokratie wünschten.

Ausbau des Sozialstaats

Der umfassende Ausbau des Sozialstaats[94] gehörte zu den wesentlichen Versprechen der Weimarer Verfassung. Neben der Verankerung des Sozialstaatsprinzips („Die Ordnung des Wirtschaftslebens muß den Grundsätzen der Gerechtigkeit mit dem Ziel der Gewährleistung eines menschenwürdigen Daseins für alle entspechen", Art. 151) sicherte die

Verfassung ausdrücklich den Schutz der Arbeitskraft, Koalitionsfreiheit und Mitbestimmungsrechte der Arbeitnehmer, das Recht auf Arbeit, die Förderung des Mittelstandes, Schutz der Mütter, Erziehung und Familienleben, die Gleichberechtigung der Geschlechter, die Gleichstellung außerehelich geborener Kinder und anderes mehr. So neu und „fortschrittlich" dieser Katalog auch war: Die Weimarer Sozialpolitik stützte sich in einem erheblichen Umfang auf Einrichtungen und Reformvorstellungen, die aus der Zeit des Kaiserreichs stammten.

Sozial-versicherung

Der Weimarer Wohlfahrtsstaat richtete zunächst die aus dem Kaiserreich stammende, durch die Inflation praktisch zerrüttete Sozialversicherung wieder auf und baute ihre Leistungen schrittweise aus. Zu den wichtigsten Fortschritten in den einzelnen Zweigen der Sozialversicherung gehörten die Ausdehnung der Krankenkassenleistungen auf die Familienangehörigen und der Ausbau der Vorsorgemedizin, die Zusammenfassung der Invaliden- und Altersversicherung zu einer einheitlichen Rentenversicherung mit erheblich verbesserten Leistungen sowie der Ausbau der Unfallversicherung, die jetzt auch Unfälle auf dem Weg zur Arbeit und Berufskrankheiten einschloß. Prävention und Rehabilitation setzten sich während der Weimarer Jahre in allen drei traditionellen Bereichen der Sozialversicherung als Leitvorstellungen durch. Die Einführung der Arbeitslosenversicherung 1927 ergänzte das bestehende System, indem es ein weiteres Hauptrisiko absicherte.[95] Dieser Ausbau der Sozialversicherung war mit erheblichen finanziellen Belastungen verbunden: Machte der Beitrag zu den drei Zweigen der Sozialversicherung 1913 8% der Bruttogehaltssumme aus, so waren 1929 12,5% zu zahlen, zuzüglich 3% Beitrag zur neu eingeführten Arbeitslosenversicherung.

Öffentliche Fürsorge

Die öffentliche Fürsorge bildete die zweite Säule des Wohlfahrtsstaats. Armut konnte nach den Erfahrungen von Krieg und Nachkriegszeit nicht mehr als ein selbstverschuldetes Problem gesellschaftlicher Außenseiter gesehen werden, sondern betraf eine große Zahl von Menschen, die als Folge allgemeiner Krisenentwicklungen in den Strudel sozialer Abstiegsprozesse geraten waren, so etwa die ca. 300 000 Kleinrentner,[96] die durch die Inflation um ihre Ersparnisse gebracht worden und nun auf öffentliche Unterstützung angewiesen waren. 1924 wurde daher die kommunale, auf karitativen Motiven beruhende Armenpflege zu einer umfassenden Sozialfürsorge ausgebaut: Ein Rechtsanspruch auf Sozialhilfe wurde eingeführt, die Höhe der Zahlungen unterlag jedoch einer Bedürftigkeitsprüfung und diente nur der unmittelbaren Existenzsicherung. 1929 zählte man 2,75 Millionen Fürsorgeempfänger. Durch das Reichsversorgungsgesetz von 1920 war die Unterstützung von 1,5 Millionen Kriegsbeschädigten und 2,5 Millionen Hinterbliebenen aus dem Bereich der Fürsorge herausgenommen und in einem eigenständigen Rahmen geregelt worden. Sozialpolitik war eben zu einem erheblichen Teil Bewältigung der Folgelasten von Kriegs- und Inflationszeit.[97]

Alle Zweige der sozialen Sicherung gaben 1929 über 9 Milliarden Reichsmark gegenüber etwa 1 Milliarde im Jahre 1913 aus, eine Steigerung, die in keiner Weise durch ein vergleichbares wirtschaftliches Wachstum getragen wurde.[98] Dabei waren zahlreiche ausgabensteigernde Reformmaßnahmen gerade unter den bürgerlichen Kabinetten zwischen 1924 und 1928 getroffen worden; man kann sie als Kompensation für die Nichtbeteiligung der stärksten Partei, der Sozialdemokraten, an der Regierung deuten. Das zunehmende Mißverhältnis zwischen Ausgaben und wirtschaftlicher Wachstumsschwäche sollte jedoch in der Wirtschaftskrise zu einem massiven, kumulativ wirkenden Abbau der Sozialleistungen zwingen. Der bereits in den wirtschaftlich relativ erfolgreichen Jahren zutage tretende Widerspruch zwischen den umfassenden sozialstaatlichen Garantieerklärungen der Verfassung und der weit dahinter zurückbleibenden Realität, gekennzeichnet durch kleinliche Bedürftigkeitsprüfungen einer anonymen Sozialbürokratie und durch individuelle Zuwendungen, die nur das Existenzminimum sicherten, sollte in der Krise noch offensichtlicher werden.

Anspruch und Wirklichkeit der Sozialpolitik

Dieser Widerspruch zwischen sozialpolitischen Verheißungen und trister Wirklichkeit wurde noch dadurch verstärkt, daß die Zielvorstellungen der für die Sozialpolitik Verantwortlichen sich zunehmend verselbständigten: Mit der Verdichtung der sozialstaatlichen Maßnahmen und dem Aufbau einer umfassenden Sozialbürokratie – begleitet von einer Professionalisierung der Sozialberufe und einer Verwissenschaftlichung der Sozialpolitik – brach sich die Vorstellung einer geradezu ingenieurmäßigen Lösung der sozialen Frage Bahn. Sozialpolitik wurde zunehmend nicht mehr als Ausgleich von Härtefällen und als Absicherung von Risiken gesehen, sondern als ein umfassendes Programm zur Erfassung, Pädagogisierung und Disziplinierung aller problematischen Sektoren der Gesellschaft.[99]

Dieser umfassende Anspruch kam etwa in der wachsenden Bedeutung von zwei neuen sozialpolitischen Richtungen, der Sozialpädagogik und der Sozialhygiene, zum Ausdruck: Sozialpädagogische Einflüsse prägten z. B. das Reichsjugendwohlfahrtsgesetz von 1922, das erhebliche Eingriffe staatlicher Stellen in die familiäre Erziehung erlaubte, sowie das Reichsjugendgerichtsgesetz von 1923, das das Erziehungsprinzip neben den Strafanspruch in bezug auf jugendliche Täter stellte.[100] Sozialhygienische Gesichtspunkte kamen nicht nur in der Präventivmedizin zum Ausdruck, sondern auf vielen anderen Gebieten wie etwa der Sexualaufklärung und Familienberatung, in Forderungen an den Wohnungsbau und die Gestaltung von Freizeitanlagen, in der Propagierung von Grundsätzen für Ernährung, Haushaltsführung, Säuglingspflege etc.

Sozialpädagogik und Sozialhygiene

„Biologi-sierung" der Sozialpolitik

Die Unmöglichkeit, solche umfassenden Programme auch zu finanzieren, bestärkte die Forderung von Sozialpolitikern und Wissenschaftlern, eine Gesundung des „Volkskörpers" an der Wurzel vorzunehmen, das heißt durch einen systematischen Einsatz der Eugenik: In Fachkreisen wurde immer lauter die Forderung erhoben, tatsächliche oder angeblich erblich bedingte Defekte durch systematische erbgesundheitliche Untersuchungen, ja durch massenweise Sterilisierung „auszumerzen". In einem sozialbiologischen Ausleseverfahren, so die Vorstellung der Experten, sollte die Geburtenkontrolle „minderwertiger" (damit meinte man in erster Linie subproletarische Schichten) durch die gezielte bevölkerungspolitische Förderung „wertvoller" Kreise ergänzt werden.

Tatsächlich waren diese Bemühungen, soziale Probleme zu „biologisieren", eine Mischung aus spekulativen erbbiologischen „Erkenntnissen", sozialen Vorurteilen und rassistischen Gedankengängen (wie etwa der Vorstellung, „fremdes", d. h. schädliches, Erbgut ausschalten zu müssen). Solchen Überlegungen kam jedoch angesichts des Kostendrucks, unter dem der Sozialstaat stand, wachsende Bedeutung zu; hier wurden die Konzepte bereitgestellt, die wenige Jahre später durch die gnadenlose „Bevölkerungspolitik" der Nationalsozialisten aufgegriffen wurden. Sie erscheinen als eine Flucht aus dem unauflösbaren Widerspruch zwischen weitgehenden sozialpolitischen Verheißungen und deren mangelnder Einlösung.

Kultur der „Klassischen Moderne"

Die Kultur der „Klassischen Moderne", die sich während der Jahre 1918 bis 1933 in Deutschland herausbilden konnte, gehört zu den faszinierendsten und bis auf den heutigen Tag auf vielfache Weise nachwirkenden Phänomenen der Weimarer Zeit. Diese Weimarer Kultur war durch eine große Vielfalt der Stile und durch einen enormen Reichtum an Ideen und Fähigkeiten gekennzeichnet; sie forderte jedoch auch außerordentlich scharfe Gegenreaktionen heraus.

Expressionis-mus

Die ersten Jahre der Weimarer Kultur[101] standen insbesondere unter dem Einfluß der expressionistischen Bewegung.[102] Die Expressionisten hatten bereits im letzten Jahrzehnt vor Beginn des Ersten Weltkriegs damit begonnnen, in der Malerei, aber auch in Drama und Lyrik den vorherrschenden Stilrichtungen der wilhelminischen Epoche einen radikalen neuen Entwurf entgegenzustellen: Befreit von den konventionellen Ausdrucksmitteln, von allem Dekorativen und Schnörkelhaften, wollten die expressionistischen Künstler nicht die Wirklichkeit bloß abbilden, sondern durch eine explosive und pathetische Intensivierung des

Ausdrucks hinter die Fassade der bloßen Erscheinungen vordringen und das subjektiv als wesentlich Erfaßte freilegen.

Die esoterische, antibürgerliche, jedoch aus dem Bürgertum stammende und im Kern idealistische Gruppe der Expressionisten sah in den Ereignissen vom November 1918 den lange herbeigesehnten, endgültigen Bruch mit der alten Welt, die Möglichkeit, durch eine revolutionäre Verbindung von Politik und Ästhetik zu einer qualitativ neuen Lebensform durchzustoßen: In einer totalen Ablehnung der alten, durch Technik, Gewalt und Industrie geprägten Welt propagierten expressionistische Künstler, die auch als „Novembristen" bezeichnet wurden, den „neuen Menschen"; sie suchten nach einer weiteren Steigerung ihrer künstlerischen Ausdrucksmittel, die noch exzentrischer, noch provokativer und noch ekstatischer wurden. Die bisherigen Außenseiter profitierten jedoch auch von einer offeneren staatlichen Kulturpolitik, also etwa von Museumsankäufen, Berufungen in Kunstakademien oder der liberalen Spielplangestaltung der Theater, die nach dem Zusammenbruch 1918 in erheblichem Umfang von der öffentlichen Hand übernommen wurden. So gelang etwa expressionistischen Dramatikern wie Ernst Toller, Ernst Barlach und Georg Kaiser der entscheidende Durchbruch durch die Aufführung ihrer Werke auf staatlichen oder städtischen Bühnen, die auch expressionistische Klassikerinszenierungen wagten.[103] Aber auch in der Malerei erreichte der Expressionismus nach dem Ende des Ersten Weltkriegs mit den Werken von Ernst Barlach, Max Beckmann, Lyonel Feininger, Emil Nolde und anderen noch einmal einen Höhepunkt.[104] Über seine Ursprungsfelder Malerei und Literatur griff der Expressionismus nun auch auf andere Kunstbereiche über, vor allem auf Film und Architektur.[105]

Der Expressionismus löste die lawinenartige Entstehung neuer Stile aus: In Kubismus, Futurismus, Dadaismus und anderen -ismen versuchten die Künstler dieser Zeit, sich an Radikalität und Experimentierfreude gegenseitig zu überbieten. Diese revolutionären Stilrichtungen und die ursprüngliche Hauptrichtung, der Expressionismus, klangen mit dem Beginn der Stabilisierungsphase der Weimarer Republik ab: Ihr idealistisches Pathos und ihre gärende Unruhe erschienen nun vielen (auch vielen ehemals expressionistischen Künstlern) als überzogen. Aber gerade in der manischen Suche nach vollkommen neuen Ausdrucksformen, die die expressionistische Bewegung im Nachhinein als so überspannt erscheinen ließ, kommt zum Ausdruck, wie sehr Teile der jüngeren Generation das Jahr 1918 als Zäsur empfanden, wie radikal sie sich bis in ihre sinnlichen Wahrnehmungen und seelischen Empfindungen von der Welt der Väter entfernt hatten.

Neue Stile

In der 1924 beginnenden Stabilisierungsphase der Weimarer Republik setzte sich eine allgemeine „Versachlichung" der ästhetischen Ausdrucksformen durch.[106] Nach dem Ende der unruhigen Nachkriegszeit

Neue Sachlichkeit

und mit dem Schwinden revolutionärer Illusionen, mit der allmählichen Verbesserung der wirtschaftlichen Verhältnisse und dem Aufkommen neuer Medien standen auch in der Kunst nicht mehr gesellschaftsverändernde Utopien und exzentrische Manifestationen im Vordergrund, sondern es setzten sich eine allgemeine intellektuelle Ernüchterung und auch eine gewisse Anpassung an die Verwertungsbedingungen eines marktwirtschaftlich organisierten Kulturbetriebes durch. Mit dem Zerfall der kulturellen Hegemonie des Bürgertums begann eine egalitäre Gesellschaft zu entstehen (man sprach von einer neuen „Angestelltenkultur"), die veränderten kulturellen Konsumgewohnheiten folgte, während gleichzeitig zahlreiche Künstler ihre alten Einnahmequellen (ererbte Vermögen, Unterstützung durch Mäzene) verloren hatten und ihre Produkte vermarkten mußten: Mehr und mehr setzte sich eine an die Massen gerichtete, „demokratische", unpathetische Gebrauchskunst durch, in deren Rahmen auch die Gesellschaftskritik von Literaten und Künstlern konkreter, „sachbezogener" wurde. Nicht zuletzt die Tatsache, daß zwischen 1923 und 1929 der Wohnungsbau, und zwar zugunsten mittlerer Einkommensschichten, erheblich verstärkt wurde, und hierdurch die gegenstandsbezogenen Künste, Architektur und Design, besonderen Auftrieb erhielten, förderte diese „Versachlichung" des gesamten Kulturbetriebs.

Bauhaus

Mit dem Bauhaus,[107] zunächst in Weimar, später in Dessau, wurde ein Ausbildungs-, Experimentier- und Entwicklungszentrum geschaffen, in dem man sich nicht nur mit Architektur, sondern vor allem mit der Gestaltung von Einrichtungs- und Gebrauchsgegenständen, mit Typografie, Fotografie und anderem befaßte. Gegenstände des täglichen Bedarfs sollten, so die Grundsätze der Bauhausästhetik, funktional, materialgerecht und einfach sein. Die Forderung nach kollektiver Gestaltung, nach einer engen Verbindung von Formgebung und Herstellung führte, nachdem im frühen Bauhaus die Integration von Kunst und Handwerk im Vordergrund gstanden hatte, nach 1924 zu einer stärkeren Zuwendung zur Technik und zur industriellen Erzeugung.

Unter dem Einfluß des Bauhauses wurde in den mittleren Jahren der Weimarer Republik der funktionale Stil des „Neuen Bauens" entwickelt, der insbesondere in den Siedlungs- und Genossenschaftsbauten einer Reihe sozialdemokratisch regierter Großstädte durchgesetzt werden konnte, neben Berlin vor allem in Frankfurt am Main und in Hannover; in der Stuttgarter Weißenhofsiedlung waren unter der Leitung von Mies van der Rohe fast alle führenden Architekten des Neuen Bauens, so etwa Peter Behrens, Hans Scharoun, Walter Gropius, Hans Poelzig oder Bruno Taut, mit Musterhäusern vertreten.[108]

Der Bau von Wohnanlagen – Reihenhäusern oder Zeilenbauten – förderte die industrielle Serienherstellung, bevorzugt wurden Stahl, Beton, Glas, Flachdächer und Weiß als Leitfarbe. Die meist kubischen Häuser sollten nicht das heimelige Gefühl von „Obdach" und Geborgenheit vermitteln, sondern vor allem offen, hell und praktisch sein.

Auch die Einrichtung der neuen Wohnung (man strebte eine „Wohnmaschine" an) sollte nicht repräsentativ und behaglich ausfallen, sondern ganz auf den Gebrauchswert konzentriert sein. Beim Mobiliar wurde – um eine etwas ironische Kurzbeschreibung zu zitieren – das „Lackierte, Verchromte, Stählerne, Synthetische" bevorzugt, alles mußte „klappbar, schwenkbar, verstellbar, stapelbar, wegstellbar und damit letzlich austauschbar" sein.[109]

Außer dem Wohnungsbau entstanden in der kurzen Epoche des „Neuen Bauens" einige Warenhäuser, Kinos, Verwaltungs- und Postgebäude. Pläne für neue Stadtzentren und repräsentative öffentliche Gebäude wurden jedoch nicht verwirklicht. Tatsächlich wurden die meisten Gebäude der Weimarer Zeit in durchaus konventionellem Stil errichtet.

Malerei

Die Malerei[110] der mittleren Jahre der Republik, auf die der Begriff der „Neuen Sachlichkeit" zuerst bezogen wurde, wandte sich wieder dem Gegenständlichen zu, allerdings in einer gewissen Abstraktion und Stilisierung: Die Bilder dieser Kunstepoche strahlen Objektivität und Distanziertheit aus, großen Raum nimmt die Darstellung von Technik ein, daneben findet man vor allem Stilleben, aber auch betont unprätentiöse Porträts. Auch die ätzende Zeitkritik der Nachkriegsgesellschaft, wie sie in den Karikaturen von George Grosz und den Bildern von Otto Dix geübt wurde, zeichnete sich durch einen (wenn auch ins Groteske gesteigerten) Realismus und Detailfetischismus aus, der auf schockierende Weise das Häßliche und Abstoßende als zeittypisch hervorhob. Mit seinen provokanten Fotomontagen fand John Heartfield einen eigenen Weg der pointierten Zeitkritik. Es darf aber auch nicht übersehen werden, daß neben diesen verschiedenen neu-sachlichen Tendenzen so bedeutende Künstler wie Ernst Barlach, Käthe Kollwitz oder Max Liebermann eigene Wege gingen.

Literatur

Auch in der Literatur[111] führten verschiedene Wege zu einer „Versachlichung": Im Drama dominierten sogenannte „Zeitstücke" (Friedrich Wolf, Peter Martin Lampel und andere). Verstärkt wurden aber auch Komödien (Walter Hasenclever) und Volksstücke (Carl Zuckmayer) gespielt. Neben dem Theater verbreiteten sich Kleinkunstformen wie das Kabarett oder das Varieté sowie die Revue. Während Autoren wie Erich Kästner und Kurt Tucholsky kritisch-satirische „Gebrauchslyrik" produzierten und Bertolt Brecht sich mit seinen Theater-Experimenten unter anderem von der Faszination von Sportveranstaltungen leiten ließ, wandten sich Autoren wie Lion Feuchtwanger, Arnold Zweig, Hans Fallada, Ernst Glaeser, Erik Reger oder Erich Maria Remarque mit dem „Zeitroman" konkreten Problemen zu: Der Darstellung von Krieg und Kriegsfolgen, der Arbeitslosigkeit und den innenpolitischen Auseinandersetzungen. Auch die beiden großen, in diesen Jahren veröffentlichten Romane, Alfred Döblins „Berlin Alexanderplatz" und Thomas Manns „Der Zauberberg", sind betont zeitbezogen: Panorama der Berliner Großstadtrealität der eine, Auseinandersetzung mit der 1914 versunkenen Welt der andere. Aber das literarische Leben der Weimarer Zeit war auch in erheblichem Umfang von Autoren bestimmt, deren Hauptwerke bereits vor 1918 entstanden waren; zu denken ist hier an Gerhart Hauptmann, Heinrich Mann, Hermann Hesse und Stefan George. Für die Literatur gilt, was man auch für die übrigen Bereiche der Kunst konstatieren kann: Nicht die Dominanz einer Strömung, sondern ein verwirrender Stilpluralismus ist das besondere Kennzeichen des kulturellen Lebens der Weimarer Zeit.

Musik

Dies gilt auch für das Musikleben,[112] in dem sich der „sachliche" Zug in ganz unterschiedlicher Weise auswirkte: Zum einen in einer als „neoklassizistisch" bezeichneten Zuwendung zur „strengen", „reinen" barocken Musik in Aufführung und Komposition; auf der anderen Seite eine positive Aufnahme des Jazz, ja eine wahre Jazzbegeisterung, die durchaus typisch für die Amerika-Euphorie der Stabilisierungsphase ist; ferner die „Zeitoper", die sich, parallel zu ähnlichen Tendenzen in der Literatur, aktuellen Themen zuwandte und bevorzugt in Bürosälen, Fabrikhallen und Tanzpalästen spielte; aber auch eine Verstärkung der Laienmusik, die sich u. a. äußerte in der Propagierung der Hausmusik, in der Etablierung einer Schulmusik und insbesondere in der Jugendmusikbewegung, die sich Ende der zwanziger Jahre immer mehr der Volksmusik und Heimatkunst zuwandte. Im Medium Kino vollzog sich in den zwanziger Jahren ein Wandel vom sozialanklagenden, melodramatischen Genre zum realistischen, zeitkritischen Film.[113]

Intellektuelle Kultur

Auch das intellektuelle Leben der Weimarer Republik zeichnete sich durch eine große Vielfalt von innovativen Ideen und ungewohnt provokanten Denkansätzen aus. Eine auffallend große Rolle spielten dabei unkonventionelle Außenseiter,[114] die häufig in Opposition zum etablierten, noch durch die autoritäre akademische Tradition des Kaiserreichs geprägten Wissenschaftsbetrieb standen. Zu denken wäre hier etwa an die Reformpädagogik,[115] an die neu entstehenden Sozial- und Politikwissenschaften, zu der Einrichtungen wie die – auch für Studenten ohne Hochschulreife offene – Deutsche Hochschule für Politik in Berlin oder das marxistisch orientierte Institut für Sozialforschung in Frankfurt gehörten, an die kulturhistorische Arbeit der Warburg-Bibliothek in Hamburg, an die Psychoanalyse an der Berliner Universität oder auch an eine Reihe von Historikern, die sich gegen die in der Geschichtswissenschaft immer noch vorherrschende Konzentration auf „große Männer" und „große Ideen" stellten, so etwa Eckart Kehr mit seiner Fundamentalkritik des Kaiserreichs oder auch die Arbeiten von Arthur Rosenberg, Alfred Vagts, Veit Valentin und anderen.[116] Zumindest erwähnen sollte man aber auch die literaturkritischen und philosophischen Arbeiten von Walter Benjamin oder die wissenschaftliche Beschäftigung mit der Sexualität, wie sie von Magnus Hirschfeld oder Wilhelm Reich betrieben wurde. Unvollständig wäre dieses Bild, wenn man nicht auch auf die große Zahl von kritischen und engagierten Zeitschriften dieser Zeit hinwiese, wie etwa die „Weltbühne", die „Neue Gesellschaft", die „Deutsche Republik", das „Tagebuch" und viele andere.[117]

Während sich so unter den Bedingungen der Weimarer Republik ein aufregendes, vielgestaltiges und demokratisches geistiges Leben entwickelte (wobei viele Linksintellektuelle die Republik wegen ihres Kompromißcharakters nicht als ihre politische Heimat ansahen), entstand auf der anderen Seite eine fast ebenso vielfältige antidemokratische rechtsintellektuelle Szene, deren Protagonisten angesichts der neuen Herausforderungen, die ihnen mit der republikanischen Staatsform und der neuen Kultur entstanden waren, nach neuen Wegen für ihre alten Utopien suchten. Auf diese „konservativen Revolutionäre" werden wir an anderer Stelle eingehen.[118]

Massenkultur

Die Entstehung einer Massenkultur in den zwanziger Jahren, die weniger vom elitären Geschmack des Bürgertums als von den Bedürfnissen breiter, allmählich an Kaufkraft gewinnender Schichten nach Unterhaltung und zeitorientierter Reflexion bestimmt wurde, ist nicht denkbar ohne die neuen Medien:[119] Das Kunstwerk trat endgültig in das „Zeitalter seiner technischen Reproduzierbarkeit"[120] ein und mit der massenhaften Produktion bzw. beliebigen Wiederholbarkeit verwischte sich der Unterschied zwischen der traditionellen „ernsten" Hochkultur und der für die breite Masse bestimmten bloßen Unterhaltung.

Die neuen Audio-Medien, Rundfunk und Schallplatte, förderten die Verbreitung sich schnell abwechselnder Schlager und Gesellschaftstänze; mit verbesserter Aufnahme- und Wiedergabetechnik, mit dem Bau der großen „Kinopaläste" und schließlich mit der Einführung des Tonfilms wurden innerhalb weniger Jahre die Darstellungsmöglichkeiten des Films erheblich vergrößert. Sportgroßveranstaltungen wie Boxwettkämpfe, Sechstage- oder Autorennen zogen nicht nur ein Massenpublikum an, sondern konnten durch Rundfunkübertragungen und Wochenschauberichte in ihrer Ausstrahlungskraft vervielfacht werden. Im Bereich der Presse traten neue Formen wie die Reportage und der Bildbericht in den Vordergrund, mit dem „Magazin" entstand ein neues Printmedium. Es war unvermeidlich, daß in der Flut von Bildern und Meldungen aus aller Welt, in dem „ununterrichteten Durcheinander" von „Eingeborenentänzen, Überschwemmungen, Rennen, militärischen Rüstungen, Babys und See-Elefanten"[121] (Krakauer), auch die Nachrichten immer mehr Unterhaltungswert erhielten. Die Wirksamkeit der Werbemittel wurde mit Hilfe psychologischer und soziologischer Erkenntnisse erhöht, sei es nun in der Plakat- und Anzeigengestaltung, in der Schaufensterdekoration, durch Leuchtreklame oder im Werbe-film; alle Elemente zusammen kamen im „Werbefeldzug" zum konzertierten Einsatz. Besonders deutlich wurde die Gefahr einer völligen Kommerzialisierung und Manipulierung des gesamten kulturellen Lebens durch die Bildung von Presse- und Unterhaltungskonzernen, die die neuen Medien bündelten. Das in der Hand von Hugenberg konzentrierte Imperium, das Zeitungen, Presseagenturen, Buchverlage, Rundfunkgesellschaften und Filmunternehmen umfaßte, ist hierfür das beste Beispiel.

Die Entstehung einer modernen, populären Kultur, bei der die Übergänge zur Unterhaltungsindustrie zum Teil fließend waren, forderte aber auch Widerspruch heraus.

Kritik an der Massenkultur

Die Kritik kam zum einen von den avantgardistischen Künstlern selbst, die die Tendenz zur Vermarktung und Nivellierung in der Kultur, die Fetischisierung von Technik und die Selbstbeschränkung auf das Nützlich-Zweckmäßige beanstandeten; gerade die Protagonisten der kulturellen Moderne versuchten durch solche Kritik immer wieder, die ideologischen Grundlagen der „Modernisierung" – Fortschrittsgläubigkeit, technokratisches Zweckmäßigkeitsdenken, Vertrauen in endloses Wirtschaftswachstum als Allheilmittel für soziale Probleme – in Frage zu stellen.

Mit dem Beginn der Weltwirtschaftskrise – die u. a. den Stopp der kommunalen Wohnungsbauprojekte, Theaterschließungen und Massenentlassungen auch von Künstlern bedeutete – wurde deutlich, daß der Anspruch einer „Kultur für alle" auf einer sehr wackligen materiellen Grundlage beruhte. Distanziertheit und Nüchternheit, die in der Kunst der „stabilen Jahre" vorherrschende Attitüde, konnten keine angemessenen Antworten auf Massenelend und innenpolitische Polarisierung sein; viele Künstler wandten sich radikaleren Lösungen zu.

Das kulturelle Leben in den letzten Jahren der Republik war daher durch eine scharfe Polarisierung gekennzeichnet: Während sich auf der Linken eine hochpolitisierte Agitationskultur herausbildete, verstärkte sich auf der Rechten die Kritik an der Weimarer Moderne, der als Alternative eine Rückbesinnung auf „völkische" und „gemeinschaftliche" Elemente in der Kultur entgegengehalten wurde.

Agitations-kultur

Dabei muß die Entstehung einer linken Agitpropkultur[122] im engen Zusammenhang mit dem Aufbau selbständiger Kulturorganisationen durch die Kommunisten nach deren Ausscheren aus der sozialdemokratisch dominierten Arbeitervereinsbewegung am Ende der zwanziger Jahre gesehen werden. Im Unterschied zu der revolutionär-utopischen Begeisterung vieler Künstler in der Anfangsphase der Republik waren die linken Kulturbestrebungen der Endphase durch einen kämpferischen Realismus gekennzeichnet, und sie waren Bestandteil einer politischen Mobilisierungsstrategie. Zu dieser linken Kultur im Umfeld der

KPD gehörten Spielfilme, die sich die Aufgabe setzten, den Alltag in der Wirtschaftskrise zu dokumentieren („Kuhle Wampe"), dramatische Ausdrucksformen, wie die „Lehrstücke" Brechts und das Massentheater Erwin Piscators, sowie Ansätze einer linksrevolutionären Musikkultur, die sich im Arbeiterchorgesang, in Kampfliedern und in den Schallmeienkapellen des Rotfrontkämpferbundes äußerte.[123]

Konservative Gegenkultur

Durch den Kollaps der neusachlichen Kulturströmungen in der Wirtschaftskrise sahen sich konservative und rechtsradikale Kulturkritiker ermutigt, ihren Kampf gegen die gesamte Moderne zu verstärken, die als „widernatürlich", „jüdisch-zersetzend", als „kulturbolschewistisch", als „verniggert" angegriffen wurde. Der „Asphaltkultur" der Großstadt wurde das Idealbild einer intakten Provinz gegenübergestellt, der „mechanischen", „seelenlosen", dekadenten internationalen Moderne wurde die Rückkehr zum Ursprünglichen und Natürlichen, zum Volkstümlichen entgegengehalten. Hier fanden die Nationalsozialisten mit ihrer hemmungslosen Hetze gegen die „entartete" moderne Kultur – sie hatten hierfür eine eigene Unterorganisation, den „Kampfbund für Deutsche Kultur",[124] geschaffen – einen ausgezeichneten Ansatzpunkt für ihre Propaganda. Immer häufiger reagierte die staatliche Macht auf die Kampagnen der Rechten mit den erwünschten Zwangsmaßnahmen, so etwa mit Zensur (zum Beispiel das Verbot des Films „Im Westen nichts Neues") oder, am Ende der Republik, mit Verboten von linken Zeitschriften und der Strafverfolgung von kritischen Journalisten.

Außer der Inanspruchnahme des überlieferten Kulturerbes – neben der deutschen Klassik und Romantik vor allem Heimatkunst und Volksmusik – brachte diese konservative Gegenbewegung gegen die Weimarer Moderne wenig an eigenen, originären Kunstwerken hervor, sieht man einmal vom Kriegs-, Heimat- und Geschichtsroman und einem gewissen Trend zur Neo-Romantik unter bestimmten ehemals neusachlichen Künstlern ab.[125]

Alles in allem – zieht man am Ende der Weimarer Republik eine Bilanz, so stand dem breitgefächerten Angebot einer modernen Kultur vermutlich mehr Ablehnung als Zustimmung in der Bevölkerung gegenüber. Zweierlei blieb jedoch erhalten: die Austrahlungskraft der neuen Medien und ein Trend zur Massenunterhaltung. Beides sollte von der NS-Propaganda in vollem Umfang instrumentalisiert werden.

Neue Ansätze im Verhältnis der Generationen und der Geschlechter

In der Weimarer Republik wurden bisher gültige Vorstellungen über die Rollenverteilung von Mann und Frau und das Zusammenleben von Jung und Alt auf vielfältige Weise in Frage gestellt. In einer Zeit politischer und wirtschaftlicher Instabilität und ungewisser kultureller Identität verstärkten solche Diskussionen und Konflikte das weitverbreitete Gefühl, sich in einem allgemeinen Auflösungsprozeß einer überkommenen, als sicher geglaubten gesellschaftlichen Ordnung zu befinden, ohne daß dieser in Frage gestellten alten Ordnung ein allgemein akzeptierter Entwurf einer künftigen Gesellschaft gegenübergestellt werden konnte. „Moderne" Vorstellungen über das Verhältnis der Generationen und der Geschlechter lösten so nicht nur Hoffnungen und Erwartungen, sondern vor allem Unsicherheiten und Ängste aus.

1. Verhältnis der Geschlechter und Familienleben

Betrachtet man das Verhältnis der Geschlechter zueinander, so scheint die Weimarer Zeit auf den ersten Blick durch einen entscheidenden Emanzipationsfortschritt der Frau geprägt zu sein: Wahlrecht und staatsbürgerliche Gleichstellung, verbesserte Bildungs- und Berufschancen, Erleichterung der Hausarbeit, soziale Reformen zugunsten von Frauen, schließlich das selbstbewußte Auftreten eines neuen Frauentyps (Erkennungsmerkmal Bubikopf und legere Kleidung) prägen das auch heute noch vorherrschende Bild. Die Realität sah indes anders aus.

Frauener-werbstätigkeit Die Frauenerwerbsquote stieg zwischen 1907 und 1925 nur leicht an, nämlich von 34,9 auf 35,6% – angesichts der hohen (männlichen) Kriegsverluste keine überraschende Entwicklung.[126] Auch wenn nach wie vor die Mehrzahl der erwerbstätigen Frauen in der Land- und Hauswirtschaft tätig war, sank doch der Anteil der Hausangestellten und landwirtschaftlichen Arbeiterinnen, während Industrie, Handel und öffentliche Dienstleistungen vor allem jungen Frauen neue Erwerbsmöglichkeiten in „Frauenberufen" boten, also etwa als Fließbandarbeiterin, Verkäuferin, Stenotypistin oder Kontoristin. Aber auch diese neuen Tätigkeitsfelder waren im Grunde wenig emanzipationsfördernd: Arbeitsplätze, die Frauen angeboten wurden, setzten in der Regel eine relativ geringere Qualifikation voraus, sie wurden – auch bei gleicher Arbeitsleistung – schlechter bezahlt; die Fluktuation unter Frauen war höher. Frauenlöhne sollten in der Regel das „Hinzuverdienen" ermöglichen, eine selbständige Lebensführung erlaubten sie meist nicht.[127] Erwerbstätig waren vor allem junge, ledige Frauen, die ihre Berufstätigkeit als Übergangsstadium bis zur Gründung einer eigenen Familie betrachteten.[128]

Eine Ausnahme bildete eine kleine Elite hochqualifizierter Frauen. Zum ersten Mal waren Frauen in akademischen Berufen tätig und wurden als Beamtinnen beschäftigt. Allerdings lag beispielsweise der Prozentsatz der im Parlament vertretenen Frauen stets unter 10%, der Tiefststand wurde 1924 erreicht, als nur 27 von 472 Abgeordneten (5,7%) weiblich waren. Ähnlich waren die Verhältnisse in den Landtagen.

Meist gehörten die Parlamentarierinnen den Linksparteien an.[129] Für die Masse der Weimarer Frauen (selbst der berufstätigen) gilt, daß ihr Lebensschwerpunkt nach wie vor in Haushalt und Familie lag. Die in der Weimarer Zeit von Architekten, Wissenschaftlern und Elektrokonzernen propagierte Rationalisierung der Hausarbeit lief an den normalverdienenden Schichten vorbei, da sie sich meist weder die modernen Haushaltsgeräte noch Neubauwohnungen leisten konnten. Solche Rationalisierungsbestrebungen waren auch begleitet von neuen, öffentlich propagierten Anforderungen: erhöhte Ansprüche an die häusliche Hygiene und die Pflege der gehobenen Ausstattung und Dekoration der Wohnung sowie ein intensiverer Einsatz der Frau bei der Gestaltung des Familienlebens, von der Säuglingspflege über die Kindererziehung bis zur stärkeren Zuwendung für den Ehemann.[130]

Ehe und Familie

Innerhalb der Ehe herrschte in der Weimarer Zeit ganz überwiegend das Patriarchat. Die vor allem auf der Linken propagierte „kameradschaftliche", gleichberechtigte Ehegemeinschaft wurde nur von einer kleinen Minderheit praktiziert. Kennzeichnend war, daß die ehe- und familienrechtlichen Bestimmungen des Bürgerlichen Gesetzbuches fortgalten, die die Vorherrschaft des Mannes festschrieben: Der Ehemann war der alleinige Inhaber der „elterlichen Gewalt", er war berechtigt, Arbeitsverhältnisse der Frau zu kündigen, er entschied allein in allen grundlegenden Fragen des ehelichen Zusammenlebens, etwa über den Wohnort oder die Lebensführung.[131]

Grundsätzlich war die Familie in der Weimarer Zeit ohne Alternative: Der normalverdienende Mann war, um seine Arbeitskraft wiederherzustellen, ebenso auf die Familie angewiesen wie die weitaus meisten Frauen, für die es kaum eine Chance gab, durch Erwerbstätigkeit eine eigene wirtschaftliche Existenz zu begründen oder gar Kinder allein großzuziehen. Häufigster Anlaß für die Eheschließung in der Weimarer Zeit war denn auch die Abwendung nichtehelicher Schwangerschaften.[132]

Allerdings setzte sich in der Weimarer Zeit die „Rationalisierung der Fortpflanzung" in immer stärkerem Maße durch. Sexualaufklärung, wirksamere Verhütungsmethoden, aber auch massenhafte Verbreitung der nach wie vor illegalen Abtreibung (mit risikoärmeren Methoden) erlaubten eine Begrenzung der Kinderzahl; der Trend zur „Kleinfamilie" zeichnete sich bereits deutlich ab.[133]

„Rationalisierung der Fortpflanzung"

Auch wenn sich somit während der Weimarer Zeit das Rollenverhältnis zwischen Mann und Frau nicht grundsätzlich änderte, so ist doch bemerkenswert, welche unterschiedlichen Leitbilder und Rollenvorstellungen für die beiden Geschlechter in dieser Zeit nebeneinander existierten: Auf der einen Seite die verstärkte öffentliche Wahrnehmung der Frau als Wählerin, Konsumentin oder rationale Hausfrau, daneben ihre Darstellung als vorbildliche Arbeiterin und sozialistische Kämpfe-

Widersprüchliche Leitbilder

rin oder als „moderne" emanzipierte Angestellte, bei gleichzeitiger Beschwörung der traditionellen Rolle, wie sie etwa mit der Propagierung des Muttertages[134] in den zwanziger Jahren versucht wurde. Dem standen höchst unterschiedliche Männerbilder gegenüber: der soldatische Mann, der partnerschaftliche Ehemann und tolerante Vater, der bürgerliche Patriarch oder auch ins öffentliche Bewußtsein gehobene Randexistenzen, wie der Typ des mittellos gewordenen „Gigolos" oder der zumindest in Großstädten tolerierte Homosexuelle. Diese natürlich unvollständige Aufzählung zeigt, wie sich innerhalb der Weimarer Gesellschaft grundverschiedene Lebenswelten ausdifferenzierten.

2. Generationen

Zu den Grundproblemen moderner, sich schnell wandelnder Gesellschaften gehört, daß auch die Bedingungen, unter denen Kinder und Jugendliche heranwachsen, einem permanenten Veränderungsprozeß unterliegen. Der gesellschaftliche Wandel macht es unmöglich, traditionelle Verhaltensweisen, Erfahrungen und Fähigkeiten einfach an die Nachkommen weiterzureichen. Die heranwachsenden Jugendlichen orientieren sich an neuen Leitbildern, weichen damit in den Augen der Älteren von gültigen Normen ab und beginnen, ein gemeinsames Identitätsgefühl zu entwickeln; Angehörige aufeinanderfolgender Jahrgänge, die einen gemeinsamen Erfahrungshorizont besitzen, gehen dazu über, sich als Generation zu begreifen, und grenzen sich auf diese Weise von der Generation der Eltern ab.

Entdeckung der „Jugend"

Die Ausformung und gesellschaftliche Wahrnehmung eines besonderen Jugendalters, also eines eigenständigen Lebensabschnitts zwischen Pubertät und heiratsfähigem Alter, reicht bis in die wilhelminische Zeit zurück:[135] Um die Jahrhundertwende formierte sich die „Jugendbewegung", wurde ein besonderes „Jugendproblem" entdeckt, dem man mit Hilfe staatlicher „Jugendfürsorge" Herr zu werden glaubte, während in Kunst, Medizin, Psychologie und in vielen anderen Bereichen die Auseinandersetzung mit dem Phänomen „Jugend" einsetzte. Dabei stand die Herausbildung der Lebenswelt der Jugendlichen seit dem Ende des 19. Jahrhunderts im Zusammenhang mit verschiedenen demographischen und ökonomischen Entwicklungen, etwa der Verlängerung der Ausbildungszeiten, dem starken Anwachsen der jugendlichen Bevölkerung in den Großstädten sowie der Tatsache, daß Jugendliche allmählich mehr Freizeit genossen und (durch eine Zunahme der Industriearbeit) begannen, über eigenes Geld zu verfügen; immer mehr Heranwachsende verbrachten immer mehr Zeit im Kreise Gleichaltriger und lösten sich mehr und mehr aus der Abhängigkeit von der älteren Generation.

In der Weimarer Zeit[136] setzte sich dieser Trend zur Herausbildung einer eigenen Lebenswelt der Jugendlichen fort; die Spannungen zwischen den Generationen verstärkten sich. Hinzu kam aber, daß in der Weimarer Republik mehrere Jugend-Generationen nebeneinander lebten, die durch einschneidende und jeweils unterschiedliche Erfahrungen geprägt waren: Die sogenannte Generation von 1914, also die Jugendlichen, die in den letzten Jahren des 19. Jahrhunderts geboren, durch die Jugendbewegung geprägt und von der Aufbruchstimmung bei Kriegsausbruch ergriffen wurden und anschließend die deprimierende Erfahrung des Grabenkrieges machen mußten; die in den ersten Jahren des neuen Jahrhunderts Geborenen, die während des Krieges vaterlos aufwuchsen; diejenigen, die etwa zwischen 1905 und 1910 geboren wurden und für die die Niederlage und die Unsicherheit der Nachkriegs- und Inflationszeit (eine Periode außerordentlich hoher Jugendkriminalität!) zur einschneidenden Erfahrung wurde; die in den Jahren nach 1910 Geborenen, die zunächst durch die Zeit relativer Stabilität geprägt wurden und – soweit es ihre begrenzten finanziellen Möglichkeiten erlaubten – am aufblühenden Freizeit- und Konsumangebot teilnahmen, um dann den Absturz der Wirtschaftskrise zu erleben; schließlich die Jahrgänge 1912 bis 1918, die unmittelbar nach dem Schulabschluß in die Arbeitslosigkeit fielen. Der „verlorenen Kriegsgeneration" folgten die „überflüssigen" Nachkriegsgenerationen.

Weimarer Jugendgeneration

So unterschiedlich der Erfahrungshorizont dieser fünf Generationen auch war, so hatten sie doch eines gemeinsam, was sie fundamental von denjenigen unterschied, die im Kaiserreich erwachsen geworden waren: Sie waren geprägt und aufgerüttelt durch den ungeheuerlichen Zivilisationsbruch des Ersten Weltkriegs – ob sie nun selbst an diesem Krieg teilgenommen hatten oder unter seinen unmittelbaren Nachwirkungen aufwuchsen. Alle fünf Generationen hatten außerdem gemeinsam, daß sie den Schritt zur Gründung einer eigenen Existenz unter überwiegend miserablen wirtschaftlichen Bedingungen vollziehen mußten: Ihr Versuch, in einem überfüllten Arbeitsmarkt Fuß zu fassen, endete mit überdurchschnittlich häufiger Arbeitslosigkeit, sie fielen als erste durch das relativ dünne Netz sozialer Sicherheit hindurch. Dies gilt insbesondere auch für den akademischen Nachwuchs, der schlechte Berufsaussichten vorfand; die „Überfüllung der Universitäten" war bereits ein Schlagwort der Weimarer Zeit.[137]

Alle fünf Generationen, auch die jüngeren Frontsoldaten, waren in dem politischen System der Republik unterrepräsentiert; keine der etablierten politischen Parteien, deren weltanschauliche Grundlagen alle in der Welt vor 1914 lagen und deren Mitgliedschaft überaltert war, räumte jüngeren Parteimitgliedern ausreichende Mitwirkungsrechte ein: Der SPD-Führung gelang es nicht, die Jungsozialisten, mit denen sie im Dauerstreit lag, in die Partei einzubinden;[138] die Jugendorganistion des Zentrums, der Windthorstbund, oder die Bismarckjugend der DNVP spielten in ihren Parteien eine untergeordnete Rolle, und der Versuch

Jugend und Parteien

187

der DDP, mit dem Reichsbund Deutscher Demokratischer Jugend innerhalb der Jugendbewegung einen Massenanhang zu organisieren war ebensowenig erfolgreich wie die Gründung einer Jugendgruppe der Deutschen Volkspartei (seit 1929 Hindenburgjugend).[139]

Negative Akzentierung der Jugendpolitik

Statt dem Emanzipationsverlangen der Jugendlichen entgegenzukommen, reagierte der Weimarer Staat auf das „Jugendproblem" in erster Linie mit Betreuungs- und Kontrollmaßnahmen, mit der Verstärkung der Jugendfürsorge für die „auffälligen" und der Jugendpflege für die „normalen" Jugendlichen, mit dem Aufbau einer eigenständigen Jugendgerichtsbarkeit und mit verstärktem Jugendschutz, etwa durch das „Schmutz und Schund-Gesetz", das verderbliche Einflüsse von den Jugendlichen fernhalten sollte.[140] Die Weimarer Gesellschaft versuchte auf diese Weise, die gerade während des Weltkrieges und der Nachkriegsjahre entstandenen Freiräume für Jugendliche wieder unter Kontrolle zu bekommen.

Zwar konnten sich die Jugendlichen der Weimarer Zeit nicht über mangelnde öffentliche Beachtung beklagen, doch man gewinnt insgesamt den Eindruck, daß diese Beachtung überwiegend negativ akzentuiert war und einem Gefühl der Bedrohung von Seiten der nachrückenden Generationen entsprang; in wirtschaftlicher und politischer Hinsicht jedenfalls befanden sich die Jugendlichen am Rand der Gesellschaft. Nicht nur standen sich Jugend und Republik fremd gegenüber, sondern es gibt auch viele Anzeichen dafür, daß auch innerhalb der verschiedenen sozialen Milieus der Weimarer Republik der Generationenkonflikt so ausgeprägt war, daß deutlich milieuspezifische Trennungslinien gegenüber den Jüngeren gezogen worden waren.

Jugendopposition

Unter den Jüngeren entwickelte sich daher aus der Distanz zur älteren Generation eine fundamentale Opposition gegenüber dem ganzen „System" des Weimarer Staates. Diese Oppositionshaltung wurde gestützt durch ein – aus der bürgerlichen Jugendbewegung des Kaiserreichs stammendes, von der bündischen Jugendbewegung der Weimarer Zeit aufgegriffenes – Jugendpathos, ein vage beschriebenes Sendungsbewußtsein der „jüngeren Generation"; die Vorstellung wurde verbreitet, daß „die Jungen" die trennenden politischen und sozialen Gegensätze, die schädliche „Parteipolitik" durch die Bildung einer gemeinsamen Front überwinden könnten. Hier wurde der Versuch unternommen, die tiefgreifenden gesellschaftlichen Konflikte der Weimarer Gesellschaft durch den Rückgriff auf eine biologische Kategorie, eben die Jugend, zu harmonisieren. Dieses Jugendpathos wurde insbesondere auch in den zahlreichen militant rechtsgerichteten Jugendorganisationen gepflegt, denen um 1930 über 300 000 Jugendliche angehörten.[141]

Diese Jugendorganisationen boten durch ihre Mischung aus Militanz, Appell an den jugendlichen Idealismus und eine unentschiedene politische Ausrichtung der NSDAP hervorragende Anknüpfungspunkte: Mit der Hitlerjugend und der SA stellten die Nationalsozialisten Organisationen bereit, in denen sich jugendlicher Aktivismus nicht nur einfach austoben konnte, sondern gleichzeitig in den Dienst einer „Bewegung" (eben nicht einer Partei) gestellt wurde.

Hinzu kam, daß die in ihren Zielsetzungen diffuse Aufbruchstimmung, die von der Bewegung der „jungen Generation" verbreitet wurde, günstige Voraussetzungen für die ebenso nebulöse nationale Erneuerungspropaganda der NSDAP bot, die in ihrer Führungsriege zahlreiche Vertreter der jüngeren Frontgeneration (man denke an Hitler, Röhm, Göring, Heß) präsentieren konnte.

Die Formierung politischer Interessen in sozialen Milieus

Versucht man, die Formierung politischer Interessen in der Weimarer Republik auf ihre gesellschaftlichen Ausgangspositionen zurückzuverfolgen, so stößt man schon auf den ersten Blick auf eine unübersichtliche Lage: Die Spaltung der Arbeiterbewegung, die politische Zersplitterung des bürgerlichen Lagers und die Existenz einer starken katholischen Partei zeigen an, daß sich die Bildung der politischen Parteien der Weimarer Zeit nicht einfach auf die Anstrengungen bestimmter Schichten oder Klassen, ihre jeweiligen wirtschaftlichen oder sozialen Interessen umzusetzen, reduzieren läßt.

Eine sinnvolle Grobeinteilung der Weimarer Gesellschaft in große politische Handlungseinheiten ist dennoch möglich, wenn man sich eine Aufteilung in „Lager", „Blöcke" oder, so der im folgenden verwandte Begriff, in „Milieus"[142] vorstellt, also große Gruppierungen der Bevölkerung, die durch ein Zusammentreffen mehrerer Strukturmerkmale wie gemeinsame religiöse Überzeugung, wirtschaftliche Lage, kulturelle Orientierung, ähnliche soziale Lage, gemeinsame Mentalität (und anderes) bestimmt und von jeweils einer oder mehreren Parteien im politischen Raum repräsentiert werden. Im einzelnen lassen sich dabei unterscheiden:

Milieubegriff

– das sozialistische Arbeitermilieu, repräsentiert durch SPD und KPD (wobei sich die Frage stellt, inwieweit beide Parteien bereits Teilmilieus vertraten);

– das katholische Lager mit den zugehörigen Parteien Zentrum und BVP;

– das protestantisch-mittelständische Milieu, vertreten durch die beiden liberalen Parteien sowie

– das national-konservative, überwiegend agrarische Milieu mit der DNVP.

Neben diesen vier „klassischen", das heißt bereits im Kaiserrreich ausgebildeten, Milieus gibt es Anzeichen dafür, daß sich seit dem Ende des 19. Jahrhunderts ein fünftes Sozialmilieu heranbildete, das man als nationalistisch und rechtsradikal bezeichnen könnte. In diesem Umfeld ist die NSDAP anzusiedeln.

Der Vorteil des hier benutzten Begriffs „Milieu" ist gerade die Vielfalt der möglichen Definitionskriterien: Ist für das sozialistische Arbeitermilieu die Klassenlage entscheidend, so ist es bei den Katholiken die gemeinsame religiös-kulturelle Orientierung und bei den Konservativen die Verhaftung in einer autoritär-vorindustriellen Mentalität. Dabei kann man davon ausgehen, daß der Zusammenhalt und das äußere Erscheinungsbild der verschiedenen Milieus im allgemeinen von einem Kern aktiver Protagonisten bestimmt wurde, der jeweils Rückhalt in einer breiteren Schicht von eher passiven, jedoch mobilisierbaren Anhängern und „Mitläufern" besaß.

Bildung der Milieus im Kaiserreich

Die „klassischen" Milieus waren im letzten Drittel des 19. Jahrhunderts als Ergebnis der sich überlagernden Konflikte zwischen den Konfessionen, zwischen Kapital und Arbeit, zwischen Industrie und Landwirtschaft, zwischen autoritär-obrigkeitsstaatlichen und liberalen Kräften entstanden. Die Milieus hatten sich unter den verfassungspolitischen Bedingungen des Kaiserreichs verfestigen können: Die politischen Parteien hatten keine Möglichkeit, durch parlamentarische Mehrheiten und Koalitionen die Regierungspolitik selbst in die Hand zu nehmen, sondern sie waren in der Rolle bloßer parlamentarischer Mehrheitsbeschaffer einer von ihnen unabhängig existierenden Regierung; der aber gelang es, in schnell aufeinanderfolgenden Konstellationen die vier Blöcke – unter starker Betonung der ideologischen Gegensätze – gegeneinander auszuspielen. Erfolgreich war in diesem System diejenige Partei, die die Interessen ihrer jeweiligen Klientel von Fall zu Fall möglichst unnachgiebig und lautstark vertrat. Den Parteien war es im Kaiserreich nicht gelungen, ihre rein negative Rolle zu überwinden; sie waren allerdings auch über Jahrzehnte geradezu dazu erzogen worden, die Milieugrenzen bis zur Kompromißunfähigkeit gegeneinander hochzuhalten.[143]

Diese Milieus und die zwischen ihnen durch die Parteien verfestigten Konfliktlagen ragten in die Weimarer Republik hinein, sie erschwerten das Zustandekommen von tragfähigen Kompromissen zwischen den Parteien. Diese Situation änderte sich erst, als sich das bereits im Kaiserreich in Ansätzen erkennbar, aber noch nicht ausgeformte nationalistisch-rechtsradikale Sozialmilieu in der Weimarer Zeit so weit verfestigen konnte, daß es eine tragfähige Massenbasis für eine neue politische Kraft, die NSDAP, bildete, die das bisherige politische System innerhalb kurzer Zeit sprengen und unter der Parole von der „nationalsozialistischen Volksgemeinschaft" große Teile des liberalen und des konservativen Milieus in sich aufsaugen konnte.

Der Zusammenhalt der einzelnen Milieus wurde durch eine Vielfalt von Organisationen garantiert: Die politischen Parteien entstanden aus dem dichten Wurzelwerk von Interessengruppierungen, Vereinen und Verbänden, die gemeinsam ein Kommunikations- und Organisationsnetz bildeten, in dem das soziale Selbstbewußtsein und die Mentalität der jeweiligen Milieus erzeugt und verstärkt werden konnte. Auf dieser Grundlage bildeten sich in den Milieus politische „Teilkulturen" heraus, die ihre eigenen Symbole und Rituale, Feier- und Gedenktage, ihre eigene Sprache und eigenen Geschichtsbilder entwickelten.[144] Versuche, diesen Teilkulturen eine übergreifende, republikanische Kultur entgegenzusetzen, blieben hingegen relativ erfolglos.

1. Sozialistisches Milieu

Die Arbeiterschaft[145] stellte nach der Volkszählung von 1925 45,1% der Erwerbstätigen; davon wiederum waren etwas mehr als zwei Drittel in Industrie und Handwerk tätig, 18,1% in der Landwirtschaft und knapp 10% in Handel und Dienstleistungen.[146] Der Lebensstandard der durchschnittlichen Arbeiterfamilie lag in den „besten" Jahren der Weimarer Republik nicht wesentlich über den Verhältnissen im ausgehenden Kaiserreich. Die Arbeiterschaft gehörte überwiegend zur Unterschicht; ihre Aufstiegsmöglichkeiten waren begrenzt. Die Revolution von 1918/19 hatte diese Verhältnisse nicht nachhaltig verändert.

Arbeiterschaft

In den letzten Jahrzehnten vor dem Ersten Weltkrieg war es der Sozialdemokratie gelungen, den überwiegenden Teil der Arbeiterschaft, namentlich der Industriearbeiter, in ein eigenständiges sozialistisches Milieu einzubinden.[147] In dem dichten Netz von Organisationen, das die Sozialdemokratische Partei, die Gewerkschaften und die zahlreichen Arbeitervereine gespannt hatten, war eine Gegengesellschaft entstanden, die das Leben des Arbeiters buchstäblich von der „Wiege bis zur Bahre" prägte, eine Subkultur, die nicht nur Wertvorstellungen und politische Haltung bestimmte, sondern ihren Ausdruck in der gesamten Lebensweise der Arbeiterschaft fand, im Familienleben und im Freizeitverhalten, in Sprache und Gebärden, in Festen und Leseverhalten, in Bildungsbestrebungen und künstlerischen Ausdrucksweisen, im häuslichen Leben und Konsumverhalten, im alltäglichen Umgang miteinander und in vielem anderen.

Arbeiterkultur

Gemeinsamer Bezugspunkt dieser Arbeiterkultur war das Bewußtsein, einem diskriminierten gesellschaftlichen „Unten" anzugehören und aus dieser Position heraus der dominierenden bürgerlichen Gesellschaft durch kollektives und solidarisches Handeln einen umfassenden Gegenentwurf entgegenzustellen, ein Modell zu schaffen, in dem im Ansatz die angestrebte sozialistische Gesellschaft vorweggenommen werden sollte. So eindrucksvoll sich jedoch die Organisation dieser Gegengesellschaft ausnahm – einiges spricht dafür, daß sich diese Gegenkultur, stärker als ihre Protagonisten es wahrhaben wollten, an bürgerlichen Vorbildern orientierte.

Die Homogenität dieser sozialistischen Arbeiterkultur war nach dem Ende des Ersten Weltkriegs durch mehrere Entwicklungen in Frage gestellt: Zum einen durch die Spaltung der politischen Arbeiterbewegung; zweitens durch die Tatsache, daß die SPD als zeitweise führende Regierungspartei ihr Image als Vertreterin der Unterprivilegierten nicht mehr in vollem Umfang aufrechterhalten konnte; drittens durch das Aufkommen der neuen, alle Schichten ergreifenden Massenkultur. Auch wenn die Arbeiterschaft während der Weimarer Zeit noch nicht wirklich „verbürgerlichte", so begannen sich doch innerhalb des Arbeitermilieus Aufweichungstendenzen abzuzeichnen.

Gewerkschaften

ADGB

Die bei weitem mitgliederstärksten Organisationen der Arbeiterbewegung waren die Gewerkschaften.[148] Auf ihrem ersten Kongreß nach dem Krieg, der im Juli 1919 in Nürnberg stattfand, vereinigten sich die traditionell sozialdemokratisch orientierten Freien Gewerkschaften zu einem Dachverband, dem Allgemeinen Deutschen Gewerkschaftsbund (ADGB); gleichzeitig kündigten sie ihr bisheriges monogames Verhältnis zur SPD auf und proklamierten ihre Neutralität gegenüber den (sozialistischen) Parteien. Nach der Wiedervereinigung von USPD und MSPD setzte sich der ADGB jedoch wieder zunehmend für die Sozialdemokraten ein, unter anderem auch mit materieller und finanzieller Wahlkampfunterstützung.

Die Gewerkschaften unterschieden sich jedoch von den Sozialdemokraten durch einen generell pragmatischeren Kurs, sie agierten auf dem Boden der bestehenden Wirtschaftsordnung. Den Mangel an gesellschaftspolitischer Perspektive versuchte man mit eigenen Vorstellungen einer auf reformerischem Wege zu erreichenden „Wirtschaftsdemokratie" zu ersetzen. Die Gewerkschaften traten für eine Beteiligung der SPD an der Regierung ein, sie begrüßten die Zusammenarbeit mit allen auf dem Boden der Verfassung stehenden Parteien, was zunehmend auch die DVP einschloß. Die Gewerkschaften waren aber auch – in der Tradition des „Burgfriedens" während des Weltkrieges – national orientiert, was sich etwa bei ihrem Einsatz in den Auseinandersetzungen um Oberschlesien und im Ruhrkampf zeigte. Mit dem Einsetzen der Wirtschaftskrise und der Umwandlung der Weimarer Republik in einen autoritären Staat tat sich wiederum ein tieferer Gegensatz zwischen der nun wieder auf Opposition eingestellten SPD und dem eher anpassungsbereiten Kurs des ADGB auf.

Die im ADGB zusammengeschlossenen Gewerkschaften umfaßten 1920 fast 8 Millionen Mitglieder und hatten damit ihren Mitgliederbestand gegenüber 1913 mehr als verdreifacht. Allerdings sank diese Zahl in der Stabilisierungsphase – eine Reaktion auf die enttäuschten Hoffnungen der Revolutionszeit und die tatsächliche Schwäche der Gewerkschaften gegenüber den Unternehmern – bis auf unter 4 Millionen (1926) ab. Mit der Stabilisierung der wirtschaftlichen Situation, tarif-politschen Erfolgen, Verbesserungen in der Sozialgesetzgebung und dem Ausbau des gewerkschaftlichen Organisationsnetzes steigerten sich die Mitgliedszahlen bis 1929 auf knapp 5 Millionen, gingen in der Wirtschaftskrise aber dann auf etwa 3,5 Millionen (1932) zurück.

Die Kommunisten bildeten innerhalb der Gewerkschaften eine opposi-tionelle, von den Gewerkschaftsführungen meist scharf bekämpfte Minderheit. Diese innergewerkschaftlichen Auseinandersetzungen tru-gen nicht unerheblich zur Lähmung der Gesamtorganisation bei. Seit 1930 organisierten sich die Kommunisten in selbständigen Verbänden („Revolutionäre Gewerkschaftsopposition"), die aber relativ unbedeu-tend blieben.

Neben dem ADGB existieren Gewerkschaften, die nicht zum sozialisti-schen Milieu gerechnet werden können: Der Deutsche Gewerkschafts-bund mit den (überwiegend katholischen) Christlichen Gewerkschaften sowie die liberale Gewerkschaftsbewegung, die Hirsch-Dunckerschen Gewerkvereine; beiden Dachverbänden gehörten auch Angestellten- und Beamtenorganisationen an. In den Christlichen und den liberalen Gewerkschaften waren weitaus weniger Arbeiter organisiert als im ADGB, sie erlebten aber eine ähnlich starke Mitgliederfluktuation: Den Christlichen Gewerkschaften gehörten 1922 über 1 Million Arbeiter an, 1926 530 000 und 1929 670 000; in der liberalen Gewerkschaftsbewe-gung waren es in den besten Zeiten nur etwas mehr als 200 000.

Nichtsozia-listische Gewerk-schaften

Die Existenz von insgesamt drei „Richtungsgewerkschaften" deutet schon darauf hin, daß nicht alle, die nach der Statistik der Sozialversi-cherung als Arbeiter eingestuft wurden, automatisch auch dem soziali-stischen „Arbeitermilieu" angehörten; erhebliche Teile der Arbeiter-schaft waren keineswegs sozialistisch orientiert. Während große Teile der Industriearbeiterschaft infolge entfremdender Arbeitsteilung, durch das Zusammenwohnen in beengten städtischen Wohnquartieren, durch Verelendung und erbitterte Arbeitskämpfe einen langen Prozeß der So-lidarisierung und Klassenbildung durchgemacht hatten, war der Erfah-rungshorizont in anderen Teilen der Arbeiterschaft – trotz schlechter sozialer Gesamtlage – geprägt durch persönliche Beziehungen zum Arbeitgeber, durch vorindustrielle Mentalität oder durch individuelle Arbeitssituationen, also durch Faktoren, die einem Klassenbewußtsein im sozialistischen Sinne entgegenstanden.

Arbeiter außerhalb des Arbeiter-milieus

Dies betraf zum einen die Landarbeiter, die nur nach und nach durch die Agitation der sozialistischen Parteien erfaßt wurden: Um 1927 wa-ren nur etwa 7 bis 8% von 2,5 Millionen Landarbeiter im sozialdemo-kratischen Deutschen Landarbeiterverband, etwa 3 bis 5% im christlich-nationalen Zentralverband organisiert. Auch die etwa 1 Million ständi-gen Hausgehilfen, zu über 99% Frauen, die gewerkschaftlich kaum organisiert waren, sowie die über 350 000 Heimarbeiter waren nicht zum sozialistischen Milieu zu rechnen.[149]

Dies gilt auch für erhebliche Teile der Arbeiter in Handwerksbetrieben, also in erster Linie für die etwa 1,5 Millionen Handwerksgesellen, die überwiegend einen handwerklich-mittelständischen Lebenshorizont besaßen. Auch die Arbeiter in Kleinbetrieben, vor allem im Handel und im Dienstleistungsbereich, waren zu einem erheblichen Teil nicht sozialistisch orientiert.[150]

Aber auch in der eigentlichen Industriearbeiterschaft gab es relativ große Gruppierungen, die durch die sozialistische Bewegung nicht erfaßt worden waren: Hierzu gehörten die katholischen Arbeiter, die in den Christlichen Gewerkschaften und den konfessionellen Arbeitervereinen organisiert waren. Die katholischen Arbeiterorganisationen vertraten zwar kurz- und mittelfristig durchaus ähnliche sozialpolitische Forderungen wie die Freien Gewerkschaften, lehnten jedoch den „Klassenkampf" ab und wollten die sozialen Probleme innerhalb des bestehenden Wirtschaftssystems auf reformerischem Wege lösen.[151]

Nicht erfaßt von der sozialistischen Bewegung waren aber auch andere Gruppierungen innerhalb der Industriearbeiterschaft: So zogen etwa auch der deutsch-nationale Arbeiterbund, die wirtschaftsfriedlichen „gelben" (Pseudo-)Gewerkschaften, aber auch die Hirsch-Dunckerschen Gewerkvereine durchaus auch Industriearbeiter an, und zwar vor allem solche, die durch handwerkliche oder ländliche Traditionen (etwa als Nebenerwerbslandwirte) oder durch eine besondere Bindung an die protestantische Kirche geprägt waren.

Angestellte

Nicht alle Arbeiter gehörten demnach dem sozialistischen Arbeitermilieu an – aber das Milieu umfaßte nicht nur Arbeiter: Auch ein erheblicher Teil der Angestellten, vor allem Techniker und Werkmeister (also Angestellte mit zumeist proletarischer Herkunft), begriff sich in erster Linie als Arbeitnehmer und lagerte sich damit eng an das eigentliche Arbeitermilieu an.

Diese Angestellten schlossen sich in der Regel dem freigewerkschaftlichen Allgemeinen freien Angestelltenbund an, zu dem 1920 etwa knapp die Hälfte der gewerkschaftlich organisierten Angestellten gehörte; Ende der zwanziger Jahre war es allerdings nur noch ein Drittel, wobei der Organisationsgrad der etwa 4 Millionen Angestellten insgesamt nur etwa 40% betrug.[152] Die meisten der organisierten Angestellten waren zu diesem Zeitpunkt Mitglieder im „nationalen" Gesamtverband Deutscher Angestelltengewerkschaften oder im liberalen Gewerkschaftsbund der Angestellten. Dieser überwiegende Teil der Angestelltenschaft (vor allem Büroangestellte, Verkäufer und sonstige Beschäftigte im Dienstleistungsbereich) versuchte sich durch ein besonderes Standesbewußtsein vom Proletariat abzugrenzen: Man begriff sich in erster Linie als „neuer Mittelstand". Auf diese Teile der Angestelltenschaft, ihr Weltbild und ihre Organisationen werden wir daher näher im Zusammenhang mit dem mittelständischen Milieu eingehen. In den zwanziger Jahren blühte noch einmal – nicht zuletzt infolge der größeren Freizeit – die im Kaiserreich entstandene Arbeiterbewegungskultur mit ihrer großen Vielfalt von Organisationen auf.[153] Für nahezu jede Form der Freizeitgestaltung bestanden Angebote, sei es nun im Arbeitersängerbund, in der Volksbühnenbewegung, im Arbeitersport, bei den Naturfreunden, in den Bildungsvereinen oder in den zahlreichen anderen Organisationen. Die Vorstellung, mit Hilfe eines solchen weitgefächerten Organisationsangebots die Masse der Arbeiterschaft zu einer „sozialistischen" (politisch bewußten, sachlich-aufgeklärten) Lebensführung zu erziehen, konnte jedoch nur in begrenztem Umfang verwirklicht werden: Viele Arbeiter orientierten sich in ihrem Lebensstil (ablesbar etwa an der Wohnungseinrichtung, dem Leseverhalten, an der Kindererziehung[154]) an kleinbürgerlichen Vorbildern und nahmen (im Rahmen ihrer begrenzten materiellen Möglichkeiten) an der sich ausbreitenden allgemeinen Freizeit- und Massenkultur (Kino, Rundfunk, große Sportveranstaltungen) teil. Der Anziehungskraft dieser neuen, sich unpolitisch gebenden Unterhaltungskultur konnten sich auch die Arbeitervereine nicht entziehen, ihr ursprünglicher Anspruch, die Stärkung der klassenbewußten Haltung der Arbeiter, trat immer mehr zurück. Des weiteren wurde die Arbeiterkulturbewegung durch die politischen Gegensätze zwischen den Arbeiterparteien gelähmt: In den meisten Organisationen, zunächst durchaus von Anhängern beider Parteien getragen, bildete sich eine kommunistische Opposition, die seit Ende der zwanziger Jahre, nach der erneuten Linkswendung der KPD, aus dem bestehenden Arbeitervereinswesen hinausdrängte und alternative Verbände gründete.

Arbeiterkulturbewegung

Wichtigste politische Vertretung der Arbeiterschaft während der Weimarer Zeit war nach wie vor die Sozialdemokratische Partei Deutschlands:[155] Mitte der zwanziger Jahre waren knapp drei Viertel der männlichen SPD-Mitglieder Arbeiter, etwa 11% Angestellte und Beamte. 20% der Mitglieder waren Frauen.[156]

SPD

Nachdem die SPD in ihrem Görlitzer Programm von 1921 erstmals den Versuch gemacht hatte, sich über ihre traditionelle Arbeiterklientel hinaus als Volkspartei zu präsentieren, bekannte sie sich – nach ihrer Wiedervereinigung mit der linken USPD und den Wahlniederlagen von 1924 – auf ihrem Parteitag in Heidelberg 1925 wiederum ausdrücklich als Partei der Arbeiterklasse. Da zwischen 1924 und 1928 rein bürgerliche Regierungen am Ruder waren und der SPD die Rolle der stärksten Oppositionspartei zufiel, empfand die Partei es als besonders vordringlich, sich nach links zu profilieren, um möglichst keine Wähler aus der Arbeiterschaft an die KPD zu verlieren.

Die Mitglieder der KPD[157] waren im Vergleich zur SPD jünger, sie wa-

195

KPD

ren weniger qualifiziert als die Sozialdemokraten. Bei einem Arbeiteranteil von etwa 80% war die KPD auch die eigentliche Partei der Arbeitslosen. Ihre Mitglieder zeichneten sich durch außerordentlich hohe Fluktuation aus.[158] Die KPD, die wichtigste kommunistische Partei außerhalb der Sowjetunion, machte während der Weimarer Zeit mehrere Kurswechsel durch, die stets im Zusammenhang mit den sowjetischen Kommunismus und der Strategie der kommunistischen Weltbewegung gesehen werden müssen: Nach dem endgültigen Scheitern ihrer Aufstandstaktik im Herbst 1923 und nach heftigen Flügelkämpfen konnte sich an der Parteispitze in den Jahren 1924/25 ein „ultralinker" Kurs durchsetzen, der zu schweren Verlusten bei den Reichstagswahlen im Dezember 1924, den Reichspräsidentenwahlen im April 1925 und den Betriebsratswahlen von 1925 führte. Im Herbst 1925 wurde die ultralinke Parteiführung abgesetzt, und es kam, unter der Führung von Ernst Thälmann, zu einem vorübergehenden Versuch, enger mit der SPD zusammenzuarbeiten, so insbesondere bei der Frage der Fürstenenteignung.[159] 1928 kehrte die KPD-Führung zum ultralinken Kurs zurück und schaltete die Parteirechte aus. Vertreter der ehemaligen „Rechten" in der Partei gründeten die eigenständige Kommunistische Partei Deutschlands – Opposition (KPO), die jedoch bedeutungslos blieb.

2. Katholisches Milieu

Wurzeln

Das katholische Milieu,[160] das sich Anfang des 19. Jahrhunderts begonnen hatte zu formieren, um staatliche Angriffe auf die Autonomie der Kirche abzuwehren, „verdankte" seinen großen inneren Zusammenhalt in einem erheblichen Umfang der Bedrohung, der die katholische Kirche in den 1870er Jahren durch Bismarcks Kulturkampf ausgesetzt gewesen war. Nachdem aber diese Bedrohung bereits im Kaiserreich abgeklungen und die kirchen- und kulturpolitische Position der Katholiken durch den Weimarer Verfassungskompromiß gesichert worden war, traten die Interessengegensätze innerhalb des katholischen Milieus, das sich aus allen Schichten zusammensetzte, stärker hervor. Sollte das katholische Lager nicht zerfallen, so war die katholische Kirche in gewisser Weise dazu gezwungen, immer wieder die Abwehrbereitschaft des Milieus gegenüber religionsfeindlichen Kräften aufrechtzuerhalten. Überbetonung weltanschaulich-konfessioneller Themen und Harmonisierung der sozialen Gegensätze innerhalb der katholischen Bevölkerung – so könnte man die Grundanliegen des politischen Katholizismus in der Weimarer Republik mit einer Kurzformel beschreiben.

Das katholische Milieu organisierte sich traditionell aus einem vielfältigen Gemeinde- und Vereinsleben, das um das Pfarrhaus zentriert war. Der Zusammenhalt des Milieus wurde durch die Dominanz der Kirche über einen fest strukturierten und ritualisierten Alltag gesichert, der die Gläubigen gegen schädliche Außeneinflüsse immunisieren sollte: Bestimmten regelmäßiger Kirchgang, Feiertage, Prozessionen und Wallfahrten das Gemeindeleben, so war der Alltag des einzelnen Gläubigen geordnet durch ein dichtes (und kontrollierbares) Regelwerk religiöser Gebräuche, wie die Teilnahme an den Sakramenten, das Tisch- und Nachtgebet, die Beachtung der Fastenregeln, die Heiligung des Sonntags, das Gebot sexueller Abstinenz außerhalb der Ehe, die Präsenz christlicher Symbole im Haus und anderes mehr.[161] Durch das mehrschichtig angelegte katholische Vereinswesen konnte die katholische Bevölkerung lückenlos erfaßt werden: Neben den reinen Glaubensvereinen (Kongregationen, Apostolate, Missionsvereine) gab es die Standesvereine (Jungfrauen-, Jungmänner-, Frauen-, Mütter-, Arbeiter-, Gesellenvereine) sowie die weltlichen Organisationen, zu denen insbesondere der Volksverein für das katholische Deutschland (eine wichtige politische Vorfeldorganisation mit Propaganda- und Bildungsaufgaben) sowie zahlreiche karitativ und kulturell orientierte oder der Geselligkeit dienende Vereine zu rechnen waren.[162]

Katholisches Gemeindeleben

Unverkennbar ist jedoch, daß sich auch innerhalb des katholischen Milieus während der Weimarer Zeit Auflösungstendenzen bemerkbar machten. Sie sind zum einen auf den allgemeinen Trend zur Säkularisierung zurückzuführen, zum anderen aber darauf, daß angesichts des Ausbleibens einer wirklich existentiellen Bedrohung die innere Geschlossenheit des katholischen Lagers abnehmen und die Gegensätze zwischen dem linken und dem rechten Fügel des Zentrums aufbrechen mußten; denn durch seine permanente Regierungsbeteiligung war dem Zentrum eine zentrale Rolle für das Funktionieren des Weimarer Staates zugefallen, in der die Vertretung der katholischen Minderheit gezwungen wurde, ständig zu den verschiedensten politischen Fragen konkret Stellung zu beziehen und sich langfristig zwischen zwei Optionen – dauerhafte Zusammenarbeit mit der SPD oder mit den bürgerlichen Rechtsparteien – zu entscheiden. Auflösungstendenzen innerhalb des katholischen Milieus zeigten sich daher nicht nur in einem Rückgang des Kirchenbesuchs, im Niedergang des für die Mobilisierung des Milieus so wichtigen Volksvereins sowie in einem schleichenden Autoritätsverlust der Pfarrer, sondern vor allem in den Wahlergebnissen der katholischen Parteien Zentrum und BVP: Ihr Stimmenanteil sank fast kontinuierlich von 19,7% (1919) auf 14,8% (1930), um sich bei den folgenden beiden Wahlen etwas oberhalb dieses Ergebnisses zu konsolidieren. Geht man davon aus, daß die beiden katholischen Parteien nahezu ausschließlich von Katholiken gewählt wurden, so sank der Anteil der katholischen Bevölkerung, der für Zentrum/BVP votierte, zwischen 1919 und 1932 von etwa 60% auf ca. 50% ab. Immerhin jeder zweite deutsche Katholik entzog sich damit der Integrationskraft der katholischen Parteien! Bemerkenswerterweise ging dabei ausgerechnet der Anteil der Wähler in den ganz überwiegend katholischen

Auflösungstendenzen

197

Gebieten zurück, da sich gerade hier die Kirche nicht in einer als Bedrohung empfundenen Minoritäten-Situation befand und soziale Konflikte innerhalb der kirchlich gebundenen Bevölkerung somit stärker in den Vordergrund traten.[163]

Klerikalisierung des Zentrums

Auf diesen Abwärtstrend reagierte das Zentrum im Dezember 1928 mit der Wahl des Trierer Domkapitulars Ludwig Kaas zum Parteivorsitzenden. Die Wahl eines Priesters sollte eine „Klerikalisierung" des Zentrums einleiten, eine Rückbesinnung auf das eigentliche Anliegen der katholischen Partei, die Konfession. Dieser Rückzug auf Glaubensinhalte sollte allerdings keineswegs zu einer politischen Neutralisierung und Beruhigung innerhalb der Partei führen, sondern einen ausgesprochenen Rechtskurs einleiten.[164]

Denn nun akzentuierte das Zentrum stärker als zuvor seine ideologischen Vorbehalte gegenüber der parlamentarischen Demokratie. Zwar hatte sich das Zentrum 1918 auf den Boden der neuen Ordnung gestellt und die Republik faktisch in vorderster Front mitgetragen; es hatte jedoch gleichzeitig immer wieder betont, daß eine pluralistische Ordnung, die religiösen wie religionsfeindlichen Bestrebungen gleichen Raum ließ und nur den äußeren Rahmen für den offen ausgetragenen Streit der Parteien und Interessengruppen bilden sollte, eigentlich nicht seinen Vorstellungen entsprach. Demgegenüber vertrat das Zentrum das Ideal eines organischen, auf das „Gemeinwohl" verpflichteten „Volksstaates", dessen in der christlichen Ethik ruhende Grundlagen nicht Mehrheitsentscheidungen unterliegen könnten. Wenn sich das Zentrum wiederholt gegen eine Entsittlichung des öffentlichen Lebens wandte (wie in der Schmutz- und Schund-Kampagne[165]) und gegen die Entchristianisierung des Staates vorging (wie im Schulstreit[166]), dann stellte es auch immer wieder mit seinem dogmatisch vertretenen Wahrheitsanspruch die Legitimität der bestehenden Staatsordnung in Frage, innerhalb der sich so negativ angeprangerte Entwicklungen vollziehen konnten. Zentrum und katholische Kirche neigten außerdem dazu, die kulturpolitischen Gegensätze zu SPD und Liberalen überzuakzentuieren, indem sie deren Forderung nach einer stärkeren Trennung von Kirche und Staat als eine Bedrohung der christlichen Religion schlechthin darstellten.

Hatte die katholische Kirche im Kaiserreich mit dem Zentrum eine Kraft geschaffen, die die Position der Kirche durch politische Massenmobilisierung insgesamt erfolgreich bewahrte, so traten am Ende der Weimarer Republik Überlegungen in den Vordergrund, die Stellung der Kirche nicht mehr durch politische Mittel, die sich so ungünstig auf den Zusammenhalt des katholischen Milieus auswirkten, sondern durch staatsrechtliche Verträge mit dem Vatikan abzusichern, die Kirche also in gewisser Weise zu entpolitisieren. Der Abschluß des Reichskonkordates 1933 und der gleichzeitige Rückzug der Kirche aus dem politi-

schen Raum, also die Auflösung der Zentrumspartei, hatten ihre Vorgeschichte auch in der Richtungsentscheidung des Zentrums von 1928.[167]

3. Mittelständisch-bürgerliches Milieu

Das protestantische mittelständisch-bürgerliche Lager befand sich
während der Zeit der Weimarer Republik in einem Auflösungsprozeß,
der bereits am Ende des 19. Jahrhunderts eingesetzt hatte.[168] Um seine
Hintergründe zu verstehen, muß man – wie so oft, wenn strukturelle
Fragen der Weimarer Republik berührt werden – zunächst in die Zeit
vor dem Ersten Weltkrieg zurückblenden.[169]

Das bürgerlich-mittelständische Milieu war recht heterogen zusammen-
gesetzt: Man unterschied im allgemeinen zwischen „altem" und „neu-
em" Mittelstand (also Handwerkern und Kleinhändlern auf der einen,
Beamten und Angestellten auf der anderen Seite) sowie dem auf Besitz
und Bildung gegründeten Bürgertum, also der auch als „höherer Mittelstand" bezeichneten Schicht aus Kaufleuten, leitenden Beamten, Angestellten in führenden Positionen, Akademikern und Freiberuflern,
darunter vor allem Anwälte und Ärzte. Im Gegensatz zum sozialistischen und zum katholischen Lager besaß das protestantische mittelständisch-bürgerliche Milieu traditionell keinen festgefügten organisatorischen Kern, und es war weniger politisiert. Kennzeichnend für die
„bürgerliche Gesellschaft" war vielmehr ein relativ lockeres, aber viel-
zentriges Netzwerk sozialer Beziehungen zwischen prinzipiell gleich-
berechtigten Individuen, man hielt eine „unpolitische" Einstellung für
eine Tugend. Niemals (vor der Gründung der CDU 1945) gelang in
Deutschland die Bildung einer einheitlichen bürgerlichen Partei. Der
Zusammenhalt des im 19. Jahrhundert herangewachsenen bürgerlich-
mittelständischen Milieus beruhte denn auch weniger auf parteipoliti-
schen Bindungen als darauf, daß das überwiegend liberal gesinnte Bürgertum auf lokaler Ebene die Führung in den kommunalen Selbstverwaltungsorganen und in einem großen Spektrum verschiedenartiger
Vereine oder informeller Verbindungen (Stammtische etc.) übernommen hatte. Auf diese Weise nahmen bürgerliche Honoratioren eine
Führungsrolle und eine integrierende Funktion gegenüber den sich an
bürgerlichen Vorbildern orientierenden mittelständischen Schichten
wahr.[170] Kennzeichnend für das bürgerlich-mittelständische Milieu
waren seine Stärke und Vielfalt, seine politische und kulturelle Hegemonie auf lokaler Ebene (die vor 1918 durch das ungleiche Ge-
meinde-Wahlrecht begünstigt wurde) und seine relative Schwäche im
nationalen Maßstab.

Bereits seit den neunziger Jahren des 19. Jahrhunderts zeigten sich in
diesem bürgerlich-liberalen Milieu zunehmend innere Spannungen
und Auflösungserscheinungen. Sie sind zum einen auf die tiefgreifenden Umschichtungsprozesse im Zeichen der Hochindustrialisierung

*Vorkriegs-
traditionen*

*Rolle der
Honorationen*

zurückzuführen: das schnelle Wachstum der Städte, den Aufstieg neuer Schichten (insbesondere der Angestellten), die Abwehrreaktionen des etablierten Bürgertums gegen solche Aufsteiger oder die Bedrohung der wirtschaftlichen Existenz von Handwerk und Kleinhandel durch Großindustrie und Warenhäuser. Die Führungsrolle der Honoratioren wurde aber ebenfalls in Frage gestellt durch die in den neunziger Jahren einsetzende Politisierung und Organisierung breiter Massen, die die feingesponnenen Netzwerke der Honoratiorenpolitik an den

Auflösungserscheinungen im Kaiserreich

Rand drängten. Die vorherrschende Ideologie des mittelständisch-bürgerlichen Milieus, der Liberalismus, büßte erheblich an Attraktivität ein, die Wahlergebnisse der liberalen Parteien waren rückläufig. In der zunehmenden Kritik am „Spießertum" der Bürger und ihrer Lebensführung zeigte sich der Niedergang ihrer kulturellen Führungsposition. Je weniger die kulturelle Hegemonie des Bürgertums und die liberale Ideologie noch in der Lage waren, das einigende Band des bürgerlich-mittelständischen Milieus zu bilden, desto mehr traten die verschiedenen, stark zersplitterten mittelständischen Interessenorganisationen in den Vordergrund, die den Auflösungsprozeß des Milieus weiter be-

Mittelstandspolitik

schleunigten. Die Verbände erreichten, daß die staatliche Politik „den Mittelstand" als eine durch Arbeiterbewegung und Industrialisierung bedrohte, im Kern jedoch gesunde, „staatserhaltende Kraft" zur Kenntnis nahm und ihm massiven Schutz gewährte: Im Kaiserreich wurden Handwerk und Einzelhandel durch eine protektionistische Gesetzgebung vor unerwünschter Konkurrenz geschützt und Kammern und Innungen mit öffentlichen Aufgaben ausgestattet; die Angestellten erreichten, daß die staatliche Sozialpolitik den von ihnen beanspruchten Sonderstatus gegenüber den Arbeitern anerkannte.

Radikalisierungstendenzen

Neben dieser ökonomischen „Rückversicherung des Mittelstandes" machten sich innerhalb des bürgerlich-mittelständischen Milieus zwei Haupttendenzen bemerkbar: zum einen eine entschiedene Abwehrhaltung gegenüber der sozialdemokratischen Arbeiterbewegung, zum anderen ein neuer, aggressiver Nationalismus, der sich deutlich vom liberalen Nationalbewußtsein abhob.

Dieser Trend nach rechts im bürgerlich-mittelständischen Lager führte jedoch während des Kaiserreichs weder zu einer massiven Abwanderung zugunsten der Konservativen, die zu eng mit dem ländlichen Milieu verhaftet waren und vor dem Ersten Weltkrieg in den Städten nur in relativ geringem Umfang Fuß fassen konnten; noch führte er zur Bildung einer neuen rechtsradikalen Massenpartei, sieht man einmal von der relativ kleinen antisemitischen Bewegung ab. Vielmehr gelang es den Nationalliberalen als gemäßigter Rechtspartei, ihre dominierende Stellung im bürgerlichen Lager trotz erheblicher Stimmenverluste zu bewahren. Der Trend nach rechts führte jedoch seit den neunziger Jahren zum Entstehen von nationalistischen, rechtsradikalen Agitationsverbänden, die für einen aggressiven Imperialismus eintraten: So entstanden der Deutsche Flottenverein, der Alldeutsche Verband, der Deutsche Wehrverein, der Ostmarkenverein, die Deutsche Kolonialgesellschaft und andere Verbände. Angesichts der relativen Machtlosigkeit von Parteien und Parlament im Kaiserreich waren solche „pressure groups" durchaus eine Alternative, um die Regierungspolitik zu beeinflussen. Die während der Weimarer Republik so stark zu Tage tretende Ablehnung der „Parteipolitik" hat hier eine wichtige Wurzel.

Seit dem Ende des Jahrhunderts zeigten sich also innerhalb des bürgerlich-mittelständischen Lagers, insbesondere mit der Entstehung nationalistischer Agitationsverbände, Ansätze zur Bildung eines neuen Milieus, das man als nationalistisch-rechtsradikal bezeichnen könnte.[171] Ähnliche Ansätze sind um die gleiche Zeit auch im konservativen Lager festzustellen. Wir werden auf die Ausformung dieses neuen Milieus noch näher eingehen.

Nach dem Ersten Weltkrieg beschleunigte sich der Auflösungsprozeß des mittelständisch-bürgerlichen Milieus rapide. Hierfür waren zunächst ökonomische Gründe ausschlaggebend: Durch Kriegswirtschaft und Inflation waren große Teile der deutschen Mittelschichten und des Bürgertums Mitte der zwanziger Jahre ruiniert. Die Tatsache, daß die Stabilisierung in erster Linie Staat und Industrie begünstigt hatte, während die Aufwertungsbestrebungen der Inflationsgeschädigten gescheitert waren, hatte gerade die mittelständischen Hoffnungen auf eine gerechte Verteilung der wirtschaftlichen Kriegsfolgen zutiefst enttäuscht. Das Ende der bürgerlichen Sekurität sollte nicht nur eine ökonomische, sondern auch eine moralische Erschütterung des bürgerlich-mittelständischen Milieus zur Folge haben. Für den deutschen Mittelstand bedeutete diese mangelnde Berücksichtigung seiner wirtschaftlichen Interessen durch den Staat eine eklatante neue Erfahrung. Mit dem Ende der Monarchie war auch die Vorzugsrolle, die die mittelständischen Schichten aufgrund der protektionistischen Politik genossen, verlorengegangen. Die Tatsache, daß die Industrie sich während der Revolution sogleich auf die neuen Machtverhältnisse eingestellt und den Ausgleich mit den Gewerkschaften gesucht hatte (im Stinnes-Legien-Abkommen von 1918), erschütterte die für das Kaiserreich charakteristische enge Allianz von Industrie und gewerblichem Mittelstand und verstärkte die Existenzängste in Handwerk und Kleinhandel.

Beschleunigung der Auflösungstendenz nach dem Krieg

Beschäftigen wir uns im folgenden etwas konkreter mit der ökonomischen und mentalen Lage der verschiedenen mittelständischen Schichten. Das Handwerk umfaßte nach einer Erhebung von 1926 über 1,3 Millionen Betriebe mit über 3,7 Millionen Beschäftigten. Auffallend hoch war die Zahl der „Alleinbetriebe": 62,8% aller Betriebe beschäftigten keinen Gesellen. Dabei war nach wie vor das Bekleidungshandwerk (Schneider und Schumacher) der dominierende Zweig, gefolgt

Handwerk

Handel

von Betrieben des Nahrungsmittel-, Metall-, Bau- und Holzhandwerks.[172] Als lockere Dachorganisation des dichtorganisierten Berufstandes bildete sich 1919 der Reichsverband des deutschen Handwerks. Der Handel setzte sich 1925 aus 1,15 Millionen Betrieben mit insgesamt 3,175 Millionen Beschäftigten zusammen. Auch hier dominierten die Klein- und Kleinstbetriebe: 41% der Unternehmen waren sogenannte Alleinbetriebe, nur 7,5% der Betriebe beschäftigen mehr als fünf Personen.[173] Die Zunahme der Handelsbetriebe gerade in der Inflationszeit weist auf eine relativ große Zahl von reinen Notgründungen hin; die schon im Kaiserreich beklagte Überbesetzung des Handels mit zahlreichen, im Grunde genommen unrentablen und auf dem Prinzip der Selbstausbeutung basierenden Betrieben nahm während der Weimarer Republik zu.[174] 1918 schuf sich auch der Kleinhandel mit der Gründung der Hauptgemeinschaft des Deutschen Einzelhandels eine Spitzenorganisation.

Mittelständische Interessenverbände

Die Interessenverbände von Handwerk und Kleinhandel verfolgten während der Weimarer Republik insbesondere das Ziel, den Staat zur Abwehr unliebsamer Konkurrenz (Warenhäuser, Konsumgenossenschaften) zu mobilisieren, steuerliche Entlastungen zu erzielen sowie staatliche Hilfe bei der Organisation des eigenen Berufsstandes zu erhalten. Das Handwerk scheiterte jedoch mit seiner zentralen Forderung nach einer umfassenden Zwangsorganisation, niedergelegt im Entwurf einer Reichshandwerksordnung, ebenso wie mit dem Ansinnen, einen obligatorischen „Großen Befähigungsnachweis" einzuführen, also die Führung eines Handwerksbetriebes an den Meistertitel zu binden. Erst die Regierung Brüning sollte sich bereit zeigen, auf diese weitgehenden protektionistischen Forderungen der Verbände einzugehen.

Allerdings darf nicht übersehen werden, daß es innerhalb des alten Mittelstandes auch eine starke Gegenströmung gegen die protektionistische Politik gab: So machte sich insbesondere in den industrienahen Zweigen des Bau- und Elektrohandwerks eine starke pro-marktwirtschaftliche Tendenz bemerkbar, die sich gegen eine weitere Regulierung und Abschließung des Handwerks wandte.[174]

Das Handwerk begründete seine standespolitischen Forderungen mit der traditionellen Handwerksideologie: Das Handwerk sah sich als einen durch Industriekapitalismus und Arbeiterbewegung gleichermaßen bedrohten Stand; es betonte demgegenüber ein besonderes Arbeits- und Berufsethos und stellte sich als gesellschaftlichen Ordnungsfaktor dar. Auch der Kleinhandel verstand sich als ausgleichenden Faktor, als Puffer zwischen den Interessen von Großkapital und Arbeitnehmerschaft. Seine ideologische Abwehrarbeit gegen die Konkurrenz von Warenhäusern und Konsumgenossenschaften war stärker als im Handwerk durch einen recht starken antisemitischen Unterton charakterisiert.

Ein starkes Sonderbewußtsein, verbunden mit einem besonderen Anlehnungsbedürfnis an den Staat, kennzeichnete auch den „neuen Mittelstand", also die Beamten und den überwiegenden Teil der Angestellten, die nicht über ein stark ausgeprägtes „Arbeitnehmerbewußtsein" verfügten.[176]

Angestellte

Die Angestellten hatten durch Weltkrieg und Inflation starke Einkommensverluste erlitten, durch die ihre materielle Besserstellung gegenüber den Arbeitern erheblich eingeebnet worden war. In der Stabilitätsphase drängten zudem Angehörige des alten Mittelstandes in die verwandten kaufmännischen Angestelltenberufe, während gleichzeitig durch die Rationalisierung des Bürobetriebs Stellen abgebaut wurden. Angesichts dieser materiellen Misere legten die Angestellten großen Wert darauf, daß in der Weimarer Sozialgesetzgebung zumindest ihre Statusvorsprünge und Sonderrechte anerkannt und weiter ausgebaut wurden. So führte etwa das neue Betriebsverfassungsrecht besondere Angestelltenausschüsse ein, das Arbeitsrecht kannte spezielle Angestelltenkammern; in der neuen Arbeitslosenversicherung wurden die Angestellten gesondert behandelt, sie besaßen einen besonderen Kündi- gungsschutz, bei der Reorganisation der Sozialversicherung wurde ihre traditionelle Sonderstellung weiter vertieft.[177] All dies verstärkte das Sonderbewußtsein der Angestellten, die „Kragenlinie" zwischen den Trägern von Blaukitteln und weißen Hemden.

Dieses Sonderbewußtsein wurde insbesondere durch die mittelständisch orientierten Angestelltenorganisationen, den liberalen Gewerkschaftsbund der Angestellten (GdA) sowie den rechtsstehenden Gesamtverband Deutscher Angestelltengewerkschaften (Gedag) vertreten. Der Gedag, dessen Kern der Deutschnationale Handlungsgehilfenverband bildete, konnte Mitte der zwanziger Jahre sowohl den GdA wie auch den sozialdemokratisch orientierten Allgemeinen freien Angestelltenbund (AfA) an Mitgliederstärke überflügeln.

Beamte

Ähnlichen Anlaß zur Unzufriedenheit sah die Beamtenschaft,[178] die erheblich unter den massiven Kürzungen der Beamtenbezüge litt, wie sie nach der Stabilisierung 1924 festgeschrieben worden waren. Während der der SPD nahestehende Allgemeine Deutsche Beamtenbund (ADB), dem vor allem untere und mittlere Beamte von Reichsbahn und Reichspost angehörten, für eine prinzipielle Gleichstellung aller Arbeitnehmer im öffentlichen Dienst eintrat, forderte der Deutsche Beamtenbund (DB), ein konservativer „Standesverband", die Beibehaltung der „wohlerworbenen Rechte des Berufsbeamtentums" durch die Republik, also insbesondere die Erhaltung von Lebenszeitanstellung und Pension. Diese privilegierte Stellung des Beamtentums sollte die Gegenleistung für die besondere Loyalität der Staatsdiener gegenüber dem Staat sein – wobei diese Loyalität bei vielen Beamten nicht der republikanischen Staatsform, sondern einem abstrakten Staatsideal galt. Die Forderung nach Sicherung und Festigung des Beamtenstatus erwies sich – gerade nach der Massenentlassung von Beamten im Zuge des Personalabbaus im öffentlichen Dienst im Jahre 1924 – als das attraktivere Konzept: Hatten dem sozialdemokratischen ADB 1922 rund 350 000 Mitglieder angehört und dem konservativen DB 774 000, so waren 1928 von den etwa 1,6 Millionen Beamten bereits knapp 1 Million im DB organisiert, während die Mitgliedschaft im ADB auf 166 000 gefallen war.[179] Einen erheblichen Erfolg erreichten die Beamtenverbände mit der Reform der Beamtenbesoldung von 1927, die ihnen nicht nur erhebliche materielle Zugewinne brachte, sondern insbesondere auch eine Differenzierung der in den frühen zwanziger Jahren nivellierten Besoldungsskala.

Die Tatsache, daß die verschiedenen mittelständischen Verbände unter dem Eindruck der sich massiv verschlechternden wirtschaftlichen Verhältnisse so nachhaltig und durchaus mit gewissen Erfolgen die Interessen ihrer Klientel vertraten, beschleunigte aber den am Ende des 19. Jahrhunderts begonnenen Erosionsprozeß des bürgerlich-mittelständischen Gesamtmilieus. Auf die ökonomische und moralische Erschütterung folgte die politische Zersplitterung.

Niedergang der Honoratiorenpolitik

– Auf lokaler Ebene verloren die schon angeschlagenen Honoratioren weiter an Boden: Die erschütternden Erfahrungen von Kriegsniederlage, Nachkriegsauseinandersetzungen und Inflation hatten ihre Führungsrolle und Autorität weiter ramponiert; die demokratische Reform des Gemeindewahlrechts beseitigte ihre privilegierte Stellung; in den stark expandierenden bürgerlichen Vereinen drängten mittelständische Vertreter stärker in Führungspositionen. Das bürgerliche Vereinswesen koppelte sich mehr und mehr aus dem politischen Gesamtzusammenhang des Milieus ab: Mit dem Rückgang der politischen und kulturellen Hegemonie des Bürgertums verloren die Vereine endgültig ihre herkömmliche Funktion bei der Einbindung und Mobilisierung des mittelständischen Wählerpotentials; sie nahmen eben nicht eine vergleichbare flankierende Rolle ein, wie sie die Vereine für den Zusammenhalt des katholischen, sozialistischen oder auch agrarischen Milieus besaßen.[180]

– Auf nationaler Ebene zeigte sich, wie wenig das mittelständisch-bürgerliche Lager in politischer Hinsicht den Bedingungen einer parlamentarischen Demokratie angepaßt war: Die Spaltung des bürgerlichen Parteiwesens und die Inkongruenz von Interessenverbänden und bürgerlichen Parteien erschwerten das Entstehen handlungsfähiger parlamentarischer Mehrheiten aus der politischen Mitte heraus.

Unter diesen Bedingungen sahen die sogenannten stabilen Jahre der Weimarer Republik einen Niedergang der beiden liberalen Parteien:

– Die Wahlergebnisse der DDP entwickelten sich kontinuierlich negativ: Nach 18,5% bei den Wahlen zur Nationalversammlung 1919 folgten 8,3% 1920, 5,7 und 6,3% bei den beiden Wahlen 1924, 4,9% (1928) und

204

schließlich 3,8% 1930.[181] Während der Rückhalt der DDP innerhalb des **DDP** alten Mittelstandes von Wahl zu Wahl zurückging, besaß sie eine relativ starke Stellung innerhalb der Angestelltenbewegung und der Beamtenverbände sowie in der bürgerlichen Intelligenz und den freien Berufen; sie galt insbesondere als die Partei der Volksschullehrer. Die jüdische Minderheit, soweit sie nicht den sozialistischen Parteien nahestand, bevorzugte die DDP, die als einzige Partei des protestantischen Bürgertums nicht auf antisemitische Stereotype zurückgriff. Wichtig für die Finanzierung der Partei, deren Vorsitz von 1924 bis 1928 Erich Koch-Weser innehatte, war insbesondere eine relativ starke Unterstützung durch mittelständische Industrien.

– Auch die Deutsche Volkspartei[182] verzeichnete fast kontinuierlich absinkende Wahlergebnisse: 13,9% (1920), 9,2 und 10,1% (1924), 8,7% **DVP** (1928) sowie 4,5% (1930). Wichtigen Einfluß besaß die DVP im Reichsbund der höheren Beamten und im Deutschen Beamtenbund, ferner war sie stark im alten Mittelstand und auch in Teilen der Bauernschaft verwurzelt. Im Deutschnationalen Handlungsgehilfenverband und im wichtigsten nationalistischen Wehrverband der Weimarer Zeit, dem sich vor allem aus den Mittelschichten rekrutierenden „Stahlhelm", spielte die DVP jedoch nur eine zweite Geige hinter der DNVP. Als die eigentliche Interessenpartei der Schwerindustrie war die Partei selbst locker organisiert und verfügte nur über eine verhältnismäßig geringe Parteipresse.

Die Desintegration der liberalen Parteien begann 1924. Nachdem sich **Niedergang** der Vorstand der DDP im Herbst 1924 mehrheitlich gegen eine Auf- **der liberalen** nahme der DNVP in die Regierung gewandt hatte, verließen Teile des **Parteien** rechten Parteiflügels die Partei.[183] Einige bildeten mit Dissidenten aus der DVP die „Liberale Vereinigung", eine Initiative, die beiden Parteien wieder zusammenbringen wollte, dabei allerdings im liberalen Lager mehr Verwirrung und Streit als Einigkeit auslöste.[184]

Bei den Reichstagswahlen vom Dezember 1924 konnten die beiden liberalen Parteien ihre Stimmenverluste, die sie in den Mai-Wahlen erlitten hatten, nicht wieder ausgleichen. Viele bürgerliche Wähler wanderten in diesen durch die Inflationsfolgen beherrschten Wahlen offensichtlich zur DNVP ab; erstmals gelang es den Konservativen, in nennenswertem Umfang im städtischen bürgerlichen Milieu Fuß zu fassen und damit zur weiteren Zersplitterung des bürgerlichen Wählervotums beizutragen. Die DNVP konnte jedoch diese Wählerschichten nicht halten; die wanderten vielmehr bei den folgenden Wahlen in einem erheblichen Umfang zu Splitterparteien ab, also zu Gruppie- **Splitter-** rungen, die nicht mehr für Programme eintraten, die das gesamte **parteien** mittelständisch-bürgerliche Milieu ansprachen, sondern lediglich für sektorale Interessen.[185]

– Die wichtigste Gruppierung dieser Art bildete die Wirtschaftspartei.[186]

Wirtschaftspartei

1920 gegründet und zunächst ziemlich unbedeutend, erhielt sie durch die tiefe Enttäuschung innerhalb des Mittelstandes in der Stabilisierungsphase erheblichen Zulauf. Die Partei stützte sich insbesondere auf die Interessenorganisationen der Hausbesitzer und zog daneben vor allem Handwerker und Einzelhändler an. Sie erreichte bei den Reichstagswahlen vom Mai und vom Dezember 1924 1,8 bzw. 2,3%, 1928 4,5% und 1930 3,9% der Stimmen. In ihren Stammgebieten in Mitteldeutschland erzielte sie bei Landtagswahlen noch höhere Ergebnisse: So etwa 10,1% in Sachsen 1926 und 10,7% in Mecklenburg 1927. Allmählich gaben auch die Interessenverbände des Mittelstandes ihre Zurückhaltung gegenüber der Partei auf und empfahlen sie ihren Mitgliedern neben den etablierten bürgerlichen Parteien. Die Wirtschaftspartei konzentrierte sich im wesentlichen auf die ökonomischen Interessen ihrer Klientel, wie etwa auf Forderungen nach steuerlicher Entlastung, und näherte sich in allgemeinen politischen Fragen immer mehr der DNVP an.

Volksrechtspartei

– Die 1926 gegründete Reichspartei für Volksrecht und Aufwertung (Volksrechtspartei) bündelte die verschiedenen, auf dem Höhepunkt der Geldentwertung und in der Stabilisierungszeit entstandenen organisatorischen Ansätze der Inflationsgeschädigten. Die neue Partei besaß einen deutlichen Schwerpunkt in Sachsen. Insbesondere entwickelte sich ein lebhafter Gegensatz zur Wirtschaftspartei, die als maßgeblich von den Hausbesitzern getragene Organisation gegen die Aufwertung von Hypotheken eintrat. Beide sich auf diese Weise geradezu ideal ergänzenden Parteien erreichten z. B. zusammen bei den sächsischen Landtagswahlen vom Oktober 1926 14,3% der Stimmen; der Gesamtstimmenanteil von DDP, DVP und DNVP fiel demgegenüber von 46,1 auf 31,6%.[187]

Kommunale Listen

– Es spricht einiges dafür, daß mittelständische Interessengruppen (die meist nicht als Parteien, sondern als Wählerlisten oder Vereine auftraten) zunächst vor allem bei den Kommunalwahlen erfolgreich waren und durch ihr Auftreten in den Gemeindeparlamenten den Boden für größere Wahlerfolge bei Landtags- und Reichstagswahlen vorbereiteten. Auf lokaler Ebene, also dort, wo das mittelständisch-bürgerliche Milieu am einflußreichsten war, scheint auch sein Auflösungsprozeß begonnen zu haben.[188]

Neben den wirtschaftlich orientierten Splitterparteien wurde die Auflösung des politischen Liberalismus aber auch durch andere politische Bestrebungen begünstigt, die die politische Zersplitterung des bürgerlich-mittelständischen Milieus deutlich machen.

Vertieft wurde die Krise der liberalen Parteien durch die 1928 einsetzenden Aktivitäten bürgerlicher Akademiker, die als Sprecher der „jüngeren Generation" auftraten, und, indem sie sich auf die Tradition der Jugendbewegung des Kaiserreichs und auf das „Fronterlebnis" beriefen, eine moralische Erneuerung des Parteienwesens und eine stärkere Berücksichtigung nationaler Gesichtspunkte anstelle wirtschaftlicher Interessen forderten. Auch wenn dieser Ansatz, verkrustete Strukturen durch eine gemeinsame Anstrengung „der Jugend" grundlegend zu erneuern, durchaus von einem idealistischen, in seinen politischen Zielen recht verschwommenen Jugendpathos geleitet war, stellte er doch einen ernsthaften Versuch dar, die Marginalisierung der „jüngeren Generation" im politischen Leben der Weimarer Republik zu überwinden.[189] Diese Kritik fand auch zunächst Widerhall in den liberalen Parteien: Es gab 1929 wiederum Ansätze zur Gründung einer neuen, vereinigten liberalen Partei, die jedoch – nicht zuletzt infolge Stresemanns Tod – scheiterten. Diese Bemühungen überschnitten sich mit den Bestrebungen des „Jungdeutschen Ordens", einer an die 100 000 Mitglieder umfassenden, ursprünglich paramilitärischen Organisation zur Neuformierung der politischen Mitte, die von der DDP bis zur DNVP reichen sollte: Geleitet von nationalistischen und idealistischen Vorstellungen, orientiert an vorindustriell-romantisierten Leitbildern, strebte der Orden eine Überwindung des Parteisystems und die Errichtung eines „Volksstaates" an.[190]

Kritik der „jüngeren Generation"

1929 initiierte der Jungdeutsche Orden trotz seiner Kritik am Parteienstaat eine eigene Parteigründung, die Volksnationale Reichsvereinigung, die sich 1930 mit der DDP zur betont nationalistischen Deutschen Staatspartei zusammenschließen sollte. Der „jüngeren Generation" war es demnach nicht gelungen, die liberalen Kräfte zu erneuern und zu vereinigen, sondern sie hatte zum Ansehensverlust des liberalen Lagers und zur Befestigung seiner Spaltung erheblich beigetragen.

Jungdeutscher Orden

4. Konservativ-agrarisches Milieu

Im Kaiserreich hatte sich insbesondere in Ostdeutschland ein geschlossenes protestantisch-konservativ-agrarisches Milieu[191] herausgebildet. Dieses Milieu war dominiert durch einen Machtblock, der aus drei miteinander eng verzahnten Kräften bestand: Großgrundbesitz, konservative Parteien und dem Bund der Landwirte (BdL), dem 1893 geschaffenen, äußerst effektiven und mitgliederstarken agrarischen Interessenverband.[192] Zentrales Ziel dieses Machtblocks war es, die wirtschaftliche Existenz der Landwirtschaft durch eine protektionistische Agrarpolitik des Staates, also insbesondere durch Schutzzölle, Subventionen und anderes, zu sichern. Darüber hinaus aber gelang es dem BdL, der Wahlkampfmaschine der Konservativen in den ländlichen Gebieten Ostdeutschlands, mit seinen aggressiven Methoden der Massenbeeinflussung in der Landbevölkerung ein einheitliches, agrarisches Bewußtsein zu erzeugen, das ländliche Standes- und Klassenunterschiede in den Hintergrund treten ließ, liberale oder gar sozialdemokratische Gefährdungen von der Landbevölkerung weitgehend fernhielt und die

Großagrarier im Kaiserreich

dominierende Rolle des ostelbischen Adels sicherstellte. Mit Hilfe eines umfassenden Propagandaapparats und mit dem rücksichtslosen Gebrauch demagogischer Methoden, so etwa eines gezielt eingesetzten Antisemitismus, stellte der BdL eine Front „des Landes" gegen „die Stadt" her, eine konservative Abwehrhaltung gegen alle möglichen „modernen", „zersetzenden" und demokratischen Einflüsse. In dieser überhitzten Atmosphäre zeigte sich innerhalb der Landbevölkerung – wie zur gleichen Zeit im mittelständisch-bürgerlichen Lager – eine starke rechtsradikale Tendenz, die allerdings während des Kaiserreichs weitgehend unter Kontrolle der insgesamt doch gemäßigten Politik der konservativen Parteien gehalten werden konnte.[193]

Modernisierung des Landes

Dabei befand sich auch das agrarische Milieu seit den letzten Jahrzehnten des 19. Jahrhunderts in einem beschleunigten Modernisierungsprozeß, der nicht nur den landwirtschaftlichen Betrieb betraf (Einsatz von Kunstdünger, Mechanisierung usw.). Seit der Jahrhundertwende und verstärkt in den zwanziger Jahren wurde das Land durch Elektrifizierung, das Aufkommen des Autoverkehrs, die zunehmende Verbreitung des Telefons und schließlich des Radios sowie durch einen stärkeren Bezug der Presse immer mehr in die nationale Kommunikation einbezogen.

Revolution 1918/19

Der Schock der Novemberrevolution führte zu einer Mobilisierungswelle innerhalb der Landwirtschaft: Neben dem Bund der Landwirte bildete sich eine große Zahl neuer, meist lokaler landwirtschaftlicher Organisationen heraus, die die verschiedenartigen Produktionsweisen und die regionale Vielfalt der deutschen Landwirtschaft sowie die unterschiedliche soziale Lage und berufliche Stellung der in ihr Beschäftigten zum Ausdruck brachten. Diese Welle von Neugründungen war Ausdruck der wachsenden Politisierung und des Partizipationsbedürfnisses breiter ländlicher Schichten. Als sich diese neue Bewegung, die sich bald im Deutschen Landbund gesammelt hatte, 1920/21 mit dem Bund der Landwirte zum Reichslandbund vereinigte, gelang es aber den alten agrarischen Eliten, ihre alte Führungsrolle weitgehend wiederherzustellen. Allerdings besaß der Großgrundbesitz nach dem Fortfall des preußischen Dreiklassenwahlrechts und der Beseitigung zahlreicher anderer Privilegien nicht mehr den gleichen Einfluß wie in der Monarchie, auch wenn ihm die Kontinuität im Verwaltungsapparat im Reich und in Preußen (und ab 1925 ein Erzkonservativer als Reichspräsident) doch noch eine gewisse Vorrangstellung sicherte.[194] So wurden z. B. die preußischen Rittergutsbezirke, in denen der Gutsbesitzer die örtliche Hoheitsgewalt besaß, erst 1927 aufgelöst, wodurch etwa 1,5 Mio. Menschen in den preußischen Ostprovinzen erstmalig Gelegenheit erhielten, lokale Selbstverwaltungsorgane zu bilden.

Reichslandbund

Die Inflation hatte nicht nur die Schulden der Landwirtschaft beseitigt, sondern auch zur Vernichtung des landwirtschaftlichen Betriebskapitals geführt. Hinzu kam als zusätzliche Belastung die Zwangshypothek, die Ende 1923 mit der Einführung der Rentenmark auf den gesamten Grundbesitz erhoben wurde.[195] Der Kapitalbedarf der Landwirte hatte eine schnelle Neuverschuldung – bei durchweg hohen Zinssätzen – zur Konsequenz.[196] Auf diese bedrohliche Situation reagierte die Landwirtschaft mit einer Kette von regionalen Protestaktionen: 1924 überrollte eine Demonstrationswelle Mittel- und Ostdeutschland, 1925 gab es Winzerunruhen in der Pfalz und 1926 erneute massive Protestkundgebungen, namentlich in Brandenburg.[197]

Protestaktionen

1927/28 setzte – vor dem Hintergrund einer weltweiten Agrarkrise – ein Preisverfall bei den landwirtschaftlichen Produkten ein; allerdings hielten sich die deutschen Preise bis 1930 – bei steigender Produktion – deutlich über dem Vorkriegsniveau. Entscheidend war jedoch, daß gleichzeitig die Kosten für die landwirtschaftliche Produktion entscheidend anstiegen.[198]

Agrarkrise

Eine neue agrarische Protestbewegung erfaßte in der ersten Jahreshälfte 1928 zunächst Schleswig-Holstein, Mecklenburg und Pommern, später das gesamte Reichsgebiet. Der Protest fand unterschiedliche Formen: Einstellung der Steuerzahlungen, Protestmärsche, Massenversammlungen, Verhinderung von Vollstreckungen und Zwangsversteigerungen sowie einzelne gewaltsame Übergriffe auf Vertreter der Staatsmacht.

Um die Jahreswende 1927/28 bildete sich in Schleswig-Holstein als spontane und elementare Protestbewegung der Landbevölkerung die Landvolkbewegung heraus.[199] Sie baute auf familiären, nachbarschaftlichen und berufsständischen Bindungen auf, entstand also außerhalb der bestehenden landwirtschaftlichen Organisationen, die insbesondere in Schleswig-Holstein zersplittert waren. Anfang 1929 proklamierten Vertreter der Landvolkbewegung, die sich zu einer „Nothilfe" zusammengeschlossen hatten, die Übernahme der lokalen Selbstverwaltung; im Frühjahr und Sommer gingen radikale Vertreter der Bewegung sodann mit einer Reihe von Bombenanschlägen gegen öffentliche Gebäude vor. Die Protestbewegung des Landvolkes mündete in Fundamentalopposition, in einer offenen Auflehnung „gegen den Staat", die Forderung nach einer vollkommen neuen Gesellschaftsordnung wurde erhoben, deren Gestaltung allerdings verschwommen blieb und stark mit völkischen Vorstellungen und Blut-und-Scholle-Romantik aufgeladen war.

Landvolk

Seit 1929 ebbte die Protestwelle wieder ab. Dies war jedoch keineswegs auf eine Verbesserung der Situation der Landwirtschaft zurückzuführen, die sich im Gegenteil weiter verschlechterte. Man begann aber einzusehen, daß die bisher eingesetzten Formen des Protests und des Widerstands wirkungslos blieben, da die Staatsmacht gegen die Herausforderung, die ihr auf dem radikalen Flügel der Bewegung erwuchs, mit aller Härte vorging. Die Landwirtschaft fand andere Formen, um auf die Krise zu reagieren: Zum einen den Ausbau der ländlichen Selbsthilfe, vor allem aber eine Verlagerung des bäuerlichen Protests auf die politische Ebene.

Neue Agrar-parteien

Die Protestbewegung in der Landbevölkerung führte dazu, daß der Zusammenhalt des bisherigen Agrarblocks aus Großgrundbesitz, Reichslandbund und DNVP erheblich erschüttert wurde. Neben dem fundamental-oppositionellen Experiment der Landvolkbewegung, die Hunderttausende von Landbewohnern radikalisiert hatte, ohne dieser Protestbewegung eine dauerhafte organisatorische Form zu geben, kam es zu zwei neuen Parteibildungen auf dem Land:

Deutsche Bau-ernschaft

– 1927 entstand aus kleineren, aus dem Reichslandbund abgespaltenen Verbänden sowie aus dem Bayerischen Bauernbund die Deutsche Bauernschaft. Die Organisation stand auf dem Boden der Weimarer Verfassung und vertrat in erster Linie kleinbäuerliche Interessen; ihr Geschäftsführer wurde der Landwirtschaftsexperte Heinrich Lübke. Teile der Deutschen Bauernschaft traten bei den Reichstagswahlen von 1928 als Deutsche Bauernpartei an und erzielten acht Mandate und 1,6% der Stimmen.[200]

Christlich-nationale Bauern- und Landvolk-partei

– 1928 bildeten Vertreter des Reichslandbundes und ehemalige Abgeordnete der DNVP die „Christlich-nationale Bauern- und Landvolkpartei". Die neue Partei konnte bei den Wahlen von 1928 zehn Abgeordnete stellen, die sich der DNVP-Fraktion anschlossen.[201]

– Zur Zersplitterung des ländlichen Wählerpotentials trug außerdem bei, daß regionale Bauernparteien bzw. Agrarlisten erfolgreich bei Landtagswahlen kandidierten: So erreichte z. B. bei den württembergischen Landtagswahlen von 1924 der Bauern- und Weingärtnerbund 20,2% und 1928 18% der Stimmen, während der Hessische Bauernbund bei den Landtagswahlen 1924 13,2% und 1927 12,7% errang.

Regionale Bauernlisten

Die Landvolkbewegung, die beiden neuen agrarischen Splitterparteien sowie die regionalen Bauernparteien waren deutliche Anzeichen für einen allmählichen Auflösungsprozeß des konservativ-agrarischen Milieus. Wie im mittelständisch-bürgerlichen Lager gefährdeten sektorale Interessenlisten die Stellung der das gesamte Milieu übergreifenden und integrierenden Parteien.

Grüne Front

Im März 1929 schlossen sich die wichtigsten Landwirtschaftsverbände, also der Reichslandbund, die (überwiegend katholische) Vereinigung deutscher Bauernvereine, die Deutsche Bauernschaft sowie der Deutsche Landwirtschaftsrat, der 38 Landwirtschaftskammern vertrat, zu einer Arbeitsgemeinschaft, der „Grünen Front", zusammen. Diese Frontbildung war zum einen der Versuch, die agrarische Protestbewegung aufzufangen, zum anderen eine Reaktion auf den schwindenden Einfluß der DNVP. Der wiederum stark vom Großgrundbesitz beeinflußten Grünen Front sollte es gelingen, mit der Zolltarifnovelle von 1929 den

Agrarprotektionismus weiter auszubauen und mit der Osthilfe die staatliche Subventionierung des Gutsbesitzes im Osten einzuführen.[202]

DNVP

Die bäuerlichen Abspaltungen hatten dazu geführt, daß die Stimmenanteile der DNVP auf dem Lande bei den Reichstagswahlen von 1928 und 1930 enorm zurückgingen. Aber auch in den protestantischen Städten, in denen der DNVP bei den Reichstagswahlen von 1920 und 1924 erstmals in der Geschichte der Konservativen ein massiver Einbruch gelungen war,[203] verlor die Partei nach 1924 rapide; sie hatte offensichtlich bei diesen Wahlen aus dem bürgerlich-mittelständischen Milieu vor allem Protestwähler anziehen können, die jedoch bei den Konservativen nicht ihre eigentliche politische Heimat sahen. Insgesamt gesehen erreichte die DNVP bei den Reichstagswahlen folgende Wahlergebnisse: 15,1% (1920), 19,5% (1924 I), 20,5% (1924 II), 14,2% (1930) und 7,0% (1932), wobei die Hochburgen der Partei in den protestantischen, überwiegend ostdeutschen Gebieten lagen, das heißt vor allem in den ostelbischen preußischen Provinzen sowie in Schleswig-Holstein, der preußischen Provinz Sachsen, im Land Sachsen, in Mecklenburg, aber auch in Franken.

Hauptursache für die mangelnde Attraktivität der Partei war ihr opportunistisches Schwanken zwischen Fundamental-Opposition und Regierungsbeteiligung. Nach der Spaltung der DNVP-Fraktion bei der Abstimmung über den Dawes-Plan im August 1924 war in der Partei der Gegensatz zwischen dem fundamental-oppositionellen und einem gemäßigt-gouvernementalen Flügel aufgebrochen. Die gemäßigten Kräfte hatten zwar zunächst an Boden gewonnen und die Partei dazu gebracht, trotz ihrer grundsätzlichen Ablehnung der Republik und des „Versailler Systems" zunehmend Politik auf dem Boden der bestehenden Verhältnisse zu betreiben; 1925 waren Deutschnationale an der Regierung Luther, 1927/28 an der vierten Regierung Marx beteiligt. Damit war die Partei in den Augen rechtskonservativer Republikgegner aber kompromittiert.

Hugenberg

Nach der schweren Wahlniederlage der DNVP vom Mai 1928 (14,2 statt 20,5%) setzte sich der rechte Fügel mit der Wahl von Hugenberg, Chef des größten deutschen Medienkonzerns, zum Parteivorsitzenden durch. Hugenberg, der nicht nur große Tageszeitungen, Film- und Rundfunkunternehmen kontrollierte, sondern mit Hilfe seiner Nachrichten- und Materndienste auch einen großen Teil der Provinzpresse im deutsch-nationalen Sinne beeinflußte, unterwarf bis Mitte 1929 die gesamte Parteiführung der DNVP. Gegen die von Hugenberg betriebene rücksichtslose Demagogie und frontale Bekämpfung des „Weimarer Systems" – wie sie namentlich in dem von ihm maßgeblich mitinitiierten Volksbegehren gegen den Young-Plan[204] zum Ausdruck kam – machte sich jedoch zunehmend innerparteiliche Opposition breit. Im Dezember 1929 trennte sich eine Gruppe gemäßigter Reichstagsabge-

Abspaltungen der DNVP

Christlich-Sozialer Volksdienst

ordneter um Gottfried Treviranus von der Partei (unter ihnen auch die Führer des Deutschnationalen Arbeiterbundes und des Deutschnationalen Handlungsgehilfenverbandes). Ein Teil dieser Dissidenten schloß sich dem Christlichen Volksdienst, einer 1927 aus Anhängern der ehemaligen Christlich-Sozialen Partei gegründeten, in Süd- und Westdeutschland beheimateten Gruppierung an. Die neue Organisation nannte sich Christlich-Sozialer Volksdienst und arbeitete im Parlament eng mit der Christlich-Nationalen Bauern- und Landvolkpartei zusammen.[205] Treviranus selbst bildete mit einem anderen Teil der Dezember-Dissidenten die „Volkskonservative Vereinigung".[206] Diese Gruppierung, die sich alsbald Konservative Volkspartei nannte, gewann erheblichen Zulauf, als im Juli 1930 fast die Hälfte der Abgeordneten unter Führung des ehemaligen Fraktionsvorsitzenden Graf Westarp aus der DNVP-Fraktion austrat, nachdem Hugenberg die von einer Mehrheit der DNVP-Parlamentarier gewünschte Unterstützung der Regierung Brüning abgelehnt hatte. Einige dieser DNVP-Dissidenten schlossen sich der Christlich-Nationalen Bauern- und Landvolkpartei, andere dem Christlich-Sozialen Volksdienst an. Die 1918 als Integrationspartei des rechtskonservativen Lagers gegründete DNVP hatte sich damit wieder in ihre Bestandteile zerlegt. Keiner der neuen Splittergruppen sollte es bei den entscheidenden Wahlen vom September 1930 gelingen, entscheidend Boden zu gewinnen; die DNVP, nun auf ihren reaktionären Flügel reduziert und auch von einer Abwanderungstendenz zur NSDAP bedroht, erlitt bei diesen Wahlen massive Verluste, als sie von 14,2 auf 7,0% fiel.[207] Der Christlich-Soziale Volksdienst erreichte bei den Reichstagswahlen von 1930 2,5% der Stimmen, die Konservative Volkspartei 0,8%, die Landvolkpartei 3,2%.

Volkskonservative

Ende der deutschnationalen Arbeitnehmerbewegung

Nach den beiden Sezessionen war auch das Ende einer einheitlichen deutschnationalen Arbeitnehmerbewegung, die über den Deutschnationalen Handlungsgehilfenverband und über den Deutschnationalen Arbeiterbund Einfluß auf konservativ orientierte Arbeiter und Angestellte besaß, gekommen: Ihre Anhänger orientierten sich nun an DNVP, Christlich-Sozialem Volksdienst und Konservativer Volkspartei, entwickelten aber gleichzeitig ein immer stärkeres Interesse an der NSDAP.[208]

5. Entstehen eines nationalistisch-rechtsradikalen Milieus

Es gibt deutliche Anzeichen dafür, daß sich während der Weimarer Republik neben den vier traditionellen Milieus – oder anders gesagt: aus dem bürgerlich-mittelständischen und dem agrarisch-konservativen Milieu – ein fünftes Sozialmilieu heranbildete, das man als nationalistisch und rechtsradikal bezeichnen kann. In Ansätzen war dieses Milieu bereits im Kaiserreich zu erkennen; es zeigte sich in dem starken Zulauf zu den nationalistischen Agitationsverbänden in den neunziger Jahren

Agitationsverbände der Vorkriegszeit

und in dem aggressiven Meinungsklima, das der Bund der Landwirte in seiner mit Antisemitismus durchsetzten Demagogie in Teilen der ländlichen Bevölkerung erzeugt hatte. Neu an diesem Milieu, das sich insbesondere im Jahrzehnt vor dem Ersten Weltkrieg und während des Krieges zu formieren begann, war die Verbindung von aggressivem Nationalismus, rassistischem und antisemitischem Gedankengut, unbedingter Feindschaft gegenüber der Sozialdemokratie und sozialen Ressentiments innerhalb von Bevölkerungsschichten, die ihre Position langfristig durch den rapiden wirtschaftlichen und sozialen Wandlungsprozeß bedroht sahen.[209]

Weder im Kaiserreich noch in den frühen Jahren der Weimarer Republik bildete sich jedoch aus diesem neuen Milieu eine rechtsradikale Massenpartei heraus – sieht man einmal von den begrenzten Erfolgen der antisemitischen Parteien und der frühen NSDAP ab. Diese Zurückhaltung der radikalen Rechten gegenüber der Bildung von Parteien kann nicht verwundern; Teilnahme an Wahlen und Arbeit im Parlament widersprachen ihren Vorstellungen fundamental. Sie suchten sich auch in der Weimarer Zeit zunächst andere organisatorische Formen.

Die im Kaiserreich entstandenen nationalen Agitationsverbände existierten zwar auch noch in der Weimarer Zeit, befanden sich jedoch hoffnungslos im Abstieg. Der größte nationale Agitationsverband des Kaiserreichs, der Deutsche Flottenverein, der sich 1919 in Deutscher Seeverein umbenannte, versank in der Weimarer Zeit in weitgehender Bedeutungslosigkeit. Ebenso erging es dem Wehrverein, dem Ostmarkenverein sowie der Deutschen Kolonialgesellschaft. Der Alldeutsche Verband, die wohl einflußreichste nationalistische „pressure group" des Kaiserreichs, mit seinen weitverzweigten Einflußmöglichkeiten und Suborganisationen eine „Holding" der radikalen Rechten, überstand jedoch die Revolution relativ gut. Er verstärkte seine völkische und antisemitische Ausrichtung und arbeitete eng mit dem rechten Flügel der Deutschnationalen, den Nationalsozialisten und anderen Rechtsextremisten zusammen, er war sowohl an der Vorbereitung des Kapp- wie des Hitler-Putsches beteiligt. Seit 1926 ließ sein Einfluß jedoch ebenfalls spürbar nach.[210]

Niedergang der Agitationsverbände nach 1918

Der Niedergang der nationalen Agitationsverbände ist auf die vollkommen veränderten Bedingungen zurückzuführen, denen sich die neue Rechte nach dem Untergang des Kaiserreichs gegenübersah. Während des Kaiserreiches hatten die Agitationsverbände, die grundsätzlich auf dem Boden der damals existierenden Staatsordnung gestanden hatten, versucht, durch entsprechenden Druck die Außen- und Rüstungspolitik der Regierung zu verschärfen; eine entschieden imperialistische Politik sollte dabei auch als innenpolitische Klammer dienen, sollte oppositionelle Strömungen niederhalten. In der Weimarer Republik ergab sich eine vollkommen andere Ausgangssituation: Die nationalistischen

Großmachtträume der neuen Rechten ließen sich nur durch eine gewaltsame Revision des Versailler Vertrages verwirklichen, und dieses Ziel schien nur erreichbar in einer neuen Staats- und Gesellschaftsordnung, die eine wesentlich größere innere Geschlossenheit besitzen mußte, als sie während der wilhelminischen Epoche und im Ersten Weltkrieg erreicht worden war. Der gesellschaftliche Pluralismus sollte – so die einstweilen noch vagen und utopischen Pläne der neuen Rechten – durch eine „organische", ständestaatliche Ordnung, durch eine „Volksgemeinschaft" ersetzt werden. Eine Rückkehr zu den Verhältnissen des Kaiserreichs verbot sich jedenfalls von selbst; darin unterschieden sich die neuen Rechten von den Konservativen.

Diese weitgesteckten Aufgaben ließen sich aber nicht mit Hilfe reiner Agitationsverbände bewältigen, sondern sie erforderten neue, noch effektivere und militantere Strukturen. So entstanden in der Weimarer Zeit zwei neue Organisationsformen, die zu Kristallisationskernen des nationalistisch-rechtsradikalen Milieus wurden:

Ring-Bewegung Zum einen bildeten sich innerhalb des rechtsgerichteten Bürgertums relativ elitäre, geschlossene Zirkel, die sich als Ring, Orden, Bund, Klub oder mit ähnlichen Bezeichnungen deutlich von dem liberalen Vereinsmodell, den egalitären Massenverbänden, aber auch den Parteien abgrenzten.[211] Je mehr das Bürgertum seine informelle Führungs- und Vorbildrolle im mittelständisch-liberalen Milieu verlor, desto mehr zog es sich in solche exklusiven Verbindungen zurück; an die Stelle bürgerlicher Öffentlichkeit trat bürgerliche Abgeschlossenheit. Diese neuen Gruppierungen, gesellschaftliche Stützpunkte einer grundsätzlichen Opposition gegen den republikanischen Geist mit zum Teil geradezu geheimbündlerischen Zügen, dienten der Kontaktaufnahme und Meinungsbildung. Hier trafen Konservative und Nationalliberale mit den Vertretern einer neuen Rechten zusammen, die in diesen Zirkeln ihre alternativen Gesellschafts- und Staatsmodelle entwickelten. Zu diesem Organisationstyp gehörten etwa die vor allem unmittelbar nach der Novemberrevolution aktive Münchner Thule-Gesellschaft, die verschiedenen einflußreichen Berliner Klubs, so der Nationale Klub von 1919 (mit Filialen in Hamburg und anderen Städten), der im gleichen Jahr gegründete jungkonservative Juni-Club sowie der 1924 entstandene elitäre Deutsche Herrenklub, dem sich alsbald ähnliche „Herrengesellschaften" in ganz Deutschland anschlossen; ferner wären zu nennen der 1928 entstandene Bund zur Erneuerung des Reiches (nach dem früheren Reichskanzler auch Luther-Bund genannt, ein von Großindustriellen und Politikern der bürgerlichen Parteien gegründeter Zusammenschluß zur autoritären Umgestaltung der Weimarer Verfassung), oder auch der 1929 entstandene Kreis um Hans Zehrers Zeitschrift „Die Tat". Flankiert durch betont elitäre Verbindungen, die vorwiegend der Pflege des gesellschaftlichen Umgangs dienten, wie etwa Renn- oder

Tennisklubs oder z. B. auch der Nationale Automobilclub von Deutschland, hatte sich „ein Kartell der stillen, aber großen nationalen Front in der Gesellschaft" gebildet.[212] So einflußreich aber diese exklusiven Zirkel im einzelnen auch gewesen sein mochten; ohne Massenbasis und ohne eine gemeinsame Strategie konnte von ihnen keine entscheidende politische Veränderung ausgehen.

Die zweite neue Organisationsform entwickelte sich mit den paramilitärischen Verbänden, den Nachfolgern der in der unmittelbaren Nachkriegszeit gebildeten Freikorps und sonstigen militärischen Freiwilligen-Formationen, die nun die Rolle von Massenorganisationen des rechten Lagers übernahmen.[213] Diese Wehrverbände sorgten dafür, daß organisierte Gewalt zu einem wichtigen Element des nationalistisch-rechtsradikalen Milieus der Weimarer Republik wurde.

Para- militärische Verbände

Die Erschütterung des Gewaltmonopols des Staates durch die Bildung militärähnlicher Verbände außerhalb des staatlichen Machtapparates war das Ergebnis von Krieg und Nachkriegszeit: Staatliche Gewalt war „vergesellschaftet" worden, nachdem Millionen Männer in einem „totalen Krieg" gelernt hatten, Gewalt auszuüben und Gewalt zu erleiden, nachdem sich in der Nachkriegszeit hunderttausende Bewaffnete in Bürgerkriegskämpfen gegenübergestanden hatten und die Staatsmacht nur gestützt auf die „geliehene" Kampfkraft von Freiwilligenverbänden hatte überleben können. Die Vergesellschaftung ehemals staatlicher Gewalt durch die Wehrverbände war allerdings kein unkontrollierter Auflösungsprozeß: Diejenigen, die sich in den Wehrverbänden organisierten, wurden in hierarchische Strukturen eingebunden; die führenden Positionen in den Wehrverbänden fielen ganz automatisch Offizieren zu. Teilen des Militärapparats des Weltkriegs gelang es so, in anderer Form zu überleben.

Gewalt- problem

Diese „Vergesellschaftung" militärähnlich organisierter Gewalt spielte auch nach dem Ende der Bürgerkriege und Kämpfe der Nachkriegszeit eine große Rolle. Nach 1923 stand dabei nicht mehr die offene Gewaltanwendung durch Bürgerkriegstruppen im Vordergrund, sondern die Zurschaustellung und Androhung von Gewalt durch die paramilitärischen Verbände. Auch wenn die Wehrverbände zum wichtigsten Aktionsfeld des Rechtsradikalismus wurden, so ist doch nicht zu übersehen, daß paramilitärische Formen auch außerhalb dieses Lagers attraktiv erschienen: So legte sich auch das republikanische „Reichsbanner Schwarz-Rot-Gold", die Schutzformation der demokratischen Parteien, militärische Attribute zu.

Die rechtsstehenden Wehrverbände verfolgten insbesondere drei Aufgaben: Sammlung der Weltkriegs-Veteranen und des „wehrfähigen" Nachwuchses, die illegale militärische Ausbildung ihres Anhangs als Reichswehrreserve sowie die Bekämpfung der republikanischen Staatsform, an deren Stelle man ein autoritäres Regime setzen wollte. Hatten die Wehrverbände zunächst versucht, die Beseitigung der Republik durch einen Staatsstreich zu erreichen, so schwenkten sie nach dem Scheitern der putschistischen Politik im Herbst 1923 auf einen politischen Kurs um.

Stahlhelm

Neben den kleineren Wehrverbänden wie Reichsflagge, Oberland, Werwolf oder Wiking-Bund war der Stahlhelm die wichtigste rechtsgerichtete paramilitärische Formation der Weimarer Zeit. Diesem „Bund der Frontsoldaten" gehörten Anfang der dreißiger Jahre (bei steigender Tendenz) ca. 500 000 Mitglieder an. Die Organisation hatte ihren Schwerpunkt in den preußischen Ostprovinzen. Der Stahlhelm war antirepublikanisch eingestellt; er vertrat Vorstellungen von einem „organisch" aufgebautem „Ständestaat", die sich an das Vorbild des italienischen Faschismus anlehnten.

Politische Taktik des Stahlhelm

Am Beispiel des Stahlhelm läßt sich zeigen, wie sich die Wehrverbände, nachdem sich die Politik des Putschismus im Herbst 1923 als aussichtslos erwiesen hatte, in der nun einigermaßen gefestigten parlamentarischen Demokratie politisch zu orientieren suchten – und dabei scheiterten. Im Vorfeld der beiden Reichstagswahlen von 1924 versuchte der Stahlhelm, einen Rechtsblock zu bilden, indem er die Kandidaten von DNVP, des rechten Flügels der DVP sowie völkischer Gruppierungen in den Wahlkämpfen unterstützte und damit auf sein Programm zu verpflichten suchte.[214] Die Parteien nahmen zwar die Unterstützung gern entgegen, ließen sich jedoch nicht festlegen: Als der Stahlhelm in den folgenden beiden Jahren im Verein mit anderen Wehrverbänden mehrere großangelegte Kampagnen initiierte, geriet er immer wieder in Konflikt mit den Rechtsparteien. So agitierte der Stahlhelm 1924 und 1925 heftig gegen den Dawes-Plan sowie gegen die Locarno-Verträge, mußte jedoch erleben, daß die DVP beiden Vertragswerken zustimmte, Teile der DNVP immerhin den verfassungsändernden Bestimmungen des Dawes-Planes. Bei den Reichspräsidentenwahlen von 1925 trat der Stahlhelm für die Kandidatur v. Seeckts ein, während die Rechtsparteien in den beiden Wahlgängen andere Kandidaten (zunächst Jarres, dann Hindenburg) nominierten. Nur beim Widerstand gegen das von den Linksparteien initiierte Volksbegehren gegen eine Fürstenabfindung von 1926 zogen Stahlhelm und Rechtsparteien an einem Strang.[215]

Bei den sächsischen Landtagswahlen 1926 schlugen die Wehrverbände eine neue Taktik ein: Eine Arbeitsgemeinschaft der Wehrverbände unter Führung des Stahlhelm wollte die Unterstützung der Rechtsparteien von einer Reihe von verbindlichen Zusagen abhängig machen, scheiterte jedoch am Widerstand der DVP.[216] Vor den thüringischen Landtagswahlen vom Januar 1927 bildete der Stahlhelm mit kleineren Wehrverbänden den Völkischen Führerring Thüringen; die geplante Bildung einer geschlossenen Rechtsfront, die die NSDAP und die Deutschvölkische Freiheitspartei einbeziehen und den Einfluß der Wehrverbände auf die rechtsradikalen Parteien dauerhaft sichern sollte, kam jedoch nicht zustande. Nachdem man vorübergehend erwogen hatte, eine eigene „Stahlhelm-Partei" zu gründen, ging der Wehrverband im Vorfeld der Reichstagswahlen von 1928 dazu über, die Rechtsparteien zur Plazierung von Stahlhelm-Vertretern auf aussichtsreichen Listenplätzen zu drängen. Auch dieses Verfahren führte zu Auseinandersetzungen mit den Parteien; und dort, wo Stahlhelm-Vertreter schließlich erfolgreich kandidierten, zeigte sich alsbald, daß die Loyalität gegenüber ihren Parteien stärker war als die gegenüber einer imaginären „Stahlhelm-Fraktion".[217]

Der Stahlhelm trat jetzt immer stärker als eigenständige politische Kraft neben den Rechtsparteien auf. Seine konsequente antirepublikanische Haltung wurde deutlich, als im September 1928 eine besonders provozierende Rede eines Stahlhelm-Landesverbandsführers, die sogenannte „Fürstenwalder Haßbotschaft", innerhalb des Verbandes positiv aufgenommen wurde. Ihr Kernsatz lautete: „Wir hassen mit ganzer Seele den augenblicklichen Staatsaufbau, seine Form und seinen Inhalt, sein Werden und sein Wesen."[218] Unmittelbare Konsequenz der Verbreitung der Haßbotschaft war der Bruch der DVP mit dem Stahlhelm: Alle DVP-Abgeordneten traten aus der Organisation aus.[219]

Im Herbst 1928 schlug der Stahlhelm wiederum eine andere Taktik ein: Er begann mit den Vorbereitungen zu einem Volksbegehren, durch das insbesondere die Verantwortlichkeit der Regierung gegenüber dem Reichstag aufgehoben werden sollte – also ein Versuch, die Stellung des Reichspräsidenten entscheidend zu stärken. Mit dem Volksbegehren verfolgte der Stahlhelm aber auch das Ziel, eine breite Rechtsfront herzustellen, die auch die Nationalsozialisten einbeziehen sollte. Das Stahlhelm-Volksbegehren wurde schließlich zugunsten einer Kampagne gegen den Young-Plan zurückgestellt, von der man sich eine noch größere Attraktivität im gesamten rechten Lager versprach. Auch dieses Vorhaben sollte allerdings keine Mehrheit finden.[220]

Stahlhelm-Volks-begehren

Welche Taktik der Stahlhelm in den stabilen Jahren der Weimarer Republik, unter den Bedingungen einer leidlich funktionierenden parlamentarischen Demokratie auch immer einschlug – fast alle seine Schritte auf dem politischen Parkett erwiesen sich als Fehlschlag. Den Wehrverbänden gelang es nicht, eine den politischen Bedingungen adäquate Methode zu entwickeln, ihr Mitgliederpotential in politischen Einfluß umzusetzen, sondern sie wurden immer wieder in Konflikte mit den Rechtsparteien verwickelt, in denen sie meist unter die Räder gerieten. Auf der anderen Seite war die Politik der Wehrverbände aber nicht wirkungslos geblieben: Der vom Stahlhelm und den anderen Verbänden verfolgte paramilitärische Stil mit Aufmärschen, martialischen Kundgebungen und militärischen Ritualen, begleitet von einer permanenten

Beschwörung einer Frontgeist-Ideologie und einer soldatischen Mentalität – dieser paramilitärische Stil trug auf seine Weise dazu bei, die innenpolitischen Gegensätze in der Republik zu verschärfen. In den Augen der paramilitärischen Verbände wurde Politik symbolisch reduziert auf ein Freund-Feind-Schema, ihr ganzes Auftreten schloß Debatte oder Kompromiß mit dem politischen Gegner aus, es war auf Sieg oder Vernichtung angelegt. Was beim Stahlhelm und den gleichgesinnten Verbänden noch Drohgebärde war, wurde durch die SA wenige Jahre später blutiger Ernst.

Das entstehende rechtsradikale Milieu entwickelte sich nicht aus einer gemeinsamen sozialökonomischen Interessenlage heraus, sondern war in besonderer Weise ideologieabhängig; erst über eine tragfähige „Weltanschauung" konnte das Milieu überhaupt hergestellt werden. Zahlreiche rechtsintellektuelle Publizisten und Wissenschaftler verschiedenster Sparten bemühten sich denn auch um die ideologischen Grundlagen des neuen politischen Lagers und stellten eine verwirrende Vielzahl von Ideen und Ideensplittern bereit, die Etiketten wie jungkonservativ, nationalrevolutionär, völkisch oder nationalsozialistisch trugen und das intellektuelle Leben der Weimarer Zeit mitprägten.

Konservative Revolution

Dieses Ideenkonglomerat läßt sich annäherungsweise mit dem paradoxen Begriff „Konservative Revolution"[221] auf einen gemeinsamen Nenner bringen: Umsturz der bestehenden Ordnung zugunsten antimoderner Utopien. Die Ideen der „Konservativen Revolution" bilden keine verbindliche „Lehre", keine geschlossene Weltanschauung. Erst den Nationalsozialisten sollte es gelingen, im nationalistisch-rechtsradikalen Lager eine „herrschende Lehre" zu etablieren, indem sie verschiedene ideologische Versatzstücke der „Konservativen Revolution" aufnahmen und sie so geschickt miteinander verbanden, daß der Eindruck einer gewissen inneren Schlüssigkeit entstand.

Hier ist nicht der Platz, die zahlreichen Strömungen der „Konservativen Revolution" im einzelnen vorzustellen; einige schlagwortartige Charakterisierungen müssen genügen:

Liberalismuskritik

– Ausgangspunkt ist die Kritik am Liberalismus (Arthur Moeller van den Bruck), am „Parteienstaat" und am Parlamentarismus (Oswald Spengler, Carl Schmitt, Edgar J. Jung). Die Prinzipien der „westlichen" Demokratie, die Ideen der Französischen Revolution, so die Argumentation dieser Autoren, seien innerhalb der deutschen Kultur ein Fremdkörper und nur durch die Niederlage im Weltkrieg aufgezwungen.

– Demgegenüber beanspruchte die „Konservative Revolution", einen eigenständigen deutschen Weg aufzuzeigen. Ihre Autoren teilten die Grundvorstellung, den Pluralismus der sozialen und wirtschaftlichen Interessen auszuschalten und eine von der Gesellschaft und von den Parteieinflüssen unabhängige, in ihren Handlungen freie und selbstverantwortliche Staatsspitze aufzurichten. Unterschiedliche Modelle wurden gehandelt, wie das eines „organisch" gegliederten Ständestaates (Othmar Spann), eines durch eine Elite geführten autoritären Staates (Edgar J. Jung, Hans Zehrer) oder – letzte Konsequenz – eines „totalen Staates" (Carl Schmitt), also einer Macht, die sich alle Lebensbereiche unterwerfen und damit den Unterschied zwischen Staat und Gesellschaft endgültig beseitigen sollte. Unter dem neuen, starken Staat, so die weiteren Überlegungen der Autoren der „Konservativen Revolution", sollte die konfliktbeladene Gesellschaft des „liberalistischen" Zeitalters durch die harmonische „Volksgemeinschaft" ersetzt werden; das Volk mußte die in ihm wurzelnden Urkräfte wiederentdecken und zu seiner ursprünglichen Einheit zurückfinden. Die Vorstellungen der meisten Autoren der „Konservativen Revolution" – wie unterschiedlich sie im einzelnen auch waren – gipfelten in der Vision eines künftigen „Reiches", also einer das historische Vorbild des mittelalterlichen Reiches aufnehmenden europäischen Ordnungsmacht.

Staatsvorstellungen

– Hinzu kommt drittens der Versuch der „Konservativen Revolution", die Erfahrung des Ersten Weltkriegs in den politischen Raum einzubringen. 1928 – zehn Jahre nach dem Ende des Weltkrieges – setzte eine Welle von Literatur[222] ein, in der versucht wurde, das „Kriegserlebnis" auf eine heroisierende Art und Weise zu deuten. Der Krieg wurde zur Geburtsstunde eines neuen soldatischen Nationalismus erklärt; die Kriegsbegeisterung vom Sommer 1914 und die Gemeinschaft des Schützengrabens wurden als Grunderfahrungen der wiedererwachenden „Volksgemeinschaft" dem negativen Bild der durch „Dolchstoß" und Novemberrevolution entstandenen Republik gegenübergestellt.

Kriegserlebnis

– Um das Volk zu einigen, das künftige „Reich" zu errichten, bedurfte es, auch da waren sich die meisten Autoren der „Konservativen Revolution" einig, der übermenschlichen Kraft eines „Führers". In den Kreisen der radikalen Rechten entwickelte sich in den Weimarer Jahren eine geradezu messianische Führererwartung, die Vorstellung, daß ein durch eine übernatürliche Kraft gesandter, an seinen außergewöhnlichen Taten erkennbarer „Führer" erscheinen werde.

Führererwartung

Fassen wir das bisher Gesagte zusammen, so ergibt sich Mitte und Ende der zwanziger Jahre folgendes Bild über das im Entstehen begriffene nationalistisch-rechtsradikale Milieu:

Während die Bedeutung der alten, im Kaiserreich entstandenen Agitationsverbände zurückging, bildeten sich neue Organisationsformen als Kristallisationspunkte dieses Milieus heraus, neben den exklusiven „Zirkeln" (als Kommunikationszentralen) die Wehrverbände (als Massenorganisationen und pressure groups). Allerdings zeigt sich, daß gerade die Wehrverbände keine adäquaten Methoden entwickeln konnten, ihre Interessen gegenüber den traditionellen Rechtsparteien (Konservative und Rechtsliberale) durchzusetzen. Die ständigen Mobilisierungsbemühungen und Drohgebärden der Wehrverbände trugen

Ansätze für ein neues Rechts-Milieu

jedoch zur politischen Radikalisierung bei. Dieser recht uneinheitlichen Szene entsprach ihre ideologische Zerspaltenheit; aber auch auf geistigem Gebiet leistete die militante Rechte ihren Beitrag zur Zerstörung der Weimarer Republik.

Das neue nationalistisch-rechtsradikale Milieu entstand im wesentlichen in den auseinanderbrechenden bürgerlich-liberalen und agrarisch-konservativen Milieus. In der zweiten Hälfte der zwanziger Jahre ist eine Abgrenzung zu den beiden traditionellen Milieus noch schwierig, die Übergänge sind fließend. So waren auch innerhalb der DNVP Kräfte aktiv, die man als Vertreter einer „fundamentalistischen" neuen Rechten ansehen kann. Vor allem aber bildeten die zahlreichen agrarischen und mittelständischen Splitterparteien, die wir hier kurz vorgestellt haben, eine wichtige Brücke zwischen den alten Milieus und dem neuen rechtsradikalen Lager. Die Splittergruppierungen gaben sich zwar in der Regel als betont sachbezogene Anwälte ihrer jeweiligen Klientel, als wenig radikal und relativ unideologisch; tatsächlich bekämpften sie jedoch die sozialen, politischen und wirtschaftspolitischen Grundlagen des Weimarer Staats, indem sie – in bemerkenswerter Übereinstimmung mit der NSDAP-Propaganda – fortwährend heftige Kritik am Weimarer Parteiensystem, an der parlamentarischen Demokratie, am Wohlfahrtsstaat, an Gewerkschaften und am etablierten Verbändewesen übten. Sie trugen damit zur allmählichen Aushöhlung der bestehenden Sozialmilieus und zur Formierung des neuen nationalistisch-rechtsradikalen Milieus bei, das sich vollends während der Weltwirtschaftskrise und unter der Führung der NSDAP ausformen sollte. Die NSDAP war ihrerseits gerüstet, diese Führungsrolle zu übernehmen.[223]

Brückenfunktion der Splitterparteien

6. Die nationalsozialistische Herausforderung

Hitler-Bewegung ohne Hitler

Nach dem mißlungenen Hitler-Putsch und dem Verbot der NSDAP spaltete sich die NS-Bewegung 1924 in mehrere, selbständig auftretende Gruppierungen.[224] Hitler griff in die Auseinandersetzungen zwischen diesen NSDAP-Nachfolgern zunächst nicht ein, um nicht sein Prestige als über der Gesamtbewegung stehender „Führer" in Mitleidenschaft zu ziehen. Er nutzte vielmehr seine Haft in der Festung Landsberg (sie sollte allerdings nur acht Monate dauern), indem er sich an ein Buchmanuskript machte, eine Mischung aus stilisierter Autobiographie und aus ihr scheinbar konsequent abgeleiteten programmatischen Grundsätzen für die künftige Politik der NSDAP. Ideologisch bot er in „Mein Kampf" nicht mehr als eine Mixtur von verschiedenen, auf der Rechten verbreiteten Lehren, darunter vor allem Sozialdarwinismus, Rassismus und Antisemitismus sowie „geopolitische" Vorstellungen, also die Lehre von der Raumbezogenheit von Politik und Geschichte. Taktisch bestand seine wichtigste Erkenntnis darin, daß mit der allmählichen Stabilisierung der Republik die Zeit des Putschismus

„Mein Kampf"

220

endgültig vorüberging. Andererseits war er aber auch nicht bereit, die NSDAP in eine „normale" Partei umzuwandeln, sie also auf die Teilnahme an Wahlen und Parlamentsarbeit zu beschränken. Seine Vorstellungen liefen vielmehr darauf hinaus, durch Ausbau und straffe Organisation des Parteiapparates und permanente Propagandaanstrengungen (das mochte Wahlkämpfe und Agitation im Parlament durchaus einschließen) eine Massenbewegung herzustellen und durch deren übermächtigen Druck das Gebäude der Republik zum Einsturz zu bringen.[225]

Partei- neugründung

Nach seiner Entlassung aus der Haft im Dezember 1924 und nach der Aufhebung des Parteiverbots im Februar 1925 gründete Hitler die NSDAP neu. In den folgenden Monaten gelang es ihm, die meisten der mittlerweile entstandenen nationalsozialistischen Splittergruppen in die Partei zurückzuführen; sein Nimbus als Parteiführer war also durch die Niederlage vom November 1923 keineswegs beeinträchtigt worden. Ebenso durchkreuzte er die Absicht Röhms, die SA zu einem von der Partei unabhängigen Wehrverband auszubauen; Röhm zog daraufhin die Konsequenz und trat als SA-Führer zurück.[226]

Anfang 1926 konnte Hitler seinen innerparteilichen Führungsanspruch auch gegenüber einer Gruppe von leitenden Parteifunktionären aus Nord- und Westdeutschland durchsetzen, die (maßgeblich beeinflußt von Gregor und Otto Straßer, anfangs auch unterstützt von Joseph Goebbels) der Partei ein stärkeres „antikapitalistisches" Profil geben wollten. Auf einer Funktionärsbesprechung in Bamberg im Februar unterwarf sich die nordwestdeutsche Gruppe; einige ihrer Vertreter wurden mit wichtigen Parteiposten abgefunden. Auf einer Generalmitgliederversammlung vom Mai 1926 verstärkte Hitler noch einmal seine zentrale Stellung: Das 25-Punkte-Programm von 1920 wurde für „unabänderlich" erklärt und in einer neuen Parteisatzung wurden Hitlers Rechte als unumschränkter Parteiführer auch vereinsrechtlich wirksam festgeschrieben. Die gestärkte Münchner Parteiführung ging nun daran, den Parteiapparat auszubauen und auf die Zentrale auszurichten sowie die regionalen Untergliederungen der Partei, die Gaue, an die Grenzen der Reichstagswahlkreise anzupassen: Die NSDAP wandelte sich allmählich in eine Wahlkampfmaschinerie. Erst nachdem die Parteiorganisation einigermaßen befestigt war, ging Hitler auch an die Reorganisation der SA, die nun – im Unterschied zu der Zeit vor 1923 – nicht mehr ein Wehrverband sein sollte, sondern ein der Partei untergeordnetes Hilfsorgan zur Verbreitung von Propaganda und zur Einschüchterung der politischen Gegner. Es folgte die Gründung von Sonderformationen, so die HJ und der NS-Studentenbund 1926 sowie Berufsverbände für Juristen und Ärzte 1928 bzw. 1929.

Bamberger Tagung

Ausbau des Partei- apparates

1926/27 setzte die Parteiführung vor allem darauf, durch aggressives Vorgehen gegen die sozialistischen Parteien Anhänger innerhalb der städtischen Arbeiterschaft zu gewinnen. Der Ende 1926 zum Berliner Gauleiter ernannte Goebbels entwickelte zu diesem Zweck einen eigenen Stil, eine Mischung aus einfallsreicher Propaganda und brutaler Gewaltanwendung, durch den zunächst einmal das Interesse der Öffentlichkeit geweckt werden sollte. Die Grenzen dieser Taktik wurden allerdings relativ schnell deutlich, als im Mai 1927 die Partei in Berlin verboten wurde.[227]

Taktik der NSDAP

Andererseits war die NSDAP immer auch eine auf dem flachen Land agitierende Partei gewesen.[228] Diese Anstrengungen wurden intensiviert, als sich in der zweiten Jahreshälfte 1927 die Auswirkungen der Agrarkrise spürbar bemerkbar machten. Diese Taktik zeigte deutliche Erfolge: Bei den Reichstagswahlen vom Mai 1928 erzielte die NSDAP zwar nur 2,6% der Stimmen (weniger als die nationalsozialistische Liste vom Dezember 1924); Gewinne waren aber – neben den alten städtischen Hochburgen wie München und Nürnberg – vor allem in ländlichen Gebieten zu verzeichnen.

Die NSDAP konzentrierte nun ihre Agitation auf die agrarischen Krisenregionen, in denen sie besonders hohe Stimmenanteile erzielt hatte, namentlich auf das holsteinische Dithmarschen und das kleine Land Oldenburg, beides Schwerpunkte der Landvolkbewegung. In diesen Gebieten versuchte die NSDAP, ihre Wahlerfolge auszunutzen: Sie überzog die jeweilige Region mit einer Veranstaltungswelle, und es gelang ihr, in regelrechten Eroberungsfeldzügen dauerhafte organisatorische Strukturen zu schaffen.[229]

Aus diesen Erfahrungen entwickelte die Reichspropagandaleitung eine „Großangriffstaktik", ein Verfahren, bei dem alle verfügbaren Propagandamittel der Partei kurzfristig in einer konzertierten Aktion auf eine Region angesetzt wurden. Ein Landstrich nach dem anderen geriet so unter das planmäßige Dauerfeuer der NS-Propaganda, die inhaltlich auf eine primitive Schwarz-Weiß-Schablone reduziert war.[230]

Ende der zwanziger Jahre begann die NDSAP außerdem damit, eine zweite, äußerst erfolgreiche Taktik zu entwickeln: Ihre Anhänger drangen systematisch in mittelständische Interessenverbände ein, um in den beiden auseinanderbrechenden, politisch orientierungslos werdenden Milieus, den mittelständisch-bürgerlichen und den agrarisch-konservativen, allmählich Fuß zu fassen.[231] Hinter den zahlreichen Interessengruppierungen und Splitterparteien, stand bereits die NSDAP als die große, alle einigende Alternative bereit. Vielgestaltigkeit und Vielgliedrigkeit der NSDAP und die gleichzeitig in der Person Hitlers verkörperte „Einheit" der Partei bildeten die besondere Stärke der NSDAP. Noch waren die organisatorischen Fortschritte und Wahlerfolge der NSDAP begrenzt; doch sie bildete Ende der zwanziger Jahre, am Vorabend der großen Krise, innerhalb des sich formierenden nationalistisch-rechtsradikalen Lagers den einzigen funktionierenden Organisationskern, der über eine geschlossene Ideologie und über einen umfassenden politischen Anspruch verfügte.

Das blockierte politische System: Möglichkeiten und Grenzen der Regierungsbildung in den mittleren Jahren der Republik

Nachdem sich in den Reichstagswahlen von 1924 der erstmals 1920 eingetretene Verlust der Mehrheit für die Weimarer Parteien als Dauerzustand abzeichnete, gab es vier Möglichkeiten der Regierungsbildung: — Erstens eine „Weimarer Koalition" als Minderheitsregierung, wie sie unter Wirth 1921/22 bestanden hatte; diese Konstellation war auf Kooperation mit der DVP angewiesen, was notwendigerweise zu Spannungen mit dem größten Koalitionspartner, der SPD, führen mußte.

Mögliche Regierungskoalitionen

— Zweitens eine bürgerliche Minderheitsregierung aus Zentrum, DDP und DVP, nach dem Vorbild von Fehrenbach (1920/21), Cuno (1922/23), dem Rumpf-Kabinett Stresemann im November 1923 und der zweiten Regierung Marx (1924), gegebenenfalls auch unter Einbeziehung der BVP wie im ersten Kabinett Marx (1923/24). Diese Konstellation stand allerdings vor dem Problem, in außenpolitischen Fragen die Zustimmung der SPD suchen zu müssen.

— Drittens ein Bürgerblock, das heißt also die Öffnung der bürgerlichen Mitte nach rechts zur DNVP nach dem Modell des ersten Kabinetts Luther (1925). Diese Kombination war allerdings in außenpolitischen Fragen wegen der Haltung der DNVP ebenfalls auf die Zustimmung der SPD angewiesen, was wiederum den Zusammenhalt der Koalition in Frage stellen mußte.

— Viertens schließlich die Große Koalition, also eine Kombination von bürgerlichen Parteien (einschließlich DVP) und Sozialdemokraten nach dem Modell der Regierung Stresemann von 1923. Damit saßen aber Industrie- und Gewerkschaftsvertreter gemeinsam auf der Regierungsbank, was eine Einigung in sozialpolitischen Fragen schwierig machte. In den Jahren 1925 bis 1929 sollten drei dieser Möglichkeiten erprobt werden; wir werden auf diese Koalitionen in den folgenden, chronologisch angelegten Kapiteln im einzelnen eingehen und wollen uns in diesem Abschnitt auf einen Überblick beschränken:

Regierungsbildung 1925–29

Nachdem die Bürgerblock-Regierung Luther an der Ablehnung der Locarno-Verträge durch die DNVP gescheitert war, wurde Anfang 1926 ein bürgerliches Minderheitskabinett wiederum unter Luther gebildet; diese Regierung zerbrach allerdings daran, daß die Koalitionspartner DDP, Zentrum und SPD sich in der sogenannten „Flaggenfrage" übergangen fühlten. Hierauf kam im Mai 1926 wiederum eine bürgerliche Minderheitsregierung aus Zentrum, DVP und DDP, diesmal unter Marx, zustande. Die vielversprechende parlamentarische Zusammenarbeit mit der SPD platzte aber 1926, nachdem es zu Meinungsunterschieden in der Arbeitszeitfrage und in der Wehrpolitik gekommen war. Anfang 1927 wurde wiederum ein Bürgerblock-Kabinett, erneut unter Marx, gebildet, das jedoch an unüberwindlichen Gegensätzen zwischen Zentrum und DNVP einerseits sowie der DVP andererseits über die Frage des konfessionellen Schulwesens scheiterte. Aus den nun notwendig werdenden Wahlen ging die SPD gestärkt hervor und bildete von Juni 1928 bis zum März 1930 eine Große Koalition unter dem Sozialdemokraten Müller, die die Neuregelung der Reparationsfrage im Young-Plan einvernehmlich vornahm, dann jedoch an den sozialpolitischen Gegensätzen zwischen DVP und SPD im Zeichen der beginnenden Weltwirtschaftskrise zerbrach.

Die beiden mehrheitsfähigen Modelle – Bürgerblock und Große Koaliton – litten also daran, daß es in grundlegenden Fragen keinen Konsens zwischen den Koalitionspartnern gab: In der Großen Koaliton – zusammengehalten durch außenpolitischen Konsens – gab es fundamentale Meinungsunterschiede in der Sozialpolitik; im Bürgerblock wiederum wollte die DNVP die Außenpolitik nicht mittragen, aber auch eine kulturpolitische Frage wie das Verhältnis von Kirche und Schule konnte eine solche Konstellation beenden. Und das dritte Modell, das in den mittleren Jahren zum Zuge kam, das bürgerliche Minderheitskabinett, erwies sich als eine äußerst labile Minimallösung, da der Kanzler sich von Fall zu Fall Mehrheiten beschaffen mußte, die sich häufig gegenseitig blockierten.

Es gelang demnach während der Weimarer Republik nicht, die Zersplitterung des Wählervotums auf sechs regierungsfähige Parteien (von den extremen Parteien oder Splitterparteien gar nicht zu reden) zu überwinden und stabile Mehrheiten zu bilden, um so zu einem funktionierenden Wechselspiel von Regierung und Opposition zu kommen. Vielmehr wurde, wie Michael Stürmer es formuliert hat, „die dialektische Beziehung von Regierung und parlamentarischer Opposition in eine Vielheit einander überschneidender Gegensätze" aufgelöst, „die jeder neu gebildeten Regierung von vornherein den Stempel des Provisoriums aufdrückten." Hierdurch kam „jenes gleitende Element in das Verhältnis von Mehrheit und Minderheit, das den politischen Prozeß in eine Reihe von Einzelkonflikten zerlegte und zugleich die mangelnde Integrationskraft des Parlamentarismus Weimarer Prägung widerspie-

Regierungen nur kurzfristige Zweckbündnisse

gelte."[232] Die Fraktionen schlossen also bei der Regierungsbildung nur Zweckbündnisse ab und waren an der Errichtung einer dauerhaften, stabilen Regierung wenig interessiert.

Wie ist diese Selbstblockade des Parlamentarismus, die Unfähigkeit, sich auf stabile Kompromisse zu einigen, zu erklären? Natürlich spielten taktische Überlegungen eine große Rolle: Sowohl SPD wie DNVP waren etwa in besonderer Weise durch ihre radikalen Konkurrenten gefährdet: Hätte die DNVP ihre außenpolitische Obstruktionshaltung aufgegeben, hätte sie Stimmen an die rechts von ihr stehenden Völkischen bzw. die NSDAP verloren; im gleichen Dilemma befand sich die SPD in sozialpolitischen Fragen, drohte doch bei zu großer Nachgiebigkeit eine Abwanderung enttäuschter Arbeiter zur KPD. Die DVP wiederum war geradezu existentiell an die Schwerindustrie gebunden, die ihrerseits ihren Einfluß auch anderen Parteien zuwenden konnte. Das Zentrum wiederum mußte sich in der Frage der Bekenntnisschulen kompromißlos zeigen, wollte es nicht die Grundidee einer konfessionellen Partei aufgeben.

Die Tatsache, daß solche taktischen Überlegungen immer wieder den Ausschlag gaben und das Zustandekommen stabiler Regierungsbündnisse verhinderten, läßt sich auf eine Reihe von tieferliegenden Schwächen des politischen Systems der Weimarer Republik zurückführen:

1. Der Umstand, daß die gegenüber der Weimarer Verfassung wirklich loyalen Parteien bereits 1920 die Mehrheit verloren, bedeutete natürlich ein schweres Handicap für das parlamentarische System. Allerdings: Wenn auch die Demokraten eine Minderheit bildeten, so war doch zunächst eine Mehrheitsbildung gegen sie und die Errichtung eines anderen politischen Systems (sei es nun Diktatur des Proletariats, Monarchie, Militärdiktatur oder völkischer „Führerstaat") ausgeschlossen. Und es zeigte sich am Beispiel der DVP (und in Ansätzen auch bereits bei der DNVP), daß Parteien, die der Republik skeptisch bis ablehnend gegenüberstanden, in das parlamentarische Handeln eingebunden werden konnten, da sie letztlich darauf angewiesen waren, die Interessen ihrer jeweiligen Klientel effektiv und mit sichtbaren Erfolgen zu vertreten. Die parlamentarische Demokratie bewies durchaus ihre Integrationskraft. Die massive Radikalisierung hin zu Parteien, die in Fundamental-Opposition zum „System" standen und das Parlament als bloße Bühne für ihre Agitation benutzen und nach Möglichkeit blockieren wollten, trat erst ein, als das parlamentarische System nicht mehr funktionierte; die Radikalisierung der Wählerschaft war Folge, nicht Ursache der parlamentarischen Selbstblockade.

Mehrheitsverlust der Demokraten

2. Die Zersplitterung der Parteienlandschaft ist zwar auch durch das Wahlsystem und durch historische Besonderheiten der verschiedenen Entwicklungen in den Parteien bedingt, sie war vor allem aber Ausdruck tiefgreifender sozialer, politischer, weltanschaulicher und konfessioneller Gegensätze und Konflikte, die meist während des Kaiserreiches entstanden und durch die Kriegs- und Nachkriegszeit verstärkt worden waren. Um zu verstehen, warum diese Zerplitterung nicht durch einen zumindest partiellen Interessenausgleich zwischen den Parteien überwunden werden konnte, muß man auf die spezifisch

Besonderheiten des deutschen Parteiensystems

deutsche Tradition von Parteibildung und Parlamentarismus eingehen.
3. Die deutschen Parteien waren, wie wir gesehen haben, traditionell in bestimmten, relativ festgefügten und recht klar voneinander abgegrenzten Bevölkerungsgruppen, eben den „Milieus", verwurzelt und darauf trainiert, deren Interessen möglichst wirkungsvoll und scharf gegeneinander und gegenüber der Regierung zu vertreten, wobei sie ihre jeweiligen Sonderinteressen ideologisch zu überhöhen suchten und damit ins „Grundsätzliche" zogen.

Fortwirken der antiparlamentarischen Tradition des Kaiserreichs

Als Produkte des politischen Systems des Kaiserreichs besaßen diese Parteien keine Erfahrung darin, ihre jeweiligen Sondervorstellungen in Regierungspolitik umzusetzen und mitzuverantworten; ja es war das essentielle Ziel dieses Systems gewesen, eine solche Mitverantwortung auszuschließen und die Zersplitterung, ideologische Fixierung und Kompromißunfähigkeit der Parteien zu fördern. Die vom Kaiser berufene Regierung handelte weitgehend autonom, sie gab die politischen Themen vor, das Parlament konnte da es keine wirksame Initiativmöglichkeit besaß nur durch Vetos in der Gesetzgebung und bei der Verabschiedung des Haushalts sowie durch parlamentarische Debatten das Regierungshandeln beeinflussen. Die Parteien hatten Kontrollmöglichkeiten, ohne selbst in „Gefahr" zu stehen, die Regierung übernehmen zu müssen. Es gab in Deutschland keine Tradition, handlungsfähige parlamentarische Kompromisse zu erarbeiten, sondern im Vordergrund stand das Ziel, die eigene Position möglichst kompromißlos und durchaus überzogen zu vertreten, um Regierung und Bürokratie dazu zu bewegen, zumindest auf einige der vorgebrachten Forderungen einzugehen.

Mangelnde Einbindung der Parteien in die Regierung

Diese Tradition des Dualismus von Parlament und Regierung wirkte in der Weimarer Republik fort: Es entstand keine enge Handlungsgemeinschaft zwischen Regierung und Mehrheitsparteien, es gelang nicht, die Fraktionen wirklich für die Regierungspolitik haftbar zu machen; sie fungierten vielmehr als Träger und als Kritiker der Regierungspolitik zugleich. Zwar gelang es den Parteien unter der Weimarer Verfassung, ihren Einfluß auf die Regierungspolitik im Vergleich zum Kaiserreich erheblich zu steigern, sie schafften jedoch nicht den qualitativen Sprung zu einem parlamentarischen Regierungsverständnis. So erinnern die nur als Zweckbündnisse abgeschlossenen, sich relativ schnell abwechselnden Regierungskoalitionen der Weimarer Zeit sehr an das Jahrzehnt vor dem Ersten Weltkrieg, als die Regierung versuchte, durch unterschiedliche, jeweils nur kurze Zeit während Blockbildungen („Bülow-Block", „Schwarz-blauer Block", „Kartell") sich parlamentarische Mehrheiten zu verschaffen.

Charakteristisch für die beschränkte Haftung der Weimarer „Regierungsparteien", für den mangelnden Funktionsmechanismus zwischen Parlament und Kabinett ist die Praxis, parteilose „Fachleute", von den

Fraktionen abgestellte „Verbindungsmänner" oder „Persönlichkeiten" (die gegenüber niemandem verantwortlich waren) zu Ministern zu ernennen. Die durch die Revolution von 1918 nicht wirklich unterbrochene personelle und organisatorische Kontinuität im deutschen Parteiensystem führte zu einer Fortsetzung der im Kaiserreich eintrainierten Verhaltensweisen.

Aus der mangelnden parlamentarischen Verankerung der Regierung ergibt sich auch die seltsam anmutende Scheu, die in der Weimarer Verfassung eigentlich vorgeschriebene Vertrauenserklärung des Reichstages für die Regierung auch tatsächlich abzugeben: So wurden beispielsweise die Regierungen Marx II, der Bürgerblock Luthers und die Große Koaliton Müllers vom Parlament nur „gebilligt", während die Regierungserklärung des dritten Kabinetts Marx nur „zur Kenntnis" genommen wurde. Charakteristisch ist auch die relativ starke Stellung des „Interfraktionellen Ausschusses", den die die Regierung tragenden (oder nicht tragenden) Parteien zur Abstimmung ihrer Politik bildeten und der häufig als konkurrierendes Entscheidungsgremium neben das Kabinett trat.

Wenn in diesem Kapitel immer wieder auf das Kaiserreich zurückgegriffen wird, dann um deutlich zu machen, daß der Mangel an „modernem" (westlichem) Parlamentarismus-Verständnis in der Weimarer Republik durch sehr starke politische Traditionen begründet ist. Es wäre erstaunlich gewesen, wenn nach der Niederlage von 1918 eine plötzliche Umorientierung des deutschen Parlamentarismus – ausgerechnet geleitet durch das Modell der Kriegsgegner – erfolgt wäre. Die starken Hemmnisse gegen eine dominierende Rolle des Parlaments und der Parteien sind ein sich aus einer besonderen deutschen Tradition ergebendes Grundcharakteristikum des Weimarer Staates. Wer das Verhalten der Weimarer Politiker vom Standpunkt eines entwickelten Parlamentarismus-Verständnisses kritisiert, der muß die Tradition des Kaiserreiches mit einbeziehen.

Die mangelnde Wirksamkeit eines parlamentarischen Interessenausgleichs voraussehend, hatte die Weimarer Verfassung bereits für eine „Reserveverfassung" in Gestalt des mächtigen Reichspräsidenten gesorgt. Dies einfach zu einem verfassungspolitischen Mißverständnis, zu einem mechanischen Fehler zu erklären, hieße, die starke deutsche obrigkeitsstaatliche Tradition zu unterschätzen. In der Weltwirtschaftskrise sollte diese Reserveverfassung ihre Bewährungsprobe erhalten.

III. Die Politik der bürgerlichen Regierungen Luther und Marx 1925-1928

Einleitung der konservativen Wende 1925:
Bildung der Regierung Luther und Wahl Hindenburgs

Kabinett Luther

Nach den Reichstagswahlen vom Dezember 1924 wurde Anfang Januar 1925 eine neue Regierung unter dem parteilosen, der DVP nahestehenden Finanzminister Hans Luther gebildet. Das Kabinett Luther verstand sich als eine Regierung der „Fachleute"; es agierte also nicht auf der Basis einer Koalitionsvereinbarung mit den Parteien, sondern durch Berufung von je einem „Vertrauensmann" von DNVP (Martin Schiele, Landwirtschaft), DVP (Stresemann, Außen), Zentrum (Brauns, Arbeit) sowie BVP (Stingl, Post). Ferner gehörten dem Kabinett „Fachminister" an, die Mitglieder der bürgerlichen Parteien waren oder ihnen nahestanden. Damit war erstmalig ein rechter „Bürgerblock" unter Einschluß deutschnationaler Politiker an die Regierung gelangt, eine Konstellation, um die sich gerade die DNVP während des gesamten Jahres 1924 bemüht hatte. Innenpolitisch leitete der Bürgerblock – mit der Durchsetzung Hindenburgs als Reichspräsident und einer Reihe wichtiger finanzpolitischer Entscheidungen – einen weiteren Rechtsruck ein; außenpolitisch wurde mit dem Abschluß der Locarno-Verträge und der Vorbereitung des Völkerbund-Eintritts eine Politik der Verständigung und Entspannung begonnen, die langfristig die Revision des Versailler Vertrages möglich machen sollte.[233]

Tod Eberts

Am 28. Februar 1925 verstarb überraschend Friedrich Ebert. Die Gesundheit des Reichspräsidenten war zerrüttet, nachdem es ihm nur teilweise gelungen war, sich erfolgreich gegen eine wahre Welle haßerfüllter beleidigender Angriffe gegen seine Person zu wehren; während seiner Amtszeit hatte sich der erste Präsident gezwungen gesehen, insgesamt 173 Strafanträge gegen solche Angriffe zu stellen.[234] Der Höhepunkt dieser Rufmordkampagne wurde Ende 1924 erreicht, als ein Gericht in einem von Ebert angestrengten Beleidigungsprozeß zu der Schlußfolgerung kam, der gegen ihn wegen seiner Rolle im Munitionsarbeiterstreik von 1918 erhobene Vorwurf des Landesverrats sei durch das Strafrecht gedeckt. Auch wurde versucht, Ebert in Verbindung mit einer Korruptionsaffäre, dem „Barmat-Skandal", zu bringen.[235] Durch den Tod Eberts wurde die vorzeitige Wahl eines Nachfolgers –

erstmals durch das Volk – notwendig.[236] Beim ersten Wahlgang traten der ehemalige Reichsinnenminister und amtierende Bürgermeister von Duisburg, Karl Jarres an, der von DVP, DNVP und Wirtschaftspartei unterstützt wurde; ferner kandidierten Otto Braun für die Sozialdemokraten und Wilhelm Marx für das Zentrum sowie der badische Staatspräsident Willy Hellpach für die DDP, der bayerische Ministerpräsident Heinrich Held für die BVP, für die Kommunisten Ernst Thälmann und für die Nationalsozialisten Erich Ludendorff. Im ersten Wahlgang erreichte keiner der Kandidaten die absolute Mehrheit. Die meisten Stimmen erhielt Jarres (10,4 Millionen), gefolgt von Braun (7,8 Mio.) und Marx (3,9 Mio.), Thälmann (1,9 Mio.), Hellpach (1,6 Mio.), Held (1 Mio.) und Ludendorff (286 000). Damit blieben die für die Vertreter der beiden radikalen Gruppierungen, Thälmann und Ludendorff, abgegebenen Stimmen weit hinter den Wahlergebnissen ihrer Parteien vom Dezember 1924 zurück.

Reichspräsidentenwahlen

Bei der Entscheidung, für den zweiten Wahlgang einen gemeinsamen Kandidaten der Weimarer Parteien aufzustellen, spielte die Frage der Ministerpräsidentschaft in Preußen eine wichtige Rolle: Marx, der Anfang März in dieses Amt gewählt worden, aber wegen seiner Kandidatur für das Reichspräsidentenamt zurückgetreten war, wurde im zweiten Wahlgang von den Sozialdemokraten unterstützt; dafür sicherte das Zentrum der SPD zu, bei der Wahl des preußischen Ministerpräsidenten für Braun zu stimmen. Während sich Braun am 3. April durchsetzen konnte, sollte dies Marx nicht gelingen.

Denn mittlerweile hatte sich die Rechte anstelle von Jarres einen attraktiveren Kandidaten ausgesucht: Ihre Wahl war auf den 77 Jahre alten Weltkriegs-Heros Paul v. Hindenburg gefallen. Unterstützt von DNVP, DVP und BVP ging Hindenburg aus dem zweiten Wahlgang, in dem die einfache Mehrheit genügte, mit 14 655 000 Stimmen (48,3%) erfolgreich hervor; Marx hatte nur 13 751 000 Stimmen (45,3%) auf sich vereinigen können, Thälmann 1 931 000 (6,4%), nachdem die Kommunisten sich trotz der Gefahr eines Erfolgs der Rechten nicht zur Unterstützung von Marx hatten entschließen können.

Wahl Hindenburgs

Mit der Wahl Hindenburgs wuchs die Bedeutung der altpreußischen Eliten, die sich 1918/19 hatten behaupten können: Ostelbischer Großgrundbesitz, Militärs und konservative Spitzenbeamte wußten nun wiederum einen Mann ihrer Couleur an der Staatsspitze, zu dem sie direkten Zugang besaßen. Mit der Wahl Hindenburgs war auch der Beweis angetreten, daß es rechts von der Weimarer Koalition eine mehrheitsfähige Bündniskonstellation gab, wurzelnd vor allem im protestantischen mittelständisch-bürgerlichen und im agrarisch-konservativen Milieu.

Mit der Aufnahme der DNVP in die Regierung Luther hatten die gemäßigten bürgerlichen Kräfte das Kalkül verfolgt, die Deutschnationalen in einen außenpolitischen Konsens miteinzubeziehen. Die Außenpolitik erneut von der Zustimmung der Sozialdemokraten abhängig zu machen, wäre nur um den Preis innenpolitischer Zugeständnisse möglich gewesen. Durch eine Stärkung des rechten Regierungsflügels (DVP und DNVP) war es andererseits jedoch möglich, eine vor allem den Interessen von Industrie, Landwirtschaft und Großbürgertum entgegenkommende Finanzpolitik zu betreiben.

In der konservativen Regierung Luther kam es zu wichtigen Entscheidungen in der Steuer-, Zoll- und Aufwertungsfrage, die zusammengenommen und in Verbindung mit den finanzpolitischen Entscheidungen in der Stabilisierungsphase gesehen, die „Restauration der aus der Vorkriegszeit übernommenen Besitzverhältnisse" zum Abschluß brachten.[237]

Aufwertungs-gesetze

1. Unter dem Druck der Wirtschaftsverbände erklärte der Wirtschaftsminister Neuhaus (DNVP) Anfang Februar in einer allen Ministern zugestellten Denkschrift, daß Aufwertungen über die in der Dritten Steuernovelle vorgesehenen 15% hinaus ausgeschlossen seien.[238] Dies war ein klarer Bruch mit der zuvor von der DNVP vertretenen Position, die in den beiden Wahlkämpfen des Jahres 1924 als die Aufwertungspartei hervorgetreten war. Aus der DNVP-Fraktion kam auch sogleich der Antrag, alle von der Inflation betroffenen Ansprüche individuell aufzuwerten. Als diese Forderung nach kurzer Zeit unter dem Druck der DNVP-Spitze wieder zurückgezogen wurde, nahm die SPD-Fraktion den Antrag auf, um die Aufwertungspropaganda der DNVP als bloße Demagogie zu entlarven und so einen Einbruch in die kleinbürgerliche Wählerschaft zu erzielen.[239]

Nach schwierigen Verhandlungen einigten sich die Regierungsfraktionen im Mai auf Grundsätze für die Aufwertung, die weit hinter den Forderungen der Inflationsgeschädigten zurückblieben: Danach sollten der Aufwertungssatz für Hypotheken von 15 auf 25% erhöht und die alten Anleihen der öffentlichen Hand zum Satz von 5% abgelöst werden. Mitte Juli wurden diese Kompromisse durch zwei Aufwertungsgesetze vom Parlament verabschiedet.[240]

Zollnovelle

2. Durch die Verhandlungen über Handelsverträge mit den wichtigsten Wirtschaftspartnern Deutschlands, die als Folge der Wiederherstellung der handelspolitischen Souveränität Anfang 1925 notwendig waren, wurde die Frage der Neufestsetzung von Einfuhrzöllen aufgeworfen. Nachdem die Deutschnationalen im August 1924 vergeblich versucht hatten, zu den Schutzzöllen für Agrarprodukte, wie sie vor 1914 bestanden hatten, zurückzukehren, gelang es ihnen, mit der im Sommer 1925 verabschiedeten Zollnovelle eine zeitlich befristete Übergangsregelung zu erreichen, nach der die Agrarzölle dem Vorkriegsstand angenähert wurden.[241] Dies war möglich gewesen, nachdem sich DNVP und der eng mit ihr verbundene Reichslandbund mit der an Einfuhr-

zöllen interessierten Schwerindustrie auf eine gemeinsame Behandlung von Industrie- und Agrarzöllen geeinigt hatten. Die Schwerindustrie wiederum hatte sich mit der weiterverarbeitenden Eisenindustrie in dem sogenannten Avi-Abkommen darauf verständigt, ihr das für Exportprodukte bestimmte Eisen zum (günstigeren) Weltmarktpreis zu überlassen.[242] Diese Absprachen bedeuteten also, daß der Eisenpreis – Ausgangsprodukt für zahlreiche Industrieprodukte – ebenso künstlich hochgehalten wie das Niveau der Lebensmittelpreise, obwohl die deutsche Landwirtschaft zu diesem Zeitpunkt überhaupt nicht in der Lage war, den Ernährungsbedarf der deutschen Bevölkerung sicherzustellen, die Einfuhr von Agrargütern also gar nicht zu umgehen war.[243] Zugespitzt ausgedrückt: Mit Hilfe der Avi-Verträge und des Zollkompromisses bildeten Industrie und Landwirtschaft 1925 ein Preiskartell zu Lasten der Verbraucher.

Preiskartell der Produzenten

3. Durch die vom Kabinett Luther bis zum Sommer 1925 abgeschlossene Steuerreform wurde die von Erzberger 1919 versuchte (aber durch die Inflation weitgehend verhinderte) stärkere Belastung des Besitzes insgesamt gesehen wieder rückgängig gemacht: Durch eine Herabsetzung des Spitzensatzes in der Einkommensteuer von 60 auf 40%, durch Minderung der Umsatz-, Vermögens- und Körperschaftssteuern und andererseits durch eine Erhöhung der Verbrauchssteuern für Bier und Tabak wurde erreicht, daß das Steueraufkommen in einem noch höheren Ausmaß durch schwächer verdienende Schichten getragen wurde.[244]

Steuerreform

Neue außenpolitische Rahmenbedingungen:
Locarno und Völkerbund

In den Jahren 1925/26 wurde mit dem Abschluß der Locarno-Verträge und mit dem Beitritt Deutschlands zum Völkerbund der äußere Rahmen geschaffen, der dem deutschen Staat die Möglichkeit gab, als europäische Großmacht auf der internationalen Bühne zu agieren, und ihm die notwendige Handlungsfreiheit verlieh, sich um die Revision des Versailler Vertrages zu bemühen und seine Stellung als wichtige Handelsmacht wiederzuerlangen. Die Wiederherstellung des internationalen Ansehens und der wirtschaftlichen Prosperität sollten sich zunächst günstig auf die Beruhigung der innenpolitischen Lage in Deutschland auswirken.

Nach der Neuregelung der Reparationsfrage im Dawes-Plan und der Übereinkunft über den Abzug der französischen Truppen aus dem Ruhrgebiet (die vereinbarungsgemäß im Sommer 1925 abgeschlossen wurde) konzentrierte sich die deutsche Außenpolitik darauf, auch die

Mittelfristige Ziele der deutschen Außenpolitik	

alliierte Besatzung im Rheinland abzulösen und künftige französische Interventionen zu verhindern. Beides, so die grundlegende Überlegung Stresemanns, war nur möglich, wenn es gelang, das französische Sicherheitsinteresse zu befriedigen; dies konnte durch einen multilateralen Pakt geschehen, in dem der Status quo an der Westgrenze Deutschlands garantiert werden würde. Ein solcher Pakt, eine grundlegende Verständigung mit Frankreich, sollte, so Stresemanns weitergehende Überlegungen, das Reich als zuverlässigen Partner auf die internationale Bühne zurückkehren und ihm zugleich den notwendigen Freiraum für die friedliche Revision der durch den Versailler Vertrag geschaffenen Ostgrenze lassen.[245]

Die Wiederherstellung der internationalen Reputation Deutschlands war auch aus einem anderen Grund dringend erforderlich: Am 10. Januar 1925 liefen die Bestimmungen des Versailler Vertrages über die einseitige Meistbegünstigung der alliierten Mächte im Handel mit Deutschland aus. Die deutsche Regierung war daher im Sommer 1924 daran gegangen, Handelsverträge mit den wichtigsten Wirtschaftspartnern Deutschlands auszuhandeln, nachdem ein solcher Vertrag mit den USA bereits im Dezember 1923 unterzeichnet worden war; als Anfang 1925 die deutsche Regierung ihre außenpolitische Initiative zur internationalen Garantie der Westgrenze startete, waren bereits mit Großbritannien und Spanien Verträge abgeschlossen, während sich die Verhandlungen mit Frankreich, Rußland und Italien noch im Gange befanden. Die Lösung der „Sicherheitsfrage" sollte internationales Vertrauen schaffen, das sich auch zur Intensivierung der internationalen Handelsbeziehungen, d. h. zu einer Steigerung der deutschen Exporte nutzen ließ, die unumgänglich war, wollte man die Reparationen leisten. Die Aktivierung der Handelspolitik wiederum sollte den Handlungsspielraum der deutschen Außenpolitik langfristig erhöhen.[246] Der Abschluß von Handelsverträgen hing aber wiederum eng mit einer innenpolitisch umstrittenen Frage zusammen, der Neufestsetzung des Zolltarifs, die, wie wir bereits gesehen haben, im Sommer 1925 provisorisch gelöst werden konnte.[247]

Neben solchen außenhandels- und reparationspolitischen Erwägungen gab es aus der Sicht der deutschen Regierung drei bedenkliche politische Entwicklungen, die eine Initiative in der Westpolitik besonders dringlich erscheinen ließen: Nachdem die von Frankreich verfolgte Idee eines umfassenden Sicherheitssystems im Rahmen des Völkerbundes gescheitert war, zeichnete sich ein französisch-britisch-belgischer Bündnisvertrag ab, durch den Frankreich langfristig seine Position gegenüber einem wiedererstarkenden Deutschland sichern wollte. Zweitens hatte der Völkerbundrat sich im September 1924 das Recht eingeräumt, nach der Beendigung der Besatzungsbestimmungen gemäß Versailler Vertrag in den entmilitarisierten Zonen permanente

*(Marginalien: **Handelsverträge**; **Deutsche Besorgnisse im Hinblick auf die Westpolitik**)*

Überwachungsorgane einzurichten. Hinzu kam drittens, und dies war für die deutsche Seite besonders alarmierend, daß die Alliierten sich Anfang 1925 weigerten, die am 10. Januar bevorstehende Räumung der ersten Rheinlandzone durchzuführen, da die deutsche Seite massiv gegen die Entwaffnungsbestimmungen verstoßen hätte.[248] (Erst am 4. Juni sollten die Alliierten die Begründung für ihr Vorgehen nachreichen: In einer ausführlichen Note listeten sie zahlreiche angebliche deutsche Verfehlungen auf.[249])

Stresemann reagierte Anfang 1925 auf die Weigerung der Alliierten sich zurückzuziehen, indem er in einem geheimen, nur mit dem Reichskanzler abgesprochenen Memorandum Frankreich und Großbritannien den Vorschlag zu machen, die „am Rhein interessierten Mächte" sollten sich in einem Vertrag verpflichten, keine Kriege gegeneinander zu führen sowie einen Garantiepakt über den „gegenwärtigen Besitzstand am Rhein" zu schließen, der Schiedsverträge zwischen den beteiligten Staaten enthalten könnte.[250]

Stresemanns Vorstoß

Die französische Regierung reagierte hierauf nach einigem Zögern prinzipiell positiv; sie machte aber den deutschen Eintritt in den Völkerbund zur Bedingung eines solchen Paktes und schlug außerdem vor, auch ein internationales Abkommen über die deutsche Ostgrenze zu schließen, wobei alle am Versailler Vertrag beteiligten Staaten als Garantiemächte in Betracht kämen.[251]

Gegen den Beitritt Deutschlands zum Völkerbund sprach aus der Sicht der deutschen Regierung der Artikel 16 der Völkerbundsatzung, der die Mitglieder zur Teilnahme an Sanktionen verpflichtete. Offiziell wandte man ein, die durch den Versailler Vertrag geschwächte deutsche Militärmacht sei zu solchen Aktionen nicht in der Lage; noch wichtiger aber war, daß die deutsche Regierung sich nicht durch die Verpflichtung auf Sanktionen auf den antisowjetischen Kurs der Westmächte festlegen lassen wollte; das Sonderverhältnis mit der Großmacht im Osten sollte vielmehr aufrechterhalten und weiter ausgebaut werden.

Während die Idee eines „Rheinpaktes" sofort die Unterstützung der oppositionellen SPD fand, sammelte sich nun in der deutschnationalen Fraktion gegen Stresemanns Politik offener Widerstand, der auch aus DVP und Zentrum unterstützt wurde und vom Reichskanzler und Außenminister nur mühsam eingedämmt werden konnte.[252]

Währenddessen begann, nach einem weiteren deutsch-französischen Notenwechsel und einer internationalen Sachverständigenkonferenz in London, im Oktober 1925 in Locarno die deutsch-alliierte Konferenz über Sicherheitsfragen, die mit der Einigung auf ein Vertragspaket endete: In einem zwischen Deutschland, Frankreich, Großbritannien, Italien und Belgien geschlossenen Vertrag bestätigte Deutschland die im Versailler Vertrag festgelegten Grenzen mit Frankreich und Belgien sowie die Entmilitarisierung des Rheinlands; das Deutsche Reich und sei-

Locarno-Konferenz

ne beiden westlichen Nachbarn sicherten sich gegenseitig zu, keinen Krieg gegeneinander zu führen. Großbritannien und Italien übernahmen die Verpflichtung, bei einer Vertragsverletzung der jeweils geschädigten Seite zu Hilfe zu kommen. Außerdem schloß Deutschland mit Belgien und Frankreich Schiedsabkommen, die vorsahen, alle auftauchenden Streitfragen durch Schiedsverfahren (für die eine international besetzte Kommission eingerichtet wurde) bzw. vor dem Internationalen Gerichtshof zu klären. Auch zwischen Deutschland und Polen bzw. der Tschechoslowakei wurden Schiedsverträge geschlossen; da jedoch keine Garantie der bestehenden Grenzen im Osten durch dritte Mächte vereinbart wurde (also kein „Ost-Locarno" zustande kam), blieben diese Verträge relativ bedeutungslos.[253]

Problem des Völkerbund-Beitritts

Das Inkrafttreten des Vertragswerkes wurde mit der Aufnahme Deutschlands in den Völkerbund gekoppelt. Dabei war es der deutschen Regierung gelungen, eine Interpretation des Artikels 16 der Völkerbundsatzung durchzusetzen, die ihren Vorstellungen entsprach. Bei einem Beitritt zum Völkerbund sollte sich Deutschland, so die in Locarno ausgehandelte Formulierung, nur „in einem Maße, das mit seiner militärischen Lage verträglich ist und das seiner geographischen Lage Rechnung trägt", an Sanktionsmaßnahmen beteiligen.[254] Bereits vor der Konferenz hatte man die Forderung nach einem ständigen Sitz Deutschlands im Völkerbundsrat prinzipiell anerkannt. Es gelang Stresemann jedoch nicht, Frankreich und Großbritannien zu einer verbindlichen Zusage über die Räumung der besetzten Rheinlande zu bewegen.

Annahme der Locarno-Verträge

Inzwischen hatte sich jedoch der Widerstand der Deutschnationalen gegen die Außenpolitik Stresemanns verstärkt: Sie erklärten die in Locarno ausgehandelten Vertragsentwürfe für unannehmbar und traten am 25. Oktober aus der Regierung aus. Herbeigeführt hatte diesen Schritt vor allem der starke Mann des rechten Parteiflügels der DNVP, Hugenberg,[255] der seinen Pressekonzern auf eine nationalistische Agitation gegen das Vertragswerk eingestellt hatte.[256] Die SPD sorgte jedoch bei der Abstimmung vom 27. November für die notwendige Mehrheit, nachdem die Regierung die Annahme der Verträge mit der Ermächtigung verbunden hatte, Deutschlands Eintritt in den Völkerbund vorzubereiten. Die Locarno-Verträge wurden am 1. Dezember 1925 feierlich unterzeichnet; das Kabinett Luther trat daraufhin am 5. Dezember zurück, um die Bildung einer mehrheitsfähigen Regierung zu ermöglichen.[257]

In den folgenden Monaten sollten sich der neugebildeten Regierung Luther und ihrem Nachfolger, dem im Mai 1926 gebildeten Kabinett Marx, eine Reihe von außenpolitischen Aufgaben stellen, die sich unmittelbar aus dem Abschluß der Locarno-Verträge ergaben: Die Stabilisierung des Verhältnisses zur Sowjetunion, die Aufnahme in den Völkerbund, der Abbau des Besatzungsregimes im Rheinland sowie die Beseitigung der von den Alliierten errichteten Internationalen Militärkontrolle.

1. Um dem durch die Annäherung an die Westmächte ausgelösten sowjetischen Mißtrauen entgegenzutreten, schloß die Reichsregierung am 24. April 1926 mit der Sowjetunion den Berliner Vertrag ab. Er verpflichtete beide Länder dazu, sollte eines „trotz friedlichen Verhaltens von einer dritten Macht oder von mehreren dritten Mächten angegriffen werden", sich neutral zu verhalten bzw. sich nicht an Boykottaktionen zu beteiligen.[258]

Berliner Vertrag

2. Die mit dem Inkrafttreten der Locarno-Verträge verbundene Aufnahme Deutschlands in den Völkerbund kam erst zustande, nachdem in komplizierten Verhandlungen der Anspruch der Reichsregierung auf einen ständigen Sitz im Völkerbundsrat durchgesetzt werden konnte.[259] Damit war die Stellung Deutschlands als eine europäische Großmacht formell anerkannt. Als das Reich am 10. September 1926 in feierlicher Form in den Völkerbund aufgenommen wurde, herrschte in Genf eine euphorische Atmosphäre vor; ein Zeitalter internationaler Verständigung schien eingeleitet. Chrakteristisch für diese Stimmungslage ist die Begrüßungsansprache des französischen Ministerpräsidenten Aristide Briand, gehalten in der Völkerbundssitzung vom 10. September: „Fort mit den Gewehren! Fort mit den Maschinengewehren! Fort mit den Kanonen! Platz für die Versöhnung, für das Schiedsgericht und für den Frieden!"[260]

Aufnahme in den Völkerbund

3. Unter dem Einfluß dieser Atmosphäre stand auch das unmittelbar nach dem Eintritt in den Völkerbund stattfindende Treffen von Briand und Stresemann in dem französischen Dorf Thoiry bei Genf, bei dem sie eine mögliche „Gesamtbereinigung" der deutsch-französischen Probleme skizzierten: Danach sollte unter anderem das Rheinland binnen Jahresfrist geräumt und das Saarland (ohne Volksabstimmung) zurückgegeben werden; als Gegenleistung wurden der kurzfristige Verkauf von (gemäß dem Dawes-Plan hinterlegten) Eisenbahnobligationen in Milliardenhöhe zugunsten der Reparationsempfänger und der Rückkauf der Saargruben durch Deutschland ins Auge gefaßt.[261] Alsbald stellte sich jedoch heraus, daß eine solche „Gesamtbereinigung" an innerfranzösischen Widerständen, aber auch wegen der Zurückhaltung amerikanischer Finanzkreise (die bei einer so weitreichenden finanziellen Transaktion beteiligt werden mußten) nicht zu leisten war.

Treffen von Thoiry

4. Stresemann verlegte sich nun wiederum auf eine Politik kleiner Schritte. Dabei standen die Bemühungen um einen endgültigen Abbau des Besatzungsregimes im Rheinland sowie der Interalliierten Militärkontrolle im Vordergrund. Bereits im November 1925 war es Stresemann gelungen, die alliierten Vorwürfe vom Januar bzw. Juni über deutsche Verstöße gegen die Entwaffnungsbestimmungen des Versail-

Abbau der alliierten Besatzung

ler Vertrages auszuzuräumen. Die deutsche Seite hatte sich unter anderem verpflichtet, die kasernierte Polizei auf 32 000 Mann zu begrenzen und alle bewaffneten Verbände außerhalb der Reichswehr aufzulösen. Die Alliierten hatten daraufhin angekündigt, die erste Rheinlandzone zu räumen (was Anfang 1926 auch geschah) sowie die Interalliierte Kontrollkommission stark zu verringern und alsbald abzuziehen,[262] was im Januar 1927 realisiert wurde. Zwar gingen danach die Kontrollbefugnisse der Kommission formal auf den Völkerbund über; die Einrichtung von Organen zur „Investigation" der deutschen Rüstung war jedoch von deutscher Zustimmung abhängig und wurde nie vorgenommen.[263] Danach konzentrierten sich die deutsche Außenpolitik darauf, eine Freigabe der beiden noch verbliebenen Besatzungszonen im Rheinland zu erreichen; dies sollte aber erst 1930 geschehen.

Handelsvereinbarungen

5. In schwierigen Verhandlungen wurde mit Frankreich seit 1926 eine Reihe von Handelsvereinbarungen abgeschlossen, bis schließlich im August 1927 das deutsch-französische Handelsabkommen unterzeichnet wurde, das zur weiteren Verbesserung der Beziehungen zwischen beiden Ländern beitragen sollte.[264] Die Vertreter der deutschen, französischen, belgischen und luxemburgischen Industrieverbände hatten sich bereits im September 1926 auf ein Abkommen über die „Internationale Rohstahlgemeinschaft" geeinigt, durch das die Produktionsquoten der nationalen Industrien festgelegt und der Import von Stahl nach Deutschland begrenzt wurde. Die deutsche Schwerindustrie – konzentriert in wenigen Firmengruppen, die untereinander Quotenregelungen getroffen und hochorganisierte Interessenverbände gebildet hatten – kapselte sich mit dieser Vereinbarung – entgegen dem allgemeinen Trend zur Liberalisierung des Handels – gegenüber ausländischer Konkurrenz ab; die Bewahrung ihrer wirtschaftlichen Autonomie sicherte ihr ein stabiles Gewicht in sozialpolitischen Auseinandersetzungen und in der Durchsetzung allgemeinpolitischer Ziele. Durch eine Erneuerung der sogenannten Avi-Verträge gewährte die Schwerindustrie der weiterverarbeitenden Industrie ausreichende Kompensationen für den künstlich hoch gehaltenen Eisenpreis.[265]

Regierung Luther: Antizyklische Wirtschaftspolitik und Flaggenstreit

Mit der Schilderung der Locarno-Politik und ihren unmittelbaren Auswirkungen sind wir den innenpolitischen Ereignissen vorausgeeilt.
Nach der Zustimmung der SPD zu den Locarno-Verträgen im November 1925 und dem angekündigten Rücktritt der Regierung Luther lag eine Regierungsbeteiligung der SPD nahe; eine solche Beteiligung als Vorbedingung für ihr Abstimmungsverhalten zu fordern, hatte die SPD

versäumt.[266] Eine große Koalition scheiterte jedoch an den sozialpolitischen Gegensätzen von SPD und DVP.

Die im Herbst 1925 einsetzende und bis Mitte 1926 andauernde Wirtschaftskrise mit sprunghaft ansteigenden Arbeitslosenzahlen hatte den ohnehin engen Verteilungsspielraum dramatisch eingeschränkt. Die SPD, die angesichts einer Zahl von zwei Millionen Erwerbslosen im Februar 1926 vor allem eine weitere Abwanderung ihrer Wähler zu den Kommunisten verhindern wollte und daher einem Eintritt in die Regierung skeptisch gegenüberstand, stellte weitgehende sozialpolitische Forderungen, darunter die Wiedereinführung des Achtstundentages; sie spielte damit der DVP in die Hände, die darauf aus war, die Verhandlungen wegen zu großer sachlicher Differenzen platzen zu lassen. Bezeichnenderweise war der DVP diese Haltung vom Staatssekretär im Reichspräsidialamt, Meissner, nahegelegt worden:[267] In der Umgebung des Reichspräsidenten zog man bereits zu diesem Zeitpunkt eine rechtsstehende Regierung ohne parlamentarische Mehrheit einer erneuten Koalitionsbildung mit den Sozialdemokraten vor. Die Locarno-Mehrheit ließ sich also innenpolitisch nicht umsetzen; oder zugespitzter ausgedrückt: Nachdem die außenpolitische Handlungsfähigkeit der Regierung gesichert worden war, war eine weitere Mitwirkung der SPD an der Regierung um den Preis sozialpolitischer Zugeständnisse nicht mehr notwendig.

Neubildung des Kabinetts

Nach dem Scheitern der Koalitionsverhandlungen wurde am 20. Januar 1926 erneut ein Kabinett unter Reichskanzler Luther gebildet, dem Politiker von DVP, DDP, Zentrum und BVP angehörten.[268]

Im Vordergrund der Regierungspolitik stand der Versuch, die im Herbst 1925 einsetzende Wirtschaftskrise mit Hilfe einer antizyklischen Ausgabenpolitik zu beenden. Hierzu wurden verschiedene Maßnahmen ergriffen:

Krisenbekämpfung

– Zum einen verschiedene Änderungen der Steuertarife, so eine Senkung der Umsatzsteuer, die Aufhebung der Luxussteuern und andere Maßnahmen, die in erster Linie den Unternehmen zugute kamen, darunter Steuererleichterungen bei Fusionen – der Zusammenhang mit der unmittelbar bevorstehenden Elefantenhochzeit in der Stahlindustrie, der Bildung der „Vereinigten Stahlwerke" war unverkennbar.[269]

– Zum zweiten Subventionen und Sonderprogramme, so etwa erhöhte Ausgaben für Notstandsarbeiten, die als „produktive Erwerbslosenfürsorge" bezeichnet und später unter der Regierung Marx zu einem umfassenden Arbeitsbeschaffungsprogramm ausgebaut wurden; Hilfen für Ausfuhren in die Sowjetunion; Wohnungsbauförderung; Forcierung von „volkstumspolitisch" begründeten Siedlungsprojekten für Erwerbslose aus Ballungsräumen in den Ostgebieten; Finanzierung eines Investitionsprogramms für die Reichsbahn; schließlich seit Ende 1925 auch direkte Subventionen für in Bedrängnis gekommene Unternehmen.[270]

Als Folge dieser verstärkten Ausgabentätigkeit trat faktisch ein Haushaltsdefizit ein, das aber mit Rücksicht auf die im Dawes-Plan eingegangenen Verpflichtungen verschleiert wurde.

Flaggenstreit Die bürgerliche Minderheitsregierung Luther stürzte jedoch nach wenigen Monaten bereits über den sogenannten „Flaggenstreit".[271]

Am 5. Mai 1926 hatte das Kabinett einem Vorschlag Luthers zugestimmt, den Reichsvertretungen in allen europäischen Hafenstädten und in Übersee zu erlauben, neben der schwarz-rot-goldenen Reichsflagge auch die Handelsflagge zu führen. Dieses Vorhaben widersprach Wortlaut und Sinn der Weimarer Verfassung, die die Handelsflagge – gehalten in den Farben des Kaiserreichs, Schwarz-Weiß-Rot, ergänzt um einen schwarz-rot-goldenen Einsatz – ausdrücklich nur für die Schiffe der deutschen Handelsmarine vorgesehen hatte.[272] Die von Luther gegebene Begründung,[273] für die Deutschen im Ausland seien die alten Farben eine sentimentale Erinnerung an die alten Zeiten deutscher „Seegeltung", erfaßte nicht den gesamten Hintergrund dieses tiefgreifenden Streits um nationale Symbole. Tatsächlich waren die Farben der Republik bei ihren rechten Gegnern nie anerkannt und häufig verunglimpft worden; aus „nationalen" Anlässen pflegte man in konservativ-nationalistischen Kreisen demonstrativ Schwarz-Weiß-Rot zu hissen: So war gerade nach der Wahl des Monarchisten Hindenburg vielfach demonstrativ Schwarz-Weiß-Rot geflaggt worden. Beim Besuch des Reichspräsidenten im maritimen Hamburg am 4. Mai war man nun auf die Idee verfallen, Hindenburg mit der Handelsflagge zu begrüßen, also mit einer offiziell zugelassenen Flagge, die die Lieblingsfarben des Präsidenten trug.

Der Kabinettsbeschluß vom 5. Mai wurde am gleichen Tag durch eine Verordnung des Reichspräsidenten umgesetzt,[274] stieß aber auf lebhaften Widerstand von SPD, Zentrum und DDP. Wegen des starken Engagements Hindenburgs in der Flaggenfrage war ein Rückzieher der Regierung in der Sache aber nicht mehr möglich. Da man eine große Krise mit möglicher Auflösung des Reichstags vermeiden, vielmehr an der bestehenden Koalition festhalten wollte, blieb nur ein Ausweg: Die Auswechslung des Kanzlers. Nachdem ein Mißbilligungsantrag der DDP im Parlament am 12. Mai eine Mehrheit fand, entschloß sich das Kabinett zur Demission. Die Tatsache, daß die Flaggenverordnung in Kraft blieb, zeigt, daß es den gegen Luther opponierenden Parteien weniger um inhaltliche Fragen gegangen war, als darum, eine zu selbstherrliche und am Parlament vorbeiregierende Minderheitsregierung in ihre Schranken zu weisen.

Regierung Marx III: Fürstenabfindung und Streit um die Reichswehr

Am 17. Mai 1926 wurde denn auch erneut eine bürgerliche Minderheitsregierung unter Wilhelm Marx gebildet, die personell weitgehend identisch mit dem Kabinett Luther war.[275] Das dritte Kabinett Marx regierte in einer Phase relativer Ruhe; bei verschiedenen Gesetzgebungsprojekten konnte es Unterstützung seitens der SPD finden. Zu dem Hauptproblem dieser Regierung wurde die Frage der Entschädigung der ehemaligen deutschen Fürstenhäuser.[276]

Drittes Kabinett Marx

Nach umfangreichen Vergleichsverhandlungen über die Entschädigung der 1918/19 enteigneten Fürstenhäuser hatte die DDP im November 1925 einen Gesetzentwurf eingebracht, der die Länder ermächtigte, die Auseindersetzung mit den ehemaligen Fürstenhäusern durch Landesgesetze zu regeln. Die KPD konterte hierauf mit einem eigenen Entwurf, der die entschädigungslose Enteignung der Fürsten vorsah. Dieser Vorstoß war ein erster Versuch der KPD, die nach der Entmachtung der linken Parteiführung im Herbst 1925 eingeschlagene „Einheitsfronttaktik" in die Praxis umzusetzen. Unter der Parole der „Einheit der Arbeiterklasse" werde, wie der Propagandachef der KPD, Willi Münzenberg, an die Zentrale der Partei schrieb, die KPD mit der vorgesehenen Kampagne, „die Differenzen, die gerade wegen dieser Frage in der SPD bestehen, außerordentlich verschärfen und vertiefen können und besonders breite Gewerkschaftskreise und das Millionenheer der Arbeitslosen gegen die rechte SPD-Leitung gewinnen können".[277]

Fürstenentschädigung

Die SPD und die Gewerkschaften gingen auf die (angesichts der Krise des Winters 1925/26 besonders populäre) Enteignungsforderung nach längerem Zögern ein. Anfang Januar 1926 konstituierte sich ein Ausschuß zur Durchführung des Volksentscheides für eine entschädigungslose Enteignung der Fürsten; ein gemeinsamer Gesetzentwurf wurde ausgearbeitet, der die Konfiskation der Vermögen zugunsten von Erwerbslosen, Kriegsopfern, Sozialrentnern, Inflationsgeschädigten und anderen Notleidenden vorsah.

Volksbegehren zur Fürstenenteignung

Für das Volksbegehren votierten im März 12,5 Millionen (31,8%) der Stimmberechtigten, also 2 Millionen mehr als KPD und SPD bei den letzten Reichstagswahlen gewählt hatten. Nachdem der Reichstag es jedoch abgelehnt hatte, das Volksbegehren aufzugreifen und in Gesetzesform zu bringen, wurde ein Volksentscheid notwendig. Um die Durchsetzung der Enteignung zu erschweren, hatte die Regierung auf Ersuchen Hindenburgs den Entwurf für verfassungsändernd erklärt, was bedeutete, daß sich die Mehrzahl der Stimmberechtigten an der Abstimmung beteiligen mußte. Außerdem formierten sich die Enteignungsgegner – DNVP, DVP, Deutschvölkische Freiheitspartei, Wirtschaftspartei, verschiedene „nationale" Verbände – in einem Arbeitsausschuß, der eine rege Propaganda entfaltete. Schließlich stimmten am 20. Juni 1926 14,5 Millionen (36,3% der Wahlberechtigten) für den Volksentscheid. Da sich nur 600 000 Gegner der Enteignung an der Abstimmung beteiligt hatten, wurde die erforderliche Beteiligung von 50% der Stimmberechtigten nicht erreicht.

Das Problem der SPD war, daß der relative Erfolg des Volksentscheids sich nicht politisch umsetzen ließ; er erschwerte die Zusammenarbeit mit den bürgerlichen Parteien, während andererseits eine tragfähige Kooperation mit den Kommunisten wegen Meinungsunterschieden in grundsätzlichen Fragen nicht möglich war.

Regelung der Vermögensauseinandersetzung

Der im Gegenzug von der Reichsregierung vorgelegte Gesetzentwurf über die Abfindung der Fürsten scheiterte wiederum am 2. Juli an der SPD. In Preußen kam hingegen im Oktober ein Kompromiß mit dem Haus Hohenzollern zustande, nachdem die SPD sich der Stimme enthalten hatte, um die preußische Koalitionsregierung nicht zu gefährden. Die meisten Länder hatten sich zu diesem Zeitpunkt bereits mit „ihren" Fürsten geeinigt; in einigen Ländern zogen sich allerdings die Auseinandersetzungen noch über einige Jahre hin.

Nach dem Streit über die Fürstenabfindung kam es im Herst 1926 zu einer vorübergehenden engeren Kooperation zwischen Regierung und Sozialdemokraten,[278] eine Neubildung einer großen Koalition schien sich abzuzeichnen. Diese Entwicklung wurde jedoch im November aus verschiedenen Gründen jäh gestoppt:

– Erstens wurde zu diesem Zeitpunkt die politische Atmosphäre durch die aufgeregte Debatte um das Anfang Dezember durch eine Mehrheit aus Regierungsparteien und Deutschnationalen verabschiedete

Schmutz- und Schund-Gesetz

„Schmutz- und Schund-Gesetz" belastet. Diese mit dem Jugendschutz begründeten Maßnahmen – es wurden Prüfstellen vorgesehen, die entsprechende Werke auf einen Index von „Schmutz- und Schund-Schriften" setzen durften – wurde von kommunistischer, sozialdemokratischer und linksliberaler Seite als Angriff auf die Kunstfreiheit und als Auftakt zu einer konservativen Tendenzwende bekämpft.[279]

Arbeitszeitfrage

– Wichtiger waren aber die zweitens wieder aufbrechenden heftigen Auseinandersetzungen über die Arbeitszeitfrage. SPD und Gewerkschaften forderten eine gesetzliche Rückführung der Arbeitszeit auf den Achtstundentag, der auf Druck der Unternehmer durch die Arbeitszeitverordnung[280] von 1923 massiv durchlöchert worden war. Sie argumentierten, daß angesichts der nach wie vor hohen Arbeitslosigkeit Arbeitszeiten von bis zu 60 Stunden, wie sie in vielen Branchen noch üblich waren, sozialpolitisch unerträglich seien. DVP und Unternehmerverbände verlegten sich auf eine Verzögerungstaktik, um die Kürzung der Arbeitszeit zu verhindern. Die mangelnde sozialpolitische Konsensfähigkeit der beiden Lager stand einer dauerhaften Zusammenarbeit der bürgerlichen Kräfte mit der SPD entgegen.[281]

– Drittens aber wurde vor allem die Wehrpolitik zum Hauptstreitpunkt zwischen Regierung und SPD.[282] Seit dem Herbst 1926 häufte sich innerhalb der SPD (aber auch außerhalb der Partei) der Unmut über die republikfeindliche Haltung der Reichswehr und ihre Zusammenarbeit mit rechtsgerichteten Wehrverbänden. Der neu ernannte preußische Innenminister Grzesinski kritisierte in einem ausführlichen Schreiben an den Preußischen Ministerpräsidenten vom 6. November 1926 scharf die Politik die Reichswehr. Die Armee habe, so der Innenminister, entgegen einer zwischen seinem Ministerium und dem Reichswehrministerium 1923 geschlossenen Abmachung über den „Landesschutz", ein umfassendes geheimes Mobilmachungssystem geschaffen, das sich einseitig auf rechtsstehende Wehrverbände wie Stahlhelm, Werwolf usw. stütze.[283] Durch die Unterstützung der Reichswehr, so Grzesinski, würden „diese Verbände geradezu erst in den Stand versetzt, ihre staatsfeindlichen Pläne zu gegebener Zeit in die Tat umzusetzen. Die Reichswehr schafft hierdurch statt einer Schutztruppe für die Sicherheit von Reich und Staat eine Macht, die eine ständige Bedrohung für die innere Ruhe und Ordnung darstellt. Nur wenn man diese Zusammenhänge erkennt, begreift man, weshalb die Wehrverbände und die sonstigen Feinde der Republik so hartnäckig auf die Verhängung des Ausnahmezustandes und die Militärdiktatur hinstreben; haben sie doch berechtigten Grund zu glauben, dann als mobilisierte Verstärkung der Reichswehr eine Macht zu bilden, der die Durchsetzung ihrer innerpolitischen Pläne kein allzu großes Wagnis mehr bedeuten dürfte." Hingegen greife die Reichswehr nirgends auf demokratische Organisationen, wie etwa das „Reichsbanner" zurück – was der Minister als weiteren Beweis dafür wertete, daß es der Reichswehr gar nicht um die Organisation „waffenfähiger Männer" zum Zwecke der Landesverteidigung ginge, sondern um rein innenpolitische Zwecke. Aus diesen Gründen kündigte Grzesinski der Reichswehr die bisherige Zusammenarbeit auf. Auch in der Öffentlichkeit kritisierten Vertreter der SPD die Reichswehr wegen ihrer Verbindungen zu den rechtsgerichteten Verbänden, so etwa die Tatsache, daß sie ihre Freiwilligen bevorzugt aus den Kreisen von Stahlhelm, Werwolf etc. rekrutierte. Am 6. Dezember übergab die SPD-Fraktion dem Reichswehrminister eine umfangreiche Dokumentation, in der anhand von zahlreichen Beispielen die von der Armeeführung stets geleugneten engen Beziehungen zwischen Reichwehr und rechtsgerichteten Wehrverbänden, aber auch die geheime Rüstungskooperation mit der Sowjetunion behandelt wurden.[284] Am Tag zuvor hatte bereits der „Vorwärts" unter der Schlagzeile „Sowjetgranaten für Reichswehrgeschütze" über die deutsch-sowjetische Zusammenarbeit in der Rüstung berichtet. Ebenfalls am 5. Dezember war die Situation durch eine Rede des Fraktionsvorsitzenden der DVP, Scholz, verschärft worden, der eine Große Koalition wegen unüberbrückbarer

Wehrpolitik

Offenlegen der deutsch-sowjetischen Rüstungskooperation

Gegensätze in der Militärpolitik wie in der Arbeitszeitfrage abgelehnt hatte; hierauf kündigten die Sozialdemokraten der Regierung die bisherige Zusammenarbeit auf.[285]

Die Regierung wollte jedoch um jeden Preis eine außen- und militärpolitische Debatte im Reichstag verhindern – die Verhandlungen über die Ablösung der Alliierten Militärkontrolle befanden sich gerade in einem entscheidenden Stadium[286] – und bot, in die Enge getrieben, den Sozialdemokraten Verhandlungen über die Bildung einer Großen Koalition an.[287] Die Führung der SPD war hierzu auch grundsätzlich bereit; als Vorbedingung verlangte jedoch die SPD-Fraktion den Rücktritt der Regierung, was diese jedoch ablehnte.[288]

Sturz der Regierung Marx

Der ehemalige sozialdemokratische Regierungschef Philipp Scheidemann hielt daraufhin am 16. Dezember im Reichstag eine Rede, in der er schonungslos den ganzen Umfang der deutsch-sowjetischen Rüstungskooperation sowie die Bildung illegaler Reichswehrreserven offenlegte. Damit war das Projekt der Großen Koalition einstweilen erledigt; am folgenden Tag, dem 17. Dezember, stürzte eine parlamentarische Mehrheit aus SPD, Kommunisten, Deutschnationalen und Völkischen die Regierung Marx.

Kabinett Marx IV: Regierung der rechten Mehrheit

Bei den folgenden Regierungsverhandlungen strebte v. Hindenburg die Einbeziehung der DNVP an; er wurde in dieser Absicht von seinem Staatssekretär Meissner und dem Leiter der Wehrmachtabteilung im Reichswehrministerium, Oberst Kurt v. Schleicher, bestärkt. Interessanterweise spielten Meissner wie v. Schleicher bereits zu diesem Zeitpunkt mit einer Alternative, nämlich der Bildung einer Minderheitsregierung unter einem Kanzler, der als entscheidendes Druckmittel gegenüber dem Parlament eine „Auflösungsordre in der Tasche"[289] haben sollte – eine Vorstellung, die auf das Modell einer Präsidialregierung verwies, wie sie unter Brüning zum Zuge kommen sollte. In einem Gespräch mit dem Vorsitzenden der Zentrumsfraktion, v. Guérard, am 15. Januar erklärte v. Hindenburg, ein Kabinett der Mitte habe „von vornherein keine Lebensdauer", da es von SPD und DNVP bekämpft werden würde. Er stellte daher anheim, ob es nicht genüge, „wenn er, der Herr Reichspräsident, nunmehr einen Zentrumsmann mit den weiteren Verhandlungen zwecks Klärung der Lage betraue und dieser Herr als Ergebnis seiner Verhandlungen feststelle, daß auch ein Kabinett der Mitte nicht möglich wäre".[290] Diese Aufgabe fiel Marx zu; nachdem er erwartungsgemäß vergeblich nach beiden Richtungen verhandelt hatte, war der Weg frei für die Bildung einer Rechtskoalition unter Beteiligung der DNVP.[291]

Regierungsbildung

So kam Ende Januar 1927 ein Bündnis von Zentrum, BVP, DVP, DNVP, wiederum unter der Führung Marx', zustande, eine Neuauflage des Bürgerblock-Konzepts Luthers. In dem neuen Kabinett war die DNVP mit vier Ministern vertreten, darunter Oskar Hergt als Justizminister und Vizekanzler sowie Martin Schiele als Ernährungsminister; das Zentrum stellte neben dem Kanzler, der auch das Ministerium für besetzte Gebiete verwaltete, mit Brauns den Arbeits- und mit Köhler den Finanzminister; die DVP vertraten Stresemann und der Wirtschaftminister Curtius; die BVP stellte den Postminister; da die DDP sich gegen eine Regierungsbeteiligung ausgesprochen hatte, war Geßler, um dem Kabinett weiter angehören zu können, aus seiner Partei ausgetreten.[292]

Das vierte Kabinett Marx konnte im Zeichen eines allgemeinen Konjunkturaufschwungs regieren. Im Laufe einer Amtszeit von fast eineinhalb Jahren wurden wichtige Entscheidungen in der Rüstungs-, der Zoll- und der Arbeitsmarktpolitik sowie auf dem Gebiet der Beamtenbesoldung getroffen; die von Anfang an verfolgte Reform der Schulpolitik sollte jedoch nicht zustande kommen.

1. Nach den Enthüllungen der SPD über die Politik der Reichswehr und der Aufkündigung der Zusammenarbeit im „Landesschutz" durch die preußische Regierung bemühte sich die Reichswehrführung zunächst darum, sich für ihre geheimen Aufrüstungsvorbereitungen politische Rückendeckungen zu verschaffen.[293] Zu diesem Zweck gab der Chef der Heeresleitung Heye – er war im Oktober 1926 Nachfolger v. Seeckts geworden, nachdem dieser wegen der Teilnahme des Sohnes des Kronprinzen an einem Reichswehr-Manöver hatte zurücktreten müssen – dem Kabinett am 26. Februar konkrete Informationen über den Stand der geheimen Aufrüstung; er forderte – sozusagen als Gegenleistung für diese Einblicke – das „Kabinett müsse jetzt die notwendigen Maßnahmen billigen und für sie die Verantwortung mit tragen." Ziel der Armee sei es, „im Falle eines Konfliktes zwischen anderen Staaten, der uns Bewegungsfreiheit gäbe, wenigstens in absehbarer Zeit uns wieder aufzurüsten, so daß man dann eine Entscheidung in die Waagschale werfen könne. Hierfür würden etwa zehn bis elf Monate notwendig sein."[294] Das Kabinett stimmte der Fortsetzung der Reichswehrrüstung zu.

Wehrpolitik

Die geheime Aufrüstung geriet im August 1927 wieder an das Licht der Öffentlichkeit, als bekannt wurde, daß der Leiter der „Transportabteilung" der Marineleitung im Auftrag seiner Vorgesetzten ein verschachteltes Imperium von Firmen aufgebaut hatte, um auf diese Weise zusätzliche Mittel für die geheime Marine-Aufrüstung zu erzielen – und sich dabei verspekuliert hatte.

Das Kabinett faßte hierauf den Beschluß, ab sofort alle geheimen Ausgaben der Wehrmacht zu genehmigen und ihre Kontrolle einem besonderen Ausschuß zu übertragen. Als Konsequenz dieser Affäre trat der langjährige Wehrminister Geßler im Januar 1928 zurück. Zum Nachfolger wurde der ehemalige Generalquartiermeister und mehrmalige Verkehrsminister Groener ernannt.[295]

Zollnovelle

2. Eines der Hauptmotive der DNVP für die Regierungsbeteiligung war die weitere Verbesserung des landwirtschaftlichen Zollschutzes. Unter ihrem maßgeblichen Einfluß wurde im Juli 1927 eine Zollnovelle verabschiedet, durch die die 1925 geschaffenen Übergangszölle[296] für bestimmte landwirtschaftliche Produkte um zwei Jahre verlängert sowie die Zölle für eine Reihe von weiteren Agrarprodukten erhöht wurden. Die Verabschiedung des Gesetzes war gegen den Widerstand des Zentrums erfolgt, das sich aber schließlich gegen den maßgebenden Vertreter der landwirtschaftlichen Interessen in der Regierung, Ernährungsminister Schiele, nicht durchsetzen konnte, nachdem Schieles Partei, die DNVP durchblicken ließ, daß die Zollerhöhung für sie zur Koalitionsfrage werden könnte.[297]

Verkürzung der Arbeitszeit

3. Die im Herbst 1926 einsetzende Konjunkturbelebung hatte die Position der Gewerkschaften gestärkt, die nun nachdrücklich eine Rückkehr zum Achtstundentag forderten. Die Regierung reagierte mit der Vorlage eines „Arbeitszeitnotgesetzes", das im April 1927 in modifizierter Form verabschiedet wurde. Es sah weiterhin Ausnahmen vom Prinzip des Achtstundentages vor, jedoch wurde für tarifliche Überstundenarbeit ein Lohnzuschlag von 25% eingeführt.[298]

Einen weiteren entscheidenden Schritt in der Arbeitszeitfrage tat Arbeitsminister Brauns im Juli 1927, als er (gestützt auf die Arbeitszeitverordnung von 1923) für die Stahl- und Walzwerke der Großeisenindustrie die Rückkehr zum Achtstundentag, d. h. den Übergang vom Zwei- zum Dreischichtensystem, zum 1. Januar 1928 anordnete. Mit der Durchsetzung dieser Verordnung wäre die von den Unternehmern in der Krise von 1923 durchgesetzte Arbeitszeiterhöhung rückgängig gemacht und der im Revolutionsjahr 1918 erreichte Standard wieder eingeführt worden. Der Schritt Brauns' war denn auch auf den erheblichen Widerstand der Unternehmer gestoßen, während die Gewerkschaften entschlossen waren, die Verkürzung der Arbeitszeit auch tarifvertraglich durchzusetzen. Schließlich drohten die Arbeitgeber der nordwestdeutschen Metallindustrie (also des Rhein-Ruhr-Gebiets) an, ihre Werke zum 1. Januar 1928 stillzulegen; außerdem legten sie einen umfangreichen „Kampffonds" für die bevorstehenden Auseinandersetzungen mit den Gewerkschaften an. Die Stillegung wurde jedoch verhindert, nachdem Brauns einer Reihe von Hüttenwerken eine Übergangsfrist bis zur Einführung des Dreischichtensystems gewährt hatte und diese Kompromißregelung durch den staatlichen Schlichter für verbindlich erklärt worden war.[299]

4. Auch bei dem bedeutendsten Reformvorhaben des Kabinetts Marx, der Verabschiedung des Gesetzes über die Arbeitsvermittlung und Ar-

beitslosenversicherung, zeigte sich, daß die konservative Regierung in erheblichem Umfang bereit – und durch die günstige Konjunkturentwicklung in der Lage – war, Zugeständnisse zugunsten der Arbeitnehmer zu machen. Das Gesetz wandelte die Erwerbslosenfürsorge in eine – von Arbeitnehmern wie Arbeitgebern zu gleichen Teilen zu tragende – Versicherung um; das Reich wurde verpflichtet, der Reichsanstalt bei Deckungsproblemen Darlehen zu gewähren. Das bisherige Reichsamt für Arbeitsvermittlung wurde in eine Reichsanstalt für Arbeitsvermittlung und Arbeitslosenversicherung mit einem entsprechenden Verwaltungsunterbau umstrukturiert. Auf allen Ebenen der Arbeitsverwaltung sollten Selbstverwaltungsorgane gebildet werden, die paritätisch mit Vertretern von Arbeitgebern, Arbeitnehmern und der öffentlichen Hand besetzt werden sollten.[300]

Neuregelung der Arbeitsvermittlung und Arbeitslosenversicherung

5. Im Dezember 1927 setzte die Reichsregierung eine Reform der Beamtenbesoldung durch, mit deren Hilfe die Beamtengehälter bis zu 25% erhöht und die Besoldung der verschiedenen Dienstränge stärker differenziert wurden. Begründet wurde diese Maßnahme mit der Tatsache, daß seit 1924 (dem Jahr der allgemeinen Kürzung der Beamtenbezüge) die Beamtengehälter im Vergleich mit den Löhnen nur in relativ geringem Umfang gestiegen waren. Wegen der erheblichen Mehrbelastung der öffentlichen Haushalte, die sich aus der Besoldungsreform ergab, wurde sie unter anderem von dem amerikanischen Reparationsagenten Gilbert scharf kritisiert. Die Erhöhung der Beamtengehälter sollte den Ausgangspunkt für eine allgemeine Steigerung des Lohnniveaus bilden.[301]

Reform der Beamtenbesoldung

6. Über die Verabschiedung eines Reichsvolksschulgesetzes kam es jedoch zu einem nicht lösbaren Dissens innerhalb der Koalition. Der in der Weimarer Verfassung niedergelegte „Schulkompromiß" hatte die „für alle gemeinsame Grundschule" als Regelschule proklamiert, neben der andere Schultypen, z. B. konfessionelle staatliche Schulen, nur auf Antrag eingerichtet werden konnten. Diese Forderung der Verfassung stand im Widerspruch zur schulpolitischen Landschaft: Überwiegend herrschte die Konfessionsschule vor; einige Staaten (u. a. Baden, Hessen, Sachsen, Thüringen) besaßen allerdings durchgehend Gemeinschaftsschulen. Für diese Länder kannte die Verfassung eine besondere Schutzvorschrift. Der Schulgesetzentwurf von 1927, getragen von den katholischen Parteien Zentrum und BVP sowie der dem Protestantismus besonders nahestehenden DNVP sah nun vor, im Gegensatz zu der von der Verfassung propagierten Einheitsschule alle Schultypen gleichgewichtig zu behandeln und alle bestehenden Schulen in ihrer jeweiligen Form zu belassen, wenn nicht zwei Drittel der Eltern einen Änderungsantrag stellten. Dies hätte entgegen dem Wortlaut der Verfassung die Konfessionsschule zur Regelschule gemacht. Außerdem sah der Entwurf vor, daß nach einer Übergangsfrist auch in den bisher

Schulstreit

245

auf die Gemeinschaftsschule festgelegten Ländern auf Antrag Konfessionsschulen eingerichtet werden könnten, ohne – wie in der Verfassung vorgesehen – die Gemeinschaftsschulen in irgendeiner Form besonders zu schützen. Die liberale, auf den Grundsatz der Trennung von Kirche und Staat verpflichtete DVP wandte sich – unterstützt vor allem von der preußischen Regierung – gegen den Versuch ihrer Koalitionspartner, den Schulkompromiß von 1919 wieder rückgängig zu machen. Die Schulfrage – ursprünglich ein ganz wesentliches Motiv für Zentrum und DNVP zur Bildung der Regierung Marx – führte schließlich zur Spaltung der Koalition.[302] Mitte Februar erklärte das Zentrum, es betrachte das Regierungsbündnis als aufgelöst; die Regierung blieb jedoch zunächst noch weiter zur Bewältigung eines „Notprogramms" im Amt. Am 31. März 1928 löste der Reichspräsident den Reichstag auf und setzte für den 20. Mai Neuwahlen fest.[303]

IV. Die Große Koalition vor der Krise (1928–1930)

Reichstagswahlen 1928 und innenpolitische Auseinandersetzungen 1928/29

Die Reichstagswahlen vom 20. Mai 1928 führten zu erheblichen Stimmenverlusten der Regierungsparteien, vor allem aber der Deutschnationalen: Die DNVP erhielt nur noch 14,2% (anstelle von 20,5% im Dezember 1924), die DVP 8,7% (10,1), die BVP 3,1% (3,7) und das Zentrum 12,1% (13,6). Auf die DDP entfielen statt 6,3 nur noch 4,9%. Andererseits konnte die SPD ihren Stimmenanteil von 26,0 auf 29,8% steigern, die KPD von 9,0 auf 10,6%. Stärker noch als die Linke profitierten die Splitterparteien von den Verlusten der Bürgerlichen: Wirtschaftspartei, Landbund, Deutsches Landvolk, Volksrechtspartei und andere konnten ihren Stimmenanteil von 8,5 auf 14,7% steigern. Die NSDAP blieb mit 2,6% noch hinter ihrem schlechten Ergebnis von 1924 (3,0%) zurück.

Wahlen v. 20. 5. 28

Die Regierungsbildung wurde dem Führer der stärksten Partei, dem Vorsitzenden und Fraktionschef der SPD, Hermann Müller, übertragen, nachdem die ursprüngliche Idee, den preußischen Ministerpräsidenten, den Sozialdemokraten Otto Braun zum Kanzler zu machen und durch diese Personalunion das Reich und Preußen zu verklammern, fallengelassen worden war. Müller, der 1920 schon einmal Kanzler gewesen war, bildete eine Regierung aus Vertretern seiner eigenen Partei sowie der DDP, der DVP, der BVP und des Zentrums. Allerdings kam keine Koalitionsvereinbarung zustande, sondern nur eine „persönliche Verpflichtung" der Kabinettsmitglieder. Unter anderem gehörten dem Kabinett Stresemann und Curtius von der DVP als Außen- bzw. Wirtschaftsminister an, die Sozialdemokraten Severing, Hilferding und Wissell als Innen-, Finanz- und Arbeitsminister sowie Koch-Weser (DDP) als Leiter des Justizressorts und der parteilose Groener als Wehrminister. Im April 1929 wurde die Regierung nach einer Kabinettskrise – diesmal auf der Basis einer Koalitionsvereinbarung – umgebildet: Koch-Weser wurde v. Guérard als Justizminister ersetzt, Altkanzler Wirth wurde Minister für die besetzten Gebiete. Nach dem Tod Stresemanns folgte ihm im Oktober 1929 Curtius als Außenminister; Hilferding mußte im Dezember das Finanzministerium an Moldenhauer von der DVP abtreten, dafür erhielt Schmidt (SPD) das Wirtschaftsministerium.

Bildung der Großen Koalition

Hauptziel der Großen Koalition war es, eine solide parlamentarische

Mehrheit für die anstehenden außenpolitischen Entscheidungen zustande zu bringen, also für die Neuregelung der Reparationsfrage und die endgültige Räumung der besetzten Rheinlande. Gleichzeitig stand die Regierung jedoch vor einer Reihe von innenpolitischen Konflikten.

Panzer-kreuzerbau

Im Wahlkampf 1928 hatte die SPD mit der zugkräftigen Parole „Kinderspeisung gegen Panzerkreuzer" das Faktum herausgestellt, daß die Parteien des „Bürgerblocks" die Zuschüsse zu den Schulkinderspeisungen gestrichen und andererseits eine erste Rate für den Bau eines Panzerkreuzers bereitgestellt hatten. Der Bau dieses Schiffes – das erste Exemplar einer geplanten Serie von Panzerkreuzern – war für die SPD wie für die bürgerlichen Parteien zu einer politischen Prestigefrage geworden. Ob die Schiffe wirklich, wie von der Marineführung vorgegeben, einen wirksamen Küstenschutz in der Ostsee sicherstellen konnten, war durchaus fraglich; die Bedeutung des neuen Schiffstyps lag vielmehr für die Militärs vor allem darin, daß er durch seine neue, kompakte Bauweise das Bauverbot des Versailler Vertrags für Großkampfschiffe und die in dem Washingtoner Flottenabkommen von 1922 zwischen den übrigen Hauptseemächten festgelegte Schlachtschiff-Parität unterlief und damit zum Hebel für die Revision der 1919 auferlegten Rüstungsbeschränkungen werden konnte.[304]

Da die Frage des Panzerkreuzerbaus die Bildung der neuen Regierung gefährdete, entschloß sich Müller zum Rückzug: In einer der ersten Ministerbesprechungen der Großen Koalition am 10. August 1928 jedoch stimmten die sozialdemokratischen Kabinettsmitglieder für den Bau des „Panzerkreuzers A". Diese Entscheidung löste innerhalb der SPD eine Protestwelle aus. Die Kommunisten glaubten die Stimmungslage – ähnlich wie in der Frage der Fürstenenteignung – nutzen zu können und leiteten ein Volksbegehren für ein „Panzerkreuzerverbot" ein (das allerdings nicht die Unterstützung der erforderlichen 10% der Wahlberechtigten finden sollte).

Unter dem Druck der Parteibasis stellte die SPD-Reichstagsfraktion am 31. Oktober den Antrag, den Bau des Panzerkreuzers A einzustellen und die hierfür vorgesehenen Mittel für die Kinderspeisung einzusetzen. Für diese Entscheidung stellte sie ihre Regierungsmitglieder, einschließlich des Reichskanzlers, unter Fraktionszwang. Der Antrag wurde zwar von der Parlamentsmehrheit am 16. November überstimmt und damit die Existenz der Koalition gerettet; die Tatsache, daß die SPD-Regierungsmitglieder gezwungen worden waren, gegen den von ihnen selbst getragenen Regierungsbeschluß zu stimmen, mußte aber ihr Gewicht innerhalb des Kabinetts herabsetzen und das Vertrauen in die Geradlinigkeit der Regierungspolitik mindern.

Außerdem wurde die Große Koalition alsbald in einen tiefgreifenden sozialpolitischen Konflikt hineingezogen. In der nordwestdeutschen Eisen- und Stahlindustrie kam es – nach den heftigen Auseinandersetzungen um die Arbeitszeitregelung[305] Ende 1927 – im Herbst 1928 wiederum zu einem noch massiveren Arbeitskonflikt. Dieser „Ruhreisenstreit"[306] muß vor dem Hintergrund der während der Jahres 1928 sich allgemein verschärfenden Auseinandersetzungen zwischen den Tarifparteien gesehen werden.

Als sich die Tarifparteien in der nordwestdeutschen Eisen- und Stahlindustrie in der 1928er Lohnrunde nicht einigen konnten und der Reichsarbeitsminister am 31. Oktober 1928 den Schiedsspruch des Schlichters für bindend erklärte, weigerten sich die Metallindustriellen, die nach der Schlichtungsordnung endgültige Entscheidung anzuerkennen. Die Unternehmer hatten bereits am 13. Oktober allen Arbeitern die Kündigung zum 1. November ausgesprochen; von diesem Tag an sperrten sie tatsächlich über 200 000 Beschäftigte aus, während sie gleichzeitig den Schiedsspruch vor dem Arbeitsgericht anfochten. Bei diesem Vorgehen handelte es sich nicht um eine gewöhnliche Arbeitskampfmaßnahme, sondern um einen sorgsam kalkulierten und seit dem Vorjahr – u. a. durch die Bildung eines Kampffonds – vorbereiteten Versuch der Unternehmer, das Instrument der staatlichen Zwangsschlichtung – seit der Bildung der Großen Koalition in den Händen eines sozialdemokratischen Arbeitsministers! – zu beseitigen.

Ruhreisenstreit

Die unnachgiebige Haltung der Unternehmer im Ruhreisenkonflikt wurde auch im bürgerlichen Lager überwiegend kritisch gesehen, die Not der Ausgesperrten, die keine Arbeitslosenunterstützung erhielten, löste weit über die Arbeiterparteien hinaus Hilfsbereitschaft und Sympathie aus. Am 17. November beschloß der Reichstag mit großer Mehrheit Unterstützungszahlungen für die Ausgesperrten. Als ein Vermittlungsversuch zwischen den Parteien keinen Erfolg brachte, benannte die Regierung Innenminister Carl Severing als „Oberschiedsrichter" und brachte die streitenden Parteien dazu, vorab zu erklären, sich seiner Entscheidung in jedem Fall zu unterwerfen.

Am 3. Dezember 1928 wurde die Aussperrung nach fünf Wochen beendet. Knapp drei Wochen später erging Severings Schiedsspruch: Er sah geringere Lohnerhöhungen vor, als in dem alten, von den Unternehmern zurückgewiesenen Schiedsspruch, bezog jedoch als Ausgleich auch eine Kürzung der Arbeitszeit ein. Der alte Schiedsspruch wurde für einen Monat in Kraft gesetzt, womit das Prinzip der Verbindlichkeit von Schiedsentscheidungen unterstrichen wurde.

Am 22. Januar 1929 entschied das Reichsarbeitsgericht den Rechtsstreit in letzter Instanz: Das Gericht kam zu der Schlußfolgerung, die zentrale Bestimmung der Schlichtungsverordnung von 1923, die den Vorsitzenden der Schlichtungsausschüsse ermächtigte, im Alleingang Schiedssprüche zu fällen, sei ungesetzlich. Der im Oktober gefällte erste Schiedsspruch im Ruhreisenstreit wurde für nichtig erklärt. Das Prinzip der staatlichen Zwangsschlichtung wurde damit unhandlicher gemacht, jedoch nicht beseitigt. Praktische Folgen für den Ausgang des Ruhreisenstreits hatte diese Entscheidung nicht mehr, da das Verfahren mittlerweile durch Severing abgeschlossen worden war.[307]

Entscheidender waren jedoch die längerfristig politischen Konsequenzen des Ruhreisenstreits: Wollte man, so die Schlußfolgerung der Schwerindustrie, den Zwangstarif endgültig beseitigen und eine Senkung der Löhne auf breiter Front einleiten, so mußten politische Mittel eingesetzt werden; dauerhafte Entfernung der Sozialdemokraten aus der Regierung, und das hieß letztlich: Ausschaltung des Parlaments, lautete die Zielsetzung.[308]

Schließlich ist nicht zu übersehen, daß sich gerade während der Regierungszeit der Großen Koalition auf der Rechten wie auf der Linken ein Radikalisierungsprozeß vollzog, der die innenpolitische Polarisierung weiter verstärkte.

Rechtsruck der bürgerlichen Parteien

So zeichnete sich innerhalb der bürgerlichen Parteien ein Rechtsruck ab: Nach der Wahl Hugenbergs zum DNVP-Vorsitzenden im Oktober 1929 geriet die Partei immer mehr auf einen scharfen Rechtskurs; eine eindeutige Rechtstendenz zeichnete sich auch im Zentrum durch die Wahl von Kaas zum Vorsitzenden im Dezember 1928 und von Brüning zum Fraktionsvorsitzenden im Dezember des folgenden Jahres ab; und auch Ernst Scholz, der nach dem Tod Stresemanns im Oktober 1929 den Parteivorsitz der DVP übernahm, war keineswegs zu den „Vernunftrepublikanern" zu rechnen.

Linksruck der KPD

Auf der anderen Seite hatte sich in der KPD Ende 1928 wieder der linke Parteiflügel durchgesetzt. Der radikalere Kurs der Partei schien durch die blutigen Auseinandersetzungen in Berlin Anfang Mai 1929, dem sogenannten „Blutmai", seine Bestätigung zu finden: Als der Berliner Polizeipräsident, der Sozialdemokrat Karl Friedrich Zörgiebel, nicht bereit war, ein im Dezember 1928 verhängtes Demonstrationsverbot für die traditionellen Maidemonstrationen aufzuheben, reagierte die Berliner KPD mit einem Aufruf zu Massendemonstrationen (ohne damit das Signal zu einem offenen Aufstand geben zu wollen). Als die Berliner Polizei auf dem Demonstrationsverbot beharrte, kam es zu blutigen Auseinandersetzungen, die in regelrechten Straßenkämpfen mündeten. In den drei Tage dauernden Unruhen kamen mehr als 30 Personen ums Leben. Eine Konferenz der Innenminister beschloß daraufhin ein reichsweites Verbot des Roten Frontkämpferbundes.[309] Die KPD-Führung benutzte diese Auseinandersetzung wiederum, um auf

Blutmai

ihrem im Juni im Berliner Bezirk Wedding – Schauplatz des „Blutmai" – abgehaltenen Parteitag den Kampf gegen den „Sozialfaschismus" der SPD-Führung zum Hauptziel der Partei zu erklären.

Die Neuregelung der Reparationen im Young-Plan

Nach der im August 1928 erfolgten Unterzeichnung des Kellogg-Paktes – eines nach dem amerikanischen Außenminister benannten, in vielen Ländern mit großen Hoffnungen bedachten und schließlich von 63 Staaten unterzeichneten Vertrags zur Kriegsächtung – wandte sich die Große Koalition den brennendsten Problemen der deutschen Außenpolitik zu: der Neuregelung der Reparationen und der Räumung des Rheinlands.

Der Dawes-Plan – das ist schon näher beleuchtet worden[310] – war nicht in der Lage gewesen, das komplizierte Problem des Reparationstransfers zu lösen. Tatsächlich wurden die nach dem Inkrafttreten des Dawes-Plans nach Deutschland hereinströmenden Devisen für den Transfer der deutschen Reparationsleistungen verwandt; damit wurde der im Dawes-Plan vorgesehene Transferschutz – durch den die Übertragung der deutschen Zahlungen in Währungen der Gläubigerländer an die Leistungsfähigkeit der deutschen Wirtschaft gebunden und die deutsche Währung gesichert werden sollte – außer Kraft gesetzt. Dadurch war aber der wichtigste Vorteil, den der Dawes-Plan aus deutscher Perspektive besaß, aufgehoben: Man war davon ausgegangen, daß der Transferschutz in Funktion treten würde, bevor die Reparationsleistungen 1928/29 ihre volle Höhe von 2,5 Milliarden RM erreichten und damit die Undurchführbarkeit des Dawes-Plans offensichtlich werden würde. Aber auch aus der Sicht des amerikanischen Reparationsagenten Gilbert war der eingetretene „künstliche Transfer" (Begleichung der Reparationen mit Devisen aus Auslandsanleihen) risikoreich: Trat die Transfersperre bei einer Einschränkung der Auslandsanleihen in Kraft, so seine Befürchtung, führte dies zu einem völligen Verlust der deutschen Kreditfähigkeit, zum schlagartigen Abzug aller kurzfristigen Auslandsanleihen und letztlich zu einer schwerwiegenden internationalen Finanzkrise. Die Gefahr, daß auf deutscher Seite eine solche Krise in Kauf genommen werden könnte, um den Nachweis der deutschen Zahlungsunfähigkeit zu erbringen, bestärkte Gilbert darin, die Initiative zu einer Revision des Dawes-Plans zu ergreifen: Der Transferschutz sollte beseitigt, der Zahlungsmodus vollkommen in deutsche Hände gelegt und die Annuitäten definitiv festgelegt werden. Die deutsche Seite griff diese Vorschläge auf: Wiederherstellung der vollen finanzpolitischen Souveränität und die kurzfristige Senkung der Annuitäten erschienen aus ihrer Sicht durchaus attraktiv.[311]

Gründe für eine Neuregelung der Reparationsfrage

Im September 1928 verständigten sich Deutschland und seine ehemaligen Kriegsgegner auf die Einsetzung einer internationalen Sachverständigenkommission, die eine endgültige Reparationsregelung erarbeiten sollte. Gleichzeitig wurden auf deutschen Wunsch Verhandlungen über die vorzeitige Räumung des Rheinlands vereinbart. Zwar wurde über beide Fragen getrennt verhandelt, faktisch jedoch war die Lösung der Reparationsfrage Voraussetzung für die Rheinlandräumung.

Young-Plan Das internationale Sachverständigenkomitee mit Vertretern aus Großbritannien, Frankreich, Belgien, Italien, Japan und den USA tagte von Februar bis Juni 1929 unter dem Vorsitz des amerikanischen Industriellen Owen Young. Die Konferenz kam zu dem Ergebnis, Deutschland sollte bis 1988 – dann war die Tilgung der interalliierten Schulden erreicht – Reparationen zahlen. Die Höhe der Annuitäten war geringer, als im Dawes-Plan festgesetzt, nämlich durchschnittlich 2 Milliarden RM. Die Beträge sollten allmählich von 1,7 Milliarden auf 2,4 Milliarden steigen, um nach 1966 wieder abgesenkt zu werden. Eine Reduzierung der alliierten Schulden sollte auch die Reparationsleistungen mindern. Für einen Teil des aufzubringenden Betrages wurde eine Moratoriumsregelung vorgesehen. Die im Dawes-Plan vorgesehenen Einschränkungen der deutschen Souveränität wurden aufgehoben: Die ausländische Kontrolle der deutschen Finanzen und die Verpfändung von Obligationen oder Reichseinnahmen waren nicht mehr vorgesehen; für den Transfer war nicht mehr der Reparationsagent, sondern die Regierung zuständig. Der bisherige Transferschutz entfiel. Die Zahlungen sollten über eine neue Institution, die Internationale Bank für Zahlungsausgleich in Basel abgewickelt werden. Es wurde ein internationaler Sachverständigenausschuß eingerichtet, um im Falle der Zahlungsunfähigkeit Vorschläge für eine Revision des Zahlungsplans zu machen.[312]

Während der Konferenz war es zu erheblichen Meinungsverschiedenheiten zwischen der Reichsregierung und den von ihr benannten Hauptdelegierten, Reichsbankpräsident Schacht und Albert Vögler, einem führenden Schwerindustriellen, gekommen. Schacht hatte versucht, die Zustimmung zum Plan an die Erfüllung weitgehender politischer Forderungen zu binden, offenbar, um damit die Verhandlungen zum Scheitern zu bringen; Vögler trat im Mai zurück.

Haager Konferenzen Auf die Unterzeichnung des Gutachtens, des sogenannten „Young-Plans", durch die Sachverständigen folgten im August 1929 und im Januar 1930 zwei Konferenzen in Den Haag. Während die Reparationsfrage auf der ersten Konferenz noch nicht endgültig geregelt werden konnte, wurde am 30. August 1929 auf der zweiten Haager Konferenz ein Abkommen über die vorzeitige Räumung des Rheinlandes unterzeichnet. Danach sollte die zweite Rheinlandzone bis zum 30. November 1929, die dritte und letzte bis zum 30. Juni 1930, also fünf Jahre vor der im Versailler Vertrag getroffenen Regelung, geräumt werden. Auf der Zweiten Haager Konferenz im Januar 1930 wurde der Young-Plan schließlich durch Vertreter der beteiligten Regierungen unterzeichnet. Zu diesem Zeitpunkt hatten sich die wirtschaftlichen und politischen Rahmenbedingungen bereits entscheidend verändert; die Große Koalition stand unmittelbar vor ihrem Zusammenbruch. Die beginnende Weltwirtschaftskrise und die zunehmende innenpolitische Radikalisierung hatten das Ende der äußerlich so stabilen Phase der Weimarer Republik herbeigeführt.

1929–1933

I. Der Übergang zur Präsidialregierung und die Anfänge der Ära Brüning

Das Ende der Großen Koalition: Durchsetzung des Young-Plans und Finanzstreit

Probleme der Großen Koalition

Die Große Koalition hatte 1929/30 ein schwieriges Problemknäuel zu bewältigen:[1] Die sich seit der zweiten Jahreshälfte 1928 abschwächende Konjunktur, die 1929 in eine Depression übergehen sollte, führte zu einer Zunahme der Arbeitslosen: Ihre Zahl stieg im Februar 1929 auf über 3 Millionen und ging im Juli nicht unter 1,25 Millionen zurück. Durch diese Entwicklung geriet die erst 1927 eingerichtete Arbeitslosenversicherung in Finanzierungsschwierigkeiten, die nur mit Zuschüssen des Reiches behoben werden konnten. Dieses Verfahren konnte aber angesichts der prekären Finanzlage des Reiches, die durch Haushaltsdefizit und sinkende Steuereinnahmen gekennzeichnet war, kein Dauerzustand bleiben. Da gleichzeitig seitens der Industrie Forderungen nach Steuerentlastungen und nach Senkung der Sozialabgaben erhoben wurden, stand eine grundsätzliche Debatte um eine Neuordnung der Reichsfinanzen und um die Finanzierung der Sozialversicherung auf der Tagesordnung. Hinzu kamen die laufenden Verhandlungen über den Young-Plan mit ihren Implikationen für die Finanzpolitik sowie der Versuch der radikalen Rechten, die Neuregelung des Reparationsthemas für eine innenpolitische Kampagne gegen die „Versklavung durch Versailles" zu benutzen.

Streitpunkt Arbeitslosenversicherung

Die von den Sozialdemokraten seit Anfang 1929 erhobene Forderung, angesichts der zunehmenden Erwerbslosigkeit die Beiträge zur Arbeitslosenversicherung zu erhöhen, stieß auf den massiven Widerstand der DVP, also der maßgeblichen Vertreterin industrieller Interessen in der Regierung. Die DVP sah sich – als die am weitesten rechts stehende Partei der Großen Koalition – als Hauptangriffsziel der Agitation der Young-Plan-Gegner; sie verlangte daher für ihre Zustimmung ein Entgegenkommen, nämlich eine umfassende Entlastung der Industrie von Sozialabgaben und Steuern. DVP und Industrie setzten also jetzt ihren bereits während des Ruhreisenstreits massiv begonnnen Versuch, den Sozialstaat zu demontieren, fort; die beginnende Wirtschaftskrise verlieh dieser Politik verbesserte Erfolgsaussichten.

Der Reichswirtschaftsminister Curtius (DVP), Sprachrohr der Industrie im Kabinett, war bereits im April 1929 davon ausgegangen, daß die Leistungen der Reichsanstalt gesenkt werden müßten, da „zur Zeit eine Erhöhung der geltenden Beiträge nicht möglich ist und mit einer weiteren finanziellen Beanspruchung des Reichs durch die ALV [=Arbeitslosenversicherung] auf keinen Fall gerechnet werden darf".[2] Reichsarbeitsminister Wissell forderte demgegenüber Anfang Mai die Erhöhung der Arbeitgeber- und Arbeitnehmerbeiträge von 3 auf 4% der Löhne und langfristig eine umfassende Reform der Arbeitslosenversicherung.[3] Curtius hielt dem entgegen, man solle zunächst an eine „systematische Sanierung" der Arbeitslosenversicherung herangehen, bevor an eine Beitragserhöhung gedacht werden könne. Reichskanzler Müller betonte in dieser Debatte vor allem die Notwendigkeit, die Arbeitslosenversicherung von Zuschüssen der Reichskasse unabhängig zu machen.[4]

Bei der weiteren Erörterung eines Gesetzes zur Reform der Arbeitslosenversicherung stellte Stresemann noch einmal ganz klar, wie seine Partei den Zusammenhang zwischen den im Gang befindlichen Verhandlungen über die Neuregelung der Reparationen und der Sozialpolitik sah: „Auf eine Mitwirkung seiner Fraktion bei der sicherlich überaus schwierigen Durchbringung der Pariser Ergebnisse sei aber nur dann zu rechnen, wenn ihr nicht die Hoffnung auf die Lebensfähigkeit der deutschen Wirtschaft genommen werde. Hoffnungslosigkeit könne sich aber leicht dann einstellen, wenn jetzt die Erwartungen wegen einer Reform der Arbeitslosenversicherung enttäuscht würden [...]"[5] Während des Sommers brach der Streit zwischen SPD und DVP um die Reform der Arbeitslosenversicherung – Beitragserhöhung oder Leistungskürzung – in voller Schärfe aus; eine Lösung schien nicht in Sicht.[6]

Im September ergriffen Reichskanzler und Reichsfinanzminister erneut die Initiative: Durch den mittlerweile in greifbare Nähe rückenden Abschluß der Verhandlungen über den Young-Plan ergaben sich für das kommende Haushaltsjahr erhebliche Entlastungen; dies ermöglichte es dem Finanzminister, ein Programm vorzulegen, das den Wünschen der Industrie nach Steuerabbau weitgehend entgegenkam.[7] Durch diese Vorlage, so hoffte der Reichskanzler, könne vielleicht „eine Atmosphäre gefunden werden", in der auch die umstrittene Reform der Arbeitslosenversicherung möglich sei; man dachte jetzt an eine Erhöhung der Beiträge um 0,5%.[8] Allerdings – darauf machte Stresemann aufmerksam – erschien es problematisch, das geplante Finanzprogramm vor Abschluß der Verhandlungen über den Young-Plan zu verwirklichen, da es auf die ausländischen Delegationen einen fatalen Eindruck machen

**Finanz-
programm**

müsse, wenn sie erführen, „daß die Reichsregierung ein großes Steuersenkungsprogramm" plane.[9] Die Regierungskoalition war in Gefahr, sich angesichts der komplizierten Zusammenhänge zwischen Außen-, Innen-, Finanz- und Sozialpolitik selbst zu blockieren.

Schon zu diesem Zeitpunkt waren sich die Regierungsmitglieder darüber im klaren, daß es bei der Auseinandersetzung um die Arbeitslosenversicherung um mehr ging als um einen Verteilungskampf um einige Millionen Mark: Bei der Reform der Arbeitslosenversicherung, so der Ernährungsminister Dietrich (DDP), handele es sich „jetzt um die endgültige Entscheidung im Kampf um die Republik".[10]

Änderungen in der Arbeitslosenversicherung

Schließlich klammerte die Regierung die strittige Frage der Beitragserhöhung aus und brachte im Reichstag Anfang Oktober ein Änderungsgesetz zur Arbeitslosenversicherung durch, mit dessen Hilfe Mißbräuche ausgeschlossen und organisatorische Änderungen vorgenommen werden sollten. Bei der Abstimmung enthielten sich allerdings die DVP-Vertreter der Stimme; intern hatte die DVP-Fraktion angedeutet, man könne eventuell in zwei Monaten einer Beitragserhöhung um 0,5% zustimmen.[11]

Kampagne gegen den Young-Plan

Inzwischen hatten sich die Gegner des Young-Planes auf der politischen Rechten gesammelt. Für sie war die Agitation gegen den Vorschlag der internationalen Sachverständigenkonferenz ein hochwillkommener Anlaß, um das Ansehen der Republik und ihrer führenden Repräsentanten herabzusetzen. Am 9. Juli 1929 bildeten die Führer von Stahlhelm, DNVP, Alldeutschem Verband, Reichslandbund und NSDAP einen „Reichsausschuß für das Deutsche Volksbegehren".[12] Dabei griff man auf die organisatorischen Vorbereitungen zurück, die der Stahlhelm seit Herbst 1928 für ein Volksbegehren zur Änderung der Verfassung eingeleitet hatte;[13] die zunächst widerstrebenden Stahlhelm-Funktionäre konnten davon überzeugt werden, daß das neue Thema den größeren Mobilisierungseffekt versprach.

Inhalt des vom Reichsausschuß vorbereiteten Volksbegehrens war ein Gesetzentwurf, durch den die Reichsregierung verpflichtet werden sollte, die „auswärtigen Mächte" darüber zu informieren, die Anerkennung der Kriegsschuld im Versailler Vertrag sei unwirksam; die Regierung sollte ferner darauf dringen, die entsprechenden Vorschriften des Friedensvertrages außer Kraft zu setzen, und ihr wurde untersagt, neue Lasten und Verpflichtungen, und zwar ausdrücklich die im Young-Plan vorgesehenen, zu übernehmen. Besonders perfide war der Paragraph 4 des Entwurfs: Er sah vor „Reichskanzler, Reichsminister oder deren Bevollmächtigte" – den Reichspräsidenten hatte man entgegen der ursprünglichen Absicht Hugenbergs taktvoll ausgespart – wegen Landesverrats zu bestrafen, wenn sie entgegen dem Verbot neue Belastungen übernähmen. Dies war nichts anderes als der Versuch, den Befürwortern des Young-Planes die Ehre abzuschneiden.

Den Young-Plan-Gegnern gelang es, 10,02% der Unterschriften aller Stimmberechtigten zu sammeln und so knapp die für die Einleitung des Volksentscheids gesetzte Hürde von 10% zu überspringen. Bei der nun erforderlich werdenden Abstimmung über das Volksbegehren im Reichstag Ende November konnten sich jedoch nicht alle Abgeordneten der DNVP entschließen, für die Vorlage zu stimmen; die Fraktion spaltete sich, und zwölf gemäßigte Abgeordnete traten aus der Partei aus. Da das Volksbegehren im Parlament keine Mehrheit fand, kam es am 22. Dezember zum eigentlichen Volksentscheid. Die Propagandamaschinerie des Reichsausschusses lief jetzt auf Hochtouren.

Volksbegehren

Durch die Aufnahme in den Reichsausschuß war Hitler ohne Zweifel aufgewertet worden; er war nun anerkanntes Mitglied einer Front, die nicht nur Rechtsradikale, sondern weithin respektierte rechtskonservative Politiker umfaßte. Die Kräfte, die zwei Jahre später die Harzburger Front und im Januar 1933 die Regierung Hitler bilden sollten, fanden sich hier erstmalig zusammen. Durch ihre Kooperation mit der NSDAP im Rahmen der Anti-Young-Plan-Kampagne zog Hugenbergs DNVP nun endgültig einen Trennungsstrich gegenüber den gemäßigten bürgerlichen Parteien, deren Regierungsmitglieder öffentlich als Verräter gebrandmarkt wurden. Hierdurch wurde auch das bisher enge Zusammengehen von DNVP und den übrigen bürgerlichen Kräften in verschiedenen Ländern und zahlreichen Gemeindeparlamenten empfindlich gestört; die Deutschnationalen bewegten sich auch in der Lokal- und Regionalpolitik immer stärker auf die NSDAP zu.[14] In diesen weitreichenden Veränderungen auf der politischen Rechten lagen die entscheidenden perspektivischen Vorteile der Anti-Young-Plan-Kampagne für die NSDAP; demgegenüber erscheint der unmittelbare Nutzen, den die Partei aus der Beteiligung an dem Volksbegehren zog, also vor allem die positive Berichterstattung der Hugenberg-Presse, zweitrangig. Im Gegenteil, Hitler verhielt sich gegenüber seinen Mitstreitern im Volksbegehren-Reichsausschuß sogar recht distanziert und wandte sich gegen eine enge Einbindung seiner Person und seiner Partei in eine gemeinsame Propagandakampagne, da er sich nicht als „Trommler" für die Deutschnationalen mißbrauchen lassen wollte.[15]

Aufwertung Hitlers

Eine besondere Bedeutung erhielt die Agitation gegen den Young-Plan aber auch durch die Tatsache, daß sich im Herbst 1929 die einsetzende internationale Wirtschaftskrise auch in Deutschland auf spektakuläre Weise bemerkbar machte: Am 25. Oktober, dem „Schwarzen Freitag", wurden in Deutschland die Ausmaße des am Vortag an der New Yorker Börse eingetretenen massiven Kurssturzes deutlich. In den USA war damit eine seit längerer Zeit aufgebaute, in weiten Bevölkerungskreisen verbreitete und in erheblichem Umfang mit Bankenkrediten gestützte Aktienspekulation zusammengebrochen.[16] Die tieferen Ursachen des Crashs lagen in der – durch die Spekulation

Schwarzer Freitag

verdeckten – Überproduktion von landwirtschaftlichen Produkten und von Konsumgütern, aber auch in den durch den Ersten Weltkrieg hervorgerufenen, nie beseitigten Störungen und Verzerrungen der Weltwirtschaft und des Weltfinanzsystems mit seinem verhängnisvollen Kreislauf von deutschen Reparationen, alliierten Schuldenrückzahlungen und amerikanischen Krediten.

Die amerikanischen Banken sahen sich nach dem Crash der Börse gezwungen, ihre kurzfristigen Auslandskredite abzuziehen – und dies betraf insbesondere das Hauptschuldnerland, Deutschland. Die deutsche Wirtschaft befand sich zu diesem Zeitpunkt bei sinkenden Investitionen und steigender Arbeitslosenrate[17] allerdings ohnehin auf dem Weg in eine Rezession.

Tod Stresemanns

Und ein weiteres, verhängnisvolles Ereignis fiel mit dem Beginn der Young-Plan-Kampagne zusammen: Am 3. Oktober starb Gustav Stresemann, der Architekt der deutschen Verständigungspolitik und der erfahrenste und klügste Politiker der Großen Koalition, der Mann, dessen Lebenswerk in dem Versuch bestanden hatte, das gemäßigte rechte bürgerliche Lager an die Republik heranzuführen.

Vor diesem insgesamt düsteren Hintergrund begann im Dezember 1929 die letzte Runde im Streit um die Reform von Arbeitslosenversicherung und Reichsfinanzen, die mit der Demission der Großen Koalition im März 1930 endete.[18]

Politik Schachts

Um die Zahlungsschwierigkeiten des Reiches zu lösen, beabsichtigte der Reichsfinanzminister seit August 1929, einen Kredit bei einem amerikanischen Bankhaus aufzunehmen; Reichsbankpräsident Schacht, wandte sich jedoch entschieden gegen diese Absicht und forderte stattdessen eine langfristige Sanierung der Reichsfinanzen, vor allem die Tilgung von 500 Millionen Schulden durch den nächsten Haushalt[19], also den Einsatz der Mittel, die mit dem Inkrafttreten des Young-Plans frei wurden und die die Regierung für Steuersenkungen vorgesehen hatte.

Schacht heizte diese Auseinandersetzungen weiter an, indem er sich Anfang Dezember vollkommen überraschend mit einer scharfen Erklärung an die Öffentlichkeit wandte, um gegen die „Verfälschung" des von ihm selbst unterzeichneten Young-Plans durch die nachfolgenden Regierungsverhandlungen in Den Haag zu protestieren und um die sofortige Sanierung des Haushaltes zu fordern – ein Vorgehen, das die Kreditwürdigkeit der deutschen Regierung auf den internationalen Finanzmärkten nicht erhöhen konnte und das als eindeutige Schützenhilfe für das für den 22. Dezember vorgesehene Anti-Young-Plan-Volksbegehren gesehen werden muß.[20]

Am 9. Dezember legte Hilferding eine überarbeitete Fassung seines bereits im September präsentierten Finanzprogramms vor. Nachdem Widerstände aus den Fraktionen von DVP und SPD überwunden worden waren – unter anderem dadurch, daß Kanzler Müller sich am 14. Dezember vom Parlament das Vertrauen aussprechen ließ – einigte man sich auf ein „Sofortprogramm", das neben verschiedenen Maßnahmen auf dem Gebiet der Finanzreform auch eine (bis zum 30. Juni 1930 begrenzte) Erhöhung der Beiträge zur Arbeitslosenversicherung von 3 auf 3,5% vorsah.[21]

Finanzpolitisches Sofortprogramm

Schacht verlangte jedoch weiterhin, in den Reichsetat eine Schuldentilgung in der Höhe von 500 Millionen RM (zu finanzieren vor allem durch Einsparungen) aufzunehmen; andernfalls könne er bei einer neuen Anleihe des Reiches nicht mitwirken. Ein Versuch des Kabinetts, einen amerikanischen Kredit ohne Schachts Unterstützung zu beschaffen, scheiterte. Schacht erklärte sich erst bereit, sich für die Vermittlung des für das Reich lebensnotwendigen Kredits einzusetzen, als das Kabinett ihm zusagte, ein Gesetz zur Regelung der Reichsschulden zu verabschieden, wodurch die Regierung verpflichtet wurde, bis Ende des Haushaltsjahres 1930 die Schuld des Reiches um 450 Millionen durch Einsparungen und zusätzliche Steuern abzugelten.[22] Durch diese massiven Eingriffe in seinen Kompetenzbereich sah sich Reichsminister Hilferding veranlaßt, den Reichskanzler um seinen Rücktritt zu bitten.[23]

Rücktritt Hilferdings

Am 22. Dezember fand der Volksentscheid zum Young-Plan statt, bei dem nur 5,8 Millionen der Stimmberechtigten (13,8%) mit Ja stimmten. Die Neuregelung der Reparationen war nun nicht mehr aufzuhalten: Am 20. Januar wurde der Young-Plan in Den Haag durch die Verhandlungsdelegationen unterzeichnet, nachdem Schacht noch einmal für einen Eklat gesorgt hatte, als er die Mitwirkung der Reichsbank an der Durchführung der Neuregelung der Reparationen infrage stellte.[24]

Volksentscheid über den Young-Plan

Inzwischen hatte Reichspräsident Hindenburg eindeutige Sondierungen vorgenommen, um nach der Verabschiedung des Young-Plans die Regierung Müller durch ein Rechtskabinett zu ersetzen. Er wurde dabei ganz erheblich beeinflußt von v. Schleicher, der mittlerweile zum Leiter eines neu geschaffenen Ministeramts im Wehrministerium berufen worden war und damit faktisch die Stellung eines Staatssekretärs innehatte. Schleicher knüpfte bei seinen innenpolitischen Bemühungen an die Vorschläge an, die er dem Reichspräsidenten bereits um die Jahreswende 1926/27 gemacht hatte[25] und führte zu diesem Zweck zahlreiche Hintergrundgespräche, unter anderem mit dem Fraktionsvorsitzenden des Zentrums, Heinrich Brüning.[26]

Sondierungen zur Neubildung der Regierung

Hindenburg, von Schleicher auf dem laufenden gehalten, erkundigte sich am 15. Januar bei dem gemäßigten DNVP-Politiker Westarp, wie die Aussichten stünden, für ein „Hindenburgkabinett" Unterstützung bei der DNVP zu finden. Hindenburgs Staatssekretär Meissner wies Westarp bei dieser Gelegenheit darauf hin, „man rechne Februar-März mit Regierungskrise wegen Finanzreform"; angesichts des noch unklaren Verhaltens der DNVP bestehe „die große Sorge, daß die Gelegenheit zu einer antiparlamentarischen und antimarxistischen Regierungsbildung dann (damit meinte Meissner den Zeitpunkt nach dem bevorstehenden Auseinanderbrechen der Großen Koalition) an dem Verhalten der DNVP scheitere und Hindenburg nicht von dem Regieren mit den Sozialdemokraten loskommen könne."[27]

Drängen der DVP auf Beendigung der Koalition

Auch innerhalb der DVP zeichnete sich mehr und mehr die Tendenz ab, die Große Koalition zu sprengen. Eine große Rolle spielte dabei der Reichsverband der Deutschen Industrie, der mit seiner Denkschrift[28] „Aufstieg oder Niedergang" im Dezember 1929 die Wirtschaftspolitik der Regierung frontal angegriffen hatte; Wiederherstellung der Rentabilität der Unternehmen durch Sozialkürzungen und Steuersenkungen lautete die Formel des RDI für den Wirtschaftsaufschwung. Der Reichstagsabgeordnete Erich v. Gilsa, Verbindungsmann der Schwerindustrie in der DVP-Fraktion (übrigens ein ehemaliger Adjutant Noskes) informierte regelmäßig den führenden Ruhrmanager Paul Reusch über die sich in der DVP abzeichnende Tendenz zur Beendigung der Regierungskoalition. Am 25. Januar teilte v. Gilsa Reusch mit, man wolle die SPD zu einer Stellungnahme zu den Hauptforderungen, Steuersenkungen und Sanierung der Arbeitslosenversicherung, zwingen; „falls diese ablehnt, Fortführung des Kampfes ohne Sozialdemokratie, gegebenenfalls durch ein vom Reichspräsidenten zu ernennendes Minderheitskabinett". Als möglichen Regierungschef nannte v. Gilsa den früheren Reichskanzler Luther, der durch Hindenburg zu „letzten Maßnahmen" befugt werden müßte, nämlich: „Reichstagsauflösung und 48". Der rechtskonservative Luther arbeitete seit Jahren als Vorsitzender des Bundes zur Erneuerung des Reiches auf eine autoritäre Umgestaltung der Reichsverfassung hin.[29]

Am 5. Februar berichtete v. Gilsa Reusch über ein Gespräch mit dem Parteivorsitzenden der DVP, Scholz: „Nach Erledigung des Young-Planes sollen dann die innerpolitischen Dinge mit größter Beschleunigung in Ordnung gebracht werden [...] Er [Scholz] beabsichtigt, in ultimativer Form an das Kabinett die Aufforderung zu richten, gesetzlich festgelegte Bindungen für die Finanz- und Steuerreform vorzunehmen. Dabei sagte Scholz uns vertraulich, daß er hierbei bewußt auf einen Bruch mit der Sozialdemokratie hinarbeiten wolle. Er hat im Ausblick auf diesen Bruch auch schon Verbindungen mit Schiele, Treviranus und Brüning aufgenommen."[30]

Junktim zwischen Young-Plan und Finanzreform

Um die vorgesehenen Steuersenkungen und Sozialkürzungen durchzusetzen, entstand die Idee, beides mit der Zustimmung zum Young-Plan zu verknüpfen. Dieser Vorschlag, der wohl ursprünglich vom Vorsitzenden der BVP, Schäffer, kam,[31] wurde öffentlich zuerst von Brüning ausgesprochen: Auf seinen Antrag hin stellte die Zentrumsfraktion Ende Januar ein Junktim zwischen „Kassensanierung und Finanzreform" und der Zustimmung zum Young-Plan her, um, wie sie zur Begründung angab, zu verhindern, daß die Regierung sich nach der parlamentarischen Zustimmung zum Haager Abkommen auflöse, ohne die Finanzproblematik anzugehen.[32] Reichskanzler Müller hingegen betonte in der Kabinettssitzung vom 30. Januar, daß der Versuch, das Haager Abkommen als „Druckmittel" für die Durchsetzung der Finanzreform zu benutzen, nur zu einer Verzögerung bei der Ratifizierung des Young-Plans führen werde, je „länger sich die Verhandlungen hinzögen, je größer und je gefährlicher werde der Druck der Strömungen werden, die auf eine Ablehnung der Gesetze hinauslaufen".[33] Das Zentrum hielt jedoch an dem Junktim fest, und auch die Spitzenverbände der Wirtschaft machten gegenüber dem Finanzminister deutlich, daß die Durchführung des Young-Plans von den geforderten Einsparungen im Etat und in der Sozialversicherung abhängig war.[34]

Vor diesem Hintergrund verhandelten die Fraktionen im Februar weiter über die Reform der Reichsfinanzen und der Arbeitslosenversicherung, ohne zu einer Einigung zu kommen. Durch das Junktim der Zentrumsfraktion war aber nun die Verabschiedung des Young-Plans infrage gestellt.[35]

Am 5. März einigten sich die Minister der Koalition überraschend auf Deckungsvorschläge für den Haushalt 1930: Danach war vorgesehen, die durch den Young-Plan eigentlich überflüssige Industrieumlage zu erhöhen, Steuern zu senken und den Vorstand der Reichsanstalt für Arbeit zu ermächtigen, die Beiträge eigenverantwortlich von 3,5 auf 4% zu erhöhen, wenn die Mehrheit der Arbeitgeber- wie der Arbeitnehmervertreter in diesem Gremium dem zustimmten. Andererseits willigten die Sozialdemokraten in die Aufstellung eines langfristigen Sparprogrammes ein.[36] Die DVP-Fraktion lehnte jedoch den Kompromiß ab, ebenso die industriellen Spitzenverbände, die sich am 7. März mit einer Erklärung an die Öffentlichkeit wandten.[37]

Haushalt 1930

Am gleichen Tag erklärte Schacht seinen Rücktritt als Reichsbankpräsident – ein letzter Versuch, den Young-Plan zu torpedieren.[38] Sein Nachfolger wurde Luther, also der Mann, der als Finanzminister 1924 mitverantwortlich für die Stabilisierung der Währung gewesen war. Luther wähnte sich offensichtlich – die starke Stellung Schachts gegenüber der Regierung vor Augen – in einer politischen Schlüsselstellung, von der aus er seine Rückkehr in die Regierungspolitik vorbereiten konnte: Spekulationen über die Bildung einer „Lutherpartei" (die von der DDP bis hin zu den DNVP-Dissidenten reichen sollte[39]) machen deutlich, daß Luther offensichtlich vorhatte, nach einer Übergangsregierung und Neuwahlen selbst Kanzler zu werden und mit Hilfe des Artikels 48 zu regieren.[40]

Rücktritt Schachts

Mittlerweile hatte Hindenburg Brüning als Kandidaten für die Führung einer bürgerlichen Minderheitsregierung in Aussicht genommen. Nach einer Besprechung mit dem Reichspräsidenten notierte Brüning: „Der

261

Kontakte Hindenburg – Brüning

Herr Reichspräsident richtete an mich die Frage, ob die Zentrumspartei bereit sei, auch einer anderen Regierung ihre Unterstützung zu geben."[41] Ferner hatte Hindenburg bei Brüning vorgefühlt, wie das Zentrum zu den Deutschnationalen stünde; Brüning hatte geantwortet, eine Kooperation mit Hugenberg sei außerordentlich problematisch, man wolle die Koalition mit den Sozialdemokraten noch „eine Zeitlang" beibehalten.

Einen Tag vor der für den 12. März angesetzten Abstimmung über den Young-Plan versicherte Hindenburg Brüning, er wolle „von allen verfassungsmäßigen Mitteln Gebrauch machen [...], um die rechtzeitige Regelung der Finanzfragen zu verwirklichen". Damit machte der Reichspräsident klar, daß er notfalls den Artikel 48 einsetzen wollte, um den Regierungsfraktionen von SPD, Zentrum und DDP die Möglichkeit zu geben, sich über die Bedenken gegen das Sanierungsprogramm hinwegzusetzen, die von der DVP, aber in letzter Minute auch von der BVP geäußert wurden.[42] Mit dieser Erklärung, deren Bekanntgabe an die Presse von Hindenburg gebilligt wurde, war für Brüning das Junktim erfüllt: Am 12. März wurden die Young-Gesetze im Parlament mit den Stimmen von SPD, Zentrum, DDP sowie der großen Mehrheit der DVP angenommen.

Verabschiedung der Young-Gesetze

Mittlerweile arbeiteten die einflußreichen politischen Berater Hindenburgs, sein Staatssekretär Meissner, Generalmajor v. Schleicher und dessen Vorgesetzer, Reichswehrminister Groener, weiter an der Demontage Müllers und der Einsetzung einer rechtsgerichteten „Hindenburg-Regierung", also einem auf den Artikel 48 gestützten Minderheitskabinett.

Dies gelang ihnen auf sehr wirksame Weise, indem sie Hindenburg zu einem offenen Brief[43] an den Reichskanzler veranlaßten, in dem er unter dem 18. März eine umfassende finanzielle Hilfsaktion für die Landwirtschaft im „verzweifelt um seine Existenz ringenden Osten" forderte. Die Mittel hierfür sollten insbesondere aus der Industrieumlage genommen werden, die nach der Verabschiedung des Young-Plans eigentlich überflüssig geworden war. Hindenburg hielt es dabei für „geboten", die „landwirtschaftlichen Vertretungen und Vertrauensstellen der Ostprovinzen selbst miteinzuschalten". Der Reichspräsident gab in seinem Schreiben zu erkennen, daß die geforderte Unterstützung der Landwirtschaft die Gegenleistung für seine Zustimmung zu einem außenpolitischen Abkommen bildete, das vom Parlament nach kontroversen Diskussionen bereits gebilligt worden war: Es handelte sich um das im Zusammenhang mit dem Young-Plan stehende deutsch-polnische Liquidationsabkommen, in dem beide Seiten sich verpflichtet hatten, auf alle gegenseitigen finanziellen Forderungen zu verzichten, die sich aus dem Krieg oder dem Friedensvertrag ableiten ließen.[44]

Agrarpolitische Forderungen Hindenburgs

Tatsächlich jedoch waren Kanzler Müller und die sozialdemokratische

Fraktion in den vergangenen Monaten durchaus bereit gewesen, den Forderungen der Landwirtschaft entgegenzukommen: Im Mai 1929 hatten sie ein Gesetz zur wirtschaftlichen Hilfe der ostpreußischen Landwirtschaft mitgetragen und im Dezember 1929 sowie im März 1930 hatten sie Zollerhöhungen zugunsten der Landwirtschaft zugestimmt.[45] Der Reichspräsident machte mit seinen darüber hinaus gehenden Forderungen vom 18. März also deutlich, daß er – anstatt die Politik der Großen Koalition mit Hilfe des Artikels 48 zu unterstützen – zusätzlichen Konfliktstoff in die Regierung hineintragen wollte, denn weitergehende Konzessionen zugunsten der Landwirtschaft konnten die Sozialdemokraten nicht machen, gingen sie doch schon in der Frage der Arbeitslosenversicherung bis an die Grenze des Möglichen. Innerlich hatte sich der Reichspräsident zu diesem Zeitpunkt bereits auf eine ihm willfährige rechte Minderheitsregierung eingestellt. Das als „Anweisung" Hindenburgs an die Regierung zu verstehende Schreiben vom 18. März wurde aber in einer Notiz Meissners an v. Schleicher auf eine Weise kommentiert, die die Urheberschaft des Generalmajors deutlich macht: „Das ist die erste Etappe und die Brücke zu Ihrer Lösung! Das ist auch die Unterlage zum besten, was wir haben können, zum Führertum Hindenburgs."[46]

Am 20. März hatten sich die Vorbereitungen zum Regierungswechsel schon so weit entwickelt, daß ein Beamter des Auswärtigen Amtes dem Außenminister Curtius mitteilte, es werde allgemein mit einem Scheitern der Finanzverhandlungen gerechnet; bei der „dann zu erwartenden Kabinettskrise" solle „der Abgeordnete Brüning mit der Kabinettsbildung beauftragt werden".[47]

Am 25. März trafen sich die Vertreter der Parteien noch einmal, um über die drei Kernprobleme – Sicherung der Arbeitslosenversicherung, Steuersenkung und Ausgabenersparnis sowie Deckungsvorlage – zu verhandeln. Dabei stellte es sich als unmöglich heraus, einen Kompromiß für die Finanzierung der Arbeitslosenversicherung zu finden.[48] Am folgenden Tag war die SPD bereit, sich mit einer Erhöhung der Beitragssätze auf 3,75 Prozent zu begnügen; die DVP hingegen lehnte eine Erhöhung der Beiträge ohne umfassende interne Sanierung der Arbeitslosenversicherung ab.[49] Nun unterbreitete Brüning noch einen letzten Vermittlungsvorschlag, der auf eine Vertagung der Beitragserhöhung hinauslief.[50] Die Mehrheit der SPD-Fraktion, der auf diese Weise der Schwarze Peter zugespielt wurde, konnte sich jedoch nicht entschließen, diesen Kompromiß anzunehmen. Hierauf trat die Regierung Müller am 27. März 1930 zurück.[51]

Scheitern der Reform der Arbeitslosenversicherung

Mit dem Ende der Großen Koalition war die Chance vertan, der heraufziehenden Krise mit einer mehrheitsfähigen Regierung entgegenzutreten. Es zeigte sich, wie der ehemalige Finanzminister Moldenhauer es ausdrückte,[52] daß „nach Fortfall der Klammer, die der Kampf um den

Ende der Großen Koalition

Young-Plan bedeutet hatte, [...] die Flügel [der Regierung] nicht mehr zusammenarbeiten wollten". Oder anders ausgedrückt: Nachdem der außenpolitische Konsens der Regierungspartner aufgebraucht war, brach der sozialpolitische Dissens in der Regierung offen aus. Auch wenn man die mangelnde Bereitschaft der Sozialdemokraten, einen weiteren Kompromiß zu Lasten der Arbeitnehmer einzugehen, kritisch beurteilen und ihr damit eine Mitschuld am Ende der Großen Koalition geben kann,[53] so ist andererseits doch evident, daß der Industrieflügel der DVP die Frage der Arbeitslosenversicherung als willkommenen Anlaß benutzte, um die Große Koalition mutwillig zu zerstören – und damit die einzige Möglichkeit einer Regierungsbildung auf der Grundlage einer parlamentarischen Mehrheit. Im Frühjahr 1930, angesichts einer sich bereits deutlich abzeichnenden wirtschaftlichen Krise, wandten sich große Teile des Unternehmerlagers endgültig von der parlamentarischen Regierungsweise ab, weil sie sozialpolitische Zugeständnisse an die für eine parlamentarische Mehrheitsbildung kaum zu umgehenden Sozialdemokraten vermeiden wollten. Der politische Gründungskompromiß der Weimarer Republik, die Einigung zwischen gemäßigten Sozialdemokraten und Bürgertum, wurde 1930 endgültig aufgegeben.

Übergang zum Notverordnungsregime und neuer außenpolitischer Stil unter Brüning

Regierung Brüning

Am Tag nach dem Rücktritt Müllers, am 28. März 1930, wurde Heinrich Brüning erwartungsgemäß zum Kanzler ernannt und ging zügig daran, die Ministerposten in seinem Kabinett zu besetzen. Die meisten Mitglieder der Regierung Brüning hatten auch schon, wenn auch nicht immer in den gleichen Funktionen, dem Kabinett Müller angehört, darunter der Vizekanzler (und seit Juni 1930 auch Finanzminister) Dietrich von der DDP, der Außenminister Julius Curtius und der (allerdings nach drei Monaten wieder abgelöste) Finanzminister Paul Moldenhauer (beide DVP), der Arbeitsminister Adam Stegerwald und der Innenminister Joseph Wirth (beide Zentrum) sowie der Leiter des Wehrressorts Wilhelm Groener. Hinzu traten Johann Victor Bredt (Justiz) von der Wirtschaftspartei, als Ernährungsminister Martin Schiele, der Führer des Reichslandbundes (der sein DNVP-Mandat aufgab, um nicht als Vertreter seiner Partei der Regierung anzugehören) sowie Gottfried Reinhold Treviranus von der Volkskonservativen Vereinigung (Besetzte Gebiete).[54]

In dem Auftrag des Reichspräsidenten an Brüning hatte es geheißen, er sollte ein „nicht auf der Basis koalitionsmäßiger Bindungen" beruhendes Kabinett bilden, also ein Präsidialkabinett ohne Verankerung in einer parlamentarischen Mehrheit.[55] In seiner Regierungserklärung vom 1. April betonte Brüning, sein Kabinett werde „der letzte Versuch sein, die Lösung mit diesem Reichstage durchzuführen", drohte also bereits jetzt deutlich mit der Auflösung des Parlaments durch den Reichspräsidenten.[56]

Die neue Regierung hatte zunächst den von ihrer Vorgängerin hinterlassenen finanz- und sozialpolitischen Problemkomplex zu bewältigen: Der Haushalt mußte ausgeglichen werden und die Arbeitslosenversicherung war finanziell zu sichern.[57]

Haushalt 1930

Brüning gelang es zunächst im April, eine Deckungsvorlage zum Reichshaushalt 1930, die eine Reihe von Steuererhöhungen enthielt, durch den Reichstag zu bringen, indem er sie mit einem Programm zugunsten der Landwirtschaft verband und sich so die Unterstützung eines Teils der DNVP sicherte.

Als sich jedoch im Sommer für das laufende Haushaltsjahr eine Finanzierungslücke von über 500 Millionen RM abzeichnete, schlug Finanzminister Moldenhauer zur Deckung verschiedene Einsparungen und Steuererhöhungen vor, darunter – indem er bereits von der Regierung Müller diskutierte Pläne aufgriff – einen einmaligen Zuschlag zur Einkommensteuer für Beamte und „Festbesoldete" (also Angestellte des öffentlichen Dienstes). Dieses „Notopfer" stieß auf den vehementen Widerstand der Beamtenorganisationen und Moldenhauers eigener Partei, der DVP; immerhin war der Vorsitzende der Partei, Scholz, auch Vorsitzender des Bundes der Deutschen Beamten. Moldenhauer trat daraufhin – durch die eigene Partei in eine unmögliche Situation gebracht – am 18. Juni zurück.[58] Nun erklärte sich die DVP mit dem Notopfer einverstanden, wenn gleichzeitig eine Bürgersteuer, also eine für alle gleiche Kopfsteuer, eingeführt werden würde.

Deckung des Haushaltsdefizits

Nach schwierigen Verhandlungen mit den Fraktionen über das Paket zur Deckung des Haushaltsdefizits lehnte der Reichstag am 16. Juli das geplante „Notopfer" endgültig ab. Der Reichskanzler zog darauf die gesamte Deckungsvorlage zurück und setzte sie in eine Notverordnung des Reichspräsidenten um. Als der Reichstag wiederum den verfassungsmäßigen Gegenzug machte und am 18. Juli mehrheitlich einem Antrag der SPD auf Aufhebung der Notverordnung zustimmte, zog Brüning die ihm von Hindenburg zur Verfügung gestellte Auflösungsordre hervor und verlas deren lapidaren, aber dennoch folgenschweren Inhalt: „Nachdem der Reichstag heute beschlossen hat, zu verlangen, daß meine auf Grund des Artikels 48 der Reichsverfassung erlassenen Notverordnungen vom 16. Juli außer kraft gesetzt werden, löse ich auf Grund des Artikels 25 der Reichsverfassung den Reichstag auf."[59] Für

Notverordnung

Auflösung Reichstag

die Neuwahlen wurde der 14. September 1930 festgelegt. (Bei der Abstimmung hatte sich, wie bereits im April, die DNVP-Fraktion wiederum gespalten; die Gruppe von 29 Abgeordneten unter der Führung v. Westarps, die gegen die Aufhebung der Notverordnung gestimmt hatte, trat hierauf aus der Partei aus.)

In einer wenige Tage später, am 26. Juli, verkündeten erweiterten Notverordnung waren nicht nur die in der Deckungsvorlage vorgesehenen Steuern (einschließlich des „Notopfers") enthalten, sondern darüber hinaus ein ganzes Paket von gesetzlichen Bestimmungen – darunter das von der Regierung verfolgte „Osthilfe-Programm" für die Landwirtschaft sowie Änderungen in der Arbeitslosen-, Kranken- und Sozialversicherung.[60]

Finanzierung der Arbeitslosenversicherung

Im Zuge dieser Bemühungen zum Ausgleich des Haushalts hatte die Regierung Brüning auch mehrfach die Beiträge zur Arbeitslosenversicherung erhöht, deren Defizit ansonsten vom Reichsetat mitgetragen werden mußte. In der Deckungsvorlage vom April hatte die Regierung auf den Kompromiß-Vorschlag Brünings vom 27. März zurückgegriffen und einen entsprechenden Gesetzentwurf verabschiedet, durch den die Beiträge auf 3,5% festgeschrieben und der Reichszuschuß für die Anstalt auf 150 Millionen RM begrenzt worden war, was allerdings die Lösung der immer heikler werdenden Finanzproblematik der Reichsanstalt nur verschoben hatte. In der Notverordnung vom Juli wurden die Beiträge um 1%, am 30. September um weitere 2 Punkte auf nunmehr 6,5% hinaufgesetzt. Hatte die DVP sich noch im März geweigert, die Beiträge über 3,5% zu erhöhen, und damit den Bruch der Großen Koalition herbeigeführt, so trug sie nun, unter einer nichtparlamentarischen Regierung, eine Erhöhung bis fast auf das Doppelte mit.[61]

Außenpolitik

In der Außenpolitik der neuen Regierung zeichnete sich bereits in den ersten Monaten eine veränderte Haltung ab. Ein neuer, aggressiverer Ton war zu vernehmen, der auf mehr hindeutete als eine bloße Veränderung des außenpolitischen Stils.

Als am 30. Juni 1930 die alliierten Truppen vereinbarungsgemäß die beiden noch besetzten Zonen im Rheinland fünf Jahre vor Ablauf der ursprünglich vorgesehenen Frist räumten, wurde dies in einer offiziellen Erklärung des Reichspräsidenten und der Regierung nicht nur mit ostentativer Genugtuung zur Kenntnis genommen, sondern man hob einseitig das Ende des „Leidensweges" hervor und gedachte der Opfer „fremder Machtwillkür", ohne die in dem vorzeitigen Abzug liegende positive Perspektive für die Entwicklung der deutsch-französischen Beziehungen überhaupt zu würdigen.[62] War die Pariser Regierung schon aufgrund dieses unversöhnlichen Tons verärgert, so verschlechterten sich die Beziehungen zum Nachbarn im Westen weiter, als die Regierung Brüning Anfang Juli die Verhandlungen über die Lösung der Saarfrage abbrach, obwohl diese durchaus nicht hoffnungslos verliefen.[63] Auch die Antwort, die die deutsche Regierung auf den im Mai 1930 vorgelegten Plan Briands zur politischen und wirtschaftlichen Einigung Europas formulierte, war ausgesprochen schroff bzw. – in den Worten des Außenministers – in „möglichst volkstümlicher Fassung" gehalten, sollte sie doch in erster Linie den rechtsstehenden Oppositionskräften die Entschlossenheit zeigen, mit der die neue Regierung sich von den „Fesseln von Versailles" befreien wollte.[64]

Reichstagswahlen vom September 1930: Durchbruch der NSDAP

Unter der Regierung Brüning setzte sich in den bürgerlichen Parteien die allgemeine Tendenz nach rechts, die 1928 eingesetzt hatte, verstärkt fort. Innerhalb des Zentrums gelang es dem rechten Flügel nach der Wahl Brünings zum Kanzler, seine dominierende Stellung in der Partei endgültig zu befestigen. Die einstmals linksliberale DDP vereinigte sich, wie schon geschildert, 1930 mit der maßgeblich vom Jungdeutschen Orden getragenen Volksnationalen Reichsvereinigung zur „Deutschen Staatspartei", eine Verbindung, die allerdings unmittelbar nach dem unbefriedigenden Wahlergebnis vom September 1930 wieder gelöst wurde.[65] Auch die DVP befand sich nach dem Tod Stresemanns endgültig auf einem eindeutigen Rechtskurs: Während es innerhalb der Partei Bestrebungen zur „Sammlung" aller zwischen Zentrum und Nationalsozialismus stehenden Kräfte gab, zeichnete sich gleichzeitig eine engere Kooperation mit der NSDAP ab: Bereits Anfang 1930 war die DVP in Thüringen eine Koalitionsvereinbarung mit anderen bürgerlichen Parteien und der NSDAP eingegangen und hatte so den Nationalsozialisten ihre erste Regierungsbeteiligung auf Landesebene ermöglicht.[66] Anfang 1931 sollte die DVP sich zusammen mit DNVP und NSDAP am Volksbegehren zur Auflösung des Preußischen Landtags beteiligen.[67]

Rechtstendenz in den bürgerlichen Parteien

Mit dieser zunehmenden Rechtstendenz versuchten die bürgerlichen Parteien nicht nur, sich an das autoritäre und antiliberale Präsidialregime anzupassen, sondern sie reagierten auf diese Weise bereits auf die zunehmende Anziehungskraft, die die NSDAP mit ihren demagogischen Parolen auf die Wähler dieser Parteien ausübte.

Bei den durch Brünings Reichstagsauflösung notwendig gewordenen Wahlen vom September 1930 schaffte die NSDAP den (nicht unerwarteten) Durchbruch zur Massenbewegung: Der Partei gelang es, ihren Stimmenanteil von 2,6% (1928) auf 18,3%, die Zahl ihrer Mandate von 12 auf 107 zu erhöhen. Sie war nun zweitstärkste Partei nach den Sozialdemokraten. Demgegenüber verloren vor allem die protestantischen bürgerlichen Parteien: Die DNVP sank von 14,2 auf 7% ab, die DVP von 8,7 auf 4,5% und die DDP/Staatspartei von 4,9 auf 3,8%, während

Wahlergebnisse

die verschiedenen Splitterparteien insgesamt ihren Stimmenanteil mit 13,9 (gegenüber 14,7%) halten konnten. Die katholischen Parteien Zentrum und BVP blieben mit 14,8 gegenüber 15,2% stabil. Auf der Linken verlor hingegen die SPD (24,5 anstelle von 29,8% 1928), während die KPD mit 13,1 gegenüber 10,6% Gewinne verzeichnen konnte.

Nach den Berechnungen bzw. Schätzungen, die das Team um Jürgen Falter[68] vorgelegt hat, verdankte die NSDAP ihren Wahlerfolg folgenden Wählergruppen:

Wählerströme zur NSDAP

1. Die wichtigste Quelle für den NSDAP-Wahlerfolg im September 1930 waren ehemalige Nichtwähler. Die Zahl aller abgegebenen Stimmen hatte sich gegenüber 1928 von 31,2 auf 35,2 Millionen erhöht, was zu etwa einem Drittel auf demographische Faktoren und zu ca. zwei Dritteln auf Mobilisierungseffekte zurückgeführt werden kann. Aus dem massiven Zustrom neuer Wähler dürfte etwa ein Viertel der NSDAP-Stimmen von 1930 stammen. Aber auch die anderen Parteien profitierten von diesem Zustrom; nur schätzungsweise jeder siebte der bisherigen Nichtwähler wählte NSDAP, was die Vorstellung einer breiten Mobilisierung von bisher „unpolitischen" Wählern durch die NSDAP doch erheblich modifiziert.

2. Die zweite Quelle für den NSDAP-Wahlerfolg waren mit Sicherheit die ehemaligen DNVP-Wähler. Aus dem halbierten deutschnationalen Wählerpotential (7,0% anstelle von 14,0% im Jahre 1928) dürften 22% der NSDAP-Wähler von 1930 stammen, fast jeder dritte ehemalige DNVP-Anhänger wandte sich demnach der NSDAP zu.

3. Die dritte Quelle waren die liberalen Parteien, die DVP, deren Wählerpotential ebenfalls fast halbiert wurde (von 8,7 auf 4,5%), in einem wesentlich stärkeren Maße als die kleinere DDP, die sich mit 3,8 gegenüber 4,9% bei den letzten Wahlen noch relativ gut behaupten konnte. Aus diesem Bereich gewann die NSDAP vermutlich etwa 18% ihrer Wähler von 1930, oder anders ausgedrückt: etwa ein Viertel der liberalen Anhänger wandte sich nun der NSDAP zu.

4. Daneben, allerdings mit deutlichem Abstand, wäre die SPD-Anhängerschaft zu nennen, aus der nach den Berechnungen von Falter etwa 10% der NSDAP-Wähler von 1930 stammten; jeder siebte Anhänger der SPD von 1928 wählte demnach nun NSDAP. Das verbleibende Drittel der NSDAP-Wähler von 1930 verteilt sich auf die übrigen Parteien, wobei Zentrum, BVP und die diversen Splitterparteien hier wohl im Vordergrund standen; nicht zu vergessen sind dabei natürlich die etwa 5% der NSDAP-Wähler von 1930, die schon 1928 für diese Partei gestimmt hatten.

Faßt man die Ergebnisse dieser Berechnungen zusammen, so zeigt sich, daß der breiteste und eindeutigste Wählerstrom zur NSDAP mit fast 40% von den konservativ-liberalen Parteien (DNVP, DVP, DDP) kam; zwar konnte die NSDAP auch von anderen Wählerbewegungen, namentlich der Mobilisierung der Nichtwähler, erheblich profitieren, doch diese Bewegungen der Wählerschaft sind weniger eindeutig auf die NSDAP ausgerichtet, aus ihnen schöpften auch andere Parteien in großem Umfang.

Soziale Basis der NSDAP

Die NSDAP-Wählerschaft setzte sich – wiederum nach den Berechnungen von Falter – zu etwa 40% aus Arbeitern und ihren Angehörigen und zu etwa 60% aus Vertretern der Mittel- und Oberschicht zusammen. An diesem Befund änderte sich auch bei den folgenden beiden Reichstagswahlen von 1932 relativ wenig. Wenn man davon ausgeht, daß beide Schichten etwa je 50% der Bevölkerung umfaßten, dann waren die Arbeiter unter den NSDAP-Wählern insgesamt etwas unter-, die Mittel- und Oberschicht dagegen überrepräsentiert.

Betrachtet man die Mittelschicht-Angehörigen näher, so stellt sich heraus, daß die Angestellten und Beamten zusammengenommen unter den NSDAP-Wählern nicht stärker vertreten waren als in der Gesamtbevölkerung, jedoch der „alte Mittelstand" (die Selbständigen und die mithelfenden Familienangehörigen, also vor allem Landwirte, Handwerker und Einzelhändler) unter den NSDAP-Wählern deutlich stärker als in der Gesamtbevölkerung repräsentiert waren (etwa 45% gegenüber ca. 30%). Einiges spricht auch dafür, daß die obere Mittelschicht bzw. die eigentliche Oberschicht, das etwa 3 bis 4% der Bevölkerung umfassende Bürgertum, unter den NSDAP-Wählern ebenfalls relativ stark vertreten war. Innerhalb der großen Kategorie Arbeiter dürften wiederum die Landarbeiter, Handwerksgesellen und Arbeiter in Kleinbetrieben und im Dienstleistungsbereich wesentlich häufiger NSDAP gewählt haben als die Industriearbeiter. Allerdings besitzen diese Zurechnungen aufgrund der starken sozialen Abstiegsprozesse während der Wirtschaftskrise nur einen begrenzten Aussagewert. Neben der deutlichen Überrepräsentation des „alten Mittelstandes" scheint das bemerkenswerteste an der sozialen Zusammensetzung der NSDAP-Wählerschaft zu sein, daß ihr Angehörige aller Schichten angehörten und keine Schicht eindeutig dominierte; die NSDAP war eben keine Klassenpartei. Eindeutiger war jedoch die konfessionelle Ausprägung der NSDAP-Wählerschaft: So gelang es der NSDAP etwa bei ihrem größten Wahlerfolg vom Juni 1932 ca. 16% der Katholiken, aber ca. 38% der Nichtkatholiken zu mobilisieren.[69]

Durchbruch der NSDAP keine Überraschung

Die Gründe für den NSDAP-Durchbruch sind vielschichtig. Um den Erfolg der Partei zu erklären, wird man zweckmäßigerweise zunächst bei den besonderen Charakteristika der NSDAP als politischer Kraft ansetzen müssen und dann nach den Gründen fragen, warum gerade diese Partei in der Krise auf so starken Widerhall stoßen konnte.

1. Der Durchbruch der NSDAP bei den Wahlen von 1930 kam eigentlich nicht überraschend; er war das Ergebnis hartnäckiger Parteiarbeit. Bereits bei den Reichstagswahlen von 1928 hatte die NSDAP in einigen

ländlichen Regionen recht beachtliche Erfolge erzielen können; damit war der Schwerpunkt der künftigen Parteiaktivitäten vorgegeben, die bereits seit Anfang 1929 bei Landtags- und Gemeindewahlen zu zunehmenden Erfolgen der NSDAP führten. Dies zeigt die folgende Tabelle deutlich:[70]

6.1.1929	Landtag Lippe	3,3 %	gegenüber	0,8 %	1925
12.5.1929	Landtag Sachsen	5,0 %		1,5 %	1926
23.6.1929	Landtag Mecklenburg -Schwerin	4,0 %		7,5 %	1927
27.10.1929	Landtag Baden	7,0 %		2,0 %	1925
10.11.1929	Senat Lübeck	6,1 %		7,4 %	1924
8.12.1929	Landtag Thüringen	11,3 %		4,6 %	1927

Außerdem gewannen die Nationalsozialisten bei den am 17. November 1929 stattfindenden Kommunalwahlen in Preußen 4% der Kreistagsmandate und 4,7% der Stadtverordnetensitze; auch hier hatten sie sich gegenüber den Wahlen von 1925 erheblich gesteigert.[70] Auch die erheblichen Gewinne, die der Nationalsozialistische Deutsche Studentenbund bei den Wahlen zu den Allgemeinen Studenten-Ausschüssen im Wintersemester 1929/30 erzielte, deuteten auf einen Stimmungsumschwung in bürgerlichen Kreisen zugunsten der Partei hin.[72]

Ermutigt durch diese Wahlerfolge, aber auch bestärkt durch die Anerkennung, die der NSDAP durch ihre Beteiligung an der Anti-Young-Plan-Kampagne 1929 auf der Rechten entgegengebracht worden war, hatten die Nationalsozialisten die Zeit seit den Reichstagswahlen 1928 konsequent dazu genutzt, ihre Organisation weiter auszubauen und ihre Propaganda zu intensivieren.

Ausbau der NSDAP 1928–1930

Hatte sich die Ausbreitung der NSDAP vor 1928 in den meisten Regionen Deutschlands lediglich auf einige Stützpunkte beschränkt, so verdichtete die Partei nun diese Außenposten nach und nach zu regionalen Netzen und begann allmählich damit, diese Netze zusammenzuziehen. Die Anpassung der Gaue an die Grenzen der Reichstagswahlkreise wurde abgeschlossen, und die Stellung der Gauleiter, häufig als „Männer der ersten Stunde" Mittelpunkt einer verschworenen Clique, wurde gestärkt; bis 1930 hatten die Gauleiter überall das Recht zur Ernennung lokaler Funktionäre durchsetzen und die bisher vielfach noch üblichen innerparteilichen Wahlen beseitigen können. Die NSDAP wurde immer mehr zu einer gut organisierten, hierarchisch aufgebauten Wahlkampfmaschine.[73]

Ferner wurden in den Jahren 1928 bis 1930 die Sonderorganisationen der Partei weiter ausgebaut, so entstanden beispielsweise besondere Parteigliederungen für Ärzte, Lehrer und Juristen.[74] Die SA ging mehr und mehr dazu über, die Mitglieder der Wehrverbände zu umwerben.[75] Parallel zum Ausbau ihrer Organisation hatte die NSDAP ihre Propagandaaktivitäten in den Jahren 1928 bis 1930 verstärkt.[76] Eine Region Deutschlands nach der anderen geriet in das Zentrum von Kampagnen, die durch die Propagandaleitung der NSDAP in München zentral gesteuert wurden. In diesen Großkampagnen überzog die NSDAP die Bevölkerung mit einem beispiellosen Feuerwerk aufeinander abgestimmter Aktivitäten: Großangelegte Plakat- und Flugblattaktionen, ganze Serien von Versammlungen, zu denen geschulte Redner zusammengezogen wurden, Aufmärsche von SA-Formationen, die eigens auf Lastwagen herangekarrt wurden, Platzkonzerte, Filmveranstaltungen und anderes mehr machten die NS-Propaganda zu einem Spektakel, dem kaum jemand entgehen konnte. Dabei war die NSDAP in der Lage, anfängliche Mängel ihrer lokalen Organisation und Propagandaarbeit durch die große Mobilität des Parteiapparates zu überspielen. Diese auch zwischen den Wahlkämpfen unvermindert anhaltenden Propagandaaktivitäten der NSDAP erreichten im Reichstagswahlkampf 1930 einen Höhepunkt: Dem im Frühjahr zum Reichspropagandaleiter der Partei ernannten Goebbels gelang es erstmals, eine reichsweite Kampagne zentral zu steuern.[77] Hauptthema der Propaganda im Reichstagswahlkampf von 1930 war nach wie vor die haßerfüllte Polemik gegen die „Erfüllungspolitik" gegenüber den Siegermächten; die Partei knüpfte also thematisch an die für ihre Entwicklung wichtige Anti-Young-Plan-Kampagne an. Dabei trat das antisemitische Motiv, das die Propaganda der NSDAP in den zwanziger Jahren noch stark beherrscht hatte, nun äußerlich etwas in den Hintergrund, verlor aber nicht an Bedeutung; die Propaganda der NSDAP gegen die „internationale Hochfinanz" und die „marxistischen Novemberverbrecher" wurde in einer Weise typisiert und karikiert, daß dem Kern der radikalen Antisemiten immer wieder vor Augen geführt wurde, wer nach Auffassung der Partei die wirklich Verantwortlichen für die „Versklavung" Deutschlands seien.[78]

Propaganda

Jedoch war die schnelle Expansion der NSDAP auch von erheblichen parteiinternen Spannungen und Krisen begleitet, die die Parteiführung zum Teil nur mühsam unter Kontrolle bringen konnte.

Spannungen in der NSDAP

Im Juli 1930 trat Otto Straßer zusammen mit einer Gruppe von „linken" Nationalsozialisten unter der Parole „Die Sozialisten verlassen die NSDAP" aus der Partei aus und bildeten die „Kampfgemeinschaft Revolutionärer Nationalsozialisten".[79] Unmittelbar darauf, im August, kurz vor den Reichstagswahlen, kam es zu einer offenen Auseinandersetzung zwischen Hitler und dem für den gesamten Osten Deutschlands (einschließlich der Reichshauptstadt) zuständigen SA-Führer Stennes, der die Berücksichtigung von SA-Führern auf der Reichstagswahlliste der NSDAP forderte.[80] Im Zuge dieses Konflikts trat nicht nur der bis-

Gegensatz Partei – SA

herige Leiter der gesamten SA, Pfeffer v. Salomon, zurück, sondern die Berliner SA verweigerte den Schutz von Parteiveranstaltungen und lieferte sich im Streit um die Kontrolle über die von ihr besetzte Parteigeschäftsstelle eine Prügelei mit der SS, die erst durch die Polizei beendet wurde. Jedoch gelang es Hitler, durch persönliches Eingreifen in Berlin die „Meuterei" der SA schnell zu beenden.

Tatsächlich aber schwelte der Konflikt zwischen SA und Partei auch nach den Wahlen vom September 1930 weiter; konsequenterweise verlegte sich Stennes, nachdem seine Forderung nach Mandaten abgelehnt worden war, auf einen antiparlamentarischen, „revolutionären" Kurs und brachte sich damit in Gegensatz zu der von Hitler vertretenen pseudolegalen Taktik.[81]

Als Hitler aus diesem unbotmäßigen Verhalten die Konsequenzen zog und Stennes absetzte, reagierte der mit einer zweiten offenen Revolte, besetzte erneut die Parteizentrale und brachte das Berliner Parteiblatt „Der Angriff" unter seine Kontrolle. Teile der SA in Ost- und Norddeutschland schlossen sich ihm an. Wiederum gelang es Hitler jedoch, innerhalb weniger Tage die erneute Meuterei der SA unter Kontrolle zu bringen. Beide Stennes-Revolten zeigen, wie sehr die Führung der sich schnell vergrößernden NSDAP unter dem Erwartungsdruck der teilweise rastlos für die Partei tätigen Anhängerschaft stand.

2. Die konsequente Propaganda- und Organisationsarbeit der Nationalsozialisten bildete ein Angebot, das angesichts der allgemeinen wirtschaftlichen und politischen Lage des Jahres 1930 auf einen äußerst fruchtbaren Boden fiel:

Ursachen des NS-Wahlerfolgs

– Die wichtigste, auf der Hand liegende Erklärung für den Wählerstrom in Richtung NSDAP ist die Wirtschaftskrise, die im September 1930 im agrarischen Sektor bereits weit vorangeschritten war und sich nun auch im industriellen und im Dienstleistungsbereich in gesteigerten Arbeitslosenzahlen und in einer Lawine von Firmenzusammenbrüchen niederschlug. Die sich ausbreitende Depression traf eine Wirtschaft und eine Gesellschaft, die sich in den wenigen „stabilen" Jahren kaum von den tiefgreifenden Krisen der Kriegs- und Nachkriegszeit erholt hatten.

– Es war aber nicht allein die Krise, die der NSDAP die Wähler in Scharen zutrieb, sondern vor allem die mangelnde Fähigkeit, ja die fehlende Bereitschaft der Regierung, wirksame Maßnahmen zur Eindämmung der Depression zu treffen. Im Gegenteil, Brünings Deflationspolitik verschärfte die ökonomischen, sozialen und die politischen Folgen der Krise.

– Durch die Krise (bzw. die mangelnde Bereitschaft zu einer energischen Krisenbekämpfung) setzte sich der Auflösungsprozeß des konservativen und des liberalen Milieus, der bereits lange vor der Depression eingesetzt hatte, beschleunigt fort. Breite Wählerschichten verloren endgültig das Vertrauen in die traditionellen Interessenvertretungen

272

des Mittelstandes, Parteien wie Verbände. Die neu entstehenden Splitterparteien konnten diese Rolle nicht ausfüllen.

- Die parlamentarische Regierungsweise war bei Ausbruch der Krise, mit dem Zusammenbruch der Großen Koalition, endgültig aufgegeben worden. Nachdem die durch tiefe Gegensätze voneinander getrennten Parteien schon in den „stabilen" Jahren der Weimarer Republik außerordentliche Schwierigkeiten damit hatten, zu tragfähigen Kompromissen und zu mehrheitsfähigen Regierungen zu kommen, machten die Parteien nun, nach dem Beginn der Depression, keinen ernsthaften Versuch mehr, den neuen Herausforderungen auf der Grundlage einer parlamentarischen Mehrheitsbildung entgegenzutreten. Ohne aktiv im politischen Entscheidungsprozeß mitwirken zu können, konzentrierten sich die Parlamentsfraktionen vor allem darauf, Einfluß durch negative Mehrheiten zu nehmen; die häufigen Neuwahlen veränderten an dieser (Selbst-)Blockade des Parlaments grundsätzlich wenig, sondern machten die Einflußlosigkeit des Parlaments nur noch deutlicher. Mehr und mehr setzte sich in der Öffentlichkeit die Ansicht durch, daß das parlamentarische Regierungssystem versagt habe und nur noch autoritäre Lösungen möglich seien.

- Die nun in Kraft tretende „Reserveverfassung", das Präsidialregime, war aber wiederum, das wird im folgenden deutlicher werden, nicht in der Lage, Bindekräfte zu entwickeln, um die aus den aufbrechenden Milieus freigesetzten und von den Parteien enttäuschten Massen in das bestehende politische System zu integrieren. Die Transformation der Weimarer Republik in einen autoritären Staat in den Jahren 1930–1933 blieb ohne Massenbasis ein zum Scheitern verurteilter Versuch; im Gegenteil, es war der ideale Nährboden für die weitere Expansion der NSDAP.

Brünings Kompromiß mit den Sozialdemokraten

Nach der Reichstagswahl vom 14. September verfügten die die Regierung stützenden Parteien, rechnet man die verschiedenen Splittergruppen mit, theoretisch über etwa 200 Mandate, die der Opposition über 368. Eine Wiederherstellung der Großen Koalition unter Einschluß der SPD war nach den Wahlen vom September zwar numerisch noch möglich, nicht aber politisch. Nicht nur wäre eine Wiederaufnahme der SPD in die Regierung unvereinbar mit der Position Hindenburgs gewesen, der erneut eine rechtsgerichtete, von den Parteien möglichst unabhängige Regierung sehen wollte; auch in der SPD selbst überwog die Tendenz, in der Krise die Oppositionsrolle zu übernehmen, da man befürchtete, bei einer Regierungsbeteiligung gezwungen zu werden, weitere Positionen aufzugeben und so mehr Wähler zu verlieren.[82]

Situation nach den Wahlen

Eine Koalition mit der neuen politischen Kraft, den Nationalsozialisten, kam für Brüning nicht in Betracht; eine solche Möglichkeit wurde sowohl von seiner eigenen Partei, aber etwa auch von der Reichswehrführung und vom Reichsverband der Deutschen Industrie abgelehnt. Der RDI, in dessen Führung sich im Frühjahr 1930 noch einmal ein gemäßigter Kurs (Duisberg, Silverberg) gegen die eine autoritäre Regierungsform bevorzugende Schwerindustrie durchgesetzt hatte, ging sogar einen Schritt weiter: Am Tag nach den Wahlen wandte sich der Geschäftsführer des RDI, Kastl, an die Reichskanzlei, um von der Regierung zu fordern, ihr „gutes Reformprogramm parlamentarisch im neuen Reichstag zu verankern". Gleichzeitig wandte sich der RDI-Vorstand jedoch gegen eine Neuauflage der Großen Koalition.[83] Die Tatsache, daß als Reaktion auf den nationalsozialistischen Wahlerfolg innerhalb von drei Wochen ausländische Kredite in einer Höhe von fast einer Milliarde aus Deutschland abgezogen wurden, unterstrich die Bedenken gegenüber jeder Kooperation mit den Nationalsozialisten sehr nachdrücklich.[84]

Zwar traf sich Brüning Anfang Oktober mit Hitler, Frick und Gregor Straßer, doch diente dieses Gespräch – so stellt es zumindest Brüning in seinen Memoiren dar[85] – vor allem dazu, die Nationalsozialisten zu einer möglichst scharfen außenpolitischen Opposition zu ermuntern, um die Westmächte zu Zugeständnissen gegenüber der dann umso gemäßigter erscheinenden Regierung Brüning zu zwingen. Außerdem stellte er der NSDAP Koalitionen mit dem Zentrum in den Ländern in Aussicht. Hitler ging allerdings auf dieses Angebot nicht konkret ein.[86]

Da eine Koalition weder unter Einschluß der SPD noch der NSDAP in Betracht kam, mußte Brüning versuchen, sich eine Tolerierungsmehrheit zu beschaffen, um zu verhindern, daß Notverordnungen des Reichspräsidenten vom Parlament zurückgewiesen oder Mißtrauensanträge gegen seine Regierung angenommen werden könnten. Für eine solche begrenzte Kooperation kam in erster Linie die SPD in Betracht.

Tolerierungs-politik der SPD

Nach Sondierungen Brünings bei führenden Sozialdemokraten faßte die SPD-Reichstagsfraktion am 3. Oktober den Beschluß „unter Wahrung der Lebensinteressen der arbeitenden Massen für die Sicherung der parlamentarischen Grundlage und für die Lösung der dringendsten finanzpolitischen Aufgaben" einzutreten.[87]

Die Kooperation mit den Sozialdemokraten funktionierte auch sogleich: In der ersten Sitzungswoche des neu gewählten Parlaments im Oktober fanden Anträge, die Notverordnung vom 26. Juli aufzuheben und der Regierung das Mißtrauen auszusprechen, bei der SPD keine Unterstützung, und ein Schuldentilgungsgesetz, das von einem amerikanischen Bankenkonsortium zur Voraussetzung für die Gewährung einer 125-Millionen-Dollar-Anleihe gemacht worden war, wurde mit den Stimmen der SPD verabschiedet.

Durch die Tolerierungspolitik[88] kam die SPD in eine Zwitterrolle: Sie mußte die Opposition weitgehend den radikalen Parteien KPD und NSDAP überlassen, konnte andererseits jedoch nur begrenzten Einfluß auf die Regierungspolitik nehmen. Allerdings hatten die Sozialdemokraten keine große Alternative, wollten sie nicht die preußische Koalitionsregierung unter dem Sozialdemokraten Otto Braun in Gefahr bringen: Ein Sturz Brünings hätte den Fall Brauns zur Folge gehabt. Brüning scheute sich nicht, diesen Zusammenhang glasklar herauszustellen: In einer Kabinettssitzung am 30. November 1930, in der es um die Vorbereitung einer weiteren umfangreichen Krisen-Notverordnung ging[89], meinte Brüning, die Sozialdemokraten müßten „dem Kabinett eine Mehrheit für die neue Notverordnung schaffen. Sollte die Sozialdemokratie sich hier versagen, werde vom Zentrum die Frage der Preußenkoalition aufgerollt werden. Er, der Reichskanzler, nehme an, daß die Sozialdemokratie und insbesondere auch der Preußische Ministerpräsident sich hierüber ganz im klaren seien." Der anwesende Vertreter der Preußischen Regierung bestätigte dies auch sogleich.[90]

Voraussetzungen und Konsequenzen der Präsidialregierung

In der nach den Wahlen vom September 1930 entstandenen Situation war die Idee eines „Hindenburg-Kabinetts", also einer Regierung, die unter weitgehender Ausschaltung des Parlaments, gestützt auf den Artikel 48 und die Auflösungsbefugnis des Präsidenten in autoritärer Manier regierte, nicht mehr nur eine Variante, die in der Umgebung des Reichspräsidenten und in rechtskonservativen Kreisen erwogen wurde; das Projekt einer „Präsidialregierung" war jetzt vielmehr die einzige noch verbliebene Möglichkeit, ein Kabinett nach den Vorgaben des Präsidenten, daß heißt also unter Ausschluß von SPD und NSDAP, zu bilden.

Schon vor 1930, vor dem Übergang zur präsidialen Regierungsweise, aber war es Hindenburg gelungen, seine verfassungsmäßige Stellung[91] schrittweise auszubauen:

Ausbau der Position des Reichspräsidenten seit 1925

- So hatte Hindenburg – er war laut Verfassung für die Ernennung der Reichsbeamten zuständig – bereits im Juni 1925 verlangt, daß ihm alle geplanten wichtigen Personalveränderungen im Auswärtigen Dienst zur Entscheidung vorgelegt werden sollten; im April 1926 ließ er dem Reichkanzler mitteilen, er gedächte nicht mehr, bei der Ernennung von Beamten des Auswärtigen Dienstes in Zukunft noch irgendein Mitwirkungsrecht des Reichskanzlers oder der Reichsregierung anzuerkennen.[92]
- Hindenburg leitete aus seiner verfassungsmäßigen Aufgabe, das Reich völkerrechtlich zu vertreten (Art. 45), auch das Recht ab, direkt in die

Außenpolitik einzugreifen. So versuchte er 1925/26 mehrfach, Einfluß auf die Verhandlungen anläßlich des Beitritts Deutschlands zum Völkerbund zu nehmen, er veranlaßte Stresemann dazu, die Zusammensetzung der nach Genf gesandten Delegation zu ändern und gab dieser Delegation direkte Verhandlungsanweisungen.[93]

- Anders als Ebert gedachte Hindenburg, den in der Verfassung dem Präsidenten zugedachten Oberbefehl über die Streitkräfte der Republik (Art. 47) selbst auszuüben.[94] Hatte Hindenburg sich schon als Chef der Obersten Heeresleitung als Leiter eines autonomen, nur dem Kaiser unterstehenden Machtzentrums gesehen (dessen Unabhängigkeit er über den Zusammenbruch der Monarchie hinaus hatte bewahren können), so war er als Reichspräsident entschlossen, die Unabhängigkeit der Militärs gegenüber politischer Kontrolle erst recht zu verteidigen. Mit der auf seinen Wunsch erfolgten Ernennung Groeners zum Wehrminister 1928 erneuerte Hindenburg aus seiner Sicht und aus der Sicht der Militärs das Vorgesetztenverhältnis, das er gegenüber seinem alten Stellvertreter Groener 1918/19 innegehabt hatte.[95] Hinzu kam, daß alle politisch wichtigen Funktionen der Reichswehr in der Wehrmachtabteilung (dem späteren Ministeramt) unter v. Schleicher konzentriert wurden, dem Groener in hohem Maße vertraute. In dieser Position gelang es v. Schleicher, zu einem der engsten politischen Berater Hindenburgs aufzusteigen.

– Um die Jahreswende 1926/27 wirkte Hindenburg entscheidend daran mit, daß anstelle einer durchaus möglichen Großen Koalition eine Bürgerblock-Regierung unter Einschluß der DNVP gebildet wurde. Auch mit dieser Einflußnahme hatte der Präsident seine in der Verfassung beschriebene Rolle erheblich überschritten.[96]

– Im März 1930 konnte sich Hindenburg erst entschließen, das vom Reichstag bereits akzeptierte deutsch-polnische Liquidationsabkommen zu unterzeichnen, nachdem er sich von der Verfassungsmäßigkeit dieses Vertrages überzeugt hatte. Er nahm also das Recht zur Prüfung der inhaltlichen Verfassungsmäßigkeit parlamentarisch bereits beschlossener Gesetze für sich in Anspruch und damit natürlich auch das Recht, die Unterzeichnung und Verkündung von Gesetzen gegebenenfalls abzulehnen.[97]

Eingriffe Hindenburgs in die Regierungsarbeit

Der durch die allmähliche Ausdehnung der Präsidentenmacht vorgezeichnete Übergang zur präsidialen Regierungsform im Jahre 1930 bedeutete nicht, daß Hindenburg selbst die Leitung der Regierung übernommen hätte. Er benutzte jedoch seine starke Stellung, um immer wieder direkt in die Regierungspolitik einzugreifen: So etwa, als er im Mai 1931 den Kanzler in ultimativer Form aufforderte, die Richtlinien über die Osthilfe zu ändern,[98] oder im April 1932, als er von der Regierung anläßlich des Verbots von SA und SS verlangte, auch das Reichsbanner zu verbieten.[99] Brüning mußte solche – im klaren Widerspruch

276

zur Verfassung stehenden – Eingriffe in seine Kompetenzen hinneh-
men, hing doch die Position seiner Regierung von dem großen persönlichen Vertrauen ab, das Hindenburg in den Kanzler setzte: Er
schätzte den dekorierten Frontoffizier, der sich betont deutsch-national
gab und eine nüchterne, geradezu asketische Ausstrahlung besaß.

Die Abhängigigkeit des Kanzlers vom Präsidenten kam nicht nur in der
Hinnahme solcher Eingriffe zum Ausdruck, sondern vor allem natürlich
dadurch, daß der Regierungschef jedesmal von der Zustimmung des
Präsidenten abhängig war, wenn er einen Gesetzentwurf per Notverordnung verabschieden lassen wollte. Diese verfassungsrechtliche Voraussetzung der Präsidialregierung war indessen keineswegs unumstritten. Daß der Reichspräsident seine ihm „zur Wiederherstellung der öffentlichen Sicherheit und Ordnung" verliehenen Ausnahmebefugnisse
nach Art. 48 benutzte, um auf Dauer wirksame gesetzliche Vorschriften **Artikel 48**
zu erlassen, die ganz unterschiedliche Bereiche, wie etwa die Finanz-
und Sozialpolitik betrafen, war eine verfassungsrechtlich fragwürdige,
excessive Auslegung des Artikel 48, in dem das Wort „Notverordnung"
gar nicht vorkam.[100] Daß sich Hindenburg in einem rechtlichen Freiraum bewegte, verdankte er der Tatsache, daß das in Art. 48 vorgesehene Ausführungsgesetz nie verabschiedet worden war: Ein 1925/26
unternommener Versuch der Reichsregierung, die Rechte des Reichspräsidenten durch ein Ausführungsgesetz zu präzisieren, waren am
Widerstand des Präsidenten gescheitert. Ein Entwurf des Reichsinnenministers war vom Reichspräsidenten unter anderem mit der Begründung zurückgewiesen worden, eine „starre formalistische Festlegung in
der Ausübung oder gar eine Beschränkung seiner Rechte würde eine
Schwächung seiner Autorität und eine bedenkliche Gefährdung der
Staatssicherheit bedeuten".[101] Hinzu kam, daß die Notverordnungs-Ge-
setzgebung an eine fest etablierte Praxis anknüpfen konnte: Präsident
Ebert hatte bis 1925 insgesamt 135 Notverordnungen erlassen, darunter
44 zur Behebung wirtschaftlicher Notstände. Aufgrund dieser Erfahrungen konnte man argumentieren, daß die Gesetzgebung mittels Notverordnung eine Ausnahmeerscheinung in der Krise war und eine
Rückkehr zu normalen, parlamentarischen Verhältnissen zu erwarten
stand.[102]

Unter Hindenburg jedoch nahm die fortwährende Anwendung des **Präsidial-**
Notverordnungsrechts, kombiniert mit der Drohung zur Auflösung des **regierung =**
Parlaments und dem vom Präsidenten in Anspruch genommenen **System-**
Recht, den Regierungschef ohne Rücksicht auf die Mehrheitsbildung im **veränderung**
Parlament auszuwechseln, systemverändernden Charakter an. Der **vom Präsiden-**
Übergang zur Präsidialregierung im Jahre 1930 bedeutete die erste Stu- **ten**
fe im Auflösungsprozeß der Weimarer Republik.[103]

Die Entmachtung des Parlaments unter dem Präsidialregime kam unter
anderem darin zum Ausdruck, daß in der gesamten Regierungszeit Brü-

Ausschaltung des Parlaments

nings 109 präsidiale Notverordnungen erlassen, aber nur 29 ordentliche Gesetze verabschiedet wurden.[104] Durch die Bereitschaft der SPD, Brünings Regierung zu tolerieren, gelang es dem Kanzler weitgehend, die in der Verfassung gegen eine Übermacht des Präsidenten vorgesehenen Sicherungen auszuschalten: Auf diese Weise konnten insbesondere Mißtrauensanträge der Opposition und Anträge auf Ablehnung von Notverordnungen abgewiesen, Anträge der Regierung zur Vertagung des Parlaments durchgesetzt und Initiativen zur vorzeitigen Einberufung des Reichstages abgeblockt werden. Möglichst lange Pausen zwischen den Parlamenttagungen sicherten der Regierung störungsfreies Arbeiten. Die Vertagung des Parlaments (bzw. die Verhinderung der vorzeitigen Wiedereinberufung) wurde zum wichtigsten Ziel der Regierung, nicht die Erarbeitung von mehrheitsfähigen Kompromissen. Die Politik der Verhinderung des Parlaments war überaus erfolgreich: So fanden von Oktober bis Jahresende 1930 14 Sitzungen des Reichtags statt, 1931 kam er 42mal zusammen, 1932 bis zu Brünings Sturz Ende Mai nur achtmal.[105] Die Tolerierungspolitik der Sozialdemokraten bedeutete also einen Verzicht auf die effektive Ausübung parlamentarischer Kontrollrechte.

Zu einer weiteren Entmachtung des Parlaments führte die im Februar 1931 gegen den Widerstand von KPD, NSDAP und DNVP verabschiedete Änderung der Geschäftsordnung: Danach sollten Anträge, die mit einer Erhöhung der Ausgaben oder Senkung der Einnahmen verbunden waren, einen Deckungsvorschlag enthalten; damit konnten sie aber durch den Reichstagspräsidenten zu „Finanzvorlagen" erklärt werden, die nur während der jährlichen Haushaltsberatungen beraten werden konnten. Außerdem sollten künftig nur noch „echte" Mißtrauensanträge eingebracht werden können und bloße Anträge auf eine Vertrauenserklärung ausgeschlossen werden.[106]

Stützen des Präsidialregimes

Durch den Übergang zum Präsidialregime wurden nicht nur Parlament und Parteien entmachtet und ihrer eigentlichen Rolle im politischen Prozeß beraubt. An ihrer Stelle wuchs die Bedeutung der Interessenverbände, die nun versuchten, direkten Einfluß auf den Regierungsapparat bzw. den Präsidenten zu nehmen. Es wuchs aber auch die Bedeutung der Reichswehr (als der im Zweifelsfall letzten Stütze des Regimes) sowie die der Ministerialbürokratie, wie sich am deutlichsten am Beispiel einiger sehr unabhängig agierender Spitzenbeamter zeigte: Man denke etwa an den Leiter der Reichskanzlei Herrmann Pünder, den Staatssekretär im Reichsfinanzministerium und maßgeblichen Architekten der Deflationspolitik Hans Schäffer, oder den langjährigen Staatssekretär im Reichsjustizministerium Curt Joël. Durch das Präsidialregime wuchs aber auch die Bedeutung der „Entourage" des Präsidenten, also der Mitarbeiter und Berater in Hindenburgs persönlicher Umgebung, die einen zunehmend größeren und unkontrollierbaren

Einfluß auf den greisen Präsidenten ausübten. Hier wären vor allem v. Schleicher, der Chef der Präsidialkanzlei Otto Meissner, Hindenburgs Sohn und Adjutant Oskar und – mit zunehmender Bedeutung – dessen Regimentskamerad, der Major a. D. und Zentrums-Rechtsaußen Franz v. Papen, zu nennen.

In der durch verfassungsmäßige Kontrollen oder Gegengewichte nicht beeinträchtigten „Entscheidungszone" um den Präsidenten konnten Einflüsterungen, Intrigen, persönliche Beziehungen und Rivalitäten sich in nahezu unkontrollierter Weise entwickeln und den politischen Entscheidungsprozeß in ungewöhnlich intensiver und gefährlicher Weise beeinflussen.

Brünings Primat der Außenpolitik

Die Politik Brünings wird nur verständlich, wenn man sich immer wieder vor Augen hält, daß der Kanzler, der als langjähriger Haushaltsexperte des Zentrums geordnete öffentliche Finanzen als Vorbedingung jeder erfolgreichen Politik sah,[107]

a) davon überzeugt war, nur durch eine konsequente Sparpolitik der Krise Herr werden zu können,

b) gleichzeitig daran glaubte, daß er mit einer solchen Politik der leeren Kassen der Weltöffentlichkeit die Unfähigkeit des Reiches zur Bezahlung der Reparationen eindrucksvoll vor Augen führen und damit

c) beabsichtigte, das gesamte System des Versailler Vertrages endgültig auszuhebeln.[108]

Finanzpolitische Rigorosität und eine unnachgiebige Vertretung nationaler Interessen waren demnach die Eckpfeiler der Politik Brünings, sie bildeten die Basis für die weitergesteckten innen- und außenpolitischen Ziele. Kurzfristig sah er gerade in der hohen privaten Auslandsverschuldung des Reiches die Chance, die Reparationen zu beseitigen: Die ausländischen Gläubigerbanken und ihre Regierungen (allen voran die Vereinigten Staaten) mußten erkennen, daß unter den Bedingungen der Depression die hohen Reparationsleistungen die Rückzahlung und Verzinsung ihrer Kredite gefährdeten. Dieses Konkurrenzverhältnis von Krediten und Reparationen galt es auszunutzen. Die Schulden der öffentlichen Hand wollte Brüning hingegen unbedingt vermindern; und dies schien dem Kanzler langfristig nur durch eine Verfassungsreform, d. h. durch eine Stärkung der Reichsregierung gegenüber dem Parlament und den Ländern, möglich. Außerdem war Brüning davon überzeugt, daß durch seinen harten Deflationskurs – also durch die konsequente Senkung von Löhnen und Preisen – der deutsche Export nachhaltig gefördert werde und damit die Stellung

Ziele Brünings

Deutschlands auf dem Weltmarkt auf lange Sicht entscheidend verbessert werden könnte. Der hohe Stellenwert der Deflationspolitik in Brünings Konzept ist wiederum nur in vollem Umfang zu verstehen, wenn man sich die weit verbreitete Inflationsfurcht[109] dieser Zeit vor Augen hält. Ein autoritärer, „schlanker" Staat, eine exportstarke Wirtschaft und eine von den Versailler Beschränkungen freie Außen- und Militärpolitik lassen sich somit als die langfristigen Ziele der Brüningschen Politik benennen; auf sie wird noch näher einzugehen sein. Die entscheidende Voraussetzung für solche weitergehenden politischen Pläne aber war, um es noch einmal zu wiederholen, die Lösung der Reparationsfrage.

Ausnutzen der Krise

Der entscheidende Punkt in Brünings Kalkül war, daß der Ausbruch aus dem Versailler System in der Krise, ja durch eine Verschärfung der Krise herbeigeführt werden sollte. Um diese Zielsetzung zu erreichen, war Brüning gezwungen, in der Innen- und Außenpolitik unterschiedliche Akzente zu setzen. Im Innern mußte er immer wieder betonen, der Tiefpunkt der Krise sei erreicht, die Revision sei bereits im Gange; nach außen mußte er den Eindruck erwecken, obwohl der konjunkturelle Tiefpunkt erst bevorstünde, seien alle Anstrengungen auf die Begleichung der Reparationen gerichtet.[110]

Die Strategie, die Krise zu einer umfassenden außenpolitischen Revision zu nutzen, zwang Brüning zu einer Verschleierung seiner politischen Ziele, die er erst in vollem Umfang offenlegen konnte, wenn die bevorstehenden diplomatischen Verhandlungen unter dem Eindruck einer totalen Staats- und Wirtschaftskrise einen dramatischen Höhepunkt erreichten. Seine Konzeption war erst dann erfolgreich, wenn es ihm gelang, die negativen Folgen der Krise voll nach außen auszuspielen. Wenn er sich vor diesem Höhepunkt auf einen Kompromiß einließ, so seine wichtigste Befürchtung, war sein Konzept gescheitert. Dabei übersah er aber die andere Möglichkeit, daß er zwar seine außenpolitischen Ziele erreichen, die Krise aber über ihm und seiner Regierung zusammenschlagen könnte. Notwendigerweise war seine

Mangelnde Transparenz

Strategie also einerseits auf Verschleierung angelegt, während er sich auf der anderen Seite ganz auf die „Unausweichlichkeit des Opfers" und den „Durchhalteappell" verließ.[111] Eine solche undurchsichtig-hartleibige Politik konnte nicht, ja sie durfte eigentlich gar nicht populär sein.[112] Sie basierte einzig allein auf dem Vertrauen, das der Reichspräsident dem autoritär regierenden, argwöhnisch immer neue Gebiete unter seine persönliche Kontrolle nehmenden Kanzler entgegenbrachte.[113]

Zwar vertrat Brüning mit der friedlichen Revision des Versailler Vertrages das gleiche zentrale außenpolitische Ziel wie Stresemann, doch veränderten sich Stil und Methoden der deutschen Außenpolitik nach 1930 in markanter Weise.

Im Unterschied zu der Stresemann-Ära, in der die Verständigung ganz im Vordergrund gestanden hatte, die deutsche Außenpolitik stets mit Blick auf die internationale Staatengemeinschaft formuliert und jeder Schritt nach Möglichkeit eng mit den Partnern abgestimmt war, wurde Außenpolitik nun durch ein unbedingtes nationales Anspruchsdenken und durch innenpolitische Erfordernisse beherrscht. Der Stil der deutschen Außenpolitik wurde geprägt durch eine nationalistische Wehleidigkeit auf der einen und durch eine kleinliche, unnachgiebige Verhandlungsführung auf der anderen Seite; eine neue Unberechenbarkeit setzte sich durch, man versuchte Überraschungseffekte zu erzielen und die Zwangslagen anderer Staaten auszunutzen.[114] So war etwa die deutsche Vertretung beim Völkerbund aufgrund ständiger Alleingänge weitgehend isoliert – und bezeichnenderweise eher befriedigt, denn alarmiert über diese Situation.[115] Vor allem aber zerstörte Brüning durch den unbedingten Vorrang der Reparationspolitik das in den Beziehungen mit Frankreich unter Stresemann gewachsene Vertrauen. So wurden beispielsweise französische Anleiheangebote trotz dringendem Bedarf nicht aufgegriffen, weil man sich nicht auf politische Zusagen festlegen wollte.[116]

Neuer außenpolitischer Stil

Besonders gefährlich war dabei, daß Brüning den NS-Wahlerfolgen, ganz befangen in seiner reparationspolitischen Prioritätensetzung, positive Seiten abzugewinnen können glaubte: Er griff die erschrockenen internationalen Reaktionen geradezu begierig auf, um sie in seinem Sinne einzusetzen. Immer wieder hob er gegenüber seinen ausländischen Gesprächspartnern die innenpolitische Radikalisierung, die verzweifelte, unkontrollierbar zu werdende Stimmung in Deutschland hervor, um sie gezielt als Druckmittel einzusetzen; so wurden „Nöte und Stimmungen des Volkes zum wichtigsten Trumpf im riskanten Spiel der deutschen Außenpolitik".[117] Der Leiter des Völkerbunds- und Abrüstungsreferats im Auswärtigen Amt, Ernst v. Weizsäcker, führte dies exemplarisch vor, als er in einem privaten Brief die Ansicht vertrat, man sollte angesichts der NS-Wahlerfolge natürlich nicht, „die Anerkennung dafür vergessen, daß die patriotische Welle in Deutschland vorhanden ist und sogar die Vorbedingung ist, um uns wieder ein Stück gegenüber dem Ausland vorzuschieben. Solange die Nazis nur randalieren und die Regierung zur politischen Aktivität treiben, ohne sie etwa zu stürzen, sollen sie mir als Folie willkommen sein."[118]

Instrumentalisierung der NS-Wahlerfolge

Die Sprengung des Versailler Systems bildete, darauf ist bereits hingewiesen worden, für Brüning einen ersten Schritt weitergesteckte Ziele zu erreichen: Die Errichtung eines autoritären, in seiner Außenpolitik ungebundenen Machtstaats. So sollte Versailles nicht durch eine Eingliederung Deutschlands in eine europäische Ordnung – wie sie etwa in dem Briand-Plan zum Ausdruck kam – abgelöst werden, sondern Brüning vertrat die Zielvorstellung eines starken „Mitteleuropa" mit ei-

Mitteleuropapläne

281

ner politischen und wirtschaftlichen Führungsrolle gegenüber dem südosteuropäischen Raum.[119] Mit dieser Vorstellung einer von Deutschland beherrschten Einflußzone unterschied sich Brünings außenpolitische Perspektive erheblich von der Stresemanns, der zwar auch Deutschland als Großmacht hatte wiederherstellen wollen, seine künftige Rolle jedoch stets im Zusammenspiel der großen Mächte gesehen hatte.

Innenpolitische Ziele

War der Ausbruch aus dem Versailler System erreicht, so glaubte Brüning auch im Innern eine Wende herbeiführen zu können. Sein langfristiges Ziel war die Bildung einer breiten Rechtskoalition, mit deren Hilfe die Republik auf Dauer in einen autoritären Staat umgebaut werden sollte: Durch die Beseitigung der Länderparlamente und eine Verlagerung von Verwaltungs- und Finanzzuständigkeiten auf das Reich sollte der Bundes- in einen Einheitsstaat umgewandelt werden; daneben beabsichtigte er vor allem, die Stellung der Reichsregierung gegenüber dem Parlament entscheidend zu stärken. Wichtiger Bestandteil seines Reformprogramms war eine allgemeine Konzentration des staatlichen Verwaltungsapparates und ein Rückbau des in den zwanziger Jahren ausgebauten Sozialstaates. Mit der durch die Krise „erzwungenen" Deflationspolitik sollte diese Selbstbeschränkung der staatlichen Leistungen eingeleitet werden. Brüning wollte die Krise also nicht nur für seine außenpolitischen Ziele nutzen, sondern auch für eine umfassende Verfassungs- und Verwaltungsreform. Ob Brüning wirklich die Errichtung einer konstitutionellen Monarchie anstrebte, wie er in seinen Memoiren behauptete, ist dabei in der Forschung umstritten; bezeichnenderweise sind die von Brüning hinterlassenen Zeugnisse zu vage und widersprüchlich, um zu einer eindeutigen Bewertung seiner endgültigen verfassungspolitischen Ziele zu gelangen.

Innenpolitik: Deflationspolitik und Agrarprotektionismus

Unzureichendes Arbeitsbeschaffungsprogramm

Brünings reparationspolitische Prioritätensetzung, seine Zielvorstellung, langfristig einen allgemeinen Abbau staatlicher Leistungen zu erreichen, und seine durch eine starke Inflationsfurcht beherrschten wirtschaftspolitischen Auffassungen reduzierten die Krisenbekämpfung weitgehend auf Haushaltssanierung.

Zwar hatte die Regierung bereits im Juni 1930 auch ein Arbeitsbeschaffungsprogramm in Höhe von 950 Millionen RM verabschiedet, doch beinhaltete dieses Programm kaum mehr als die für den kommenden Haushalt geplanten und nunmehr vorgezogenen Investitionen für Reichsbahn, Reichspost und Wohnungsbau. Die Wirkung solcher konjunkturbelebenden Ansätze mußte aber verpuffen, da die Regierung

gleichzeitig nahezu jede Anstrengung unternahm, um die staatlichen Ausgaben und die Leistungen der Sozialversicherungen zu kürzen.[120]
– In der Verordnung über Krisenfürsorge für Arbeitslose vom 11. Oktober 1930 wurde die Arbeitslosenversicherung durch eine Senkung der Dauer und der Höhe der Leistungen entlastet; jedoch wirkte sich dies vor allem zuungunsten der Gemeinden aus, die zu einem Fünftel die Krisenunterstützung (für diejenigen, die aus der Arbeitslosenversicherung herausfielen) aufbringen mußten und die Wohlfahrtunterstützung (für die übrigen Bedürftigen) vollständig trugen.[121]

– Außerdem entschloß sich Brüning im Herbst 1930 erneut, ein Bündel von Krisenmaßnahmen mit Hilfe einer Notverordnung durchzusetzen, nachdem sich in den Vorverhandlungen weder eine parlamentarische Mehrheit für noch eine gegen seine Pläne abgezeichnet hatte. In der schließlich am 1. Dezember erlassenen, äußerst umfangreichen Verordnung des Reichspräsidenten zur Sicherung der Wirtschafts- und Finanzlage[122] waren Haushaltskürzungen (darunter auch eine Absenkung der Beamtengehälter), Steuererhöhungen und eine Vereinfachung des Steuersystems, ein verstärkter Einfluß der Reichsregierung auf die Finanzpolitik von Ländern und Gemeinden sowie die endgültige Abkoppelung der Arbeitslosenversicherung vom Haushalt vorgesehen.

Leistungskürzungen

– Ferner versuchte die Regierung, auf Industrie und Handel einzuwirken, um eine generelle Senkung der Preise durchzusetzen. Als diese Appelle wenig Erfolg zeigten, ordnete die Regierung im Januar 1931 an, die Preise für Markenartikel um 10% zu senken.[123]

– Eine weitere Notverordnung über das Schlichtungswesen vom Januar 1931 ermächtigte den Reichsarbeitsminister, dem staatlichen Schlichter in Tarifauseinandersetzungen „von besonderem öffentlichem Interesse" zwei „Unparteiische" beizuordnen; gemeinsam waren diese drei berechtigt, einen verbindlichen Schiedsspruch, ohne Mitwirkung der Arbeitskampfparteien, zu fällen. Damit wurde der „Einmannschiedsspruch", der Anfang 1929 nach dem Ruhreisenstreit durch eine Entscheidung des Reichsarbeitsgerichts beseitigt worden war, in etwas modifizierter Form wieder eingeführt. Im Unterschied zur Situation in der zweiten Hälfte der zwanziger Jahre, als der Reichsarbeitsminister das Instrument der Schlichtung vor allem benutzt hatte, um die Gewerkschaften im gewissen Umfang am konjunkturellen Aufschwung zu beteiligen, diente die Regelung von Anfang 1931 aber nun eindeutig einer Politik forcierter Lohnsenkungen.[124]

Neuordnung der Schlichtung

– Das wachsende Defizit in der Arbeitslosenversicherung sowie in den übrigen Unterstützungskassen veranlaßte die Regierung dazu, in einer weiteren umfangreichen Krisen-Notverordnung vom Juni 1931 weitgehende Leistungskürzungen vorzunehmen. Unter anderem wurden in der Zweiten Verordnung des Reichspräsidenten zur Sicherung von Wirtschaft und Finanzen[125] die Renten für Invalide und Kriegsversehrte

Zweite Krisen-Notverordnung

gesenkt, ebenso die Unterstützungssätze in der Arbeitslosenversicherung und in der Krisenfürsorge; ferner wurde ein Zuschlag zur Lohn- und Einkommensteuer, eine „Krisensteuer" für Besserverdienende, eingeführt; die Beamtengehälter wurden weiter gekürzt. Durch eine zusammen mit der Notverordnung veröffentlichte Erklärung, den sogenannten „Tributaufruf", versuchte die Regierung, die Verantwortung für die Lösung der desparaten wirtschaftlichen Lage „dem Ausland" zuzuschieben, indem man feststellte, „daß die Grenzen dessen, was wir unserem Volk an Entbehrungen aufzuerlegen vermögen" erreicht seien."[126]

Gegen die Notverordnung kamen aus allen politischen Lagern heftigste Proteste; allenthalben wurde die Forderung nach einer vorzeitigen Wiedereinberufung des Reichstages erhoben, um dort die Notverordnung außer Kraft zu setzen. Bemerkenswert war, daß auch die DVP sich gegen die Notverordnung wandte, namentlich gegen die vorgesehenen Kürzungen der Beamtengehälter und die Krisensteuer. Die negative Haltung der DVP schien einen empfindlichen Vertrauensverlust Brünings in der Wirtschaft zu signalisieren.[127]

Internationaler Vertrauensverlust

Hinzu kam, daß auch der „Tributaufruf" der Reichsregierung, der der durch die Rechtsopposition nationalistisch aufgeheizten Stimmung im Innern entgegenkommen sollte, tatsächlich eine ganz andere Wirkung erzielte: Er erschütterte das Vertrauen der internationalen Finanzwelt in die Bereitschaft der Reichsregierung, die im Young-Plan vorgesehenen Reparationen auch tatsächlich zu zahlen. Auch der Zusammenbruch der Österreichischen Creditanstalt im Mai verstärkte den Vertrauensverlust der internationalen Gläubiger gegenüber den deutschen Banken. Hinzu kamen die Auseinandersetzungen um die mögliche Wiedereinberufung des Reichstages Mitte Juni und die damit wahrscheinlich werdende Aufhebung der gerade erlassenen Notverordnung zur Sanierung des Haushalts.[128] Alle diese Faktoren zusammengenommen bewirkten im Mai und Juni einen überstürzten Abzug von Krediten aus Deutschland und demzufolge einen massiven Devisenmangel der Reichsbank, der die Deckung der Reichsmark gefährdete.[129]

Streit um die Einberufung des Reichstages

Unter erheblichem inneren wie äußeren Druck versuchte nun Brüning, die Parteien dazu zu bewegen, auf eine Einberufung des Reichstages im Sommer 1931 zu verzichten. Die DVP konnte gewonnen werden, indem Brüning ihr in Aussicht stellte, das Kabinett in Kürze zugunsten der Rechten umzubilden.[130] Schließlich gelang es Brüning in dramatischen Verhandlungen auch, die Sozialdemokraten von der Einberufungsforderung abzubringen und sie daran zu hindern, eine Sitzung des Haushaltsausschusses durchzusetzen. Wieder hatte Brüning mit der Drohung operiert, er werde die Preußenkoalition aufkündigen; er hatte den Sozialdemokraten außerdem zugesagt, die Juni-Notverordnung abzumildern, was dann in einer weiteren Notverordnung im Oktober wirksam werden sollte.[131] So entstand die paradoxe Situation, daß in der entscheidenden Sitzung des Ältestenrates des Reichstages am 16. Juni nur die Parteien, die die parlamentarische Demokratie bekämpften – DNVP, NSDAP und KPD –, für eine Wiedereinberufung des Parlamentes votierten und durch die Mehrheit der demokratischen bzw. moderaten Kräfte an dieser Absicht gehindert wurden. Deutlicher ließ sich der Funktionsverlust des Parlaments nicht mehr demonstrieren.

Zu den wichtigsten Vorhaben der Regierung Brüning gehörte von Anfang an eine andere Art Krisenbekämpfung, nämlich der Ausbau des staatlichen Schutzes für die Landwirtschaft: Die bisher noch gemäßigte, im Einklang mit den deutschen Exportinteressen und den Bedürfnissen der Konsumenten stehende Zoll- und Subventionspolitik zugunsten der Landwirtschaft sollte nun zu einem umfassenden Agrarprotektionismus ausgebaut werden.[132] Maßgeblich vertreten wurde diese Politik von dem Geschäftsführenden Präsidenten des Reichslandbundes, Schiele, der auf ausdrücklichen Wunsch Hindenburgs als Ernährungsminister in das Kabinett berufen worden war und der massiv vom Reichspräsidenten gestützt wurde. Angesichts der wirtschaftlichen Depression konnte die traditionelle Forderung der Agrarverbände nach staatlichem Schutz zusätzlich mit der Notwendigkeit begründet werden, die akute Krise zu bekämpfen.

Schiele versuchte, nachdem er im April 1930 ein erstes Sofortprogramm verwirklicht hatte,[133] die weiteren agrarprotektionistischen Forderungen des Reichslandbundes und der Grünen Front innerhalb des Kabinetts durchzusetzen, namentlich den Zollschutz auf Veredelungsprodukte auszudehnen und einen Beimischungszwang für einheimische Erzeugnisse einzuführen. Bis zum Frühjahr 1931 gelang es ihm, gegen den wachsenden Widerstand seiner Ministerkollegen, weitere Zollerhöhungen zugunsten der Landwirtschaft zu erreichen. Dabei gab das auf massiven Druck Schieles verabschiedete Zollermächtigungsgesetz vom März 1931 der Regierung die Möglichkeit, eigenmächtig Zölle auf dem Verordnungsweg neu festzusetzen. Als Schiele dieses neue Instrument sogleich einsetzen wollte, stieß er jedoch auf den erbitterten Widerstand einiger seiner Kabinettskollegen. Es gelang ihm im April 1931 nur noch, einen Teil seiner Forderungen durchzusetzen; bis Anfang 1932 mußte er auf weitere Zollerhöhungen verzichten.[134]

Als sich herausstellte, daß das Ziel der Agrarverbände, die landwirtschaftlichen Erzeugerpreise vollkommen von der internationalen Preisentwicklung abzukoppeln, nicht durchzusetzen war, geriet Schiele immer stärker unter den Druck der landwirtschaftlichen Organisationen, die unter dem Einfluß von Hugenberg und den Nationalsozialisten ihre Forderungen weiter verschärften. Schiele mußte schließlich im Herbst 1930 seine Führungsposition im Reichslandbund niederlegen. Anfang 1931 sollte der Landbund sogar zum Sturz der Regierung aufrufen.[135]

Agrarpolitik

Ob die protektionistische Politik der Landwirtschaft langfristig aber wirklich zugute kam, war dabei durchaus zweifelhaft. Denn es erscheint fraglich, ob die künstlich hochgehaltenen Lebensmittelpreise wirklich der Agrarwirtschaft aus ihrer strukturellen Krise helfen konnten oder ob hierdurch nicht eher der dringend notwendige Veränderungsprozeß hin zu einer hochleistungsfähigen Veredelungswirtschaft verhindert wurde. Ein solcher Umbau, eine hochgradige Rationalisierung und Mechanisierung der Landwirtschaft, wurde immer wieder von Seiten der industriellen Verbände vorgeschlagen, die in einer solchen Entwicklung den besten Ausgleich zwischen industriellen und agrarischen Interessen sahen.[136]

Vor allem aber stand die Erhöhung der Lebensmittelpreise durch protektionistische Maßnahmen im eklatanten Widerspruch zu der im übrigen von der Regierung vertretenen Preissenkungspolitik, sie erhöhte den Druck auf die durch Leistungssenkungen, Gehaltskürzungen und Steuererhöhungen bereits schwer getroffenen Massen. Hinzu kam, daß weitere Zollerhöhungen den Rahmen sprengen mußten, der durch das System der vom Reich abgeschlossenen Handelsverträge gegeben war, und damit die Industrieexporte gefährdeten. Durch diesen Interessengegensatz war das seit 1925 bestehende Bündnis zwischen Industrie und Landwirtschaft in der Zollfrage (also die Bereitschaft der Industrie, moderate Zölle zu tolerieren) ernsthaft in Gefahr. Brüning geriet so in eine Zwickmühle: Einerseits mußte er Hindenburgs deutlicher Präferenz für landwirtschaftliche Interessen entsprechen; andererseits wollte der Kanzler aber eine Steigerung des Exports erreichen, um den Reparationsgläubigern vor Augen zu führen, daß eine Fortsetzung der Reparationszahlungen auch für sie negative wirtschaftliche Folgen haben würde.

Osthilfe Sollte der Agrarprotektionismus nicht den Export gefährden, so boten sich als Alternative zu den Landwirtschaftszöllen direkte oder indirekte Subventionsleistungen und verschiedenste marktregulierende Eingriffe an, die bereits unter der Regierung Müller versuchsweise angewandt und unter Brüning verstärkt fortgesetzt wurden. Dabei erhielt die sogenannte Osthilfe, die von Hindenburg stark geförderte, auch „volkstumspolitisch" motivierte direkte Unterstützung verschuldeter landwirtschaftlicher Betriebe in Ostdeutschland, eine zentrale Bedeutung für die Agrarpolitik der Regierung Brüning. Eine solche, die Exporte nicht unmittelbar bedrohende Subventionierung der Landwirtschaft fand auch die Zustimmung der Industrie, die bereit war, hierfür Mittel aus der sogenannten Industrieumlage bereitzustellen, die ursprünglich zur Finanzierung des Dawes-Planes geschaffen, durch das Haager Abkommen aber überflüssig geworden war. Nachdem erste Osthilfe-Maßnahmen mit der Notverordnung vom 26. Juli 1930 verabschiedet worden waren, dauerte es allerdings noch neun Monate, bis man sich auf die

Einzelheiten der Finanzierung und Organisation verständigt hatte. In dem im März 1931 verabschiedeten Osthilfegesetz[137] wurden schließlich für die Gebiete östlich der Elbe erhebliche Mittel für staatliche Infrastrukturmaßnahmen sowie für die Entschuldung des landwirtschaftlichen Besitzes vorgesehen, die zum Teil durch die Industrieumlage aufgebracht wurden. Das ganze Projekt wurde durch einen eigens ernannten Reichskommissar für die Osthilfe, Reinhold Treviranus, geleitet, der dem Reichskanzler direkt unterstellt war. Daneben waren Maßnahmen zur Förderung der landwirtschaftlichen Siedlung vorgesehen. Auch diese Maßnahmen mußten aber letztlich die landwirtschaftliche Produktion erhöhen und damit preistreibend wirken. Die Siedlungspolitik stand also wie die übrigen Maßnahmen zum Schutz der Landwirtschaft im diametralen Gegensatz zur Deflationspolitik; die rigorosen Maßnahmen Brünings zur Einschränkung staatlicher Leistungen und zum Abbau von Löhnen und Preisen stießen dort an ihre Grenzen, wo eine starke Gruppierung ihre Interessen unmittelbar an den Reichspräsidenten herantragen und durchsetzen konnte.

Die Festigung der NSDAP unter dem Präsidialsystem

Das weitgehende Ausbleiben einer aktiven Politik der Krisenbekämpfung, die geringe Verankerung der Präsidialregierung in der Bevölkerung und eine nur schwach entwickelte Abwehrbereitschaft gegenüber den Nationalsozialisten machten das Präsidialsystem zu einem geradezu idealen Nährboden für die NSDAP. Nach ihrem Durchbruch im September 1930 konnte die Partei nun nahezu ungehindert die wirtschaftliche und politische Krise ausnutzen, um ihre Massenbasis zu vergrößern und zu stabilisieren. Zwischen dem Sommer 1930 und den Reichstagswahlen vom Juli 1932 gelang es der NSDAP, sich als führende Kraft innerhalb des sich verfestigenden rechtsradikal-nationalistischen Milieus durchzusetzen. Bei der Ausformung dieses Milieus konnte die Partei einerseits an Traditionen und ältere organisatorische Ansätze der radikalen Rechten anknüpfen, vor allem aber konnte sie die zusammenbrechenden mittelständisch-liberalen und konservativen Lager als Rekrutierungsfelder nutzen. Die Kaderpartei NSDAP wurde zu einer Massenbewegung.

Festigung der NSDAP als Massenbewegung

Die Nationalsozialisten erzielten zunächst in einer Reihe von Landtagswahlen weitere Erfolge. Bei den am gleichen Tag wie die Reichstagswahlen, am 14. September 1930, abgehaltenen Wahlen in Braunschweig hatte die NSDAP 22,2% der Stimmen gewonnen, in Bremen erreichte sie im November 1930 25,4%, in Schaumburg-Lippe im Mai 1931 27,0%, und in Oldenburg wurde sie im gleichen Monat mit 37,2% stärkste Fraktion.

Erfolge bei Landtagswahlen

**Sonderorgani-
sationen**

Nach ihrem reichsweiten Durchbruch vom September 1930 baute die Partei vor allem ihre Sonderorganisationen weiter aus. Neben SA und HJ und die schon bestehenden Sonderverbände für bestimmte Berufsgruppen wie Ärzte, Lehrer und Juristen traten nun weitere wirtschaftlich orientierte Organisationen, wie etwa der Kampfbund des gewerblichen Mittelstandes und der Argrarpolitische Apparat, aber auch Gruppierungen mit anderen Zielsetzungen, wie etwa das NS-Kraftfahrkorps, das die motorisierten Parteigenossen zu Fahrbereitschaften zusammenfaßte, oder der Kampfbund für deutsche Kultur, der die in breiten Kreisen vorhandene Abneigung gegen moderne Tendenzen innerhalb des Weimarer Kulturlebens aufgriff und gegen solche „Entartungserscheinungen" vorging. Anfang 1931 wurde außerdem nach langem Sträuben der Parteileitung eine Betriebszellenorganisation zur Zusammenfassung der nationalsozialistischen Arbeitnehmer gegründet.

Dadurch, daß die NSDAP ihrer hierarchisch gegliederten politischen Kernorganisation ein breites Spektrum von Sonderverbänden anschloß, entwickelte sie sich zu einer Integrationspartei, die in nahezu alle Lebensbereiche ausgriff und ihren Anhängern ein breit gefächertes Angebot an unterschiedlichen Aktivitäten machen konnte. Dabei beschränkte sich die NSDAP im Gegensatz zu den anderen Parteien nicht darauf, ein bestimmtes Spektrum der Bevölkerung anzusprechen, sondern sie wollte Anhang in allen Gruppen und Schichten mobilisieren.

Erfolgreich waren die Nationalsozialisten aber, wie wir gesehen haben, vor allem in den Bevölkerungskreisen, die nicht fest in das katholische oder sozialistische Lager eingebunden waren. Bei der Gewinnung dieser überwiegend protestantischen und mittelständischen Anhänger kam den nationalsozialistischen Sonderorganisationen eine besondere Rolle zu: Sie nutzten systematisch die Schwächen des Verbands- und Vereinswesen außerhalb von katholischer Kirche und Arbeiterbewegung. Denn infolge der allgemeinen Desintegration des liberalen und des konservativen Milieus und durch den Niedergang der bürgerlichen

**NSDAP und
das Verbands-
wesen**

Parteien gerieten zahlreiche Vereine und Verbände nicht nur in eine Orientierungskrise, sondern sie litten auch unter den wirtschaftlichen Konsequenzen der anhaltenden Depression, also unter dem Nachlassen öffentlicher Unterstützung und der geringeren Spendenbereitschaft von Mitgliedern und Mäzenen.[138] Die Nationalsozialisten schlugen dabei gegenüber den Verbänden und Vereinen unterschiedliche Taktiken ein: Zum einen präsentierten sie den „unpolitischen" und zunehmend orientierungslosen Verbänden ihre Unterorganisationen als kampfstarke, fachlich kompetente und programmatisch eindeutig ausgerichtete Konkurrenz; zum anderen übernahmen sie unterschiedliche Funktionen der zusammenbrechenden Vereine oder gingen daran, sie systematisch zu unterwandern, sie zu Vorfeldorganisationen der Partei zu machen.

So gelang es den Nationalsozialisten beispielsweise, durch eine systematische Unterwanderung und eine schrittweise Übernahme von Funktionen auf Kreis-, Landes- und Verbandsebene den Nordwestdeutschen Handwerkerbund bis Anfang 1932 weitgehend unter ihre Kontrolle zu bringen und die Organisation zu Wahlaufrufen zugunsten von NSDAP und DNVP zu veranlassen. 1932 schafften es NS-Anhänger, mit ihrer Kampagne gegen Warenhäuser und Konsumgenossenschaften die Leitung der Hauptgemeinschaft des Deutschen Einzelhandels zu sprengen und einen ihrer Vertreter in die neue Geschäftsführung des Dachverbandes zu delegieren.[139]

Im Sommer 1930 war die NSDAP darangegangen, mit dem Agrarpolitischen Apparat eine Kaderorganisation für Landwirtschaftsspezialisten innerhalb der Partei aufzubauen, denen die Aufgabe gestellt wurde, die Landbünde auf allen Ebenen zu unterwandern. Ende 1931 war dieser Prozeß soweit vorangetrieben, daß ein Nationalsozialist in das Präsidium des Reichslandbundes aufgenommen wurde.[140] Auch in die Beamtenorganisationen drangen Nationalsozialisten erfolgreich ein.[141]

Aber auch in zahlreichen anderen Berufsorganisationen und Interessengruppierungen, seien es nun Elternverbände, Sportvereine, Schützenverbände, Kriegsbehinderten-Organisationen oder die Vorstände von Industrie- und Handelskammern, übernahmen Nationalsozialisten führende Funktionen und dehnten damit ihren Einfluß auf die verschiedensten gesellschaftlichen Bereiche aus.[142] Weitgehend erfolglos waren hingegen die Unterwanderungsversuche der NS-Betriebszellenorganisation innerhalb der Gewerkschaften.[143]

Auch die größte Unterorganisation der NSDAP, die SA, war auf eine bestimmte, durch die Krise besonders betroffene Bevölkerungsgruppe, nämlich erwerbslose Jugendliche und junge Männer, zugeschnitten, und auch sie war als Konkurrenz und als Auffangbecken für bestehende Organisationen, die paramilitärischen Verbände, konzipiert.[144]

Die SA bot den durch die Krise hart betroffenen Jugendlichen zunächst konkrete Hilfen an: Mit den SA-Lokalen, SA-Küchen und improvisierten SA-Heimen stellte sie ein ganzes Netz von Betreuungs- und Unterstützungseinrichtungen zur Verfügung; die Partei organisierte außerdem Sammlungen und versuchte, Arbeitsplätze oder zumindest Aushilfsarbeiten zu vermitteln.

Neben diesen konkreten Hilfsangeboten dürfte aber vor allem die Kombination von paramilitärischem Stil und direkter Aktion die Attraktivität erklären, die die SA auf viele ausübte. Durch Uniformen, hierarchische Strukturen und einen militärähnlichen Betrieb wurden entwurzelte Jugendliche in eine scheinbar festgefügte Ordnung eingefügt, eine Ordnung, die sich auf die soldatische Tradition der Weltkriegs-Armee und der Freikorps berief und den zum „SA-Mann" gewordenen Jugendlichen aus der tristen Welt der Wirtschaftskrise herauszuheben

Attraktivität der SA

schien. Im Gegensatz zu anderen paramilitärischen Organisationen oder Wehrsportgruppen war aber der „Dienst" in der SA direkter Einsatz für eine politische Richtung und erschien damit nicht als bloße „Soldatenspielerei", sondern er diente einem unmittelbaren Zweck, der Bekämpfung politischer Feinde. Die SA strukturierte den Alltag der Jugendlichen und jungen Männer neu, gab ihnen die Gelegenheit, ihren Tatendrang auf eine scheinbar zielgerichtete und sinnvolle, häufig auch abenteuerliche Weise auszuleben. Indem sie diesen Zusammenhang herausstellte, gelang es der SA, Mitglieder von paramilitärischen Organisationen und Jugendgruppen abzuziehen und sich als dominierende Kraft im gesamten Feld rechter Wehrverbände durchzusetzen.

Eroberungsstrategien der SA

Dabei hatten fast alle Aktionsformen der SA, auch wenn sie vordergründig dazu dienten, Parteipropaganda zu verbreiten, einen gewalttätigen Zug: Aggressives Sammeln, Flugblattverteilen und Plakatekleben in Hochburgen des politischen Gegners, Sprengung von gegnerischen Versammlungen oder die gewaltsame Durchsetzung eigener Redner gegen ein ablehnend eingestelltes Publikum, nächtliche Überfälle auf Angehörige feindlicher Organisationen, provozierende Märsche in „rote" Viertel, die jederzeit in Straßenschlachten umschlagen konnten, Kämpfe um Sturmlokale, die als „Stützpunkte" auf gegnerischem Territorium eingerichtet worden waren – alles dies war Teil einer aggressiven Strategie, mit der die SA Straßen, Wohnquartiere, ganze Stadtviertel buchstäblich „eroberte".

„SA-Geist"

In dieser Subkultur entstand das, was die NSDAP als den besonderen „SA-Geist" bezeichnete: Ein in den täglichen, oft gefährlichen Auseinandersetzungen gewachsenes Zusammengehörigkeitsgefühl kleiner Gruppen, bandenähnliche Strukturen, ein Politikverständnis, das weitgehend auf ein einfaches Freund-Feind-Denken und auf Gewaltanwendung reduziert war; andererseits die Hoffnung auf eine schlagartige Besserung der persönlichen Lage nach der „Machtergreifung", die seit 1931 in unmittelbarer Nähe schien, eine Erwartung, die vor allem auf die Person Hitlers projiziert wurde, der nach dem Rücktritt Peffers selbst die „Oberste SA-Führung" übernommen hatte und in allen Krisen der Partei immer wieder erfolgreich an die Loyalität „seiner" SA appellierte.

Gewalt der SA

Die für die SA typischen gewalttätigen Aktionsformen stärkten aber nicht nur den inneren Zusammenhalt der Parteitruppe, sondern die Eroberungsfeldzüge der SA waren Teil einer umfassenderen nationalsozialistischen Machtergreifungsstrategie: Die politischen Gegner (in erster Linie die Kommunisten, aber auch die Sozialdemokraten) sollten durch fortwährenden Terror zurückgedrängt und gelähmt werden, darüber hinaus wurden ein Einbruch in das staatliche Gewaltmonopol und eine allgemeine Verunsicherung angestrebt; eine Situation sollte hergestellt werden, in der die SA sich (anstelle der geschwächten Staatsmacht) als eigentlicher Garant gegen die „marxistische Gefahr" darstellen konnte. Die SA versprach also die „Wiederherstellung der Ordnung", nachdem sie eben diese Ordnung durch ihr eigenes Verhalten ins Wanken gebracht hatte. Daß die SA mit dieser Taktik erfolgreich sein konnte, erscheint auf den ersten Blick paradox, doch muß man dabei im Auge behalten, daß die SA Gewalt primär nicht gegen den Staat oder gegen konkurrierende rechte Gruppierungen ausübte, sondern gezielt gegen die Linke. Dabei wurde das Ausmaß der Gewaltanwendung knapp unterhalb der Schwelle von Bürgerkrieg oder offenem Aufruhr gehalten. Nur weil eine solche kalkulierte Gewaltanwendung in breiten, antisozialistisch eingestellten Bevölkerungskreisen als tolerabel, als kleineres Übel im Vergleich mit einem Vormarsch der Linken erschien, war es möglich, die SA erfolgreich als „Ordnungsfaktor" zu präsentieren und den offensichtlichen Widerspruch zwischen dem organisierten Rowdytum der SA und der „Legalitätstaktik" Hitlers herunterzuspielen. Mit dieser kalkulierten Form der Gewaltanwendung konnte man gleichzeitig die Radikalität der Anhängerschaft steigern, ohne die Kontrolle über sie zu verlieren.

Der Terror der SA kann natürlich nicht als isoliertes Phänomen gesehen werden. Die Weimarer Gesellschaft war von Anfang an durch Gewalt geprägt [145]: Die Erinnerungen an die Massenschlachten des Weltkrieges und die blutigen Nachkriegsjahre wirkten fort, das „Kriegserlebnis" wurde heroisiert und mystifiziert, ein kriegerisches Männlichkeitsideal wurde hochgehalten; Politik wurde vielfach durch Freund-Feind-Schablonen beherrscht, und sie war hochgradig militarisiert, wie etwa die Tatsache zeigt, daß sich auch die demokratischen Parteien mit dem „Reichsbanner Schwarz-Rot-Gold" eine paramilitärische Organisation hielten; martialische Imponiergebärden wie Aufmärsche und Paraden gehörten zum politischen Alltag, nicht nur auf den extremen Flügeln des politischen Spektrums; die Staatsmacht verfolgte ihrerseits, brachen etwa Unruhen aus, im allgemeinen keine Beschwichtigungsstrategie, sondern war es gewohnt, mit unnachsichtiger Härte zu reagieren; der Staat unterstützte schließlich zahlreiche rechtsstehende paramilitärische Organisationen und die Ausbildung von Jugendlichen im „Wehrsport". Hinzu kam das gegenseitige Aufschaukeln von nationalsozialistischer und kommunistischer Gewalt. Ob die Kommunisten dabei – wie aus Polizeiberichten und Gerichtsakten hervorgeht – wirklich häufiger die Angreifer waren als die Nationalsozialisten, darf man mit Blick auf die bekannte Rechtslastigkeit der Justiz bezweifeln; harmlos war keine der beiden Richtungen. Trotz dieses dialektischen Zusammenspiels, der engen Verklammerung der beiden antagonistischen Gegner, verfolgten Kommunisten und Nationalsozialisten doch unterschiedliche Gewaltstrategien:[146]

Die KP-Führung war weit weniger als die NSDAP in der Lage, die Ge-

Militarisierung der Innenpolitik

Gewaltanwendung durch Kommunisten

walt, die von ihrer Anhängerschaft ausging, zu kontrollieren; ja die Führung der kommunistischen Partei war unsicher, ob und wie sie die Gewaltbereitschaft ihrer Anhänger instrumentalisieren oder eindämmen sollte.[147] Seit Ende der zwanziger Jahre die Nationalsozialisten auch in kommunistischen Hochburgen begannen, Fuß zu fassen, sahen sich viele jugendliche Anhänger des proletarisch-kommunistischen Umfeldes als Verteidiger „ihrer" Wohnquartiere gegen die Nazis und bekämpften sie spontan mit jeder denkbaren Form von Gewalt. Solche nicht von der Partei sanktionierten Gewaltakte wurden von der KP-Führung als „individueller Terror" mißbilligt; so zog die Parteiführung die 1929 ausgegebene Parole „Schlagt die Faschisten, wo Ihr sie trefft" im folgenden Jahr zurück. Die KPD wollte den individuellen Terror in „Massenterror" umwandeln, daß heißt möglichst viele Menschen unter der Führung der KP in Boykottaktionen, Mietverweigerungen, Demonstrationen und politische Streiks einbeziehen und auf diese Weise durchaus gewaltsame Konfrontationen zwischen den „Massen" und dem „System" herbeiführen. Die Nationalsozialisten mit ihrem provozierenden Auftreten sollten dabei nur der Auslöser für die Mobilisierung der gesamten Arbeiterschaft sein, sie wurden nur als eine Gruppierung in einer breiten Front von Gegnern angesehen, zu der das Kapital, die Staatsmacht, die rechten Wehrverbände und die sozialdemokratischen Funktionäre gerechnet wurden. Bezeichnenderweise wurde der Begriff Faschismus von der KPD nicht nur auf die Nationalsozialisten angewandt, sondern diente auch zur Charakterisierung der Regierung Brüning, während die Sozialdemokraten in den Augen der Kommunisten die besonders gefähliche Spielart des „Sozialfaschismus" vertraten.[148] Der weitgehende Fehlschlag dieser Taktik der Massenaktionen und die zunehmende, unkontrollierbare Gewaltbereitschaft von Teilen der Parteibasis veranlaßten die Führung aber auch dazu, direkte terroristische Gewalt anzuwenden, so etwa im Sommer 1931, als in Berlin auf Veranlassung der Partei eine Reihe von Polizistenmorden begangen wurden, und im Herbst, als man daranging, systematisch Feuerüberfälle auf Sturmlokale der Nationalsozialisten auszuüben. Für solche Gewaltaktionen standen der 1929 verbotene, jedoch nach wie vor existierende Rotfrontkämpferbund bzw. der geheime Proletarische Selbstschutz zur Verfügung, während der Kampfbund gegen den Faschismus, eine Massenorganistion, in erster Linie für die offene propagandistische Bekämpfung der NSDAP zuständig war. Im November 1931 wurde diese terroristische Taktik jedoch wieder abgebrochen, jede Form des „individuellen Terrors" gebrandmarkt. Alle Spielarten der kommunistischen Gewaltanwendung – der „individuelle Terror" der Basis, gezielte Terroraktionen des Parteiapparates sowie die Massenaktionen – waren also nicht schwerpunktmäßig gegen die Nationalsozialisten gerichtet, sondern waren vor allem auf Konfrontation mit der

„Kampf gegen den Faschismus"

Staatsmacht angelegt und mußten damit, wären sie konsequent angewandt worden, die legale Existenz der KPD aufs Spiel setzen. Zu einen solchen Schritt in die Illegalität konnte sich die Partei aber nicht entschließen. Bezeichenderweise sollte die KPD im Januar 1933 keine konkreten Aufstandsvorbereitungen getroffen haben.

Demgegenüber waren die Nationalsozialisten viel eher in der Lage, mit Hilfe des Instruments der SA Gewalt zielgerichtet, in kalkulierter, durch den Staat gerade noch tolerierter Form im Rahmen ihrer Machteroberungsstrategie einzusetzen. Man sollte aber auch betonen, daß diese Unterschiede in den Gewaltstrategien der beiden radikalen Parteien natürlich für die meisten Opfer des Straßenterrors belanglos waren.

Gewaltstrategien von NSDAP und KPD

Um zu verstehen, wie die NSDAP ihren Erfolg vom September 1930 in den folgenden beiden Jahren befestigen und weiter ausbauen konnte, muß man sich diese vielfältigen Aktivitäten der gesamen NS-Bewegung, also der politischen Parteiorganisation, der SA und der verschiedenen, vorwiegend mittelständisch orientierten Unterorganisationen vor Augen halten. Hatte die NSDAP sich erst einmal in einem bestimmten Gebiet gegen die protestantischen, bürgerlichen und agrarischen Parteien und Splittergruppen durchgesetzt, so gelang es ihr in der Regel dort auch, eine Führungsrolle gegenüber den bestehenden „nationalen" und mittelständischen Verbänden und Vereinen zu übernehmen bzw. einen Teil ihrer Mitglieder unmittelbar in die NS-Bewegung zu integrieren. Die NSDAP ging also daran, einen großen Teil des mit dem Niedergang der liberalen und konservativen Milieus zusammenbrechenden gesellschaftlichen Lebens wieder zusammenzusetzen – wobei sie in der Lage war, durch ihre organisatorische Vielfalt den unterschiedlichen Gruppen jeweils auf sie zugeschnittene Angebote zu machen, die wiederum in die umfassende „NS-Bewegung" eingebunden waren. Bei der Durchsetzung der NSDAP vor Ort handelte es sich nicht um eine bloße Wählerwanderung, sondern um einen kaum mehr umkehrbaren Prozeß der Machteroberung: Traditionelle, bereits seit längerem stark angeschlagene Strukturen wurden unter dem Druck der Krise endgültig zerschlagen, und auf ihren Trümmern wurde nun, häufig anknüpfend an örtliche rechtsradikale Traditionen und organisatorische Ansätze, unter der Führung der NSDAP ein geschlossenes, nationalistisch-rechtsradikales Milieu ausgeformt.

Ausformung des rechtsradikalen Milieus durch die NSDAP

Der Zusammenhalt dieses Milieus beruhte aber, wie in den anderen politischen Lagern auch, auf einer Vielzahl von Faktoren: Natürlich gab es gemeinsame Überzeugungen und Zukunftshoffnungen sowie verbindende Feindbilder, aber der Zusammenhalt des Milieus wurde doch erst garantiert durch ein ausgeprägtes Wir-Gefühl, das durch geselligen Umgang, durch unverwechselbare Formen des alltäglichen Verkehrs, durch Freundschaften, in sinnlichen Eindrücken und Emotionen befestigt wurde und sich in Feiern, Ritualen, Symbolen, Mythen, Körpersprache etc. manifestierte. Erst durch die Einbindung politischer Orientierungen in eine sich verfestigende Subkultur entstand innerhalb der nationalsozialistischen Wählerschaft ein Kern von einigen Hunderttausend Aktivisten, der in der Endphase der Weimarer Republik erfolgreich gegen die beiden anderen trotz Krisenerscheinungen noch einigermaßen intakten Milieus (die Katholiken und das sozialistische Arbeitermilieu) antreten konnte.

Dabei kam der NSDAP bei der Verfestigung ihres Massenanhangs aber nicht zuletzt die geringe Abwehrbereitschaft der Präsidialregierungen gegen ihren Vormarsch zugute.[149]

Halbherzige Abwehr der NSDAP

Brünings Haltung gegenüber der NSDAP muß vor dem Hintergrund seiner außen- und reparationspolitischen Prioritäten gesehen werden: Er sah in dem Aufstieg der NS-Partei und ihrer hemmungslosen Agitation gegen das „Versailler Diktat" vor allem ein Instrument, das er benutzen konnte, um seinen ausländischen Gesprächspartnern die mögliche Alternative zu seiner Regierung in den düstersten Farben ausmalen zu können. In diesem Sinne hatte er Hitler im Oktober 1930 bei einem persönlichen Gespräch geradezu ermuntert, seine Agitation gegen Versailles und die Reparationen fortzusetzen und ihm darüber hinaus ein Zusammengehen in den Ländern in Aussicht gestellt.[150] Nationalsozialistische Wahlerfolge paßten also durchaus in sein Konzept, solange sie nicht parlamentarische Mehrheitsbildungen gegen seine Regierung ermöglichten.

Vor diesem Hintergrund konnten Brünings Maßnahmen zur Bekämpfung der NSDAP nur halbherzig sein. Die Weimarer Verfassung schloß an sich wirksame Maßnahmen gegen die „Feinde der Freiheit" durchaus nicht aus – sie mußten jedoch durch eine entschlossene Regierung durchgesetzt werden.

Beteiligung der NSDAP an der Thüringischen Landesregierung

Ein erster Testfall für das Verhalten der Reichsregierung gegenüber den Nationalsozialisten lag bereits vor: Die Auseinandersetzung der Regierung Müller mit der im Januar 1930 gebildeten Thüringischen Landesregierung. Der nationalsozialistische Innen- und Kultusminister Wilhelm Frick hatte eine betont völkische Schul- und Kulturpolitik betrieben und hatte Parteiangehörige in führende Polizeipositionen eingesetzt. Reichsinnenminister Severing (SPD) hatte daraufhin die Personalpolitik Fricks zum Anlaß genommen, um die Reichszuschüsse für die thüringische Schutzpolizei einzustellen.[151] Severing hatte dabei in diesem Konfliktfall die Taktik eingeschlagen, die verfassungsfeindlichen Aktivitäten Fricks bloßzulegen und seine Absetzung, notfalls mit dem Mittel der Reichsexekution zu betreiben.[152] Gleichzeitig hatte er eine Kabinettsentscheidung angestrebt, nach dem Vorbild eines Beschlusses der preußischen Regierung solche Personen, die „offen erklären, das heutige Regierungssystem mit Gewalt beseitigen zu wollen", künftig nicht mehr zu Beamten zu ernennen oder zu befördern.

Dieser Vorschlag war jedoch wegen des Endes der Regierung Müller nicht mehr weiterbehandelt worden.[153]

Im Reichsinnenministerium sowie im Preußischen Innenministerium waren aber in der Zwischenzeit umfangreiche Denkschriften erstellt worden, in denen der umstürzlerische Charakter der NSDAP zweifelsfrei festgestellt werden konnte.[154] Brüning zeigte jedoch kein Interesse daran, den juristischen Streit mit der Thüringischen Landesregierung konsequent auszufechten und die Verfassungsfeindlichkeit der NSDAP offiziell feststellen zu lassen.

Am 30. Oktober 1930 lehnte Brüning im Kabinett die ebenfalls vom Reichsinnenminister beantragte Sperrung der Polizeikostenzuschüsse für Braunschweig ab, wo inzwischen ein weiterer nationalsozialistischer Innenminister eingesetzt worden war. Bei dieser Gelegenheit warnte der Reichskanzler davor, „die Nationalsozialisten für den Staat ebenso gefährlich zu betrachten wie die Kommunisten."[155] In diesem Sinne einigten sich schließlich Reichs- und thüringische Regierung im Dezember 1930 auf einen Vergleich, bei dem die entscheidende Frage, ob die NSDAP eine verfassungsfeindliche Partei sei, ausgeklammert blieb.[156]

Auch der Reichswehrminister änderte seine Einstellung gegenüber der NSDAP. Noch im Januar 1930 hatte Groener in einem Erlaß Nationalsozialisten und Kommunisten als Feinde der bestehenden Staatsordnung gleichgestellt;[157] im Frühjahr 1930 hatte er ein Verfahren wegen Hochverrats gegen drei Offiziere der Ulmer Garnision eingeleitet, weil diese eine nationalsozialistische Zelle in der Armee hatten aufbauen wollen. Das Hochverratsverfahren gegen die Ulmer Offiziere, das unmittelbar nach der Reichstagswahl und noch während des Streits mit Thüringen vor dem Reichsgericht stattfand, nutzte der als Zeuge geladene Hitler jedoch, um demonstrativ zu versichern, die NSDAP wolle auf legalem Wege, mit Hilfe von „zwei bis drei Wahlen" an die Macht kommen; dann würden allerdings „auch Köpfe rollen".[158] Die Absicht des Reichsinnenministers, vor dem Gericht mit Hilfe der von ihm zusammengetragenen Beweismittel den wahren, umstürzlerischen Charakter der NSDAP in vollem Umfang darzulegen, waren vom Justizminister und vom Gericht unterlaufen worden.[159] Der sogenannte „Legalitätseid" Hitlers reichte dem Reichswehrminister nun als formale Handhabe, um seine Bedenken gegen die NSDAP zurückzustellen. Dabei spielte vor allem die Überlegung eine Rolle, die in den paramilitärischen Verbänden SA und SS zusammengezogenen jungen Männer als Potential für eine milizartige Erweiterung der Reichswehr heranziehen zu können. Selbst als der Innenminister ihm anhand seiner Unterlagen nachwies, daß der Legalitätseid Hitlers „nachweislich falsch" sei, wollte Groener nicht entschieden Front gegen die NSDAP machen; gerade die „Wehrfreudigkeit", so meinte er, sei doch „eine der erfreulichen Erscheinungen der nationalsozialistischen Bewegung".[160]

Ulmer Reichswehrprozeß

NSDAP und Reichswehr

Dieser aufgeschlossenen Einstellung des Wehrministers entsprach denn auch die Vereinbarung, die bei einem Treffen zwischen v. Schleicher und Röhm am 21. März 1931 über die Teilnahme von NSDAP- und SA-Angehörigen am militärischen Grenzschutz getroffen wurde.[161] Eine solche Kooperation war natürlich mit einer energischen Bekämpfung der paramilitärischen Verbände der Nationalsozialisten nicht in Übereinstimmung zu bringen.

So hatte sich denn auch Brüning, als das Thema Legalität oder Illegalität der NSDAP im Dezember 1930 im Kabinett diskutiert wurde, dafür ausgesprochen, eine Entscheidung zu vertagen. Man solle sich davor hüten, „dieselben falschen Methoden gegen die Nationalsozialisten anzuwenden" wie im Kaiserreich gegen die Sozialdemokraten.[162] Zu diesem Zeitpunkt war der Terror der Nationalsozialisten aber bereits ein unübersehbares, den Alltag vieler deutscher Städte beherrschendes Phänomen geworden.

Die geringe Abwehrbereitschaft der Regierung Brüning gegenüber den Nationalsozialisten ist also das Ergebnis von Prioritätsentscheidungen in der Außen-, der Innen- und der Wehrpolitik. Der schwache Rückhalt der Regierung Brüning in der Bevölkerung, die geringe Legitimierung des Präsidialsystems infolge des Funktionsverlusts von Parteien, Parlament und Wahlen führten nicht automatisch zum unaufhaltsamen Wachstum einer rechtsradikalen Alternative. Das Präsidialregime wäre durchaus in der Lage gewesen, der NSDAP eine populäre Alternative entgegenzustellen – wenn es die notwendigen politischen Entscheidungen getroffen hätte.

Präsidial- regime und NSDAP: Un- genutzte Handlungs- spielräume

Denn das Präsidialregime hätte durchaus Möglichkeiten gehabt, einen stärkeren Rückhalt in der Bevölkerungsmehrheit zu finden und diese für seine Politik zu mobilisieren. Diese potentielle Mehrheit wurde jedoch nur einmal aufgerufen, nämlich bei der Wiederwahl Hindenburgs 1932, und bildete bei dieser Gelegenheit nicht viel mehr als eine temporäre Notgemeinschaft zur Abwehr von Nationalsozialisten und Kommunisten. Mit einer populäreren, auf die Integration der Massen setzenden Politik hätte aber die Chance bestanden, diese potentielle Mehrheit zu einer strukturellen „Präsidentenmehrheit" zu verfestigen und sie immer wieder zur Durchsetzung politischer Ziele, zur Verwirklichung eines auf die Bewältigung der Krise zugeschnittenen „Hindenburgprogramms" zu mobilisieren. Nur so hätte das Präsidialregime gegenüber der rechtsradikalen Demagogie der Nationalsozialisten bestehen können.

Dabei hätte das Präsidialregime durchaus die Chance gehabt, die vielen Übereinstimmungen, die zum Lager der „nationalen Opposition" bestanden, gegen diese auszuspielen: „Kriegserlebnis" und soldatische Mentalität, nationale Ehre und Kampf gegen die „Kriegsschuldlüge", preußische Tugenden und protestantische Pflichtethik, Familienwerte und Autorität – alle diese traditionellen Integrationsideologien der politischen Rechten, durch die Person Hindenburg symbolisiert, wären in geradezu idealer Weise dazu geeignet gewesen, dem Präsidialregime eine Massenbasis in eben jenen protestantischen Bevölkerungskreisen zu verschaffen, die nun Anhänger der NS-Bewegung wurden. Die starken obrigkeitsstaatlichen Strukturen des politischen Systems und die autoritäre Mentalität großer Bevölkerungskreise, die von den Nationalsozialisten so geschickt genutzt wurden, hätten sich auch gegen Hitler mobilisieren lassen – wenn ein entsprechender politischer Wille vorhanden gewesen wäre.

Tatsächlich aber waren die maßgeblichen Verfechter des Präsidialregimes, die konservativ orientierten Eliten in Reichswehr, Bürokratie, Großlandwirtschaft und Schwerindustrie, nicht an der Mobilisierung von Massen interessiert, da die Bildung einer solchen Massenbasis auch substantielle soziale Kompromisse hätte beinhalten müssen. (Das schnelle Scheitern des Schleicherschen Querfrontkonzepts 1932/33 sollte zeigen, wie wir sehen werden, daß eine solche Politik sozialer Zugeständnisse die alten Eliten sehr schnell gegen die Regierung aufbrachte.) Die alten Eliten erfuhren unter dem Präsidialregime einen zeitweiligen Machtzugewinn, der sie glauben machte, ihre Schlüsselpositionen, die sie vor 1918 besessen hatten, wiederherstellen zu können; sie übersahen dabei, daß sie nur deshalb einen vergrößerten Einfluß auf das Entscheidungszentrum erhielten, weil das politische System durch ein relatives Machtgleichgewicht für einige Zeit blockiert war. In Überschätzung ihrer Stärke glaubten Vertreter von Militär, Bürokratie, Schwerindustrie und Landwirtschaft, die in der NSDAP organisierten Massen von Fall zu Fall für ihre Politik einspannen zu können, ohne jedoch substantielle Zugeständnisse an die NS-Partei machen oder ihr einen Zugriff auf zentrale staatliche Machtfunktionen gewähren zu müssen; eine Massenbasis also, die man fallweise mobilisieren, gleichzeitig aber auf Distanz halten konnte. Das Kalkül eines begrenzten Bündnisses, einer Instrumentalisierung oder „Zähmung" der NSDAP machte es unmöglich, dem Radikalismus der Nationalsozialisten eine autoritäre und populäre Alternative entgegenzustellen, also den einzigen erfolgversprechenden Weg einzuschlagen, der aus der blockierten Situation der Jahre 1930–1932 hätte herausführen können. Statt dessen aber trugen das Präsidialregime und große Teile der alten Eliten erst dazu bei, daß die NS-Massenbasis überhaupt zustandekommen und sich verfestigen konnte, indem sie mehrfach, ohne wirklich zwingenden Grund, Neuwahlen herbeiführten und die Nationalsozialisten auf unterschiedliche Weise protegierten und tolerierten.

Versucht man am Schluß dieses Abschnitts, die wesentlichen Ursachen für die Festigung der NSDAP in den Jahren 1930–1932 thesenartig zusammenzufassen, so können wir dabei an die Überlegungen anknüp-

Rolle der traditionellen Eliten

fen, die wir bei der Diskussion der Ursachen, die zum Durchbruch der NSDAP 1930 führten, angeführt haben:

Zusammenfassung: Ursachen für die Festigung der NSDAP

1. Der NSDAP gelang es nach ihrem großen Wahlerfolg vom September 1930, unter ihrer Führung ein eigenständiges rechtsradikales Milieu auszuformen. Sie nutzte dabei den in der Krise sich rapide beschleunigenden Verfallsprozeß des mittelständischen und des konservativen Lagers und baute spiegelbildlich zu ihnen ein breites Netz von Konkurrenz- und Auffangorganisationen auf.

2. Dieses Milieu erhielt durch die Auswirkungen der in diesem Umfang nicht gekannten Krise, vor allem aber durch die mangelnde Krisenbekämpfung der Regierung, ständig weiteren Zulauf.

3. Weiter konnte sich dieses Milieu aufgrund der mangelnden Abwehr, ja der Kooperationsbereitschaft des Präsidialregimes gegenüber den Nationalsozialisten weiter befestigen. Die Hoffnungen, die Massenbasis der NSDAP von Fall zu Fall nutzen zu können, verhinderte, daß das Regime eine populäre Politik unternahm, um den Legitimationsverlust, der sich aus der Außerkraftsetzung des Parlamentarismus ergab, zu kompensieren.

Anfänge der Reparationspolitik Brünings

Ziel: Vollständige Beseitigung der Reparationen

Die mangelnde Krisenbekämpfung und die geringe Abwehr des Nationalsozialismus durch die Präsidialregierung führt uns zurück zu dem zentralen Anliegen der Politik Brünings, die Beseitigung der Reparationen. Im folgenden Abschnitt sollen die wichtigsten Schritte Brünings auf diesem Gebiet bis zum Sommer 1931, bis zum Höhepunkt der Depression, aufgezeigt werden.

In der Reparationsfrage[163] setzte Brüning in erster Linie nicht auf die im Young-Plan vorgesehenen Erleichterungen (Zahlungsaufschub bzw. Überprüfung der deutschen Leistungsfähigkeit), da die Anwendung dieser Instrumente den internationalen Kredit Deutschlands gefährdet und letztlich nur zu einer Anpassung des Reparations-Regimes an die deutsche Zahlungsfähigkeit geführt hätte. Brüning wollte vielmehr eine Revision des Young-Plans, durch die sich die Reparationen auf einen Streich beseitigen ließen.[164]

In den ersten Monaten seiner Regierungszeit verhielt sich Brüning in der Reparationsfrage abwartend. Im Dezember 1930 mißlang sein Versuch, den amerikanischen Präsidenten zur Einberufung einer internationalen Wirtschaftskonferenz zu bewegen,[165] um so die Reparationsfrage umfassend zu klären, aber auch um in der Frage der Beseitigung der Versailler Rüstungsbeschränkungen weiterzukommen. Anfang März 1931 kündigte er an, angesichts der verheerenden finanzpolitischen

Situation Anfang Mai mit einer reparationspolitischen Initiative hervorzutreten.[166] In einer Kabinettsbesprechung am 7. Mai 1931 wandte sich Brüning jedoch ausdrücklich gegen eine zu frühe Initiative der Regierung auf diesem Gebiet. Erst müsse „die Finanzsanierung bis auf das äußerste durchgeführt werden; erst dann könne man handeln."[167] Konkrete Verhandlungen sollten nicht vor Anfang 1932, dem voraussichtlichen Beginn der Abrüstungskonferenz erfolgen; dahinter steckte Brünings Kalkül, eine befriedigende Regelung der Abrüstungsfrage werde es den USA erleichtern die Kriegsschulden zu streichen, was wiederum die Voraussetzung bildete, um die Reparationen zu beenden. „Materielle Änderungen", so Brüning in der Kabinettsitzung vom 7. Mai weiter, seien allerdings erst nach den Neuwahlen des französischen Parlaments und des amerikanischen Präsidenten (also Mai bzw. November 1932) zu erwarten.

Erste Pläne

Das Dilemma Brünings bestand also darin, in der Reparationsfrage aus innenpolitischen Gründen dringend etwas tun zu müssen, andererseits jedoch nicht durch eine vorschnelle Initiative das System der Reparationen, das er vollständig beseitigen wollte, zu verlängern. Sein widersprüchliches Verhalten ist nur erklärbar, wenn man sieht, daß er im Frühjahr 1931 die Reparationsfrage nur scheinbar, nur um eine innenpolitische Wirkung zu erreichen, aufrollen wollte; er war, in seinen eigenen Worten, gezwungen, einen „Auftakt zur Revisionsfrage" anzustreben, da sonst „innerpolitisch nicht durchzukommen sei."[168] Er mußte also die deutsche Bevölkerung glauben machen, „daß die Revision schon eingeleitet sei; im Ausland dagegen müsse der Eindruck erweckt werden, daß wir alle Anstrengungen machen, um den Plan zu erfüllen." Vor Anfang 1932 sollten jedoch keine entscheidenden Verhandlungen beginnen. Brünings Haltung in der Reparationsfrage ist aber nicht nur wegen dieser „Doppelstrategie" so schwer zu rekonstruieren, sondern auch deshalb, weil er in diesen entscheidenden Wochen sein Kabinett über seine tatsächlichen Absichten im unklaren ließ. Wenige Wochen nach seiner Erklärung vom 7. Mai nahm er wiederum eine andere Haltung in der Reparationsfrage ein. Ende des Monats erklärte er seinem Kabinett, er strebe nun doch einen Zahlungsaufschub an, wie er im Young-Plan vorgesehen war. Ende Juni, nach dem bevorstehenden Besuch des Kanzlers und seines Außenministers in Großbritannien, müsse aus „innerpolitischen Gründen" ein Schritt in der Reparationsfrage unternommen werden; eine Gesamtrevision der Reparationsproblematik könne jedoch erst später, im Frühjahr oder Sommer des kommenden Jahres erfolgen. Nicht einlassen wollte er sich hingegen auf eine andere, mittlerweile ins Spiel gebrachte Zwischenlösung, die „in vermehrter Sachleistung oder Aufnahme einer Anleihe" hätte bestehen können, denn „eine solche Lösung bedeute nichts anderes als sich für fünf Jahre politisch binden".[169]

Widersprüchliche Haltung Brünings

299

Möglicherweise strebte Brüning zu diesem Zeitpunkt aber bereits eine andere Zwischenlösung an, eine Lösung, die das im Young-Plan vorgesehene Verfahren für einen Zahlungaufschub mit seinen Risiken für den deutschen Kredit vermied, aber den Zeitraum bis zum Beginn der endgültigen Revisionsverhandlungen überbrückte, ohne eine „Reform" des Young-Plans nach sich zu ziehen – eine Lösung, die gleichzeitig den dringend notwendigen innenpolitischen Erfolg versprach: Eine internationale Stundung aller „politischen" Schulden, wobei die Initiative zweckmäßigerweise nicht von Deutschland ausgehen sollte.[170]

Treffen in Chequers

Bei Brünings Treffen mit Premierminister MacDonald und Außenminister Henderson auf dem Landsitz der britischen Regierung in Chequers im Juni 1931 gaben seine britischen Gesprächspartner zunächst zu erkennen, daß sie keine grundsätzlichen Bedenken gegen einen Vorstoß der deutschen Seite in der Reparationsfrage hätten. Während der Konferenz scheint es Brüning gelungen zu sein, die britische Seite davon zu überzeugen, daß allen Beteiligten mit einer allgemeinen Einfrierung der internationalen politischen Zahlungsverpflichtungen am besten gedient sei. Während der nächsten Wochen schuf die britische Regierung durch intensive Verhandlungen mit der amerikanischen Seite hierfür die Voraussetzungen: Am 20. Juni 1931 machte der amerikanische Präsident Hoover den Vorschlag, für ein Jahr eine Ruhepause, ein Moratorium, für alle internationalen Regierungsschulden und Reparationen einzulegen. Nachdem die europäischen Regierungen dieser Regelung zugestimmt hatten, trat das Hoover-Moratorium Anfang Juli in Kraft.[171] Doch mittlerweile war die Wirtschaftskrise in eine neue, noch deprimierendere Phase eingetreten.

Hoovers Moratorium

II. Brünings Politik in der totalen Krise (1931/32)

Krisenverschärfung im Sommer 1931

Der Zusammenbruch der Österreichischen Creditanstalt im Mai 1931 hatte auf den internationalen Kreditmärkten zu einem starken Vertrauensverlust auch gegenüber den deutschen Banken und zu einem massiven Abzug von kurzfristigen Auslandsanleihen geführt.[172] Hinzu kam, daß die Erklärung, mit der die Regierung die Verkündung der Notverordnung vom 5. Juni mit ihren tiefgreifenden sozialpolitischen Einschnitten innenpolitisch abzufedern suchte, negative Rückwirkungen im Ausland hatte: Der sogenannte „Tributaufruf", der die Schuld an der Misere einseitig den Reparationsverpflichtungen zuschrieb, wurde im Ausland als Hinweis auf die unmittelbar bevorstehende Zahlungsunfähigkeit Deutschlands verstanden und führte zu einem weiteren massiven Kreditabfluß. Die nur knapp abgebogene Forderung der politischen Parteien, den Reichstag wiedereinzuberufen, um die Notverordnung vom 5. Juni niederzustimmen, verstärkte diesen Vertrauensverlust in die deutsche Regierung.[173] Durch den starken Devisenabfluß sah die Reichsbank bereits die Deckung der Währung gefährdet.[174]

Krisen-faktoren

Die wirtschaftliche Krise verschärfte sich weiter, als durch den Zusammenbruch des Nordwolle-Konzerns im Juni/Juli 1931 dessen Hausbank, die Darmstädter und Nationalbank, eine der größten deutschen Geschäftsbanken, in schwere Bedrängnis geriet. Die Schließung der Danatbank am 13. Juli hatte einen Run auf die anderen Banken zur Folge. Die Regierung erklärte hierauf den 14. und den 15. Juli zu Bankfeiertagen. In dieser kurzen Pause erließ die Regierung weitere Verordnungen, durch die Krise eingedämmt werden sollte. Diese Eingriffe konnten jedoch nicht verhindern, daß in den folgenden Tagen weitere ausländische Banken ihre Kredite kündigten und zahlreiche weitere deutsche Kreditinstitute und Unternehmen sowie Länder und Gemeinden in eine Finanzkrise gerissen wurden. Die Regierung gab den Zahlungsverkehr daher in den folgenden Wochen nur schrittweise frei; zur Sanierung des deutschen Bankenwesens wurde außerdem Schritt für Schritt ein umfassendes Paket von Kontroll- und Reformmaßnahmen eingeführt, darunter eine staatliche Bankenaufsicht, eine Neuordnung des Sparkassenwesens und eine nahezu lückenlose Devisenbewirtschaftung.[175]

Bankenkrise

Abgehen des Pfundes vom Goldstandard

Die Bankenkrise war kaum überwunden, da trat ein weiteres Ereignis ein, das die langfristigen Aussichten zur Überwindung der Krise weiter verdüstern sollte: Mit der überraschenden Ablösung des britischen Pfundes vom Goldstandard am 20. September, der darauf folgenden Abwertung der britischen Währung um 20% und der hierdurch ausgelösten Abwertungsspirale und internationalen Schutzzollwelle verschlechterten sich die Chancen des deutschen Außenhandels weiter. In Brünings Augen wäre aber gerade eine Steigerung des Exports das entscheidende Instrument zur Durchsetzung seiner Anti-Reparationspolitik gewesen; da ein Abgehen vom Goldstandard und eine Abwertung der Mark aufgrund der Bestimmungen des Young-Plans ausgeschlossen war, entschloß er sich, um die deutschen Produkte auf den internationalen Märkten konkurrenzfähig zu machen, den wirtschaftlichen Schrumpfungsprozeß fortzusetzen, also Löhne und Preise weiter zu senken und staatliche Leistungen abzubauen.[176]

Sommer 1931: Tiefpunkt der Krise

Die Verschärfung der Depression im Sommer 1931 kann man als den entscheidenden Knotenpunkt für die weitere Entwicklung der wirtschaftlichen und politischen Krise in Deutschland bezeichnen. Erst jetzt setzte sich bei den Entscheidungsträgern allgemein die Ansicht durch, daß die Spirale aus abnehmender Produktion, zunehmender Arbeitslosigkeit und zurückgehender Kaufkraft nicht mehr nur auf eine schwerwiegende konjunkturbedingte Störung zurückzuführen war, sondern eine Krise des Wirtschaftssystems darstellte, die zu einer Krise der staatlichen Ordnung zu werden drohte. Daß diese Erkenntnis sich erst jetzt durchsetzte, war auch darauf zurückzuführen, daß erste Anzeichen für eine konjunkturelle Erholung im Frühjahr 1931 Illusionen über den Zustand der Wirtschaft geweckt hatten.[177]

Durch die Verschärfung der Krise entwickelte sich die Massenarbeitslosigkeit zum Massenelend; der Sozialstaat brach weitgehend zusammen; die politische Radikalisierung wurde weiter verschärft. Andererseits aber bot die Steigerung der Krise aus der Sicht der Regierung verbesserte Möglichkeiten, ihre auf ein Ende der Reparationen und einen Ausbruch aus dem Versailler System gerichtete Politik fortzusetzen. Solange aber der außenpolitische Durchbruch nicht geschafft war, konnte eine großangelegte Politik der Krisenbekämpfung nicht erfolgen. Im Gegenteil, es galt, die Deflationspolitik weiter durchzuhalten. Da hierdurch die Auswirkungen der Krise weiter verschärft wurden, geriet das politische System, die präsidiale Regierungsform, von der Legitimationskrise in eine Existenzkrise. Mehr und mehr spitzte sich die Politik der Regierung unter dem Druck dieser Bedrohung nun auf die Frage zu, ob es gelänge, die NSDAP in irgendeiner Weise zur Absicherung des Systems heranzuziehen. Da ein alternativer Bündnispartner, sieht man einmal von den ungeliebten Sozialdemokraten ab, nicht zur Verfügung stand, mußte sich der Preis der NSDAP für eine weitere Tolerierung der Kanzlerschaft Brünings erhöhen. Die wichtigsten Stationen dieses Prozesses: Krisenverschärfung – mangelnde Krisenbekämpfung aus außenpolitischen Gründen – weitere Krisenverschärfung bis zur politischen Existenzkrise – weitere Zugeständnisse an die allmählich zur dominierenden politischen Kraft werdenden NSDAP. Diese Stationen sollen in diesem Kapitel im einzelnen weiter verfolgt werden.

Die Depression und ihre Auswirkungen

Nach der Verschärfung der Krise im Sommer 1931 begann die Depression auf ihren Tiefpunkt zuzusteuern: Im Jahre 1932, dem schlimmsten Jahr der Krise, sank die gesamte industrielle Produktion auf 60,2% des Standes von 1928; die Produktion von Investitionsgütern verringerte sich sogar auf 47,7%. So wurden 1932 in so wichtigen Sektoren wie dem Maschinenbau nur 38,4%, im Schiffsbau 23,1% und im Kraftfahrzeugbau nur 25,0% der Produktion von 1928 erreicht.[178]

Die Arbeitslosigkeit entwickelte sich wie folgt (Angaben in Tausend):[179]

	1929	1930	1931	1932
Januar	2850	3218	4887	6042
April	1712	2787	4358	5739
Juli	1252	2765	3990	5392
Oktober	1557	3252	4624	5109

Diese Ziffern enthalten aber nur diejenigen Erwerbslosen, die bei den Arbeitsämtern gemeldet waren und Anspruch auf eine Unterstützung hatten. Die darüber hinaus gehende Zahl „unsichtbarer" Arbeitsloser wird für das Jahr 1931 auf etwa 1 Million und für 1932 auf etwa 1,5 Millionen (nach einer anderen Berechnung sogar auf 2,5 Millionen) geschätzt.[180]

Arbeitslosigkeit

Arbeiter waren von der Arbeitslosigkeit weitaus stärker betroffen als Angestellte; aber auch junge Männer und Frauen im Alter von 18 bis 30 Jahren fielen ihr in höherem Umfang zum Opfer. Jugendliche gehörten zudem zu denjenigen, die als erste aus dem staatlichen Unterstützungsnetz hinausfielen.[181]

Massenarbeitslosigkeit bedeutete auch für diejenigen Arbeitnehmer, die noch einen Arbeitsplatz hatten, eine permanente Bedrohung und hatte einen konstanten Druck auf die Löhne zur Folge. Zwar fielen infolge der Deflationspolitik auch die Preise, doch die Berechnung der

Reallöhne zeigt, daß sich die Einkommenssituation der Arbeiter effektiv verschlechterte.

**Lohn-
entwicklung**

Zwar sanken, wie sich aus der folgenden Tabelle ergibt, die realen Durchschnittsstundenlöhne in Industrie und Handwerk während der Wirtschaftskrise nicht allzu stark, jedoch machte sich die Senkung der Wochenarbeitszeit spürbar in den Lohntüten bemerkbar.

Indexzahlen[182] der		
	Stunden-Reallöhne	Wochen-Reallöhne
1913=100		
1928:	125	108
1929:	130	110
1930:	131	105
1931:	132	100
1932:	125	94

Hinzu kommt, daß durch die außerordentlichen Belastungen der Krise die Beiträge zu den verschiedenen Zweigen der Sozialversicherung erheblich erhöht wurden, was das verfügbare Einkommen weiter verringerte.

**Unterstützung
der Arbeits-
losen**

Nur eine Minderheit derjenigen, die als Arbeitslose registriert waren, erhielt auch Arbeitslosenunterstützung. Durch die Einsparungsmaßnahmen in der Arbeitslosenversicherung wurden Höhe und Dauer der Leistungen mehrfach gekürzt. Damit fielen die meisten Arbeitslosen – zum Teil über einen Zwischenaufenthalt in der Krisenfürsorge – der kommunalen Wohlfahrtspflege zur Last. In der entstehenden Hierarchie der Krisenopfer bildeten die Wohlfahrtserwerbslosen die ständig wachsende unterste Schicht; sie mußten von äußerst niedrigen Sätzen leben, die aber nur nach zum Teil peinlichen Bedürfnisprüfungen bewilligt und zudem prinzipiell rückzahlbar waren.[183] Im Dezember 1932 waren unter den fast 5,8 Millionen registrierten Arbeitslosen 13,7% Arbeitslosenversicherte, 22,2% Krisenunterstützungsempfänger, 41,7% erhielten Wohlfahrtsunterstützung, 22,4% bezogen überhaupt keine Leistungen.[184] 1932 war etwa ein Fünftel der Bevölkerung auf laufende öffentliche Unterstützung angewiesen.[185] Während der Krise wurde also das System der Sozialversicherung weitgehend durch das Fürsorgeprinzip ersetzt. Der Sozialstaat, der soziale Härten und Chancenungleichheiten ausgleichen sollte, wurde in der Depression zur Armenanstalt.

Die Folgen von Massenarbeitslosigkeit und Massenelend können hier nur stichwortartig beschrieben werden: Arbeitslosigkeit bedeutete nicht nur materielle Verelendung, sondern auch den Verlust des bisher durch die Arbeit strukturierten Tagesablaufs und eine Einbuße an Lebenssinn. Erzwungene Untätigkeit führte häufig zu Apathie oder auch zu zielloser Betriebsamkeit, zu häuslichen Streitigkeiten, Depressionen, Flucht in den Alkohol und zu einem Anstieg der Selbstmordrate. In der Krise stieg die Kriminalität, allerdings nicht in dem gleichen Umfang wie während der unmittelbaren Nachkriegsjahre.

Soziale Folgen der Krise

Zu den Folgen der Krise gehörte weiterhin eine Verschlechterung der Ernährung bis hin zum Hunger, mit entsprechenden körperlichen Mangelerscheinungen und Krankheiten.[186] Viele Menschen waren gezwungen, ihre Wohnungen aufzugeben; sie lebten in provisorischen Laubenkolonien am Rande der Großstädte oder suchten sich in Asylen und Herbergen durchzuschlagen; mehrere hunderttausend Menschen waren auf Wanderschaft.[187]

Massenarbeitslosigkeit bedeutete aber für viele paradoxerweise ein Mehr an Arbeit: So etwa für die Ehefrauen von Arbeitslosen, die durch intensivere Hausarbeit das schmaler gewordene Haushaltsbudget ausgleichen mußten oder – wie ihre Kinder – gezwungen waren, Aushilfsarbeiten zu Niedrigstlöhnen anzunehmen, oder ihre Zeit mit dem mühsamen Sammeln von Abfällen und Heizmaterial verbringen mußten.[188]

Die Krise führte auch zu unterschiedlichen Formen der Selbsthilfe und zum Entstehen von neuen Subkulturen: Neben den improvisierten Erwerbslosensiedlungen, neben den von Arbeitslosen organisierten Gemeinschaftsküchen erregten dabei die sogenannten „Wilden Cliquen" besondere Aufmerksamkeit: Zusammenschlüsse von arbeitslosen proletarischen Jugendlichen, die abseits von Familie oder den Angeboten von Kirchen, Jugendverbänden und Arbeiterbewegung sich eine eigene, selbstbestimmte Lebenswelt schufen, zum Teil als „Wandercliquen" die ländliche Umgebung der Großstädte durchstreiften, zum Teil Straßenbanden mit tendenziell kriminellem Chrakter bildeten.

Außenpolitik auf dem Tiefpunkt der Krise

So verheerend die Folgen der Krise im Innern auch waren – die Verschärfung der Depression schien paradoxerweise den außenpolitischen Handlungsspielraum der Regierung zu vergrößern und die Chancen auf einen Ausbruch aus dem Versailler Vertragssystem zu verbessern.

Unmittelbar nach der Bankenkrise fand im Juli in London auf Initiative der USA eine Siebenmächtekonferenz statt, auf der Vorschläge zur Lösung der wirtschaftlichen und finanziellen Schwierigkeiten Deutschlands erörtert wurden.[189] Im Vorfeld und während dieser Konferenz bot

305

die französische Regierung der deutschen Seite eine Anleihe in Milliardenhöhe an. Dieses Angebot war allerdings mit politischen Auflagen verbunden: Die französische Regierung beabsichtigte, im Gegenzug von der Reichsregierung ein „politisches Moratorium" zu verlangen, das Deutschland insbesondere dazu verpflichten sollte, während der Laufzeit eines solchen Kredits auf jeden Versuch zur Revision der in Versailles festgeschriebenen Ordnung und zur Änderung des Young-Plans zu verzichten. Da Brüning sich auf solche Verpflichtungen keinesfalls einlassen wollte, ging er auf das französische Angebot nicht ein.[190]

Londoner Siebenmächtekonferenz

Auf der Londoner Konferenz, auf welcher die französisch-britischen Gegensätze sehr stark hervortraten, erreichte Brüning jedoch, neben der Verlängerung eines im September fällig werdenden Kredits von 100 Millionen RM, die Einsetzung einer Sachverständigenkommission, die die deutsche Verschuldung untersuchen und die Bedingungen für ein Stillhalteabkommen für die privaten deutschen Schulden festlegen sollte.

Wiggin-Bericht

Der daraufhin eingesetzte Wiggin-Ausschuß, benannt nach seinem Vorsitzenden, einem amerikanischen Bankier, stellte in seinem Abschlußbericht im August 1931 fest, daß die Reparationen maßgeblich für die hohe Auslandsverschuldung – das Haupthindernis für eine Gesundung der deutschen Wirtschaft – verantwortlich seien. Die Lösung der Reparationsproblematik – so konnte man aus den entsprechenden Formulierungen des Berichts folgern – sei die Voraussetzung für die Erneuerung der Kreditwürdigkeit Deutschlands (und damit der entscheidende Schritt zur Wiederherstellung seiner wirtschaftlichen Prosperität). Außerdem übernahm der Wiggin-Ausschuß die Resultate einer mittlerweile stattgefundenen internationalen Bankenkonferenz, die einen Entwurf für ein Stillhalteabkommen für die privaten Schulden ausgearbeitet hatte. Durch dieses Abkommen vom September 1931 – nicht zu verwechseln mit dem Hoow-Moratorium, bei dem es nur um „politische" Schulden ging – wurden kurzfristige deutsche Auslandsschulden zunächst um sechs Monate gestundet; nach Ablauf dieses Zeitraums wurde das Stillhalteabkommen mehrfach verlängert.[191] Aus Brünings Sicht waren das Stillhalteabkommen und die Schlußfolgerungen, die der Wiggin-Ausschuß hinsichtlich der Reparationen gezogen hatte, außerordentliche Erfolge seiner Reparationspolitik; sie konsequent fortzusetzen, würde bedeuten, ein baldiges Ende des Young-Plans zu erreichen.

Im November 1931 entschloß sich die deutsche Regierung widerstrebend, dem Drängen Frankreichs und Großbritanniens nachzugeben und einen Antrag auf Einberufung des im Young-Plan im Falle von Zahlungsproblemen vorgesehenen Beratenden Sonderausschusses zu stellen.[192] Das Risiko, daß durch ein solches Verfahren das Regime des

Young-Plans nicht endgültig beseitigt, sondern nur den veränderten weltwirtschaftlichen Bedingungen angepaßt und fortgeschrieben werde, glaubte Brüning eingehen zu können, da unmittelbar im Anschluß an die Sitzung des Sonderausschusses eine internationale Reparationskonferenz in Lausanne beginnen sollte. Dort, das erhoffte man sich aufgrund verschiedener Hinweise aus den Vereinigten Staaten, würde auf amerikanischen Druck eine endgültige Regelung der Reparationsfrage zu erreichen sein. Auch seitens der Bank von England drängte man auf eine „Endlösung" der Reparationsfrage. Erneut versuchte die deutsche Seite, die Problematik der Privatschulden in den Vordergrund zu stellen und sie gegen die Reparationen auszuspielen. Dementsprechend drängte die deutsche Regierung auch darauf, den Beratungsgegenstand des Ausschusses möglichst weit zu fassen.[193]

Einberufung des Beratenden Sonderausschusses

Der Beratende Sonderausschuß trat im Dezember in Basel zusammen; die deutsche Absicht, schon in diesem Gremium ein Votum für eine sofortige Streichung der Reparationen zu erreichen, konnte jedoch angesichts des französischen Widerstandes nicht durchgesetzt werden.[194]

Der Ausschuß kam jedoch zu der Schlußfolgerung, daß Deutschland in den kommenden Jahren nicht in der Lage sein werde, den Transfer nach dem Young-Plan zu leisten. Der Ausschuß appellierte an die Regierungen, eine „Anpassung aller zwischenstaatlichen Schulden (Reparationen und anderer Kriegsschulden) an die gegenwärtige zerrüttete Lage der Welt" zu erreichen."[195] Brüning wollte jedoch unbedingt verhindern, daß diese „Anpassung" etwa in einer provisorischen Regelung der Reparationsfrage bestehen könnte; er wollte ein definitives Ende aller Reparationszahlungen erreichen. Da die Chancen, dies bereits auf der für Ende Januar anberaumten Reparationskonferenz durchzusetzen, entgegen der ursprünglichen Erwartung schlecht standen, trug Brüning durch eine gezielte Provokation mit dazu bei, daß die Konferenz verschoben wurde. Nach den französischen Wahlen im Frühjahr, so hoffte er, sei die wirtschaftliche Situation auch in Frankreich so miserabel, daß mit mehr Kompromißbereitschaft der Franzosen zu rechnen sei.[196]

Verschiebung der Reparationskonferenz

Parallel zu den Bemühungen um eine Streichung der Reparationen verfolgte die Regierung Brüning 1931 zwei Projekte, die ebenfalls auf eine Teilrevision des Versailler Vertrags hinausliefen und die – im Kontext mit seinen Bemühungen zur Beendigung der Reparationen gesehen – einen „Großangriff auf Versailles"[197] darstellten: Es handelte sich dabei um das Projekt einer deutsch-österreichischen Zollunion und um den Versuch, die Rüstungsbeschränkungen des Versailler Vertrags aufzuheben.

Pläne für eine deutsch-österreichische Zollunion[198] lassen sich bis Anfang 1930 zurückverfolgen. Im März 1931 wurde mit der österreichischen Regierung schließlich ein Entwurf über eine entsprechende Ver-

Deutsch-österreichische Zollunion

einbarung erstellt. Mit der Zollunion sollte, wie Außenminister Curtius dem Kabinett im März darlegte, der erste Schritt für einen wirtschaftlichen „Anschluß" Österreichs getan werden, da die Zeit für einen politischen Anschluß „noch nicht reif" sei. Das außenpolitische Risiko bei diesem Projekt sei zwar „erheblich"; andererseits, so glaubte der Außenminister, werde sich der Appell an die in breiten Bevölkerungskreisen populäre großdeutsche Idee, deren Verwirklichug 1919 am Widerstand der Alliierten gescheitert war, innenpolitisch „entlastend" auswirken, ja er sah bereits eine „Einheitsfront von den Sozialdemokraten bis zu den Nationalsozialisten" zustande kommen. Sammlung von innenpolitischen Pluspunkten zu Lasten der auswärtigen Beziehungen – damit wurde der Stellenwert, die die Außenpolitik in der Ära Brüning genoß, auf eine bemerkenswert klare und ebenso verhängnisvolle Formel gebracht.[199]

Der Zollunion-Plan hatte aber nicht nur eine innenpolitische Funktion, sondern er war als erster Schritt zur Errichtung eines von Deutschland wirtschaftlich und politisch abhängigen Staatenblocks gedacht; Brüning knüpfte damit an die Tradition der „Mitteleuropa-Politik" der wilhelminischen Epoche an. Das Zollunion-Projekt war eindeutig gegen Frankreich gerichtet: Es war als Gegenentwurf zu dem Europa-Plan Briands zu verstehen und sollte durch allmähliche Ausdehnung auf die südosteuropäischen Länder die Vormachtstellung Frankreichs in diesem Raum beseitigen. Südosteuropa war seit Mitte der zwanziger Jahre wichtiges Ziel deutscher Kapitalexporte und andererseits in der Wirtschaftskrise dringendst auf den Absatz von Waren auf dem deutschen Markt angewiesen. Geschaffen werden sollte langfristig ein wirtschaftlich von Deutschland beherrschter Raum, der – Polen umklammernd – von den baltischen Staaten bis zum Schwarzen Meer reichen sollte.

Der Zollunion-Plan rief denn auch sogleich energischen französischen Widerstand hervor. Bereits während der Krise der Creditanstalt im Frühjahr 1931 setzte die französische Regierung Österreich unter erheblichen finanziellen Druck und versuchte, sie von dem Zollprojekt abzubringen. Während der Verhandlungen des Völkerbundsrats im Mai wurde von britischer Seite der Antrag auf Überprüfung des Vertrages vor dem Internationalen Gerichtshof in Den Haag gestellt. Unmittelbar vor der Entscheidung des Haager Gerichtshofs im September 1931, die mit knapper Mehrheit gegen die Zollunion ausfiel, zogen beide Länder ihre Pläne zurück. Nach dem Scheitern des Projekts blieb Außenminister Curtius nichts anderes übrig, als seinen Rücktritt zu erklären; damit wurde eine Neubildung der Regierung unvermeidlich. Mit dem Zollunion-Projekt, dem plumpen Versuch, das europäische Gleichgewicht handstreichartig zu verändern, wurde vor allem eines erreicht: Die deutsch-französischen Beziehungen waren auf einem Tiefstand angelangt.

Inzwischen rückte ein weiterer Höhepunkt der internationalen Gipfeldiplomatie, die für den Februar 1932 in Lausanne durch den Völkerbund anberaumte Internationale Abrüstungskonferenz, immer mehr in das Zentrum der außenpolitischen Überlegungen der Regierung Brüning.[200] Die Abrüstungsfrage stand wiederum in engem Zusammenhang mit der Reparationsproblematik, da man sich von Lausanne zumindest ein Signal erhoffte, das eine günstige Wirkung auf die amerikanische Haltung in der Schuldenfrage haben könnte.

Abrüstungs- konferenz

In der Abrüstungsfrage legte sich die deutsche Regierung im Oktober 1930 auf die Taktik fest, zunächst immer wieder die Diskriminierung Deutschlands durch den Versailler Vertrag hervorzuheben und die Abrüstung der übrigen Nationen auf das deutsche Niveau zu fordern. Ziel der Regierung war es, an die Stelle des entsprechenden Teils des Versailler Vertrages eine allgemeine, zeitlich begrenzte internationale Abrüstungskonvention treten zu lassen; in dieser Konvention sollte, wie der Staatssekretär im Auswärtigen Amt, v. Bülow, es formulierte, „Deutschlands natürliche Kraft von Phase zu Phase besseren Ausdruck finden".[201] Da vorauszusehen war, daß eine solche weitgehende Abrüstung am Widerstand der anderen Nationen scheitern würde, bereitete sich die deutsche Seite darauf vor, statt Abrüstung „Parität der Sicherheit"[202] zu fordern. Im Klartext: Die Abrüstungsfrage sollte benutzt werden, um eine deutsche Aufrüstung auf das Niveau der übrigen Großmächte durchzusetzen. Sollte sich aber herausstellen, daß eine solche Parität in der Rüstung nicht durchsetzbar war – und das war vorauszusehen, da für Frankreich seine überlegene Militärmacht die letzte noch verbliebene Garantie für seine Sicherheit gegenüber Deutschland bildete – so bereitete man sich auf deutscher Seite ganz offensichtlich auf eine Alternative zur Abrüstungskonvention vor, nämlich auf ein kontrolliertes Scheitern der Konferenz, um danach einseitig, ohne internationale Bindungen, die Reichswehr aufzurüsten.

Diese Taktik eines kontrollierten Scheiterns wird deutlich, wenn Botschafter Nadolny, der für die Abrüstungskonferenz vorgesehene Verhandlungsführer, auf einer Ministerbesprechung am 15. Januar 1932 davor warnte, das „völlige Scheitern" der Konferenz „könne allerdings zu schwerwiegendsten Konsequenzen führen und die Existenz des Völkerbundes ernstlich bedrohen. Deutschland müsse nicht gleich auf Biegen und Brechen vorgehen." Man müsse stattdessen die durchaus günstige „öffentliche Meinung der Welt" ausnutzen. Der Wehrminister ging noch einen Schritt weiter, indem er erklärte, „keinesfalls dürften ein Scheitern der Konferenz oder unzulängliche Ergebnisse auf Deutschlands Konto kommen. Jeder Mißerfolg müsse in den Augen der Welt Frankreich zu Lasten fallen."[203]

Fortsetzung der Deflationspolitik und Umbildung der Regierung Brüning

Dietramszeller Notverordnung

Parallel zu seinem „Großangriff auf Versailles" setzte Brüning auch während und nach dem Krisensommer 1931 seine konsequente Deflationspolitik fort. Durch eine weitere, am 24. August erlassene Notverordnung wurden die Länderregierungen ermächtigt, alle Maßnahmen zum Ausgleich von Länder- und Gemeindehaushalten zu treffen, auch wenn diese vom geltenden Landesrecht abwichen. Damit waren die Landesregierungen in die Lage versetzt, Haushalte ohne Beteiligung der jeweiligen Parlamente auf dem Verordnungswege zu verabschieden und Staatskommissare in den Gemeinden zur Regelung der kommunalen Finanzen einzusetzen. Damit war durch einen Akt des Reichsrechts ein tiefgreifender Eingriff in die Autonomie der Länder und in die Selbstverwaltung vorgenommen worden; kaum bemerkt von der Öffentlichkeit hatte Brüning einen ersten Schritt zur Entmachtung der Länder im Sinne seiner Verfassungsreformpläne getan.[204]

Dritte Krisen-Notverordnung

Gleichzeitig aber sah sich Brüning gezwungen, auf die Kritik der SPD an den massiven sozialen Einschnitten, die durch die Notverordnung vom 5. Juni 1931 vorgenommen worden waren, zumindest teilweise einzugehen, da er nach wie vor auf die Tolerierung durch die Sozialdemokraten angewiesen war. Durch die überaus umfangreiche Dritte Notverordnung zur Sicherung von Wirtschaft und Finanzen vom 6. Oktober wurden einige der Maßnahmen der Juni-Verordnung abgemildert, gleichzeitig wurden jedoch weitere Sparmaßnahmen und Leistungskürzungen verfügt, darunter eine Senkung der Unterstützungsdauer der Arbeitslosenversicherung auf 20 Wochen.[205]

Am Tag nach dem Erlaß der Notverordnung, also am 7. Oktober, nahm Brüning den nach dem Scheitern des Zollunion-Plans unvermeidlich gewordenen, nur um einige Wochen hinausgezögerten Rücktritt des Außenministers Curtius zum äußeren Anlaß für eine Gesamtdemission des Kabinetts.[206]

Tatsächlich jedoch war der eigentliche Grund für die Umbildung der Regierung die von Hindenburg, aber auch von Schleicher, dem Reichslandbund und maßgeblichen Industriekreisen immer nachdrücklicher erhobene Forderung, der Regierung eine eindeutige „Wende nach rechts" zu geben und sie aus der sozialdemokratischen Tolerierung herauszulösen.[207] Seit Mitte September drängte Hindenburg Brüning ganz massiv, das Kabinett entsprechend umzubilden.[208] Ende September wandten sich zehn führende Wirtschaftsverbände in einer gemeinsamen Erklärung mit einer scharfen Kritik an der Wirtschaftspolitik Brünings an die Öffentlichkeit und machten damit den inzwischen eingetretenen Vertrauensverlust gegenüber dem Kanzler deutlich.[209]

Brüning gelang es jedoch nicht, profilierte Persönlichkeiten der konservativen Rechten für einen Eintritt in sein Kabinett zu gewinnen; schon Ende August war sein Versuch, eine Brücke zur DNVP zu schlagen, daran gescheitert, daß Hugenberg sich weigerte, die Wiederwahl Hindenburgs, dessen Amtsperiode 1932 auslief, zu unterstützen.[210] Auch konnte Brüning die DVP nach dem Rücktritt ihres am meisten profilierten Kabinettsmitglieds, Curtius, nicht mehr dazu bringen, weiter in der Regierung mitzuarbeiten. Die Rechtsparteien standen unter dem Druck der Interessenverbände, die bereits zu diesem Zeitpunkt ein Engagement maßgeblicher Persönlichkeiten für diesen Kanzler für inopportun hielten. Für diese Distanzierung von Brüning waren vor allem Entwicklungen innerhalb des Unternehmerlagers verantwortlich: Unter dem Druck der Krise hatten sich die Gegensätze zwischen exportorientierter, verarbeitender Industrie und der Schwerindustrie verschärft; innerhalb des RDI, der anfangs Brünings Politik durchaus positiv gegenübergestanden hatte, waren die Schwerindustriellen zunehmend auf Oppositionskurs gegangen und hatten zunächst eine Politik skeptischer Distanz gegenüber der Regierung durchgesetzt, die mit der Erklärung Ende September in offene Kritik umschlug.[211]

Distanzierung der Konservativen von Brüning

In dem im Oktober gebildeten zweiten Kabinett Brüning übernahm der Reichskanzler gleichzeitig das Außenministerium, der Industrielle Hermann Warmbold das Wirtschaftsressort, Wehrminister Groener wurde kommissarischer Reichsinnenminister, der bisherige Staatssekretär im Jusitzministerium, Kurt Joël übernahm die Leitung des Hauses, Verkehrsminister wurde Reinhold Treviranus, dessen bisheriges Amt, das Reichskommissariat für die Osthilfe, durch den Landvolkpartei-Abgeordneten Hans Schlange-Schöningen übernommen wurde. Mit dem Ausscheiden Joseph Wirths aus der Regierung war der linke Zentrumsflügel in dem insgesamt verkleinerten Kabinett nicht mehr vertreten.[212]

Zweites Kabinett Brüning

Herausforderung durch die NSDAP

Wenige Tage nach der Bildung der neuen Regierung, am 11. Oktober, hielt die „nationale Opposition" ein Großtreffen in Bad Harzburg ab, um ihre Geschlossenheit zu demonstrieren. An dieser Heerschau waren NSDAP, DNVP, Stahlhelm, Reichslandbund, Alldeutscher Verband sowie wichtige Persönlichkeiten der rechtskonservativen Szene, wie der ehemalige Reichsbankpräsident Schacht oder General Seekt, beteiligt. Hitler nutzte die Chance, sich in Bad Harzburg als Partner einer breiten Rechtsfront zu präsentieren – und er demonstrierte (indem er etwa nach dem Vorbeimarsch der SA die Parade des Stahlhelms nicht mehr abwartete), daß er sich nicht in eine solche Front einbinden las-

„Harzburger Front"

sen wollte. Diese Mischung aus Partnerschaft und Brüskierung erinnerte an die Behandlung, die Hitler seinen rechtskonservativen Partnern bereits während der Young-Plan-Kampagne hatte angedeihen lassen.[213] Eine Woche später, am 18. Oktober 1931, hielt die NSDAP, um nun wiederum nachdrücklich ihre Eigenständigkeit zu demonstrieren, ein

Braunschweiger NS-Treffen

Großtreffen in Braunschweig ab, also in einem Land, in dem die Partei den für die Polizei verantwortlichen Minister stellte. Dieser bisher größte NS-Aufmarsch – Beobachter zählten bis zu 100 000 Teilnehmer – war begleitet von umfangreichen gewalttätigen Auseinandersetzungen mit kommunistischen Gegendemonstranten (es kamen zwei Menschen ums Leben) und stellte eine massive Provokation der Regierung Brüning dar.[214]

Unmittelbar darauf ergab sich für die Regierung eine Chance zu einem energischeren Vorgehen gegen die Nationalsozialisten: Ein NSDAP-Dissident übergab der Polizei Dokumente, die detaillierte Pläne der hessischen NSDAP-Führung für die „Ergreifung der Staatsgewalt" durch die Nationalsozialisten enthielten, einschließlich der Errichtung von Konzentrationslagern und der rigorosen Verhängung von Todesstrafen.

Boxheimer Dokumente

Auch in dem Fall der – nach dem Besprechungsort genannten – „Boxheimer Dokumente" verhielt sich Brüning übervorsichtig, da zur gleichen Zeit mit der hessischen NSDAP Gespräche über die Bildung einer Landesregierung aus Zentrum und NSDAP stattfanden und er auf die Zustimmung der Nationalsozialisten zur Wiederwahl Hindenburgs spekulierte. Immerhin wurde in die am 8. Dezember verabschiedete vierte Krisennotverordnung eine Reihe von Bestimmungen „zum Schutz des inneren Friedens" aufgenommen, so etwa eine Verschärfung der Vorschriften gegen den Waffenmißbrauch und ein allgemeines Uniform- und Abzeichenverbot für politische Verbände. Die SA reagierte, indem sie in den kommenden Monaten einheitlich mit weißen Hemden aufmarschierte.[215]

Verhinderte Krisenbekämpfung:
Alternativen und selbst geschaffene Zwangslagen

Wirtschaftsbeirat

Um für die kommenden einschneidenden Maßnahmen der Regierung anstelle der fehlenden parlamentarischen Legitimation zumindest eine gewisse Rückendeckung zu haben, ermunterte Hindenburg Brüning, einen „Wirtschaftsbeirat beim Reichspräsidenten" einzuberufen, in den Vertreter der Industrie, des Handwerks, des Handels, der Banken und Versicherungen, der Landwirtschaft und der Gewerkschaften berufen werden sollten. Die Aufgaben des Beirats sollten rein beratender Natur sein. Relativ schnell stellte sich jedoch heraus, daß der Wirtschaftsbeirat sich nicht auf eine gemeinsame Linie zur Bekämpfung der Wirtschaftskrise einigen konnte und somit auch als Legitimationsbeschaffer ungeeignet war.[216]

Durch die – gegen den zum Teil heftigen Widerspruch der betroffenen Gruppen durchgesetzte – Vierte Notverordnung des Reichspräsidenten zur Sicherung von Wirtschaft und Finanzen und zum Schutze des inneren Friedens vom 8. Dezember 1931 wurden schließlich weitere einschneidende Maßnahmen getroffen: Die Bezüge der Beschäftigten im öffentlichen Dienst wurden weiter gekürzt, die Sozialleistungen durch eine Vielzahl von Einzelvorschriften weiter herabgesetzt, die Zinsen gesenkt sowie alle durch Kartellabreden oder Preisbindungen festgelegten Preise um 10% ermäßigt; der Leipziger Oberbürgermeister Carl Goerdeler wurde als Reichskommissar für Preisüberwachung eingesetzt und ermächtigt, überhöhte Preise zu senken. Darüber hinaus erfolgten verschiedene Steuererhöhungen, darunter ein Sondertarif für die Umsatzsteuer größerer Einzelhandelsunternehmen. Diese „Warenhaussteuer" entsprach einer alten Forderung des Einzelhandels, die auch von der NSDAP, mit stark antisemitischer Stoßrichtung gegen die „jüdischen" Warenhäuser, massiv vertreten wurde. Es handelte sich bei dieser neuen Steuer also auch um ein politisches Zugeständnis der Regierung an die äußerste Rechte.

Vierte Krisen-Notverordnung

Mit der Notverordnung vom 8. Dezember war der Höhepunkt der Deflationspolitik erreicht. Angesichts des millionenfachen Elends erschien ein weiteres „Gesundschrumpfen" der deutschen Wirtschaft kaum noch möglich; im Regierungslager bestand weitgehender Konsens darüber, daß die Talsohle, der Ausgangspunkt für einen konjunkturellen Aufschwung, einfach erreicht sein mußte. Der entscheidende Anstoß zur wirtschaftlichen Belebung sollte von der Lösung der Reparationsfrage kommen, die allgemein von der im Januar angesetzten Lausanner Konferenz erwartet wurde. Als jedoch die amerikanische Regierung Ende Dezember erklärte, an der Lausanner Konferenz nicht teilnehmen zu können, war vorauszusehen, daß die für die Klärung der Reparationsfrage entscheidende Löschung der alliierten Schulden augenblicklich noch nicht zu erreichen war. Die Konferenz wurde daher (nicht zuletzt auf Drängen der deutschen Regierung) auf Juni verschoben – also auf einen Zeitpunkt nach den französischen Wahlen und vor Ablauf des Hoover-Feierjahres.[217] Damit aber war das Ende der Deflationspolitik in weite Ferne gerückt, denn eine wirkliche Entscheidung in der Reparationsfrage war nun erst nach der Wahl des amerikanischen Präsidenten im November 1932 zu erwarten. Da Brüning aber mehr als je zuvor an der unbedingten Priorität der Reparationspolitik festhielt, ja sich geradezu an einen Erfolg in dieser Frage klammerte, konnte das Credo seiner Politik nur heißen: Durchhalten – also versuchen, das Tief der Depression für ungefähr ein weiteres Jahr durchzustehen. Irgendwelche

Maßnahmen im Hinblick auf den Konjunkturaufschwung durften seiner Ansicht nach vor dem Ende der Reparationen keineswegs getroffen werden.[218]

Denn in der Regierung herrschte zu Beginn des Jahres 1932 nach wie vor die Ansicht vor, daß „die katastrophale Weltwirtschaftkrise reparationspolitisch für uns auch ihr Gutes habe. Wenn aber erst einmal der Zeitabschnitt der schlimmsten Depression behoben und eine leichte Besserung zu verspüren ist, haben wir diese reparationspolitischen Trümpfe aus der Hand verloren."[219]

Alternativen zur Deflationspolitik

Bereits seit dem Frühjahr 1931 war aber von verschiedenen Seiten, auch innerhalb des Regierungsapparats, die Frage erörtert worden, ob man nicht der Depression durch ein großangelegtes, durch Kredite finanziertes Arbeitsbeschaffungsprogramm entgegen treten sollte.[220]

– So hatte eine durch die Regierung eingesetzte Kommission zur Begutachtung der Arbeitslosenfrage unter dem früheren Arbeitsminister Brauns bereits im April 1931 vorgeschlagen, ein Arbeitsbeschaffungsprogramm mit Hilfe von Auslandskrediten zu initiieren – die allerdings zu diesem Zeitpunkt nicht zur Verfügung standen. In einer Besprechung des Kabinetts mit führenden Industriellen am 3. August hatte unter anderem Hermann Warmbold, seinerzeit Vorstandsmitglied der IG Farben, später Wirtschaftsminister unter Brüning, den Vorschlag gemacht, das Kreditvolumen durch Inlandskredite zu erweitern, um die Produktion anzuregen. Ähnliche Vorschläge waren auf der gleichen Sitzung von dem führenden Ruhrindustriellen Paul Silverberg gekommen.[221] Brüning hatte jedoch erklärt, er messe den Vorschlägen zwar „besondere Bedeutung bei", man könne jedoch zur Zeit nicht auf ausländische Anleihegebote eingehen, da „das die Lösung des Reparationsproblems unmöglich" mache.

Pläne und Denkschriften

– Anfang September 1931 setzte sich der Staatssekretär im Finanzministerium, Hans Schäffer, in einer Denkschrift mit dem Vorschlag auseinander, ein durch die Reichsbank kreditfinanziertes Arbeitsbeschaffungsprogramm in Höhe von 2,5 Milliarden RM zu initiieren. Auf einer Tagung der Friedrich-List-Gesellschaft Mitte September wurde eine Denkschrift des Oberregierungsrats Lautenbach aus dem Wirtschaftsministerium diskutiert, der Wirtschaft mit Hilfe eines mit Wechseln vorfinanzierten Arbeitsbeschaffungsprogramms eine „Initialzündung" zu geben.[222]

– Im Wirtschaftsbeirat wurde im November 1931 der Plan des Ruhrindustriellen Silverberg erörtert, zur Wiederbelebung der Wirtschaft das Kreditvolumen durch die Ausgabe von speziell gesicherten Warenwechseln im Wert von einer Milliarde Reichsmark zu erhöhen. Dieser Vorschlag scheiterte im wesentlichen am Widerspruch der Reichsbank.[223]

– Im Dezember 1931 legten drei führende Funktionäre der Freien Gewerkschaften den WTB-Plan (benannt nach den Anfangsbuchstaben der drei Verfasser) vor, der die Billigung des ADGB-Vorstandes fand. Der Plan sah ein kreditfinanziertes Arbeitsbeschaffungsprogramm zur Steigerung der Massenkaufkraft vor. Er wurde im April 1932 in abgeänderter Form von einem Reichskongreß der Gewerkschaften befürwortet. Die SPD weigerte sich jedoch, sich hinter diese Forderung zu stellen, da sie Brünings Position nicht schwächen wollte.[224]

WTB-Plan

Nach der Jahreswende traten nun verstärkt auch verschiedene Ministerien mit ihren Arbeitsbeschaffungsprogrammen hervor. Dies entsprach der ursprünglichen Planung der Regierung, die davon ausgegangen war, nach dem voraussichtlichen Ende der Reparationen Anfang 1932 die wirtschaftspolitische Wende einzuleiten. Nur mit Mühe sollte es Brüning gelingen, diese Vorschläge mit seinem veränderten Terminkalender in der Reparationsfrage in Übereinstimmung zu bringen.

Arbeitsbeschaffungspläne der Regierung

– Im Januar 1932 legte der Präsident des Statistischen Reichsamtes, Ernst Wagemann, einen Plan zur „Geld- und Kreditreform" vor, nämlich durch eine Lockerung der Deckungsvorschriften den Umlauf an Zahlungsmitteln zu erhöhen. Der Plan wurde von Brüning insbesondere im Hinblick auf die Reparationsfrage abgelehnt: Das Ausland müsse glauben, „daß Deutschland nun versuchen werde, durch künstliche Kreditschöpfung seine Wirtschaft zu verbessern und den Reparationszahlungen zu entgehen."[225]

– Am 12. Februar wurden in einer Besprechung der Ministerien Pläne, die wiederum von Lautenbach stammten, zur „Schaffung zusätzlicher Kaufkraft durch Kreditausweitung" erörtert, ohne daß konkrete Ergebnisse erzielt wurden.[226]

– In einer Ministerbesprechung vom 4. März kündigte Finanzminister Dietrich an, nach den Wahlen mit einem kreditgestützten Arbeitsbeschaffungsprogramm hervorzutreten. Der Reichsbankpräsident wandte sich gegen solche Kreditpläne mit dem Argument, daß „bis zum Juli, in dem die internationalen Fragen gelöst werden, durchgehalten wird." Brüning ging sogar noch einen Schritt weiter: Man könne nicht davon ausgehen, „im Sommer mit der Reparationsfrage fertig zu werden"; wahrscheinlicher sei der Zeitpunkt März 1933, also nach der Amtseinführung des neuen amerikanischen Präsidenten. „Bis dahin müssen wir unbedingt durchhalten." Arbeitsminister Stegerwald, der eigene Arbeitsbeschaffungspläne verfolgte, entgegnete: „Wenn wir dieses Frühjahr nicht den Leuten durch Arbeitsbeschaffung eine seelische Ablenkung geben, halten wir bestimmt nicht durch. Dann halten wir aber nicht einmal bis zum Juli durch."[227]

– Anfang März drangen die Pläne des Reichsarbeitsministers für ein groß angelegtes Arbeitsbeschaffungsprogramm – wohl durch eine gezielte Indiskretion – an die Öffentlichkeit; Brüning distanzierte sich jedoch sogleich von diesen Vorstellungen.[228]

– Schließlich entschied die Regierung im Mai jedoch, in einer weiteren großen Notverordnung auch ein Arbeitsbeschaffungsprogramm aufzunehmen, das über Wechsel finanziert wurden sollte, die von einer „Gesellschaft für öffentliche Arbeiten" auszustellen waren. Allerdings wurde das ursprüngliche Programm des Reichsfinanzministers von 1,4 Milliarden RM auf ein Zehntel zusammengestrichen. Dieses begrenzte Programm war auch eine Antwort auf die Initiative, die der Organisationsleiter der NSDAP, Gregor Straßer, am 10. Mai ergriffen hatte: In einer vielbeachteten Reichstagsrede hatte er ein Programm zur Arbeitsbeschaffung vorgetragen und sich damit in den Kreis der Befürworter einer aktiven Krisenbekämpfung eingereiht.[229]

Man darf aber nicht übersehen, daß der Widerstand Brünings gegen diese zahlreichen Vorschläge und Pläne für eine antizyklische Wirtschaftspolitik nicht nur reparationspolitisch begründet war. Hinzu kam die weitverbreitete Befürchtung, daß ein finanzpolitisches Experiment mit künstlichen Krediten eine allgemeine Inflationspanik, einen völligen Vertrauensverlust in die Währung zur Folge haben könnte. Die Auswirkungen einer antizyklischen Politik waren zudem innerhalb der Wirtschaftswissenschaft umstritten. Trotz solcher Einschränkungen wird man nicht verkennen können, daß Alternativen zu Brünings Politik in zahlreichen Varianten in der Öffentlichkeit und selbst innerhalb der Regierung diskutiert wurden. Eine aktive Konjunkturpolitik hätte zwar die Depression weder abwenden noch wesentlich aufhalten können; sie wäre jedoch ein wichtiges Signal gewesen, um die Handlungsfähigkeit und das soziale Verantwortungsbewußtsein der Präsidialregierung zu dokumentieren.[230]

Die Wiederwahl Hindenburgs und das Ende Brünings

Zu der entscheidenden Überlebensfrage für die zweite Regierung Brüning wurde die Tatsache, daß die Amtszeit Hindenburgs im Frühjahr 1932 auslief. Da Zweifel bestanden, ob der 84jährige Hindenburg sich den Strapazen einer Wahl würde aussetzen können, andererseits jedoch keine prominente Persönlichkeit aus dem konservativen Lager vorhanden war, die an seiner Stelle hätte kandidieren können, verfiel man auf die Idee, mit Hilfe eines verfassungsändernden Gesetzes die Amtszeit des Reichspräsidenten zu verlängern, so wie das bereits im Jahre 1922 geschehen war. Die Tatsache, daß es nicht gelungen war, neben Hindenburg beizeiten einen geeigneten Nachfolger aufzubauen, kann nur als außerordentlich schwerwiegendes Versäumnis der Befürworter des Präsidialregimes bezeichnet werden, als eine gefährliche Geringschätzung der notwendigen Legitimation in der Bevölkerung.

Am 5. Januar 1932 unterbreitete Brüning Hindenburg den Vorschlag, die Wahlperiode für das Staatsoberhaupt durch eine Veränderung der Verfassung zu verlängern. Der Reichspräsident stimmte zu; das Amt solle „als eine vollendete Tatsache in seine Hände gelegt werden, da er nicht geneigt und in der Lage sei, sich einer neuen Wahlkampagne auszusetzen."[231] Der Entschluß, „sich dem Vaterlande erneut zur Verfügung zu stellen", so gab Hindenburg gegenüber dem Reichskanzler in dem anschließenden, mehr persönlich gehaltenen Gespräch zu erkennen, falle ihm „sehr schwer".

Plan zur gesetzlichen Verlängerung der Amtszeit des Reichspräsidenten

Brüning trat daraufhin zunächst an die rechten Oppositionsparteien heran; nicht zuletzt verfolgte er die Absicht, diese vor eine Entscheidung pro oder contra Hindenburg zu stellen und so die Harzburger Front zu spalten. Nach mehrtägigen Verhandlungen[232] verweigerte Hitler die Zustimmung zu dem Verlängerungsprojekt, und zwar, wie er, sich nun geradezu als Hüter der Verfassung aufspielend, in einer Erklärung begründete, aus „verfassungsrechtlichen, außen- und innenpolitischen sowie moralischen" Gründen.[233] Sein Harzburger Bündnisgenosse Hugenberg verweigerte ebenfalls die geplante Amtszeitverlängerung mit der Begründung, der „parlamentarische Wahlakt würde als eine Vertrauenskundgebung weniger für den Herrn Reichsprädidenten als für die von uns bekämpfte Politik und insbesondere Außenpolitik der jetzigen Reichsregierung wirken".[234] Damit war Brünings Kalkül nicht aufgegangen.

Inzwischen hatte sich ein „Hindenburg-Ausschuß" unter der Leitung des parteilosen Berliner Oberbürgermeisters Heinrich Sahm konstituiert, der am 1. Februar einen Aufruf des amtierenden Präsidenten veröffentlichte. Dem Ausschuß gelang es jedoch nicht, wesentliche Kräfte des Hindenburg-Blocks von 1925 wieder zu gewinnen; so erklärten sich etwa der Reichslandbund sowie die Vereinigung Vaterländischer Verbände gegen den amtierenden Präsidenten. Auch der Stahlhelm scherte aus der einstigen Front aus und stellte gemeinsam mit der DNVP seinen zweiten Bundesführer, Duesterberg, als Kandidaten auf. Am 27. Februar veröffentlichten die Sozialdemokraten einen Aufruf, in dem sie bezeichnenderweise ihre Wahl negativ begründeten: „Schlagt Hitler! Darum wählt Hindenburg!"

Kandidatur Hindenburgs

Die Tatsache, daß seine Kandidatur nicht mehr von einem Rechtsblock unterstützt wurde, sondern maßgeblich ausgerechnet von den Zentrums-Katholiken und den Sozialdemokraten, verstimmte den erzkonservativen preußischen Protestanten Hindenburg zutiefst – und die Verstimmung richtete sich gegen Brüning, dem es nicht gelungen war, dem alten Herrn diese anstrengende und peinliche Prozedur zu ersparen.[235]

Am 22. Februar kündigte Goebbels auf einer Großveranstaltung der Partei die Kandidatur Hitlers an. Mit seiner überraschenden, rechtlich

317

Gegenkandidatur Hitlers

durchaus fragwürdigen Ernennung zum Regierungsrat der braunschweigischen Gesandtschaft in Berlin hatte Hitler die für eine Kandidatur unerläßliche deutsche Staatsbürgerschaft erworben.[236] (In Braunschweig regierte seit Okober 1930 eine Koalition aus Nationalsozialisten und Deutschnationalen.) Mit der Aufstellung von Ernst Thälmann als weiterer Kandidaten verfolgte die KPD schließlich das Ziel, unzufriedenen SPD-Wählern, deren Begeisterung für Hindenburg sich in Grenzen hielt, eine linke Alternative zu bieten.

Wahlergebnisse

Nach kurzem Wahlkampf – Hindenburg hielt nur eine einzige Rundfunkrede, während Hitler, um besonders dynamisch und allgegenwärtig zu erscheinen, eigens ein Flugzeug gechartert hatte – wurde am 13. März gewählt: Hindenburg erreichte 49,6% der Stimmen und verfehlte damit knapp die absolute Mehrheit; Hitler erzielte 30,1% (also weit mehr als seine Partei bei den Reichstagswahlen 1930), während Thälmann 13,2 und Duesterberg 6,8% der Stimmen gewannen. In dem nun notwendig werdenden und für den 10. April angesetzten zweiten Wahlgang kandidierte Duesterberg nicht mehr; Hindenburg erreichte jetzt 53,0 Hitler 36,8 und Thälmann 10,2%.

Preußische Landtagswahlen

Auch bei den Preußischen Landtagswahlen vom 24. April konnte die NSDAP nur einen Teilerfolg, nicht den entscheidenden Durchbruch verbuchen: Sie wurde zwar stärkste Fraktion; jedoch konnten Nationalsozialisten und Deutschnationale ebensowenig eine mehrheitsfähige Koalition zustande bringen wie SPD und Zentrum (die beiden liberalen Parteien besaßen zusammen ohnehin nur noch neun Abgeordnete). Durch eine Veränderung der Geschäftsordnung im Preußischen Landtag, die noch am 12. April vorgenommen worden war, hatte die Regierungskoalition unter dem Sozialdemokraten Braun jedoch dafür gesorgt, daß der amtierende Ministerpräsident nur noch mit der absoluten Mehrheit der abgegebenen Stimmen abgelöst werden konnte. Nach den Wahlen trat die Regierung Braun zwar zurück – aber sie blieb, da eine andere Regierungsbildung ausgeschlossen war, als geschäftsführende Regierung im Amt. Das letzte „Bollwerk" der Weimarer Parteien war damit hart angeschlagen, aber es war noch nicht untergegangen.[237]

Wahlen in anderen Ländern

Auch bei den ebenfalls am 24. April stattfindenden Landtagswahlen in Württemberg, Hamburg und Anhalt wurde die NSDAP die stärkste Partei, nur in Bayern blieb sie hinter der BVP zurück. Am 29. Mai gelang es der NSDAP in Oldenburg, die absolute Mehrheit zu erreichen, am 5. Juni wurde sie stärkste Fraktion in Mecklenburg-Schwerin, am 19. Juni in Hessen. Oldenburg, Mecklenburg-Schwerin und Anhalt wurden nun von nationalsozialistischen Ministerpräsidenten regiert; ebenfalls vertreten war die NSDAP in den Regierungen von Braunschweig und Mecklenburg-Strelitz.[238]

Nachdem die Wiederwahl Hindenburgs (wenn auch mit Hilfe der ungeliebten Sozialdemokraten) bewerkstelligt worden war und nachdem der SPD-Ministerpräsident von Preußen seine Mehrheit verloren hatte, schien aus der Sicht des Reichspräsidenten und seiner Berater der geeignete Moment gekommen, die Reichsregierung vollkommen aus der sozialdemokratischen Tolerierung herauszulösen.

Ein weiteres starkes Motiv für den endgültigen Bruch mit den Sozialdemokraten ergab sich aus außenpolitischen Überlegungen, schien doch die Regierung in den internationalen Verhandlungen in Lausanne wie in Genf unmittelbar vor dem Durchbruch, das heißt vor der Wiederherstellung der außenpolitischen Handlungsfreiheit zu stehen.[239] Als neuer Partner für eine antiparlamentarisch-autoritäre und antisozialistische Politik boten sich im Reich wie in Preußen die Nationalsozialisten an. Brüning sollte jedoch diese Wende nicht mehr einleiten. Seine Rolle war mit der Wahl Hindenburgs erschöpft; er war zu eng mit den Parteien und dem parlamentarischen System verbunden und erschien als zu skrupulös.[240] Außerdem kam er als Partner der Nationalsozialisten kaum noch infrage, nachdem er sich im April 1932 unter dem Druck der Länder entschlossen hatte, doch noch energisch gegen die Nationalsozialisten vorzugehen: Mit dem am 13. April ausgesprochenen SA-Verbot leitete Brüning seinen Sturz ein.

Pläne zur Ablösung Brünings

SA-Verbot

Unmittelbar nach dem ersten Wahlgang zur Reichspräsidentenwahl am 13. März hatte der Preußische Innenminister alle Geschäftsstellen von NSDAP und SA durchsuchen lassen. Dabei hatte sich herausgestellt, daß die SA am Wahltag in Alarmbereitschaft versetzt worden war; verschiedene Anzeichen sprachen für Putsch-Absichten der Parteitruppe.[241] Der kommissarische Reichsinnenminister Groener zögerte jedoch noch immer, aus diesen Entdeckungen die Konsequenzen zu ziehen und energisch gegen den paramilitärischen Arm der NSDAP vorzugehen. Erst als er in einer Konferenz am 5. April auf eine geschlossene, von Preußen angeführte Front der größeren Länder gestoßen war, hatte er sich entschließen können, dem Kabinett eine Notverordnung zum Verbot von SA und SS vorzulegen; dieser Ansicht schlossen sich nun auch die übrigen Kabinettsmitglieder an.[242]

Inzwischen hatte jedoch v. Schleicher hinter dem Rücken des Kabinetts Hindenburg davon überzeugt, daß ein sofort wirksam werdendes Verbot von SA und SS inopportun sei; nur mit Mühe gelang es Groener am 12. April, Hindenburg von der Notwendigkeit des Verbots zu überzeugen, das am folgenden Tag ausgesprochen wurde.[243] Die Nationalsozialisten, die das Verbot erwarteten, konnten zwar den Zusammenhalt der SA auch in der Illegalität sichern, doch die Tatsache, daß ihre paramilitärische Truppe nun nicht mehr in der Öffentlichkeit auftreten konnte, bedeutete für sie eine beträchtliche Einschränkung ihrer propagandistischen Selbstdarstellung.[244]

Wenige Tage später gelangte ein Brief des Reichspräsidenten an Groener in die Presse, in dem Hindenburg forderte, auch gegen „ähnlich ge-artete Organisationen" vorzugehen – ganz offensichtlich war das Reichsbanner gemeint – und dabei auf Unterlagen verwies, die ihm aus dem Wehrministerium zugegangen seien.[245] Damit war auch gegenüber der Öffentlichkeit deutlich gemacht worden, daß Groener und Brüning das Verbot von SA und SS gegen den Widerstand Hindenburgs und ein-flußreicher Reichswehrkreise durchgesetzt hatten. Das SA-Verbot muß-te wie ein Zugeständnis an die republikanischen Wähler Hindenburgs erscheinen, als eine Geste nach links – während der Reichspräsident beharrlich eine Öffnung der Regierung nach rechts verlangte.

Zerwürfnis Groener – Schleicher

Durch sein dubioses Verhalten beim Zustandekommen des Verbots war es v. Schleicher gelungen, das Vertrauen, das Hindenburg in Brüning und Groener setzte, weiter zu beschädigen und sich gleichzeitig den Nationalsozialisten zu empfehlen. Das Rücktrittsgesuch Groeners vom 12. Mai war durch das Verhalten seines früheren wichtigsten Vertrauten v. Schleicher unvermeidlich geworden; zusammen mit dem Rücktritt des Wirtschaftsministers Warmbold Ende April und des Finanz-Staats-sekretärs Schäffer im Mai zeichnete sich der Verfall des Systems Brü-ning ab.

Unmittelbar nach dem SA-Verbot setzte v. Schleicher eine großange-legte Intrige gegen Brüning in Gang. In den Goebbels-Tagebüchern ist dokumentiert, daß er bereits zu diesem Zeitpunkt engen Kontakt mit der Führungsspitze der Nationalsozialisten unterhielt. Indem er in Aus-sicht stellte, das gegen seinen Widerstand erlassene SA-Verbot wieder aufzuheben, wurde er für die NSDAP zu einem interessanten Ge-sprächspartner. Nach ersten Sondierungen, die Ende April einsetzten,[246] notierte Goebbels am 8. Mai: Hitler habe „eine entscheidende Unterre-dung mit General v. Schleicher; einige Herren aus der nächsten Umge-bung des Reichspräsidenten sind dabei. Alles geht gut. Der Führer hat überzeugend zu ihnen geredet. Brüning soll in den nächsten Tagen schon fallen. Der Reichspräsident wird ihm sein Vertrauen entziehen. Der Plan geht dahin, ein Präsidialkabinett zu installieren; der Reichstag wird aufgelöst, alle Zwangsgesetze sollen fallen, wir bekommen Agita-tionsfreiheit und liefern dann ein Meisterstück an Propaganda." Der Kern der zwischen Hitler und v. Schleicher getroffenen Absprache wird hier deutlich: Einrichtung einer von der NSDAP tolerierten Präsidialre-gierung und als Gegenleistung Aufhebung des SA-Verbots und Neu-wahlen zum Reichstag. Am nächsten Tag hielt Goebbels fest: „Der Füh-rer wird schon möglichst bald eine Unterredung mit dem Reichspräsi-denten haben. Danach soll die Sache ins Rollen kommen. Ein farbloses Übergangskabinett wird uns den Weg freimachen. Möglichst nicht zu stark, damit wir es um so leichter ablösen können." Vier Tage später notierte Goebbels: „Wir bekommen Nachricht von General v. Schlei-cher: die Krise geht programmgemäß weiter."[247] Am 25. Mai erwähnt

Absprachen Schleicher – Hitler

Goebbels den unmittelbar bevorstehenden Sturz Brünings, eine Ministerliste mit den Namen v. Papen und v. Neurath sei bereits erstellt.

Immer mehr in die Enge getrieben, versuchte Brüning nun den Eindruck zu erwecken, als ob in der Außenpolitik ein entscheidender Durchbruch unmittelbar bevorstünde. Die Überakzentuierung eines nahen außenpolitischen Erfolgs sollte ihm innenpolitisch noch einmal den Rücken freimachen.

Brüning setzt auf außenpolitische Erfolge

Um auf der im Juni in Lausanne beginnenden Konferenz das gewünschte Ergebnis, das Ende der Reparationen zu erreichen, mußte zunächst die Hürde der im Februar 1932 in Gang gekommenen Genfer Abrüstungskonferenz genommen werden: Hier mußte eine Lösung der Rüstungsproblematik erreicht werden, die sich innenpolitisch als Wiederherstellung der militärischen Gleichberechtigung verkaufen ließ, andererseits jedoch, wie Brüning es ausdrückte, „die Volksseele in den Vereinigten Staaten einigermaßen befriedigt", damit die amerikanische Regierung die alliierten Kriegsschulden streichen und damit die Voraussetzung für eine Lösung der Reparationsfrage schaffen konnte.[248]

Abrüstungs- und Reparationsfragen

Am 26. April 1932 traf er in Bessinge in der Nähe von Genf mit dem britischen Premierminister MacDonald und dem amerikanischen Außenminister Stimson zu einem Meinungsaustausch zusammen. Brüning legte hier eine moderate Variante der deutschen Forderung nach Gleichberechtigung in der Rüstung vor, die von seinen Gesprächspartnern akzeptiert wurde: Die Rüstungsbeschränkungen des Versailler Vertrages sollten durch eine internationale Abrüstungskonvention ersetzt werden, während deren Laufzeit wollte sich Deutschland verpflichten, keine weitreichenden Aufrüstungsschritte zu unternehmen; danach würde unter dem Druck der wiedererlangten deutschen „Rüstungsfreiheit" erneut verhandelt werden. Was Brüning als entscheidender Durchbruch erschienen sein mag, wurde jedoch von seinen Verhandlungspartnern als unverbindlicher Meinungsaustausch angesehen, zumal die französische Seite in Bessinge nicht vertreten war.[249]

Gespräch von Bessinge

In einer Rede vor dem außenpolitischen Ausschuß des Reichstages am 24. Mai jedenfalls erweckte Brüning, ohne Einzelheiten seiner Verhandlungen in Genf zu erwähnen, den Eindruck, als ob es ihm gelungen sei, Frankreich zu isolieren und mit den übrigen Hauptmächten „zu einer völligen Einigung über den ganzen Komplex dieser Fragen zu kommen". Er versuchte, den Abgeordneten in beschwörenden Worten klarzumachen, daß man „nicht fünf Minuten vor 12 am Festhalten der Linie unserer Reparationspolitik weich werden" dürfe.[250] In der gleichen Rede betonte er aber auch, daß wegen des Zusammenhangs zwischen Abrüstungs- und Reparationspolitik der erwartete außenpolitische Durchbruch kaum vor dem März 1933 zu erreichen sei.[251]

Diese einseitige, optimistische Überbetonung bevorstehender außenpolitischer Erfolge führte aber ironischerweise dazu, daß Brüning seine

Gegner in der Umgebung des Reichspräsidenten auf den Plan rief und seinen eigenen Sturz nur beschleunigte.

SA und Aufrüstung

Denn zum einen wuchs mit der scheinbar bevorstehenden Aufrüstung das Interesse der Reichswehr an dem „wehrpolitischen" Potential der SA, d. h. an einer Aufhebung des soeben erlassenen Verbots. Ebenso trat nun das Interesse in den Vordergrund, die Preußische Regierung in die Hand zu bekommen, die als stärkster Befürworter des SA-Verbots aufgetreten war und als ausführendes Organ für die Durchführung der Milizpläne der Reichswehr unentbehrlich war. Beide Ziele legten eine Annäherung an Hitler, einen Interessenausgleich mit der NSDAP, nahe. Es gab aber noch einen anderen umfassenderen Zusammenhang zwischen dem bevorstehenden Ausbruch aus dem Versailler System und einer Neuorientierung der Regierungspolitik: Aufrüstung und eine entschiedenere Machtpolitik waren unter sozialdemokratischer Tolerierung nicht möglich, sondern nur mit Hilfe einer eindeutig rechts stehenden Regierung, die sich im Parlament auf eine Tolerierungsmehrheit unter Einschluß der Nationalsozialisten verlassen konnte.

Osthilfe-Pläne

Zum Auslöser für den Sturz Brünings sollte jedoch ein anderes Thema werden: Unter dem neuen Reichskommissar Schlange-Schöningen war das bisher gemeinsam mit Preußen durchgeführte Osthilfe-Programm ganz vom Reich übernommen worden. Neben weiteren Maßnahmen zur Entschuldung der Landwirtschaft wollte Schlange-Schöningen, stark gedrängt von dem für Siedlungsfragen zuständigen Arbeitsminister Stegerwald, außerdem Arbeitslose auf heruntergewirtschafteten Gütern ansiedeln. Im Mai 1932 legte Schlange-Schöningen den Entwurf für eine neue Notverordnung vor, durch die seine Behörde ermächtigt werden sollte, nicht mehr entschuldungsfähige Grundstücke zwangsweise für Siedlungszwecke zu veräußern. Diese Absicht forderte den entschiedenen Widerspruch der Großgrundbesitzer und der landwirtschaftlichen Organisationen heraus; ihnen gelang es, diese Bedenken an Hindenburg heranzutragen, der sich zu diesem Zeitpunkt auf seinem Gut Neudeck aufhielt, übrigens ein ihm 1927 von Agrariern und Industriekreisen übergebenem Geschenk.[252] Der durch den Großgrundbesitz ausgestreute und in einer Erklärung der DNVP[253] übernommene Vorwurf, in der Regierung Brüning gäbe es „agrarbolschewistische" Pläne, sollte das seit den Präsidentenwahlen ohnehin gespannte Vertrauensverhältnis zwischen Reichspräsident und Reichskanzler endgültig zerrütten.

Rücktritt Brünings

Am 29. Mai teilte Hindenburg Brüning mit, daß er ihm keine Notverordnungen mehr zur Verfügung stellen werde und daß keine personellen Veränderungen der Regierung mehr stattfinden sollten. Dies mußte Brüning als unmißverständliche „Aufforderung zur Demission des Kabinetts" ansehen: Am 30. Mai bat Brüning im Namen der Minister Hindenburg um Entlassung aus allen Ämtern.[254]

322

III. Von Papen über Schleicher zu Hitler

Mißlungene Einbindung der NSDAP in das Präsidialregime v. Papens

Nach Brünings Rücktritt begann die von Schleicher mit Hitler verabredete Übereinkunft zu greifen. Hitler wiederholte am 30. Mai auch gegenüber Hindenburg seine Bereitschaft, mit einer neuen Präsidialregierung zusammenzuarbeiten, wenn Neuwahlen zum Reichstag stattfänden und das SA-Verbot aufgehoben würde.[255] Der Reichspräsident erklärte sich bereit, in beiden Punkten nachzugeben, obwohl abzusehen war, daß die NSDAP vor einem zweiten großen Wahlerfolg auf Reichsebene stand: Denn bei den vorangegangenen Landtagswahlen hatte die Partei ihren Stimmenanteil noch einmal erheblich erhöhen können, so hatte sie beispielsweise bei den Landtagswahlen im Oldenburg am 29. Mai 1932 die absolute Mehrheit der Parlamentssitze gewonnen.[256]

Bemühungen um die NSDAP

Mit dem Major a. D. Franz v. Papen,[257] einem alten Freund v. Schleichers, wurde ein Politiker für die Position des Kanzleramts ausgewählt, der in den vergangenen Jahren als Abgeordneter des Preußischen Landtags als Protagonist des äußersten rechten Flügels des Zentrums aufgetreten war und als Aufsichtsratsvorsitzender des Zentrumsblatts „Germania" einen gewissen politischen Einfluß ausgeübt hatte. Papen sah sich jedoch in seiner neuen Rolle gezwungen, seine Parteimitgliedschaft aufzugeben, um einem Ausschluß aus dem Zentrum zuvorzukommen; denn die Zentrumsführung betrachtete die Tatsache, daß er sich als Nachfolger Brünings zur Verfügung stellte, als üblen Vertrauensbruch.[258]

v. Papen

Bei der Kabinettsbildung blieb v. Papen nicht viel zu tun, da ihm Hindenburg bei seinem Amtsantritt die fast fertige Ministerliste präsentierte; diese Vor-Auswahl fast aller Minister durch das Staatsoberhaupt stellte eine weitere entscheidende Ausdehnung der präsidentiellen Macht dar. Der eigentliche starke Mann des Kabinetts wurde v. Schleicher, der das Amt des Wehrministers übernahm. Hinzu traten Konstantin Freiherr v. Neurath als Leiter des Auswärtigen Amtes, Wilhelm Freiherr v. Gayl (DNVP) als Innenminister, Lutz Graf Schwerin v. Krosigk als Finanzminister; Franz Gürtner (DNVP) übernahm die Leitung des Justizressorts, Herbert Warmbold, das einzige Mitglied des Kabinetts, das zuvor schon einmal ein Ministeramt bekleidet hatte, wurde Leiter

Kabinettsbildung

323

des Wirtschaftsressorts, Hugo Schäffer wurde Arbeitsminister und Magnus Freiherr v. Braun, einst wegen seiner Beteiligung am Kapp-Putsch als Regierungspräsident entlassen, Ernährungsminister. Es handelte sich bei den Regierungsmitgliedern also überwiegend um Angehörige des (ostelbischen) Adels, weshalb man auch ironisch von einem „Kabinett der Barone" sprach, während der Kanzler, ehemaliger Kavallerieoffizier und erfolgreicher Turnierreiter, gerne als „Herrenreiter" apostrophiert wurde. Die meisten Kabinettsmitglieder waren der deutschnationalen Richtung zuzuordnen; soweit sie Mitglieder der DNVP waren, traten sie aus der Partei aus, um dem Anspruch der Regierungserklärung des Kanzlers gerecht zu werden, „unabhängig von Parteien, den Kampf für die seelische und wirtschaftliche Gesundung der Nation, für die Wiedergeburt des neuen Deutschland" zu führen.[259] Unterstützung konnte diese Regierung im Parlament nur bei DVP und DNVP finden. In der totalen Blockade, in der sich das Weimarer Regierungssystem durch die negative Schlüsselstellung von Nationalsozialisten und Kommunisten, aber auch durch die Abneigung Hindenburgs gegenüber der stärksten demokratischen Partei, der SPD, befand, gelang es den alten Führungsschichten Preußens für eine kurze Zeit, an die Schalthebel der Macht zurückzukehren.

Aufgaben der Tolerierungspolitik

In der Ernennung v. Papens sahen der Reichspräsident und vor allem der beim Regierungswechsel äußerst aktive v. Schleicher die Chance, endgültig die komplizierte Machtbalance mit den Sozialdemokraten, wie sie die Regierungszeit Brünings gekennzeichnet hatte, zugunsten einer kompromißlos rechtsstehenden Präsidialregierung aufzugeben. Die politische Gesamtsituation des Frühjahrs/Frühsommers 1932 hatte, das ist bereits ausführlicher erörtert worden, günstige Voraussetzungen für eine solche Wende geboten: Nach dem Ergebnis der Landtagswahlen in Preußen kamen die Sozialdemokraten als Koalitionspartner im größten deutschen Land nicht mehr in Betracht, und mit dem voraussehbaren Ende der nur noch geschäftsführenden Preußen-Koalition entfiel auch auf Reichsebene sowohl für Brüning als auch für die SPD ein wichtiges Motiv für die bisherige Politik der Tolerierung. Hinzu kam, daß in der Außenpolitik mit dem bevorstehenden Stop der Reparationszahlungen und dem erwarteten Ende der rüstungspolitischen Beschränkungen die letzten „Fesseln von Versailles" in absehbarer Zeit fallen würden; der erheblich erweiterte Handlungsspielraum der deutschen Regierung sollte genutzt werden, ohne in irgendeiner Weise Rücksicht auf die Sozialdemokraten nehmen zu müssen – und ohne einen Kanzler, der durch die Zusammenarbeit mit der SPD in den Augen Hindenburgs und seiner Berater kompromittiert war. Die präsidiale Regierung benötigte also, im Reich wie in Preußen, einen neuen Tolerierungspartner; zu diesem Zweck forderte v. Papen die NSDAP auf, in Preußen Koalitionsverhandlungen mit Zentrum und DNVP aufzunehmen,[260] während die Regierung auf Reichsebene bereit war, für die vage zugesicherte Tolerierung durch die NSDAP auf Hitlers Forderungen – Neuwahlen und Aufhebung des SA-Verbots – einzugehen:[261] Die Nationalsozialisten sollten an die Regierungsmacht herangeführt werden, ohne daß man ihnen die zentralen Instrumente der präsidialen Regierungsweise – das Notverordnungsrecht, die Auflösungsbefugnis gegenüber dem Reichstag und die Kontrolle über die Reichswehr – übertragen wollte. Ein mit den Insignien der präsidialen Macht ausgestatteter Kanzler Hitler erschien noch ausgeschlossen. Sollte sich die geplante Zusammenarbeit mit den Nationalsozialisten nicht als tragfähig erweisen, so bot sich eine zweite Lösung an: Auf Reichsebene konnte man notfalls vollkommen ohne den Reichstag regieren, indem man ihn immer wieder auflöste und sich damit für mehrere Monate Atempausen verschaffte oder aber, indem man die verfassungsmäßige Frist für Neuwahlen eigenmächtig verlängerte – eine Idee, die Brüning noch zurückgewiesen hatte, der aber v. Schleicher und v. Papen weitaus aufgeschlossener gegenüberstanden. Und auch in Preußen bot sich im Falle des Scheiterns der Koalitionsverhandlungen eine Alternative an: Die Einsetzung eines Reichskommissars per Notverordnung, wobei die mangelnde Handlungsfähigkeit der nur noch geschäftsführenden Regierung die geeignete Handhabe zu geben versprach. Die Machtgrundlage einer Regierung, die mit Hilfe einer so exzessiven Ausnutzung der präsidialen Rechte regierte, lag aber bereits jetzt schon vollkommen außerhalb des Parlaments (während sie unter Brüning noch auf einem Kompromiß mit der Parlamentsmehrheit beruht hatte). Die Machtgrundlage dieser Regierung beruhte im Zweifelsfall neben der Autorität des Präsidenten schlicht und einfach auf dem Machtinstrument der Reichswehr. Der politische Kopf der Armee, v. Schleicher, garantierte durch seine Mitgliedschaft im Kabinett und durch sein enges Vertrauensverhältnis zum Präsidenten den Zusammenhalt des „Systems v. Papen". Der Wechsel von Brüning zu v. Papen bedeutete den Übergang von der Präsidialregierung zur Präsidialdiktatur; versagte auch sie, so war der logische nächste Schritt die volle Diktatur, das heißt die Ausschaltung der letzten noch bestehenden verfassungsrechtlichen Sicherungen.

Als die Mitglieder der Regierung v. Papen zu ihrer ersten Kabinettssitzung zusammenkamen, stand die Auflösung des Reichstags längst fest; die Regierungsmitglieder debattierten nur noch die Frage, wann die Neuwahlen stattfinden sollten.[262] Das zweite Mal nach Brünings verhängnisvoller Entscheidung vom Sommer 1930 nahm die Regierung leichtfertig das sich deutlich abzeichnende Risiko eines großen nationalsozialistischen Wahlerfolgs in Kauf. Hatten sich Brüning und Hindenburg 1930 zu diesem Schritt entschlossen, um die Regierung aus der Abhängigkeit gegenüber dem Reichstag herauszulösen, so traten v. Pa-

Zusammenarbeit mit der NSDAP?

Schlüsselrolle v. Schleichers

pen und Hindenburg nun den gleichen Schritt, um die Präsidialregierung endgültig aus der Tolerierung durch die SPD zu befreien; die von Hitler nur vage in Aussicht gestellte Zusammenarbeit mit der NSDAP erschien ihnen erstrebenswerter.

Neuwahlen

Hindenburg begründete in seiner Notverordnung vom 4. Juni die Auflösung des Reichstages damit, daß seine Zusammensetzung „nach dem Ergebnis der in den beiden letzten Monaten stattgehabten Wahlen zu den Landtagen der deutschen Länder dem politischen Willen des deutschen Volkes nicht mehr entspricht"; damit nahm der Reichspräsident eindeutig Bezug auf die nur wenige Wochen zurückliegenden erheblichen Stimmengewinne der NSDAP in verschiedenen Ländern, visierte also einen NS-Wahlerfolg auf Reichsebene geradezu an.[263]

Das v. Papen-Kabinett, das sich selbst als „Regierung der Nationalen Konzentration" bezeichnete, verfügte also nicht nur über keinerlei nennenswerte Unterstützung im Reichstag, sondern wurde nun ausdrücklich ermächtigt, sich über eine Auflösung des Parlaments eine Tolerierungs-Mehrheit zu beschaffen – eine groteske Verdrehung parlamentarischer Spielregeln.[264] Am 4. Juni gab der neue Kanzler eine (inhaltlich wenig konkrete) Regierungserklärung ab – bezeichnenderweise nicht mehr im Reichstag (der am gleichen Tag aufgelöst wurde), sondern im Rundfunk, ein Novum in der Republik:[265] In ihrer kurzen Regierungszeit sollte es der Regierung v. Papen gelingen, den bis dahin weitgehenden unabhängigen Rundfunk unter die Kontrolle der Reichsregierung zu bringen und ihn mehr und mehr als ihr Propagandainstrument zu benutzen.[266]

Am 14. Juni erließ der Reichspräsident die erste Notverordnung der neuen Regierung, die im wesentlichen weitere einschneidende Kürzungen der Sozialleistungen enthielt; zum Teil ging sie auf Entwürfe der Regierung Brüning zurück, zum Teil darüber hinaus,[267]

Aufhebung des SA-Verbots

In der gleichen Verordnung erfüllte die Regierung, gerade rechtzeitig zur Wahlkampferöffnung, die zweite Bedingung der NSDAP und hob das Verbot von SA und SS auf; gleichzeitig wurde auch das Uniformverbot vom Dezember 1931 beseitigt. Die badische und die bayerische Regierung erließen zwar am 16. und 17. Juni eigene Uniformverbote; sie wurden jedoch am 28. Juni mit Hilfe einer Notverordnung des Reichspräsidenten aufgehoben, eine Maßnahme, die von allen Ländern hingenommen wurde. Das seit 1929 bestehende Verbot des Roten Frontkämpferbundes blieb in Kraft – eine eindeutige Begünstigung des Rechtsradikalismus gegenüber der radikalen Linken.[268]

Es kann nicht verwundern, daß die Aufhebung des Verbots von SA und SS dazu beitrug, den Wahlkampf des Sommers 1932 in eine Orgie von Gewalt ausarten zu lassen; die zahlreichen gewalttätigen Zusammenstöße der radikalen Rechten und Linken, die sich wie ein Ritual insbesondere an den Wochenenden häuften, drohten in einen offenen Bürgerkrieg hinüberzugleiten. Allein im Monat Juli wurden in Preußen laut offiziellen Angaben 86 Menschen aus politischen Gründen getötet.[269] Eine der wichtigsten Aufgaben, die sich die Regierung v. Papen stellte, war die Beseitigung der noch im Amt befindlichen geschäftsführenden Preußischen Regierung unter Ministerpräsident Otto Braun.[270] Fiel die Preußenregierung, dann war die letzte wesentliche Beteiligung der Sozialdemokratie am Weimarer Regierungssystem beseitigt; eine Rückkehr zu der komplizierten Machtbalance, wie sie für die Regierungszeit Brünings kennzeichnend gewesen war, war dann äußerst unwahrscheinlich. Die Tatsache, daß die Koalitionsgespräche zwischen Zentrum und NSDAP nicht wesentlich vorankamen, ließ die zweite Option, die Einsetzung eines Reichskommissars, in den Vordergrund treten. Dabei mußte die Aussicht, mit der Preußischen Regierung die Kontrolle über einen Verwaltungs- und Polizeiapparat zu gewinnen, der für mehr als drei Fünftel des deutschen Territoriums und der deutschen Bevölkerung zuständig war, einen starken Anreiz für die Regierung v. Papen bilden. Und schließlich eröffnete sich die Aussicht, durch eine „Gleichschaltung" Preußens den seit der Gründung des Kaiserreichs beklagten Dualismus von Reich und dem weitaus größten deutschen Land nun endgültig zu beseitigen und mit der Lösung dieses verfassungspolitischen Grundproblems den ersten entscheidenden Schritt zu einer allgemein geforderten „Reichsreform" zu tun.

Pläne zur Beseitigung der Preußischen Regierung

Am 11. und 12. Juli beschloß das Kabinett, am 20. Juli mit Hilfe einer Notverordnung des Reichspräsidenten den Reichskanzler als Reichskommissar für Preußen einzusetzen; der „psychologische Moment zum Eingreifen" schien nach Auffassung des Reichsinnenministers Gayl gekommen zu sein.[271] Als Vorwand für die Einsetzung eines Kommissars wurde die angebliche Unfähigkeit der preußischen Polizei angeführt, mit dem wachsenden innenpolitischen Terror fertig zu werden; zynischerweise benutzte also die Reichsregierung die nicht zuletzt durch ihr eigenes Zutun, nämlich die Aufhebung des SA-Verbots, beträchtlich gesteigerten Gewalttätigkeiten, um die mit dieser Gewalt konfrontierte preußische Regierung zu beseitigen. Nachdem aber der Preußische Innenminister Severing am 12. Juli die Bestimmungen für die Durchführung von Versammlungen unter freiem Himmel verschärft hatte, mußte Reichsinnenminister Gayl einsehen, daß Severing „der Reichsregierung den Boden für die geplante Aktion in Preußen im Moment entzogen" habe.[272]

Wenige Tage später jedoch, am 17. Juli, bot der „Altonaer Blutsonntag", einen erneuten Vorwand: In der zu Preußen gehörenden Stadt war es nach einem NS-Propagandamarsch durch „rote" Quartiere zu blutigen Auseinandersetzungen gekommen; die eingreifende Polizei machte von der Schußwaffe Gebrauch: Bei der sich entwickelnden wilden Schießerei kamen 17 Bürger ums Leben.[273]

Altonaer Blutsonntag

Für den 20. Juli lud der Reichskanzler den amtierenden geschäftsführenden Preußischen Ministerpräsidenten Hirtsiefer (der den kranken
und resignierten Otto Braun vertrat) sowie die preußischen Minister Severing und Klepper in die Reichskanzlei, um ihnen zu eröffnen, daß
der Reichspräsident ihn zum Reichskommissar in Preußen eingesetzt
habe; ferner teilte er mit, er habe in seiner neuen Eigenschaft Braun
und Severing ihrer Ämter enthoben. Severing protestierte energisch gegen diese Maßnahme, die er als verfassungswidrig bezeichnete, da die
Voraussetzung für einen solchen Eingriff laut Art. 48 – die Störung der
Sicherheit und Ordnung in einem Land – nicht gegeben sei: Die Sicherheit sei in Preußen nicht mehr gefährdet als in anderen Ländern.
Severing betonte, er werde nur „der Brachialgewalt weichen".[274]

„Preußen-
schlag"

Um den Maßnahmen Nachdruck zu verleihen, entschlossen sich Reichsregierung und kommissarische Preußische „Regierung", den militärischen Ausnahmezustand für Berlin und Brandenburg zu verhängen, der
bis zum 26. Juli aufrechterhalten wurde. Die gesamte Aktion verlief un-
blutig, aber nicht gewaltlos: die drei Spitzenbeamten des Berliner Poli-
zeipräsidiums weigerten sich, freiwillig ihre Posten zu räumen; sie wurden daraufhin von Reichswehroffizieren verhaftet, und, nachdem sie
schriftlich auf die weitere Ausübung ihrer Amtsgeschäfte verzichtet hatten, freigelassen. Auch Severing räumte sein Amtszimmer erst, als sein
Nachfolger, der von Reichskommissar v. Papen ernannte Franz Bracht,
in Polizei-Begleitung bei ihm erschien und ihm unmittelbare Gewaltanwendung androhte.[275] Noch am gleichen Abend beschloß das Reichska-
binett, auch die übrigen preußischen Minister zu entlassen.[276]

Passivität der
Linken

Von der SPD oder den Gewerkschaften kam keine Gegenwehr gegen
den Staatsstreich. Die Situation war eben nicht vergleichbar mit dem
Kapp-Putsch von 1920, bei der eine „Aktionsfront" der Linken die weitgehend isolierten Putschisten aufgehalten hatte: Im Unterschied zum
Putsch des Jahres 1920 unterstützte die Reichswehr den Staatsstreich
vom Juli 1932 vorbehaltlos; in einer offenen Auseinandersetzung mit
dem Militär, dem sicher SA und andere rechtsstehende paramilitärische
Verbände zu Hilfe gekommen wären, hätten Reichsbanner und preußische Polizei (soweit sie überhaupt zu gewaltsamen Widerstand bereit
gewesen wären) keine Chance gehabt. Auch die Drohung mit dem Generalstreik war angesichts von mehr als sechs Millionen Arbeitslosen
eine stumpfe Waffe; und auch seitens der Beamtenschaft war im Unterschied zur Situation von 1920 kein passiver Widerstand gegen die
Reichsregierung zu erwarten. Hinzu kam, daß die Tolerierungspolitik
der vergangenen Jahre die Widerstandshaltung der SPD geschwächt
und ihre Kompromißbereitschaft bis an die Grenze des Identitätsverlu-
stes gedehnt hatte. Eine Gegenwehr von Sozialdemokraten und Gewerkschaften hätte aber ohnehin nur noch symbolische Bedeutung gehabt, den Staatsstreich der Reichsregierung gegen Preußen hätte sie

328

nicht rückgängig machen können. Andererseits hatte der tatenlos hingenommene „Preußenschlag" eine tiefe demoralisierende Wirkung auf die SPD; die Passivität gegen die nationalsozialistische „Machtergreifung" war hierdurch vorgezeichnet.[277]

Folgen des „Preußenschlags"

Nach dem Staatsstreich nahm die neue kommissarische Regierung in Preußen umfassende personelle Umbesetzungen vor, denen zahlreiche republikanisch gesinnte Spitzenbeamte zum Opfer fielen.[278] Der „Preußenschlag" stieß jedoch auf den Widerstand der süddeutschen Länder, die von sich aus rechtliche Schritte gegen die Maßnahmen vom 20. Juli einleiteten, da sie befürchteten, daß der Reichsrat, die Vertretung der Länder, nunmehr von der Reichsregierung (die „kommissarisch" auch die preußischen Stimmen einkassiert hatte) beherrscht werden würde.[279]

Entscheidung des Reichsgerichts

Am 25. Juli lehnte der Staatsgerichtshof beim Reichsgericht in einer vorläufigen Entscheidung den Antrag der Preußischen Regierung ab, dem Reichskommissar die Ausübung seiner Geschäfte zu untersagen. Die eigentliche Entscheidung des Staatsgerichts in der Preußensache fiel am 25. Oktober: Es erklärte die Einsetzung eines Reichskommissars als mit der Reichsverfassung prinzipiell vereinbar; nicht von der Verfassung gedeckt sei es jedoch, wenn der Kommissar Preußen im Reichsrat und gegenüber anderen Verfassungsorganen vertrete. Damit wurden die Kompetenzen der Preußischen Regierung zwischen dem Reichskommissar v. Papen (Exekutive) und der geschäftsführenden Regierung Braun (Vertretung Preußens) geteilt.[280]

Die Wahlen vom Juli 1932 und der Anspruch der NSDAP auf die Macht

Bei den wenige Tage später, am 31. Juli, stattfindenden Reichstagswahlen gelang der NSDAP ihr zweiter großer Erfolg: Sie erzielte 37,4% gegenüber 18,3% im September 1930 und bildete nun mit 230 Mandaten die stärkste Fraktion im Reichstag. Auch die KPD und die katholischen Parteien konnten ihren Stimmenanteil, wenn auch geringfügig, steigern, die Kommunisten von 13,1 auf 14,5%, das Zentrum von 11,8 auf 12,5%, die BVP von 3 auf 3,2%. Zu den Verlierern gehörten die SPD mit 21,6 (statt 24,5%), die DNVP mit 5,9 statt 7%; die DVP wurde mit 1,2 statt 4,5% und die Deutsche Staatspartei mit 1 statt 3,8% praktisch vernichtet. Spektakulär waren aber auch die Verluste der Splitterparteien, die gemeinsam nur noch 2,7 gegenüber 13,9% (1930) erzielten.

Wahlergebnisse

Auch für diesen zweiten großen Wahlerfolg der NSDAP hat die Forschungsgruppe um Jürgen Falter eine Analyse der Wählerströme erstellt. War der Durchbruch der NSDAP 1930 in erster Linie, zu etwa

40%, auf den Zustrom von Wählern der DNVP, DVP und der DDP zurückzuführen, daneben, zu etwa einem Viertel, auf Nichtwähler, die aber nur insgesamt zum geringen Teil die NSDAP bevorzugten, so sieht das Bild im Juli 1932 etwas anders aus:[281]

Wählerströme zur NSDAP

1. Der größte Block der 13,8 Millionen NS-Wähler waren mit etwa 40% diejenigen, die auch schon 1930 der NSDAP ihre Stimme gegeben hatten; oder anders herum ausgedrückt: Fast 90% der Wähler, die sich 1930 für die NSDAP entschieden hatten, trafen nun wieder die gleiche Entscheidung. Diese im Vergleich mit den anderen nichtkatholischen und nichtsozialistischen Parteien erhebliche Stabilität der NS-Wählerschaft zeigt sehr deutlich, wie sehr es der NSDAP mittlerweile gelungen war, einen großen Teil ihres Anhang in ein geschlossenes Milieu einzubinden.

2. Wichtigste Quelle für den NSDAP-Zuwachs waren, mit etwa 18% aller NS-Wähler, die Splitterparteien; etwa die Hälfte der Anhänger dieser Gruppierungen, die verheerende Verluste zu verzeichnen hatten, wählte nun NSDAP. Dies markierte den eindeutigsten und aussagekräftigsten Wählerstrom dieser Wahlen. Durch einen Vergleich mit den Wahlen von 1928 und 1930, bei denen die Splitterparteien 14,7 bzw. 13,9% erreicht hatten, wird die Rolle dieser Gruppierungen als „Zwischenwirte" deutlich.

3. Die bisherigen Nichtwähler wären mit errechneten 12% als zweitwichtigste Quelle für die NSDAP zu nennen. Wiederum hatte sich die Zahl der abgegebenen Stimmen erhöht (von 35,2 auf 37,2 Millionen); da aber mehr als vier Fünftel der bisherigen Nichtwähler andere Parteien wählten, sagt dieser Zuwachs mehr über einen allgemeinen Mobilisierungseffekt in der Krise als über einen spezifischen Trend zugunsten der NSDAP aus.

4. Zu geschätzten 8% stammten die Wähler der NSDAP aus dem Spektrum der beiden liberalen Parteien, die nun endgültig in die Bedeutungslosigkeit absanken, zu etwa 6% von der DNVP. Auch wenn der Anteil ehemals liberaler bzw. konservativer Wähler an den NSDAP-Stimmen mit insgesamt 14% nicht allzu hoch erscheint, so ist doch bemerkenswert, daß Falter den Prozentanteil von NSDAP-Wählern unter den ehemaligen liberalen Anhängern mit 36% Prozent und unter den ehemaligen DNVP-Wählern mit 33% einschätzt. Die NSDAP profitierte also in besonderer Weise von dem Zusammenschmelzen der liberalen und konservativen Parteien, die nach der Wandlung der DDP zur Staatspartei nun ohnehin alle eindeutig im rechten Lager standen.

5. 10% der NSDAP-Wähler rechnet Falter ehemaligen SPD-Anhängern zu; zieht man aber in Betracht, daß nur ein Siebtel der SPD-Wähler von 1930 sich nun der NSDAP zuwandten, so fällt der im Vergleich mit den konservativ-liberalen Parteien viel stärkere Streu-Effekt der SPD-Verluste ins Auge: Enttäuschte SPD-Wähler suchten in allen politischen La-

gern (vor allem bei der KPD) nach Neuorientierung. Andere Wählerbewegungen zur NSDAP (etwa von der KPD oder den katholischen Parteien) lassen sich zwar ebenfalls feststellen, fielen demgegenüber zahlenmäßig nicht ins Gewicht.

Faßt man wiederum die Haupttendenz dieser Wählerströme zusammen, so läßt sich sagen, daß etwas mehr als die Hälfte der Neuwähler der NSDAP aus den Splittergruppierungen und den rechtsstehenden Parteien stammten, also dem konservativen und dem mittelständisch-agrarischen Milieu zugerechnet werden müssen, und in einem weit geringerem Maße bisher indifferente Nichtwähler oder gar Angehörige des linken oder des katholischen Blocks der NSDAP zuströmten.

Die Masse der NS-Anhängerschaft wollte nach dem großen Erfolg der Juli-Wahlen endlich das von der Parteiführung immer und immer wieder abgegebene Versprechen, man stünde unmittelbar vor dem entscheidenden Sieg, endlich eingelöst sehen. Teile der Partei und SA versuchten nun, sich über Hitlers Legalitätstaktik hinwegzusetzen und die Auseinandersetzung mit der Staatsmacht zur offenen Revolte eskalieren zu lassen. Am 1. August, einen Tag nach den Reichstagswahlen, begann die SA in Königsberg einen regelrechten Aufstand, indem sie die Stadt mit einer Welle von Bombenanschlägen und Attentaten auf prominente Nazi-Gegner überzog. In den nächsten Tagen wurde diese Terrorkampagne auf die gesamte Provinz Ostpreußen ausgedehnt. Diese Terrorwelle kam nicht unerwartet; bereits am 18. Juli war Hitler in einem Schreiben an den Reichskanzler auf Zusammenstöße von SA und Polizei in Ostpreußen eingegangen und hatte damit gedroht, er halte „jederzeit den Ausbruch einer blutigen Katastrophe für möglich".[282] Auch in anderen Teilen des Reiches ging die SA Anfang August zu offenem Terrorismus über. Insbesondere in Schlesien wurden zahlreiche Bombenanschläge und Feuerüberfälle auf Sozialdemokraten und Kommunisten verübt, ebenso auf Konsumläden sowie auf Zeitungsverlage und Büros konkurrierender Parteien.[283] In der Nacht vom 9. auf den 10. August erreichte diese Kampagne mit zahlreichen Anschlägen und Überfällen ihren Höhepunkt; es handelte sich um einen gezielten Versuch von Teilen der SA-Führung, die schwebenden Verhandlungen über die Neubildung der Reichsregierung durch terroristische Gewalt zu beeinflussen. Die furchtbarste Tat ereignete sich in Potempa, wo eine Gruppe von SA-Leuten einen KPD-Anhänger auf grausamste Weise umbrachte.[284]

Nun zeigte sich aber, daß diese Art des Terrorismus an entschlossener staatlicher Gegenwehr scheitern mußte: Nach einigen Tagen war die Polizei sowohl in Ostpreußen wie in Schlesien wieder Herr der Lage, hatte zahlreiche Festnahmen durchgeführt, der Bewegungsspielraum der SA in beiden Provinzen war durch staatliche Maßnahmen erheblich eingeschränkt worden. Wenige Stunden vor dem Potempa-Mord war

Revolte von Teilen der NSDAP

Potempa

Wirksame staatliche Gegenmaß- nahmen

eine Notverordnung gegen den politischen Terror in Kraft getreten, die für eine Reihe von Delikten die Todesstrafe vorsah; außerdem waren aufgrund einer älteren Ermächtigung Sondergerichte eingesetzt worden. Das neu geschaffene Sondergericht Beuthen verurteilte die Hauptbeteiligten am Potempa-Mord bereits am 22. August 1932 zum Tod. Sympathiekundgebungen Hitlers, Görings und Röhms zugunsten der Verurteilten enthüllten den Zynismus, mit dem die Partei ihren „legalen" Kurs verfolgte: So telegraphierte etwa Hitler den Verurteilen, er fühle sich ihnen „angesichts dieses ungeheuerlichen Bluturteils [...] in unbegrenzter Treue" verbunden; „Eure Freiheit ist von diesem Augenblick an eine Frage unserer Ehre."[285]

Mit solchen kaum verhüllten Drohungen konfrontiert, faßte die kommissarische Preußen-Regierung am 2. September unter Vorsitz v. Papens den Beschluß, die fünf zum Tode Verurteilten zu lebenslänglichem Zuchthaus zu begnadigen. Die offizielle Begründung lautete, man müsse davon ausgehen, daß die Verurteilten zur Tatzeit noch keine Kenntnis von der gerade erlassenen strafverschärfenden Notverordnung des Reichspräsidenten gehabt hatten.[286]

Anspruch Hitlers auf die Macht

Hitler war nach dem großen Erfolg der NSDAP in den Juli-Wahlen fest davon überzeugt, daß Hindenburg gar keine andere Wahl hätte, als ihm das Kanzleramt zu übertragen. Die Tatsache, daß sein öffentlich erhobener Anspruch auf die Kanzlerschaft von einer Terrorwelle seines Anhangs begleitet wurde, zeigt deutlich, wie sehr seine „legale" Taktik mit der Androhung und Anwendung von Gewalt durchsetzt war. Aber diese Taktik sollte gerade in diesen Tagen einen empfindlichen Rückschlag erleben.

Pläne für eine national- sozialistische Regierungs- beteiligung

Nach einem Gespräch des NSDAP-Führers mit v. Schleicher Anfang August war man in Hitlers Umgebung davon überzeugt, wie Goebbels in seinem Tagebuch schrieb, unmittelbar an den „Toren der Macht" zu stehen, also vor dem Eintritt in eine „nationale Koalition".[287] Schleicher hatte sich bei diesem Treffen offensichtlich bereit gezeigt, auf die Forderungen der NSDAP einzugehen: den Kanzlerposten und das Amt des Preußischen Ministerpräsidenten für Hitler, das Reichs- und das Preußische Innenministerium für Frick bzw. Straßer, ein Luftfahrtministerium für Göring, für Goebbels ein Ressort „Volkserziehung" sowie Nationalsozialisten im Justiz- und Landwirtschaftsressort.[288]

Offenbar bereits ganz unter dem Eindruck der sich anbahnenden engen Zusammenarbeit mit der NSDAP erklärte v. Papen in der Kabinettssitzung vom 10. August im Hinblick auf die Nationalsozialisten, es sei nötig, „die Bewegung in die verantwortliche Staatsführung mit hereinzunehmen", man müsse einen Mittelweg finden zwischen einem Präsidialkabinett und der von den Nationalsozialisten geforderten Übernahme der Staatsführung.[289]

Doch noch mußte Hindenburg von der neuen Lösung überzeugt werden. Am 13. August fand das entscheidende Gespräch Hitlers beim Reichspräsidenten statt, bei dem der „Führer" der NSDAP hoffte, seinen Anspruch durchsetzen zu können. Begleitet wurde dieses Gespräch von Drohgebärden der SA, die im Raum Berlin demonstrativ aufmarschiert war.[290] Nach dem vom Staatssekretär Meissner angefertigten Protokoll fragte Hindenburg bei dieser entscheidenden Begegnung Hitler zunächst, ob er bereit sei, sich an der gegenwärtigen Regierung zu beteiligen. Hitler lehnte dies ab und erklärte, er müsse angesichts der „Bedeutung der nationalsozialistischen Bewegung [...] die Führung einer Regierung und die Staatsführung in vollem Umfange für sich und seine Partei" verlangen. Hindenburg erwiderte hierauf, er müsse auf diese Forderung „mit einem klaren, bestimmten 'Nein' antworten". Er könne es nicht verantworten, einer Partei allein die Regierungsgewalt zu übertragen, einer Partei zudem, „die einseitig gegen Andersdenkende eingestellt wäre".[291]

Hindenburg verweigert Hitler das Kanzleramt

In der offiziellen Erklärung des Reichspräsidialamtes wurde jedoch das Protokoll in eine Fassung gebracht, die Hitler und seinen „Legalitätskurs" öffentlich bloßstellen sollte, hieß es doch wesentlich verkürzt, der Präsident habe Hitlers Forderung, ihm die „gesamte Staatsgewalt in vollem Umfang zu übertragen", abgelehnt.[292]

Für die politische Taktik Hitlers, ja für sein Prestige als Parteiführer überhaupt, war dies eine empfindliche Niederlage. Innerhalb der Partei und besonders in der SA drängte die Enttäuschung über die bereits sicher geglaubte, wieder einmal verhinderte Machtübernahme den Wahlerfolg fast völlig in den Hintergrund. Goebbels notierte in sein Tagebuch über die Reaktion in der SA-Führerschaft: „Für sie ist es am schwersten. Wer weiß, ob ihre Formationen gehalten werden können. Nichts ist schwieriger, als einer siegesgewissen Truppe zu sagen, daß der Sieg aus den Händen geronnen ist."[293]

Stimmungsrückschlag in der NSDAP

Diese tiefe Enttäuschung innerhalb der Partei sollte sich in den kommenden Wochen noch weiter verstärken; nach der erneuten Auflösung des Reichstages im September sollten sich in der Parteiführung Zweifel breitmachen, ob es noch einmal gelingen würde, die in ihren Hoffnungen enttäuschte Anhängerschaft durch eine neue Kampagne zu stimulieren und noch einmal auf Sieg zu programmieren. Die tiefe Frustration, die nun die SA erfaßte, läßt sich äußerlich an einer Stagnation der Mitgliedszahlen ablesen.[294] Eine durch die SA-Führung Ende September bei ihren regionalen Untergliederungen angestellte Umfrage[295] macht deutlich, daß sich die Stimmung innerhalb der Parteiarmee, die sich bereits seit Anfang des Jahres in einem permanenten Wahlkampf befand, einem kritischen Punkt näherte. Einerseits machten sich Ratlosigkeit und Apathie breit, andererseits aber auch wachsende Unruhe: An der SA-Basis sprach man offen vom „Losschlagen", der „legale" Weg der Parteiführung habe sich als nicht gangbar erwiesen.

333

Krisenbekämpfung, außenpolitische Verhandlungen und Verfassungspläne

Umorientierung der Regierungspolitik

Die Entscheidung Hindenburgs, Hitler nicht mit der Regierungsgewalt zu betrauen, war aber nicht nur ein empfindlicher Rückschlag für die NSDAP, sondern bedeutete auch einen Wendepunkt für die Regierung v. Papen, die jetzt endgültig Abschied von der Vorstellung nehmen mußte, durch die NSDAP toleriert zu werden. Die Regierung versuchte nun verstärkt, in der Innenpolitik die Initiative zu übernehmen, indem sie Maßnahmen zur Krisenbekämpfung einleitete, die Aufstellung einer Miliz vorbereitete, um den paramilitärischen Verbänden das Wasser abzugraben, und gleichzeitig Pläne zur Änderung der Verfassung ausarbeitete. Diese innenpolitischen Initiativen standen im Zusammenhang mit außenpolitischen Entwicklungen des Sommers, nämlich dem Ende der Reparationen und dem sich abzeichnenden Durchbruch in der Abrüstungs- bzw. Aufrüstungsfrage.

Ende der Reparationen

Die am 16. Juni in Lausanne beginnende Reparationskonferenz führte nach kurzer Verhandlungsdauer zu einem Abschluß der Reparationsverpflichtungen. Die von alliierter Seite vorgeschlagene Zahlung einer Restsumme wollte die deutsche Regierung zunächst an bestimmte politische Gegenleistungen, insbesondere an die Aufhebung der militärischen Rüstungsbeschränkungen des Versailler Vertrags binden. Als sich die Absicht, Reparations- und Abrüstungsfrage zu verbinden, wegen des starken französischen Widerstands nicht durchsetzen ließ, konzentrierten sich die Verhandlungen auf die Höhe und die Zahlungsmodalitäten der restlichen Reparationssumme. Schließlich einigte man sich im Lausanner Abkommen vom 9. Juli auf drei Milliarden Reichsmark, die frühestens nach Ablauf einer dreijährigen Frist fällig waren. Diese Regelung trat an die Stelle des Young-Plans. Tatsächlich sollten die drei Milliarden niemals gezahlt werden.[296]

Hinsichtlich der seit Februar 1932 in Genf tagenden Abrüstungskonferenz vertrat auch die Regierung v. Papen das Ziel, von den übrigen Mächten zu fordern, ihre Rüstung auf das deutsche Niveau abzusenken und die militärischen Bestimmungen des Versailler Vertrags in eine zeitlich begrenzte Abrüstungskonvention überzuleiten. Sollten sich die übrigen Mächte nicht bereit finden, die Gleichberechtigung Deutschlands in der Rüstung anzuerkennen, konnte dies als offenkundige Diskriminierung dargestellt und zum Vorwand genommen werden, um eine eigenständige deutsche Aufrüstung einzuleiten. Während das Auswärtige Amt im Sommer 1932 zunächst nur eine internationale Einigung auf eine „theoretische Gleichberechtigung" Deutschlands anstrebte und konkrete Aufrüstungsschritte zunächst zurückstellen wollte, waren v. Schleicher und das Wehrministerium entschlossen, schon jetzt eine Rüstungsparität mit Frankreich durchzusetzen.[297] Entsprechende Aufrüstungspläne waren innerhalb des Reichswehrministeriums mit Hochdruck vorbereitet worden: Geplant wurde eine kurzdienende, innerhalb des bisherigen Budgetrahmens zu verwirklichende Miliz als Vorstufe zur Einführung der allgemeinen Wehrpflicht.

Abrüstungskonferenz

Von v. Papen und vor allem v. Schleicher wollten den unmittelbar bevorstehenden Durchbruch in der Aufrüstungsfrage aber auch mit einem Umschwung in der Innenpolitik verbinden: Um die innenpolitischen Gegensätze abzubauen, sollten alle Energien auf eine Erhöhung der „Wehrbereitschaft" in der Gesellschaft gelenkt werden, wobei der Reichswehr eine Führungsrolle zugedacht war. Dieser allgemeinen „gesellschaftlichen Aufrüstung" diente eine Fülle von Maßnahmen: Nach und nach wurde der Freiwillige Arbeitsdienst militarisiert;[298] die Technische Nothilfe, die bei Streiks lebenswichtige Betriebe aufrechterhalten sollte und sich in erster Linie aus Stahlhelmern zusammensetzte, wurde reaktiviert;[299] im September 1932 wurde durch einen Beschluß der Regierung ein Reichskuratorium für Jugendertüchtigung ins Leben gerufen, das die vormilitärische Ausbildung für die künftige Miliz in Geländesportschulen organisieren sollte;[300] zahlreiche weitere Maßnahmen auf dem Gebiet der Jugenderziehung und Sozialpolitik wurden getroffen.[301] Nach wie vor besaß die größte paramilitärische Organisation, die SA, einen hohen Stellenwert in den Aufrüstungsplänen der Reichswehr.

Innenpolitische Funktion der geplanten Aufrüstung

Die großen innenpolitischen Erwartungen, die an die Aufrüstungsfrage geknüpft waren, standen also im Hintergrund, als die deutsche Verhandlungsdelegation in Genf am 23. Juli erklärte, sie werde nicht wieder an den Verhandlungstisch zurückkehren, wenn ihre prinzipielle Forderung nach Gleichberechtigung nicht anerkannt werde.[302] Die Entscheidung zum Verlassen der Konferenz wurde von der Reichsregierung Mitte September bestätigt, nachdem sich deutsch-französische Einigungsbemühungen als fruchtlos erwiesen hatten.[303] (In der sogenannten Fünfmächteerklärung vom 11. Dezember 1932 sollten die USA, Frankreich, Großbritannien und Italien jedoch die militärische Gleichberechtigung Deutschland grundsätzlich anerkennen, was zur Wiederaufnahme der Verhandlungen durch die deutsche Regierung – mittlerweile unter v. Schleicher – führen sollte.[304] Erst die Regierung Hitler sollte im Oktober 1933 die Abrüstungskonferenz endgültig verlassen und damit die Begründung für die bereits im Gang befindliche Aufrüstung nachliefern.)

Unterbrechung der Abrüstungsverhandlungen

Nach dem in Lausanne ausgehandelten Ende der Reparationszahlungen entfiel eines der wesentlichen Argumente gegen eine aktive Krisenpolitik des Staates. Die Regierung v. Papen ging nun daran, in der Wirtschaftspolitik einen neuen Kurs einzuleiten, der auf das Gegenteil der Brüningschen Deflationspolitik hinauslief: Nun sollte die Konjunktur durch staatliche Maßnahmen angekurbelt werden.

**Arbeits-
beschaffung**

Neben verschiedenen direkten Arbeitsbeschaffungsmaßnahmen, so etwa dem Ausbau des Freiwilligen Arbeitsdienstes, der im Juli 1932 reorganisiert wurde und Ende 1932 über 250 000 Personen umfaßte,[305] stellte die Regierung Anfang September ein Konjunkturprogramm auf, das auf der Idee beruhte, zukünftige Steuereinnahmen des Staates in Kredite umzuwandeln und so die privaten Investitionen anzuregen. Die Finanzämter wurden durch eine Notverordnung vom 4. September ermächtigt, vom Oktober 1932 an für entrichtete Steuern Gutscheine auszugeben, die ab 1934 wieder in Zahlung genommen werden sollten und von den Banken als Grundlage für einen Kredit anerkannt wurden. Ebenso wurden Steuergutscheine für nachweislich geschaffene Arbeitsplätze ausgestellt. Dieser zweite Teil der Aktion, also die direkte Prämierung von neuen Arbeitsplätzen, stellte sich jedoch alsbald als Fehlschlag heraus, da das Interesse der Unternehmen am Abbau weiterer Arbeitsplätze noch ganz eindeutig überwog; es wurde daher bis zur Jahreswende eingestellt.[306]

**Demontage
der Sozial-
politik**

Andererseits ermächtigte die Notverordnung vom 4. September die Reichsregierung generell, alle „sozialen Einrichtungen zu vereinfachen und zu verbilligen". Von dieser weitgehenden Eingriffsmöglichkeit in den gesamten Bereich des Arbeits- und Sozialrechts machte die Regierung auch sogleich Gebrauch, als sie am 5. September eine Verordnung erließ, die es den Unternehmen erlaubte, die Tariflöhne zu unterschreiten, wenn sie nachweisen konnten, daß sie mehr Arbeitskräfte beschäftigten als im Monat zuvor oder aber unmittelbar vor der Produktionseinstellung standen.[307] Diese Lohnsenkungsverordnung sollte sich allerdings beschäftigungspolitisch kaum auswirken, sondern vor allem zu erheblichen Unruhen und Streiks in den Betrieben führen; sie wurde daher im Dezember ausgesetzt.[308] Drei Monate zuvor hatten Richtlinien des Arbeitsministers bereits die staatlichen Schlichter angewiesen, vom 15. Juni ab Schiedssprüche nicht mehr für verbindlich zu erklären. War das Instrument der Zwangsschlichtung unter Brüning Anfang 1931 verschärft worden, um es zum Instrument einer Politik allgemeiner Lohnsenkungen zu machen, so war man in der Regierung v. Papen zu der Erkenntnis gekommen, daß eine Aufgabe der Zwangsschlichtung unter den verschärften Krisenbedingungen den gleichen Effekt haben müßte: Angesichts der Massenarbeitslosigkeit bedeutete ein vergrößerter Handlungsspielraum für die Tarifparteien einen verstärkten Druck auf die Position der Arbeitnehmer.[309]

Angesichts der sehr industriefreundlichen Wirtschaftspolitik der Regierung v. Papen drängten auch die landwirtschaftlichen Verbände auf eine verstärkte Berücksichtigung ihrer protektionistischen Forderungen, die sie unter Brüning nur teilweise hatten durchsetzen können. Im Sommer und Herbst 1932 übten die Agrarverbände erheblichen Druck auf die Regierung aus, zu einem umfassenden Zollschutz und einer

Kontingentierung (Einfuhrbeschränkung) von landwirtschaftlichen Produkten überzugehen. Diesem Druck kam die Regierung im August einen Schritt entgegen, indem sie für bestimmte Agrarprodukte die Zölle erhöhte und Kontingentmengen erließ. Weitergehende protektionistische Forderungen der Landwirtschaft, die eine Kündigung bestehender Handelsverträge bedeutet hätten, stießen jedoch auf den entschiedenen Widerstand der Industrie und des Handels, die die Gefährdung des gesamten deutschen Exports durch eine solche landwirtschaftliche Autarkiepolitik hervorhoben. Diese unterschiedlichen Standpunkte schlugen sich auch innerhalb der Regierung in einer heftigen Kontroverse zwischen dem Wirtschafts- und dem Ernährungsminister nieder. Man einigte sich schließlich darauf, an die Handelspartner Deutschlands heranzutreten, um mit ihnen Vereinbarungen über die Kontingentierung für eine begrenzte Zahl von landwirtschaftlichen Gütern zu erreichen. Schon sehr bald stellte sich jedoch heraus, daß diese Politik im Ausland auf eindeutigen Widerstand stieß und die Gefahr eines allgemeinen Boykotts deutscher Waren nach sich zog. Der Kanzler sah sich daher Anfang November gezwungen, auch seine Pläne für eine gemäßigte Kontingentierungspolitik aufzugeben; übrig blieben nur Beschränkungen für den Butterimport.[310]

Forderungen der Landwirtschaft

Inzwischen gingen die Bemühungen um eine Lösung der verfahrenen innenpolitischen Situation weiter. Bei einem Treffen mit Hindenburg am 30. August erwirkten v. Papen, v. Schleicher und v. Gayl vom Präsidenten die Zusage, daß bei einer eventuellen Auflösung des Parlaments die fälligen Neuwahlen länger als sechzig Tage – die in der Verfassung vorgesehene Frist – hinausgeschoben werden sollten. Dies stelle zwar, so führte v. Papen aus, „formell eine Verletzung der diesbezüglichen Verfassungsvorschrift" dar, aber es lege ein „staatlicher Notstand" vor, der solche außergewöhnlichen Maßnahmen rechtfertige. Bei dem gleichen Treffen unterzeichnete Hindenburg auch eine Blankovollmacht, die v. Papen in den Stand versetzte, den Reichstag jederzeit aufzulösen.[311]

Pläne zum Verfassungsbruch

Diese Lösung, eine auf die Autorität des Reichspräsidenten und die Machtmittel der Reichswehr gestützte Diktatur, hätte aber nur dann Aussichten gehabt, sich zu behaupten, wenn sie eine breitere Basis in der Bevölkerung gehabt hätte als die Regierung v. Papen. Tatsächlich gab es im Sommer 1932 verschiedene Bestrebungen zur Bildung einer „Präsidialpartei" oder eines „Nationalvereins", der gerade in der bevorstehenden parlamentslosen Zeit als Bindeglied zwischen „überparteilicher" Präsidialregierung und Bevölkerung hätte fungieren sollen.[312] Im September 1932 sollte sich denn auch ein Deutscher Nationalverein als Plattform für einen Zusammenschluß aller liberalen und moderaten konservativen Kräfte bilden, er trat jedoch in den der Republik noch verbleibenden Monaten nicht mehr maßgeblich in Erscheinung.[313]

„Nationalverein"

337

Einen anderen Ausweg suchte das Zentrum: Es hatte, nachdem Hitlers Anspruch auf das Kanzleramt am 13. August durch Hindenburg zurückgewiesen worden war, wieder Verhandlungen mit der NSDAP über Koalitionen in Preußen und im Reich aufgenommen; im Unterschied zu den Gesprächen vom Juni über ein Zusammengehen in Preußen, die von v. Papen eingeleitet worden waren, um durch eine Stabilisierung der Verhältnisse im größten Land seine eigene Position zu stärken, verfolgten NSDAP und Zentrum nun die Absicht, die Regierung v. Papen auszuhebeln. In einer gemeinsamen Erklärung vom 1. September ließen beide Parteien verlauten, das Ziel ihrer Besprechungen sei die „Beruhigung und Festigung der innerpolitischen Verhältnisse in Deutschland auf längere Sicht".[314] Die Verhandlungen wurden jedoch durch die Auflösung des Reichstags Mitte September obsolet. Im November sollte das Zentrum noch einmal einen Vorstoß unternehmen, um zu einer Zusammenarbeit mit Hitler auf Reichsebene zu kommen; auch dieser Versuch sollte sich als vergeblich herausstellen, da die NSDAP diese Verhandlungen nur aus taktischen Gründen führte, um die Regierung v. Papen zu schwächen.[315]

NSDAP und Zentrum

„Mißtrauensvotum" gegen v. Papen

In der zweiten Sitzung des Reichstags vom 12. September sah sich v. Papen mit einer unvorhergesehenen Situation konfrontiert: Überraschend wurde ein kommunistischer Antrag vorgelegt, die Notverordnung vom 4. und die Lohnsenkungsverordnung vom 5. September aufzuheben und der Regierung das Mißtrauen auszusprechen; ebenso überraschend unterstützte die NSDAP diesen Antrag.

Was nun folgte, war eine in der deutschen Parlamentsgeschichte einmalige Farce. Der Präsident des Reichstages, der mit den Stimmen von NSDAP und Zentrum wiedergewählte Hermann Göring, übersah geflissentlich die Versuche v. Papens, sich zu Wort zu melden, um die Auflösungsordre des Reichspräsidenten zu verlesen, die der Kanzler unübersehbar in der für diesen Zweck reservierten „roten Mappe" bei sich trug. Göring weigerte sich auch, das Schriftstück zur Kenntnis zu nehmen, als v. Papen es auf seinen Tisch legte – obwohl die Ordre damit offiziell übergeben war und sofort rechtsgültig wurde. Göring ließ stattdessen die Abstimmung durchführen: 512 der insgesamt 560 anwesenden Abgeordneten stimmten mit Ja, nur 42 (überwiegend Mitglieder von DNVP und DVP) mit Nein, also für v. Papen. Anschließend erklärte Göring, die ihm vorliegende Auflösungsordre sei ungültig, da die in der Verfassung vorgesehene Gegenzeichnung durch v. Papen durch das Mißtrauensvotum gegenstandslos geworden sei! Göring mußte zwar kurze Zeit später zugeben, daß seine Position haltlos war – die Tatsache aber, daß v. Papen nur die Unterstützung von weniger als einem Zehntel der Volksvertreter besaß, war – unabhängig von der verfassungsrechtlichen Wirkungslosigkeit der Abstimmung – nicht zu übersehen.

Bereits in einer wiederum vom Rundfunk übertragenen Regierungserklärung vom 12. September machte v. Papen deutlich, daß er mit seiner Politik aus dem von der Weimarer Verfassung gesetzten Rahmen endgültig ausbrechen wollte: Er kündigte eine „Neugestaltung unseres staatlichen Lebens" an, einen Bruch mit den „Doktrinen einer rein formalen Demokratie".[316] Aus einer weiteren Rede v. Papens, einen Monat später vor dem Bayerischen Industriellenverband gehalten, so wie aus verschiedenen Äußerungen seines Innenministers v. Gayl lassen sich die Konturen des geplanten, autoritären „Neuen Staates" entnehmen:[317] Durch eine Verfassungsreform sollten die Rechte des Präsidenten gestärkt und die Reichsregierung endgültig unabhängig vom Parlament gemacht werden, das seine eingeschränkten Kompetenzen zudem noch mit einem vom Präsidenten berufenen, berufsständischen Oberhaus hätte teilen sollen. Darüberhinaus war eine Veränderung des Wahlrechts geplant, von den man sich eine Stärkung des konservativen Elements versprach: Das Wahlalter sollte heraufgesetzt und „selbständige Familienernährer" (Männer und Frauen) sowie Kriegsteilnehmer sollten eine Zusatzstimme erhalten.

> v. Papens
> „Neuer Staat"

Nach der Auflösung des Parlaments beschäftigte sich das Kabinett nun erneut mit der Möglichkeit, durch ein Hinausschieben des Wahltermins über die Verfassungsfrist von 60 Tagen hinaus den Reichstag auf längere Sicht auszuschalten. In der Kabinettsitzung vom 14. September sprach sich der Reichsinnenminister für ein Hinausschieben der Wahlen „auf unbestimmte Zeit „aus, ebenso unter anderem v. Schleicher. Auch v. Papen äußerte sich sehr eindeutig über seine längerfristigen Ziele: „Das bisherige System der Parteiherrschaft müsse beendet werden. Dieses Ziel könne letztes Endes nur durch Abweichen von der Verfassung erreicht werden." Noch allerdings sei es hierfür zu früh, man solle sich noch einmal an die Verfassungsbestimmungen halten. Drei Tage später einigte sich das Kabinett auf den 6. November als Wahltermin.[318]

> Pläne zur Ausschaltung des Parlaments

Mittlerweile waren die Proteste gegen die Lohnsenkungsverordnung vom 5. September angeschwollen und hatten eine Streikwelle ausgelöst.[319] Der Höhepunkt dieser Streikwelle wurde Anfang November 1932 in Berlin erreicht. Als die Berliner Verkehrsgesellschaft nach Ablauf des Tarifvertrages eine Lohnsenkung ankündigte, bildete sich innerhalb der Belegschaft eine Initiative für einen Streik, die von Kommunisten geführt, aber auch von der kleinen Minderheit der nationalsozialistisch orientierten BVG-Beschäftigten unterstützt wurde. Eine große Mehrheit der Belegschaft entschied sich in einer Urabstimmung für einen Streik, der gegen den Widerstand der zuständigen Gewerkschaft am 3. November begann und den gesamten öffentlichen Nahverkehr in Berlin lahmlegte. Wenn die beiden verfeindeten radikalen Parteien, KPD und NSDAP, nun gemeinsam an einem Arbeitskampf

> BVG-Streik

339

teilnahmen, dann nicht etwa, weil sie sich zu einer gemeinsamen Strategie entschlossen hätten, sondern nur deshalb, weil beide Seiten in dem Streik eine Chance sahen, unmittelbar vor den Wahlen in der Hauptstadt einen Einbruch in das Wählerreservoir des jeweiligen Gegners zu erzielen. Der Arbeitskampf nahm alsbald gewalttätige Formen an, Auseinandersetzungen mit der Polizei forderten drei Tote. Am 7. November wurde der Streik abgebrochen.[320]

November-Wahlen und das Ende v. Papens

Wahl-ergebnisse

Das wichtigste Ergebnis der Wahlen vom 6. November waren die Verluste der NSDAP, deren Stimmenanteil von 37,4 auf 33,1% sank. Das Potential der NSDAP-Wähler war offensichtlich ausgeschöpft, der Trend zur NSDAP begann sich umzukehren. Die von der Partei verbreitete Siegeseuphorie ließ sich nicht künstlich über Monate aufrechterhalten, wenn sich keine konkreten Erfolge einstellten.

Zu den Gewinnern der Wahlen gehörten die DNVP (8,9 statt 5,9%) sowie die KPD mit 16,9 gegenüber 14,5%. Die SPD hatte wiederum leicht verloren (20,4 statt 21,6%), ebenso das Zentrum (11,9 gegenüber 12,5%). Die BVP blieb mit 3,1% nur 0,1 Punkte unter ihrem altem Ergebnis. DVP und Staatspartei stagnierten mit 1,9 bzw. 1,0% in der Bedeutungslosigkeit.

In der Kabinettssitzung vom 9. November nahm die Regierung die Erörterung der Staatsstreichpläne wieder auf. Der Reichsinnenminister führte aus, man müsse in Verhandlungen mit den Parteien eine Tolerierung der Regierung erreichen. Ließe sich dies nicht bewerkstelligen, dann sei die „Situation eines staatsrechtlichen Notstandes gegeben: „Für gewisse Zeit werde sich die Diktatur dann nicht vermeiden lassen."[321]

Rücktritt der Regierung

Hindenburg wollte nach den Wahlen zunächst an einem Präsidialkabinett, wiederum unter v. Papen, festhalten. Nach erfolglosen Sondierungsgesprächen mit den Parteien kam der Kanzler am 17. November zu der Schlußfolgerung, daß keine Chance für eine Einbeziehung der Nationalsozialisten in seine Regierung bestünde; das Kabinett beschloß die Demission, blieb jedoch geschäftsführend im Amt.[322]

Am 19. November wandten sich neunzehn Persönlichkeiten aus der Wirtschaft, darunter der ehemalige Reichsbankpräsident Hjalmar Schacht, der Großindustrielle Fritz Thyssen, der Bankier Kurt v. Schröder sowie der Präsident des Reichslandbundes, Eberhard v. Kalckreuth, in einer Eingabe an Hindenburg und forderten ihn auf, Hitler zum Reichskanzler zu ernennen. Diese Gruppe repräsentierte jedoch nur eine Minderheit „der Wirtschaft"; maßgebliche Großindustrielle, denen die Eingabe zur Unterschrift vorgelegt worden war, hatten abgesagt.[323]

Unterstützung von Industriellen hatte die NSDAP seit den frühen zwanziger Jahren erfahren, sie blieb jedoch lange Zeit auf einen relativ kleinen Personenkreis beschränkt; so wäre etwa neben Thyssen der ehemalige Zechenbesitzer Emil Kirdorf oder der Chemiefabrikant Wilhelm Keppler zu nennen.[324] Als im Sommer/Herbst 1931 innerhalb der Industrie die Kritik an Brüning zunahm, hatte eine weitere starke Gruppe von Schwerindustriellen um Paul Reusch den Anschluß an die „Nationale Opposition" gesucht, an das in Bad Harzburg erstmals in Erscheinung tretende Bündnis aus DNVP, Stahlhelm und NSDAP. Konsequenz dieser Annäherung waren unter anderem Hitlers Auftritt vor dem Düsseldorfer Industrieklub im Januar 1932 und die Einrichtung einer „Arbeitsstelle" durch Schacht gewesen, die Kontakte mit der NSDAP pflegen und die wirtschaftspolitische Programmarbeit der Partei im Sinne der Industrie beeinflussen sollte. Unter der Regierung v. Papen hatten sich diese Kontakte jedoch abgeschwächt, da die Industriellen insgesamt den Kurs des Kanzlers wegen seiner industriefreundlichen Haltung, seiner außenpolitischen Erfolge und seiner autoritären Verfassungspläne begrüßten. Das Schreiben an Hindenburg vom November 1932, mit dem eine Kanzlerschaft Hitlers durchgesetzt werden sollte, war demgegenüber eine Initiative von Einzelpersönlichkeiten, die im Gegensatz zu den Hauptströmungen in den großen Verbänden standen.[325]

Initiative aus der Wirtschaft für Kanzlerschaft Hitlers

In diesem Zusammenhang stellt sich auch die Frage, inwieweit die Industrie die NSDAP finanziell unterstützte und damit zu ihren Wahlerfolgen möglicherweise entscheidend beitrug.[326] Nennenswerte Beträge erhielt die NS-Partei wohl erst nach ihrem Erfolg bei den September-Wahlen von 1930; vor allem im Frühjahr und Sommer 1932, als eine Tolerierungspolitik der NSDAP zugunsten v. Papens im Gespräch war, scheinen der Partei massiv Gelder zugeflossen zu sein. Als die NSDAP jedoch nach den Juli-Wahlen dazu überging, v. Papen offen zu bekämpfen, wurden die Zahlungen wiederum erheblich gekürzt; Ende 1932 herrschte in den Parteikassen ausgesprochene Finanznot. Zwar lassen sich nicht alle Zahlungen aus der Industrie an die NSDAP lückenlos rekonstruieren, doch aufgrund der vorhandenen Angaben kann man sagen, daß die der NSDAP gezahlten Großspenden insgesamt gesehen für das Budget der Partei keine entscheidende Rolle spielten und auch zu keinem Zeitpunkt innerhalb der industriellen Parteienfinanzierung den Hauptteil ausmachten. Die Verantwortung der Großindustrie für den Aufstieg der NSDAP liegt denn auch nicht so sehr in der Finanzierung der Partei, sondern vielmehr in der Aufkündigung der nach der Novemberrevolution mit den Gewerkschaften und den Sozialdemokraten geschlossenen sozialpolitischen und innenpolitischen Basiskompromisse sowie in der Befürwortung des autoritären Präsidialregimes, das erst das enorme Wachstum der NSDAP ermöglichte.

Industrielle Unterstützung für die NSDAP

341

Ablehnung einer Kanzlerschaft Hitlers

Doch zurück zur innenpolitischen Situation im November 1932: Nach dem Rücktritt v. Papens folgte eine Gesprächsrunde des Reichspräsidenten mit den Parteiführern; im Zuge dieser Besprechungen forderte Hitler Hindenburg am 19. und 21. November erneut auf, ihn zum Kanzler zu ernennen und ihn, wie seine Vorgänger, mit dem Notverordnungsrecht und der Auflösungsgarantie gegenüber dem Reichstag auszustatten. Hindenburg erklärte sich jedoch nur bereit, Hitler zum Kanzler zu berufen, wenn er eine regierungsfähige parlamentarische Mehrheit vorweisen könne; einen mit den präsidialen Vorrechten ausgerüsteten Kanzler Hitler lehnte er zu diesem Zeitpunkt noch eindeutig ab.[327] Er bekräftigte seinen Standpunkt in einer Erklärung, die am 24. November veröffentlicht wurde: „Der Herr Reichspräsident muß [...] befürchten, daß ein von Ihnen geführtes Präsidialkabinett sich zwangsläufig zu einer Parteidiktatur mit allen ihren Folgen für eine außerordentliche Verschärfung der Gegensätze im deutschen Volk entwickeln würde, die herbeigeführt zu haben er vor seinem Eid und seinem Gewissen nicht verantworten könnte."[328]

Überlegungen Schleichers

Wehrminister v. Schleicher erkundete nun im Auftrag der Regierung die Möglichkeit, ob Hitler möglicherweise bereit sei, in eine Präsidialregierung unter einem neuen Kanzler einzutreten. Am 25. November mußte er dem Kabinett mitteilen, daß der NSDAP-Führer diese Möglichkeit ausschließe. Schleicher fügte hinzu, nach seiner persönlichen Meinung werde durch ein Auswechseln des Kanzlers nichts gewonnen.[329]

Neue innenpolitische Konstellation?

Mittlerweile aber hatte v. Schleicher damit begonnen, eine andere Lösung der politischen Krise zu entwickeln. Er war dabei von der Überlegung ausgegangen, daß eine Präsidialregierung ohne eine breite politische Basis in der Bevölkerung nicht regierungsfähig sein konnte. Da eine parlamentarische Mehrheitsbildung unmöglich schien, die Bildung einer „Präsidialpartei" nicht vorankam und Hitler nicht bereit war, in eine konservative Regierung einzutreten, schlug v. Schleicher einen anderen Weg ein, der über eine bloße Parteienlösung hinausführen sollte. Er versuchte dabei verschiedene, sich seit dem Sommer 1932 in der innenpolitischen Arena der Republik abzeichnende Tendenzen und „Querverbindungen" miteinander zu verknüpfen:

Gewerkschaften

– Seit dem Sommer 1932 zeichnete sich eine vorsichtige Annäherung der Gewerkschaften an die Regierung ab, die damit vom Anti-Papen Kurs der SPD abwichen: Nachdem man bei einem Spitzengespräch am 30. Juli Möglichkeiten der Zusammenarbeit mit v. Papen erkundet hatte[330], machte der ADGB-Vorsitzenden Leipart am 14. Oktober einen bedeutenden Schritt in Richtung auf die Regierung, als er sich in einer Rede von der SPD und dem Parteienstaat distanzierte und die „nationale" Aufgabe der Gewerkschaften betonte. In der Umgebung v. Schleichers, aber auch bei dem Nationalsozialisten Straßer fand diese Rede viel Beifall.[331]

– Straßer bewegte sich ebenfalls auf die Gewerkschaften zu: In seiner Reichstagsrede vom 10. Mai hatte er ein umfassendes Arbeitsbeschaffungsprogramm gefordert und die „große antikapitalistische Sehnsucht" weiter Volkskreise beschworen; in einem in großer Auflage verbreiteten „Wirtschaftlichen Sofortprogramm der NSDAP" war er für Arbeitsbeschaffungsmaßnahmen eingetreten; mehrfach hatte er öffentlich die Notwendigkeit von Gewerkschaften betont. Straßer verfügte aber auch über gute Beziehungen zur Reichswehr und zur Industrie und war damit der geeignete Ansprechpartner für eine auf einem breiten Bündnis ruhende Regierung. Im Gegensatz zu der Industriellen-Gruppe um Thyssen, die am 19. November für eine Kanzlerschaft Hitlers eingetreten war, forderte beispielsweise der einflußreiche schwerindustrielle Langnam-Verein eine Aufnahme Straßers in die Papen-Regierung.[332]

Straßer

– Seit dem Sommer 1932 arbeiteten Freie Gewerkschaften, Reichsbanner und sozialdemokratische Organisationen im Rahmen des „Freiwilligen Arbeitsdienstes" mit.[333] Mitte November erklärte das Reichsbanner ebenfalls seine prinzipielle Bereitschaft im Reichskuratorium für Jugendertüchtigung mitzuwirken – gegen einen ausdrücklichen Beschluß des Parteiausschusses der SPD. Mit beiden Organisationen, Arbeitsdienst wie Reichskuratorium, verfolgte v. Schleicher das innnenpolitische Ziel, die Mitglieder der verschiedenen Verbände zusammenzufassen und sie unter der Parole der „Wehrhaftmachung" dem Einfluß der unterschiedlichen Parteirichtungen zu entziehen.[334]

Freiwilliger Arbeitsdienst

– Auf Initiative des Präsidenten und Gründers des Deutschen Landgemeindetages, des Abgeordneten der Christlich-Nationalen Bauern- und Landvolkpartei Günther Gereke, hatte sich im Sommer eine Arbeitsgruppe zusammengefunden, die Pläne für Arbeitsbeschaffungsmaßnahmen durch kreditfinanzierte öffentliche Aufträge erörterte. In dieser Runde waren unter anderem Vertreter der Nationalsozialisten, des Stahlhelms, des Reichsbanners und des ADGB vertreten. Am 5. September hatte Gereke Gelegenheit, gegenüber v. Papen und mehreren Ministern seiner Regierung seine Vorstellungen vorzutragen;[335] hieraus ergaben sich Kontaktmöglichkeiten, die insbesondere v. Schleicher nutzen sollte.

Gereke-Kreis

Weitere Verbindungen unterhielt v. Schleicher zu den Christlichen Gewerkschaften und zum Deutschnationalen Handlungsgehilfenverband; über die Zeitschrift „Die Tat" und die „Tägliche Rundschau" konnte er auch publizistischen Einfluß ausüben. Eine neue Achse, eine „Querfront" zwischen Gewerkschaften, berufsständischen Organisationen, den Kräften um Straßer innerhalb der NSDAP und der Armee schien sich anzudeuten.[336]

Querfront-konzept

Aufbauend auf diesen älteren Kontakten ging v. Schleicher nun Ende November 1932 daran, bei den möglichen Querfront-Partnern zu erkunden, ob sie ihn als Kanzler unterstützen würden. Der Vorsitzende des ADGB signalisierte bei einem Sondierungsgespräch am 28. November eine Art Waffenstillstand – bei entsprechenden Zugeständnissen einer Regierung v. Schleicher auf sozialem Gebiet.[337] Die entscheidende Schwierigkeit war jedoch, die Zustimmung der Nationalsozialisten zu erhalten, nachdem Hitler einige Tage zuvor deutlich einen Eintritt in ein Präsidialkabinett abgelehnt hatte.

Sondierungen bei Hitler

Am 1. Dezember traf sich ein enger Mitarbeiter v. Schleichers, Oberstleutnant Ott, mit Hitler in Weimar, um die Möglichkeiten einer Unterstützung eines von Schleicher geführten Kabinetts durch die NSDAP zu erkunden. Während sich der ebenfalls in Weimar anwesende Straßer für ein Zusammengehen mit v. Schleicher aussprach, versuchte Hitler Ott, wie Goebbels notierte, in einem „3stündigen Vortrag" das Projekt einer Kanzlerschaft v. Schleichers auszureden; Ott habe daraufhin, so Goebbels weiter, mit v. Schleicher telefoniert; der aber erklärt habe, „nicht mehr zurück" zu können.[338]

Schleicher hatte sich also zu diesem Zeitpunkt bereits entschlossen, selbst Kanzler zu werden. Von diesem Vorhaben konnte ihn auch Hindenburgs ebenfalls am 1. Dezember gefällte Entscheidung, v. Papen erneut mit dem Kanzleramt zu betrauen,[339] nicht mehr abhalten. Denn v. Schleicher ging davon aus, daß ein großer Teil der Kabinettsmitglieder und auch v. Papen selbst von einer erneuten Kandidatur des amtierenden Kanzlers nicht überzeugt waren. Um diese Zweifel zu verstärken, hatte v. Schleicher bereits in den Tagen zuvor seine eigenen Vorbereitungen getroffen.

„Planspiel OH"

Als sich am 2. Dezember im Kabinett Widerspruch gegen eine erneute Ernennung v. Papens regte und der Justizminister Gürtner die Frage aufwarf, ob die „Reichswehr sicher sei", schlug v. Schleicher vor, seinen Mitarbeiter Ott, der am Vortag noch mit Hitler konferiert hatte, zu der Sitzung hinzuzuziehen.[340] Otts Aufgabe war, den Regierungsmitgliedern eindringlich die Ergebnisse eines wenige Tage zuvor abgehaltenen „Planspiels" der Reichswehr vor Augen zu führen: Danach ließ sich eine größere Streikbewegung nicht mehr mit Waffengewalt unterdrücken. Allerdings war man bei diesem Planspiel bewußt von einem möglichst negativen Szenario ausgegangen: Ein von SPD und KPD ausgerufener Generalstreik, Drohgebärden einer teilweise mobilisierten NSDAP/SA sowie eine Bedrohung der ostpreußischen Grenze durch Polen.[341] Das negative Ergebnis des Planspiels war angesichts dieser extrem und unrealistisch gewählten Ausgangsbedingungen also vorhersehbar gewesen: Man kann davon ausgehen, daß v. Schleicher die Präsentation des Planspiel-Ergebnisses im Kabinett bewußt benutzt hatte, um den Regierungsmitgliedern in einer besonders wirkungsvollen Form die einfache Botschaft zu übermitteln, daß die Armee unter den gegebenen politischen Bedingungen nicht bereitstand, die Existenz der

Regierung mit den Mitteln des militärischen Ausnahmezustandes zu garantieren: Die Reichswehr hatte der Regierung v. Papen das Vertrauen entzogen. Die politische Schlußfolgerung aus dem Planspiel konnte nur lauten, den bedrohlichen „Generalstreik aller"[342] mit politischen Mitteln zu verhindern: Und hierzu stand v. Schleicher mit seiner Querfrontidee bereit.

Ende der Papen-Regierung

Das enge Vertrauensverhältnis zwischen v. Papen und Hindenburg blieb jedoch bestehen; zum Abschied mit einer Fotographie des Reichspräsidenten bedacht, die die Widmung „Ich hatt' einen Kameraden" trug, besaß v. Papen nach wie vor das Privileg des unmittelbaren Zugangs zum Präsidenten. Dies sollte er in den nächsten Wochen weidlich nutzen.

Der letzte Versuch: Kanzler v. Schleicher und die Querfront

Das Kabinett v. Schleicher war in seiner personellen Zusammensetzung weitgehend mit der Regierung v. Papen identisch: Lediglich der Reichsinnenminister v. Gayl wurde durch den bisherigen stellvertretenden Reichskommissar für Preußen, Franz Bracht, ersetzt. Nachfolger des Arbeitsministers Schäffer wurde der Präsident der Reichsarbeitsanstalt, Friedrich Syrup. Schleicher blieb gleichzeitig Reichswehrminister; neu geschaffen wurde das Amt eines Reichskommissars für Arbeitsbeschaffung, in das Günther Gereke berufen wurde.[343]

Regierungs-bildung

Am 6. Dezember trat der neue Reichstag zusammen; er wählte erneut Göring als Vertreter der stärksten Fraktion zu seinem Präsidenten. Als erstes Signal an die unter der Krise leidenden Massen hob die neue Regierung noch vor Verkündung der Regierungserklärung die Lohnsenkungsverordnung vom 5. September auf und gab zu erkennen, daß sie nicht daran dachte, die in der Notverordnung vom 4. September vorgesehene sozialpolitische Ermächtigung weiter auszuüben.[344]

Am 4. Dezember erlitt die NSDAP bei den thüringischen Kommunalwahlen schwere Verluste: Sie büßte gegenüber den Reichstagswahlen vom Juli ca. 20% ihrer Stimmen ein.[345] Innerhalb der NSDAP mußte diese Niederlage die Depression verstärken, die der Stimmenrückgang der November-Wahlen und die anschließende erneute Zurückweisung einer Kanzlerkandidatur Hitlers durch Hindenburg ausgelöst hatte.

Frustation in der NSDAP

Das Wahlergebnis mußte für Gregor Straßer als Bestätigung seiner immer nachdrücklicher erhobenen Forderung erscheinen, sich auf eine Zusammenarbeit mit v. Schleicher einzulassen.[346] Noch am Abend des 4. Dezember traf er sich mit dem Kanzler. Ob ihm v. Schleicher tatsächlich bei dieser Gelegenheit die Vizekanzlerschaft angeboten hat, ist jedoch fraglich.[347] Straßer versuchte in diesen Tagen jedenfalls nach-

Rücktritt Straßers

drücklich, die Partei auf eine Kooperation mit v. Schleicher festzulegen; als er hierbei keinen Erfolg hatte, legte er am 8. Dezember sämtliche Parteiämter nieder. Er machte aber keinen Versuch, eine parteiinterne Revolte zu starten oder die NSDAP zu spalten, sondern begab sich resigniert in einen Urlaub.[348]

Tiefgreifende Streitigkeiten, Zweifel am Legalitätskurs und an der Führungskunst Hitlers, allgemeine Ermüdungserscheinungen infolge des fast permanenten Wahlkampfes, gleichzeitig wachsende Bereitschaft der SA, nun endlich „loszuschlagen", bestimmten die Situation innerhalb der NSDAP am Ende des Jahres.[349]

Landtags-wahlen Lippe

Die Parteiführung konzentrierte nun alle Anstrengungen auf die Landtagswahlen in Lippe. In einem der kleinsten deutschen Länder, das nur 100 000 Wählerstimmen zu bieten hatte, veranstaltete die NSDAP noch einmal einen enormen Wahlrummel. Tatsächlich gelang es denn auch am 15. Januar, mit 39,5% das Ergebnis der Reichstagswahlen vom November um 5% zu verbessern, jedoch blieb man hinter den Ergebnissen der Juli-Wahl zurück. Die Parteipropaganda setzte alles daran, die positiven Aspekte dieses Resultats zu betonen, so daß die Depression innerhalb der NSDAP zumindestens nach außen einigermaßen verdeckt werden konnte.[350]

Stegmann-Revolte

Wie labil jedoch tatsächlich das Verhältnis zwischen Partei und SA war, zeigte sich am Beispiel der fränkischen Sturmabteilungen, wo es noch Ende 1932 zu einer weiteren offenen Auflehnung innerhalb der Parteitruppe, zur sogenannten „Stegmann-Revolte", kam: Nach einem Streit mit dem Gauleiter Streicher widersetzte sich der fränkische SA-Führer Stegmann offen gegen seine Absetzung durch die Münchner Parteiführung, die Mehrheit der ihm unterstellten SA-Verbände schloßen sich ihm an.[351]

Mit dem Rückzug Straßers war das entscheidende Element in der Querfront-Taktik v. Schleichers herausgebrochen worden. Während des Dezembers begannen auch Reichsbanner und ADGB – unter massivem Druck der SPD – wieder von ihrem Flirt mit der Reichswehr abzurücken.[352] Schleicher setzte jedoch unbeirrbar seine „Querfront"-Politik fort. Ein großzügiges Arbeitsbeschaffungsprogramm der Regierung sollte dabei als Magnet wirken. In einer am 15. Dezember über den Rundfunk ausgestrahlten Ansprache bezeichnete sich v. Schleicher denn auch als „sozialer General" und nannte als einzigen Programmpunkt seiner Regierung „Arbeit schaffen".[353] Am 21. Dezember einigte sich ein Kabinettsausschuß auf ein Sofortprogramm zur Arbeitsbeschaffung, in dessen Rahmen die Reichsbank Trägern öffentlicher Arbeiten Darlehen bis zu einer vorläufigen Höhe von 500 Millionen Reichsmark zur Verfügung stellen sollte. Weitergehende Wünsche des Reichskommissars Gereke konnten nicht durchgesetzt werden.[354] Als Basis für eine enge Zu-

Arbeits-beschaffung

sammenarbeit mit den Gewerkschaften war dieses Programm allerdings nicht ausreichend.[355]

Dabei hielt v. Schleicher nach wie vor an der Idee fest, Straßer (auch nach dessen Rücktritt von seinen Parteiämtern), zur Mitarbeit an seiner Regierung bewegen zu können – wohl eher in der Absicht, die NS-Partei möglichst geschlossen an die Regierung zu binden, als die Partei zu spalten. Noch in der Kabinettssitzung vom 16. Januar gab er sich „fest davon überzeugt, daß Hitler nicht an die Macht wolle". Bei einer eventuellen Auflösung des Reichstags müsse man – hier griff er auf die schon früher diskutierten Notstandsplanungen zurück – das Parlament bis zum Herbst 1933 beurlauben. In dieser Zeit müsse die Reichsregierung „eine breite Basis, vielleicht von Straßer bis zum Zentrum einschließlich" erhalten. Man könne, so die fundamentale Erkenntnis des Kanzlers, schließlich „Politik gewissermaßen nicht im luftleeren Raum treiben." Straßer sei bereit, in das Kabinett einzutreten und wolle in diesem Fall nicht aus der NSDAP ausscheiden, sondern „die nationalsozialistische Partei positiv gestalten".[356] Ob er diese optimistischen Erklärungen vor dem Kabinett in illusionärer Selbsttäuschung abgab oder ob es sich hierbei um einen Bluff v. Schleichers, um einen verzweifelten Versuch, Zeit zu gewinnen, handelte – jedenfalls war der Kanzler mit seinem Querfront-Konzept ganz offensichtlich in eine Sackgasse geraten. Denn zu der ablehnenden Haltung der Nationalsozialisten kam, daß v. Schleicher mit seiner „sozialen" Politik auch den Widerstand mächtiger Interessengruppierungen auf sich zog.

1. So breitete sich allmählich innerhalb der Industrie Skepsis gegen v. Schleicher aus: Man kam hier mehr und mehr zu der Schlußfolgerung, daß der neue Kanzler mit seinen „sozialistischen" Experimenten weit weniger unternehmerfreundlich war als die Regierung v. Papen und unter Umständen, durch eine Verbreiterung der Regierungsbasis, zur parlamentarischen Regierungsweise zurückkehren könnte.[357] Dabei traten innerhalb der Industrie die alten Gegensätze wieder stärker hervor: Eine Minderheit unter den Industriellen befürwortete nach wie vor, wie in der Erklärung vom 19. November, eine Kanzlerschaft Hitlers. Die führende schwerindustrielle Gruppe um Reusch trat ebenfalls in scharfe Opposition zur Regierung v. Schleicher, wollte jedoch eine Neuauflage des Papen-Regimes erreichen. Noch am 7. Januar – also nachdem die entscheidenden Gespräche zwischen v. Papen und Hitler bereits begonnen hatten[358] – schloß Reusch eine Kanzlerschaft Hitlers definitiv aus; man wollte statt dessen Straßer in eine Regierung v. Papen hineinziehen.[359] Die exportorientierte Industrie wiederum, vertreten durch die Führung des RDI und den Deutschen Industrie- und Handelstag, stand v. Schleicher grundsätzlich positiv gegenüber, was sie allerdings nicht daran hinderte, zunehmend mit öffentlichen Erklärungen und Warnungen an die Regierung heranzutreten.

Industrieller Widerstand gegen v. Schleicher

So forderte der Deutsche Industrie- und Handelstag die Regierung in einem Schreiben vom 8. Dezember auf, am wirtschaftspolitischen Kurs v. Papens, namentlich an den Verordnungen vom 4. und 5. September festzuhalten – also denjenigen Bestimmungen, die die Regierung v. Schleicher gerade im Begriff war, zu demontieren.[360] Mitte Januar protestierte die Vereinigung Deutscher Arbeitgeberverbände bei der Regierung gegen eine Erklärung des deutschen Delegierten bei der vom Internationalen Arbeitsamt in Genf abgehaltenen Arbeitszeitkonferenz, in der die allgemeine Einführung der 40-Stunden-Woche befürwortet worden war: Man sollte „die Wirtschaft endlich einmal in Ruhe lassen" hieß es dort.[361] Am 20. Januar beschwerte sich der Deutsche Industrie- und Handelstag bei der Regierung über eine zu große Nachgiebigkeit gegenüber landwirtschaftlichen Interessen: Eine weitere Erhöhung der landwirtschaftlichen Zölle gefährde die Exporte.[362]

Agrarpolitik

2. Die Frage der Zollerhöhung bekam durch den Ablauf mehrerer Handelsverträge[363] eine aktuelle Bedeutung und führte zu einem tiefgreifenden Zerwürfnis innerhalb des Kabinetts. Denn nachdem die Regierung bereits im Dezember eine Verlängerung von Zollsätzen für bestimmte Produkte über den 31. Dezember 1932 hinaus beschlossen hatte,[364] forderte der Ernährungsminister nun weitere Zollerhöhungen, was der Wirtschaftsminister nicht zulassen wollte.[365]

Durch eine Notverordnung des Reichspräsidenten vom 23. Dezember war die Reichsregierung außerdem ermächtigt worden, zwangsweise die Beimischung von Butter bei der Margarineproduktion anzuordnen. Diese zur Sicherung des Absatzes der deutschen Viehwirtschaft vorgesehene, mit Sicherheit preistreibende Maßnahme führte in der Jahreswende 1932/33 zu einem grundsätzlichen Protest von Verbrauchern und Lebensmittelherstellern, der von fast allen Parteien und dem Reichsverband der Deutschen Industrie aufgenommen wurde.[366]

Für weiteren Konfliktstoff mit der Landwirtschaft sorgte die Siedlungspolitik der Regierung v. Schleicher, die auf die schon von Brüning verfolgte Idee zurückgriff, zur Bekämpfung der Arbeitslosigkeit Siedlungen auf dem Boden unrentabler ostdeutscher Güter anzulegen – obwohl dieses Projekt nur wenige Monate zuvor den energischen Widerstand der Agraropposition herausgefordert und den Sturz Brünings eingeleitet hatte. In seiner Regierungserklärung vom 15. Dezember

Siedlung

machte v. Schleicher deutlich, daß er die Siedlung nicht nur als Mittel der Krisenbekämpfung sah, sondern mit diesem Projekt auch langfristige, „wehrpolitische" und „volkstumspolitische" Zielsetzungen verband. So sprach er davon, daß „schon immer die Menschen auf eigener Scholle [...] den besten Grenzwall gegen das Vordringen fremden Volkstums" abgegeben hätten. Die Siedlung sollte aber auch einen Beitrag zur Reagrarisierung Deutschlands leisten, die „entwurzelte" Bevölkerung sollte wieder an die „Scholle" herangeführt und damit dem Zugriff der modernen, radikalisierenden Ideologien entzogen werden.[367] Führende Vertreter des Reichslandbundes forderten am 11. Januar anläßlich eines Empfangs beim Reichspräsidenten die – mittlerweile durch die heftigen Diskussionen in der Öffentlichkeit zu einer grundsätzlichen Frage gewordene – sofortige Durchführung des Butterbeimischungszwangs für Margarine, die Einführung von weiteren Zöllen für Agrarimporte sowie einen umfassenden Schutz vor Zwangsvollstreckungen. Obwohl der Reichskanzler sich bemühte, den Vertretern der Landwirtschaft entgegenzukommen, mußte er doch erklären, daß ein genereller Vollstreckungsschutz wegen der dann erfolgenden „völligen Vereisung des Wirtschaftslebens" nicht möglich sei.[368] Unmittelbar nach dem Gespräch veröffentlichte der Reichslandbund, dessen Präsidium seit Dezember 1931 ein Vertreter der NSDAP angehörte, eine Erklärung, die einen offenen Bruch des größten agrarischen Interessenverbandes mit der Regierung darstellte: Dort hieß es, die „Verelendung der deutschen Landwirtschaft" habe „unter Duldung der derzeitigen Regierung ein selbst unter einer rein marxistischen Regierung nicht für möglich gehaltenes Ausmaß angenommen".[369] Bezeichnenderweise sah sich übrigens die Führung des RDI am nächsten Tag zu einer Gegenerklärung veranlaßt, in der sie den in der Verlautbarung des RLB enthaltenen Angriff gegen die „allmächtigen Geldbeutelinteressen der international eingestellten Exportindustrie und ihrer Trabanten" scharf zurückwies. Damit wurde noch einmal deutlich, daß große Teile der Industrie bis zuletzt hinter der Politik v. Schleichers standen und daß sich Industrie und Landwirtschaft in dieser letzten Phase der Republik in verbitterter Gegnerschaft gegenüberstanden.[370]

Bruch des Reichslandbundes mit v. Schleicher

3. Aber auch das Handwerk sah sich angesichts der Kontakte des Kanzlers mit Gewerkschaften und Industrie übergangen und wurde ebenfalls bei der Regierung vorstellig. Das Kabinett sah sich schließlich gezwungen, auch protektionistischen Forderungen des Handwerks nachzugeben, indem es durch verschiedene Maßnahmen kleine Betriebe gegen die Konkurrenz von Warenhäusern, Konsumgenossenschaften und Einheitspreisgeschäften schützte.[371]

Forderungen des Handwerks

Mittlerweile hatte aber v. Papen die offenkundigen Schwierigkeiten v. Schleichers ausgenutzt und seine Bemühungen, zu einem Arrangement mit Hitler zu kommen, fortgesetzt: Am 4. Januar 1933 traf er sich mit dem nationalsozialistischen Parteiführer im Haus des Kölner Bankiers Schröder, einem der Unterzeichner des Aufrufs vom 19. November. Zwar konnte v. Papen bei diesem Gespräch nicht auf Hitlers Forderung, ihm das Kanzleramt zu übertragen, eingehen, da Hindenburg sich nach wie vor standhaft weigerte, doch das Gespräch leitete eine Serie von Verhandlungsrunden ein, die in relativ kurzer Zeit zu einer Einigung zwischen den Nationalsozialisten und den rechtskonservativen Kräften führen sollte, ein Bündnis, das versuchsweise bereits

„Kölner Treffen"

349

während der Anti-Young-Plan-Kampagne und bei der Bildung der Harzburger Front in Erscheinung getreten war.[372] Der Countdown zur Ablösung der erfolglosen Regierung v. Schleicher hatte begonnen.

Die Tatsache, daß das Kölner Gespräch in der Öffentlichkeit bekannt wurde, festigte aber auch die etwas angeschlagene innerparteiliche Situation Hitlers in einer Weise, daß er es am 16. Januar wagen konnte, in einer Parteiveranstaltung nun auch offiziell mit dem bereits im Dezember entmachteten Straßer zu brechen.[373]

Weitere Kontakte Hitler – v. Papen

Am 10., 18. und 22. Januar traf sich Hitler erneut mit v. Papen, diesmal im Haus des der Partei gerade beigetretenen Sektkaufmanns Joachim v. Ribbentrop. Bei dem letzten dieser Gespräche wurden auch Staatssekretär Meissner und Hindenburgs Sohn Oskar hinzugezogen. Doch auch jetzt lehnte der über das Gespräch informierte Hindenburg die Ernennung Hitlers zum Reichskanzler wiederum ab.[374]

Am 21. Januar kündigte die deutschnationale Reichstagsfraktion dem Kanzler die offene Opposition an; sie erhob gegen die Regierung den Vorwurf, den „Bolschewismus auf dem flachen Lande" zu fördern und äußerte die Befürchtung, v. Schleichers Kabinett beabsichtige eine „Liquidation des autoritären Gedankens", den Hindenburg mit der Berufung Papens verfolgt habe.[375]

Am 23. Januar traf v. Schleicher den Reichspräsidenten und schlug ihm vor, wie in der Kabinettsitzung vom 16. Januar erörtert, den Reichstag aufzulösen, da zu erwarten sei, daß das Parlament in der bevorstehenden Sitzung vom 31. Januar ein Mißtrauensvotum gegen ihn anstrebe und für die Aufhebung einer der kürzlich erlassenen Notverordnungen stimmen werde. Da aber „eine Neuwahl des Reichstags die Lage nicht verbessern würde" und somit „ein Notzustand des Staates geschaffen würde", bleibe „wohl nichts anderes übrig, als die Neuwahl auf einige

Hindenburg verweigert Reichstagsauflösung

Monate hinauszuschieben". Hindenburg, der erst im August des vergangenen Jahres einem solchen Bruch der Verfassung zugestimmt hatte, entgegnete nun aber, er könne diesen Schritt „zurzeit nicht verantworten", man müsse erst durch Gespräche mit den Parteiführern klären, „daß diese den Staatsnotstand anerkennen und den Vorwurf eines Verfassungsbruches nicht erheben würden".[376]

Natürlich handelte es sich bei dieser Antwort des Präsidenten um eine Ausflucht, denn es war ganz offensichtlich, daß die von ihm geforderte Übereinstimmung der Parteiführer nicht herzustellen war. Tatsächlich wollte der Reichspräsident zu diesem Zeitpunkt das Ergebnis der hinter den Kulissen angelaufenen Gespräche v. Papen/Hitler abwarten. Bei der Abkehr Hindenburgs von v. Schleicher spielte auch eine Rolle,

Osthilfeskandal

daß sich der Präsident nicht ausreichend gegen die gegen ihn erhobenen Vorwürfe im sogenannten Osthilfeskandal in Schutz genommen fühlte.[377] Die bevorstehende parlamentarische Untersuchung dieses Komplexes mag auch Hindenburgs Wunsch verstärkt haben, den

Reichstag recht bald aufzulösen – jedoch unter einem anderen Kanzler. Schleicher hatte jedoch seine Absicht, sich durch die Verschiebung von Neuwahlen eine längere parlamentsfreie Zeit einzuräumen, noch nicht aufgegeben. In einem Gespräch mit führenden ADGB-Vertretern am 26. Januar 1933 ließ er einen Versuchsballon los und erklärte, daß man kaum von Verfassungsbruch sprechen könne, wenn die maßgebenden Vertreter von Unternehmerverbänden und Gewerkschaften einer Vertagung von Neuwahlen über die in der Verfassung vorgesehene Frist zustimmten. Diese Idee eines „Reichsnotzustandes" wurde jedoch von den Gewerkschaftsvertretern abgelehnt.[378] Auch der Vorsitzende der Zentrumspartei machte in einem Schreiben an v. Schleicher deutlich, daß er von einer „sogenannten notstandsrechtlichen Verschiebung des Wahltermins" nichts hielt.[379]

Notstands-pläne

Am 27. Januar gerieten die Gespräche über die Bildung einer Regierung v. Papen/Hitler vorübergehend in eine Krise, nachdem Hitler nicht auf die Forderung Hugenbergs eingehen wollte, ihm die Kontrolle über die preußische Polizei zu überlassen. Andererseits hatte sich aber inzwischen der Stahlhelm-Führer Seldte für Hitler erklärt, und am Abend des 27. Januar rang sich v. Papen zu der Erkenntnis durch, daß er mit den Nationalsozialisten nur dann zu einer Koalition kommen könne, wenn er Hitler das Kanzleramt überließe.[380]

Verhandlungen Hitler – v. Papen

In der Kabinettsitzung vom 28. Januar mußte v. Schleicher berichten, daß Hindenburg nun auch nicht einmal mehr bereit wäre, ihm die Auflösungsorder gegenüber dem Reichstag zu geben, also die Waffe, mit der er ein drohendes Mißtrauensvotum des Parlaments hätte verhindern können; der Präsident hatte dem Kanzler die nur geliehene Machtgrundlage entzogen.[381] Ohne eine solche Bevollmächtigung vor den Reichstag zu treten, hieße aber, so v. Schleicher, „das zwecklose Schauspiel einer sicheren Niederlage" zu bieten. Der Rücktritt des Kabinetts sei daher die einzig mögliche Konsequenz.

Noch einmal begab sich v. Schleicher nun zum Präsidenten, um ihm die Gefahr einer „Staats- und Präsidentenkrise" deutlich zu machen; der aber erwiderte, „daß es dem jetzigen Kabinett nicht gelungen sei, eine parlamentarische Mehrheit für sich zu gewinnen. Er hoffe, nun ein Kabinett zu bekommen, das in der Lage sein werde, seine Gedanken durchzuführen."[382]

Bruch Hindenburgs mit v. Schleicher

Nach dem nun unvermeidlichen Rücktritt des Kabinetts v. Schleicher erteilte Hindenburg v. Papen den Auftrag, die Möglichkeiten für eine Regierungsbildung zu erkunden. Damit schien eine Neuauflage der erzreaktionären Präsidialregierung v. Papen bevorzustehen.[383] Papen machte bei seinen Sondierungen rasch Fortschritte. Mehrere Minister des Kabinetts v. Schleicher zeigten sich bereit, in einer Regierung Hitler/v. Papen mitzuarbeiten.[384] Am Abend des 28. Januar war Hindenburg erstmals willens, seine Bedenken gegen einen Kanzler Hitler

Beauftragung v. Papens

zurückzustellen, wenn er von maßgeblichen konservativen Politikern eingerahmt werden würde.[385]

Am Abend des gleichen Tages traf Hindenburg zudem eine erste Sicherungsmaßnahme: Er entschloß sich, den Reichswehr-General Blomberg, Befehlshaber des im Falle eines militärischen Ausnahmezustands besonders exponierten ostpreußischen Wehrkreises, zum Nachfolger v. Schleichers als Reichswehrminister zu ernennen. Als Blomberg zwei Tage später in Berlin eintraf, rief ihn Hindenburg sogleich zu sich und vereidigte ihn, unter dem Eindruck wilder Gerüchte über Putschpläne als Minister – bevor er den Kanzler ernannt hatte, von dessen Zustimmung eine solche Ernennung nach geltendem Verfassungsrecht eigentlich abhängig war.[386]

Bildung der Regierung Hitler – v. Papen

Am 29. Januar war es v. Papen gelungen, den Deutschnationalen Hugenberg als „Superminister" für Wirtschaft und Landwirtschaft sowie den Stahlhelm-Führer Seldte als Arbeitsminister zu gewinnen. Ebenfalls am 29. Januar hatte v. Papen sich mit Hitler auf die beiden anderen nationalsozialistischen Kabinettsmitglieder geeinigt: Wilhelm Frick für das Innenministerium sowie Göring, der als stellvertretender Reichskommissar für Preußen verantwortlich für das Preußische Innenministerium sein sollte. Zum wichtigsten Verhandlungsgegenstand wurden jetzt die von den Nationalsozialisten geforderten Neuwahlen; für Hitler eine entscheidende Forderung, da er über eine parlamentarische Mehrheitsbildung ein Ermächtigungsgesetz anstrebte und so aus der Abhängigkeit nicht nur gegenüber dem Reichstag, sondern auch gegenüber dem Reichspräsidenten bzw. der Reichswehr herauszukommen hoffte. Vor allem Hugenberg leistete starken Widerstand, der aber am 30. Januar, erst unmittelbar vor Vereidigung der Kabinettsmitglieder, auf Drängen v. Papens überwunden werden konnte.[387] Damit war der Weg zur Ernennung Hitlers zum Kanzler des Deutschen Reiches frei.

Epilog

Mit der Ernennung Hitlers zum Reichskanzler am 30. Januar 1933 war die NS-Diktatur noch keineswegs etabliert. Es bedurfte vielmehr noch einer ganzen Reihe von Schritten, von Zugeständnissen der konservativen Bündnispartner Hitlers, um seine Kanzlerschaft in eine Führer-Diktatur umzuwandeln.

Das erste dieser Zugeständnisse war das Eingehen auf Hitlers Forderung, Neuwahlen abzuhalten: Erst durch diese Wahlen konnte sich Reichskanzler Hitler eine Mehrheit im Parlament verschaffen. Nach Hindenburg und Brünings Entscheidung vom Sommer 1930 und Hindenburgs und Papens Entschluß vom Frühjahr 1932 war dies das dritte Mal, daß konservative Politiker den Nationalsozialisten ohne zwingenden Grund die Chance einräumten, durch vorzeitige Neuwahlen ihre Wählerbasis zu vergrößern.

Weitere Zugeständnisse folgten in den kommenden Monaten: Die Notverordnung des Reichspräsidenten zum Schutze des deutschen Volkes vom 4. Februar 1933, die es der neuen Regierung erlaubte, den Wahlkampf der Linksparteien durch Verbotsmaßnahmen weitgehend zum Erliegen zu bringen; die Reichstagsbrandverordnung vom 28. Februar 1933, die die in der Verfassung garantierten Grundrechte außer Kraft setzte; die Zustimmung der Deutschnationalen, aber auch des Zentrums und der übrigen noch verbliebenen bürgerlichen Rechtsparteien zum Ermächtigungsgesetz vom 23. März, das es der Regierung Hitler ermöglichte, Gesetze ohne Zustimmung des Parlaments zu beschließen und das gleichzeitig ihre Position gegenüber dem Präsidenten entscheidend verbesserte; schließlich die widerspruchslose Hinnahme der Welle von Rechtsbrüchen, „Gleichschaltungen" und Gewaltakten, mit denen der nationalsozialistische Mob in der ersten Jahreshälfte 1933 die deutsche Öffentlichkeit überzog und die den von der Regierung angeordneten Maßnahmen und Verboten erst den notwendigen terroristischen Druck verliehen. Denn erst durch das Zusammenspiel von pseudolegalen Maßnahmen „von oben" und Terror „von unten" wurde Hitler in die Lage versetzt, Schritt für Schritt politische Konkurrenten und Gegner auszuschalten und damit gegenüber seinen konservativen Partnern entscheidend an Boden zu gewinnen.

Keines dieser Zugeständnisse an Hitler war unvermeidbar, in jedem einzelnen Fall wäre es dem Reichspräsidenten und den konservativen

Eliten, die mit Militär, Bürokratie und Justiz wesentliche Schlüsselbereiche kontrollierten, möglich gewesen, sich dem unverhohlenen Machtanspruch und Machtmißbrauch der Nationalsozialisten entgegenzustellen.

Die Durchsetzung der NS-Diktatur in der ersten Jahreshälfte 1933 vollzog sich also nach einem ähnlichen Muster wie der Aufstieg der NSDAP zur Massenbewegung in den Jahren 1930–1933: Auch die Erfolge der NSDAP in der „Kampfzeit" waren stets nur deswegen möglich gewesen, weil die Partei geschickt die außerordentlich günstigen Ausgangsbedingungen genutzt hatte, die ihr die damaligen Regierungen und die tonangebenden Eliten geboten hatten. Die NSDAP führte nicht den Zusammenbruch der deutschen Demokratie herbei, sondern ihre Erfolge waren nur eine Reaktion auf eine schon seit längerem im Gang befindliche Auflösung ohnehin nur schwach entwickelter demokratischer Strukturen.

Tatsächlich war die Weimarer Republik nie eine wirklich funktionierende parlamentarische Demokratie, sondern auch in ihren besten Jahren ein durch starke autoritäre Elemente und antidemokratische Impulse geprägter Staat. Wenn man sich mit den Ursachen für das Mißlingen des Weimarer Staates beschäftigt, dann sollte man von diesem realen Zustand ausgehen und die erste deutsche Repulik nicht an der Idealvorstellung einer voll entwickelten parlamentarischen Demokratie westlichen Typs messen.

Dabei muß man zunächst einmal die Belastungen betonen, denen die Weimarer Republik von Anfang an ausgesetzt war: Sie trat das Erbe des wilhelminischen Obrigkeitsstaates und der Klassengesellschaft des 19. Jahrhunderts an, ihre gesellschaftlichen Eliten waren antidemokratisch geprägt, die Loyalität ihrer Staatsdiener galt zum großen Teil der Monarchie, und vor allem war es der politisch-militärischen Führungsschicht des Kaiserreichs gelungen, den republikanischen Politikern die Verantwortung für die Abwicklung der Niederlage und die Liquidierung der Kriegsfolgen zuzuschieben.

Demgegenüber war die Ausgangsposition der Demokraten relativ schlecht: Die Revolution von 1918/19 war zu schwach, um die alte gesellschaftliche Ordnung wirklich zu beseitigen, sie war aber geräuschvoll genug, um im bürgerlichen Lager eine massive Revolutionsangst zu schüren und starke gegenrevolutionäre Kräfte auf den Plan zu rufen; der Revolutionsverlauf selbst führte schließlich zu einer nachhaltigen Spaltung der Arbeiterbewegung. Der Prozeß der Republikgründung und der Verfassungsgebung blieb glanzlos und stand ganz im Schatten der Versailler Friedensregelung.

Bereits in der zweiten Jahreshälfte 1919 vollzog sich ein Umschwung nach rechts, und nachdem die demokratischen Parteien im Sommer 1920 ihre Mehrheit für immer verloren hatten, etablierte sich 1922 erstmalig eine hochkonservative Regierung. Gegen die Versuche der äußersten Linken, die Revolution wiederaufzunehmen, gegen die gewaltsamen gegenrevolutionäre Bestrebungen der Rechten und gegen separatistische Bestrebungen konnte sich die Republik nur mit Mühe in einer Serie blutiger Bürgerkriegskämpfe durchsetzen.

Die Tatsache aber, daß die 1923 zusammenschlagenden Krisenwellen nicht zum Ende des demokratischen Experiments führten, sondern unter Stresemann einstweilen gebändigt wurden, zeigte jedoch, daß die Republik bei entschlossenem Handeln der Republikaner nicht vollkommen chancenlos war.

Zu diesen tiefgreifenden Belastungen der Anfangsphase kamen wesentliche strukturelle Schwächen: Zwar gewann die Republik in der sogenannten Stabilisierungsphase außenpolitische Anerkennung, die innenpolitische Lage beruhigte sich, die Konjunktur zog an, der Sozialstaat wurde ausgebaut, ein reges geistiges und kulturelles Leben konnte sich geradezu explosionsartig entfalten. Andererseits jedoch zeigt ein Blick auf die strukturellen Grundlagen der Republik, daß die Stabilisierung eine Illusion bleiben mußte. Dies gilt für nahezu alle Bereiche: Die industrielle Produktion erreichte nur den Vorkriegsstand, schwerwiegende ökonomische Probleme blieben ungelöst; die wirtschaftliche Basis blieb zu schwach, um den verheißenen umfassenden Wohlfahrtsstaat zu verwirklichen. Die demokratischen Parteien besaßen keine strukturelle Mehrheit in der Bevölkerung; die parlamentarische Demokratie blieb auch in den stabilen Jahren der Republik unterentwickelt; republikanische Symbole und Repräsentationsformen wurden von einem großen Teil der Bevölkerung nicht angenommen. Der experimentell angelegte Kulturbetrieb stieß bei einem breiten Publikum auf Unverständnis und Feindseligkeit; neue Beziehungen und Konfliktlinien zwischen Generationen und Geschlechtern förderten nicht nur die Emanzipation, sondern auch ein Gefühl allgemeiner Verunsicherung und Orientierungslosigkeit. Die gleiche Wirkung hatte auch die beginnende Auflösung der traditionellen Milieus: Gerade im Falle des agrarisch-konservativen und des liberal-bürgerlichen Milieus bedeutete die Loslösung der Menschen aus alten Bindungen nicht, daß sie sich nun überwiegend als Mitglieder einer offenen und egalitären Gesellschaft begriffen hätten, sondern sie hatte eine regelrechte Flucht in ein neues geschlossenes Milieu zur Folge, das unter rechtsradikalen Vorzeichen stand. Dieser Milieuwechsel und nicht die bloße Abschwächung traditioneller Milieubindungen umreißt den sozialgeschichtlichen Hintergrund für den Aufstieg der NSDAP.

Zu den Belastungen und strukturellen Schwächen kamen am Beginn der 30er Jahre die tiefgreifenden Auswirkungen der wirtschaftlichen und politischen Krise. Das Präsidialregime trat an die Stelle der parlamentarischen Regierungsform, ohne jedoch Legitimität und Loyalität bei den Massen zu erzeugen. Unter der Präsidialregierung Brünings, die hauptsächlich aus außen- und reparationspolitischen Gründen auf eine aktive Krisenbekämpfung verzichtete, schien die NSDAP vielen politisch Enttäuschten eine Alternative zu bieten; die Ausbreitung der Partei zur Massenbewegung und ihre milieuhafte Verfestigung wurde von der Regierung Brüning und ihren Nachfolgerinnen nicht behindert, sondern durch taktische Konzessionen, wie etwa vorzeitige Reichstagsauflösungen, sogar gefördert.

Es liegt nahe, 1933 als das Ergebnis eines kumulativen Zusammentreffens von historischen Vorbelastungen, strukturellen Defiziten und den fatalen Auswirkungen einer schwerwiegenden Krise zu erklären und angesichts der beeindruckenden Summe der negativen Faktoren das Scheitern der Republik an der nationalsozialistischen Herausforderung als unvermeidlich zu bezeichnen. Der historische Erklärungswert einer solchen Aussage ist aber gering. Wichtiger scheint es demgegenüber, ein Verfahren zu entwickeln, bei dem die einzelnen Erklärungsfaktoren sinnvoll gewichtet werden können.

Man kann die Frage nach den Ursachen für den Untergang der Weimarer Republik und für den Siegeszug der Nationalsozialisten vielleicht präziser beantworten, wenn man nach den historisch denkbaren Alternativen fragt, also nach den Bedingungen, unter denen der Weimarer Staat hätte bestehen und die Machtübergabe an die Nationalsozialisten hätte verhindert werden können.

Dabei handelt es sich nicht um bloße Spekulation, um das nachträgliche Gewinnen verlorener Schlachten am Schreibtisch, sondern um den Nachweis von Alternativen, die in der historischen Situation vorhanden waren, seinerzeit diskutiert und ansatzweise ausprobiert wurden. Indem man die Faktoren isoliert, die für das Scheitern der im Ansatz nachweisbaren historischen Alternative verantwortlich sind, kommt man den Ursachen für den tatsächlich eingetretenen historischen Verlauf vielleicht ein Stückchen näher. Denn jedes Bemühen um eine historische Erklärung, jeder Versuch, bestimmte historische Ereignisse auf bestimmte Ursachenfaktoren zurückzuführen, ist ja auch mit einer - häufig nur nicht ausgesprochenen - Vorstellung darüber verkoppelt, wie Geschichte ohne den jeweils besonders hervorgehobenen Faktor verlaufen wäre. Das Heranziehen von historischen Alternativen ist daher ein wichtiges analytisches Hilfsmittel.

Fragt man nun nach den historischen Alternativen für den Untergang der Weimarer Republik, so scheinen mindestens vier Modelle denkbar:
1. ein revolutionär-demokratisches Modell,
2. ein sozialreformerisches Modell,
3. ein Kompromiß zwischen Sozialdemokraten und Bürgerlichen sowie
4. eine autoritäre Präsidialregierung mit Massenbasis.
1. Das erste Alternativmodell, das man ins Spiel bringen könnte, wäre

das einer erfolgreich verlaufenden demokratischen Revolution, also die Vorstellung, USPD und MSPD hätten, gestützt auf die demokratische Basisbewegung der Räte, mit einschneidenden Reformen das gesellschaftliche und staatliche System des Kaiserreichs gründlich umgekrempelt und ein sozialistisch-demokratisches System errichtet. Wer mit einem solchen Modell arbeitet, muß jedoch eine ganze Reihe von Annahmen voraussetzen, nämlich mindestens folgende: Erstens eine vollkommen andere, eben revolutionsbereite sozialdemokratische Führung (und damit eine ganz andere Geschichte der Arbeiterbewegung im Kaiserreich); zweitens müßte man davon ausgehen, daß es tatsächlich möglich gewesen wäre, den Schock der Niederlage für eine vollkommene Veränderung der gesellschaftlichen Machtverhältnisse zu nutzen, ohne auf entschiedene Gegenwehr der Betroffenen zu stoßen und ohne ein Chaos anzurichten, das das Überleben der Gesellschaft gefährdet hätte; drittens setzt dieses Modell voraus, daß das Rätesystem nicht nur handlungsfähig gewesen wäre, sondern seinen basisdemokratischen Charakter erhalten hätte und sich nicht im Laufe der Revolution radikalisiert und diktatorische oder terroristische Formen angenommen hätte, und viertens müßte man davon ausgehen, daß eine solche von außen schwer einschätzbare revolutionäre Bewegung von den Siegermächten auf Dauer hingenommen worden wäre. Selbst wenn man alle diese Voraussetzungen bejahte, stellt sich die Frage, ob ein solches sozialistisch-demokratisches System, das erhebliche Widerstände zu überwinden und massive Ressentiments bei den unterlegenen Gruppen zurückgelassen hätte, innerhalb weniger Jahre wirklich stabil genug geworden wäre, um den Ansturm einer großen Krise zu überstehen. Alles in allem gehen in dieses Modell so viele Annahmen ein, daß man es kaum als reale historische, sondern eher als utopische Alternative bezeichnen kann, eine Utopie allerdings, die aus der Diskussion um Weimar nicht einfach wegzudenken ist.

2. Das zweite Alternativmodell wäre eine mehrheitsfähige Koalitionsregierung, die fest auf der Basis der parlamentarischen Demokratie gestanden hätte und die bereit gewesen wäre, ein Minimalprogramm von Veränderungen auf reformerischem und nicht auf revolutionärem Wege durchzusetzen, um so die Bedingungen für die Entfaltung einer demokratischen Gesellschaft zu schaffen. Ein solches Minimalprogramm hätte etwa eine Begrenzung der Macht des schwerindustriellen Komplexes, eine Bodenreform und eine Säuberung des Beamten- und Militärapparates umfassen müssen. Auch dieses Modell setzt eine Reihe von Annahmen voraus: Angesichts der wackligen Mehrheit der drei Weimarer Parteien hätte eine solche Koalition um die gemäßigten Kräfte in der USPD erweitert werden müssen (was nur bei einer außerordentlichen Kompromißbereitschaft innerhalb der bürgerlichen Koalitionsparteien möglich gewesen wäre); eine solche Koalitionsregierung

hätte außerordentlich schnell und umsichtig handeln müssen, also innerhalb von wenigen Monaten, neben der Verfassungsgebung, der Friedensregelung sowie den dringendsten Maßnahmen zur Sicherung der Existenzgrundlagen des Volkes und zur Erhaltung des Reiches – weitreichende, in ihren Auswirkungen gar nicht abzuschätzende Reformmaßnahmen einleiten müssen, um der bereits in der zweiten Jahreshälfte einsetzenden gegenrevolutionären Wende den Wind aus den Segeln zu nehmen. Dieses Modell setzt eine geradezu titanische Leistungsfähigkeit der führenden demokratischen Politiker voraus und ein volles Funktionieren der parlamentarischen Demokratie, in der die Koalitionsfraktionen die Regierung unbedingt hätten unterstützen müssen. Es erscheint sehr fraglich, ob das vorhandene politische Führungspersonal einer solchen komplexen Aufgabenstellung hätte gerecht werden können.

Selbst aber wenn es einer Weimarer Koalition gelungen wäre, wirklich handlungs- und mehrheitsfähig zu werden, so hätte sie sehr wahrscheinlich zu einer totalen Polarisierung der Gesellschaft geführt; eine starke Weimarer Koalition hätte die Bildung eines bürgerlichen Mittelblocks verhindert und vermutlich sehr früh zur Folge gehabt, daß gemäßigte Rechtsparteien und radikale Rechte einen starken Oppositionsblock gebildet hätten.

Wenn es einer Weimarer Koalition tatsächlich gelungen wäre, die ersten Reichstagwahlen zu überstehen, hätte sie außerdem alleine die gesamte Verantwortung für die Stabilisierung und die übrige Liquidierung der Kriegsfolgen tragen müssen. Es scheint unter den gegebenen Bedingungen sehr fraglich, ob es einer Weimarer Koalition wirklich gelungen wäre, unter den schwierigen Bedingungen der zwanziger und dreißiger Jahre und gegen eine starke Opposition wirklich eine so erfolgreiche Politik zu betreiben, daß sie die Ausnahme-Mehrheit von 1919 in eine stabile strukturelle Majorität hätte verfestigen können.

3. Das dritte Modell wäre ein dauerhafter Kompromiß zwischen der Sozialdemokratie und den bürgerlichen Kräften, also eine Große Koalition, wie sie 1923 und 1928 bis 1930 bestand, vielleicht zusätzlich verstärkt durch die von der DNVP sich abspaltenden gemäßigten Konservativen.

Gescheitert ist dieses Modell in der Realität vor allem an den sozialpolitischen Interessengegensätzen von Gewerkschaften/SPD und Unternehmern/DVP. Selbst wenn die Große Koalition 1930 einen Kompromiß in der Sozialversicherung geschlossen hätte, so wären in der anschließenden Weltwirtschaftskrise sozialpolitische Interessengegensätze immer wieder und in weit größerem Umfang aufgebrochen; die Kompromißfähigkeit der SPD wäre durch die radikale Konkurrenz der KPD, die Kompromißfähigkeit der DVP durch die DNVP beeinträchtigt worden. Geht man von diesem Modell aus, so muß man sich – neben einem anderen Reichspräsidenten – zum Beispiel im bürgerlichen Lager einen Typus von Politiker vorstellen, der für die Erhaltung der parlamentarischen Demokratie immer wieder bis an äußerste Grenzen gegangen wäre, der die Verbindung zu einflußreichen Interessengruppen und die Existenz seiner eigenen Partei aufs Spiel gesetzt hätte. (Die Tatsache, daß Stresemann immer wieder als die Idealbesetzung für eine solche Moderatorenrolle zwischen Bürgertum und Arbeiterbewegung genannt wird, zeigt ja gerade, wie sehr es sich bei ihm um eine Ausnahmeerscheinung handelte.) Ferner setzt ein solches Modell ein im Prinzip partnerschaftliches Verhalten von Gewerkschaften und Unternehmern voraus, ein Verhalten, zu dem z. B. die Unternehmerseite 1918 nur unter dem Druck unmittelbarer revolutionärer Drohung bereit war. Die Vorstellung einer erfolgreichen Großen Koalition setzt also letztendlich eine ganz andere Einstellung der wirtschaftlichen Elite zu Grundfragen des Weimarer Systems voraus.

Vor allem aber stellt sich die Frage, ob eine Politik weitgehender Kompromisse von den Wählern der bürgerlichen Rechten honoriert worden wäre, denkt man an das fast völlige Verschwinden der DVP und der DDP gegen Ende der Weimarer Republik. Letzten Endes wären die bürgerlichen Kräfte in einem solchen Modell wohl doch gezwungen gewesen, auf die Machtmittel des Präsidenten zurückzugreifen, wie dies übrigens Stresemann bei der Meisterung der Krise von 1923 auch getan hatte.

4. Und damit sind wir beim vierten Modell, das den drei anderen, in der Literatur vorherrschenden, Alternativ-Modellen zur Seite gestellt werden soll: eine präsidiale Regierung, die tatsächlich die Chance gehabt hätte, die Wirtschafts- und Staatskrise zu überstehen. Um das Vordrängen der NSDAP zu verhindern, hätte eine solche Regierung vor allem Loyalität bei den Massen gewinnen müssen. Hierzu wären soziale Zugeständnisse und eine aktive Krisenbekämpfungspolitik, eine überzeugende und rechtzeitige Regelung der Nachfolge des Reichspräsidenten, vermutlich auch eine gehörige Portion autoritärer Demagogie notwendig gewesen. (Elemente einer solchen Politik finden sich in den politischen Planspielen aller vier Präsidialregierungen, am deutlichsten aber, nur eben zu spät, unter Schleicher.) Eine populäre Präsidialpolitik hätte allerdings eine dauerhafte autoritäre Wende der Weimarer Republik bedeutet, die möglicherweise eine Rückkehr zu parlamentarischen Regierungsverhältnissen zunächst ausgeschlossen hätte. Immerhin wären in einem solchen Modell die Grundrechte und die Existenz der demokratischen Parteien, wenn wohl auch unter Einschränkungen, gewahrt geblieben, und langfristig, z. B. über die Wahl eines anderen Präsidenten, wäre auch der Weg für einen politischen Richtungswechsel offen gewesen.

Daß dieses Modell in einer direkten Konfrontation mit Hitler mehrheitsfähig gewesen wäre, beweisen die Reichspräsidentenwahlen von 1932; seine machtpolitische Überlebensfähigkeit beweist die Durchsetzung des SA-Verbots vom April 1932. Alle anderen Modelle können diesen Beweis nicht erbringen, und deswegen erscheint mir das Modell des autoritären Regimes auf populärer Grundlage als die am ehesten denkbare Alternative zum NS-Regime, als das Modell, das am besten innerhalb des vorhandenen historischen Handlungsspielraums, innerhalb der nun einmal herrschenden gesellschaftlichen und politischen Strukturen vorstellbar ist.

Wenn man sich dieses Modell vorstellt, muß man allerdings an politische Eliten glauben, die die Risiken und Kosten einer populären Präsidialpolitik geringer einschätzten, als die Gefahr eines maßgeblichen Einfluß der Nationalsozialisten auf die Regierungspolitik. Weil eben diese Voraussetzung nicht gegeben war, blieb der Versuch, das Präsidialregime auf eine Massenbasis zu stellen, aus.

Mir scheint, daß eine Geschichte der Weimarer Republik, die sich an den Gegebenheiten der Epoche orientiert, die Haltung der Eliten in der Krise von 1930 bis 1933 als die für den Untergang der Republik und den Aufstieg der NSDAP wesentlichen Faktor betonen muß; hier lag der entscheidende historische Spielraum. Wer andere Faktoren für ausschlaggebend hält – etwa die gescheiterte Revolution, die mangelnde Handlungs- und Kompromißfähigkeit der Parteien, das fehlende Parlamentarismus-Verständnis, die mangelnde Kooporationsfähigkeiten der Tarifpartner –, der spielt mit Überlegungen, die über die Handlungsmöglichkeiten der zeitgenössischen Akteure hinausgingen, und zerreißt damit das Netz der gegebenen historischen Voraussetzungen: Er orientiert sich also an Vorstellungen, die von der historisch-realen Weimarer Republik relativ weit abweichen, etwa an einer in der Geschichte der Weimarer Republik gespiegelten Bundesrepublik. Die Frage nach dem Scheitern der Republik und dem Aufstieg des Nationalsozialismus sollte aber den Blick zurücklenken auf die besonderen historischen Voraussetzungen und spezifischen Rahmenbedingungen der ersten deutschen Republik, die sich doch erheblich von denen der zweiten unterscheiden.

Insofern ist Bonn tatsächlich nicht Weimar.

Anhang

Anmerkungen

1918–1923

1 Literatur zur Septemberkrise: Udo Bermbach, Vorformen parlamentarischer Kabinettsbildung in Deutschland. Der Interfraktionelle Ausschuß 1917/18 und die Parlamentarisierung der Reichsregierung, Köln/Opladen 1967; Wilhelm Deist, Der militärische Zusammenbruch des Kaiserreichs. Zur Realität der „Dolchstoßlegende", in: Das Unrechtsregime. Internationale Forschungen über den Nationalsozialismus. Hg. v. Ursula Büttner, Bd.1, Hamburg 1986, 101-129; Ernst Rudolf Huber, Deutsche Verfassungsgeschichte seit 1789. Bd. 5: Weltkrieg, Revolution und Reichserneuerung, 1914-1919, Stuttgart etc., 1978, 516ff; Ulrich Kluge, Soldatenräte und Revolution. Studien zur Militärpolitik in Deutschland 1918/19, Göttingen 1975, 11-31; Nipperdey, Machtstaat, 858ff; Vom Kaiserreich zur Weimarer Republik. Hg. v. Eberhard Kolb, Köln 1972 (insbesondere die Beiträge von Gerhard Ritter zur militärischen Niederlage und von Wolfgang Sauer zum Projekt der „parlamentarischen Monarchie"). – Der Interfraktionelle Ausschuß 1917/18. II. Teil. Bearb. v. Erich Matthias u. Mitw. v. Rudolf Morsey, Düsseldorf 1959.

2 Vertreter der Mehrheitsparteien stellten diese Bemühungen zur politischen Stabilisierung jetzt häufig unter das Schlagwort von der notwendigen „nationalen Verteidigung": So Scheidemann am 23.9. und Vertreter von SPD und Fortschrittspartei am 28.9. (Interfraktioneller Ausschuß II, 682 u. 725); Ebert (ebd., 766) wandte sich noch am 30.9. gegen eine Aufnahme der Nationalliberalen in die Regierung, befürchtete er doch, sie „schwächen unsere Wucht für die nationale Verteidigung".

3 Forderungen vom 23.9. in: Interfraktioneller Aussschuß II, 783ff. Siehe ferner die Stellungnahmen Eberts in den Sitzungen des Ausschusses vom 21.9.1918 sowie 23.9. (636ff u. 644). Die Forderung nach Aufhebung der Verfassungsbestimmungen, die die Unvereinbarkeit von Mandat und Amt vorsahen, erfolgte vor allem aus pragmatischen Gründen, wie Scheidemann später erklärte: „Welcher Abgeordnete hätte sich auch bereit gefunden, sein Mandat niederzulegen, um für vielleicht wenige Tage in ein Kabinett eintreten zu können." (Philipp Scheidemann, Memoiren eines Sozialdemokraten, Bd. 2, Dresden 1928, 189).

4 Aufzeichnung Erzbergers v. 27.9. u. Bericht Lerchenfelds v. 30.9. (Interfraktioneller Ausschuß II, 701ff, 749f).

5 Gerhard A. Ritter, Kontinuität und Umformung des deutschen Parteiensystems 1918-1920, in: Ders., Arbeiterbewegung, Parteien und Parlamentarismus, Göttingen 1976, 116-157, 122f.

6 So etwa der Zentrum-Abgeordnete Trimborn in der Sitzung des Interfraktionellen Ausschusses vom 23. September: „Wir wollen nicht, daß in die weitere Programmpunkte ausdrücklich die Parlamentarisierung aufgenommen wird. Das geht gegen alle Traditionen unser Partei. Das können wir einfach nicht. Wir wollen es nicht formell hingestellt wissen. Etwas anderes ist, was man tatsächlich macht." (Interfraktioneller Ausschuß II, 684) – Zur veränderten Haltung des Zentrums siehe das Protokoll der Sitzung des Ausschusses v. 28.9.1918 (ebd., 724ff). Zu diesem Zeitpunkt war der Reformeifer des Zentrums bereits durch die Nationalliberale Partei überboten worden, die sich nun auch für eine Aufhebung der fraglichen Verfassungsbestimmungen aussprach.

7 Über die panikartige Stimmung innerhalb des Zentrums nach Eintreffen der Nachrichten über Bulgarien siehe insbesondere die Aufzeichnung des Abgeordneten Friedrich von Galen v. 10.10.1918 (Interfraktioneller Ausschuß II, 789ff). In dem für Reichskanzler Hertling ausgefertigten Protokoll der Sitzung des Interfraktionellen Ausschusses vom 28.9.

wurde eine Formulierung gewählt, nach der Vertreter der Fortschrittspartei Hertling den Rücktritt nahelegten, während ihm der Zentrumsvertreter das Vertrauen aussprachen (ebd., 724ff).

8 Programm vom 30.9. (Interfraktioneller Ausschuß II, 783ff).

9 Scheidemann, Memoiren, 190.

10 Zu Eberts umstrittener Rolle in der Revolutionsphase siehe zusammenfassend die unterschiedlichen Akzentuierungen durch Reinhard Rürup und Eckhard Jesse in dem Sammelband: Friedrich Ebert und seine Zeit. Bilanz und Perspektiven der Forschung. Hg. v. Rudolf König, Hartmut Soell und Hermann Weber, München 1990, 69-110.

11 Die Reichstagsfraktion der deutschen Sozialdemokratie 1898 bis 1918. Zweiter Teil. Bearb. v. Erich Matthias u. Eberhard Pikart, Düsseldorf 1966, 442 (23.9.1918).

12 Telegramm des Legationsrats v. Lersner an das Auswärtige Amt, 26 9.1918 (Ursachen und Folgen. Vom deutschen Zusammenbruch 1918 und 1945 bis zur staatlichen Neuordnung Deutschlands in der Gegenwart. Eine Urkunden- und Dokumentensammlung zur Zeitgeschichte. Hg. u. bearb. v. Herbert Michaelis u. Ernst Schraepler, Berlin 1958ff, Bd. 2, 318f).

13 Eberhard Kessel, Ludendorffs Waffenstillstandsforderung am 29. September 1918, in: MGM 4 (1968) H. 2, 65-86.

14 So die Schilderung Ludendorffs, Meine Kriegserinnerungen 1914-1918, Berlin 1919, 582f.

15 Aufzeichnung Galen v. 10.10.1918 (Interfraktioneller Ausschuß II, 795).

16 Amtliche Urkunden zur Vorgeschichte des Waffenstillstandes 1918. Auf Grund der Akten der Reichskanzlei, des Auswärtigen Amtes und des Reichsarchivs hg. v. Auswärtigen Amt und vom Reichsministerium des Innern, 2. Aufl, Berlin 1924, 47.

17 Hierzu der Bericht Hintzes, 29.9.1918 (Ursachen und Folgen 2, 319f).

18 Ebd., 347.

19 Interfraktioneller Ausschuß II, 749f, 30.9.1918.

20 Zur Dolchstoßlegende siehe ausführlich unten, S. 104f. Der Ausdruck bezieht sich auf einen Bericht der Neuen Zürcher Zeitung v. 17.12.1918, die eine entsprechende Aussage des britischen Generals Sir Frederick Mauri-

ce, dem ehemaligen Leiter der Operationsabteilung des War Office, wiedergab.

21 Albrecht von Thaer, Generalstabsdienst an der Front und in der O.H.L. Aus Briefen und Tagebuchaufzeichnungen 1915-1919. Hg. v. Siegfried A. Kaehler, Göttingen 1958, 234f.

22 Wilhelm Groener, Lebenserinnerungen. Jugend, Generalstab, Weltkrieg. Hg. v. Friedrich Freiherr v. Gaertringen, Göttingen 1957, 466.

23 Literatur zur Regierung Baden: Bermbach, Vorformen; Ulrich Kluge, Die deutsche Revolution 1918/19, Frankfurt a.M. 1985; Nipperdey, Machtstaat, 862ff; Gerhard W. Rakenius, Wilhelm Groener als Erster Generalquartiermeister. Die Politik der Obersten Heeresleitung 1918/19, Boppard 1977; Erich Matthias, Rudolf Morsey, Die Bildung der Regierung des Prinzen Max von Baden sowie Wolfgang Sauer, Das Scheitern der parlamentarischen Demokratie, beide in: Vom Kaiserreich zur Weimarer Republik. Hg. v. Eberhard Kolb, Köln 1972, 63-76 u. 77-99. – Die Regierung des Prinzen Max von Baden. Bearb. v. Erich Matthias u. Rudolf Morsey, Düsseldorf 1962; Interfraktioneller Ausschuß.

24 Sitzung des Interfraktionellen Ausschusses v. 1.10. (Regierung Baden, 29ff).

25 Matthias/Morsey, Bildung.

26 Einleitung Regierung Baden, XXXI.

27 Ebd. 65; siehe auch das im gleichen Tenor gehaltene Telegramm Hindenburgs vom gleichen Tage (Ursachen und Folgen 2, 331f).

28 Protokoll der Sitzung: Regierung Baden, 65ff; Text der Note: Ursachen und Folgen 2, 378. Zu den Verhandlungen über den Waffenstillstand: Peter Krüger, Die Außenpolitik der Republik von Weimar, 2. Aufl., Darmstadt 1993, 31ff.

29 Regierung Baden, 216f.

30 Text der Noten nach Ursachen und Folgen, 2: Amerikanische Note v. 8.10.18, 384, deutsche Antwort v. 11.10., 391; zweite amerikanische Note 14.10., 393; deutsche Antwort v. 20.10., 423; 3. amerikanische Note Note v. 23.10., 429; deutsche Antwort v. 27.10., 437, amerikanische Bestätigung v. 5.11., 467.

31 So z. B. Scheidemann, der wenige Tage danach die Forderung nach einer Abdankung des Kaisers erheben sollte, noch am 17.10. in einer SPD-Fraktionssitzung: „Wegen der Kaiserfrage habe ich darauf hingewiesen, daß ja das, was eigentlich gemeint sein kann, erledigt werden müsse und solle durch Verfas-

sungsänderung. Das trägt Wilson Rechnung."
(Reichstagsfraktion SPD II, 493). Siehe auch
die Beratungen im Kriegskabinett am 16.10.
(Regierung Baden, 205ff).

32 Kabinettssitzungen v. 17.10. (Regierung Baden, 220ff, 242ff) u. 19.10. (ebd.,273ff, 276ff).

33 Aufzeichnung eines Telefonats der OHL v. 20.10., gedr. in: Prinz Max von Baden, Erinnerungen und Dokumente. Neu hg. v. Golo Mann und Andreas Burckhardt, Stuttgart 1968, 434f.

34 Der Vorschlag Rathenaus (Ursachen und Folgen 2, 382) war in der Kabinettssitzung v. 9.10 besprochen worden. (Regierung Baden, 115ff). Den gleichen Vorschlag wiederholte Rathenau gegenüber dem preußischen Kriegsminister Scheüch am 9.10.1918, gedr. in: Walter Rathenau. Briefe. Neue Folge, Dresden 1928, 166ff. – Die Idee einer letzten Mobilisierung läßt sich zu dieser Zeit auch bei anderen führenden Persönlichkeiten nachweisen: So bei dem Industriellen Henrich sowie bei dem Gewerkschaftsführer Huë, der von einem zu entfachenden „Furor Teutonicus" sprach (Gerald D. Feldman, The Origins of the Stinnes-Legien-Agreement. A Documentation, in: IWK 9 [1973], 45-103, 64ff, 54).

35 Besprechung beim Kaiser v. 20.10. (Regierung Baden, 284ff).

36 Amtliche Urkunden Waffenstillstand, 194. Der Befehl wurde, nachdem er eine Reihe von Truppenteilen erreicht hatte, am nächsten Tag zurückgerufen.

37 Regierung Baden, 359f.

38 Aufzeichnung von Haeften (ebd., 360ff); Ludendorffs Darstellung der Begegnung und seine Reaktion bei Thaer, Generalstabsdienst, 246ff.

39 Rakenius, Groener, 15ff.

40 Sitzung des Kriegskabinetts v. 24.10.1918 (Regierung Baden, 335).

41 RGBl 1918, 1273f; vgl. Huber, Verfassungsgeschichte V, 584ff.

42 Zur Verdeutlichung Huber, Verfassungsgeschichte V, 600f.

43 Regierung Baden, 255.

44 Sitzung v. 26.10. (ebd., 366).

45 Huber, Verfassungsgeschichte V, 593ff.

46 Siehe Baden, Erinnerungen, 498f; ferner Schreiben Badens an Wilhelm v. 8.11. (Ursachen und Folgen 2, 564).

47 Sauer, Scheitern, 81ff.

48 Siehe hierzu etwa den Bericht des bayerischen Gesandten Lerchenfeld, 30.10.18, sowie Bericht des Staatsministers Drews über seine Besprechungen am 1./2.11.18 (beide in Regierung Baden, 428ff u. 460ff); ferner ausführliche Schilderung in Sauer, Scheitern.

49 Ebd., 85. Niederschrift über Erklärung des Kaisers am 2.11, gedr. in Alfred Niemann: Revolution von oben – Umsturz von unten. Entwicklung und Verlauf der Staatsumwälzung in Deutschland 1914-1918, Berlin 1927, 377.

50 Hierzu ausführlicher Sauer, Scheitern.

51 Sitzung v. 5.11. (Regierung Baden, 526ff, Zitat 532). – Groener war jedoch, seinen Memoiren zufolge, zu diesem Zeitpunkt nicht mehr davon überzeugt, daß man Wilhelm noch halten konnte; um die Monarchie zu retten, so seine Überlegung, müsse der Kaiser zurücktreten (Groener, Lebenserinnerungen, 444).

52 Siehe S. 38

53 So Leonidas E. Hill, Signal zur Konterrevolution? Der Plan zum letzten Vorstoß der deutschen Hochseeflotte am 30. Oktober 1918, in: VfZ 36 (1988), 113-129; Gerhard Paul Groß, Die Seekriegführung der Kaiserlichen Marine im Jahre 1918, Frankfurt a. M. 1989 (mit zurückhaltender Bewertung des von Hill behaupteten, vorrangig politisch motivierten Manövers); vgl. ferner Wilhelm Deist, Die Politik der Seekriegsleitung und die Rebellion der Flotte Ende Oktober 1918, in: VfZ 14 (1966), 341-368. – Der Befehl vom 24.10.: Ursachen und Folgen 2, 402.

54 Literatur zur Revolution: Arbeiter- und Soldatenräte im rheinisch-westfälischen Industriegebiet. Studien zur Geschichte der Revolution 1918/19. Hg. v. Reinhard Rürup, Wuppertal 1975; Peter Brandt, Reinhard Rürup, Volksbewegung und demokratische Neuordnung in Baden 1918/19. Zur Vorgeschichte und Geschichte der Revolution, Sigmaringen 1991; Francis Ludwig Carsten, Revolution in Mitteleuropa 1918-1919, Köln 1973; Gerald D. Feldman, Eberhard Kolb, Reinhard Rürup, Die Massenbewegungen der Arbeiterschaft in Deutschland am Ende des Ersten Weltkrieges (1917-1920), in: PVS 13 (1972), 84-105; Kluge, Revolution; Kluge, Soldatenräte; Eberhard Kolb, Die Arbeiterräte in der deutschen Innenpolitik 1918-1919, Düsseldorf 1962, Berlin 1978; Susanne Miller, Die Bürde der Macht. Die deutsche Sozialdemokratie 1918-1920,

363

Düsseldorf 1978; Wolfgang J. Mommsen, Die deutsche Revolution 1918-1920. Politische Revolution und soziale Protestbewegung, in: GG 4 (1978), 362-391; Peter von Oertzen, Betriebsräte in der Novemberrevolution. Eine politikwissenschaftliche Untersuchung über Ideengehalt und Struktur der betrieblichen und wirtschaftlichen Arbeiterräte in der deutschen Revolution 1918/1919, Düsseldorf 1963, 2. Aufl., Bonn-Bad Godesberg 1976; Reinhard Rürup, Demokratische Revolution und „dritter Weg". Die deutsche Revolution von 1918/19 in der neueren wissenschaftlichen Diskussion, in: GG 9 (1983), 278-301; Reinhard Rürup, Die Revolution von 1918/19 in der deutsche Geschichte, Bonn 1993; Heinrich August Winkler, Arbeiter und Arbeiterbewegung in der Weimarer Republik, Bd. 1: Von der Revolution zur Stabilisierung. 1918 bis 1924, Berlin/Bonn 1984. – Die deutsche Revolution 1918/1919. Dokumente. Hg. v. Gerhard A. Ritter u. Susanne Miller, Frankfurt a. M. 1968.

55 So Baden in seinen Erinnerungen, 575.

56 Zu dem Matrosenaufstand siehe Dirk Dähnhardt, Revolution in Kiel. Der Übergang vom Kaiserreich zur Weimarer Republik 1918/19, Neumünster 1978; Kluge, Soldatenräte 35ff; Deist, Seekriegsleitung. – Zu Noske in Kiel: Wolfram Wette, Gustav Noske. Eine politische Biographie, Düsseldorf 1987, 198ff sowie Gustav Noske, Von Kiel bis Kapp. Zur Geschichte der deutschen Revolution, Berlin 1920, 10ff.

57 Siehe hierzu die Erklärungen in der Sitzung des Kriegskabinetts v. 4.11. (Regierung Baden, 491ff).

58 Dähnhardt, Revolution, 90; auch in Ursachen und Folgen 2, 514f.

59 Für Köln und das Rheinland: Helmut Metzmacher, Der Novemberumsturz 1918 in der Rheinprovinz, in: Annalen des Historischen Vereins für den Niederrhein 168/169 (1967), 135-265.

60 Literatur zur Revolution in München: Peter Kritzer, Die bayerische Sozialdemokratie und die bayerische Politik in den Jahren 1918 bis 1923, München 1969; Allan Mitchell, Revolution in Bayern 1918/19. Die Eisner Regierung und die Räterepublik, München 1967; Revolution und Fotografie München 1918/19. Hg. v. Rudolf Herz u. Dirk Halfbrodt, Berlin 1988; Michael Seligmann, Aufstand der Räte. Die

erste bayerische Räterepublik vom 7. April 1919, Grafenau 1989, 57ff. Eine Zusammenfasssung der älteren bayerischen Revolutionsforschung bietet der Sammelband: Bayern im Umbruch. Die Revolution von 1918, ihre Voraussetzungen, ihr Verlauf und ihre Folgen. Hg. v. Karl Bosl, München/Wien 1969. Siehe auch die zusammenfassende Darstellung in: Regierung Eisner 1918/19. Ministerratsprotokolle und Dokumente. Eingel. u. bearb. v. Franz J. Bauer, Düsseldorf 1987, Einleitung IXff.

61 Ursachen und Folgen 3, 104f.

62 Zu dieser Typologie der Räte: Kolb, Arbeiterräte, 88ff.

63 Ebd., 97

64 Siehe S. 65ff.

65 Hans-Joachim Bieber, Bürgertum in der Revolution. Bürgerräte und Bürgerstreiks in Deutschland 1918-1920, Hamburg 1992.

66 Ausführliche Darstellung über die Entwicklung in den Ländern bei Huber, Verfassungsgeschichte V, 1002ff.

67 Helmut Neuhaus, Das Ende der Monarchien in Deutschland 1918, in: HJ 111 (1991), 102-136.

68 Thomas Mann, Tagebücher, 1918-1921. Hg. v. Peter de Mendelssohn, Frankfurt a. M. 1979, 10.11.18, 67.

69 Kolb, Arbeiterräte, 97f u. 101

70 Siehe S. 77ff.

71 Zu den Ursachen der Revolution vgl. die in Anm. 23 u. 54 aufgeführte Literatur.

72 Literatur zu den Ereignissen in Berlin um den 9.11.: Kluge, Soldatenräte, 63ff sowie 82ff; Rakenius, Groener, 60ff; Ingo Materna, Der Vollzugsrat der Berliner Arbeiter- und Soldatenräte, 1918/19, Berlin 1978; Miller, Bürde, 74ff. – Die Regierung der Volksbeauftragten. Eingel. v. Erich Matthias. Bearb. v. Susanne Miller u. Mitw. v. Heinrich Potthoff, 2 Teile, Düsseldorf 1969; Zwischen Revolution und Kapp-Putsch. Militär und Innenpolitik 1918-1920. Bearb. v. Heinz Hürten, Düsseldorf 1977.

73 Regierung Baden, 561. Ebenso am 8.11. Landsberg (ebd., 597).

74 So die Aufzeichnung Haeften (Regierung Baden, 559ff).

75 Ursachen und Folgen 2, 562.

76 Ebd., 564f.

77 Sitzung des Kriegskabinetts v. 7.11.1918 (Regierung Baden, 579).

78 Ursachen und Folgen 2, 568.

79 Scheidemann, Memoiren, 294ff; Reichstagsfraktion SPD II, 518f; Kluge, Soldatenräte, 83.
80 Sitzung der sozialdemokratischen Reichstagsfraktion v. 9.11. (Regierung Baden, 613).
81 Flugblatt des Vollzugsausschusses des Arbei-
ter- und Soldatenrates sowie Extrablatt des
„Vorwärts", 9.11.1918 (Ursachen und Folgen
2, 569).
82 Vgl. Winkler, Revolution, 43.- Scheidemann,
Memoiren, 298f.
83 Revolution (Ritter/Miller), 70.
84 Baden, Erinnerungen, 630ff; Entschließung
des Kaisers sowie Erklärung des Kanzlers,
9.11.1918: Ursachen und Folgen 2, 570. Zum
formellen Thronverzicht siehe Abdankungs-
erklärung Wilhelm II. v. 28.12.1918 sowie
Thronverzicht des Kronprinzen Wilhelm: Dokumente zur Deutschen Verfassungsgeschichte, Bd. 3. Hg. v. Ernst Rudolf Huber, 3. Aufl.,
Berlin, Köln 1990, 312.
85 Vgl. Huber, Verfassungsgeschichte V, 699f.
86 Aufzeichnung über die Vorgänge in der
Reichskanzlei, 9.1.1918 (Regierung Volksbeauftragte I, 3ff).
87 Ebd.
88 Manfred Jessen-Klingenberg, Die Ausrufung
der Republik durch Philipp Scheidemann am
9. November 1918, in: GWU 19 (1968), 649-
656.
89 Dies berichtet Scheidemann, Memoiren, 313.
90 Ursachen und Folgen 2, 576.
91 Ursachen und Folgen 3, 4.
92 Revolution (Ritter/Miller), 80f.
93 Die Antworten des SPD-Vorstandes auf die
Forderungen der USPD sind in einem Brief
vom 9.11. festgehalten (Regierung Volksbeauftragte I, 20f u. 21).
94 Vorstand der USPD an den Vorstand der SPD,
10.11.18 (ebd., 30f).
95 Kolb, Arbeiterräte 114ff; Ernst Heinrich
Schmidt, Heimatheer und Revolution 1918.
Die militärischen Gewalten im Heimatgebiet
zwischen Oktoberreform und Novemberrevolution, Stuttgart 1981, 405ff.
96 Schmidt, Heimatheer, 392f.
97 Kluge, Soldatenräte 86ff; Schmidt, Heimatheer, 407ff.
98 Kluge, Soldatenräte 91ff; Schmidt, Heimatheer, 425ff.
99 Winkler, Revolution, 55f; Heinz Hürten u.
Ernst Heinrich Schmidt, Die Entstehung des
Kabinetts der Volksbeauftragen. Eine quellenkritische Untersuchung, in: HJ 99 (1979),

255-267 arbeiten die vorübergehende Krise
bei der Regierungsbildung und die anschließende Einigung der Parteien unter dem
Protektorat des Militärs heraus.
100 Schmidt, Heimatheer, 430.
101 Ebd., 413 u. 420f.
102 Dokumente Verfassungsgeschichte 4, 11.
103 Ebd.
104 Groener, Lebenserinnerungen, 467.
105 Vgl. auch Rakenius, Groener, 69f sowie 74.
106 Kluge, Soldatenräte, 132f sowie 155.
107 Ebd., 139.
108 Dokumente Verfassungsgeschichte 4, 12.
109 Ebd., 11.
110 Ursachen und Folgen 2, 482ff. Vgl. Krüger,
Außenpolitik, 45ff sowie N. P. Howard, The
Social and Political Consequences of the
Allied Food Blockade of Germany, 1918-19,
in: German History 11 (1993), 161-188.
111 Regierung Volksbeauftragte I, 23f. Siehe auch
Bericht Erzbergers über seine Reise in der
Sitzung der Regierung v. 16. 11. (ebd. 48ff).
112 Literatur zum Rat der Volksbeauftragten: Kluge, Soldatenräte, 126ff (insbesondere zum
Verhältnis Regierung und bewaffnete Macht);
Kolb, Arbeiterräte, 114ff; Winkler, Revolution,
113ff; ferner die Aktenedition Regierung
Volksbeauftragte.
113 Einleitung Regierung Volksbeauftragte I, XX-
XIff, XLVIIIf.
114 So äußerte sich Ebert bei der Eröffnung der
Nationalversammlung am 6.2.1919: Die Deutsche Nationalversammlung im Jahre 1919 in
ihrer Arbeit für den Aufbau des neuen deutschen Volksstaates. Hg. v. Ed. Heilfron, Berlin 1920, Bd. 1, 7.
115 Übersicht über die revolutionären Kräfte bei
Kluge, Soldatenräte, 198ff sowie bei Kolb,
Arbeiterräte, 9ff.
116 Dokumente Verfassungsgeschichte 4, 13.
117 Ebd., 14.
118 Kluge, Soldatenräte, 102ff.
119 Rakenius, Groener, 91f; s. a. Groener,
Lebenserinnerungen, 470.
120 Revolution (Ritter/Miller), 107ff.
121 Kluge, Soldatenräte, 139ff.
122 Regierung Volksbeauftragte I, 37f.
123 Ebd., 72ff.
124 Ebd., 127ff.
125 Kolb, Arbeiterräte 126f.
126 Kabinettssitzung vom 4.12 (Regierung Volksbeauftragte I, 252f).
127 ebd., 149ff.

128 Verordnung über die Ermächtigung des Bundesrats zur Ausübung von Verwaltungsbefugnissen v. 14.11.1918 (RGBl 1918, 1311); Huber, Verfassungsgeschichte V, 730.

129 Regierung Volksbeauftrage I, 199.

130 Literatur zum Stinnes-Legien-Abkommen: Johannes Bähr, Staatliche Schlichtung in der Weimarer Republik. Tarifpolitik, Korporatismus und industrieller Konflikt zwischen Inflation und Deflation 1919-1932, Berlin 1989, 13ff; Richard Bessel, Germany after the First World War, Oxford 1993; Feldman, Origins; Gerald D. Feldman, Irmgard Steinisch, Industrie und Gewerkschaften, 1918-1924. Die überforderte Zentralarbeitsgemeinschaft, Stuttgart 1985; Gerald D. Feldman, German Business Between War and Revolution: The Origins of the Stinnes-Legien Agreement, in: Entstehung und Wandel der modernen Gesellschaft. Festschrift für Hans Rosenberg zum 65. Geburtstag. Hg. v. Gerhard A. Ritter, Berlin 1970, 312-341; Winkler, Revolution, 75ff.

131 Brief v. 15.10. in: Rathenau, Briefe, 169ff; zu seinem Vorschlag einer Levée siehe S. 37. Rathenau ging dabei davon aus, daß „diejenige Stelle, der die Demobilisierung obliegt, zur Trägerin des gesamt-deutschen Schicksals" werde.

132 Feldman, Origins, 84f.

133 Durch Legien und v. Borsig gezeichnete Mitteilung an den Vollzugsrat, 15.11.18 (Feldman, Origins, 102f).

134 Siehe S. 63.

135 Literatur zur Demobilmachung: Gerald D. Feldman, Economic and Social Problems of the German Demobilization, 1918/19, in: Journal of Modern History 47 (1975), 1-47: Gunther Mai, Arbeitsmarktregulierung oder Sozialpolitik? Die personelle Demobilmachung in Deutschland 1918 bis 1920/24, in: Die Anpassung an die Inflation. Hg. v. Gerald D. Feldman, Carl-Ludwig Holtfrerich, Gerhard A. Ritter, Peter-Christian Witt, Berlin/New York 1983, 202-236: Winkler, Revolution, 89f.

136 Koeth auf der Sitzung der Reichskonferenz, 25.11.1918 (Regierung Volksbeauftragte I, 205ff).

137 Beschlossen in der Kabinettsitzung vom 12.12.18 (ebd., 343).

138 Bessel, Germany, 98 (mit Einzelheiten über die Abwicklung der noch laufenden Rüstungsaufträge).

139 Verordnung über die Einstellung, Entlassung und Entlohnung gewerblicher Arbeiter während der Zeit der wirtschaftlichen Demobilmachung: RGBl 1919, 8ff (für Angestellte galt eine ähnliche Verordnung v. 24.1.1919).

140 Vgl. den Überblick bei Ludwig Preller, Sozialpolitik in der Weimarer Republik, Stuttgart 1949, Düsseldorf 1978, 230ff. – Die wichtigsten gesetzlichen Bestimmungen: Anordnung v. 23.11.1918 über die Regelung der Arbeitszeit gewerblicher Arbeiter (RGBl 1918, 1334); Anordnung v. 9.12.1918 über Arbeitsnachweise (RGBl 1918, 1421f); Verordnung v. 23.12. über Tarifverträge, Arbeiter- und Angestelltenausschüsse und Schlichtung von Arbeitsstreitigkeiten (RGBl 1918, 1456ff), alle gedr. in Revolution (Ritter/Miller), 248ff. Siehe auch die juristische Dissertation von Friedrich-Carl Wachs: Das Verordnungswerk des Reichsmobilmachungsamtes. Stabilisierender Faktor zu Beginn der Weimarer Republik, Frankfurt a. M. 1991. – Zum Ausbau der Arbeitsnachweise: Bessel, Germany, 134f.

141 Bessel, Germany, 117f.

142 Feldman, Economic and Social Problems, 16; Winkler, Revolution, 157f.

143 Zur Sozialisierungsfrage in der Revolution: Hans Schieck: Die Behandlung der Sozialisierungsfrage in den Monaten nach dem Staatsumsturz, in: Vom Kaiserreich, 138-164; Winkler, Revolution, 79ff.

144 So auf der Reichskonferenz am 25.11. sowie bei der Kabinettssitzung am 22.11. (Regierung Volksbeauftragte I, 206f, 115).

145 Sitzung v. 21.11. (ebd., 115, 117).

146 So z. B. Müller in einem Vortrag Ende Dezember; siehe hierzu Kabinettssitzung v. 30.12. (Regierung Volksbeauftragte II, 147); hierzu Eberhard Kolb, Internationale Rahmenbedingungen einer demokratischen Neuordnung in Deutschland 1918/19, in: Die Weimarer Republik 1918-1933. Politik, Wirtschaft, Gesellschaft. Hg. v. Karl Dietrich Bracher, Manfred Funke, Hans-Adolf Jacobsen, Bonn 1987, 257-284, 280f; Winkler, Revolution, 82.

147 Regierung Volksbeauftragte I, 104.

148 Ebd., 230.

149 Wolfgang Elben, Das Problem der Kontinuität in der deutschen Revolution. Die Politik der Staatssekretäre und der militärischen Führung vom November 1918 bis Februar 1919, Düsseldorf 1965, 81ff; siehe auch z. B. Beschwer-

de des Kommissionsmitgliedes Lederer über unzureichende technische Unterstützung der Kommission durch das Wirtschaftsamt, abgegeben auf einer Sitzung des Zentralrates am 29.1.: Der Zentralrat der Deutschen Sozialistischen Republik. Vom ersten zum zweiten Rätekongreß. Bearb. v. Eberhard Kolb u. Mitw. v. Reinhard Rürup, Leiden 1978, 523f.

150 Regierung Volksbeauftragte I, 207. Diese Einstellung beschränkte sich keineswegs nur auf „rechte" Sozialdemokraten; auch Eisner hatte sich z. B. auf der gleichen Konferenz skeptisch hinsichtlich der Sozialisierung geäußert. (ebd., 178).

151 Literatur zum Agararsektor in der Revolution: Jens Flemming, Landwirtschaftliche Interessen und Demokratie. Ländliche Gesellschaft, Agrarverbände und Staat, 1890-1925, Bonn 1978, 161ff; Heinrich Muth, Die Entstehung der Bauern- und Landarbeiterräte im November 1918 und die Politik des Bundes der Landwirte, in: VfZ 21 (1973), 1-38; Martin Schumacher: Land und Politik. Eine Untersuchung über politische Parteien und agrarische Interessen 1914-1923, Düsseldorf 1978, 85ff; Winkler, Revolution, 84-89.

152 Siehe als Beispiel die dramatische Situationsschilderung, die der für Ernährungsfragen zuständige Staatssekretär Wurm (USPD) auf der Reichskonferenz vom 25.11. gab (Regierung Volksbeauftragte I, 201-205).

153 Vgl. Schumacher, Land 90ff. Siehe auch den von den landwirtschaftlichen Verbänden erlassenen Aufruf zur Rätebildung und die Bekanntmachung des Staatssekretärs im Reichsernährungsamt in der gleichen Sache, beide 22.11.: Revolution (Ritter/Miller), 226ff.

154 Bessel, Germany, 215, mit Beispielen.

155 Im Aufruf der Verbände vom 22.11. (vgl. Anm. 153).

156 Regierung Volksbeauftragte I, 40f.

157 Verordnung zur Beschaffung von landwirtschaftlichem Siedlungslande v. 29.1.1919: RGBl 1919, 115ff; Reichssiedlungsgesetz v. 11.8.1919: RGBl 1919, 1429ff; Schumacher, Land, 220ff.

158 RGBl 1919, 111ff; Schumacher, Land, 105ff.

159 RGBl 1919, 111ff.

160 Hierzu Elben, Kontinuität, sowie Wolfgang Runge, Politik und Beamtentum im Parteienstaat. Die Demokratisierung der politischen Beamten in Preußen zwischen 1918 und 1933, Stuttgart 1965.

161 Ursachen und Folgen 3, 11.

162 Zu den Fachministern vgl. Einleitung Regierung Volksbeauftragte I, LIVff.

163 Elben, Kontinuität, 37ff.

164 Ebd.

165 Ebd., 111f.

166 Kolb, Arbeiterräte, 184ff

167 Ebd., 262ff.

168 Hierzu Runge, Politik, 109ff.

169 Vgl. Elben, Kontinuität 31f u. Runge, Politik, 100f.

170 Literatur zum Parteiensystem: Detlef Lehnert: Zur historischen Soziographie der „Volksparteien". Wählerstruktur und Regionalisierung im deutschen Parteiensystem seit der Reichsgründung, in: AfS 20 (1989), 1-33; Rainer M. Lepsius, Parteiensystem und Sozialstruktur. Zum Problem der Demokratisierung der Deutschen Gesellschaft, in: Deutsche Parteien vor 1918. Hg. v. Gerhard A. Ritter, Köln 1973, 56-80; Sigmund Neumann, Die Parteien der Weimarer Republik, Stuttgart 1977 (Neuausgabe von: Die politischen Parteien in Deutschland, Berlin 1932); Ritter, Kontinuität.

171 Lothar Albertin, Liberalismus und Demokratie am Anfang der Weimarer Republik. Eine vergleichende Analyse der Deutschen Demokratischen Partei und der Deutschen Volkspartei, Düsseldorf 1972, 45ff; Larry Eugene Jones, German Liberalism and the Dissolution of the Weimar Party System, 1918-1933, Chapel Hill/London 1988, 15ff. – Wahlaufruf der DVP v. 15.12. in Revolution (Ritter/Miller), 316ff.

172 Gedr. in Ritter/Miller, 311ff.

173 Jan Striesow, Die Deutschnationale Volkspartei und die Völkisch-Radikalen 1918-1922, 2 Bde., Frankfurt a. M. 1981, 9ff; Werner Liebe, Die Deutschnationale Volkspartei 1918-1924, Düsseldorf 1956. – Aufruf des Vorstandes der Deutschnationalen Volkspartei vom 22.12.1918, gedr. in Revolution (Ritter/Miller), 300.

174 Rudolf Morsey, Die deutsche Zentrumspartei 1917-1923, Düsseldorf 1966, 79ff. Siehe auch Aufruf des Reichsausschusses der Deutschen Zentrumspartei v. 30.12.1918, gedr. in Revolution (Ritter/Miller), 306f. Zur BVP: Klaus Schönhoven, Die Bayerische Volkspartei 1924-1932, Düsseldorf 1972.

175 Literatur zum Verhältnis Regierung-Militär: Elben, Kontinuität, 124ff; Kluge, Soldatenräte; Rakenius, Groener, 90ff.

176 Kluge, Soldatenräte, 171ff.
177 RGBl 1918, 1424. – Kluge, Soldatenräte, 247ff.
178 Rakenius, Groener, z. B. 94 u. 99.
179 Zwischen Revolution und Kapp-Putsch. Militär und Innenpolitik 1918-1920. Bearb. v. Heinz Hürten, Düsseldorf 1977, 4ff, 21.11.18 . Siehe auch „Richtlinien" vom 16.11. (vgl. S. 58)
180 Kluge, Soldatenräte, 216ff.
181 Nachlaß Schleicher, zititert nach Elben, Kontinuität, 131 (auch gedr. bei Erwin Könneman, Der Truppeneinmarsch am 10. Dezember 1918 in Berlin, in ZfG 16 (1968), 1592-1609, 1600ff). Der Adressat ist umstritten: Siehe Rakenius, Groener, 137.
182 Elben, Kontinuität, 140; zu Giebels Befugnissen auch Rakenius, Groener, 87f.
183 Siehe S. 65.
184 Zwischen Revolution und Kapp-Putsch, 22f.
185 Gedruckt in Lothar Berthold, Helmut Neef, Militarismus und Opportunismus gegen die Novemberrevolution. Das Bündnis der rechten SPD-Führung mit der Obersten Heeresleitung November und Dezember 1918. Eine Dokumentation, Berlin 1958, 143f.
186 Rakenius, Groener 103ff; s. a. Groener, Lebenserinnerungen, 470.
187 Brief Hindenburgs an Ebert, 8.12.1918: Revolution (Ritter/Miller), 133ff.
188 Kluge, Soldatenräte, 216ff; Rakenius, Groener, 133ff.
189 Kabinettssitzung v. 15.11.1918 (Regierung Volksbeauftragte I, 47). – Zu der verfassungsrechtlichen Problematik siehe Huber, Verfassungsgeschichte V, 729f.
190 Kluge, Soldatenräte, 223 (nach einem Manuskript in dem im Militärarchiv Freiburg aufbewahrten Nachlaß Haeften).
191 Ebd., 225ff.
192 Sitzung vom 7.12 (Regierung Volksbeauftragte I, 285ff).
193 Gemeinsame Erklärung des Rats der Volksbeauftragten u. d. Vollzugsrats, 9.12. (ebd., 311).
194 Revolution (Ritter/Miller), 137f.
195 Siehe S. 74.
196 Bericht Fehrenbachs über seine diesbezüglichen Bemühungen v. 21.1.19 (Regierung Volksbeauftragte I, 381ff).
197 Kolb, Arbeiterräte, 189f.
198 Kluge, Soldatenräte, 220f.
199 Kabinettssitzungen v. 3.12. u. 8.12. (Regierung Volksbeauftragte I, 247 u. 299f). – Zum

Einmarsch allgemein: Kluge, Soldatenräte, 233ff.
200 Handschriftlicher Entwurf Groeners (Könnemann, Truppeneinmarsch, 1603f). (Ob die Aufforderung an Ebert tatsächlich in diesem ultimativen Ton erfolgte, ist nicht bekannt).
201 Sitzung von Kabinett und Vollzugsrat v. 7.12. sowie Kabinettssitzung v.8.u. 9.12. (Regierung Volksbeauftragte I, 299f, 304f).
202 Tatsächlich ließ sich eine Abordnung zweier Divisionen am 10.12. bei einem Empfang im Steglitzer Rathaus von Ebert auf diese Formel verpflichten (ebd., Anm. 15), worauf Ebert feststellte, die Vereidigung aller unter dem Kommando Lequis stehenden Truppen sei damit erfolgt (Kabinettssitzung v. 12.12., ebd., 368).
203 Revolution (Ritter/Miller), 139f.
204 Groener, Zeugenaussage von 1925, gedruckt in ebd., 136f; ferner das Aktionsprogramm des Generalkommandos Lequis, ebd., 137f.
205 Dokumente Verfassungsgeschichte 4, 41f (s.a. Kommentar, Huber, Verfassungsgeschichte V, 827).
206 Regierung Volksbeauftragte I, 314.
207 Literatur zum Rätekongreß: Kolb, Arbeiterräte, 197ff; Kluge, Soldatenräte, 250ff; Rakenius, Groener, 107ff. – Allgemeiner Kongreß der Arbeiter- und Soldatenräte Deutschlands. Vom 16. bis 21. Dezember 1918 im Abgeordnetenhaus zu Berlin. Stenographische Berichte. Eingel. v. Friedrich Helm u. Peter Schmitt-Egner, Glashütten im Ts. 1972.
208 Zentralrat, 1 (Anm.3).
209 Elben, Kontinuität, 65 (nach Mitteilung Cohens an Elben).
210 Zentralrat, 1f.
211 Siehe S. 60.
212 Zentralrat, 4.
213 Protokoll des Kongresses, 19.12. (ebd., 9ff)
214 Zentralrat, 5f.
215 Allgemeiner Kongreß, 152f.
216 Zentralrat, 2ff.
217 So teilte es Ebert am 18. dem Kabinett mit: Regierung Volksbeauftragte I, 396; siehe auch Äußerungen Groeners am 20.12. (Regierung Volksbeauftragte II, 4).
218 Dokumente Verfassungsgeschichte 4, 47.
219 Regierung Volksbeauftragte II, 5 u. 12.
220 Elben, Kontinuität, 150f; Regierung Volksbeauftragte II, 3ff; Pressemitteilung vom 22.12. bei Huber, Verfassungsgeschichte V, 898.
221 Literatur zum Zentralrat: Jens Flemming, Par-

lamentarische Kontrolle in der Novemberrevolution. Zur Rolle und Politik des Zentralrats zwischen erstem und zweitem Rätekongreß (Dezember 1918 bis April 1919), in: AfS 11 (1971), 69-139; Kolb, Arbeiterräte, 244ff; ferner die Quellenediton zum Zentralrat (wie Anm. 149).

222 Zu den Weihnachtskämpfen und zum Bruch des Regierungsbündnisses: Kluge, Soldatenräte 262ff. Ausführliche Darstellung der Kämpfe bei Karl-Heinz Luther: Die nachrevolutionären Machtkämpfe in Berlin. November 1918 bis März 1919, in: JGMO 8 (1959), 187-221, bes. S. 201ff. Siehe auch die widersprüchliche Darstellung der Beteiligten in Regierung Volksbeauftragte II, 73ff (Gemeinsame Sitzung von Kabinett und Zentralrat, 28.12.1918).

223 Nachlaß Groener, zitiert nach Elben, Kontinuität 148.

224 Vertrag bei Huber, Verfassungsgeschichte V, 982ff; Elben, Kontinuität, 148f.

225 Fragen der USPD-Volksbeauftragen an den Zentralrat und Antwort des Zentralrats; Antwort der USPD-Volksbeauftragten (Begründung des Regierungsaustritts); Sitzung von Kabinett und Zentralrat, 28/29.12. (Regierung Volksbeauftragte II, 123ff, 137ff, 141ff).

226 Siehe hierzu Hagen Schulze, Freikorps und Republik 1918-1920, Boppard 1967, 23 sowie Rakenius, Groener, 155ff.

227 Kabinettssitzung vom 3.1. (Regierung Volksbeauftragte II, 185).

228 Schulze, Freikorps, 24.

229 Zentralrat, 287.

230 Zu der außenpolitischen Gesamtlage (mit Nachweis der weiterführenden Literatur) zusammenfassend: Kolb, Rahmenbedingungen.

231 Zur zweiten Revolutionswelle vgl. Anm. 54, darunter insbesondere: Mommsen, Revolution; Oertzen, Betriebsräte; Rürup, Kolb, Feldman, Massenbewegungen; Winkler, Revolution, 159ff.

232 Siehe oben, S. 73.

233 Der Gründungsparteitag der KPD. Protokolle und Materialien. Hg. u. eingel. v. Hermann Weber, Frankfurt a. M./Wien 1969. (Das Programm der KPD im Anhang, S. 293ff).

234 Feldman, Economic and Social Problems, 18ff.

235 Richard Bessel, „Eine nicht allzu große Beunruhigung des Arbeitsmarktes". Frauenarbeit und Demobilmachung in Deutschland nach dem Ersten Weltkrieg, in: GG 9 (1983), 211-229

236 Bessel, Germany, 129.

237 Bessel, Germany, 115f, nennt verschiedene Beispiele für die Beschäftigung von Arbeitnehmern durch Privatfirmen, obwohl keine Aufträge vorlagen.

238 Gerald D. Feldman, Socio-Economic Structures in the Industrial Sector and Revolutionary Potentialities, in: Revolutionary Situations in Europe, 1917-1922: Germany, Italy, Austria-Hungary. Ed. by Charles L. Bertrand, Montreal 1977, 159-169.

239 Zu den Januar-Unruhen: Winkler, Revolution, 121f sowie Wette, Noske, 289ff.

240 Noske, Von Kiel bis Kapp, 67f.

241 Klaus Gietinger: Nachträge, betreffend Aufklärung der Umstände, unter denen Frau Dr. Rosa Luxemburg den Tod gefunden hat, in: IWK 28 (1992), 319-373, 477; Wette, Noske 308ff.

242 Herbert Schwarzwälder, Geschichte der Freien Hansestadt Bremen, Bd. 3. Bremen in der Weimarer Republik (1918-1933), Bremen 1983, 57ff.

243 Literatur zur Streikbewegung im Ruhrgebiet: Arbeiter- und Soldatenräte im rheinisch-westfälischen Industriegebiet; Ulrich Kluge, Essener Sozialisierungsbewegung und Volkswehrbewegung im rheinisch-westfälischen Industriegebiet 1918/19, in: IWK 16 (1982), 55-65; Erhard Lucas, Ursachen und Verlauf der Bergarbeiterbewegung in Hamborn und im westlichen Ruhrgebiet 1918/19, in: Duisburger Forschungen 15 (1971), 1-119; Oertzen, Betriebsräte, 110ff; Winkler, Revolution, 159ff. Allgemein zum Ruhrgebiet auch: Peter Oertzen, Die großen Streiks der Ruhrbergarbeiterschaft im Frühjahr 1919. Ein Beitrag zur Diskussion über die revolutionäre Entstehungsphase der Weimarer Republik, in: VfZ 6 (1958), 231-262.

244 RGBl 1919, 64f.

245 Verordnung über Errichtung von Arbeitskammern im Bergbau v. 8.2.1919 (RGBl 1919, 202ff).

246 Wahlergebnisse siehe Tabelle im Anhang. Wahlergebnisse von 1912: Wahlgeschichtliches Arbeitsbuch. Materialien zur Statistik des Kaiserreichs 1871-1918. Hg. v. Gerhard A. Ritter, München 1980, 40ff. (Eine Besonderheit bei diesen Wahlen war die gesonderte Nachwahl bei den Angehörigen des Ostheeres am 2.2.1919, bei der zwei Abgeordnete

gewählt wurden, die sich der sozialdemokratischen Fraktion anschlossen: Huber, Verfassungsgeschichte V, 1066).

247 Kabinettssitzung vom 14.1.(Regierung Volksbeauftragte II, 226f)

248 Einleitung Akten Scheidemann, XXVff.

249 Kluge, Soldatenräte 325ff.

250 Verordnungen über die vorläufige Regelung der Kommandogewalt und Stellung der Soldatenräte im Friedensheer sowie über Rangabzeichen und über den militärischen Gruß: Armee-Verordnungsblatt 1919, 52-57, zu den Verhandlungen u.a.: Gemeinsame Sitzung von Kabinett und Zentralrat, 31.12.1918 (Regierung Volksbeauftragte II, 153ff).

251 Im Nachlaß Schleicher, zitiert nach Elben, Kontinuität, 144.

252 Gesetz über die Bildung einer vorläufigen Reichswehr v. 6.3.1919 (RGBl 1919, 295f).

253 Literatur zu den Einwohnerwehren: Peter Bucher: Zur Geschichte der Einwohnerwehren in Preußen 1918-1921, in: MGM 1/1971, 15-59; David Clay Large, The Politics of Law and Order. A History of the Bavarian Einwohnerwehr, 1918-1921, Philadelphia 1980; Erwin Könnemann, Einwohnerwehren und Zeitfreiwilligenverbände, Berlin 1971.

254 Oertzen, Betriebsräte, 115f.

255 Winkler, Revolution, 168f u. 175ff; Oertzen, Betriebsräte, 133ff.

256 Literatur zu den Berliner Märzkämpfen: Otmar Jung: „Da gelten Paragraphen nichts, sondern da gilt lediglich der Erfolg...". Noskes Erschießungsbefehl während des Märzaufstandes in Berlin 1919 – rechtshistorisch betrachtet, in: MGM (1989), H. 1, 51-79; Wette, Noske, 419ff; Winkler, Revolution, 178ff.

257 Die Wirren in der Reichshauptstadt und im nördlichen Deutschland, 1918-1920 (=Darstellungen aus den Nachkriegskämpfen deutscher Truppen und Freikorps. Hg. v. d. Kriegsgeschichtlichen Forschungsanstalt des Heeres, 6. Bd.), Berlin 1940, 95 u. 104.

258 Winkler, Revolution, 181f; Oertzen, Betriebsräte, 116ff. Zu Severing: Thomas Alexander, Carl Severing. Sozialdemokrat aus Westfalen mit preußischen Tugenden, Bielefeld 1992

259 Miller, Bürde, 266ff.

260 Literatur zum Separatismus im Westen: Erwin Bischof, Rheinischer Separatismus 1918-1924. Hans Adam Dortens, Rheinstaatsbestrebungen, Bern 1969; Harry E. Nadler, The Rhenish separatist movements during the early Weimar Republic, 1918-1924, New York/London 1987.

261 Zur Münchner Räterepublik vgl. Anm. 60 sowie Heinrich Hillmayr, Roter und weißer Terror in Bayern nach 1918, München 1974; Winkler, Revolution, 184ff.

262 Schieck, Behandlung, 150ff; Bericht Leinert über die Besprechung mit den Volksbeauftragten über Sozialisierungsfragen am 10.1. in Zentralratsitzung vom 11.1. (Zentralrat, 316ff). Zum Fortgang der Sozialisierungsdebatte: Winkler, Revolution 191ff.

263 So Wissell in SPD-Fraktion der Nationalversammlung, 3.3.1919: Die SPD-Fraktion in der Nationalversammlung 1919-1920. Bearb. v. Heinrich Potthoff u. Hermann Weber, Düsseldorf 1986, 51f.

264 Näheres in Denkschrift des Reichswirtschaftsministeriums zur wirtschaftspolitischen Lage, 7.5.1919, sowie im Wirtschaftsprogramm des Ministeriums (Akten Scheidemann, 272ff sowie 284ff). Vgl. auch: Eckhard Biechele, Der Kampf um die Gemeinwirtschaftskonzeption des Reichswirtschaftsministeriums im Jahre 1919. Eine Studie zur Wirtschaftspolitik unter Reichswirtschaftsminister Rudolf Wissell in der Frühphase der Weimarer Republik, Berlin 1972.

265 RGBl 1919, 342ff u. 413ff.

266 Ebd., 341f.

267 Zur Auflösung der Räte: Kolb, Arbeiterräte, 256ff.

268 Siehe S. 102.

269 Literatur zur Entstehung und zum Aufbau der Verfassung: Hans Boldt, Die Weimarer Reichsverfassung, in: Die Weimarer Republik, 44-62; Huber, Verfassungsgeschichte V, 1178ff sowie VI (Die Weimarer Reichsverfassung, Stuttgart etc. 1981); Reinhard Rürup: Entstehung und Grundlagen der Weimarer Verfassung, in: Vom Kaiserreich, 219-243; Gerhard Schulz, Zwischen Demokratie und Diktatur. Die Periode der Konsolidierung und der Revision des Bismarckschen Reichsbaus 1919-1930, 2. Aufl., Berlin/New York 1987, 101ff; Siegfried Vestring, Die Mehrheitssozialdemokratie und die Entstehung der Reichsverfassung von Weimar 1918/19, Münster 1987; ferner die Quellenedition SPD-Fraktion Nationalversammlung.

270 Siehe auch Besprechung des Entwurfs in Sitzung Regierung, 4.1.1919 sowie 28.1.1919 (Regierung Volksbeauftragte II, 227ff, 323ff).

271 Huber, Verfassungsgeschichte V, 1181ff.
272 Gesetz über die vorläufige Reichsgewalt v.
10.2.19 (RGBl 1919, 169ff).
273 Zu der älteren Diskussion um die These, ob
das Verhältniswahlrecht den Aufstieg der
NSDAP begünstigt habe, vgl. Hans Fenske,
Wahlrecht und Parteiensystem, Frankfurt
1972, 27ff, 349ff.
274 Friedrich Meinecke, Straßburg – Freiburg –
Berlin, Erinnerungen, Stuttgart, 258f.
275 SPD Fraktion Nationalversammlung,
25.2.1919, 43.
276 Otmar Jung: Direkte Demokratie in der Weimarer Republik. Die Fälle „Aufwertung",
„Fürstenenteignung", „Panzerkreuzerverbot"
und Youngplan", Frankfurt a..M. 1989, New
York 1986.
277 Rürup, Entstehung, 237.
278 Literatur zum Friedensschluß: Einleitung Akten Scheidemann, XLIXff; Peter Grupp, Deutsche Außenpolitik im Schatten von Versailles
1918-1920. Zur Politik des Auswärtigen Amts
vom Ende des Ersten Weltkriegs und der Novemberrevolution bis zum Inkrafttreten des
Versailler Vertrages, Paderborn 1988; Huber,
Verfassungsgeschichte V, 1152ff; Krüger,
Außenpolitik, 65ff; Peter Krüger, Versailles.
Deutsche Außenpolitik zwischen Revisionismus und Friedenssicherung, München 1986.
– Horst Mühleisen, Annehmen oder Ablehn-
nen ? Das Kabinett Scheidemann, die Oberste
Heeresleitung und der Vertrag von Versailles,
in: VfZ 35 (1987), 419-481.
279 Rede Clemenceaus an die deutsche Delegation, in: Ursachen und Folgen 3, 346f.
280 Siehe S. 123.
281 Ursachen und Folgen 3, 356.
282 Ebd., 363ff, Zitat 364.
283 Aufzeichnung des Außenministers v. 1.7.19
(Akten Scheidemann, 496ff).
284 Telegramm Hindenburg v. 17.6. (Akten Bauer, 5). Ebenso Telegramm Groener, 23.6.1919
(Ursachen und Folgen 3, 386). Zu den Befürwortern eines militärischen Widerstandes hatte u.a. Kriegsminister Reinhardt gehört. Siehe
auch Mühleisen, Annehmen.
285 Hagen Schulze, Der Ostsstaat-Plan im Juni
1919, in: VfZ 18 (1970), 123-163.
286 Text u.a. Akten Bauer, 3f, Anm. 4.
287 Ursachen und Folgen 3, 387f.
288 Siehe hierzu etwa Charles Maier, Recasting
Bourgeois Europe. Stabilization in France,
Germany, and Italy in the Decade after

World War I, Princeton 1975, bes. 79ff.
289 Kabinettssitzung vom 8.7. (Akten Bauer,
91ff).
290 Einleitung Akten Bauer, XXIIff. Zur Person
des Kanzlers: Karlludwig Rintelen, Ein undemokratischer Demokrat: Gustav Bauer. Gewerkschaftsführer – Freund Friedrich Eberts
– Reichskanzler. Eine politische Biographie,
Frankfurt a. M. 1993.
291 Einleitung Akten Bauer LXIff; Huber, Verfassungsgeschichte VI, 487ff; Gerald D. Feldman, The Great Disorder. Politics, Economics, and Society in the German Inflation,
1914-1924, Oxford 1993, 156ff.
292 Oertzen, Betriebsräte, 153ff; Heinrich Potthoff, Freie Gewerkschaften 1918-1933. Der
Allgemeine Deutsche Gewerkschaftsbund in
der Weimarer Republik, Düsseldorf 1987,
163ff; Winkler, Revolution 283ff. – Das
Betriebsrätegesetz v. 2.2.1920 in RGBl
1920, 147ff.
293 Winkler, Revolution, 288ff.
294 Ebd., 250ff.
295 Ebd., 259ff.
296 Hierzu sehr illustrativ die Beobachtungen
von Ernst Troeltsch, in: Spektator-Briefe. Aufsätze über die deutsche Revolution und die
Weltpolitik 1918/22. Hg. v. H. Baron, Tübingen 1924, 87ff.
297 Literatur zu den Völkischen: Uwe Lohalm,
Völkischer Radikalismus. Die Geschichte des
Deutschvölkischen Schutz- und Trutz-Bundes
1919-1923, Hamburg 1970; Rudolf Rietzler,
„Kampf in der Nordmark". Das Aufkommen
des Nationalsozialismus in Schleswig-Holstein (1919-1928), Neumünster 1982, 141ff;
zur im Frühjahr 1919 einsetzenden antisemitischen Propaganda auch Feldman, Disorder,
200ff.
298 Literatur zur Frühgeschichte der NSDAP:
Wolfgang Horn, Der Marsch zur Machtergreifung. Die NSDAP bis 1933, Königstein 1980
(Neuausgabe des 1972 unter dem Titel Führerideologie und Parteiorganisation in der
NSDAP 1919-1933 erschienenen Buches);
Werner Maser, Der Sturm auf die Republik.
Frühgeschichte der NSDAP, 2. Aufl., Stuttgart
1973; Albrecht Tyrell, Vom „Trommler" zum
„Führer". Der Wandel von Hitlers Selbstverständnis zwischen 1919 und 1924 und die
Entwicklung der NSDAP, München 1975.
299 Zur Diskussion des Programms Striesow,
Deutschnationale Volkspartei, 146ff.

300 Literatur zur „Kriegsschuldlüge": Ulrich Heinemann, Die verdrängte Niederlage. Politische Öffentlichkeit u. Kriegsschuldfrage in
der Weimarer Republik, Göttingen 1983 sowie ders., Die Last der Vergangenheit. Zur
politischen Bedeutung der Kriegsschuld- und
Dolchstoßdiskussion, in: Die Weimarer Republik, 371-386.

301 Ursachen und Folgen 4, 7f. – Zur Dolchstoßlegende (neben den in Anm. 300 ange-
gebenen Arbeiten von Heinemann) Deist,
Zusammenbruch.

302 Klaus Epstein, Matthias Erzberger und das
Dilemma der deutschen Demokratie, Berlin/
Frankfurt a.M. 1962.

303 Urteil v. 12.3.1920 in Ursachen und Folgen 4,
188.

304 Literatur zum Kapp-Putsch und seiner Vorgeschichte: Johannes Erger, Der Kapp-Lüttwitz-
Putsch. Ein Beitrag zur deutschen Innenpolitik 1919/20, Düsseldorf 1967; Gerald D. Feldman, Big Business and the Kapp-Putsch, in:
CEH 4 (1971), 99-130; Hans-Ulrich Ludewig,
Arbeiterbewegung und Aufstand. Eine Untersuchung zum Verhalten der Arbeiterparteien
in den Aufstandsbewegungen der frühen
Weimarer Republik 1920-23, Husum 1978;
Schulze, Freikorps, 244ff.

305 Zur Problematik der Baltikumtruppen: Huber, Verfassungsgeschichte VII, 27ff sowie
Schulze, Freikorps 125ff.

306 Eric D. Kohler, Revolutionary Pomerania,
1919-20, A Study in Majority Socialist Agricultural Policy and Civil-Military Relations, in:
CEH 9 (1976), 250-293.

307 Erger, Kapp-Lüttwitz-Putsch, 121f.

308 Akten Bauer, 667f.

309 Ursachen und Folgen 4, 87f; Noske, Von Kiel
bis Kapp, 209; Dokumente Verfassungsgeschichte 4, 239; Friedrich v. Rabenau, Seeckt.
Aus seinem Leben, Leipzig 1940, 221f.

310 Bericht Reinhard vom Juni 1920, Akten Bauer, 672ff.

311 Ursachen u. Folgen 4, 89f.

312 Ebd., 91f.

313 Ebd., 92.

314 Ebd., 92f.

315 Runge, Politik, 125

316 Im sogenannten „Märzprotokoll" v. 20. 3.:
Dokumente Verfassungsgeschichte 4, 252f.

317 Akten Bauer, 735ff.

318 Aufzeichnung Reichsinnenminister Koch: Sitzung v. 22. 3. (ebd., 738ff, Zitat 740).

319 Literatur zum Ruhrkrieg: Einleitung Akten
Müller I, XXXVIff; George Eliasberg, Der
Ruhrkrieg von 1920, Bonn-Bad Godesberg
1974; Erhard Lucas, Märzrevolution 1920, 3
Bde, Frankfurt a. M. 1970-1978; Mommsen,
Revolution; Schulze, Freikorps, 304ff; Rürup/
Kolb/Feldman, Massenbewegungen; Winkler,
Revolution, 307f, 324ff.

320 Ursachen und Folgen 4, 111.

321 Literatur zur Sozialisierungsdebatte 1920/21:
Einleitung Fehrenbach LIIIf); Walter Euchner,
Das Ringen um die Sozialisierung der deut-
schen Kaliindustrie in den Jahren 1920/21, in:
IWK 20 (1984), 327-346; Peter Wulf, Die Aus-
einandersetzungen um die Sozialisierung der
Kohle in Deutschland 1920/1921, in: VfZ 25
(1977), 46-98.

322 Akten Müller, Einleitung, XXX.

323 Runge, Politik, 121ff, 134ff u. 145f. – Zur Re-
gierungsumbildung in Preußen: Horst Möller,
Parlamentarismus in Preußen 1919-1932,
Düsseldorf 1985, 331ff.

324 Hans Fenske, Konservatismus und Rechtsradikalismus in Bayern nach 1918, Bad Homburg v. d. H. etc. 1969, 89ff.

325 Siehe S. 127.

326 Heinz Hürten, Der Kapp-Putsch als Wende.
Über Rahmenbedingungen der Weimarer Republik seit dem Frühjahr 1920, Opladen
1989, bes. 34ff.

327 Heinrich Hannover, Elisabeth Hannover-
Drück, Politische Justiz 1918-1933, Bornheim-
Merten 1987 (Erstausgabe 1966), 76ff.

328 Literatur zur Inflation: Hier ist in erster Linie
das Werk von Feldman, Disorder, zu nennen.
Die neuere Inflationsforschung fassen außerdem folgende sechs Sammelbände zusammen: Historische Prozesse der deutschen Inflation 1914 bis 1924. Bearb. u. hg. v. Otto
Büsch u. Gerald D. Feldman, Berlin 1978;
Die Nachwirkungen der Inflation auf die
deutsche Geschichte, 1924-1933. Hg. v. Gerald D. Feldman u. Mitarbeit v. Elisabeth Müller-Luckner, München 1983 sowie die von
Gerald D. Feldman, Carl-Ludwig Holtfrerich,
Gerhard A. Ritter u. Peter Christian Witt her-
ausgebenen Bände: Die deutsche Inflation,
Berlin/New York 1982; Die Anpassung an die
Inflation, Berlin/New York 1986, Die Erfahrung der Inflation im internationalen Zusammenhang und Vergleich. Berlin/New York
1984,Konsequenzen der Inflation. Berlin
1989. – Ferner: Werner Abelshauser, Verelen-

dung der Handarbeiter? Zur sozialen Lage der deutschen Arbeiter in der großen Inflation der frühen zwanziger Jahre, in: Vom Elend der Handarbeit. Probleme der historischen Unterschichtenforschung. Hg. v. Hans Mommsen und Winfried Schulze, Stuttgart 1981, 445-476; Carl Ludwig Holtfrerich, Die deutsche Inflation 1914-1923, Berlin 1980; Michael L. Hughes, Paying for the German Inflation, Chapel Hill/London 1988; Andreas Kunz: Civil Servants and the Politics of Inflation in Germany, 1914-1924, Berlin, New York 1986

329 Zu der Reparations-Problematik in der frühen Weimarer Republik siehe insbesondere: Gerd Meyer, Die Reparationspolitik: Ihre außen- und innenpolitischen Rückwirkungen, in: Die Weimarer Republik, 327-342; Marc Trachtenberg, Reparation in World Politics. France and European Economic Diplomacy, 1916-1923, New York 1980.

330 In den Artikeln 231 u. 235 (Ursachen und Folgen 3, 406).

331 Holtfrerich, Inflation, 148f.

332 Einleitung Akten Fehrenbach XXIff.

333 Krüger, Außenpolitik, 103ff.

334 Meyer, Reparationspolitik, 328; Peter Krüger, Die Reparationen und das Scheitern einer deutschen Verständigungspolitik auf der Pariser Friedenskonferenz im Jahre 1919, in: HZ 221 (1975), 326-372.

335 Vgl. Meyer, Reparationspolitik, 330f; zu Spa: ebd., 203ff.

336 Krüger, Außenpolitik, 103ff.

337 Siehe S. 122.

338 Krüger, Außenpolitik, 119ff.

339 Ebd., 121f.

340 Ebd., 122ff.

341 Akten Fehrenbach, Ministerratssitzung v. 25.2.1921, Anlage 1, 489ff.

342 Lloyd George auf der Londoner Konferenz, 3.3.21 (Ursachen u. Folgen 4, 325).

343 Deutsche Note v. 24.4.1921 ebd., 336ff).

344 Ebd., 339ff.

345 Sigrid Koch-Baumgarten, Aufstand der Avantgarde. Die Märzaktion der KPD 1921, Frankfurt a. M./New York 1986; Werner T. Angress, Die Kampfzeit der KPD 1921-1923, Düsseldorf 1973.

346 Einleitung Akten Wirth I/II, XXIIIff.

347 Siehe hierzu Ernst Laubach, Die Politik der Kabinette Wirth 1921/22, Lübeck/Hamburg 1968.

348 Rede Wirths vor dem Reichstag, 28.3.1922

(Verhandlungen Reichstag, Bd. 354, 6621ff, auch in Ursachen und Folgen 4, 390).

349 Einleitung Akten Wirth I/II, XXXIVff; Laubach, Politik, 66ff.

350 Einleitung Akten Wirth I/II, XLVIf; Laubach, Politik, 73ff.

351 Fenske, Konservativismus, 108ff; Michael Salewski, Entwaffnung und Militärkontrolle in Deutschland 1919-1927, München 1966, 153ff, 175ff.

352 Schreiben vom 7.2.1920 (Ursachen u. Folgen 4, 25f). Vgl. Huber, Verfassungsgeschichte VII, 22ff.

353 Auszug aus der Note des alliierten Botschafterrates vom 28.9. (Ursachen u. Folgen 4, 29).

354 Huber, Verfassungsgeschichte VII, 24ff, 282f.

355 Einleitung Akten Wirth I/II, LIIff; Huber, Verfassungsgeschichte VII, 203ff; Krüger, Außenpolitik, 133ff.

356 Schreiben des Präsidenten der Botschafterkonferenz, Aristide Briand an den deutschen Botschafter in Paris, 20.10.21 (Ursachen und Folgen 4, 65f).

357 Huber Verfassungsgeschichte VII, 248.

358 RGBl 1921, 1239f.

359 Huber, Verfassungsgeschichte VII, 210ff; Einleitung Akten Wirth I/II, LXVII; RGBl 1921, 1249.

360 Einleitung Akten Wirth I/II, XXIXf.

361 Ebd., XXXVIff; Krüger, Außenpolitik, 138ff,

362 Schreiben Wirth an Präsidenten Reparationskommission, 14.12.21 (Ursachen und Folgen 4, 369). Vgl. Laubach, Politik, 131ff.

363 Noten der Reparationskommission v. 13.1.22 u. 21.3.22 (Akten Wirth I/II,517, Anm.1 sowie 623, Anm. 2)

364 Zur Note v. 7.4. siehe die Beratungen der Regierung v. 1.4. u. 4.4. (ebd., 659ff u. 670ff).

365 Akten Wirth I/II, 637.

366 Krüger, Außenpolitik, 166ff; Laubach, Politik, 224ff.

367 Denkschrift v. 19.5.21 (Akten Wirth I/II, 7ff); vgl. Feldman, Disorder, 350ff. Der Vorschlag war von Schmidts Staatssekretär Hirsch ausgearbeitet worden.

368 Einleitung Akten Wirth I/II,XL VIIIff; Anlagen zu den Protokollen der Kabinettbesprechungen v. 24.6.21 u. 29.6.21 (ebd., 88ff u. 116ff).

369 Besprechungen v. 7.9.21, 14.9.21, 17.9.21, 20.9.21, 10.11.21 (ebd., 237ff 265ff 271, 275ff, 368ff). Die Forderungen der Industrie wurden in einer Resolution des RDI v. 5.11.21 festgehalten (ebd., 368, Anm.1). –

Zur Kreditaktion vgl. auch Feldman, Disorder, 358ff.

370 Jones, German Liberalism, 126ff, sowie Lothar Albertin, Die Verantwortung der liberalen Parteien für das Scheitern der Großen Koalition im Herbst 1921. Ökonomische und ideologische Einflüsse auf die Funktionsfähigkeit der parteistaatlichen Demokratie, in: HZ 205 (1967), 566-627.

371 Einleitung Akten Wirth I/II, L.

372 Gesetz über Änderungen im Finanzwesen v. 8.4.1922 (RGBl 1922 I, 335ff).

373 Siehe S. 124.

374 Literatur Vertrag von Rapallo: Krüger, Außenpolitik, 166ff; Laubach, Politik, 172ff; Genoa, Rapallo and European Reconstruction in 1922. Ed. by Carolle Fink, Axel Frohn, Jürgen Heidekind, Cambridge 1922; Carolle Fink, The Genoa Conference. European Diplomacy 1921-1922, Chapel Hill, N.C., London 1984. – Text des Abkommens: Ursachen u. Folgen 6, 579.

375 Gesetz zum Schutz der Republik v. 21.7.22 (RGBl 1922 I, 585); siehe auch Einleitung Akten Wirth I/II, LXVIIIff.

376 Huber, Verfassungsgeschichte VII, 255ff.

377 Zur Frühgeschichte der NSDAP vgl. die in Anm. 298 angegebene Literatur; zur SA: Peter Longerich, Die Braunen Bataillone. Geschichte der SA, München 1989.

378 Einleitung Akten Wirth I/II,, LXIIIff; Krüger, Außenpolitik, 186ff; Note v. 12.7. in: ADAP, Serie A, Bd. VI, Göttingen 1988, 388f.

379 Ursachen u. Folgen 4, 416ff.

380 Huber VII, 260f.

381 Ebd.; RGBl 1922 I, 801.

382 Siehe Akten Wirth I/II, 408.

383 Einleitung Akten Cuno, XIXff; Hermann J. Rupieper, The Cuno Government and Reparations 1922-1923. Politics and Economics, The Hague/Boston/London 1979, 13ff.

384 Siehe dazu Kabinettsberatungen v. 6.12.22 und die – nicht überreichte – deutsche Note v. 4.1.23 (Akten Cuno, 37ff u. 113ff); Rupieper, Cuno, 72ff.

385 Ursachen und Folgen 5, 12.

386 Schulthess' Europäischer Geschichtskalender 1923, München 1924, 402.

387 Literatur zur Ruhrbesetzung: Feldman, Disorder, 631ff; Michael Ruck, Die Freien Gewerkschaften im Ruhrkampf 1923, Köln 1986; Die Ruhrkrise 1923. Wendepunkt der internationalen Beziehungen nach dem Ersten Weltkrieg.

Hg. v. Klaus Schwabe, Paderborn 1985: Rupieper, Cuno, 97f; Einleitung Akten Cuno, XXVIIf.

388 Gerald D. Feldman, Heidrun Homburg, Industrie und Inflation. Studien und Dokumente zur Politik der deutschen Unternehmer 1916-1923, Hamburg 1977, 129ff

389 Weisung an die Beamten, 19.1.23 (Ursachen und Folgen 5, 42).

390 Note v. 26.1.23 (Ursachen und Folgen 5, 57).

391 Ursachen und Folgen 5, 141; vgl Winkler, Revolution, 578ff.

392 Ursachen und Folgen 5, 121ff; Rupieper, Cuno, 147ff.

393 Französische und britische Note, 6.5.23 u. 13.5.23 (Ursachen und Folgen 5, 125ff, 130ff).

394 Schreiben des Reichsverbands der Deutschen Industrie an den Reichskanzler, 25.5.23 (Akten Cuno, 508ff).

395 Ursachen und Folgen 5, 141ff.

396 Huber, Verfassungsgeschichte VII, 292f; Bischof, Separatismus, 116ff.

397 Longerich, Bataillone, 31f.

398 Winkler, Revolution, 619ff.

399 Zum Beginn der Hyperinflation: Feldman, Disorder, 446ff; zu ihren Auswirkungen siehe u. a. ebd., 513ff sowie Eric E. Rowley, Hyperinflation in Germany. Perceptions of a Process, Aldershot 1994 und Jürgen von Kruedener: Die Entstehung des Inflationstraumas. Zur Sozialpsychologie der deutschen Hyperinflation 1922/23, in: Konsequenzen der Inflation, 213-286

400 Angaben zum Dollarkurs: Zahlen zur Geldentwertung in Deutschland 1915 bis 1923. Bearb. im Statistischen Reichsamt, Berlin 1925 (Sonderhefte zur Wirtschaft und Statistik, 5. Jahrgang, Sonderheft 1, S. 7ff; ebd., S. 45ff zum Geldumlauf).

401 Einleitung Akten Cuno, XXXVIIIf.

402 Ulrich Linse, Barfüßige Propheten. Erlöser der zwanziger Jahre, Berlin 1983.

403 Akten Stresemann I/II, XXIIff.

404 Ebd., I/II, 334, 339ff.

405 Ebd., 249ff, 356ff.

406 Ursachen und Folgen 5, 204.

407 Ebd., 205f.

408 Zahlen s. Anm. 400.

409 Verordnung über Errichtung einer Deutschen Rentenbank v. 15.10.23 (RGBl 1923 I, 963). Zur Währungsstabilisierung: Feldman, Disorder, 708ff.

410 Akten Stresemann I/II; 576 f; Note an die Reparationskommission v. 24.10. (Ursachen und Folgen 6, 1249; Krüger, Außenpolitik, 218ff).

411 Literatur zur Arbeitszeitfrage: Einleitung Akten Stresemann I/II XXXIff; Sabine Bischoff, Arbeitszeitrecht in der Weimarer Republik, Berlin 1987, 74ff; Gerald D. Feldman, Irmgard Steinisch, Die Weimarer Republik zwischen Sozial- und Wirtschaftsstaat. Die Entscheidung gegen den Achtstundentag, in: AfS 18 (1978), 353-439, bes. 388ff; Winkler, Revolution, 625ff.

412 Brauns Erklärung v. 1.10. (Akten Stresemann I/II, 431).

413 Scholz, Protokoll v. 1.10. (ebd., 429).

414 Ebd.

415 Ebd., 439.

416 Schreiben v. 30.9.23 an Reichskanzler (ebd., 415f).

417 Jones, Dissolution, 200,

418 Siehe hierzu Kabinettssitzung v. 1.10.23 (Akten Stresemann I/II, 429f)f; besonders provokativ und ganz offensichtlich auf eine Sprengung des Regierungsbündnisses gerichtet waren die darüber hinausgehenden Forderungen des DVP-Vorsitzenden Scholz in der Parteiführerbesprechung v. 2.10,. in der er die Aufnahme der DNVP in die Regierung und Änderung ihrer personellen Zusammensetzung forderte (Akten Stresemann I/II, 436ff).

419 Vgl. Winkler, Revolution, 617; siehe Akten Stresemann I/II, Anhänge 2/3, 1202ff, „Regierungsprogramm" und „Regierungserklärung" Seeckts. – Auch Seeckt sprach in der Kabinettssitzung vom 30.9. von einem „Direktoir", dem man sich nähere (ebd., 414).

420 Parteiführerbesprechungen v. 2.10. (Akten Stresemann I/II, 436ff, 444ff); Kabinettssitzungen v. 2.10. u. 3.10. (ebd.,447ff, 454f, 455ff, 459ff, Zitat Schmidt 460).

421 Sitzung v. 9.11.23 (ebd., 1000).

422 RGBl 1923 I, 943 ; vgl. auch Michael Frehse, Ermächtigungsgesetzgebung im Deutschen Reich 1914-1933, Pfaffenweiler 1985.

423 Aufzeichnung über Besprechung der Koalitionsparteien, 5.10.23, Akten Stresemann I/II, 484f.

424 Bischof, Rheinischer Separatismus, 121ff.

425 Vgl. Huber, Verfassungsgeschichte VII, 354f.

426 Zur Situation in Bayern im Herbst: Fenske, Konservativismus, 197ff; Einleitung Akten Stresemann I/II, XXXVIff.

427 Literatur zur Exekution gegen Sachsen: Einleitung Akten Stresemann I/II, XLIIf; Angress, Kampfzeit, 413ff; Winkler, Revolution, 618ff, 649ff, 655.

428 Angress, Kampfzeit, 429ff.

429 Ebd., 476ff.

430 Einleitung Akten Stresemann I/II, Lf; Kabinettssitzung v. 23.11. (ebd., 1163).

431 Huber, Verfassungsgeschichte VII, 390ff; Ernst Schröder, Wiedfeldt und die Seeckt-Ebertschen Direktoriumspläne des Jahres 1923, in: Das Münster am Hellweg 1966, 129-141. Zu den Direktoriums-Plänen vom September vgl. Anm. 419.

432 Seeckt an Kahr, 2.11.; Seeckt an Wiedfeldt, 4.11.23.; Ablehnung Wiedfeldt, 24.11.23 (Akten Stresemann, Anhänge 4-6, 1211ff).

433 Literatur zum Hitlerputsch: Harold J. Gordon jr, Hitlerputsch 1923. Machtkampf in Bayern 1923-1924, Frankfurt a.M. 1971; Horn, Marsch, 121ff; Hanns Hubert Hofmann, Der Hitlerputsch. Krisenjahre deutscher Geschichte 1920-1924, München 1961.

1924–1929

1 Literatur zur Arbeitszeitfrage: Bischoff, Arbeitszeitrecht, 96ff; Feldman/Steinisch, Weimarer Republik; Irmgard Steinisch, Arbeitszeitverkürzung und sozialer Wandel. Der Kampf um die Achtstundenschicht in der deutschen und amerikanischen Eisen- und Stahlindustrie 1890-1929, Berlin, New York 1986.

2 Kabinettssitzung vom 15.11.23 (Akten Stresemann I/II, 1083-1085).

3 Ebd., 1083f.

4 Feldman/Steinisch, Weimarer Republik, 403.

5 Ebd., 406. Siehe auch Uwe Oltmann, Reichsarbeitsminister Heinrich Brauns in der Staats- und Währungskrise 1923/24. Die Bedeutung der Sozialpolitik für die Inflation, den Ruhrkampf und die Stabilisierung, Kiel 1969.

6 Akten Stresemann I/II, 1023.

7 Feldman/Steinisch, Weimarer Republik, 410.

8 Zur Schlichtungsverordnung Bähr, Schlichtung, 72ff.

9 Beispiele bei Feldman/Steinisch, Weimarer Republik, 404f.

10 Bähr, Schlichtung, 109f.

11 Einleitung Akten Stresemann I/II, Lf.

12 So Luther in den Kabinettssitzungen am Nachmittag und Abend des 3.12. (Akten Marx I/II., 17ff und 27ff).

375

13 Ebd., 9.
14 Kabinettssitzung v. 4.12. (ebd., 34ff).
15 Aufstellung in ebd., 369ff.
16 Ebd., 105 (Arbeitszeit der Beamten); siehe auch Kabinettssitzung v. 10.1. betr. Ausdehnung dieser höheren Arbeitszeit auf Angestellte und Arbeiter (ebd., 219).
17 Verordnung über die Arbeitszeit (RGBl 1923 I, 1249ff).
18 Akten Marx I/II, 114.
19 Siehe Protokoll der ADGB-Bundesausschuß-Sitzung v. 15.1.24 über den Austrittsbeschluß, gedr. in Feldman/Steinisch, Zentralarbeitsgemeinschaft, 198ff.
20 Zur Steuer- und Finanzpolitik der Stabilisierungsphase: Hughes, Paying; Claus-Dieter Krohn, Stabilisierung und ökonomische Interessen. Die Finanzpolitik des Deutschen Reiches, 1923-1927, Düsseldorf 1974, 36ff; Larry Eugene Jones, In the Shadow of Stabilization: German Liberalism and the Legitimacy Crisis of the Weimar Party System, 1924-30, in: Nachwirkungen der Inflation, 21-41, bes. 28ff; Karl-Bernhard Netzband, Hans Peter Widmaier, Währungs- und Finanzpolitik der Ära Luther. 1923-1925, Basel/Tübingen 1964.
21 Verordnung über die 12. Ergänzung des Reichsbesoldungsgesetzes v. 12.12.23, (RGBl 1923 I, 1181ff); siehe auch Akten Marx I/II, Kabinettssitzung vom 10.12.23, 72ff).
22 Auf der Grundlage der Personalabbau-Verordnung v. 27.10.23 (RGBl 1923 I, 999ff); siehe Kabinettssitzung v. 10.12.23 (Akten Marx I/II, 72ff). Zahlenangaben nach ebd., Einleitung, XXVI.
23 Notverordnungen vom 7.12.23, 19.12.23, 14.2.24 (RGBl 1923 I 1177, 1205ff, 1924 I, 74ff).
24 Krohn, Stabilisierung, 38ff; Hughes, Paying, 45f.
25 Siehe hierzu u.a. die Kabinettssitzungen v. 15.12., 29.1., 13.2. (Akten Marx I/II, 108ff, 294ff, 359ff). Vgl. Krohn, Stabilisierung, 44ff.
26 Das Urteil vom 28.11.1923 hatte den rein schematischen Grundsatz „Mark=Mark" abgelehnt und die Aufwertung von Hypothekenschulden befürwortet; der Richterverein beim Reichsgericht hatte in einer Eingabe an die Regierung v. 8.1.24 davor gewarnt, ein gesetzliches Aufwertungsverbot zu erlassen, da dieses vor den Gerichten kaum Bestand haben werde: Akten Marx I/II, 200f. – Zu dieser Rechtsprechung: Hughes, Paying, 17ff.

27 Akten Marx I/II, 15.12., 108ff.
28 Krohn, Stabilisierung,51f.
29 Ebd., 37f.
30 Ebd., 105ff.
31 Einleitung Akten Marx I/II, XXXIIf; zum Abschluß der MICUM-Verträge auch Einleitung Akten Stresemann I/II, LVIIIff; Krüger, Außenpolitik, 207ff; Hans-Peter Schwarz, Adenauer. Der Aufstieg: 1876-1952, Stuttgart 1986, 265ff; zu Stinnes siehe Peter Wulf, Hugo Stinnes. Wirtschaft und Politik 1918-1924, Stuttgart 1979.
32 Einleitung Akten Marx I/II, XIVf.
33 Bericht des Vertreters der Reichsregierung, 13.12.23 (ebd., 103ff).
34 Ebd., 244, Anm. 2 (Referierung der Denkschrift von Anfang Januar.); ebd., 115: Schreiben Vertreter der Reichsregierung, 15.12.23, danach stellte man sich auf bayerischer Seite einen „Liquidierungsprozeß" vor.
35 Ebd., 378f, mitgeteilt als Anlage zu Schreiben des Bayerischen Gesandten Preger an den Staatssekretär Bracht, 19.2.24; Zustimmung des Kabinetts am 16.2.24 (ebd., 369).
36 Zum Hitler-Prozeß: Otto Gritschneder, Bewährungsfrist für den Terroristen Adolf H. Der Hitler-Putsch und die bayerische Justiz, München 1990 mit dem Wortlaut des Urteils (Zitat S. 92); Bernd Steger, Der Hitlerprozeß und Bayerns Verhältnis zum Reich 1923/24, in: VfZ 25 (1977), 441-466.
37 Statistisches Jahrbuch 1927, 500.
38 Einleitung Akten Marx I/II, XIV; Zum Ende des militärischen Ausnahmezustandes ausführlich: Huber, Verfassungsgeschichte VII, 477ff.
39 Akten Marx I/II, 348.
40 Verordnung über die Aufhebung des militärischen Ausnahmezustandes und die Abwehr staatsfeindlicher Bestrebungen, (RGBl 1924 I, 152).
41 Schreiben des Bayerischen Staatsministers des Äußern an den Reichskanzler, 23.2.24 (Akten Marx I/II, 400ff).
42 Einleitung ebd., XVIf; Krohn, Stabilisierung, 52f.
43 Literatur zum Dawes-Plan: Krüger, Außenpolitik, 218ff; Werner Link, Die amerikanische Stabilisierungspolitik in Deutschland 1921-32, Düsseldorf 1970, 201ff; Stephen A. Schuker, The End of French Predominance in Europe. The Financial Crisis of 1924 and the Adoption of the Dawes-Plan, Chapel Hill 1976.
44 Siehe S. 119.

45 Literatur zu Stresemann: Krüger, Außenpolitik, 207ff; Gustav Stresemann. Hg. v. Wolfgang Michalka u. Marshall M.Lee, Darmstadt 1982; Henry Ashby Turner, Stresemann – Republikaner aus Vernunft, Berlin/Frankfurt a. M. 1968. Vgl. ferner die Darstellung der Grundzüge der Politik Stresemanns bei Eberhard Kolb, Die Weimarer Republik, München 1984, 194ff.

46 Vgl. Krüger, Außenpolitik, 214.

47 Vgl. Tabelle im Anhang.

48 Thomas Childers, Interest and Ideology: Anti-System Politics in the Era of Stabilization 1924-1928 sowie Larry Eugene Jones, In the Shadow of Stabilization: German Liberalism and the Legitimacy Crisis of the Weimar Party System, 1924-30, beide in: Die Nachwirkungen der Inflation auf die deutsche Geschichte, 1924-1933. Hg. v. Gerald D. Feldman, München 1983, 1-20 u. 21-41.

49 Einleitung Akten Marx I/II, XIC; Michael Stürmer, Koalition und Opposition in der Weimarer Republik 1924-1928, Düsseldorf 1967, 45ff.

50 Krüger, Außenpolitik, 243ff; Krohn, Stabilisierung, 76ff.

51 Vgl. Winkler, Weimar, 259; zum internationalen Umfeld Mitte der zwanziger Jahre siehe u. a.: Link, Stabilisierungspolitik, 260ff; Krüger, Außenpolitik, 218ff; Schuker, French Predominance.

52 Einleitung Marx I/II, XLV; Stürmer, Koalition, 49ff.

53 Der der DNVP nahestehende Ernährungsminister Kanitz hatte in der Kabinettssitzung vom 19.6.24 darauf hingewiesen, daß durch die Wiedereinführung der Agrarzölle den Deutschnationalen die „Möglichkeit gegeben werde, in der Frage des Sachverständigengutachtens von ihrer starren Opposition abzulassen." (Akten Marx I/II, 718); das Projekt scheiterte aber in dieser Form, da SPD und KPD die parlamentarische Behandlung des Gesetzes verhinderten, später wurde der Entwurf durch die Regierung zurückgezogen (vgl. Einleitung Akten Marx I/II, XLIII).

54 Ebd., XLVff.

55 Zu den Wahlergebnissen vgl. die Tabelle im Anhang.

56 Literatur zur wirtschaftlichen Entwicklung: Theo Balderston, The Origins and Course of the German Economic Crisis. November 1923 to May 1932, Berlin 1993; Harold James, Deutschland in der Weltwirtschaftskrise 1924-1936, Stuttgart 1988; Wolfram Fischer, Deutsche Wirtschaftspolitik 1918-1945, 3. Aufl., Opladen 1968; Dietmar Petzina, Die deutsche Wirtschaft in der Zwischenkriegszeit, Wiesbaden 1977.

57 Rolf Wagenführ, Die Industriewirtschaft. Entwicklungstendenzen der deutschen und internationalen Industrieproduktion 1860 bis 1932, Berlin 1933, 56 (=Vierteljahresheft zur Konjunkturforschung, Sonderheft 31). – Allerdings sind in der Vergleichszahl von 1913 auch die Industrien der Gebiete enthalten, die nach dem Ersten Weltkrieg abgetreten wurden (ca. 10 %). Würde man den gleichen Gebietsstand zugrundlegen, würden sich die Prozentzahlen für die zwanziger Jahre entsprechend erhöhen.

58 Dietmar Petzina, Werner Abelshauser, Zum Problem der relativen Stagnation der deutschen Wirtschaft in den zwanziger Jahren, in: Industrielles System, 57-76.

59 James, Deutschland, 147ff.

60 Vgl. Balderston, Origins, 366ff.

61 Ausgangspunkt dieser Debatte bildet der Beitrag von Knut Borchardt: Zwangslagen und Handlungsspielräume in der großen Wirtschaftskrise der frühen dreißiger Jahre: Zur Revision des überlieferten Geschichtsbildes, in: Bayerische Akademie der Wissenschaften, Jahrbuch 1979, München 1979, 87-132; auch in: Ders., Wachstum, Krisen, Handlungsspielräume der Wirtschaftspolitik, Göttingen 1982, 165-182, 265-284. Hierauf schloß sich eine rege kontroverse Diskussion an: Carl Ludwig Holtfrerich, Alternativen zu Brünings Wirtschaftspolitik in der Weltwirtschaftskrise? in: HZ 235 (1982), 605-631; Claus-Dieter Krohn, „Ökonomische Zwangslagen" und das Scheitern der Weimarer Republik. Zu Knut Borchardts Analyse der deutschen Wirtschaft in den zwanziger Jahren, in: GG 8 (1982), 415-426 sowie Knut Borchhardt, Zum Scheitern eines produktiven Diskurses über das Scheitern der Weimarer Republik: Replik auf C.-D. Krohns Diskussionsbemerkungen, in: GG 9 (1983), 124-137; Carl-Ludwig Holtfrerich, Zu hohe Löhne in der Weimarer Republik? Bemerkungen zur Borchardt-These, in: GG 10 (1984), 122-141; Jürgen von Kruedener, Die Überforderung der Weimarer Republik als Sozialstaat, in: GG 11 (1985), 358-376; Albrecht Ritschl, Zu hohe Löhne in der Weimarer Republik? Eine Auseinandersetzung

mit Holtfrerichs Berechnungen zur Lohnposition der Arbeiterschaft 1925-1932, in: GG 16 (1990), 375-402. – Die Diskussion findet ihre Fortsetzung in dem Sammelband: Economic Crisis and Political Collapse. The Weimar Republic 1924-1933. Ed. by Jürgen Baron von Kruedener, New York 1990. Siehe auch James, Deutschland, 193ff.

62 Zur Rezession 1925/26: Fritz Blaich, Die Wirtschaftskrise 1925/26 und die Reichsregierung. Von der Erwerbslosenfürsorge zur Konjunkturpolitik, Kallmünz 1977; Dieter Hertz-Eichenrode, Wirtschaftskrise und Arbeitsbeschaffung. Konjunkturpolitik 1925/26 und die Grundlagen der Krisenpolitik Brünings, Frankfurt/New York 1982.

63 Beispiele für solche Rechnungen bei James, Deutschland, 152 sowie bei Thomas von Freyberg, Industrielle Rationalisierung in der Weimarer Republik. Untersucht an Beispielen aus dem Maschinenbau und der Elektroindustrie, Frankfurt a. M./New York 1989, 175ff.

64 So weist Balderston, Origins, 54ff s.a. nur ein nen weiteren Faktor zu nennen, etwa darauf hin, daß sich 1927/28 die Belastung der Unternehmen durch steigende Preise für Rohmaterialimporte wesentlich vergrößerte.

65 Heinrich August Winkler, Der Schein der Normalität. Arbeiter und Arbeiterbewegung in der Weimarer Republik 1924 bis 1930, Berlin/Bonn 1988, 472ff.

66 Bähr, Schlichtung, 104; die Zahl gilt für die von der Statistik der Vereinigung Deutscher Arbeitgeberverbände erfaßten Arbeiter.

67 Siehe S. 249.

68 Vgl. auch Christian Kleinschmidt, Rationalisierung als Unternehmensstrategie. Die Eisen- und Stahlindustrie des Ruhrgebiets zwischen Jahrhundertwende und Weltwirtschaftskrise, Koblenz 1993, 306: Danach arbeitete die große Mehrheit der Arbeiter in der Eisen- und Stahlindustrie in Rheinland-Westfalen Ende der zwanziger Jahre nach Akkord- oder Prämienlöhnen, die erheblich über den „politischen" Tariflöhnen lagen.

69 Peter-Christian Witt, Die Auswirkungen der Inflation auf die Finanzpolitik des Deutschen Reiches 1924-1935, in: Nachwirkungen der Inflation, 43-95, 68. – Zum Gesamtkomplex der öffentlichen Finanzen, James, Deutschland, 56ff.

70 Witt, Auswirkungen, 70ff; s.a. Balderston, Origins, 244ff.

71 Bernd Weisbrod, Schwerindustrie in der Weimarer Republik. Interessenpolitik zwischen Stabilisierung und Krise, Wuppertal 1978, 71.

72 Siehe hierzu die Ausführungen bei Heidrun Homburg, Rationalisierung und Industriearbeit. Arbeitsmarkt – Management – Arbeiterschaft im Siemens-Konzern Berlin 1900-1939, Berlin 1991, 586ff, über den Zusammenhang von Rationalisierung und betrieblicher Sozialpolitik. Die Tatsache, daß der Siemens-Konzern seine betrieblichen Sozialausgaben während der Wirtschaftskrise mehr als verdreifachte, weist auf einen ganz anderen Aspekt des Zusammenhangs von Konjunkturverlauf und Arbeitskosten hin, als in der Borchardt-Debatte immer wieder betont wurde.

73 Peter-Christian Witt, Finanzpolitik als Verfassungs- und Gesellschaftspolitik. Überlegungen zur Finanzpolitik des Deutschen Reiches 1930 bis 1932, in: GG 8 (1982), 386-414.

74 Witt, Auswirkungen, 78. Zu den Kleinrentnern siehe S. 174.

75 Hierzu James, Deutschland, 95ff.

76 Balderston, Origins, 235.

77 Die volkswirtschaftlichen Folgen der verschiedenen Spielarten der Rationalisierung sind bisher nicht bezifferbar; als Fallstudien liegen vor allem vor: Freyberg, Rationalisierung; Homburg, Rationalisierung sowie Kleinschmidt, Rationalisierung.

78 Vgl. James, Deutschland, 151ff.

79 Ebd., 119ff.

80 Ebd., 159.

81 So erreichten die Vertreter der Schwerindustrie, daß unmittelbar vor Gründung der Vereinigten Stahlwerke die Steuergesetze zugunsten von Firmenzusammenschlüssen geändert wurden: Ulrich Nocken, Interindustrial Conflicts and Alliances in the Weimar Republic. Experiments in Societal Corporatism, Ann Arbor, Mich., 1979, 247ff. Vgl. auch Gerhard Schulz, Deutschland am Vorabend der Großen Krise, Berlin, New York 1987, 84.

82 Gerd Hardach, Weltmarktorientierung und relative Stagnation. Währungspolitik in Deutschland 1924-1931, Berlin 1976

83 Ebd., 29ff.

84 Ebd., 51ff.

85 Ebd., 56f.

86 Ebd., 55ff.

87 Ebd., 68ff. – Besonders plastisch verdeutlichte Schacht diesen Zusammenhang auf einer gemeinsam mit Regierungsmitgliedern abge-

haltenen Sitzung am 7.3.27 (Akten Marx III/IV, 599ff).

88 Aufzeichnung Staatssekretär Schubert (AA) über Gespräch mit Schacht am 1.8.1927: ADAP, Serie B, Bd. VI, 157ff.

89 Balderston, Origins, 2 (Eine einheitliche Arbeitslosenstatistik existiert erst seit 1928; die Zahlen folgen daher den Berechnungen des Instituts für Konjunkturforschung (Konjunkturstatistisches Handbuch 1933, 15).

90 Balderston, Origins, 11.

91 Walther G. Hoffmann, Das Wachstum der deutschen Wirtschaft seit der Mitte des 19. Jahrhunderts, Berlin/Heidelberg/New York 1965, 205f.

92 Vgl. Charles S. Maier, Die Nicht-Determiniertheit ökonomischer Modelle. Überlegungen zu Knut Borchardts These von der „kranken Wirtschaft" der Weimarer Republik, in: GG 11 (1985), 275-294, 286ff.

93 Literatur zum RDI: Weisbrod, Schwerindustrie; Friedrich Zunkel, Die Gewichtung der Industriegruppen bei der Etablierung des Reichsverbandes der Deutschen Industrie, in: Industrielles System, 637-647.

94 Literatur zur Sozialpolitik: Werner Abelshauser, Die Weimarer Republik – ein Wohlfahrtsstaat, in: Die Weimarer Republik als Wohlfahrtsstaat. Zum Verhältnis von Wirtschafts- und Sozialpolitik in der Industriegesellschaft. Hg. v. Werner Abelshauser, Stuttgart 1987, 9-31; vgl. auch den Überblick von Volker Hentschel, Die Sozialpolitik in der Weimarer Republik, in: Die Weimarer Republik 1918-1933, 197-217; Ludwig Preller, Sozialpolitik in der Weimarer Republik, Düsseldorf 1978 (Nachdruck des 1948 erstmalig erschienenen Werkes).

95 Zur Arbeitslosenversicherung siehe S. 244f.

96 Robert Scholz, „Heraus aus der unwürdigen Fürsorge". Zur sozialen Lage und politischen Orientierung der Kleinrentner in der Weimarer Republik, in: Gerontologie und Sozialgeschichte. Wege zu einer historischen Betrachtung des Alters. Hg. v. Christoph Conrad und Hans-Joachim von Kondratowitz, Berlin 1983, 319-350.

97 Hentschel, Sozialpolitik, 208ff.

98 Ebd., 214.

99 Hierzu vgl. etwa die Überlegungen von Peukert, Weimarer Republik, 137ff.

100 Zur Jugendfürsorge: Detlev J. K. Peukert, Grenzen der Sozialdisziplinierung. Aufstieg

und Krise der deutschen Jugendfürsorge von 1878 bis 1932, Köln 1986

101 Literatur zur Kultur in der Weimarer Republik: Peter Gay, Die Republik der Außenseiter. Geist und Kultur in der Weimarer Zeit 1918-1933, Frankfurt a.M. 1987; Jost Hermand, Frank Trommler, Die Kultur der Weimarer Republik, München 1978; Walter Laqueur, Weimar. Die Kultur der Republik, Frankfurt a. M./ Berlin/Wien 1976; Das literarische Leben in der Weimarer Republik. Hg. v. Keith Bullivant, Königstein/Ts. 1978; Die Metropole, Industriekultur in Berlin im 20. Jahrhundert, Hg. v. Jochen Boberg, Tilman Fischer und Eckhardt Gilen, München 1986; Bärbel Schrader, Jürgen Schebera, Die „goldenen" zwanziger Jahre, Kunst und Kultur der Weimarer Republik, Leipzig 1987; Erhard Schütz, Romane der Weimarer Republik, München 1986; vgl. auch die Anregungen bei Peukert, Weimarer Republik, 166ff.

102 Hermand/Trommler, Kultur, 36ff, 133ff, 299ff, 360ff.

103 Ebd., 201ff; John Willett: The Theatre of the Weimar Republic, New York/London 1988, 53ff.

104 Hermand/Trommler, Kultur, 114ff.

105 Ebd., 269ff.

106 Ebd., 40ff.

107 Uwe Westphal, The Bauhaus, New York 1991.

108 Norbert Huse, „Neues Bauen" 1918 bis 1933. Moderne Architektur in der Weimarer Republk, 2. Aufl., Berlin 1985.

109 Hermand/Trommler, Kultur, 410.

110 Ebd., 390ff.

111 Ebd., 116ff, 144ff, 229ff; Helmut Lethen, Neue Sachlichkeit 1924-1932. Studien zur Literatur des „Weißen Sozialismus", Stuttgart 1970; Willett, Theatre, 95ff.

112 Hermand/Trommler, Kultur, 305ff; Eckhard John, Musikbolschewismus. Die Politisierung der Musik in Deutschland 1918-1938, Stuttgart/Weimar 1994; Bradford J. Robinsohn: Jazz Reception in Weimar Germany: In Search of a Shimmy Figure, in: Music and Performance during the Weimar Republic. Ed. by Bryan Gillian, Cambridge 1994.

113 Hermand/Trommler, Kultur, 289ff.

114 Gay, Republik der Außenseiter, 44ff.

115 Vgl. hierzu die einschlägigen Beiträge in den Sammelbänden: Schule zwischen Kaiserreich und Faschismus. Zur Entwicklung des Schul-

wesens in der Weimarer Republik. Hg. v. Reinhard Diethmar u. Jörg Willer, Darmstadt 1981 sowie: „Der Traum von der freien Schule". Schule und Schulpolitik in der Weimarer Republik. Hg. v. Hans Peter de Lorent u. Volker Ullrich, Hamburg 1988.

116 Siehe hierzu die biographischen Würdigungen in Hans-Ulrich Wehler, Historische Sozialwissenschaft und Geschichtsschreibung. Studien zu Aufgaben und Traditionen deutscher Geschichtswissenschaft, Göttingen 1980. – Zur Geschichtswissenschaft in der Weimarer Republik: Bernd Faulenbach. Ideologie des deutschen Weges. Die deutsche Geschichte in der Historiographie zwischen Kaiserreich und Nationalsozialismus, München 1980.

117 Bernhard Seiterich, Demokratische Publizistik gegen den deutschen Faschismus. „Die Deutsche Republik", eine politische Wochenschrift der späten Weimarer Republik. Ein Beitrag zur Geschichte der demokratischen Presse, Frankfurt a. M. etc. 1988.

118 Vgl. S. 218f.

119 Hermand/Trommler, Kultur, 69ff.

120 So der Titel des Buches von Benjamin, Frankfurt a. M. 1969.

121 Wochenschau-Theater, in: Frankfurter Zeitung v. 22.9.31, auch in: Ders., Kino, Essays, Studien, Glossen zum Film. Hg. v. Karsten Witte, Frankfurt a. M. 1974, 15.

122 Wilhelm Leo Guttsman, Worker's Culture in Weimar Germany. Between Tradition and Commitment, New York/Oxford/München, 1990, bes. 74ff; Hermand/Trommler, Kultur, 96ff; Willett, Theatre, 121ff.

123 Guttsman, Worker's Culture, 297ff u. 154ff.

124 Zum Kampfbund für deutsche Kultur: Hermand/Trommler, Kultur, 101ff.

125 Ebd., 189ff, 422ff.

126 Literatur zur Frauengeschichte: Ute Frevert, Frauen-Geschichte. Zwischen Bürgerlicher Verbesserung und Neuer Weiblichkeit, Frankfurt a. M. 1986, 163ff; Karen Hagemann, Frauenalltag und Männerpolitik. Alltagsleben und gesellschaftliches Handeln von Arbeiterfrauen in der Weimarer Republik, Bonn 1990

127 Frevert, Verbesserung, 178.

128 Hagemann, Frauenalltag, 373ff.

129 Helen Boak: Women in Weimar Politics, in: EHQ 20 (1990), 369-399.

130 Hagemann, Frauenalltag, 100ff.

131 Ebd., 161.

132 Ebd., 172ff.

133 Frevert, Verbesserung, 180ff; Hagemann, Frauenalltag, 220ff; Cornelia Usborne, Frauenkörper – Volkskörper. Geburtenkontolle und Bevölkerungspolitik in der Weimarer Republik, Münster 1994.

134 Karin Hausen, Mütter zwischen Geschäftsinteressen und kultischer Verehrung. Der „Deutsche Muttertag" in der Weimarer Republik, in: Sozialgeschichte der Freizeit. Hg. v. Gerhard Huck, Wuppertal 1980, 249-280.

135 Nipperdey, Arbeitswelt und Bürgergeist, München 1990, 112ff.

136 Literatur zur Jugend in der Weimarer Republik: Elisabeth Domansky, Politische Dimensionen von Jugendprotest und Generationenkonflikten in der Zwischenkriegszeit in Deutschland, in: Jugendprotest und Generationenkonflikt in Europa. Hg. v. Dieter Dowe, Braunschweig/Bonn 1986, 113-137; Elizabeth Harvey, Youth and the Welfare State in Weimar Germany, Oxford 1993; Hans Mommsen, Generationskonflikt und Jugendrevolte in der Weimarer Republik, in: „Mit uns zieht die neue Zeit". Der Mythos Jugend. Hg. v. Thomnas Koebner, Rolf-Peter Janz u. Frank Trommler, Frankfurt a. M. 1985, 50-67; Peukert, Grenzen; ders., Jugend zwischen Krieg und Krise. Lebenswelten von Arbeiterjungen in der Weimarer Republik, Köln 1987; Toni Pierenkemper, Jugendliche im Arbeitsmarkt. Deutschland seit dem Ende des 19. Jahrhunderts, in: Jugendprotest und Generationenkonflikt, 49-73; Günther Willms, Geträumte Republik, Jugend zwischen Kaiserreich und Machtergreifung, Freiburg 1985.

137 Zur Jugendarbeitslosigkeit: Domansky, Dimensionen, 131ff sowie Teil III, Anm. 186.

138 Winkler, Schein, 365ff.

139 Jones, Dissolution, 326; zum Zentrum: Karsten Ruppert, Im Dienst am Staat von Weimar. Das Zentrum als regierende Partei in der Weimarer Demokratie 1923-1930, Düsseldorf 1992, 327.

140 Siehe S. 240.

141 Michael B. Barrett, Soldiers, Sportsmen and Politicians – Military Sport in Germany 1924-1935, Ann Arbor, Mich., 1977, 53.

142 Zum Begriff: Rainer M. Lepsius, Parteiensystem; der Autor spricht auch von sozialmoralischem oder sozialkulturellem Milieu. Ferner zum Milieubegriff: Hans-Jürgen Smula, Milieus und Parteien. Eine regionale Analyse

der Interdependenz von politisch-sozialen Milieus, Parteiensystem und Wahlverhalten am Beispiel des Landkreises Lüdinghausen 1919 bis 1933, Münster 1987, 3ff.

143 Ritter, Kontinuität.

144 Siehe hierzu die von Detlef Lehnert und Klaus Megerle herausgegebenen Sammelbände: Politische Identität und nationale Gedenktage. Zur politischen Kultur in der Weimarer Republik, Opladen 1989 sowie Politische Teilkulturen zwischen Integration und Polarisierung. Zur politischen Kultur in der Weimarer Republik, Opladen 1990.

145 Literatur zum sozialistischen Milieu: Neben dem umfassenden dreibändige Werk von Winkler (Arbeiter und Arbeiterbewegung) siehe u.a. auch den Überblick: Klaus Schönhoven, Reformismus und Radikalismus. Gespaltene Arbeiterbewegung im Weimarer Sozialstaat, München 1989.

146 Statistisches Jahrbuch des Deutschen Reiches 1927, 25.

147 Zum sozialistischen Milieu im Kaiserreich: Gerhard A. Ritter, Klaus Tenfelde, Arbeiter im deutschen Kaiserreich 1871 bis 1914, Bonn 1992

148 Potthoff, Freie Gewerkschaften. Zum Begriff der Wirtschaftsdemokratie s.a. Winkler, Schein, 606ff. – Werner Müller, Lohnkampf, Massenstreik, Sowjetmacht. Ziele und Grenzen der „Revolutionären Gewerkschafts-Opposition (RGO) in Deutschland 1928 bis 1933, Köln 1988.

149 Winkler, Schein, 100ff.

150 Ebenda, 110.

151 Hierzu Günter Plum, Gesellschaftsstruktur und politisches Bewußtsein in einer katholischen Region, 1928-1933. Untersuchungen am Beispiel des Regierungsbezirks Aachen, Stuttgart 1972.

152 Kocka, Problematik, 799.

153 Winkler, Schein, 120ff; Hartmann Wunderer, Arbeitervereine und Arbeiterparteien. Kultur- und Massenorganisationen der Arbeiterbewegung (1890-1933), Frankfurt a. M./New York 1980; Arbeiterkulturbewegung in der Weimarer Republik, 2 Bde. Hg. v. Wilfried van der Will u. Rob Burns, Frankfurt a. M./ Berlin/Wien 1982; Dieter Langewiesche, Politik – Gesellschaft – Kultur. Zur Problematik von Arbeiterkultur und kulturellen Arbeiterorganisationen in Deutschland nach dem 1. Weltkrieg, in: AfS 22 (1982), 359-402.

154 Siehe hierzu die zeitgenössische Untersuchung von Erich Fromm, Arbeiter und Angestellte am Vorabend des Dritten Reiches. Eine sozialpsychologische Untersuchung. Bearb. u. hg. v. Wolfgang Bonß, Stuttgart 1980.

155 Zur Sozialdemokratie siehe neben den Arbeiten von Winkler und Schönhoven (vgl. Anm. 145) auch: Peter Lösche, Franz Walter, Auf dem Weg zur Volkspartei? Die Weimarer Sozialdemokratie, in: AfS 29 (1989), 75-136; Detlef Lehnert, „Staatspartei der Republik" oder „revolutionäre Reformisten"? Die Sozialdemokraten, in: Politische Identität, 9-113.

156 Schätzung aufgrund von lokalen Erhebungen (Winkler, Schein, 346ff).

157 Literatur zur KPD: Ossip K. Flechtheim, Die KPD in der Weimarer Republik. Mit e. Einl. v. Sigrid Koch-Baumgarten, Hamburg 1986; Hermann Weber, Die Wandlung des deutschen Kommunismus. Die Stalinisierung der KPD in der Weimarer Republik, 2 Bde., Frankfurt a. M. 1969.

158 Winkler, Schein, 445ff.

159 Siehe S. 239.

160 Literatur zum katholischen Milieu: Doris Kaufmann, Katholisches Milieu in Münster, 1928-1933. Politische Aktionsformen und geschlechtsspezifische Verhaltensräume, Düsseldorf 1984; Plum, Gesellschaftsstruktur; Cornelia Rauh-Kühne, Katholisches Milieu und Kleinstadtgesellschaft. Ettlingen 1918-1939, Sigmaringen 1991.

161 Rauh-Kühne, Milieu, 139ff.

162 Plum, Gesellschaftsstruktur, 104ff u. 300: Rauh-Kühne, Milieu, 141ff; Kaufmann, Milieu, 77ff. Hans-Jürgen Brandt: Kirchliches Vereinswesen und Freizeitgestaltung in einer Arbeitergemeinde 1872-1933: Das Beispiel Schalke, in: Sozialgeschichte der Freizeit. Untersuchungen zum Wandel der Alltagskultur in Deutschland. Hg. v. Gerhard Huck, Wuppertal 1980, 207-221.

163 Johannes Horstmann, Katholiken und Reichstagswahlen 1920-1933, in: Jahrbuch für Christliche Sozialwissenschaften 27 (1985), 63-95.

164 Ruppert, Dienst, 329ff u. 347ff.

165 Siehe S. 240.

166 Siehe S. 245f.

167 Zur Entwicklung der vatikanischen Konkordatspolitik, bei der Kaas bereits seit 1920 eine wichtige Rolle spielte, siehe Klaus Scholder, Die Kirchen und das Dritte Reich, Bd. 1:

Vorgeschichte und Zeit der Illusionen, 1918-1934, Frankfurt a. M./Berlin/Wien 1977, 65ff. Insbesondere die unmittelbare Vorgeschichte des Konkordats ist jedoch strittig, siehe hierzu vor allem: Konrad Repgen: Über die Entstehung der Reichskonkordats-Offerte im Frühjahr 1933 und die Bedeutung des Reichskonkordats. Kritische Bemerkungen zu einem neuen Buch, in: VfZ 26 (1978), 499-554 sowie die Replik v. Scholder: Altes und Neues zur Vorgeschichte des Reichskonkordats, in: ebd., 535-540; ein kurzer, durch K.O. v. Aretin verfaßter Überblick zu diesem Streit findet sich in der Edition: Klaus Scholder, Die Kirchen zwischen Republik und Gewaltherrschaft. Gesammelte Aufsätze. Hg. v. Karl Otmar v. Aretin u. Gerhard Besier, Berlin 1988, 171-173.

168 Allgemeine Literatur zum mittelständisch-bürgerlichen Milieu in der Weimarer Republik: Thomas Childers, Inflation, Stabilization, and Political Realignment in Germany 1919-1928, in: Die deutsche Inflation. Eine Zwischenbilanz. Hg. v. Gerald D. Feldman u. a., Berlin/New York 1982, 409-431; ders., Interest and Ideology: Heinz-Gerhard Haupt, Mittelstand und Kleinbürgertum in der Weimarer Republik. Zu Problemen und Perspektiven ihrer Erforschung, in: AfS 26 (1986), 217-238; Jones, Dissolution; Jones, Shadow; Hans Mommsen, Die Auflösung des Bürgertums seit dem späten 19. Jahrhundert, in: Bürger und Bürgerlichkeit im 19. Jahrhundert. Hg. v. Jürgen Kocka, Göttingen 1987, 288-314; Rembert Unterstell: Mittelstand in der Weimarer Republik. Die soziale Entwicklung und politische Orientierung von Handwerk, Kleinhandel und Hausbesitz 1919-1933. Ein Überblick, Frankfurt a. M. 1989; Heinrich August Winkler, Mittelstand, Demokratie und Nationalsozialismus. Die politische Entwicklung von Handwerk und Kleinhandel in der Weimarer Republik, Köln 1972.

169 Zur Herausbildung des bürgerlich-liberalen Milieus im Kaiserreich: David Blackbourn, The German Bourgeoisie: An Introduction, in: The German Bourgeoisie. Essays on the Social History of the German Middle Class from the Late Eighteenth to the Early Twentieth Century. Ed. by. David Blackbourn and Richard J. Evans, London/New York 1991, 1-45; ders., The Mittelstand in German Society and Politics 1871-1914, in: Social History 2

(1977), 409-433; Jürgen Kocka, Bürgertum und Bürgerlichkeit als Probleme der deutschen Geschichte vom späten 18. zum frühen 20. Jahrhundert, in: Bürger und Bürgerlichkeit, 21-63; Nipperdey, Arbeitswelt, 374ff; Wege zur Geschichte des Bürgertums. Vierzehn Beiträge. Hg. v. Klaus Tenfelde, Göttingen 1994.

170 Zu dieser Führungsrolle siehe insbesondere Blackbourne, Between Resignation and Volatility: The German Petty Bourgeoisie in the Nineteenth Century, in: Ders., Populists and Patricians, 84-113, 97f; Klaus Tenfelde, Die Entfaltung des Vereinswesens während der industriellen Revolution in Deutschland (1850-1873), in: Vereinswesen und bürgerliche Gesellschaft in Deutschland. Hg. v. Otto Dann, München 1984, 55-114, bes. 96.

171 Zu den Nationalen Verbänden: Geoff Eley, Reshaping the German Right. Radical Nationalism and Political Change after Bismarck, London 1980. Der Autor spricht von einem eigenständigen „radical-nationalist milieu" im Umfeld dieser Verbände (147ff).

172 Ausschuß zur Untersuchung der Erzeugungs- und Absatzbedingungen der deutschen Wirtschaft. Das deutsche Handwerk (III. Unterausschuß, 8. Arbeitsgruppe, Bd. 2: Statistische Grundlagen, 18ff). Zum Handwerk: Friedrich Lenger, Sozialgeschichte der deutschen Handwerker seit 1800, Frankfurt a. M. 1988.

173 Wirtschaft und Statistik 8 (1928), 49.

174 Unterstell, Mittelstand, 23.

175 Friedrich Lenger, Mittelstand und Nationalsozialismus? Zur politischen Orientierung von Handwerkern und Angestellten in der Endphase der Weimarer Republik, in: AfS 29 (1989), 173-198.

176 Literatur zu den Angestellten: Jürgen Kocka, Die Angestellten in der deutschen Geschichte, 1850-1980. Vom Privatbeamten zum angestellten Arbeitnehmer, Göttingen 1981; Michael Prinz, Vom neuen Mittelstand zum Volksgenossen. Die Entwicklung des sozialen Status der Angestellten von der Weimarer Republik bis zum Ende der NS-Zeit, München 1986; Hans Speier, Die Angestellten vor dem Nationalsozialismus. Ein Beitrag zum Verständnis der deutschen Sozialstruktur 1918-1933, Göttingen 1977.

177 Prinz, Mittelstand, 25ff.

178 Literatur zu den Beamten: Jane Caplan, Government without Administration. State

and Civil Service in Weimar and Nazi Germany, Oxford 1988, 58ff; Andreas Kunz, Stand versus Klasse: Beamtenschaft und Gewerkschaften im Konflikt um den Personalabbau, in: GG 8 (1982), 55-86.

179 Kunz, Stand, 58.

180 Zu diesem Prozeß vor allem Rauh-Kühne, Milieu, 188ff; Rudy Koshar, Social Life, Local Politics, and Nazism. Marburg 1880-1935, Chapel Hill/London 1986, 126ff; Heinrich Strauß, Fürth in der Weltwirtschaftskrise und nationalsozialistischen Machtergreifung. Studien zur politischen, sozialen und wirtschaftlichen Entwicklung einer deutschen Industriestadt 1918-1933, Nürnberg 1980, 260ff.

181 Zu den Wahlergebnissen siehe Tabelle im Anhang. – Literatur zur DDP: Jürgen C. Heß, „Das ganze Deutschland soll es sein". Demokratischer Nationalismus in der Weimarer Republik am Beispiel der Deutschen Demokratischen Partei, Stuttgart 1978; Jones, Dissolution; Werner Schneider, Die Deutsche Demokratische Partei in der Weimarer Republik, 1924-1930, München 1978.

182 Literatur zur DVP: Lothar Döhn, Politik und Interesse. Die Interessenstruktur der Deutschen Volkspartei, Meisenheim a. Glan 1970; Jones, Dissolution.

183 Jones, Dissolution, 230ff.

184 Ebd., 271ff.

185 Zu den Splitterparteien allgemein: Martin Schumacher, Zersplitterung und Polarisierung. Kleine Parteien im Weimarer Mehrparteiensystem, in: Aus Politik und Zeitgeschichte Nr. 31 v. 6.8.1977, 39-46.

186 Martin Schumacher, Mittelstandsfront und Republik. Die Wirtschaftspartei, Reichspartei des deutschen Mittelstandes 1919-1933, Düsseldorf 1972.

187 Im einzelnen entfielen bei den Wahlen 10,1% auf die Wirtschafts- und 4,2% auf die Volksrechtspartei; die DDP hatte 4,7 statt 8,4%, die DVP 12,4 statt 18,7% und die DNVP 14,5% statt 19% erhalten. Zu den Wahlen siehe: Larry Eugene Jones, Inflation, Revaluation and the Crisis of Middleclass Politics. A Study in the Dissolution of the German Party System, 1923-28, in: CEH 12 (1979), 143-168 sowie ders., Dissolution, 263ff.

188 Für diese These sprechen eine Reihe von Hinweisen aus der lokalgeschichtlichen Literatur; das Feld der Weimarer Kommunalwahlen und der Kommunalpolitik ist allerdings noch nicht flächendeckend untersucht:
– So eroberte bei den Gemeindewahlen im Land Braunschweig im Februar 1925 ein neu gegründeter „Wirtschaftsverband" 38 von 162 Sitzen (Peter Fritzsche, Rehearsals for Fascism. Populism and Political Mobilization in Weimar Germany, Oxford 1990, 109;
– in Marburg erreichten bürgerliche Interessenlisten bei den Kommunalwahlen von 1924 54% der Stimmen, 1929 42,6%. (Koshar, Social Life, 83);
– in Ettlingen erreichte die „Bürgervereinigung" bei den Kommunalwahlen von 1926 11%, die Wirtschaftspartei 10%, die protestantischen bürgerlichen Parteien (DDP, DVP, DNVP) zusammen nur noch 9% (Rauh-Kühne, Milieu, 207);
– in Solingen, wurde das bürgerliche Votum bei den Kommunalwahlen vom November 1929 vollkommen zersplittert (Bernd Neufurth, Solingen 1929-1933. Eine Studie zur Auflösung der Weimarer Republik und der nationalsozialistischen Machtübernahme in einer Kommune. St. Augustin 1984, 45ff);
– in Ravensburg trat die DNVP (außer 1919) bei den Kommunalwahlen überhaupt nicht, DVP und DDP das letzte Mal 1922 an; ab 1925 wurde die protestantische Mittelschicht der Stadt statt dessen durch verschiedene Wählerlisten vertreten, die sich als „Wirtschaftliche Vereinigung", „Bürgerverein", „Handels-, Gewerbe- und Bürgerverein" und „Nationale Wählvereinigung" bezeichneten und zwischen 22,3 und 34,7% der Stimmen erreichten (Uwe Kraus, Von der Zentrums-Hochburg zur NS-Gemeinde: Aufstieg und Machtergreifung der Nationalsozialisten in Ravensburg, Tübingen 1985).

189 Zum Generationsproblem siehe S. 187f.

190 Jones, Dissolution, 323ff; Mommsen, Auflösung, 302f; Alexander Kessler, Der Jungdeutsche Orden in den Jahren der Entscheidung, 2 Bde., München 1974-1976.

191 Literatur zum agrarisch-konservativen Milieu: Heinrich Becker, Handlungsspielräume in der Agrarpolitik in der Weimarer Republik zwischen 1923 und 1929, Stuttgart 1990; Jürgen Bergmann, Klaus Megerle: Protest und Aufruhr der Landwirtschaft in der Weimarer Republik (1924-1933). Formen und Typen der politischen Agrarbewegung im regionalen Vergleich, in: Regionen im historischen Vergleich. Studien zu Deutschland im 19. und

20.Jahrhundert. Hg. v. Jürgen Bergmann u. a., Opladen 1989, 200-287; Dieter Gessner, Agrarverbände in der Weimarer Republik. Wirtschaftliche und soziale Voraussetzungen agrarkonservativer Politik vor 1933, Düsseldorf 1976; Jens Flemming, Landwirtschaftliche Interessen und Demokratie. Ländliche Gesellschaft, Agrarverbände und Staat, 1890-1925, Bonn 1978; Klaus Megerle, „Das Land steht rechts!". Das „agrarische Milieu", in: Politische Identität, 181-206.

192 Hans-Jürgen Puhle, Agrarische Interessenpolitik und preußischer Konservatismus im Wilhelminischen Reich, 1893-1914: Ein Beitrag zur Analyse des Nationalismus in Deutschland am Beispiel des Bundes der Landwirte und der Deutsch-Konservativen Partei, Hannover, 1966; ders., Politische Agrarbewegungen in kapitalistischen Industriegesellschaften. Deutschland, USA und Frankreich im 20. Jahrhundert, Göttingen 1975.

193 Flemming, Landwirtschaftliche Interessen, 29ff.

194 Ebenda, 169ff.

195 Jones, Dissolution, 281; Jonathan Osmond, Peasant Farming in South and West Germany during War and Inflation 1914 to 1924. Stability or Stagnation, in: Die deutsche Inflation, 289-307.

196 Becker, Handlungsspielräume, 88ff.

197 Bergmann/Megerle, Protest, 211ff.

198 Becker, Handlungsspielräume, 92ff; Gessner, Agrarverbände, 83ff.

199 Gerhard Stoltenberg, Politische Strömungen im schleswig-holsteinischen Landvolk 1918-1933. Ein Beitrag zur politischen Meinungsbildung in der Weimarer Republik, Düsseldorf 1962.

200 Jones, Dissolution, 286ff; Artikel Deutsche Bauernschaft, in: Lexikon zur Parteiengeschichte. Die bürgerlichen und kleinbürgerlichen Parteien und Verbände in Deutschland (1789-1945). Vier Bände. Hg. v. Dieter Fricke u. a., Köln 1983.

201 Jones, Dissolution, 288ff, 298ff.

202 Gessner, Agrarverbände, 83ff.

203 1912 waren die Stimmenanteile der Konservativen in Gemeinden unter 2000 Einwohner mehr als sechsmal so hoch wie in Gemeinden über 100 000 Einwohner gewesen; 1920 waren die Stimmenanteile in den kleinen Gemeinden nur noch etwas mehr als zweimal so groß wie in den Großstädten, 1924 etwa eineinhalbfach; 1930 waren die Unterschiede kaum noch nennenswert: Zahlen bei Ritter,

Wahlgeschichtliches Arbeitsbuch, 116 (für 1912) sowie bei Falter, Wahlen, 174.

204 Siehe S. 256f.

205 Günter Opitz, Der Christlich-soziale Volksdienst. Versuch einer protestantischen Partei in der Weimarer Republik, Düsseldorf 1969.

206 Erasmus Jonas, Die Volkskonservativen 1928-1933. Entwicklung, Struktur, Standort und staatspolitische Zielsetzung, Düsseldorf 1965.

207 Literatur zur DNVP: Artikel DNVP, in: Lexikon Parteiengeschichte; Denis Paul Walker, The German Nationalist People's Party (DNVP). The Conservative Dilemma in the Weimar Republic, in: JCH 14 (1979), 627-647; ders., Alfred Hugenberg and the Deutschnationale Volkpartei, 1918 to 1930, Cambridge 1976.

208 Amrei Stupperich, Volksgemeinschft oder Arbeitersolidarität. Studien zur Arbeitnehmerpolitik in der Deutschnationalen Volkspartei (1918-1933), Göttingen/Zürich 1982, 173ff.

209 Zur Entstehungsgeschichte des rechtsradikalen Milieus im Kaiserreich: Eley, Reshaping; Nipperdey, Machtstaat, 595ff. Zum Begriff „Nationales Milieu" siehe auch: Ritter, Kontinuität, 132.

210 Vgl. den Überblick bei Hans-Peter Ullmann, Interessenverbände in Deutschland, Frankfurt a. M. 1988, 167ff.

211 Mommsen, Auflösung, 202.

212 Gerhard Schulz, Von Brüning zu Hitler. Der Wandel des politischen Systems in Deutschland 1930-1933, Berlin/New York 1992, 175. – Zu diesen Klubs siehe im einzelnen die Artikel im Lexikon Parteiengeschichte; ferner Kurt Sontheimer: Der Tatkreis, in: VfZ 7 (1959), 229-260; zum Nationalen Klub von 1919 insbesondere Heidrun Holzbach, Das System Hugenberg. Die Organisation bürgerlicher Sammlungspolitik vor dem Aufstieg der NSDAP, Stuttgart 1981, 138ff; Yuji Ishodam: Jungkonservative in der Weimarer Republik. Der Ring-Kreis 1928-1933, Frankfurt a. M. etc. 1988.

213 Literatur zu den Wehrverbänden: James M. Diehl, Paramilitary Politics in Weimar Germany, Bloomington 1977; Hans-Joachim Mauch, Nationalistische Wehrorganisationen in der Weimarer Republik. Zur Entwicklung und Ideologie des „Paramilitarismus", Frankfurt/Bern 1982.

214 Diehl, Politics, 201ff.

215 Ebd., 203ff; Volker R. Berghahn, Der Stahlhelm. Bund der Frontsoldaten 1918-1935,

Düsseldorf 1966, 64ff.

216 Diehl, Politics, 234ff; Donald R. Tracey, The Development of the National Socialist Party in Thuringia 1924-30, in: CEH 8 (1975), 23-49, 35ff.

217 Berghahn, Stahlhelm, 108ff

218 Ebd., 113f.

219 Ebd., 115ff.

220 Ebd., 119ff; zum Young-Plan-Volksbegehren siehe S. 256f.

221 Literatur zur Konservativen Revolution: Stefan Breuer, Anatomie der Konservativen Revolution, Darmstadt 1993; Armin Mohler, Die konservative Revolution in Deutschland 1918-1932. Ein Handbuch, 2 Bde., 3. Aufl., Darmstadt 1989; Kurt Sontheimer: Antidemokratisches Denken in der Weimarer Republik. Die politischen Ideen des deutschen Nationalismus zwischen 1918 und 1933, München 1962, 2. Aufl., München 1968.

222 Hans-Harald Müller, Der Krieg und die Schriftsteller. Der Kriegsroman der Weimarer Republik. Stuttgart 1986; Karl Prümm, Die Literatur des Soldatischen Nationalismus der 20er Jahre 1918-1933. Gruppenideologie und Epochenproblematik, 2 Bde., Kronberg 1974.

223 Childers, Interest, 16.

224 Literatur zur NSDAP 1924-1929: Horn, Marsch, 153ff; Dietrich Orlow, The History of the Nazi Party 1919-1933, Univ. of Pittsburgh Press 1969.

225 Eberhard Jäckel, Hitlers Weltanschauung. Entwurf einer Herrschaft, Tübingen 1969, Stuttgart 1981.

226 Longerich, Bataillone, 45ff.

227 Siehe hierzu die von Martin Broszat zusammengestellte Dokumentation: Die Anfänge der Berliner NSDAP 1926/27, in: VfZ 8 (1960), 85-118.

228 Johnpeter Horst Grill, The Nazi Party's Rural Propaganda before 1928, in: Central European History 15 (1982), 149-185.

229 Stoltenberg, Strömungen, 147ff; Klaus Schaap, Die Endphase der Weimarer Republik im Freistaat Oldenburg 1928-1933, Düsseldorf 1978, 94f.

230 Gerhard Paul, Aufstand der Bilder. Die NS-Propaganda vor 1933, Bonn 1990.

231 Näheres zu dieser Taktik siehe S. 288.

232 Stürmer, Koalition, 165.

233 Einleitung Akten Luther I/II; XIXff; Stürmer, Koalition, 84ff; Peter Haungs, Reichspräsident und parlamentarische Kabinettsregierung. Ei-

ne Studie zum Regierungssystem der Weimarer Republik in den Jahren 1924 bis 1929, Köln 1968, 82ff.

234 Dies weist im einzelnen nach: Wolfgang Birkenfeld, Der Rufmord am Reichspräsidenten. Zu Grenzformen des politischen Kampfes gegen die frühe Weimarer Republik 1919-1925, in: AfS 5 (1965), 453-500.

235 Gotthard Jasper, Der Magdeburger Prozeß, in: Friedrich Ebert 1871/1971, Bonn 1971, 109-120.

236 Literatur zu den Hindenburg-Wahlen: Noel D. Cary, The Making of the Reich President, 1925: German Conservatism and the Nomination of Paul von Hindenburg; Peter Fritzsche, Presidential Victory and Popular Festivity in Weimar Germany: Hindenburg's 1925 Election; Jürgen W. Falter, The Two Hindenburg Elections of 1925 and 1932: A Total Reversal of Voter Coalitions; alle in: CEH 23 (1990),179-204, 205-224, 225-241.

237 So Krohn, Stabilisierung, 187.

238 Akten Luther I/II, 8.2.25, 65ff.

239 Krohn, Stabilisierung, 164ff; Stürmer, Koalition, 91ff.

240 Akten Luther I/II, 289ff; RGBl 1925 I, 117ff, Gesetz über die Aufwertung von Hypotheken und andern Ansprüchen („Aufwertungsgesetz") v. 15. Juli 1925.

241 Becker, Handlungsspielräume, 149ff u. 311ff.

242 Ulrich Nocken, Inter-Industrial Conflicts and Alliances as Exemplified by the AVI Agreement, in: Industrielles System, 683-704; d.i. eine Zusammenfassung von: Ders., Interindustrial Conflicts and Alliances. Zu den Verhandlungen innerhalb der Regierung auch Stürmer, Koalition, 98ff.

243 Krohn, Stabilisierung, 174ff.

244 Ebd., 148ff, 179ff.

245 Literatur Locarno-Vertrag: Krüger, Außenpolitik, 269ff; Klaus Megerle, Deutsche Außenpolitik 1925. Ansatz zu aktivem Revisionismus, Bern/Frankfurt a. M. 1974.

246 Krüger, Außenpolitik, 339ff. Die Rolle der Handelspolitik innerhalb der deutschen Außenpolitik (und damit die Einflußnahme wirtschaftlicher Interessen) wird kontrovers beurteilt: Karl-Heinrich Pohl: Weimars Wirtschaft und die Außenpolitik der Republik 1924-1926. Vom Dawes-Plan zum Internationalen Eisenpakt, Düsseldorf 1979; Ulrich Nocken, Das Internationale Stahlkartell und die deutsch-französischen Beziehungen 1924-

1932, in: Konstellationen internationaler Politik 1924-1932. Politische und wirtschaftliche Faktoren in den Beziehungen zwischen Westeuropa und den Vereinigten Staaten. Hg. v. Gustav Schmidt, Bochum 1983, 165-202.

247 Siehe S. 230f.

248 Alliierte Note v. 5.1.25 (Ursachen und Folgen 6, 317f)

249 Alliierte Note v. 4.6.25 (ebd., 324ff).

250 Deutsches Memorandum (am 20.1. an die britische, am 9.2. an die französische Regierung übergeben): Ursachen und Folgen 6, 334f.

251 Französische Note v. 16.6. (ebd,, 364ff).

252 Siehe dazu insbesondere das Protokoll der Kabinettssitzung vom 24.6. (Akten Luther I/II, 356ff). Siehe auch Stürmer, Koalition, 111ff.

253 Vertragstexte in Ursachen und Folgen 6, 379ff.

254 Ebd., 387.

255 Zur Person: Holzbach, „System".

256 Stürmer, Koalition, 125ff.

257 Einleitung Akten Luther I/II, XXXVIff.

258 Text Ursachen und Folgen 6, 645; vgl. Einleitung Akten Luther I/II, LVIIIf sowie Krüger, Außenpolitik, 315ff.

259 Krüger, Außenpolitik, 311ff u. 353ff. Einleitungen Akten Luther I/II, LVIff und Akten Marx III/IV, XXXVIIIf.

260 Ursachen und Folgen 6, 500f.

261 Nach den Berichten Stresemanns v. 17. u. 20.9.26: ADAP, Serie B, Bd. I, 2, 188-191 sowie 202ff; s.a. Bericht Staatssekretär Pünder im Kabinett am 20. September (Akten Marx III/IV, 210ff).

262 Einleitung Akten Marx III/IV, XXXVIIf; Note der Botschafterkonferenz vom 14.11.1925 über Erleichterungen im besetzten Gebiet (Ursachen und Folgen 6, 404).

263 Einleitung Akten Marx III/IV, XXXVII; Krüger, Außenpolitik, 344ff; Michael Salewski, Entwaffnung und Militärkontrolle in Deutschland 1919-1927, München 1966.

264 Krüger, Außenpolitik, 339ff u. 349ff, 368ff.

265 Pohl, Weimars Wirtschaft, 153ff; Jacques Bariety, Das Zustandekommen der Internationalen Rohstahlgemeinschaft (1926) als Alternative zum mißlungenen „Schwerindustriellen Projekt" des Versailler Vertrages, in: Industrielles System, 552-567; Ulrich Nocken: International Cartels and Foreign Policy: The Formation of the International Steel Cartel 1924-

1926, in: Internationale Kartelle und Außenpolitik. Beiträge zur Zwischenkriegszeit. Hg. v. Clemens A. Wurm, Stuttgart 1989, 33-82.

266 Klaus E. Riesberg, Die SPD in der „Locarnokrise" Oktober/November 1925, in: VfZ 30 (1982), 130-161.

267 Denkschrift v. 2.12.25 (gedr. in Stürmer, Koalition, 288ff). Zu den Koalitionsverhandlungen auch ebd., 137ff.

268 Einleitung Akten Luther I/II, LIVf; Stürmer, Koalition, 127ff.

269 Krohn, Stabilisierung, 195ff; Hertz-Eichenrode, Wirtschaftskrise, 94ff; Nocken, Interindustrial Conflicts and Alliances, 247ff.

270 Krohn, Stabilisierung, 205ff; Hertz-Eichenrode, Wirtschaftskrise, 114ff.

271 Einleitung Akten Luther I/II, LXIVf.

272 Ebd., 1334f.

273 Siehe hierzu den Brief Luthers an Stresemann v. 20.4.26 (Akten Luther I/II, 1293ff).

274 Zweite Verordnung über die deutschen Flaggen v. 5.5.26 (RGBl 1926 I, 217).

275 Zur Regierungsbildung Einleitung Akten Marx III/IV, XVIIff.

276 Literatur zum Volksentscheid über die Fürstenvermögen: Einleitung Akten Luther I/II, LXIV; Einleitung Akten Marx III/IV, XXff; Otmar Jung, Volksgesetzgebung. Die „Weimarer Erfahrungen" aus dem Fall der Vermögensauseinandersetzungen zwischen Freistaaten und ehemaligen Fürsten, 2 Teile, Hamburg 1990; Ulrich Schüren, Der Volksentscheid zur Fürstenenteignung 1926. Die Vermögensauseinandersetzung mit den depossedierten Landesherren als Problem der deutschen Innenpolitik unter besonderer Berücksichtigung der Verhältnisse in Preußen, Düsseldorf 1978.

277 Schreiben v. 30.12.1925; gedr. in: Die Erste Republik. Dokumente zur Geschichte des Weimarer Staates, München 1992, hg. v. Peter Longerich, 322ff; Einzelheiten zum Kurswechsel der KPD bei Winkler, Schein, 417ff.

278 So berichtete Marx dem Kabinett am 11.11.26, die sozialdemokratische Fraktion habe ihm eine Fühlungnahme „von Fall zu Fall" angeboten (Akten Marx III/IV, 322).

279 Detlev J. K. Peukert, Der Schund- und Schmutzkampf als „Sozialpolitik der Seele". Eine Vorgeschichte der Bücherverbrennung, in: „Das war ein Vorspiel nur..." Bücherverbrennung in Deutschland 1933: Voraussetzungen und Folgen, Berlin/Wien 1983; Margaret F. Stieg, The 1926 German Law to Protect Youth

against Trash and Dirt. Moral Protectionism in a Democracy, in: CEH 23 (1990), 22-56.

280 Siehe S. 148f.

281 Einleitung Akten Marx III/IV, XXXVf.

282 Ebd., XLIIff; Stürmer, Koalition, 171ff.

283 Anlage 2 (6.11.23) zum Schreiben des Preußischen Ministerpräsidenten an den Reichskanzler, 20.12.26, Akten Marx III/IV, 470ff, Zitat 477. (Das Abkommen v. 30.6.1923, durch das die Unterstützung der Verwaltungsbehörden bei der geheimen Lagerung von Waffen- und Ausrüstungsgegenständen der Reichswehr vereinbart worden war, ebd., 468f).

284 Schreiben des SPD-Reichstagsabgeordneten Müller-Franken und Wels, Akten Marx III/IV, 400ff. – Zur geheimen deutsch-sowjetischen Rüstungskooperation siehe auch Manfred Zeidler, Reichswehr und Rote Armee, 1920-1933. Wege und Stationen einer ungewöhnlichen Zusammenarbeit, München 1993.

285 Akten Marx III/IV, 418, Anm.15.

286 Siehe S. 235f.

287 Kabinettssitzung v. 15.12.1926; Besprechung mit Vertretern der SPD v. 15.12.26 (Akten Marx III/IV, 454f, 458).

288 Ministerbesprechung v. 16.12.26 (ebd., 459f).

289 So Schleicher in seinem „Aktionsplan"; gedr. in Josef Becker, Zur Politik der Wehrmachtabteilung in der Regierungskrise 1926/27. Zwei Dokumente aus dem Nachlaß Schleicher, in: VfZ 14 (1966), 69-78.

290 Gedruckt in Hindenburg und der Staat. Aus den Papieren des Generalfeldmarschalls und Reichspräsidenten von 1878 bis 1934. Hg. v. Walter Hubatsch, Göttingen 1966, 262f.

291 Stürmer, Koalition, 182ff sowie Haungs, Reichspräsident, 117ff.

292 Einleitung Akten Marx III/IV, XLVff.

293 Ebd., XLIXff.

294 Ebd., Ministerbesprechung v. 26.2.27, 554ff.

295 Ebd., Einleitung, LIf.

296 Siehe oS. 230f.

297 Akten Marx III/IV, LXIf; Stürmer, Koalition, 219ff.

298 Einleitung Akten Marx III/IV, LXVf.

299 Ebd., LXVIf: Weisbrod, Schwerindustrie, 301ff.

300 Einleitung Akten Marx III/IV, LXVIIf. Peter Lewek, Arbeitslosigkeit und Arbeitslosenversicherung in der Weimarer Republik 1918-1927, Stuttgart 1992.

301 Caplan, Government, 85ff; Haungs, Reichspräsident, 215ff.

302 Huber, Verfassungsgeschichte VI, 941ff; Einleitung Akten Marx III/IV, XCIVff; Stürmer, Koalition, 231ff; Ellen L. Evans, The Center Wages Kulturpolitik: Conflict in the Marx-Keudell Cabinett of 1927, in: CEH 2 (1969), 139-158; Günther Grünthal, Reichsschulgesetz und Zentrumspartei in der Weimarer Republik, Düsseldorf 1968.

303 Einleitung Akten Marx III/IV, XCIX.

304 Zum Panzerkreuzer A: Jung, Direkte Demokratie, 67ff sowie Wolfgang Wacker, Der Bau des Panzerschiffs „A" und der Reichstag, Tübingen 1959

305 Siehe S. 244.

306 Literatur zum Ruhreisenstreit: Bähr, Schlichtung 250ff; Michael Schneider, Auf dem Weg in die Krise. Thesen und Materialien zum Ruhreisenstreit 1928/29, Wentorf b. Hamburg 1974; Weisbrod, Schwerindustrie, 415ff; Winkler, Schein, 556ff.

307 Bähr, Schlichtung, 274ff.

308 Weisbrod, Schwerindustrie, 497; Bähr, Schlichtung, 268.

309 Literatur zum 1. Mai 1929 in Berlin: Chris Bowlby, Blutmai 1929: Police, Parties and Proletarians in a Berlin Confrontation, in: Historical Journal 29 (1986), 137-158; Thomas Kurz, „Blutmai". Sozialdemokraten und Kommunisten im Brennpunkt der Berliner Ereignisse von 1929, Berlin 1988; Léon Schirmann, Blutmai Berlin 1929. Dichtungen und Wahrheit, Berlin 1991.

310 Siehe S. 169f.

311 Zur Vorgeschichte des Young-Plans: Krüger, Außenpolitik 476ff; Link, Stabilisierungspolitik, 438ff.

312 Zum Young-Plan und den Den Haager Verhandlungen: Krüger, Außenpolitik, 483ff; Link, Stabilisierungspolitik, 452ff

1929–1933

1 Einleitung Akten Müller II, XLVIIIff; Ilse Maurer, Reichsfinanzen und Große Koalition. Zur Geschichte des Reichskabinetts Müller (1928-1930), Bern/Frankfurt a. M. 1973.

2 Schreiben des Reichswirtschaftsministers v. 24.4.29 (Akten Müller II, 639, Anm.1).

3 So in der Kabinettssitzung v. 6.5.29 (Akten Müller II, 639).

4 Ebd., 640 u. 641.

5 Kabinettssitzung v. 31.5.29. (ebd., 698).

6 Einzelheiten in der Einleitung (ebd., Lff) mit weiteren Belegen; Maurer, Reichsfinanzen, 80ff.

7 Ministerbesprechung v. 28.9.29 (Akten Müller II, 968ff).

8 Ebd., 969.

9 Ebd., 973f.

10 Ebd., 975.

11 Fraktionsführerbesprechung v. 1.10.29 (ebd., 988ff). Erklärung der DVP: Verhandlungen des Reichstags, Bd. 426, 3235.

12 Berghahn, Stahlhelm, 119ff; Schulz, Deutschland, 422ff; Wortlaut des Gesetzentwurfs in Ursachen und Folgen 7, 613f.

13 Siehe S. 217.

14 Vgl. hierzu Klaus Schaap, Die Endphase der Weimarer Republik im Freistaat Oldenburg 1928-1932, Düsseldorf 1978, 104f.

15 Die bisher allgemein angenommene große Bedeutung der im Rahmen des Volksbegehrens unternommenen Propaganda-Kampagne für den Aufschwung der NSDAP wird insbesondere bestritten von Otmar Jung: Plebiszitärer Durchbruch 1929? Zur Bedeutung von Volksbegehren und Volksentscheid gegen den Youngplan für die NSDAP, in: GG 15 (1989), 489-510: So trat Hitler im Rahmen der Anti-Young-Plan Kampagne kaum auf und verbot den Parteiorganen, sich an den Landes- und Ortsausschüssen der Young-Plan-Gegner zu beteiligen. Auch die Annahme, ihm seien durch den Reichsausschuß erhebliche finanzielle Mittel zugeflossen, ist letztlich nicht belegbar.

16 Literatur zum Schwarzen Freitag und zu den Ursachen der Weltwirtschaftskrise: Balderston, Origins; Fritz Blaich, Der Schwarze Freitag. Inflation und Wirtschaftskrise, München 1985, 58ff; Fischer, Wirtschaftspolitik; James, Deutschland; Charles P. Kindleberger, Die Weltwirtschaftskrise, 1929-1939, München 1973; Rainer Meister, Die große Depression. Zwangslagen und Handlungsspielräume der Wirtschafts- und Finanzpolitik in Deutschland 1929-1932, Regensburg 1991.

17 Siehe S. 161 u. S. 171.

18 Literatur zum Bruch der Großen Koalition und seiner Vorgeschichte: Einleitung Akten Müller II, LIXff; Maurer, Reichsfinanzen, 108ff; Schulze, Deutschland, 451ff; Weisbrod, Schwerindustrie, 457ff; Winkler, Schein, 738ff.

19 Besprechungen v. Kabinettsmitgliedern mit Schacht am 4. und 12.8.29 (Akten Müller II, 1210ff sowie 1215, Anm.1).

20 Schachts Memorandum zum Young-Plan, übersandt an den Reichskanzler am 5.12.29 (Akten Müller II, 369).

21 Ministerbesprechungen v. 9.12. u. 11.12.29 (Akten Müller II, 1242ff u. 1247f).

22 Ministerbesprechung v. 16.12.29 (ebd., 1270ff); Fraktionsführerbesprechung v. 16.12. (ebd.,1272ff); Ministerbesprechung v. 19.12. (ebd., 1283ff); Vermerk über das Gespräch Schachts mit Müller, 19.12. (ebd., 1289ff); Ministerbesprechung v. 19.12.29 (ebd., 1290ff).

23 Rücktrittschreiben v. 20.12.29 (ebd., 1297).

24 Kabinettssitzung v. 14.1.1930 (ebd.,1366).

25 Siehe S. 242.

26 Siehe z.B. Heinrich Brüning, Memoiren 1918-1934, Stuttgart 1970, 150ff.

27 Aufzeichnung Westarps (Politik und Wirtschaft in der Krise 1930-1932. Quellen zur Ära Brüning. Bearb. v. Ilse Maurer u. Udo Wengst u. Mitwirkung v. Jürgen Heideking, 2 Teile, Düsseldorf 1980, 15ff).

28 Heft 49 der Veröffentlichungen des RDI, Berlin 1929: ausführlich referiert bei Grübler, Spitzenverbände, 55ff; zur Rolle der Industrie beim Bruch der Großen Koalition auch: Jürgen John, Zur politischen Rolle der Großindustrie in der Weimarer Staatskrise: Gesicherte Erkenntnisse und strittige Meinungen, in: Die deutsche Staatskrise 1930-1933. Handlungsspielräume und Alternativen. Hg. v. Heinrich August Winkler u. Mitarbeit v. Elisabeth Müller Luckner, München 1992, 215-237; Reinhard Neebe, Großindustrie, Staat und NSDAP 1930-1933. Paul Silverberg und der Reichsverband der Deutschen Industrie in der Krise der Weimarer Republik, Göttingen 1981; Jörg-Otto Spiller, Reformismus nach rechts. Zur Politik des Reichsverbandes der Deutschen Industrie in den Jahren 1927-1930 am Beispiel der Reparationspolitik, in: Industrielles System, 593-603.

29 Politik, 23 f, sowie Gesprächsprotokoll Gilsas über Besprechung mit Mitgliedern der DVP, ebd., 33ff. – Zu Gilsa s. a. Weisbrod, Schwerindustrie, 467f.

30 Politik, 41f.

31 Schreiben Schäffer an Reusch, 4.2.30 (Politik, 38ff)

32 Vorstandssitzungen v. 27./28.1.30 (Die Protokolle der Reichstagsfraktion und des Fraktionsvorstandes der Deutschen Zentrumspartei 1926-1933. Bearb. v. Rudolf Morsey, Mainz 1969, 375-378.

33 Kabinettssitzung v. 30.1.30 (Akten Müller II, 1403 u. 1405).
34 Dies taten sie in einem Gespräch am 5.2.; Schreiben des Geschäftsführenden Präsidialmitgliedes des RDI Kastl an Moldenhauer, 8.2. sowie Memorandum v. 5.2. (Politik, 43ff u. 45f).
35 Einleitung Akten Müller II, LXIVff mit Einzelheiten.
36 Ministerbesprechung v. 5.3. (ebd., 1535).
37 Erklärung der Verbände v. 7.3. in: Politik, 76, Anm.1.
38 Siehe hierzu Schreiben Schachts an Hindenburg, 3.3.30 (ebd., 71ff).
39 Über diese Pläne informierte Brüning am 1.3. den Staatssekretär in der Reichskanzlei: Aufzeichnung Pünder (ebd., 63f).
40 Hierzu Schulz, Deutschland, 483.
41 Politik, 61f.
42 So hieß es in einer entsprechenden Verlautbarung des Zentrums: Schultheß' Europäischer Geschichtskalender. Hg. v. Ulrich Thürauf. Neue Folge, Bd. 71 (1930), München 1931, 67f; am Vortag hatte er Müller die gleiche Zusicherung gegeben, wie dieser in der Parteiführerbesprechung vom 11.3. mitteilte (Politik, 1565).
43 Akten Müller II, 1580ff. Am Tag zuvor hatte Hindenburg seinen Vorschlag mit dem Geschäftsführenden Präsidenten des Reichlandbundes, Schiele, am 18.3. mit führenden Industriellen abgesprochen (Politik, 88f).
44 Dies betraf insbesondere deutsche Staatsbürger, deren in Polen gelegener Besitz durch die polnische Regierung lliquidiert worden war. (Huber, Verfassungsgeschichte VII, 716ff).
45 Gessner, Agrarverbände, 175f; Einleitung Akten Müller II, XXXII.
46 Undatiert (Politik, 94).
47 Aufzeichnung Legationsrat Redlhammer für Curtius, 20.3.30 (ebd., 95).
48 Akten Müller II, 1594ff.
49 Ebd., 1600ff.
50 Ebd., 1602ff.
51 Ministerbesprechung v. 27.3.30 (ebd., 1608ff).
52 Aufzeichnung Moldenhauer (Politik, 98ff).
53 So etwa Winkler, Weg, 815ff; Die These, daß die SPD die Hauptverantwortung für das Ende der Großen Koalition trage, wird unter anderem vertreten von Schulze, Weimar, 316f.
54 Einleitung Akten Brüning I/II, XXff
55 So hieß es in einer „offiziösen" Mitteilung aus der Umgebung des Reichspräsidenten: Schultheß 1930, 28.3.30.
56 Verhandlungen des Reichstags, Bd. 427, 4727ff, Zitat 4728; auch in: Ursachen und Folgen 8, 21.
57 Einleitung Akten Brüning I/II, XXXff; Grübler, Spitzenverbände, 112ff.
58 Kabinettssitzung v. 3.6. (Moldenhauers Vorschläge; Akten Brüning I/II, 182f).
59 Ursachen und Folgen 8, 53.
60 RGBl 1930 I, 311ff, Verordnung des Reichspräsidenten zur Behebung finanzieller, wirtschaftlicher und sozialer Mißstände, 26.7.30.
61 Verordnung v. 30.9.30, RGBl 1930 I, 458.
62 Ursachen und Folgen 8, 222f.
63 Einleitung Akten Brüning, LXXI zum Saarland sowie Ministerbesprechung v. 2.7.30, 251f; Franz Knipping, Deutschland, Frankreich und das Ende der Locarno-Ära 1928-1931. Studien zur internationalen Politik in der Anfangsphase der Weltwirtschaftskrise, 148ff.
64 Krüger, Außenpolitik, 523ff; Briand: Ministerbesprechung v. 8.7.30, 280ff; dt. Antwortnote v. 11.7.30: ADAP, Serie B, Bd. XV, 329ff.
65 Siehe S. 207.
66 Schulz, Deutschland, 448f.
67 Jones, Dissolution, 359ff, 403ff, 422ff.
68 Jürgen W. Falter, Hitlers Wähler, München 1991, 110ff. Aus der umfangreichen Literatur zu den Wahlerfolgen der NSDAP siehe außerdem: The Formation of the Nazi Constituency, 1919-1933. Ed. by Thomas Childers, Totowa, N. J. 1986; ders., The Nazi Voter. The Social Foundations of Fascism in Germany 1919-1933, Chapel Hill etc. 1983; Jürgen W. Falter, Michael H. Kater, Wähler und Mitglieder der NSDAP. Neue Forschungsergebnisse zur Soziographie des Nationalsozialismus 1925 bis 1933, in: GG 19 (1993), 155-177; Richard F. Hamilton: Who Voted for Hitler?, Princeton, N. J. 1982; Michael H. Kater, The Nazi Party. A Social Profile of Members and Leaders 1919-1945, Oxford 1983; Peter Manstein, Die Mitglieder und Wähler der NSDAP 1919-1933: Untersuchungen zu ihrer schichtmäßigen Zusammensetzung, Frankfurt a. M., 1988, 3. Aufl., Frankfurt a. M. 1990; Detlef Mühlberger, Hitler's Followers. Studies in the Sociology of the Nazi Movement, London/New York 1991.
69 Falter, Hitlers Wähler, 277ff, 177ff. Die Verteilung auf die verschiedenen Schichten ergibt sich aus den Ergebnissen der beiden Volks-

zählungen von 1925 und 1933. (Statistisches Jahrbuch 1936, 17). Die Hauptschwierigkeit solcher Berechnungen liegt darin, die nicht erwerbstätigen Personen (Arbeitslose, Rentner, Familienangehörige) den einzelnen Schichten zuzuteilen. Daher finden sich in der Literatur zum Teil abweichende Angaben über die soziale Struktur.

70 Zusammengestellt aus den entsprechenden Bänden des Statistischen Jahrbuchs des Deutschen Reiches.

71 Der Städtetag. Mitteilungen des Deutschen Städtetages 24 (1930), 349; Statistisches Jahrbuch für den Freistaat Sachsen, 49 (1930), 334ff.

72 Anselm Faust, Der Nationalsozialistische Deutsche Studentenbund. Studenten und Nationalsozialismus in der Weimarer Republik, 2 Bde., Düsseldorf 1973 (Wahlergebnisse Bd. 2, 140ff); Michael H. Kater, Studentenschaft und Rechtsradikalismus in Deutschland, 1918-1933. Eine sozialgeschichtliche Studie zur Bildungskrise in der Weimarer Republik, Hamburg 1975.

73 Orlow, History, 128ff.

74 Ebd., 317ff.

75 Longerich, Bataillone, 65ff

76 Paul, Aufstand, 66ff. - Zur Großangriffstaktik siehe die Anweisung Himmlers, der zu diesem Zeitpunkt die Reichspropagandaleitung de facto leitete, v. 24.12.1928: Führer befiehl... Selbstzeugnisse aus der „Kampfzeit" der NSDAP. Dokumentation und Analyse. Hg. v. Albrecht Tyrell, Düsseldorf 1969, 255ff. Solche Großkampagnen lassen sich für die kommenden beiden Jahre in zahlreichen Regionen nachweisen: Johnpeter Horst Grill: The Nazi Movement in Baden, 1920-1945, Univ. of North Carolina Press 1983, 181ff, 195; Jeremy Noakes, The Nazi Party in Lower Saxony, Oxford 1971, 142ff; Schaap, Endphase, 94ff; Eberhart Schön, Die Entstehung des Nationalsozialismus in Hessen, Meisenheim a. Glan 1972, 151ff; Zdenek Zofka, Die Ausbreitung des Nationalsozialismus auf dem Lande. Eine regionale Fallstudie zur politischen Einstellung der Landbevölkerung in der Zeit des Aufstiegs und der Machtergreifung der NSDAP 1928-1936, München 1979, 74ff.

77 Paul, Aufstand, 90ff.

78 Ebd., 92. Der starke unterschwellige Antisemitismus in der NS-Propaganda in der Endphase der Weimarer Republik wird durch die in diesem Band reproduzierten Plakate eindrucksvoll belegt.

79 Patrick Moreau, Nationalsozialismus von links. Die „Kampfgemeinschaft Revolutionärer Nationalsozialisten" und die „Schwarze Front" Otto Straßers 1930-1935, Stuttgart 1984; Louis Dupeux, „Nationalbolschewismus" in Deutsch- land 1919-1933, Kommunistische Strategie u. konservative Dynamik, München 1985.

80 Longerich, Bataillone, 102ff.

81 Ebd., 110f.

82 Winkler, Weg, 207ff.

83 Vermerk Pünder, 15.9.30 (Akten Brüning I/II, 427f); in der Vorstandssitzung des RDI vom 19.9. sprach sich Kastl gegen eine Große Koalition aus (Politik, 393ff); vgl. Grübler, Spitzenverbände, 209ff. Zu den Veränderungen im RDI: Neebe, Großindustrie 64ff.

84 Brüning gegenüber dem Reichspräsidenten am 8. 10. (Akten Brüning I/II, 510).

85 Heinrich Brüning, Memoiren 1918-1934, Stuttgart 1970, 192ff.

86 Vermerk Pünder v. 8.10 für Hindenburg über alle Verhandlungen (Akten Brüning I/II, 510).

87 Ursachen und Folgen 8, 96. Siehe auch die Presseerklärung der SPD v. 16.10.30 (Politik, 431ff).

88 Eberhard Kolb, Die sozialdemokratische Strategie in der Ära des Präsidialkabinetts Brüning – Strategie ohne Alternative?, in: Das Unrechtsregime. Internationale Forschung über den Nationalsozialismus. Festschrift f. Werner Jochmann. Hg. v. Ursula Büttner, 2 Bde., Hamburg 1986, 157-176; Wolfram Pyta, Gegen Hitler und für die Republik. Die Auseinandersetzung des deutschen Sozialdemokratie mit der NSDAP in der Weimarer Republik, Düsseldorf 1989, 203ff; Rainer Schäfer, SPD in der Ära Brüning: Tolerierung oder Mobilisierung? Handlungsspielräume und Strategien sozialdemokratischer Politik 1930-1932, Frankfurt a. M. 1990.

89 Zum Inhalt der Verordnung vom 1. Dezember siehe S. 283.

90 Akten Brüning I/II, 667. – Zu dem gegenseitigen Abhängigkeitsverhältnis: Schulze, Braun, 627ff.

91 Siehe hierzu: Gotthard Jasper, Die verfassungs- und machtpolitische Problematik des Reichspräsidentenamtes in der Weimarer Republik. Die Praxis der Reichspräsidenten Ebert und Hindenburg im Vergleich, in:

Friedrich Ebert und seine Zeit. Bilanz und Perspektiven der Forschung. hg. v. Rudolf König, Hartmut Soell u. Hermann Weber, 2. Aufl., München 1991, 147-159

92 Haungs, Reichspräsident, 184f.

93 Ebd., 194ff.

94 Ebd., 185ff.

95 Siehe hierzu Jürgen Schmädeke, Militärische Kommandogewalt und parlamentarische Demokratie. Zum Problem der Verantwortlichkeit des Reichswehrministers in der Weimarer Republik, Lübeck 1967, 115ff, der ein entsprechendes Gutachten der Rechtsabteilung des Reichswehrministeriums vom April 1928 zitiert.

96 Siehe S. 242.

97 Schreiben des Reichspräsidenten an den Reichskanzler, 13.3.30 sowie 18.3.30 (Akten Brüning I/II, 1568f u. 1580ff). Vgl. Huber, Verfassungsgeschichte VII, 718; zum Vorgang siehe auch S. 262.

98 Schreiben v. 13.5. (Akten Brüning I/II, 1076f).

99 Schreiben Pünders an Brüning, 18.4.32 (Akten Brüning I/II, 2456ff). Beispiele für weitere Eingriffe ebd., Einleitung, LV.

100 Literatur zum Artikel 48: Hans Boldt, Der Artikel 48 der Weimarer Reichsverfassung – Sein historischer Hintergrund und seine politische Funktion, in: Die Weimarer Republik. Belagerte Civitas. Hg. v. Michael Stürmer, Königstein/Ts. 1980, 288-309; Haungs, Reichspräsident, 204ff; Ulrich Scheuner, Die Anwendung des Art. 48 der Weimarer Reichsverfassung unter den Präsidentschaften von Ebert und Hindenburg, in: Staat, Wirtschaft und Politik in der Weimarer Republik. Festschrift für Heinrich Brüning. Hg. v. Ferdinand Hermens u. Theodor Schieder, Berlin 1967, 249-286.

101 Gerhard Schulz, Zwischen Demokratie und Diktatur. Die Periode der Konsolidierung und der Revision des Bismarckschen Reichsaufbaues 1919-1930, 2. Aufl., Berlin/New York 1987, 470ff; das Schreiben Hindenburgs als Faksimile im Anhang, ebd., 647ff; Haungs, Reichspräsident, 204ff.

102 Schulze, Weimar 99.

103 Dies die mittlerweile klassische These von Karl Dietrich Bracher, Die Auflösung der Weimarer Republik. Eine Studie zum Problem des Machtverfalls in der Demokratie, Villingen 1955, 6. Aufl. Königstein/Düsseldorf

1978. Dieser Auffassung hat namentlich Werner Conze widersprochen, der den Übergang zum Präsidialsystem aufgrund einer „Krise des Parteienstaates" für unausweichlich erklärte; vgl. etwa: Die politischen Entscheidungen in Deutschland 1929-1933, in: Die Staats- und Wirtschaftskrise des Deutschen Reiches 1929/33. Hg. v. Werner Conze u. Hans Raupach, Stuttgart 1967, 176-252 sowie Brüning als Reichskanzler, in: HZ 214 (1972), 310-334; ähnlich akzentuiert ist die Auseinandersetzung zwischen Josef Becker und Udo Wengst in: APZ 1980, B 22, 3-36: zu diesen älteren Brüning-Kontroversen, die hier nicht im Einzelnen nachgewiesen werden können, vgl. zusammenfassend Kolb, Weimarer Republik, 199ff.

104 Einleitung Brüning I/II, LVIII.

105 Ebd., LXVI.

106 Huber, Verfassungsgeschichte VII, 810ff.

107 Rudolf Morsey, Brünings Kritik an der Reichsfinanzpolitik 1919-1929, in: Geschichte, Wirtschaft, Gesellschaft. Festschrift für Clemens Bauer zum 75. Geburtstag, Berlin 1974, 359-373.

108 Zum Vorrang der Reparationen: Neebe, Großindustrie, 111ff.

109 Knut Borchardt, Das Gewicht der Inflationsangst in den wirtschaftspolitischen Entscheidungsprozessen während der Weltwirtschaftskrise, in: Nachwirkungen der Inflation , 233-260.

110 Siehe S. 299.

111 Krüger, Außenpolitik, 540ff.

112 So äußerte Brüning in einer Rede vor dem Außenpolitischen Ausschuß des Reichstages, er lehne es ab, „irgend etwas zu tun, was vorübergehend eine kleine Erleichterung bringen könnte, was vorübergehend populär machen könnte, was aber die Währung in schwerste Gefahr bringen könnte." (Heinrich Brüning, Reden und Aufsätze eines deutschen Staatsmannes. Hg. v. Wilhelm Vernekohl, Münster 1968, 151).

113 Hans Mommsen, Brünings Politik, in: Wirtschaftskrise und liberale Demokratie. Das Ende der Weimarer Republik und die gegenwärtige Situation. Hg. v. Karl Holl, Göttingen 1978, 16-45.

114 Krüger, Außenpolitik, 507ff.

115 Ebd., 513.

116 Ministerbesprechung v. 24.7.31 (Akten Brüning I/II, 1421ff).

117 Krüger, Außenpolitik, 517.
118 Brief an die Mutter, 26.12.30, gedr. in: Die Weizsäcker-Papiere 1900-1932. Hg. v. Leonidas E. Hill, Berlin 1982, 412; vgl. Krüger, Außenpolitik, 517.
119 Knipping, Deutschland, 205ff; Reinhard Frommelt, Paneuropa oder Mitteleuropa. Einigungsbestrebungen im Kalkül deutscher Wirtschaft und Politik 1925-1933, Stuttgart 1977.
120 Einleitung Akten Brüning I/II, XXXVII.
121 Ebd., XL.; Verordnung über die Krisenfürsorge für Arbeitslose v. 11.10.30 (RGBl 1930 I, 463.)
122 RGBl 1930 I, 517ff; Einleitung Akten Brüning I/II, XXXIIIff.
123 Ebd., XXXVIII; Grübler, Spitzenverbände, 301ff; RGBl 1931 I, 12f.
124 RGBL 1931 I, 1; Bähr, Schlichtung 311ff.
125 RGBl 1931 I, 279ff.
126 Ursachen und Folgen 8, 160f.
127 Zu den Auseinandersetzungen um die Notverordnung und die Einberufung des Reichstages: Winkler, Weg, 338ff.
128 Siehe S. 284.
129 Karl Erich Born, Die deutsche Bankenkrise 1931. Finanzen und Politik, München 1967, 64ff.
130 Aufzeichnung Dingeldey über Gespräch mit Brüning, 13.6.31 (Politik, 666ff)
131 Siehe S. 310.
132 Literatur zur Agrarpolitik:Einleitung Akten Brüning I/II, XLIf; Gessner, Agrarverbände, 183ff; ders., Agrardepression, 103ff; Tilman P. Koops, Zielkonflikte in der Agrar- und Wirtschaftspolitik in der Ära Brüning, in: Industrielles System, 852-868.
133 Siehe S. 265.
134 Grübler, Spitzenverbände, 281ff.
135 Ursachen und Folgen 8, 489f.
136 Gessner, Agrardepression, 155ff.
137 RGBl 1931 I, 117ff; gleichzeitig wurden ein Siedlungs- sowie das Industriebankengesetz verabschiedet (ebd., 122, 124); vgl. Gessner, Agrardepression, 117ff.
138 Vgl. Oded Heilbronner, Der verlassene Stammtisch. Vom Verfall der bürgerlichen Infrastruktur und dem Aufstieg der NSDAP am Beispiel der Region Schwarzwald, in: GG 19 (1993), 178-201
139 Peter Wulf: Die politische Haltung des schleswig-holsteinischen Handwerks 1928-

1932, Köln 1969, 96ff; Winkler, Mittelstand, 171ff.
140 Gessner, Agrarverbände, 242ff.
141 Caplan, Government, 116ff.
142 Beispiele Noakes, Nazi Party, 173f (für Niedersachsen) sowie bei Koshar, Social life, 202ff (für Marburg); zu den Wahlen für die Industrie- und Handelskammern: Winkler, Mittelstand, 260.
143 Winkler, Weg, 606ff.
144 Literatur zur SA: Richard Bessel: Political Violence and the Rise of Nazism. The Storm Troopers in Eastern Germany 1925-1934, New Haven/London 1984; Mathilde Jamin: Zwischen den Klassen. Zur Sozialstuktur der SA-Führerschaft, Wuppertal 1984; Longerich, Bataillone.
145 Als Überblick zum Gewalt-Problem siehe: Albrecht Lehmann, Militär und Militanz zwischen den Weltkriegen, in: Handbuch zur Bildungsgeschichte (1989), Bd. V, 407-429; siehe auch die Literatur-Hinweise zu den paramilitärischen Verbänden in Teil II, Anm. 213.
146 Abwegig ist hingegen die in einer kürzlich erschienen Arbeit (Christian Striefler, Kampf um die Macht. Kommunisten und Nationalsozialisten am Ende der Weimarer Republik, Berlin 1993) aufgestellte Behauptung, die NSDAP habe im Unterschied zu der mehr oder weniger offenen revolutionären Politik der KPD eine durchgehend legale Taktik auf dem Weg zur Machtergreifung beschritten, die Gewalt der SA sei daher „Gegengewalt" gegen kommunistischen Terror. Der Autor übersieht dabei den pseudolegalen Charakter der NS-Machtergreifungsstrategie, und er erfaßt nicht die vielfältigen Formen und Funktionen, die die Gewaltanwendung für die Nationalsozialisten im Rahmen dieser Strategie besaßen.
147 Eve Rosenhaft, Beating the Fascists? The German Communists and Political Violence 1929-1933, London etc. 1983.
148 Hierzu Winkler, Weg, 679ff.
149 Gotthard Jasper, Die gescheiterte Zähmung. Wege zur Machtergreifung Hitlers 1930-1934, Frankfurt a.M.1986; ders., Der Schutz der Republik. Studien zur staatlichen Sicherung der Demokratie in der Weimarer Repubik 1922-1930, Tübingen 1963.
150 Siehe S. 247f.
151 Schulz, Brüning, 140ff.

152 Pyta, Gegen Hitler, 277ff.
153 Rundschreiben des Reichsinnenministers,
    2.1.30, in: Staat und NSDAP 1930-1932.
    Quellen zur Ära Brüning. Eingel. v. Gerhard
    Schulz. Bearb. v. Ilse Maurer und Udo
    Wengst, 3.
154 Denkschrift des Reichsinnenministers v. 12. 8.
    1930 (Schlußergebnis) sowie Denkschrift des
    Preußischen Innenministers v. Ende August
    1930, gedr. in Staat und NSDAP, 95f u. 96ff.
155 Akten Brüning I/II, 584ff.
156 Vermerk Staatssekretär Pünder v. 18.12. mit.
    Entwurf Vergleichsvorschlag, gedr. in Staat
    und NSDAP, 172ff.
157 Erlaß v. 22.1., gedr. ebd., 3ff.
158 Peter Bucher, Der Reichswehrprozeß. Der
    Hochverrrat der Ulmer Reichswehroffiziere
    1929/30, Boppard a. Rh. 1967, 260 u. 262.
159 Ebd., 89f; Schulz, Brüning, 156.
160 Schreiben an den Reichskanzler, 10.11.30
    (Akten Brüning I/II, 605ff). – Siehe Schreiben
    des Reichsinnenministers an Groener v.
    21.10.30 (Staat und NSDAP, 164f).
161 Schulz, Brüning, 285; die Vereinbarung wur-
    de in einem Briefwechsel zwischen Röhm
    und Schleicher im März 1931 bestätigt; gedr.
    in Staat und NSDAP, 189f.
162 Ministerbesprechung v. 19.12.30 (Akten Brü-
    ning I/II, 751ff).
163 Literatur zu Brünings Reparationspolitik: Ein-
    leitung Akten Brüning I/II, LXXIIff; Interna-
    tionale Beziehungen in der Weltwirtschafts-
    krise, 1929-1933. Referate und Diskussions-
    beiträge eines Augsburger Symposiums, 29.
    März bis 12. April 1979. Hg. v. Josef Becker
    u. Klaus Hildebrand, München 1980; Win-
    fried Glashagen, Die Reparationspolitik Hein-
    rich Brünings 1930-1931, Diss phil. Bonn
    1980; Wolfgang J. Helbich, Die Reparationen
    in der Ära Brüning, Berlin 1962; Knipping,
    Deutschland, bes. 192ff; Gerd Meyer, Die
    deutsche Reparationspolitik von der Annah-
    me des Young-Plans im Reichstag (12.3.30)
    bis zum Reparationsabkommen auf der Lau-
    sanner Konferenz (9.7.32), Bonn 1991;
    Mommsen, Brünings Politik.
164 Siehe hierzu z. B. seine Erklärung im Reichs-
    tag v. 5.2.31: Verhandlungen des Reichstags,
    Bd. 444, 680.
165 Meyer, Reparationspolitik, 62ff; Glashagen,
    Reparationspolitik, 312ff.
166 Besprechung im Reichstag am 6.3.31 (Akten
    Brüning I/II, 925ff).

167 Akten Brüning I/II, 1056ff.
168 Ebd, 1058.
169 Ministerbesprechung v. 30.5.31 (ebd., 1144ff,
    Zitat 1148); Glashagen, Reparationspolitik,
    423ff.
170 Ebd., 500ff.
171 Einleitung Akten Brüning I/II, LXXIV; Glasha-
    gen, Reparationspolitik 506ff; zur amerikani-
    schen Motivation: Link, Stabilisierungspoliitik,
    500ff; Text des Moratoriums in Ursachen und
    Folgen 8, 185.
172 Literatur zur Bankenkrise: Einleitung Akten
    Brüning, XLVII; Born, Bankenkrise, 64ff; Ja-
    mes, Reichsbank, 173ff.
173 Siehe S. 285.
174 Einleitung Akten Brüning I/II, XLVIII.
175 Born, Bankenkrise, 110.
176 Meister, Depression, 249ff.
177 Borchardt, Zwangslagen, 169.
178 Wagenführ, Industriewirtschaft, 38.
179 Balderston, Origins, 2. – Literatur zur Arbeits-
    losigkeit: The German Unemployed. Experi-
    ences and Consequences of Mass Unemploy-
    ment from the Weimar Republic to the Third
    Reich. Ed. by Richard J. Evans and Dick Ge-
    ary, New York 1987; Unemployment and the
    Great Depression in Weimar Germany. Ed.
    by Peter D. Stachura, New York 1986; Wink-
    ler, Weg, 19ff.
180 Heidrun Homburg, Vom Arbeitslosen zum
    Zwangsarbeiter. Arbeitslosenpolitik und Frak-
    tionierung der Arbeiterschaft in Deutschland
    1930-1933 am Beispiel der Wohlfahrterwerbs-
    losen und der kommunalen Wohlfahrtshilfe,
    in: AfS 25 (1985), 251-298, 255.
181 Literatur zur Jugendarbeitslosigkeit: Harvey,
    Youth, 103ff; Detlev J. K Peukert, Die Er-
    werbslosigkeit junger Arbeiter in der Welt-
    wirtschaftskrise in Deutschland 1929-1933, in:
    VSWG 72 (1985), 305-328; ders., Jugend zwi-
    schen Krieg und Krise; Peter D. Stachura,
    The Social and Welfare Implications of Youth
    Unemployment in Weimar Germany, 1929-
    1933, in: Unemployment, 121-147.
182 Bry, Wages, 362.
183 Zum System der Arbeitslosenunterstützung:
    Homburg, Vom Arbeitslosen, 258ff.
184 Ebd., 270.
185 Ebd., 254.
186 Alf Lüdtke, Hunger in der Großen Depressi-
    on. Hungererfahrung und Hungerpolitik am
    Ende der Weimarer Republik, in: AfS 27
    (1987), 144-176.

187 Winkler, Weg, 38ff
188 Karin Hausen, Unemployment also Hits Women: The New and the Old Woman on the Dark Side of the Golden Twenties in Germany, in: Unemployment, 78-120.
189 Einleitung Akten Brüning I/II, XLVIIff.
190 Akten Brüning I/II, 398; Aufzeichnung Luther, 10.7.31 (Politik, 740f) nennt konkret die französischen Forderungen; Aufzeichnung v. Krosigk über Besprechungen Brünings in Berlin, 18.7.31 (Akten Brüning I/II, 1390ff).
191 Berichtsentwurf (ebd., 1566ff).
192 Vom „Reparationsausschuß" der Regierung beraten am 15.11.31, beschlossen am 19.1. 32 (Akten Brüning I/II, 1959ff, 1987ff). – Zur Reparationsproblematik im Herbst und Winter 1931: Einleitung Akten Brüning I/II, LXXVI: Krüger, Außenpolitik, 545.
193 Vgl. Schulz, Brüning, 647ff sowie Einleitung Akten Brüning I/II, LXXVII); Franz Knipping, Der Anfang vom Ende der Reparationen. Die Einberufung des Beratenden Sonderausschusses im November 1931, in: Internationale Beziehungen, 211-236.
194 Zur Verhandlungsposition siehe Ministerbesprechungen v. 24.11.31 sowie 4.12.32 (Akten Brüning I/II, 2003ff, 2047ff).
195 Bericht vom 23.12.1931 (Ursachen und Folgen 8, 199ff)
196 Durch ein am 9.1.32 veröffentlichtes fingiertes Interview (ebd., 204) machte Brüning seine Absicht deutlich, in Zukunft keineswegs mehr Reparationen zahlen zu wollen. – Siehe auch die reparationspolitischen Besprechungen innerhalb der Regierung v. 5.1., 7.1. u.8.1.32 (Akten Brüning I/II, 2141f, 2149ff, 2152f).
197 Krüger, Außenpolitik, 523ff.
198 Literatur zur geplanten Zollunion: Einleitung Akten Brüning I/II, LXXXV; Reinhard Frommelt, Paneuropa; Hans-Paul Höpfner, Deutsche Südosteuropapolitik in der Weimarer Republik, Frankfurt a. M. 1983; Krüger, Außenpolitik, 531ff; Harro Molt, „...Wie ein Klotz inmitten Europas". „Anschluß" und Mitteleuropa während der Weimarer Republik 1925-1931, Frankfurt a. M., Bern/New York 1986; Hans-Jürgen Schröder, Deutsche Südosteuropapolitik 1929-1936. Zur Kontinuität deutscher Außenpolitik in der Weltwirtschaftskrise, in: GG 2 (1976), 5-32; Schulz, Brüning, 298ff; Dirk Stegmann, „Mitteleuropa" 1925-1934. Zum Problem der Kontinuität

deutscher Außenhandelspolitik von Stresemann bis Hitler, in: Industrielle Gesellschaft und politisches System. Festschrift für Fritz Fischer zum siebzigsten Geburtstag, Bonn 1978, 203-221.
199 Ministerbesprechungen v. 16.3. u. 18.3.32, (Akten Brüning I/II, 952ff u. 969ff).
200 Literatur zur Abrüstungsfrage: Einleitung Akten Brüning I/II, LXXXXIII; Edward W. Bennett, German Rearmament and the West, 1932/33, Princeton N.J. 1979; Krüger, Außenpolitik, 546ff; Sten Nadolny, Abrüstungsdiplomatie 1932/33. Deutschland auf der Genfer Konferenz im Übergang von Weimar zu Hitler, München 1978; Schulz, Brüning, 659ff.
201 Besprechungen v. 30.10.30 u. 18.3.31 (Akten Brüning I/II, 591ff, 962ff).
202 So Außenminister Curtius am 30.10. (ebd., 593)
203 Ebd., 2173ff.
204 Zur sogenannten Dietramszeller Notverordnung: Huber, Verfassungsgeschichte VII, 863ff; Schulz, Brüning, 487ff.
205 RGBl 1931 I, 537ff. Zur Vorgeschichte siehe die Besprechung Brünings mit führenden SPD-Vertretern am 7.9.1931 (Akten Brüning I/II, 1660ff sowie Einleitung, XXXVf).
206 Ministerbesprechung v. 7.10.31 (ebd., 1815f).
207 Vgl. Neebe, Großindustrie, 99ff. Siehe zu diesen Bemühungen das Schreiben des Reichslandbundes an den Reichspräsidenten vom 22.7.31 (Akten Brüning I/II, 1411f). Zur wachsenden Kritik der Industrie u.a. das Schreiben des Ruhrindustriellen Reusch an den Geschäftsführer des Reichsverbandes der Deutschen Industrie, Kastl, vom 6.9.31, in dem er darauf drängte, daß Brüning durch den Reichsverband „auf das allerschärfste bekämpft werden muß" (Politik, 944f). Kastl stimmte der Kritik an Brüning grundsätzlich zu; wollte man in „bewußte Opposition" eintreten, müsse man sich aber noch über den „Zeitpunkt" und den „Ersatz für den, mit dessen Führung man unzufrieden ist", einigen. (Schreiben v, 11.9.31: ebd.. 950f). Anfang Oktober 1930 drängte der DVP-Industrieflügel Brüning ultimativ zur Regierungsbildung nach rechts; Döhn, Politik, 440f. Zur Kritik der Industrie siehe auch Besprechung mit Vertretern der deutschen Industrie v. 18.9.31 (Akten Brüning, 1700ff). Zur Kritik der Reichswehrführung: Thilo Vogelsang, Reichswehr, Staat und NSDAP. Beiträge zur deut-

schen Geschichte 1930-1932, Stuttgart 1962, 124f.

208 Siehe hierzu Brünings Memoiren, insb. 385ff u. 417ff

209 Akten Brüning I/II, 1764ff.

210 Über die Besprechung vom 27.8.31: Die Deutschnationalen und die Zerstörung der Weimarer Republik. Aus dem Tagebuch von Reinhold Quaatz 1928-1933. Hg. v. Hermann Weiß und Paul Hoser, München 1989, 143ff.

211 Zu den Entwicklungen innerhalb der Industrie: Neebe, Großindustrie 99ff.

212 Einleitung Akten Brüning I/II, XXVIff zu den Personalveränderungen.

213 Horn, Marsch, 337f.

214 Ebd., 339f.

215 Vierte Notverordnung des Reichspräsidenten zur Sicherung von Wirtschaft und Finanzen und zum Schutze des inneren Friedens v. 8.12.31: Huber, Verfassungsgeschichte VI, 899ff; Einleitung Akten Brüning I/II, LXIX.

216 Ebd., LXXXVII.

217 Siehe S. 307.

218 Siehe hierzu etwa die Besprechung v. 17. 3. (Akten Brüning I/II, 2369ff).

219 Ministerbesprechung v. 8.1.32 (Akten Brüning I/II, 2152).

220 Zu den Arbeitsbeschaffungsplänen ebd., Einleitung, XCIff sowie Meister, Depression, 280ff mit einer detaillierten Darstellung der einzelnen Vorschläge.

221 Akten Brüning, 1503ff; Schulz, Brüning, 509ff; Meister, Depression, 287ff u. 322f.

222 Edition in: Wirtschaftspolitik in der Krise. Die (Geheim)Konferenz der Friedrich-List-Gesellschaft im September 1931 über Möglichkeiten und Folgen einer Kreditausweitung. Hg. v. Knut Borchardt u. Hans Otto Schötz, Baden-Baden 1991; Meister, Depression, 304ff.

223 Sitzungsprotokolle v. 16.11.31 (Akten Brüning, 1961ff); Meister, Depression, 322ff.

224 Meister, Depression, 352ff.

225 Besprechung beim Reichskanzler, 28.1.32 (Akten Brüning, 2241f) s.a. Chefbesprechung v. 29.1.32 (ebd., 2246ff); Meister, Depression, 343ff.

226 Akten Brüning I/II, 2288ff; Meister, Depression, 379ff.

227 Politik, 1313ff: Tagebucheintragung Schäffer über Ministerbesprechung; Meister, Depression, 387; Helmut Marcon, Arbeitsbeschaffungspolitik der Regierungen Papen und Schleicher. Grundsteinlegung für die Be-

schäftigungspolitik im Dritten Reich, Bern, Frankfurt a.M. 1974; Michael Wolffsohn, Industrie und Handwerk im Konflikt mit staatlicher Wirtschaftspolitik? Studien zur Politik der Arbeitsbeschaffung in Deutschland 1930-1934, Berlin 1977, 69ff.

228 Meister, Depression, 387f.

229 Kabinettssitzung v. 12.4.32 sowie 19. u. 20. 5.(Akten Brüning I/II, 2429ff, 2536ff, 2544ff); Meister, Depression, 391f

230 Ob eine antizyklische Wirtschaftspolitik möglich gewesen wäre, ist in der Forschung umstritten. Knut Borchardt hat 1979 die These aufgestellt, daß die konjunkturpolitischen Handlungsspielräume der Regierung Brüning infolge außen- und innenpolitischer Zwangslagen stark begrenzt waren und damit eine zweite Front in der „Borchardt-Kontroverse" eröffnet. (Vgl. hierzu Teil II, Anm. 61, insb. die Beiträge Holtfrerich, Alternativen, Krohn, Zwangslagen, Borchardt, Scheitern sowie den Sammelband Economic Crisis. Aus der umfangreichen Literatur wären vor allem noch zu nennen: Ursula Büttner, Politische Alternativen zum Brüningschen Deflationskurs. Ein Beitrag zur Diskussiom über „ökonomische Zwangslagen" in der Endphase von Weimar, in: VfZ 37 (1989), 209-251; Harold James, Gab es eine Alternative zur Wirtschaftspolitik Brünings?, in: VSWG 70 (1983), 523-541; Gottfried Plumpe, Wirtschaftspolitik in der Weltwirtschaftskrise. Realität und Alternativen, in: GG 11 (1985), 326-357; Bernd Weisbrod, Die Befreiung von den „Tariffesseln". Deflationspolitik als Krisenstrategie der Unternehmer in der Ära Brüning, in GG 11 (1985), 295-325.

231 Vermerk Pünder, 5.1.32 (Akten Brüning I/II, 2139f). Zur Hindenburg-Nachfolge siehe: Einleitung Akten Brüning I/II, LVIII; Huber, Verfassungsgeschichte VII, 900ff.

232 Pünder, Politik,7.1.32, 11.1.32; Quaatz, Deutschnationale, 7.1., 14.1.32; Schulz, Brüning, 707ff.

233 Schreiben Hitlers an Brüning, 12.1.32 (Akten Brüning I/II, 2155).

234 Hugenberg an Brüning, 11.1.32 (ebd., 2153f).

235 Huber, Verfassungsgeschichte VII, 925ff.

236 Rudolf Morsey, Hitler als braunschweigischer Regierungrat, in: VfZ 8 (1960), 417-448. – Zur rechtlichen Problematik der Ernennung Huber, Verfassungsgeschichte VII, 930f.

237 Huber, Verfassungsgeschichte VII, 949ff

238 Vgl. Übersicht bei Tyrell, Trommler, 384 f;
Wahlergebnisse nach Statistisches Jahrbuch
für das Deutsche Reich.

239 Einzelheiten siehe S. 307ff.

240 Zu Brünings Entlassung: Huber, Verfassungsgeschichte VII, 971ff; Schulz, Brüning, 776ff.

241 Longerich, Bataillone, 153.

242 Protokoll der Konferenz in Staat und NSDAP,
304ff; Schreiben Groeners an den Reichs-
kanzler, 10.4. (ebd., 312ff); zum gesamten
Komplex: Aufzeichnung Pünder v. 13.4.32
(Akten Brüning I/II, 2437ff; siehe auch ebd.,
Einleitung LXIX); RGBl 1932 I, 175.

243 So Bericht Groener auf Ministerbesprechung
vom 13.4.32 (Akten Regierung Brüning I/II,
2433ff).

244 Longerich, Bataillone, 154. – Aus den Goebbels-Tagebüchern v. 11.4.32 ergibt sich beispielsweise, daß die NS-Spitze über das SA-
Verbot vorab informiert war. (Die Tagebücher von Joseph Goebbels. Sämtliche
Fragmente. Hg. v. Elke Fröhlich, Teil I, Aufzeichnungen 1924-1941, 4 Bde., München
etc. 1987).

245 15.4.32, gedruckt in Politik, 1383.

246 Siehe hierzu etwa die Goebbels-Tagebücher
vom 26.4. und 4.5.

247 Ebd., Eintragungen v. 8.5.-9.5. u. 13.5.32;
siehe auch 18.5.

248 Rede vor dem außenpolitischen Ausschuß
(Brüning, Reden, 173)

249 Bennet, Rearmament, 147 f; vgl. auch den
(allerdings einseitigen) Bericht Bülows über
die Besprechungen (Akten Brüning I/II,
2467ff).

250 Brüning, Reden, 173 u. 183. Damit interpretierte Brüning seine am 11. Mai vor dem
gleichen Ausschuß gebrauchte Formulierung
von den „letzten hundert Metern vor dem
Ziele", mit denen er der aufkommenden
Kritik in der regierungsnahen Presse an seiner Außenpolitik Paroli bieten wollte (ebd.,
164).

251 Ebd, 173.

252 Wolfgang Weßling, Hindenburg, Neudeck
und die deutsche Wirtschaft. Tatsachen und
Zusammenhänge einer „Affäre", in: VSWG 1
(1977), 41-73, bes. 43ff.

253 Akten Brüning I/II, 2578f.

254 Ministerbesprechung, 30.5.32 (ebd., 2585ff).

255 Aktennotiz, gedr. in; Vogelsang, Reichswehr,
458f; Goebbels-Tagebücher, 30.5.31.

256 Schaap, Endphase, 186.

257 Literatur zu Papen: Jürgen A. Bach, Franz
von Papen in der Weimarer Republik. Aktivitäten in Politik und Presse 1918-1932, Düsseldorf 1977. Ulrike Hörster-Philipps, Konservative Politik in der Endphase der Weimarer
Republik. Die Regierung Franz von Papen,
Köln 1982.

258 Erklärung der Reichskanzlei v. 2.6.32 (Akten
Papen, 6f); siehe hierzu Detlef Junker, Die
Deutsche Zentrumspartei und Hitler 1932/33.
Ein Beitrag zur Problematik des politischen
Katholizismus in Deutschland, Stuttgart 1969,
72f.

259 Einleitung Akten Papen, XIXff. – Zur Regierungserklärung siehe ebd., 13f.

260 Undatierte Aufzeichnung Schleichers (Politik,
1528ff). Zu den Kontakten Zentrum-NSDAP
vgl. Herbert Hörnig, Das preußische Zentrum
in der Weimarer Republik, Mainz 1979, 262f.

261 Siehe hierzu Goebbels-Tagebücher, 1.6., 2.6.
u. 4.6. Bezeichnenderweise weigerte sich
Hitler, sein Tolerierungs-Versprechen schriftlich niederzulegen (ebd., 2.6.)

262 Akten Papen, 3ff.

263 RGBl 1932 I, 255.

264 Vgl. Jasper, Zähmung, 91.

265 Akten Papen, 15f.

266 Winfried B. Lerg, Rundfunkpolitik in der Weimarer Republik, München 1980, 438ff.

267 Verordnung über die Maßnahmen zur Erhaltung der Arbeitslosenhilfe und der Sozialversicherung sowie zur Erleichterung der Wohl-
fahrtslasten der Gemeinden (RGBl 1932 I,
273ff).

268 Winkler, Weg, 627f.

269 Zum Wahlkampf: Ebd., 639ff.

270 Zur Vorgeschichte und zur Durchführung des
Preußenschlages: Einleitung Akten Papen,
XLIVff; Ludwig Biewer, Der Preußenschlag
vom 20. Juli 1932. Ursachen, Ereignisse, Fol-
gen und Wertung, in: Blätter für deutsche
Landesgeschichte 119 (1983), 159-172; Die-
trich Orlow, Weimar Prussia 1918-1925. The
Unlikely Rock of Democracy, Pittsburgh
1986, 225ff: Schulze, Braun, 745ff: Winkler,
Weg, 646ff.

271 Siehe zu den beiden Ministerbesprechungen
Regierung Papen 204ff u. 209ff; das Zitat
Gayl ebd., 205. – Gayl hatte bereits am 11.
Juni in einer Besprechung mit Vertretern der
Länderregierungen die Einsetzung eines
Reichskommissars in einem Land als „ultima
ratio" bezeichnet (Akten Papen, 57)

272 Ministerbesprechung v. 13.7. (Akten Papen, 217).

273 Winkler, Weg, 650ff.

274 Verschiedene Aufzeichnungen über die Ministerbesprechung v. 20. Juli (Akten Papen, 257ff); Verordnung des Reichspräsidenten v. 20.7.32 (RGBl I, 377f).

275 Über den Ablauf der Aktion siehe insbesondere Aufzeichnung der Reichskanzlei v. 20.7.32 (Akten Papen, 267ff). – Siehe auch die Protestschreiben Brauns und der übrigen Mitglieder der Preußischen Regierung (ebd., 263f sowie 289 u. 293).

276 EBd., 265ff.

277 Schäfer, SPD, 414ff; Winkler, Weg, 675ff.

278 Sitzungen des Preußischen Staatsministeriums, 21. u.22.7.32, (Akten Papen, 281ff sowie 291f mit Beschlußfassung); Runge, Politik, 237ff.

279 Siehe hierzu die Länderkonferenz v. 23. Juli (Akten Papen, 300ff).

280 Winkler Weg, 529.

281 Falter, Hitlers Wähler, 110ff.

282 Akten Papen, 245f.

283 Bessel, Violence, 87ff.

284 Paul Kluke, Der Fall Potempa, in: VfZ 5 (1957), 279-297 (Edition des Urteils); Richard Bessel, The Potempa Murder, in: Central European History 10 (1977), 241-254.

285 Telegramm Hitlers v. 23.8.32, Ursachen und Folgen 8, 645.

286 Akten Papen, 491ff.

287 Zu dem Treffen: Ebd., 379, Anm.7.

288 Goebbels-Tagebücher, 5.8. und. 7.8.32.

289 Akten Papen, 378ff.

290 Zusammenstellung der Hinweise auf diesen Aufmarsch bei: Quaatz, Tagebuch, 200, Anm. 64.

291 Akten Papen, 391f.

292 Ebd., 392, Anm. 5.

293 Goebbels-Tagebücher, 13.8.32.

294 Longerich, Bataillone, 159.

295 Ebd., 159f.

296 Zur Lausanner Konferenz: Schulz, Brüning, 906ff.

297 Siehe Richtlinien für die deutsche Verhandlungsdelegation vom 10.6. (ADAP, Serie B, Bd. XX, 282ff) sowie Denkschrift Schleichers v. 14.6: Das interne deutsche Ziel (ebd., 304f, Anm. 2). – Literatur zur Abrüstungskonferenz: Einleitung Akten Papen XXVff; Bennet, Rearmament, 169ff; Wilhelm Deist, Schleicher und die deutsche Abrüstungspolitik im Juni/Juli 1932, in: VfZ 7 (1959), 163-176; Nadolny, Abrüstungsdiplomatie, Schulz, Brüning, 901ff.

298 Zur Militarisierung des FAD siehe Winkler, Weg, 719.

299 Michael H. Kater: Die „Technische Nothilfe" im Spannungsfeld von Arbeiterunruhen, Unternehmerinteressen und Parteipolitik, in: VfZ 27 (1979), 30-78.

300 Siehe Ministerbesprechung v. 12.9.32, (Akten Papen, 541).

301 Siehe hierzu etwa die Zusammenfassung der verschiedenen geplanten Maßnahmen zur „Sicherstellung der Landesverteidigung durch eine gesunde, leistungsfähige junge Mannschaft" durch Schleicher in einem Schreiben an den Reichskanzler, 17.9. (Akten Papen, 794ff).

302 Aufzeichnung Nadolny, 23.7.32 (ADAP, Serie B, Bd. XX, 537ff).

303 Einleitung Akten Papen, XXIXff; zur Entscheidung: Ministerbesprechung v. 14.9. (Akten Papen, 585).

304 Ursachen und Folgen 8, 296.

305 Einleitung Akten Papen, XXXVIff; Winkler, Weg, 718.

306 Einleitung Akten Papen, XXXVIIIf.

307 Ebd., XL.

308 Siehe hierzu die Ministerbesprechungen v. 23.9., 29.9., 17.11., 25.11. u. 14.12.32 (ebd., 635, 726f, 961f, 1020 sowie Akten Schleicher, 99); vgl. Winkler, Weg, 726 u. 748ff.

309 Winkler, Weg, 709; Bähr, Schlichtung, 331f.

310 Einleitung Akten Papen, XLIf; Gessner, Agrardepression, 46ff. – Das negative Ergebnis der Kontingentierungsverhandlungen wird in einer Denkschrift des Reichswirtschaftsministers v. 18. November 1931 zusammengefaßt (Referierung in Akten Papen, 853f, Anm. 32 u. 33).

311 Ebd., 474ff. – Eberhard Kolb, Wolfgang Pyta, Die Staatsnotstandsplanung unter den Regierungen Papen und Schleicher, in: Staatskrise 155-181.

312 Ein Hinweise hierauf findet sich in: Akten Papen, 481, Anm. 5; Schleicher erwähnte außerdem den „Nationalverein" in einer Besprechung beim Reichspräsidenten am 30.8. (ebd., 477); in die gleiche Richtung weisen die Äußerungen Papens in der Kabinettssitzung vom 15.6., in der er forderte, das „überparteiliche Präsidialkabinett müsse nach unten, d.h. nach dem Volke hin, verankert wer-

den" (ebd., 400). Vgl. auch Schulz, Brüning, 979.

313 Jones, Dissolution, 457f

314 Schultheß 1932, 151.

315 Junker, Zentrumspartei, 86ff u. 108ff; Hömig, Zentrum, 269ff.

316 Akten Papen, 546ff, hier 556.

317 Ebd., 754ff; zu Gayl siehe etwa seine Rede vor dem Verein der Berliner Presse, 28.10.32 (ebd., 820ff).

318 Ebd., 576ff, 599.

319 Siehe S. 336.

320 Winkler, Weg, 765ff; die unterschiedliche Bewertung des BVG-Streiks im Hinblick auf das Verhältnis von Kommunisten und Nationalsozialisten kommt zum Ausdruck in den Beiträgen von Günter Reimann und Klaus Rainer Röhl in: Berlin 1932. Das letzte Jahr der ersten deutschen Republik. Politik, Symbole, Medien. Hg. v. Diethart Kerbs und Henrick Stahr, Berlin 1992, 143-178.

321 Akten Papen, 901ff, Zitat 902.

322 Ministerbesprechung v. 17.11. (ebd., 956ff).

323 Neebe, Großindustrie, 137f; Text in Ursachen und Folgen 8, 687.

324 Hierzu ausführlich: Henry A. Turner, Die Groß- unternehmer und der Aufstieg Hitlers, Berlin 1985

325 Neebe. Großindustrie, 103ff.

326 Turner, Großunternehmer; die ältere, umfangreiche Literatur zu diesem Thema ist ebenfalls nachgewiesen bei: Thomas Trumpp, Zur Finanzierung der NSDAP durch die deutsche Großindustrie. Versuch einer Bilanz, in: Nationalsozialistische Dikatur 1933-1945. Eine Bilanz, hg. v. Karl Dietrich Bracher, Manfred Funke, Hans-Adolf Jacobsen, Bonn 1987, (Erstauflage 1983), 132-154. – Demgegenüber spricht einiges dafür, daß die NSDAP den größten Teil ihrer Ausgaben durch „Selbstfinanzierung", daß heißt durch Mitgliedsbeiträge und Kleinspenden bestritt (ganz abgesehen von den zahlreichen sonstigen Eigenleistungen der Parteibasis): Horst Matzerath, Henry A. Turner, Die Selbstfinanzierung der NSDAP 1930-1932, in: GG 3 (1977), 59-92.

327 Aufzeichnungen Meissners (Akten Papen, 984ff. 988ff).

328 Ursachen und Folgen 8, 694.

329 Akten Papen, 1013ff.

330 Winkler, Weg, 713f.

331 Ebd., 746f.

332 Udo Kissenkoetter, Gregor Straßer und die NSDAP, Stuttgart 1978, 162ff; zum Vorstoß des Langnamvereins: Neebe, Großindustrie, 145.

333 Winkler, Weg, 718

334 Axel Schildt, Militärdiktatur mit Massenbasis? Die Querfrontkonzeption der Reichswehrführung um General von Schleicher am Ende der Weimarer Republik, Frankfurt a.M./New York 1981, 138ff.

335 Gesprächsprotokoll in Akten Papen, 513ff.

336 Schildt, Militärdiktatur, 51ff.

337 Winkler, Weg, 794; Schildt, Militärdiktatur, 166f.

338 Die Datierung ergibt sich aus den umfangreichen Eintragungen in der Original-Version der Goebbels-Tagebücher (Fröhlich-Edition) unter dem 1./2.12.32.

339 Dokumente Verfassungsgeschichte 4, 621f: Aufzeichnung über Besprechung beim Reichspräsidenten 1./2.12.32.

340 Ministerbesprechung vom 2.12.32, (Akten Papen, 1035f) sowie Tagebuch-Aufzeichnung des Reichsfinanzministers, 2.12.32 über diese Sitzung(Akten Papen 1036ff).

341 Wolfram Pyta, Vorbereitungen für den militärischen Ausnahmezustand unter Papen/Schleicher, in: MGM 51 (1992), 385-428; Kolb/Pyta, Staatsnotstandsplanung; die Durchführung des Planspiels war ursprünglich eine Reaktion auf die BVG-Streik.

342 So die Formel des Leiters des Planspiels, Oberstleutnant Ott, in einer Vortragsnotiz v. 2.12.32 (Pyta, Staatsnotstandsplanungen, 410).

343 Einleitung Akten Schleicher, XXIXff.

344 Ministerbesprechungen vom 7.12. u. 14.12. (ebd., 23f u. 99f).

345 Wahlergebnisse nach Frankfurter Zeitung v. 6.12.32.

346 Zu Straßers Haltung s. Kissenkoetter, Straßer, 159ff.

347 Der einzige, in der Literatur vielfach akzeptierte Beleg hierfür ist die von Goebbels eigenhändig überarbeitete und editierte Version seiner Tagebücher (Eintrag vom 5. Dezember, Edition Fröhlich); zur Rezeption vgl. u. a. Vogelsang, Reichswehr, 341; Schulz, Brüning, 1040. Diese Quelle ist jedoch nicht zuverlässig: Ein Vergleich mit den ursprünglichen Eintragungen, die Goebbels in diesen Tagen anfertigte, zeigt, daß er nachträglich die Darstellung der Ereignisse zuspitzte und

dramatisierte, um Hitler in diesen entscheidenden Wochen als strahlenden Helden und Straßer als Schurken erscheinen zu lassen. (insbesondere. 1.12 u. 9./10.12. sowie 10./11.12.

348 Die Vorstellung, Straßer habe eine „Palastrevolution" starten wollen, beruht wiederum maßgeblich auf den veröffentlichten Goebbels-Tagebüchern, die von dem Autor gerade in diesem Punkt stark redigiert wurden.

349 Longerich, Bataillone, 161f.

350 Vgl. Horn, Marsch, 378.

351 Rainer Hambrecht, Der Aufstieg der NSDAP in Mittel- und Oberfranken (1925-1933), Nürnberg 1976, 370ff; zu Stegmann ebenda, S.317ff.

352 Schildt, Militärdiktatur, 158ff.

353 Akten Schleicher, 101ff.

354 Einleitung Akten Schleicher XXXVIIff; Sitzung des Ausschusses für Arbeitsbeschaffung v. 21.12. (ebd., 152f).

355 Vgl. Winkler, Weg, 826.

356 Akten Schleicher, 230ff. – Ähnlich hatte er sich am 12. Dezember vor hohen Reichswehroffizieren geäußert: Thilo Vogelsang: Neue Dokumente zur Geschichte der Reichswehr 1930-1933, in: VfZ 2 (1954), 397-436, 426-428.

357 Einleitung Akten Schleicher XLIII, XLV; Schreiben des Deutschen Industrie- und Handelstages an den Reichskanzler, 20.1.33 (ebd., 272ff); Neebe, Großindustrie, 140ff.

358 Siehe S. 349f.

359 Neebe, Großindustrie, 145f.

360 Akten Schleicher, 41ff.

361 16.1.33 (ebd., 249ff).

362 Ebd., 272f.

363 Zum Ablauf der Handelsverträge: Bericht des Handelspolitischen Ausschusses der Reichsregierung (Akten Schleicher, 70ff).

364 Ministerbesprechung v. 14.12.32 (Akten Schleicher, 96).

365 Schreiben ebd., 186ff; der Ernährungsminister drohte hierauf mit seinem Rücktritt.

366 Einleitung Akten Schleicher, XLVIIIf; Kabinettbeschluß v. 21.12. (ebd.,142ff); RGBl 1932 I, 575f.

367 Akten Schleicher, 104f.

368 Ebd., 206ff.

369 Ebd., 214, Anm. 16 (Auszug).

370 Neebe, Großindustrie, 150f.

371 Ministerbesprechungen v. 14.12., 21.12. (Akten Schleicher, 96f, 148) sowie Einleitung

XLIV. Schreiben des Vorsitzenden des Rheinischen Handwerkbundes an den Reichskanzler, 30.12.32 (ebd.,168f); Besprechung des Reichskanzlers mit Vertretern des Handwerks am 5.1.33 (ebd., 182ff).

372 Heinrich Muth: Das „Kölner Gespräch" am 4. Januar 1933, in : GWU 37 (1986), 463-480 u. 529-541.

373 Winkler, Weg, 843.

374 Joachim von Ribbentrop, Zwischen London und Moskau. Erinnerungen und letzte Aufzeichnungen. Hg. v. Annelies v. Ribbentrop, Leoni 1953, 38ff; Franz v. Papen, Der Wahrheit eine Gasse, München 1952, 267.

375 Akten Schleicher, 282f

376 Ebd., 284f.

377 Bei diesem Skandal ging es um die mißbräuchliche Verwendung von Osthilfe-Geldern; insbesondere wurde behauptet, der Hindenburg-Freund und Organisator der Neudeck-Schenkung, Oldenburg-Januschau, sei im Osthilfe-Verfahren über Gebühr begünstigt worden. Außerdem ging es um den Vorwurf von Steuermanipulationen, die bei der Übertragung des Guts Neudeck auf den Präsidenten-Sohn Oskar vorgenommen worden seien; zu den Einzelheiten s. Weßling, Hindenburg.

378 Akten Schleicher, 300ff.

379 Ebd., 304f.

380 Berghahn, Stahlhelm, 245ff; Goebbels-Tagebücher, 28.1.33 (zu Hugenberg); Ribbentrop, London, 40f; Quaatz, Tagebuch, 228.

381 Akten Schleicher, 306ff.

382 Niederschrift über den Empfang v. 28.1.33 (ebd., 310f).

383 So befürchtete Goebbels noch Ende Januar, Papen könnte noch einmal Kanzler werden (Goebbels-Tagebücher, 29.1.33).

384 Tagebuchaufzeichnung des Reichsfinanzministers über die Vorgänge Ende Januar (Akten Schleicher, 316ff)

385 Huber, Verfassungsgeschichte VII, 1256.

386 Ebd., 1261f.

387 Zur letzten Verhandlungsphase: Papen, Wahrheit, 271ff; Ribbentrop, London, 42; Akten Schleicher, 320, Anm. 3; Larry Eugene Jones, „The Greatest Stupidity of My Life": Alfred Hugenberg and the Formation of the Hitler Cabinet, January 1933,in: JCH 27 (1992), 63-87.

Abkürzungen

AA	Auswärtiges Amt
ADAP	Akten zur Deutschen Auswärtigen Politik
AfA-Bund	Allgemeiner freier Angestellten-Bund
AfS	Archiv für Sozialgeschichte
APZ	Aus Politik und Zeitgeschichte
BVP	Bayerische Volkspartei
BVG	Berliner Verkehrs-Gesellschaft
CEH	Central European History
DDP	Deutsche Demokratische Partei
DNVP	Deutschnationale Volkspartei
DVP	Deutsche Volkspartei
Ed.	Edited
EHQ	European History Quaterly
Eingel.	Eingeleitet
GG	Geschichte und Gesellschaft
GWU	Geschichte in Wissenschaft und Unterricht
H.	Heft
HJ	Historisches Jahrbuch (im Haupttext des Buches = Hitler-Jugend)
HZ	Historische Zeitschrift
IWK	Internationale wissenschaftliche Korrespondenz zur Geschichte der deutschen Arbeiterbewegung
JCH	Journal for Contemporary History
JMGO	Jahrbuch für Geschichte Mittel- und Ostdeutschlands
KPD	Kommunistische Partei Deutschlands
MGM	Militärgeschichtliche Mitteilungen
Mich.	Michigan
N.C.	North Carolina
N.J.	New Jersey
NSDAP	Nationalsozialistische Deutsche Arbeiterpartei
OHL	Oberste Heeresleitung
PVS	Politische Vierteljahresschrift
RDI	Reichsverband der Deutschen Industrie
RGBl	Reichsgesetzblatt
SA	Sturmabteilung
SS	Sturmstaffel
SPD	Sozialdemokratische Partei Deutschlands
VfZ	Vierteljahrshefte für Zeitgeschichte
VSWG	Vierteljahrsschrift für Sozial- und Wirtschaftsgeschichte
ZfG	Zeitschrift für Geschichtswissenschaft

Karte

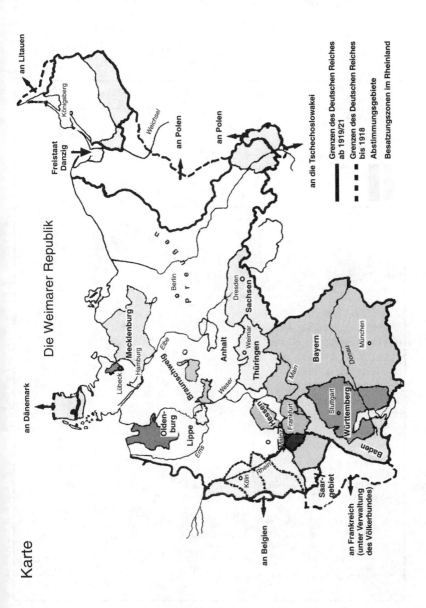

Tabelle 1

Ergebnisse der Wahlen zu der

	Nationalvers. 19. 1. 1919	1. Reichstag 6. 6. 1920[2]	2. Reichstag 4. 5. 1924	3. Reichstag 7. 12. 1924
Wahlberechtigte in Mio.	36,766	35,949	38,375	38,987
Gültige Stimmen in Mio.	30,400	28,196	29,281	30,290
Wahlbeteiligung in %	83,0	79,2	77,4	78,8
Gesamtzahl der Mandate	421 (423)[1]	459	472	493
NSDAP (1924: NS-Freiheitsbeweg.)	–	–	1,918 6,5 % **32**	0,907 3,0 % **14**
DNVP	3,121 10,3 % **44**	4,249 15,1 % **71**	5,696 19,5 % **95**	6,205 20,5 % **103**
Wirtschaftspartei/ Bayer. Bauernbund	0,275 0,9 % **4**	0,218 0,8 % **4**	0,693 2,4 % **10**	1,005 3,3 % **17**
Deutsch-Hannoversche Partei	0,077 0,2 % **1**	0,319 1,1 % **5**	0,319 1,1 % **5**	0,262 0,9 % **4**
Landbund	–	–	0,574 2,0 % **10**	0,499 1,6 % **8**
Deutsches Landvolk	–	–	–	–
Deutsches Bauernpartei	–	–	–	–
Christlich-sozialer Volksdienst	–	–	–	–
DVP	1,345 4,4 % **19**	3,919 13,9 % **65**	2,694 9,2 % **45**	3,049 10,1 % **51**
Zentrum (1919: Christl. Volkspartei)	5,980 19,7 % **91**	3,845 13,6 % **64**	3,914 13,4 % **65**	4,118 13,6 % **69**
BVP	–	1,238 4,4 % **21**	0,946 3,2 % **16**	1,134 3,7 % **19**
DDP (ab 1930: Deutsche Staatspartei)	5,641 18,5 % **75**	2,333 8,3 % **39**	1,655 5,7 % **28**	1,919 6,3 % **32**
SPD	11,509 37,9 % **163 (165)[1]**	6,104 21,7 % **102**	6,008 20,5 % **100**	7,881 26,0 % **131**
USPD	2,317 7,6 % **22**	5,046 17,9 % **84**	0,235 0,8 % –	0,099 0,3 % –
KPD	–	0,589 2,1 % **4**	3,693 12,6 % **62**	2,709 9,0 % **45**
Sonstige Parteien	0,132 0,5 % **2**	0,332 1,1 % –	1,165 3,1 % **4**	0,597 2,0 % –

Quelle: *Statistisches Jahrbuch für das Deutsche Reich, 1933*
Bei jeder Partei sind die Stimmen in Millionen (links), der Prozentanteil an den abgegebenen Stimmen (rechts) sowie die Zahl der Mandate (halbfett) angegeben.
Die Zahl der Mandate richtet sich nach den abgegebenen Stimmen und ist daher von Wahl zu Wahl unterschiedlich.

Nationalversammlung und zum Reichstag 1919–1933

4. Reichstag 20. 5. 1928	5. Reichstag 14. 9. 1930	6. Reichstag 31. 7. 1932	7. Reichstag 6. 11. 1932	8. Reichstag 5. 3. 1933
41,224	42,957	44,226	44,374	44,685
30,753	34,970	36,882	35,471	39,343
75,6	82,0	84,1	80,6	88,8
491	577	608	584	647
0,810 2,6 % **12**	6,409 18,3 % **107**	13,745 37,3 % **230**	11,737 33,1 % **196**	17,277 43,9 % **288**
4,381 14,2 % **73**	2,458 7,0 % **41**	2,177 5,9 % **37**	2,959 8,3 % **52**	3,136 8,0 % **52**
1,397 4,5 % **23**	1,362 3,9 % **23**	0,146 0,4 % **2**	0,110 0,3 % **1**	–
0,195 0,6 % **3**	0,144 0,4 % **3**	0,046 0,1 % –	0,064 0,2 % **1**	0,048 0,1 % –
0,199 0,6 % **3**	0,194 0,6 % **3**	0,096 0,3 % **2**	0,105 0,3 % **2**	0,083 0,2 % **1**
0,581 1,9 % **10**	1,108 3,2 % **19**	0,090 0,2 % **1**	0,046 0,1 % –	
0,481 1,6 % **8**	0,339 1,0 % **6**	0,137 0,4 % **2**	0,149 0,4 % **3**	0,114 0,3 % **2**
–	0,870 2,5 % **14**	0,364 1,0 % **3**	0,403 1,2 % **5**	0,383 1,0 % **4**
2,679 8,7 % **45**	1,578 4,5 % **30**	0,436 1,2 % **7**	0,661 1,9 % **11**	0,432 1,1 % **2**
3,172 12,1 % **62**	4,127 11,8 % **68**	4,589 12,5 % **75**	4,230 11,9 % **70**	4,424 11,2 % **74**
0,945 3,1 % **16**	1,059 3,0 % **19**	1,192 3,2 % **22**	1,094 3,1 % **20**	1,073 2,7 % **18**
1,505 4,9 % **25**	1,322 3,8 % **20**	0,371 1,0 % **4**	0,336 1,0 % **2**	0,334 0,9 % **5**
9,153 29,8 % **153**	8,577 24,5 % **143**	7,959 21,6 % **133**	7,248 20,4 % **121**	7,181 18,3 % **120**
0,021 0,1 % –		–	–	–
3,264 10,6 **54**	4,592 13,1 % **77**	5,282 14,3 % **89**	5,980 16,9 % **100**	4,848 12,3 % **81**
1,445 5,5 % **4**	0,826 2,3 % **4**	0,244 0,7 % **1**	0,346 0,8 % –	0,005 – –

[1] Durch die Wahlen des Ostheeres am 2. Februar 1913 wurde die Zahl der Abgeordneten um zwei erhöht, die sich beide der sozialdemokratischen Fraktion anschlossen.

[2] Wegen der Volksabstimmungen in Ostpreußen, Schleswig-Holstein und Oberschlesien wurde in diesen drei Wahlkreisen im Februar 1921 sowie im November 1922 nachgewählt.

Tabelle 2

Die wichtigsten Minister in den

Beginn	Koalition	Reichskanzler	Vizekanzler	Außenminister	Innenminister
10. 11. 1918	SPD-USPD (Rat der Volksbeauftr.)	Ohne Ressorts: Ebert (SPD), Scheidemann (SPD), Landsberg (SPD),			
29. 12. 1918	SPD (Rat der Volksbeauftr.)	Ohne Ressorts: Ebert, Scheidemann, Landsberg, Wissell, Noske			
13. 2. 1919	SPD-Ztr.-DDP (Weimarer Koalition)	Scheidemann (SPD)	Schiffer (DDP) ab 30. 4. 1919: Dernburg (DDP)	Graf Brockdorff-Rantzau (parteilos)	Preuß (DDP)
21. 6. 1919	SPD-Ztr. ab Okt. 1919 auch DDP	Bauer (SPD)	Erzberger(Ztr.) ab 2. 10. 1919: Schiffer (DDP)	H. Müller (SPD)	David (SPD) ab 5. 10. 1919: Koch (DDP)
27. 3. 1920	SPD-Ztr.-DDP	H. Müller (SPD)	Koch (DDP)	Köster (SPD)	Koch (DDP)
21. 6. 1920	Ztr.-DDP-DVP	Fehrenbach (Ztr.)	Heinze (DVP)	Simons (parteilos)	Koch (DDP)
10. 5. 1921	SPD-Ztr.-DDP	Wirth (Ztr.)	Bauer (SPD)	Rosen (parteilos)	Gradnauer (SPD)
26. 10. 1921	SPD-Ztr.-DDP	Wirth (Ztr.)	Bauer (SPD)	Wirth (Ztr.) 21.1.–24.6.1922: Rathenau (DDP)	Köster (SPD)
22. 11. 1922	DVP-Ztr.-DDP	Cuno (parteilos)	–	von Rosenberg (parteilos)	Oeser (DDP)
13. 8. 1923	SPD-Ztr.-DDP-DVP (Große Koalition)	Stresemann (DVP)	Schmidt (SPD)	Stresemann (DVP)	Sollmann (SPD)
6. 10. 1923	SPD (bis 3. 11. 1923)-Ztr.-DDP-DVP	Streseman (DVP)	–	Stresemann (DVP)	Sollmann (SPD) ab 11. 11. 1923: Jarres (DVP)
30. 11. 1923	Ztr.-BVP-DVP-DDP	Marx (Ztr.)	Jarres (DVP)	Stresemann (DVP)	Jarres (DVP)
3. 6. 1924	Ztr.-DDP-DVP	Marx (Ztr.)	Jarres (DVP)	Stresemann (DVP)	Jarres (DVP)

Regierungen der Weimarer Republik

Reichswehrmin.	Wirtschaftsmin.	Finanzminister	Ernährungsmin.	Arbeitsminister	Justizminister

Haase (USPD), Dittmann (USPD), Barth (USPD)

Reichswehrmin.	Wirtschaftsmin.	Finanzminister	Ernährungsmin.	Arbeitsminister	Justizminister
Noske (SPD)	Wissell (SPD)	Schiffer (DDP) ab 19. 4. 1919: Dernburg (DDP)	Schmidt (SPD)	Bauer (SPD)	Landsberg (SPD)
Noske (SPD)	Wissell (SPD) ab 15.7.1919 Schmidt (SPD)	Erzberger (Ztr.)	Schmidt (SPD)	Schlicke (SPD)	ab 2. 10. 1919: Schiffer: (DDP)
Geßler (DDP)	Schmidt (SPD)	Wirth (Ztr.)	Hermes (Ztr.)	Schlicke (SPD)	Blunck (DDP)
Geßler (DDP)	Scholz (DVP)	Wirth (Ztr.)	Hermes (Ztr.)	Brauns (Ztr.)	Heinze (DVP)
Geßler (DDP)	Schmidt (SPD)	Wirth (Ztr.)	Hermes (Ztr.)	Brauns (Ztr.)	Schiffer (DDP)
Geßler (DDP)	Schmidt (SPD)	Hermes (Ztr.)	Hermes (Ztr.) ab 31. 3. 1922: Fehr (BVP)	Brauns (Ztr.)	Radbruch (SPD)
Geßler (DDP)	Becker (DVP)	Hermes (Ztr.)	Luther (parteilos)	Brauns (Ztr.)	Heinze (DVP)
Geßler (DDP)	von Raumer (DVP)	Hilferding (SPD)	Luther (parteilos)	Brauns (Ztr.)	Radbruch (SPD)
Geßler (DDP)	Koeth (parteilos)	Luther (parteilos.)	Graf von Kanitz (parteilos)	Brauns (Ztr.)	Radbruch (SPD) bis 3. 11. 1923
Geßler (DDP)	Hamm (DDP)	Luther (parteilos)	Graf von Kanitz (parteilos)	Brauns (Ztr.)	Emminger (BVP) bis 15. 4. 1924
Geßler (DDP)	Hamm (DDP)	Luther (parteilos)	Graf von Kanitz (parteilos)	Brauns (Ztr.)	–

Die wichtigsten Minister in den

Beginn	Koalition	Reichskanzler	Vizekanzler	Außenminister	Innenminister
15. 1. 1925	Ztr.-DDP-DVP-DNVP	Luther (parteilos)	–	Stresemann (DVP)	Schiele (DNVP) ab 26. 10. 1925: Geßler (DDP)
20. 1. 1926	Ztr.-BVP-DVP-DDP	Luther (parteilos)	–	Stresemann (DVP)	Külz (DDP)
17. 5. 1926	Ztr.-DVP-DDP	Marx (Ztr.)	–	Stresemann (DVP)	Külz (DDP)
29. 1. 1927	Ztr.-BVP-DVP-DNVP	Marx (Ztr.)	Hergt (DNVP)	Stresemann (DVP)	von Keudell (DNVP)
29. 6. 1928	SPD-Ztr.-BVP-DDP-DVP	H. Müller (SPD)	–	Stresemann (DDP) ab 4. 10. 1929: Curtius (DVP)	Severing (SPD)
30. 3. 1930	Präsidialkabinett	Brüning (Ztr.)	Dietrich (DDP)	Curtius (DVP)	Wirth (Ztr.)
9. 10. 1931	Präsidiales Fachkabinett	Brüning (Ztr.)	Dietrich (DDP)	Brüning (Ztr.)	Groener (parteilos)
1. 6. 1932	Präsidialkabinett	von Papen (parteilos)	–	Frhr. v. Neurath (parteilos)	Frhr. v. Gayl (DNVP)
3. 12. 1932	Präsidialkabinett	von Schleicher (parteilos)	–	Frhr. v. Neurath (parteilos)	Bracht (parteilos)
30. 1. 1933	NSDAP-DNVP	Hitler (NSDAP)	von Papen (parteilos)	Frhr. v. Neurath (parteilos)	Frick (NSDAP)

Quelle: *Walter Tormin, Die Weimarer Republik, Hannover 1973*

Regierungen der Weimarer Republik

Reichswehrmin.	Wirtschaftsmin.	Finanzminister	Ernährungsmin.	Arbeitsminister	Justizminister
Geßler (DDP)	Neuhaus (DNVP) ab 26. 10. 1925: Krohne (DVP)	von Schlieben (DNVP) ab 26. 10. 1925: Luther (parteilos)	Graf von Kanitz (parteilos)	Brauns (Ztr.)	Frenken (Ztr.) ab 21.11.1925: Luther (parteilos)
Geßler (DDP)	Curtius (DVP)	Reinhold (DDP)	Haslinde (Ztr.)	Brauns (Ztr.)	Marx (Ztr.)
Geßler (DDP)	Curtius (DVP)	Reinhold (DDP)	Haslinde (Ztr.)	Brauns (Ztr.)	Marx (Ztr.) ab 16. 7. 1926: Bell (Ztr.)
Geßler (parteilos) ab 19. 1. 1928: Groener (parteilos)	Curtius (DVP)	Köhler (Ztr.)	Schiele (DNVP)	Brauns (Ztr.)	Hergt (DNVP)
Groener (parteilos)	Curtius (DVP) ab 23. 12. 1929: Schmidt (SPD)	Hilferding (SPD) ab 23. 12. 1929: Moldenhauer (DVP)	Dietrich (DDP)	Wissell (SPD)	Koch (DDP) ab 13. 4. 1929: v. Guérard (Ztr.)
Groener (parteilos)	Dietrich (DVP)	Moldenhauer (DVP) ab 26. 6. 1930: Dietrich (DDP)	Schiele (DNVP)	Stegerwald (Ztr.)	Bredt (Wirtschaftsp.)
Groener (parteilos)	Warmbold (parteilos)	Dietrich (DDP)	Schiele (Landvolk-Part.)	Stegerwald (Ztr.)	Joël (parteilos)
von Schleicher (parteilos)	Warmbold (parteilos)	Graf Schwerin-v. Krosigk (parteilos)	Frhr. v. Braun (DNVP)	Schäffer (parteilos)	Gürtner (DNVP)
von Schleicher (parteilos)	Warmbold (parteilos)	Graf Schwerin-v. Krosigk (parteilos)	Frhr. v. Braun (DNVP)	Syrup (parteilos)	Gürtner (DNVP)
von Blomberg (parteilos)	Hugenberg (DNVP)	Graf Schwerin-v. Krosigk (parteilos)	Hugenberg (DNVP)	Seldte (Stahlhelm)	Gürtner (DNVP)

Literaturverzeichnis

1. Quellenpublikationen

Akten zur Deutschen Auswärtigen Politik 1918-1945; Serie A, 1918-1925, Göttingen 1982ff; Serie B, 1925-1933, Göttingen 1966-1978

Akten der Reichskanzlei, Weimarer Republik, Boppard 1968-1990

Allgemeiner Kongreß der Arbeiter- und Soldatenräte Deutschlands. Vom 16. bis 21. Dezember 1918 im Abgeordnetenhaus zu Berlin. Stenographische Berichte, Berlin 1919, Neudruck Glashütten im Ts. 1972

Amtliche Urkunden zur Vorgeschichte des Waffenstillstandes 1918. Auf Grund der Akten der Reichskanzlei, des Auswärtigen Amtes und des Reichsarchivs hg. v. Auswärtigen Amt und vom Reichsministerium des Innern, 2. Aufl, Berlin 1924

Die Anfänge der Ära Seeckt. Militär und Innenpolitik 1920-1922. Bearb. v. Heinz Hürten, Düsseldorf 1979

Die Deutsche Nationalversammlung im Jahre 1919 in ihrer Arbeit für den Aufbau des neuen deutschen Volksstaates. Hg. v. Ed. Heilfron, 7 Bde., Berlin 1920

Die deutsche Revolution 1918/1919. Dokumente. Hg. v. Gerhard A. Ritter u. Susanne Miller, Frankfurt a. M. 1968, Hamburg 1975

Dokumente zur Deutschen Verfassungsgeschichte. Hg. v. Ernst Rudolf Huber. Bd.3. u. Bd. 4., 3. Aufl., Berlin/Köln 1990, 1991

Die Erste Republik. Dokumente zur Geschichte des Weimarer Staates. Hg. v. Peter Longerich, München 1992

Feldman, Gerald D.: The Origins of the Stinnes-Legien Agreement. A Documentation, in: IWK 9 (1973), 45-103

Führer befiehl... Selbstzeugnisse aus der „Kampfzeit" der NSDAP. Dokumentation und Analyse. Hg. v. Albrecht Tyrell, Düsseldorf 1969

Der Gründungsparteitag der KPD. Protokolle und Materialien. Hg. u. eingel. v. Hermann Weber, Frankfurt a. M./Wien 1969

Hindenburg und der Staat. Aus den Papieren des Generalfeldmarschalls und Reichspräsidenten von 1878 bis 1934. Hg. v. Walter Hubatsch, Göttingen 1966

Der Interfraktionelle Ausschuß 1917/18. II. Teil. Bearb. v. Erich Matthias u. Mitw. v. Rudolf Morsey, Düsseldorf 1959

Jessen-Klingenberg, Manfred: Die Ausrufung der Republik durch Philipp Scheidemann am 9. November 1918, in: GWU 19 (1968), 649-656

Das Krisenjahr 1923. Bearb. v. Heinz Hürten, Düsseldorf 1980

Politik und Wirtschaft in der Krise 1930-1932. Quellen zur Ära Brüning. Bearb. v. Ilse Maurer u. Udo Wengst u. Mitwirkung v. Jürgen Heideking, 2 Teile, Düsseldorf 1980

Die Protokolle der Reichstagsfraktion und des Fraktionsvorstandes der Deutschen Zentrumspartei 1926-1933. Bearb. v. Rudolf Morsey, Mainz 1969

Die Regierung Eisner 1918/19. Ministerratsprotokolle und Dokumente. Eingel. u. bearb. v. Franz J. Bauer, Düsseldorf 1987

Die Regierung des Prinzen Max von Baden. Bearb. v. Erich Matthias u. Rudolf Morsey, Düsseldorf 1962

Die Regierung der Volksbeauftragten 1918/19. Eingel. v. Erich Matthias. Bearb. v. Susanne Miller u. Mitw. v. Heinrich Potthoff, 2 Teile, Düsseldorf 1969

Die Reichstagsfraktion der deutschen Sozialdemokratie 1898 bis 1918. Zweiter Teil. Bearb. v. Erich Matthias u. Eberhard Pikart, Düsseldorf 1966

Schultheß' Europäischer Geschichtskalender. Neue Folge, Bd. 36 (1918) – 51 (1933), München

Die SPD-Fraktion in der Nationalversammlung 1919-1920. Bearb. v. Heinrich Potthoff u. Hermann Weber, Düsseldorf 1986

Staat und NSDAP 1930-1932. Quellen zur Ära Brüning. Eingel. v. Gerhard Schulz. Bearb. v. Ilse Maurer und Udo Wengst, Düsseldorf 1977

Statistisches Jahrbuch für das Deutsche Reich, 1918-1933, Berlin

Ursachen und Folgen. Vom deutschen Zusammenbruch 1918 und 1945 bis zur staatlichen Neuordnung Deutschlands in der Gegenwart. Eine Urkunden- und Dokumentensammlung zur Zeitgeschichte. Hg. u. bearb. v. Herbert Michaelis u. Ernst Schraepler, Bde. 3-8, Berlin 1959-1963

Wirtschaftspolitik in der Krise. Die (Geheim)Konferenz der Friedrich-List-Gesellschaft im September 1931 über Möglichkeiten und Folgen einer Kreditausweitung. Hg. v. Knut Borchardt u. Hans Otto Schötz, Baden-Baden 1991

Zahlen zur Geldentwertung in Deutschland 1915 bis 1923. Bearb. im Statistischen Reichsamt, Berlin 1925 (Sonderhefte zur Wirtschaft und Statistik, 5. Jahrgang, Sonderheft 1)

Der Zentralrat der Deutschen Sozialistischen Republik. Vom ersten zum zweiten Rätekongreß. Bearb. v. Eberhard Kolb u. Mitw. v. Reinhard Rürup, Leiden 1968

Zwischen Revolution und Kapp-Putsch. Militär und Innenpolitik 1918-1920. Bearb. v. Heinz Hürten, Düsseldorf 1977

2. Memoiren und andere persönliche Zeugnisse

Baden, Prinz Max von: Erinnerungen und Dokumente. Neu hg. v. Golo Mann und Andreas Burckhardt, Stuttgart 1968

Brüning, Heinrich: Reden und Aufsätze eines deutschen Staatsmannes. Hg. v. Wilhelm Vernekohl, Münster 1968

Brüning, Heinrich: Memoiren 1918-1934, Stuttgart 1970

Die Deutschnationalen und die Zerstörung der Weimarer Republik. Aus dem Tagebuch von Reinhold Quaatz 1928-1933. Hg. v. Hermann Weiß und Paul Hoser, München 1989

Groener, Wilhelm: Lebenserinnerungen. Jugend, Generalstab, Weltkrieg. Hg. v. Friedrich Freiherr v. Gaertringen, Göttingen 1957

Noske, Gustav: Von Kiel bis Kapp. Zur Geschichte der deutschen Revolution, Berlin 1920

Papen, Franz von: Der Wahrheit eine Gasse, München 1952

Pünder, Hermann: Politik in der Reichskanzlei. Aufzeichnungen aus den Jahren 1929-1932. Hg. v. Thilo Vogelsang, Stuttgart 1961

Rathenau, Walter: Briefe. Neue Folge, Dresden 1928

Ribbentrop, Joachim von: Zwischen London und Moskau. Erinnerungen und letzte Aufzeichnungen. Hg. v. Annelies v. Ribbentrop, Leoni 1953

Scheidemann, Philipp: Memoiren eines Sozialdemokraten, Bd. 2, Dresden 1928

Die Tagebücher von Joseph Goebbels. Sämtliche Fragmente. Hg. v. Elke Fröhlich, Teil I, Aufzeichnungen 1924-1941, Bd. 1 u. 2, München etc. 1987

Thaer, Albrecht von: Generalstabsdienst an der Front und in der O.H.L. Aus Briefen und Tagebuchaufzeichnungen 1915-1919. Hg. v. Siegfried A. Kaehler, Göttingen 1958

Troeltsch, Ernst: Spektator-Briefe. Aufsätze über die deutsche Revolution und die Weltpolitik 1918/22. Hg. v. H. Baron, Tübingen 1924

3. Literatur

Abelshauser, Werner: Verelendung der Handarbeiter? Zur sozialen Lage der Arbeiter in der großen Inflation der frühen zwanziger Jahre, in: Vom Elend der Handarbeit. Probleme der historischen Unterschichtenforschung. Hg. v. Hans Mommsen und Winfried Schulze, Stuttgart 1981, 445-476

Abraham, David: The Collapse of the Weimar Republic. Political Economy and Crisis, 2. Aufl., New York/London 1986

Albertin, Lothar: Die Verantwortung der liberalen Parteien für das Scheitern der Großen Koalition im Herbst 1921. Ökonomische und ideologische Einflüsse auf die Funktionsfähigkeit der parteistaatlichen Demokratie, in: HZ 205 (1967), 566-627

Albertin, Lothar: Liberalismus und Demokratie am Anfang der Weimarer Republik. Eine vergleichende Analyse der Deutschen Demokratischen Partei und der Deutschen Volkspartei, Düsseldorf 1972

Alexander, Thomas: Carl Severing. Sozialdemokrat aus Westfalen mit preußischen Tugenden, Bielefeld 1992

Angress, Werner T.: Die Kampfzeit der KPD 1921-1923, Düsseldorf 1973

Die Anpassung an die Inflation. Hg. v Gerald D. Feldman, Carl-Ludwig Holtfrerich, Gerhard A. Ritter u. Peter Christian Witt, Berlin/New York 1986

Arbeiter- und Soldatenräte im rheinisch-westfälischen Industriegebiet. Studien zur Geschichte der Revolution 1918/19. Hg. v. Reinhard Rürup, Wuppertal 1975

Arbeiterkulturbewegung in der Weimarer Republik, 2 Bde. Hg. v. Wilfried van der Will u. Rob Burns, Frankfurt a. M., Berlin/Wien 1982

Bähr, Johannes: Staatliche Schlichtung in der Weimarer Republik. Tarifpolitik, Korporatismus und industrieller Konflikt zwischen Inflation und Deflation 1919-1932, Berlin 1989

Balderston, Theo: The Origins and Course of the

German Economic Crisis. November 1923 to May 1932, Berlin 1993

Barrett, Michael B.: Soldiers, Sportsmen and Politicians – Military Sport in Germany 1924-1935, Ann Arbor, Mich. 1977

Bayern im Umbruch. Die Revolution von 1918, ihre Voraussetzungen, ihr Verlauf und ihre Folgen. Hg. v. Karl Bosl, München/Wien 1969

Becker, Heinrich: Handlungsspielräume in der Agrarpolitik in der Weimarer Republik zwischen 1923 und 1929, Stuttgart 1990

Bennett, Edward W.: German Rearmament and the West, 1932/33, Princeton N.J. 1979

Berghahn, Volker R.: Der Stahlhelm. Bund der Frontsoldaten 1918-1935, Düsseldorf 1966

Bergmann, Jürgen, Megerle, Klaus: Protest und Aufruhr der Landwirtschaft in der Weimarer Republik (1924-1933). Formen und Typen der politischen Agrarbewegung im regionalen Vergleich, in: Regionen im historischen Vergleich. Studien zu Deutschland im 19. und 20.Jahrhundert. Hg. v. Jürgen Bergmann u.a., Opladen 1989, 200-287

Berlin 1932. Das letzte Jahr der ersten deutschen Republik. Politik, Symbole, Medien. Hg. v. Diethart Kerbs und Henrick Stahr, Berlin 1992

Bermbach, Udo: Vorformen parlamentarischer Kabinettsbildung in Deutschland. Der Interfraktionelle Ausschuß 1917/18 und die Parlamentarisierung der Reichsregierung, Köln/Opladen 1967

Bessel, Richard: The Potempa Murder, in: Central European History 10 (1977), 241-254

Bessel, Richard: „Eine nicht allzu große Beunruhigung des Arbeitsmarktes". Frauenarbeit und Demobilmachung in Deutschland nach dem Ersten Weltkrieg, in: GG 9 (1983), 211-229

Bessel, Richard: Political Violence and the Rise of Nazism. The Storm Troopers in Eastern Germany 1925-1934, New Haven/London 1984

Bessel, Richard: Germany after the First World War, Oxford 1993

Bieber, Hans-Joachim: Bürgertum in der Revolution. Bürgerräte und Bürgerstreiks in Deutschland 1918-1920, Hamburg 1992

Biechele, Eckhard: Der Kampf um die Gemeinwirtschaftskonzeption des Reichswirtschaftsministeriums im Jahre 1919. Eine Studie zur Wirtschaftspolitik unter Reichswirtschaftsminister Rudolf Wissell in der Frühphase der Weimarer Republik, Berlin 1972

Biewer, Ludwig: Der Preußenschlag vom 20. Juli 1932. Ursachen, Ereignisse, Folgen und Wertung,

in: Blätter für deutsche Landesgeschichte 119 (1983), 159-172

Birkenfeld, Wolfgang: Der Rufmord am Reichspräsidenten. Zu Grenzformen des politischen Kampfes gegen die frühe Weimarer Republik 1919-1925, in: AfS 5 (1965) , 453-500

Bischof, Erwin: Rheinischer Separatismus 1918-1924.

Bischoff, Sabine: Arbeitszeitrecht in der Weimarer Republik, Berlin 1987

Blaich, Fritz: Die Wirtschaftskrise 1925/26 und die Reichsregierung. Von der Erwerbslosenfürsorge zur Konjunkturpolitik, Kallmünz 1977

Blaich, Fritz: Der Schwarze Freitag. Inflation und Wirtschaftskrise, München 1985

Boak, Helen: Women in Weimar Politics, in: EHQ 20 (1990), 369-399

Borchardt, Knut: Zwangslagen und Handlungsspielräume in der großen Wirtschaftskrise der frühen dreißiger Jahre: Zur Revision des überlieferten Geschichtsbildes, in: Bayerische Akademie der Wissenschaften, Jahrbuch 1978, München 1979, 87-132

Borchardt, Knut: Wachstum, Krisen, Handlungsspielräume der Wirtschaftspolitik. Studien zur Wirtschaftsgeschichte des 19. und 20. Jahrhunderts, Göttingen 1982

Borchardt, Knut: Zum Scheitern eines produktiven Diskurses über das Scheitern der Weimarer Republik: Replik auf C.-D.Krohns Diskussionsbemerkungen, in: GG 9 (1983), 124-137

Born, Karl Erich: Die deutsche Bankenkrise 1931. Finanzen und Politik, München 1967

Bowlby, Chris: Blutmai 1929: Police, Parties and Proletarians in a Berlin Confrontation, in: Historical Journal 29 (1986), 137-158

Bracher, Karl Dietrich: Die Auflösung der Weimarer Republik. Eine Studie zum Problem des Machtverfalls in der Demokratie, Villingen 1955, 7. Aufl. Königstein/Düsseldorf 1984

Brandt, Peter, Rürup, Reinhard: Volksbewegung und demokratische Neuordnung in Baden 1918/19. Zur Vorgeschichte und Geschichte der Revolution, Sigmaringen 1991

Breuer, Stefan: Anatomie der Konservativen Revolution, Darmstadt 1993

Bucher, Peter: Der Reichswehrprozeß. Der Hochverrat der Ulmer Reichswehroffiziere 1929/30, Boppard a. Rh. 1967

Bucher, Peter: Zur Geschichte der Einwohnerwehren in Preußen 1918-1921, in: MGM 1/1971, 15-59

Büttner, Ursula: Politische Alternativen zum Brüningschen Deflationskurs. Ein Beitrag zur Diskussiom über „ökomomische Zwangslagen" in der Endphase von Weimar, in: VfZ 37 (1989), 209-251

Caplan, Jane: Government without Administration. State and Civil Service in Weimar and Nazi Germany, Oxford 1988

Carsten, Francis Ludwig: Revolution in Mitteleuropa 1918-1919, Köln 1973

Cary, Noel D.: The Making of the Reich President, 1925: German Conservatism and the Nomination of Paul von Hindenburg, in: CEH 23 (1990), 179-204

Childers, Thomas: The Nazi Voter. The Social Foundations of Fascism in Germany 1919-1933, Chapel Hill etc. 1983

Conze, Werner: Brüning als Reichskanzler, in: HZ 214 (1972), 310-334

Dähnhardt, Dirk: Revolution in Kiel. Der Übergang vom Kaiserreich zur Weimarer Republik 1918/19, Neumünster 1978

Deist, Wilhelm: Schleicher und die deutsche Abrüstungspolitik im Juni/Juli 1932, in: VfZ 7 (1959), 163-176

Deist, Wilhelm: Die Politik der Seekriegsleitung und die Rebellion der Flotte Ende Oktober 1918, in: VfZ 14 (1966), 341-368.

Deist, Wilhelm: Der militärische Zusammenbruch des Kaiserreichs. Zur Realität der „Dolchstoßlegende", in: Das Unrechtsregime. Internationale Forschungen über den Nationalsozialismus. Hg. v. Ursula Büttner, Bd.1, Hamburg 1986, 101-129

Die deutsche Inflation. Hg. v. Gerald D. Feldman, Carl-Ludwig Holtfrerich, Gerhard A. Ritter u. Peter Christian Witt, Berlin/New York 1982

Diehl, James M.: Paramilitary Politics in Weimar Germany, Bloomington 1977

Döhn, Lothar: Politik und Interesse. Die Interessenstruktur der Deutschen Volkspartei, Meisenheim a. Glan 1970

Domansky, Elisabeth: Politische Dimensionen von Jugendprotest und Generationenkonflikten in der Zwischenkriegszeit in Deutschland, in: Jugendprotest und Generationenkonflikt in Europa im 20. Jahrhundert. Deutschland, England, Frankreich und Italien im Vergleich. Hg. v. Dieter Dowe, Braunschweig/Bonn 1986, 113-137

Dortens, Hans Adam: Rheinstaatsbestrebungen, Bern 1969

Dupeux, Louis: „Nationalbolschewismus" in Deutschland 1919-1933, Kommunistische Strategie und konservative Dynamik, München 1985

Economic Crisis and Political Collapse. The Weimar Republic 1924-1933. Ed. by Jürgen Baron von Kruedener, New York 1990

Elben, Wolfgang: Das Problem der Kontinuität in der deutschen Revolution. Die Politik der Staatssekretäre und der militärischen Führung vom November 1918 bis Februar 1919, Düsseldorf 1965,

Eliasberg, George: Der Ruhrkrieg von 1920, Bonn-Bad Godesberg 1974

Die Erfahrung der Inflation im internationalen Zusammenhang und Vergleich. Hg. v. Gerald D. Feldman, Carl-Ludwig Holtfrerich, Gerhard A. Ritter u. Peter Christian Witt, Berlin/New York 1984

Epstein, Klaus: Matthias Erzberger und das Dilemma der deutschen Demokratie, Berlin/Frankfurt a.M. 1962

Erger, Johannes: Der Kapp-Lüttwitz-Putsch. Ein Beitrag zur deutschen Innenpolitik 1919/20, Düsseldorf 1967

Euchner, Walter: Das Ringen um die Sozialisierung der deutschen Kaliindustrie in den Jahren 1920/21, in: IWK 20 (1984), 327-346

Evans, Ellen L.: The Center Wages Kulturpolitik: Conflict in the Marx-Keudell Cabinett of 1927, in: CEH 2 (1969), 139-158

Falter, Jürgen W.: The Two Hindenburg Elections of 1925 and 1932: A Total Reversal of Voter Coalitions, in: CEH 23 (1990), 225-241

Falter, Jürgen W.: Hitlers Wähler, München 1991

Falter, Jürgen W., Kater, Michael H.: Wähler und Mitglieder der NSDAP. Neue Forschungsergebnisse zur Soziographie des Nationalsozialismus 1925 bis 1933, in: GG 19 (1993), 155-177

Faulenbach, Bernd: Ideologie des deutschen Weges. Die deutsche Geschichte in der Historiographie zwischen Kaiserreich und Nationalsozialismus, München 1980

Faust, Anselm: Der Nationalsozialistische Deutsche Studentenbund. Studenten und Nationalsozialismus in der Weimarer Republik, 2 Bde., Düsseldorf 1973

Feldman, Gerald D.: Big Business and the Kapp-Putsch, in: CEH 4 (1971), 99-130

Feldman, Gerald D.: German Business Between War and Revolution: The Origins of the Stinnes-Legien Agreement, in: Entstehung und Wandel der modernen Gesellschaft. Festschrift für Hans Rosenberg zum 65. Geburtstag. Hg. v. Gerhard A. Ritter, Berlin 1970, 312-341

Feldman, Gerald D., Kolb, Eberhard, Rürup, Reinhard: Die Massenbewegungen der Arbeiterschaft in

411

Deutschland am Ende des Ersten Weltkrieges (1917-1920), in: PVS 13 (1972), 84-105

Feldman, Gerald D.: Economic and Social Problems of the German Demobilization, 1918/19, in: Journal of Modern History 47 (1975), 1-47

Feldman, Gerald D.: Socio-Economic Structures in the Industrial Sector and Revolutionary Potentialities, in: Revolutionary Situations in Europe, 1917-1922: Germany, Italy, Austria-Hungary. Ed. by Charles L. Bertrand, Montreal 1977

Feldman, Gerald D., Steinisch, Irmgard: Die Weimarer Republik zwischen Sozial und Wirtschaftsstaat. Die Entscheidung gegen den Achtstundentag, in: AfS 18 (1978), 353-439

Feldman, Gerald D., Steinisch, Irmgard: Industrie und Gewerkschaften, 1918-1924. Die überforderte Zentralarbeitsgemeinschaft, Stuttgart 1985

Feldman, Gerald D.: The Great Disorder. Politics, Economics, and Society in the German Inflation, 1914-1924, Oxford 1993

Fenske, Hans: Konservativismus und Rechtsradikalismus in Bayern nach 1918, Bad Homburg v. d.H. etc. 1969

Fink Carole: The Genoa Conference. European Diplomacy 1921-1922, Chapel Hill, N.C., London 1984

Fischer, Wolfram: Deutsche Wirtschaftspolitik 1918-1945, 3. Aufl., Opladen 1968

Flechtheim, Ossip K.: Die KPD in der Weimarer Republik, Offenbach 1948, Hamburg 1986

Flemming, Jens: Parlamentarische Kontrolle in der Novemberrevolution. Zur Rolle und Politik des Zentralrats zwischen erstem und zweitem Rätekongreß (Dezember 1918 bis April 1919), in: AfS 11 (1971), 69-139

Flemming, Jens: Landwirtschaftliche Interessen und Demokratie. Ländliche Gesellschaft, Agrarverbände und Staat, 1890-1925, Bonn 1978

The Formation of the Nazi Constituency, 1919-1933. Ed. by Thomas Childers, Totowa, N.J.1986

Frehse, Michael: Ermächtigungsgesetzgebung im Deutschen Reich 1914-1933, Pfaffenweiler 1985

Frevert, Ute: Frauen-Geschichte. Zwischen Bürgerlicher Verbesserung und Neuer Weiblichkeit, Frankfurt a. M. 1986

Freyberg, Thomas von: Industrielle Rationalisierung in der Weimarer Republik. Untersucht an Beispielen aus dem Maschinenbau und der Elektroindustrie, Frankfurt a. M./New York 1989

Friedrich Ebert und seine Zeit. Bilanz und Perspektiven der Forschung. Hg. v. Rudolf König, Hartmut

Soell u. Hermann Weber, München 1990

Fritzsche, Peter: Presidential Victory and Popular Festivity in Weimar Germany: Hindenburg's 1925 Election, in: CEH 23 (1990), 205-224

Fritzsche, Peter: Rehearsals for Fascism. Populism and Political Mobilization in Weimar Germany, Oxford 1990

Fromm, Erich: Arbeiter und Angestellte am Vorabend des Dritten Reiches. Eine sozialpsychologische Untersuchung. Bearb. u. hg. v. Wolfgang Bonß, Stuttgart 1980

Frommelt, Reinhard: Paneuropa oder Mitteleuropa. Einigungsbestrebungen im Kalkül deutscher Wirtschaft und Politik 1925-1933, Stuttgart 1977

Gay, Peter: Die Republik der Außenseiter. Geist und Kultur in der Weimarer Zeit 1918-1933, Frankfurt a.M. 1987

Genoa, Rapallo and European Reconstruction in 1922. Ed. by Carole Fink, Axel Frohn, Jürgen Heidekind, Cambridge 1991

The German Bourgeoisie. Essays on the Social History of the German Middle Class from the Late Eighteenth to the Early Twentieth Century. Ed. by. David Blackbourn and Richard J. Evans, London/New York 1991

The German Unemployed. Experiences and Consequences of Mass Unemployment from the Weimar Republic to the Third Reich. Ed. by Richard J. Evans and Dick Geary, New York 1987

Gessner, Dieter: Agrarverbände in der Weimarer Republik. Wirtschaftliche und soziale Voraussetzungen agrarkonservativer Politik vor 1933, Düsseldorf 1976

Geyer, Michael: Aufrüstung oder Sicherheit. Die Reichswehr in der Krise der Machtpolitik 1924-1936. Wiesbaden 1980

Glashagen, Winfried: Die Reparationspolitik Heinrich Brünings 1930-1931, Diss phil. Bonn 1980

Gietinger, Klaus: Nachträge, betreffend Aufklärung der Umstände, unter denen Frau Dr. Rosa Luxemburg den Tod gefunden hat, in: IWK 28 (1992), 319-373

Gordon, Harold J. jr: Hitlerputsch 1923. Machtkampf in Bayern 1923-1924, Frankfurt a.M. 1971

Grill, Johnpeter Horst: The Nazi Party's Rural Propaganda before 1928, in: CEH 15 (1982), 149-185

Grill, Johnpeter Horst: The Nazi Movement in Baden, 1920-1945, Univ. of North Carolina Press 1983

Gritschneder, Otto: Bewährungsfrist für den Terroristen Adolf H. Der Hitler-Putsch und die bayerische Justiz, München 1990

Groß, Gerhard Paul: Die Seekriegführung der Kaiserlichen Marine im Jahre 1918, Frankfurt a. M. 1989

Grübler, Michael: Die Spitzenverbände der Wirtschaft und das erste Kabinett Brüning. Vom Ende der Großen Koalition 1929/30 bis zum Vorabend der Bankenkrise 1931. Eine Quellenstudie, Düsseldorf 1982

Grünthal, Günther: Reichsschulgesetz und Zentrumspartei in der Weimarer Republik, Düsseldorf 1968

Grupp, Peter: Deutsche Außenpolitik im Schatten von Versailles 1918-1920. Zur Politik des Auswärtigen Amts vom Ende des Ersten Weltkriegs und der Novemberrevolution bis zum Inkrafttreten des Versailler Vertrages, Paderborn 1988

Gustav Stresemann. Hg. v. Wolfgang Michalka u. Marshall M. Lee, Darmstadt 1982

Guttsman, Wilhelm Leo: Worker's Culture in Weimar Germany. Between Tradition and Commitment, New York/Oxford/München 1990

Hagemann, Karen: Frauenalltag und Männerpolitik. Alltagsleben und gesellschaftliches Handeln von Arbeiterfrauen in der Weimarer Republik, Bonn 1990

Hambrecht, Rainer: Der Aufstieg der NSDAP in Mittel- und Oberfranken (1925-1933), Nürnberg 1976

Hamilton, Richard F: Who voted for Hitler?, Princeton, N.J. 1982

Hannover, Heinrich, Hannover-Drück, Elisabeth: Politische Justiz 1918-1933, Frankfurt a. M. 1955, Bornheim-Merten 1987

Hardach, Gerd: Weltmarktorientierung und relative Stagnation. Währungspolitik in Deutschland 1924-1931, Berlin 1976

Harvey, Elizabeth: Youth and the Welfare State in Weimar Germany, Oxford 1993

Haungs, Peter: Reichspräsident und parlamentarische Kabinettsregierung. Eine Studie zum Regierungssystem der Weimarer Republik in den Jahren 1924 bis 1929, Köln 1968

Haupt, Heinz-Gerhard: Mittelstand und Kleinbürgertum in der Weimarer Republik. Zu Problemen und Perspektiven ihrer Erforschung, in: AfS 26 (1986), 217-238

Hausen, Karin: Mütter zwischen Geschäftsinteressen und kultischer Verehrung. Der „Deutsche Muttertag" in der Weimarer Republik, in: Sozialgeschichte der Freizeit. Hg. v. Gerhard Huck, Wuppertal 1980, 249-280

Heilbronner, Oded: Der verlassene Stammtisch. Vom Verfall der bürgerlichen Infrastruktur und dem Aufstieg der NSDAP am Beispiel der Region Schwarzwald, in: GG 19 (1993), 178-201

Heinemann, Ulrich: Die verdrängte Niederlage. Politische Öffentlichkeit und Kriegsschuldfrage in der Weimarer Republik, Göttingen 1983

Helbich, Wolfgang J:.Die Reparationen in der Ära Brüning. Zur Bedeutung des Young-Planes für die deutsche Politik, 1930 bis 1932, Berlin 1962

Hermand, Jost, Trommler, Frank: Die Kultur der Weimarer Republik, München 1978

Hertz-Eichenrode, Dieter: Wirtschaftskrise und Arbeitsbeschaffung. Konjunkturpolitik 1925/26 und die Grundlagen der Krisenpolitik Brünings, Frankfurt/New York 1982

Heß, Jürgen C.: „Das ganze Deutschland soll es sein". Demokratischer Nationalismus in der Weimarer Republik am Beispiel der Deutschen Demokratischen Partei, Stuttgart 1978

Hill, Leonidas E.: Signal zur Konterrevolution? Der Plan zum letzten Vorstoß der deutschen Hochseeflotte am 30. Oktober 1918, in: VfZ 36 (1988), 113-129

Hillmayr, Heinrich: Roter und weißer Terror in Bayern nach 1918, München 1974

Historische Prozesse der deutschen Inflation 1914 bis 1924. Bearb. u. hg. v. Otto Büsch u. Gerald D. Feldman, Berlin 1978

Hoffmann, Walther G.: Das Wachstum der deutschen Wirtschaft seit der Mitte des 19. Jahrhunderts, Berlin/Heidelberg/New York 1965

Hofmann, Hanns Hubert: Der Hitlerputsch. Krisenjahre deutscher Geschichte 1920-1924, München 1961

Holtfrerich, Carl Ludwig: Die deutsche Inflation 1914-1923. Ursachen und Wirkungen in internationaler Perspektive, Berlin 1980

Holtfrerich, Carl Ludwig: Alternativen zu Brünings Wirtschaftspolitik in der Weltwirtschaftskrise? in: HZ 235 (1982), 605-631

Holtfrerich, Carl-Ludwig: Zu hohe Löhne in der Weimarer Republik? Bemerkungen zur Borchardt-These, in: GG 10 (1984), 122-141

Holzbach, Heidrun: Das System Hugenberg. Die Organisation bürgerlicher Sammlungspolitik vor dem Aufstieg der NSDAP, Stuttgart 1981

Homburg, Heidrun: Industrie und Inflation. Studien und Dokumente zur Politik der deutschen Unternehmer 1916-1923, Hamburg 1977

Homburg, Heidrun: Vom Arbeitslosen zum Zwangsarbeiter. Arbeitslosenpolitik und Fraktionierung der Arbeiterschaft in Deutschland 1930-1933 am Beispiel der Wohlfahrtserwerbslosen und der kommunalen Wohlfahrtshilfe, in: AfS 25 (1985), 251-298

Homburg, Heidrun: Rationalisierung und Industriearbeit. Arbeitsmarkt – Management – Arbeiterschaft im Siemens-Konzern Berlin 1900-1939, Berlin 1991

Hömig, Herbert: Das preußische Zentrum in der Weimarer Republik, Mainz 1979

Horn, Wolfgang: Der Marsch zur Machtergreifung. Die NSDAP bis 1933, Königstein 1980 (Neuausgabe des 1972 unter dem Titel Führerideologie und Parteiorganisation in der NSDAP 1919-1933 erschienenen Buches)

Huber, Ernst Rudolf: Deutsche Verfassungsgeschichte seit 1789. Bd. 5: Weltkrieg, Revolution und Reichserneuerung, 1914-1919. Bd. 6: Die Weimarer Reichsverfassung. Bd. 7: Ausbau, Schutz und Untergang der Weimarer Republik, Stuttgart etc, 1978-1984

Horstmann, Johannes: Katholiken und Reichstagswahlen 1920-1933, in: Jahrbuch für Christliche Sozialwissenschaften 26 (1985), 63-95.

Howard, N.P.: The Social and Political Consequences of the Allied Food Blockade of Germany, 1918-19, in: German History 11 (1993), 161-188.

Hughes, Michael L.: Paying for the German Inflation, Chapel Hill/London 1988

Hürten, Heinz: Reichswehr und Ausnahmezustand. Ein Beitrag zur Verfassungsproblematik der Weimarer Republik in ihrem ersten Jahrfünft, Opladen 1977

Hürten, Heinz: Der Kapp-Putsch als Wende. Über Rahmenbedingungen der Weimarer Republik seit dem Frühjahr 1920, Opladen 1989

Hürten, Heinz, Schmidt, Ernst Heinrich: Die Entstehung des Kabinetts der Volksbeauftragten. Eine quellenkritische Untersuchung, in: HJ 99 (1979), 255-267

Huse, Norbert: „Neues Bauen" 1918 bis 1933. Moderne Architektur in der Weimarer Republik, 2. Aufl., Berlin 1985

Industrielles System und politische Entwicklung in der Weimarer Republik. Hg. v. Hans Mommsen, Dieter Petzina und Bernd Weisbrod, 2 Bde, Düsseldorf 1977.

Internationale Beziehungen in der Weltwirtschaftskrise, 1929-1933. Referate und Diskussionsbeiträge eines Augsburger Symposiums 29. März bis 12. April 1979. Hg. v. Josef Becker u. Klaus Hildebrand, München 1980

Ishida, Yuji: Jungkonservative in der Weimarer Republik. Der Ring-Kreis 1928-1933, Frankfurt a. M. etc. 1988

Jäckel, Eberhard: Hitlers Weltanschauung. Entwurf einer Herrschaft, Tübingen 1969, Stuttgart 1981

James, Harold: Gab es eine Alternative zur Wirtschaftspolitik Brünings?, in: VSWG 70 (1983), 523-541

James, Harold: The Reichsbank and Public Finance in Germany 1924-1933. A Study of the Politics of Economics during the Great Depression, Frankfurt a. M. 1985

James, Harold: Deutschland in der Weltwirtschaftskrise 1924-1936, Stuttgart 1988

Jamin, Mathilde: Zwischen den Klassen. Zur Sozialstuktur der SA-Führerschaft, Wuppertal 1984

Jasper, Gotthard: Der Schutz der Republik. Studien zur staatlichen Sicherung der Demokratie in der Weimarer Repubik 1922-1930, Tübingen 1963

Jasper, Gotthard: Die gescheiterte Zähmung. Wege zur Machtergreifung Hitlers 1930-1934, Frankfurt a.M. 1986

John, Eckhard: Musikbolschewismus. Die Politisierung der Musik in Deutschland 1918-1938, Stuttgart/Weimar 1994

Jonas, Erasmus: Die Volkskonservativen 1928-1933. Entwicklung, Struktur, Standort und staatspolitische Zielsetzung, Düsseldorf 1965

Jones, Larry Eugene: Inflation, Revaluation and the Crisis of Middle Class Politics. A Study in the Dissolution of the German Party System, 1923-28, in: CEH 12 (1979), 143-168

Jones, Larry Eugene: German Liberalism and the Dissolution of the Weimar Party System, 1918-1933, Chapel Hill/London 1988

Jones, Larry Eugene: „The Greatest Stupidity of My Life": Alfred Hugenberg and the Formation of the Hitler Cabinet, January 1933,in: JCH 27 (1992), 63-87

Jung, Otmar: „Da gelten Paragraphen nichts, sondern da gilt lediglich der Erfolg...". Noskes Erschießungsbefehl während des Märzaufstandes in Berlin 1919 – rechtshistorisch betrachtet, in: MGM (1989), H. 1, 51-79

Jung, Otmar: Plebizitärer Durchbruch 1929? Zur Bedeutung von Volksbegehren und Volksentscheid gegen den Youngplan für die NSDAP, in: GG 15 (1989), 489-510

Jung, Otmar: Volksgesetzgebung. Die „Weimarer Erfahrungen" aus dem Fall der Vermögensauseinandersetzungen zwischen Freistaaten und ehemaligen Fürsten, 2 Teile, Hamburg 1990

Junker, Detlef: Die Deutsche Zentrumspartei und Hitler 1932/33. Ein Beitrag zur Problematik des politischen Katholizismus in Deutschland, Stuttgart 1969

Kater, Michael H.: Studentenschaft und Rechtsradikalismus in Deutschland, 1918-1933. Eine sozialgeschichtliche Studie zur Bildungskrise in der Weimarer Republik, Hamburg 1975

Kater, Michael H.: Die „Technische Nothilfe" im Spannungsfeld von Arbeiterunruhen, Unternehmerinteressen und Parteipolitik, in: VfZ 27 (1979), 30-78

Kater, Michael H.: The Nazi Party. A Social Profile of Members and Leaders 1919-1945, Oxford 1983

Kaufmann, Doris: Katholisches Milieu in Münster, 1928-1933. Politische Aktionsformen und geschlechtsspezifische Verhaltensräume, Düsseldorf 1984

Kessel, Eberhard: Ludendorffs Waffenstillstandsforderung am 29. September 1918, in: MGM 4 (1968) H. 2, 65-86

Kessler, Alexander: Der Jungdeutsche Orden in den Jahren der Entscheidung, 2 Bde., München 1974-1976

Kindleberger, Charles P.: Die Weltwirtschaftskrise, 1929-1939, München 1973

Kissenkoetter, Udo: Gregor Straßer und die NSDAP, Stuttgart 1978

Kleinschmidt, Christian: Rationalisierung als Unternehmensstrategie. Die Eisen- und Stahlindustrie des Ruhrgebiets zwischen Jahrhundertwende und Weltwirtschaftskrise, Koblenz 1993

Kluge, Ulrich: Soldatenräte und Revolution. Studien zur Militärpolitik in Deutschland 1918/19, Göttingen 1975

Kluge, Ulrich: Essener Sozialisierungsbewegung und Volkswehrbewegung im rheinisch-westfälischen Industriegebiet 1918/19, in: IWK 16 (1982), 55-65

Kluge, Ulrich: Die deutsche Revolution 1918/19, Frankfurt a.M. 1985

Kluke, Paul: Der Fall Potempa, in: VfZ 5 (1957), 279-297

Knipping, Franz: Deutschland, Frankreich und das Ende der Locarno-Ära 1928-1931. Studien zur internationalen Politik in der Anfangsphase der Weltwirtschaftskrise, München 1987

Koch-Baumgarten, Sigrid: Aufstand der Avantgarde. Die Märzaktion der KPD 1921, Frankfurt a. M./New York 1986

Kocka, Jürgen: Die Angestellten in der deutschen Geschichte, 1850-1980. Vom Privatbeamten zum angestellten Arbeitnehmer, Göttingen 1981

Kohler, Eric D.: Revolutionary Pomerania, 1919-20. A Study in Majority Socialist Agricultural Policy and Civil-Military Relations, in: CEH 9 (1976), 250-293

Kolb, Eberhard: Die Arbeiterräte in der deutschen Innenpolitik 1918-1919, Düsseldorf 1962, Berlin 1978

Kolb, Eberhard: Die sozialdemokratische Strategie in der Ära des Präsidialkabinetts Brüning – Strategie ohne Alternative ?, in: Das Unrechtsregime. Internationale Forschung über den Nationalsozialismus. Festschrift f. Werner Jochmann. Hg. v. Ursula Büttner, 2 Bde., Hamburg 1986, 157-176

Kolb, Eberhard: Die Weimarer Republik, 2. Aufl., München 1988

Könnemann, Erwin: Der Truppeneinmarsch am 10. Dezember 1918 in Berlin, in ZfG 16 (1968), 1592-1609

Könnemann, Erwin: Einwohnerwehren und Zeitfreiwilligenverbände, Berlin 1971

Die Konsequenzen der Inflation. Hg. v. Gerald D. Feldman, Carl-Ludwig Holtfrerich, Gerhard A. Ritter u. Peter Christian Witt, Berlin 1989

Koshar, Rudy: Social Life, Local Politics, and Nazism. Marburg 1880-1935, Chapel Hill/London 1986

Kraus, Uwe: Von der Zentrums-Hochburg zur NS-Gemeinde: Aufstieg und Machtergreifung der Nationalsozialisten in Ravensburg, Tübingen 1985

Kritzer, Peter: Die bayerische Sozialdemokratie und die bayerische Politik in den Jahren 1918 bis 1923, München 1969

Krohn, Claus-Dieter: Stabilisierung und ökonomische Interessen. Die Finanzpolitik des Deutschen Reiches, 1923-1927, Düsseldorf 1974

Krohn, Claus-Dieter: „Ökonomische Zwangslagen" und das Scheitern der Weimarer Republik. Zu Knut Borchardts Analyse der deutschen Wirtschaft in den zwanziger Jahren, in: GG 8 (1982), 415-426

Kruedener, Jürgen von: Die Überforderung der Weimarer Republik als Sozialstaat, in: GG 11 (1985), 358-376

Krüger, Peter: Die Reparationen und das Scheitern einer deutschen Verständigungspolitik auf der Pariser Friedenskonferenz im Jahre 1919, in: HZ 221 (1975), 326-372

Krüger, Peter: Die Außenpolitik der Republik von Weimar, Darmstadt 1985, Darmstadt 1993

Krüger, Peter: Versailles. Deutsche Außenpolitik zwischen Revisionismus und Friedenssicherung, München 1986

Kunz, Andreas: Stand versus Klasse: Beamtenschaft und Gewerkschaften im Konflikt um den Personalabbau 1923/24, in: GG 8 (1982), 55-86

Kunz, Andreas: Civil Servants and the Politics of Inflation in Germany, 1914-1924, Berlin/New York 1986

Kurz, Thomas: „Blutmai". Sozialdemokraten und Kommunisten im Brennpunkt der Berliner Ereignisse von 1929, Berlin 1988

Langewiesche, Dieter: Politik – Gesellschaft – Kultur. Zur Problematik von Arbeiterkultur und kulturellen Arbeiterorganisationen in Deutschland nach dem 1. Weltkrieg, in: AfS 22 (1982), 359-402.

Laqueur, Walter: Weimar. Die Kultur der Republik, Frankfurt a. M./Berlin/Wien 1976

Large, David Clay: The Politics of Law and Order. A History of the Bavarian Einwohnerwehr, 1918-1921, Philadelphia 1980

Laubach, Ernst: Die Politik der Kabinette Wirth 1921/22, Lübeck/Hamburg 1968

Lehnert, Detlef: Zur historischen Soziographie der „Volkspartei". Wählerstruktur und Regionalisierung im deutschen Parteiensystem seit der Reichsgründung, in: AfS 20 (1989), 1-33

Lenger, Friedrich: Sozialgeschichte der deutschen Handwerker seit 1800, Frankfurt a. M. 1988.

Lenger, Friedrich: Mittelstand und Nationalsozialismus? Zur politischen Orientierung von Handwerkern und Angestellten in der Endphase der Weimarer Republik, in: AfS 29 (1989), 173-198.

Lepsius, Rainer M.: Parteiensystem und Sozialstruktur. Zum Problem der Demokratisierung der deutschen Gesellschaft, in: Deutsche Parteien vor 1918. Hg. v. Gerhard A. Ritter, Köln 1973, 56-80

Lerg, Winfried B.: Rundfunkpolitik in der Weimarer Republik, München 1980

Lethen, Helmut: Neue Sachlichkeit 1924-1932. Studien zur Literatur des „Weißen Sozialismus", Stuttgart 1970

Lewek, Peter: Arbeitslosigkeit und Arbeitslosenversicherung in der Weimarer Republik 1918-1927, Stuttgart 1992

Lexikon zur Parteiengeschichte. Die bürgerlichen und kleinbürgerlichen Parteien und Verbände in Deutschland (1789-1945). Vier Bände. Hg. v. Dieter Fricke u.a., Köln 1983

Liebe, Werner: Die Deutschnationale Volkspartei 1918-1924, Düsseldorf 1956

Link, Werner: Die amerikanische Stabilisierungspolitik in Deutschland 1921-32, Düsseldorf 1970

Linse, Ulrich: Barfüßige Propheten. Erlöser der zwanziger Jahre, Berlin 1983.

Das literarische Leben in der Weimarer Republik. Hg. v. Keith Bullivant, Königstein/Ts. 1978

Lohalm, Uwe: Völkischer Radikalismus. Die Geschichte des Deutschvölkischen Schutz- und Trutz-Bundes 1919-1923, Hamburg 1970

Longerich, Peter: Die Braunen Bataillone. Geschichte der SA, München 1989

Lösche, Peter, Walter, Franz: Auf dem Weg zur Volkspartei? Die Weimarer Sozialdemokratie, in: AfS 29 (1989), 75-136

Lucas, Erhard: Märzrevolution 1920, 3 Bde, Frankfurt a. M. 1970-1978

Lucas, Erhard: Ursachen und Verlauf der Bergarbeiterbewegung in Hamborn und im westlichen Ruhrgebiet 1918/19, in: Duisburger Forschungen 15 (1971), 1-119

Ludewig, Hans-Ulrich: Arbeiterbewegung und Aufstand. Eine Untersuchung zum Verhalten der Arbeiterparteien in den Aufstandsbewegungen der frühen Weimarer Republik 1920-23, Husum 19785

Lüdtke, Alf: Hunger in der Großen Depression. Hungererfahrung und Hungerpolitik am Ende der Weimarer Republik, in: AfS 27 (1987), 144-176.

Luther, Karl-Heinz: Die nachrevolutionären Machtkämpfe in Berlin. November 1918 bis März 1919, in: JGMO 8 (1959), 187-221

Maier, Charles S.: Recasting Bourgeois Europe. Stabilization in France, Germany, and Italy in the Decade after World War I, Princeton 1975

Maier, Charles S.: Die Nicht-Determiniertheit ökonomischer Modelle. Überlegungen zu Knut Borchardts These von der „kranken Wirtschaft" der Weimarer Republik, in: GG 11 (1985), 275-294

Manstein, Peter: Die Mitglieder und Wähler der NSDAP 1919-1933: Untersuchungen zu ihrer schichtmäßigen Zusammensetzung, Frankfurt a. M., 1988 etc., 3.Aufl., Frankfurt a. M. 1990

Marcon, Helmut: Arbeitsbeschaffungspolitik der Regierungen Papen und Schleicher. Grundsteinlegung für die Beschäftigungspolitik im Dritten Reich, Bern/Frankfurt a.M. 1974

Maser, Werner: Der Sturm auf die Republik. Frühgeschichte der NSDAP, 2.Aufl., Stuttgart 1973 (Neuausgabe des 1965 erschienenen Titels Die Frühgeschichte der NSDAP)

Materna, Ingo: Der Vollzugsrat der Berliner Arbeiter- und Soldatenräte, 1918/19, Berlin 1978

Matzerath, Horst, Turner, Henry A.: Die Selbstfinanzierung der NSDAP 1930-1932, in: GG 3 (1977), 59-92

Mauch, Hans-Joachim: Nationalistische Wehrorganisationen in der Weimarer Republik. Zur Entwicklung und Ideologie des „Paramilitarismus", Frankfurt/Bern 1982

Maurer, Ilse: Reichsfinanzen und Große Koalition. Zur Geschichte des Reichskabinetts Müller (1928-1930), Bern/Frankfurt a. M. 1973

McNeill, William: American Money and the Weimar Republic. Economics and Politics on the Eve of the Great Depression, New York 1986

Megerle, Klaus: Deutsche Außenpolitik 1925. Ansatz zu aktivem Revisionismus, Bern/Frankfurt a. M. 1974

Meister, Rainer: Die große Depression. Zwangslagen und Handlungsspielräume der Wirtschafts- und Finanzpolitik in Deutschland 1929-1932, Regensburg 1991

Metzmacher, Helmut: Der Novemberumsturz 1918 in der Rheinprovinz, in: Annalen des Historischen Vereins für den Niederrhein 168/169 (1967), 135-265

Meyer, Gerd: Die deutsche Reparationspolitik von der Annahme des Young-Plans im Reichstag (12.3.30) bis zum Reparationsabkommen auf der Lausanner Konferenz (9.7.32), Bonn 1991

Miller, Susanne: Die Bürde der Macht. Die deutsche Sozialdemokratie 1918-1920, Düsseldorf 1979

Mitchell, Allan: Revolution in Bayern 1918/19. Die Eisner Regierung und die Räterepublik, München 1967

Mohler, Armin: Die konservative Revolution in Deutschland 1918-1932. Ein Handbuch, 2 Bde., 3. Aufl., Darmstadt 1989

Möller, Horst: Parlamentarismus in Preußen 1919-1932, Düsseldorf 1985

Möller, Horst: Weimar. Die unvollendete Demokratie, München 1985

Mommsen, Hans: Brünings Politik, in: Wirtschaftskrise und liberale Demokratie. Das Ende der Weimarer Republik und die gegenwärtige Situation. Hg. v. Karl Holl, Göttingen 1978, 16-45

Mommsen, Hans: Generationskonflikt und Jugendrevolte in der Weimarer Republik, in: „Mit uns zieht die neue Zeit". Der Mythos Jugend. Hg. v. Thomas Koebner, Rolf-Peter Janz u. Frank Trommler, Frankfurt a. M. 1985, 50-67

Mommsen, Hans: Die Auflösung des Bürgertums seit dem späten 19.Jahrhundert, in: Bürger und Bürgerlichkeit im 19. Jahrhundert. Hg. v. Jürgen Kocka, Göttingen 1987, 288-314

Mommsen, Hans: Die verspielte Freiheit. Der Weg der Republik von Weimar in den Untergang 1918 bis 1933, Berlin 1989

Mommsen, Wolfgang J.: Die deutsche Revolution 1918-1920. Politische Revolution und soziale Protestbewegung, in: GG 4 (1978), 362-391

Moreau, Patrick: Nationalsozialismus von links. Die „Kampfgemeinschaft Revolutionärer Nationalsozialisten" und die „Schwarze Front" Otto Straßers 1930-1935, Stuttgart 1984

Morsey, Rudolf: Die deutsche Zentrumspartei 1917-1923, Düsseldorf 1966

Morsey, Rudolf: Brünings Kritik an der Reichsfinanzpolitik 1919-1929, in: Geschichte, Wirtschaft, Gesellschaft. Festschrift für Clemens Bauer zum 75. Geburtstag. Hg. v. Erich Hassinger, J. Heinz Müller, Hugo Ott, Berlin 1974, 359-373

Mühlberger, Detlef: Hitler's Followers. Studies in the Sociology of the Nazi Movement, London/New York 1991

Mühleisen, Horst: Annehmen oder Ablehnen ? Das Kabinett Scheidemann, die Oberste Heeresleitung und der Vertrag von Versailles, in: VfZ 35 (1987), 419-481

Müller, Hans-Harald: Der Krieg und die Schriftsteller. Der Kriegsroman der Weimarer Republik. Stuttgart 1986

Müller, Werner: Lohnkampf, Massenstreik, Sowjetmacht. Ziele und Grenzen der „Revolutionären Gewerkschafts-Opposition" (RGO) in Deutschland 1928 bis 1933, Köln 1988

Music and Performance during the Weimar Republic. Ed. by Bryan Gillian, Cambridge 1994

Muth, Heinrich: Die Entstehung der Bauern- und Landarbeiterräte im November 1918 und die Politik des Bundes der Landwirte, in: VfZ 21 (1973), 1-38

Muth, Heinrich: Das „Kölner Gespräch" am 4. Januar 1933, in: GWU 37 (1986), 463-480, 529-541

Die Nachwirkungen der Inflation auf die deutsche Geschichte, 1924-1933. Hg. v. Gerald D. Feldman u. Mitarbeit v. Elisabeth Müller-Luckner, München 1985

Nadler, Harry E.: The Rhenish Spearatist Movements during the early Weimar Republic, 1918-1924, New York/London 1987

Nadolny, Sten: Abrüstungsdiplomatie 1932/33. Deutschland auf der Genfer Konferenz im Übergang von Weimar zu Hitler, München 1978

Neebe, Reinhard: Großindustrie, Staat und NSDAP 1930-1933. Paul Silverberg und der Reichsverband der Deutschen Industrie in der Krise der Weimarer Republik, Göttingen 1981

Netzband, Karl-Bernhard, Widmaier, Hans Peter:

Währungs- und Finanzpolitik der Ära Luther. 1923-1925, Basel/Tübingen 1964.

Neufurth, Bernd: Solingen 1929-1933. Eine Studie zur Auflösung der Weimarer Republik und der nationalsozialistischen Machtübernahme in einer Kommune, St. Augustin 1984

Neuhaus, Helmut: Das Ende der Monarchien in Deutschland 1918, in: HJ 111 (1991), 102-136.

Neumann, Sigmund: Die Parteien der Weimarer Republik, Stuttgart 1977 (Neuausgabe von: Die politischen Parteien in Deutschland, Berlin 1932)

Noakes, Jeremy: The Nazi Party in Lower Saxony 1921-1933, Oxford 1971

Nocken, Ulrich: Interindustrial Conflicts and Alliances in the Weimar Republic. Experiments in Societal Corporatism, Ann Arbor Mich. 1979

Nocken, Ulrich: Das Internationale Stahlkartell und die deutsch-französischen Beziehungen 1924-1932, in: Konstellationen internationaler Politik 1924-1932. Politische und wirtschaftliche Faktoren in den Beziehungen zwischen Westeuropa und den Vereinigten Staaten. Hg. v. Gustav Schmidt, Bochum 1983, 165-202.

Nocken, Ulrich: International Cartels and Foreign Policy: The Formation of the International Steel Cartel 1924-1926, in: Internationale Kartelle und Außenpolitik. Beiträge zur Zwischenkriegszeit. Hg. v. Clemens A. Wurm, Stuttgart 1989, 33-82.

Oertzen, Peter: Die großen Streiks der Ruhrbergarbeiterschaft im Frühjahr 1919. Ein Beitrag zur Diskussion über die revolutionäre Entstehungsphase der Weimarer Republik, in: VfZ 6 (1958), 231-262.

Oertzen, Peter von: Betriebsräte in der Novemberrevolution. Eine politikwissenschaftliche Untersuchung über Ideengehalt und Struktur der betrieblichen und wirtschaftlichen Arbeiterräte in der deutschen Revolution 1918/1919, Düsseldorf 1963, Bonn-Bad Godesberg 1976

Oltmann, Uwe: Reichsarbeitsminister Heinrich Brauns in der Staats- und Währungskrise 1923/24. Die Bedeutung der Sozialpolitik für die Inflation, den Ruhrkampf und die Stabilisierung, Kiel 1969

Opitz, Günter: Der Christlich-soziale Volksdienst. Versuch einer protestantischen Partei in der Weimarer Republik, Düsseldorf 1969

Orlow, Dietrich: The History of the Nazi Party 1919-1933, Pittsburgh 1969

Orlow, Dietrich: Weimar Prussia 1918-1925. The Unlikely Rock of Democracy, Pittsburgh 1986

Otmar, Jung: Direkte Demokratie in der Weimarer Republik. Die Fälle „Aufwertung", „Fürstenenteig-

nung", „Panzerkreuzerverbot" und „Youngplan", Frankfurt a. M. 1989

Paul, Gerhard: Aufstand der Bilder. Die NS-Propaganda vor 1933, Bonn 1990

Peukert, Detlev J. K.: Der Schund- und Schmutzkampf als „Sozialpolitik der Seele". Eine Vorgeschichte der Bücherverbrennung, in: „Das war ein Vorspiel nur..." Bücherverbrennung in Deutschland 1933: Voraussetzungen und Folgen, Berlin/Wien 1983, 51-63

Peukert, Detlev J. K: Die Erwerbslosigkeit junger Arbeiter in der Weltwirtschaftskrise in Deutschland 1929-1933, in: VSWG 72 (1985), 305-328

Peukert, Detlev J. K.: Grenzen der Sozialdisziplinierung. Aufstieg und Krise der deutschen Jugendfürsorge von 1878 bis 1932, Köln 1986

Peukert, Detlev J. K.: Jugend zwischen Krieg und Krise. Lebenswelten von Arbeiterjungen in der Weimarer Republik, Köln 1987

Peukert, Detlev J.K.: Die Weimarer Republik. Krisenjahre der klassischen Moderne, Frankfurt a. M. 1987

Pierenkemper, Toni: Jugendliche im Arbeitsmarkt. Deutschland seit dem Ende des 19. Jahrhunderts, in: Jugendprotest und Generationenkonflikt, 49-73

Plum, Günter: Gesellschaftsstruktur und politisches Bewußtsein in einer katholischen Region, 1928-1933. Untersuchungen am Beispiel des Regierungsbezirks Aachen, Stuttgart 1972

Plumpe, Gottfried: Wirtschaftspolitik in der Weltwirtschaftskrise. Realität und Alternativen, in: GG 11 (1985), 326-357

Pohl, Karl-Heinrich: Weimars Wirtschaft und die Außenpolitik der Republik 1924-1926. Vom Dawes-Plan zum Internationalen Eisenpakt, Düsseldorf 1979

Politische Identität und nationale Gedenktage. Zur politischen Kultur in der Weimarer Republik. Hg. v. Detlef Lehnert u. Klaus Megerle, Opladen 1989

Politische Teilkulturen zwischen Integration und Polarisierung. Zur politischen Kultur in der Weimarer Republik. Hg. v. Detlef Lehnert u. Klaus Megerle, Opladen 1990

Potthoff, Heinrich: Freie Gewerkschaften 1918-1933. Der Allgemeine Deutsche Gewerkschaftsbund in der Weimarer Republik, Düsseldorf 1987

Preller, Ludwig: Sozialpolitik in der Weimarer Republik, Stuttgart 1949, Düsseldorf 1978

Prinz, Michael: Vom neuen Mittelstand zum Volksgenossen. Die Entwicklung des sozialen Status der Angestellten von der Weimarer Republik bis zum Ende der NS-Zeit, München 1986

Prümm, Karl: Die Literatur des Soldatischen Nationalismus der 20er Jahre 1918-1933. Gruppenideologie und Epochenproblematik, 2 Bde., Kronberg 1974

Pyta, Wolfram: Gegen Hitler und für die Republik. Die Auseinandersetzung der deutschen Sozialdemokratie mit der NSDAP in der Weimarer Republik, Düsseldorf 1989

Pyta, Wofram: Vorbereitungen für den militärischen Ausnahmezustand unter Papen/Schleicher, in: MGM 51 (1992), 385-428

Rakenius, Gerhard W.: Wilhelm Groener als Erster Generalquartiermeister. Die Politik der Obersten Heeresleitung 1918/19, Boppard 1977

Rauh-Kühne, Cornelia: Katholisches Milieu und Kleinstadtgesellschaft. Ettlingen 1918-1939, Sigmaringen 1991

Revolution und Fotografie München 1918/19. Hg. v. Rudolf Herz u. Dirk Halfbrodt, Berlin 1988

Riesberg, Klaus E.: Die SPD in der „Locarnokrise" Oktober/November 1925, in: VfZ (30) 1982, 130-161

Rietzler, Rudolf: „Kampf in der Nordmark". Das Aufkommen des Nationalsozialismus in Schleswig-Holstein (1919-1928), Neumünster 1982

Rintelen, Karlludwig: Ein undemokratischer Demokrat: Gustav Bauer. Gewerkschaftsführer – Freund Friedrich Eberts – Reichskanzler. Eine politische Biographie, Frankfurt a. M. 1993

Ritschl, Albrecht: Zu hohe Löhne in der Weimarer Republik ? Eine Auseinandersetzung mit Holtfrerichs Berechnungen zur Lohnposition der Arbeiterschaft 1925-1932, in: GG 16 (1990), 375-402

Ritter, Gerhard A.: Kontinuität und Umformung des deutschen Parteiensystems 1918-1920, in: Ders., Arbeiterbewegung, Parteien und Parlamentarismus. Aufsätze zur deutschen Sozial- und Verfassungsgeschichte des 19. und 20. Jahrhunderts, Göttingen 1976, 116-157

Rosenberg, Arthur: Die Entstehung der Deutschen Republik, Berlin 1928 (zahlreiche Neuauflagen unter dem Titel: Entstehung der Weimarer Republik)

Rosenberg, Arthur: Die Geschichte der Weimarer Republik, Karlsbad 1935 (zahlreiche Neuauflagen unter dem Titel: Geschichte der Weimarer Republik)

Rosenhaft, Eve: Beating the Fascists? The German Communists and Political Violence 1929-1933, London etc. 1983

Rowley, Eric E.: Hyperinflation in Germany. Perceptions of a Process, Aldershot 1994

Ruck, Michael: Die Freien Gewerkschaften im Ruhrkampf 1923, Köln 1986

Die Ruhrkrise 1923. Wendepunkt der internationalen Beziehungen nach dem Ersten Weltkrieg. Hg. v. Klaus Schwabe, Paderborn 1985

Runge, Wolfgang: Politik und Beamtentum im Parteienstaat. Die Demokratisierung der politischen Beamten in Preußen zwischen 1918 und 1933, Stuttgart 1965

Rupieper, Hermann J.: The Cuno Government and Reparations 1922-1923. Politics and Economics, The Hague/Boston/London 1979

Ruppert, Karsten: Im Dienst am Staat von Weimar. Das Zentrum als regierende Partei in der Weimarer Demokratie 1923-1930, Düsseldorf 1992

Rürup, Reinhard: Demokratische Revolution und „dritter Weg". Die deutsche Revolution von 1918/19 in der neueren wissenschaftlichen Diskussion, in: GG 9 (1983), 278-301

Rürup, Reinhard: Die Revolution von 1918/19 in der deutschen Geschichte, Bonn 1993

Salewski, Michael: Entwaffnung und Militärkontrolle in Deutschland 1919-1927, München 1966

Schaap, Klaus: Die Endphase der Weimarer Republik im Freistaat Oldenburg 1928-1932, Düsseldorf 1978

Schäfer, Rainer: SPD in der Ära Brüning: Tolerierung oder Mobilisierung? Handlungsspielräume und Strategien sozialdemokratischer Politik 1930-1932, Frankfurt a.M. 1990

Schildt, Axel: Militärdiktatur mit Massenbasis? Die Querfrontkonzeption der Reichswehrführung um General von Schleicher am Ende der Weimarer Reublik, Frankfurt a.M./New York 1981

Schirmann, Léon: Blutmai Berlin 1929. Dichtungen und Wahrheit, Berlin 1991

Schmädeke, Jürgen: Militärische Kommandogewalt und parlamentarische Demokratie. Zum Problem der Verantwortlichkeit des Reichswehrministers in der Weimarer Republik, Lübeck 1967

Schmidt, Ernst Heinrich: Heimatheer und Revolution 1918. Die militärischen Gewalten im Heimatgebiet zwischen Oktoberreform und Novemberrevolution, Stuttgart 1981

Schneider, Michael: Auf dem Weg in die Krise. Thesen und Materialien zur Ruhreisenstreit 1928/29, Wentorf b. Hamburg 1974

Schneider, Werner: Die Deutsche Demokratische Partei in der Weimarer Republik, 1924-1930, München 1978

Schön, Eberhart: Die Entstehung des Nationalsozialismus in Hessen, Meisenheim a. Glan 1972

Schönhoven, Klaus: Die Bayerische Volkspartei 1924-1932, Düsseldorf 1972

Schönhoven, Klaus: Reformismus und Radikalismus. Gespaltene Arbeiterbewegung im Weimarer Sozialstaat, München 1989

Scholz, Robert: „Heraus aus der unwürdigen Fürsorge". Zur sozialen Lage und politischen Orientierung der Kleinrentner in der Weimarer Republik, in: Gerontologie und Sozialgeschichte. Wege zu einer historischen Betrachtung des Alters. Hg. v. Christoph Conrad und Hans-Joachim von Kondratowitz, Berlin 1983, 319-350.

Schrader, Bärbel, Schebera, Jürgen: Die „goldenen" zwanziger Jahre. Kunst und Kultur der Weimarer Republik, Leipzig 1987

Schröder, Ernst: Wiedfeldt und die Seeckt-Ebertschen Direktoriumspläne des Jahres 1923, in: Das Münster am Hellweg 1966, 129-141.

Schuker, Stephen A.: The End of French Predominance in Europe. The Financial Crisis of 1924 and the Adoption of the Dawes-Plan, Chapel Hill, N.C. 1976

Schulz, Gerhard: Zwischen Demokratie und Diktatur. Verfassungspolitik und Reichsreform in der Weimarer Republik. Bd. 1: Die Periode der Konsolidierung und der Revision des Bismarckschen Reichsaufbaues 1919-1930, 2.Aufl., Berlin/New York 1987. Bd. 2: Deutschland am Vorabend der Großen Krise, Berlin/New York 1987. Bd.3: Von Brüning zu Hitler. Der Wandel des politischen Systems in Deutschland 1930-1933, Berlin/New York 1992

Schulze, Hagen: Freikorps und Republik 1918-1920, Boppard 1967

Schulze, Hagen: Der Ostsstaat-Plan im Juni 1919, in: VfZ 18 (1970), 123-163.

Schulze, Hagen: Otto Braun oder Preußens demokratische Sendung. Eine Biographie, Frankfurt a. M./Berlin/Wien 1977

Schulze, Hagen: Weimar. Deutschland 1917-1933, Berlin 1982

Schumacher, Martin: Mittelstandsfront und Republik. Die Wirtschaftspartei – Reichspartei des deutschen Mittelstandes, 1919-1933, Düsseldorf 1972

Schumacher, Martin: Zersplitterung und Polarisierung. Kleine Parteien im Weimarer Mehrparteiensysten, in: Aus Politik und Zeitgeschichte Nr. 31 v. 6.8.1977, 39-46.

Schumacher, Martin: Land und Politik. Eine Untersuchung über politische Parteien und agrarische Interessen 1914-1923, Düsseldorf 1978

Schüren, Ulrich: Der Volksentscheid zur Fürstenenteignung 1926. Die Vermögensauseinandersetzung mit den depossedierten Landesherren als Problem der deutschen Innenpolitik unter besonderer Berücksichtigung der Verhältnisse in Preußen, Düsseldorf 1978

Schütz, Erhard: Romane der Weimarer Republik, München 1986

Seligmann, Michael: Aufstand der Räte. Die erste bayerische Räterepublik vom 7. April 1919, Grafenau 1989

Smula, Hans-Jürgen: Milieus und Parteien. Eine regionale Analyse der Interdependenz von politisch-sozialen Milieus, Parteiensystem und Wahlverhalten am Beispiel des Landkreises Lüdinghausen 1919 bis 1933, Münster 1987

Sontheimer, Kurt: Antidemokratisches Denken in der Weimarer Republik. Die politischen Ideen des deutschen Nationalismus zwischen 1918 und 1933, München 1962, 2.Aufl., München 1968

Speier, Hans: Die Angestellten vor dem Nationalsozialismus. Ein Beitrag zum Verständnis der deutschen Sozialstruktur 1918-1933, Göttingen 1977

Staat, Wirtschaft und Politik in der Weimarer Republik. Festschrift für Heinrich Brüning. Hg. v. Ferdinand Hermens u. Theodor Schieder, Berlin 1967

Die deutsche Staatskrise 1930-1933. Handlungsspielräume und Alternativen. Hg. v. Heinrich August Winkler u. Mitarbeit v. Elisabeth Müller Luckner, München 1992

Die Staats- und Wirtschaftskrise des Deutschen Reiches 1929/33. Hg. v. Werner Conze u. Hans Raupach, Stuttgart 1967

Steger, Bernd: Der Hitlerprozeß und Bayerns Verhältnis zum Reich 1923/24, in: VfZ 25 (1977), 441-466

Steinisch, Irmgard: Arbeitszeitverkürzung und sozialer Wandel. Der Kampf um die Achtstundenschicht in der deutschen und amerikanischen Eisen- und Stahlindustrie 1890-1929, Berlin, New York 1986

Stieg, Margaret F.: The 1926 German Law to Protect Youth against Trash and Dirt. Moral Protectionism in a Democracy, in: CEH 23 (1990), 22-56

Stoltenberg, Gerhard: Politische Strömungen im schleswig-holsteinischen Landvolk 1918-1933. Ein Beitrag zur politischen Meinungsbildung in der Weimarer Republik, Düsseldorf 1962

Strauß, Heinrich: Fürth in der Weltwirtschaftskrise und nationalsozialistischen Machtergreifung. Studien zur politischen, sozialen und wirtschaftlichen Entwicklung einer deutschen Industriestadt 1918-1933, Nürnberg 1980

Striefler, Christian: Kampf um die Macht. Kommunisten und Nationalsozialisten am Ende der Weimarer Republik, Berlin 1993

Striesow, Jan: Die Deutschnationale Volkspartei und die Völkisch-Radikalen 1918-1922, 2 Bde., Frankfurt a. M. 1981

Stupperich, Amrei: Volksgemeinschaft oder Arbeitersolidarität. Studien zur Arbeitnehmerpolitik in der Deutschnationalen Volkspartei (1918-1933), Göttingen/Zürich 1982

Stürmer, Michael: Koalition und Opposition in der Weimarer Republik 1924-1928, Düsseldorf 1967

Tracey, Donald R.: The Development of the National Socialist Party in Thuringia 1924-30, in: CEH 8 (1975), 23-49

Trachtenberg, Marc: Reparation in World Politics. France and European Economic Diplomacy, 1916-1923, New York 1980

Turner, Henry A.: Stresemann – Republikaner aus Vernunft, Berlin/Frankfurt a. M. 1968

Turner, Henry A.: Die Großunternehmer und der Aufstieg Hitlers, Berlin 1985

Tyrell, Albrecht: Vom „Trommler" zum „Führer". Der Wandel von Hitlers Selbstverständnis zwischen 1919 und 1924 und die Entwicklung der NSDAP, München 1975

Ullmann, Hans-Peter Interessenverbände in Deutschland, Frankfurt a. M. 1988

Unemployment and the Great Depression in Weimar Germany. Ed. by Peter D. Stachura, London 1986

Unterstell, Rembert: Mittelstand in der Weimarer Republik. Die soziale Entwicklung und politische Orientierung von Handwerk, Kleinhandel und Hausbesitz, 1919-1933. Ein Überblick, Frankfurt a. M. etc. 1989

Usborne, Cornelia: Frauenkörper – Volkskörper. Geburtenkontolle und Bevölkerungspolitik in der Weimarer Republik, Münster 1994

Vestring, Siegfried: Die Mehrheitssozialdemokratie und die Entstehung der Reichsverfassung von Weimar 1918/19, Münster 1987

Vom Kaiserreich zur Weimarer Republik. Hg. v. Eberhard Kolb, Köln 1972

Wachs, Friedrich-Carl: Das Verordnungswerk des Reichsmobilmachungsamtes. Stabilisierender Faktor zu Beginn der Weimarer Republik, Frankfurt a. M. 1991

Wachtler, Johann: Zwischen Revolutionserwartung und Untergang. Die Vorbereitung der KPD auf die Illegalität in den Jahren 1929-1933, Frankfurt a.m./Bern/New York 1983

Wacker, Wolfgang: Der Bau des Panzerschiffs „A" und der Reichstag, Tübingen 1959

Walker, Denis Paul: Alfred Hugenberg and the Deutschnationale Volkspartei, 1918 to 1930, Cambridge 1976

Walker, Denis Paul: The German Nationalist People's Party (DNVP). The Conservative Dilemma in the Weimar Republic, in: JCH 14 (1979), 627-647

Weber, Hermann: Die Wandlung des deutschen Kommunismus. Die Stalinisierung der KPD in der Weimarer Republik, 2 Bde., Frankfurt a. M. 1969

Weimar. Selbstpreisgabe einer Demokratie. Eine Bilanz heute. Hg. v. Karl Dietrich Erdmann u. Hagen Schulze, Düsseldorf 1980

Die Weimarer Republik. Belagerte Civitas. Hg. v. Michael Stürmer, Königstein 1980

Die Weimarer Republik. Politik – Wirtschaft – Gesellschaft. Hg. v. Karl Dietrich Bracher, Manfred Funke, Hans-Adolf Jacobsen, Düsseldorf 1987

Die Weimarer Republik als Wohlfahrtsstaat. Zum Verhältnis von Wirtschafts- und Sozialpolitik in der Industriegesellschaft. Hg. v. Werner Abelshauser, Stuttgart 1987

Weisbrod, Bernd: Die Befreiung von den „Tariffesseln". Deflationspolitik als Krisenstrategie der Unternehmer in der Ära Brüning, in GG 11 (1985), 295-325

Weisbrod, Bernd: Schwerindustrie in der Weimarer Republik. Interessenpolitik zwischen Stabilisierung und Krise, Wuppertal 1978 .

Westphal, Uwe: The Bauhaus, New York 1991

Weßling, Wolfgang: Hindenburg, Neudeck und die deutsche Wirtschaft. Tatsachen und Zusammenhänge einer „Affäre", in: VSWG 64 (1977), 41-73

Wette, Wolfram: Gustav Noske. Eine politische Biographie, Düsseldorf 1987

Willett, John: The Theatre of the Weimar Republic, New York/London 1988

Willms, Günther: Geträumte Republik, Jugend zwischen Kaiserreich und Machtergreifung, Freiburg 1985

Winkler, Heinrich August: Mittelstand, Demokratie und Nationalsozialismus. Die politische Entwicklung von Handwerk und Kleinhandel in der Weimarer Republik, Köln 1972

Winkler, Heinrich August: Arbeiter und Arbeiterbewegung in der Weimarer Republik, Bd. 1: Von der

Revolution zur Stabilisierung, 1918 bis 1924, Bd.2: Der Schein der Nomalität, 1924 bis 1930. Bd. 3: Der Weg in die Katastrophe, 1930 bis 1933, Berlin/Bonn 1984-1987, 2. Aufl. Berlin/Bonn 1985-1988

Winkler, Heinrich August: Weimar 1918-1933: Die Geschichte der ersten deutschen Demokratie, München 1993

Witt, Peter-Christian: Finanzpolitik als Verfassungs- und Gesellschaftspolitik. Überlegungen zur Finanzpolitik des Deutschen Reiches 1930 bis 1932, in: GG 8 (1982), 386-414

Wolffsohn, Michael: Industrie und Handwerk im Konflikt mit staatlicher Wirtschaftspolitik? Studien zur Politik der Arbeitsbeschaffung in Deutschland 1930-1934, Berlin 1977

Wulf, Peter: Die politische Haltung des schleswig-holsteinischen Handwerks 1928-1932, Köln 1969

Wulf, Peter: Die Auseinandersetzungen um die Sozialisierung der Kohle in Deutschland 1920/1921, in VfZ 25 (1977), 46-98.

Wulf, Peter: Hugo Stinnes. Wirtschaft und Politik 1918-1924, Stuttgart 1979.

Wunderer, Hartmann: Arbeitervereine und Arbeiterparteien. Kultur- und Massenorganisationen in der Arbeiterbewegung (1890-1933), Frankfurt a. M./New York 1980

Zeidler, Manfred: Reichswehr und Rote Armee, 1920-1933. Wege und Stationen einer ungewöhnlichen Zusammenarbeit, München 1993

Zofka, Zdenek: Die Ausbreitung des Nationalsozialismus auf dem Lande. Eine regionale Fallstudie zur politischen Einstellung der Landbevölkerung in der Zeit des Aufstiegs und der Machtergreifung der NSDAP 1928-1936, München 1979

Personenregister

Adenauer, Konrad 151
Arco-Valley, Anton Graf von 90
Auer, Erhard 90

Barlach, Ernst 177, 179
Barth, Emil 53, 55, 73
Bauer, Gustav 36, 64, 66f, 87, 99, 101, 108, 110, 121
Beckmann, Max 177
Behrens, Peter 178
Benjamin, Walter 181
Bethmann-Hollweg, Theobald von 25f
Bismarck, Otto Fürst von 196
Blomberg, Werner von 324
Borsig, Ernst von 70
Bracht, Franz 328, 345
Braun, Magnus Freiherr von 324
Braun, Otto 112, 229, 247, 275, 318, 327–329
Brauns, Heinrich 118, 121, 131, 137f, 146f, 165, 228, 243f, 314
Brecht, Bertolt 179, 183
Bredt, Johann Victor 265
Briand, Aristide 235, 267, 281, 308
Brockdorff-Rantzau, Ulrich Graf von 68, 87
Brüning, Heinrich 16, 242, 250, 259–262, 264–267, 272, 274–287, 294–296, 298–300, 303, 306f, 310–317, 319–325, 327, 335, 336, 353, 356
Buchrucker, Bruno Ernst 140
Bülow, Bernhard Wilhelm von 309

Cohen-Reuß, Max 77, 80
Crispien, Artur 110
Cuno, Wilhelm 131, 136, 223
Curtius, Julius 243, 247, 255, 263f, 308, 310f

David, Eduard 87, 99, 101
Dawes, Charles G. 153f
Dietrich, Hermann 256, 264, 315
Dittmann, Wilhelm 53, 57, 73
Dix, Otto 179
Döblin, Alfred 180
Duesterberg, Theodor 317f
Duisberg, Carl 173, 274

Ebert, Friedrich 33, 48, 50–60, 68, 73–81, 85, 87f, 102, 105, 107f, 110, 143, 152, 228, 276f
Ehrhardt, Hermann 124, 141
Eichhorn, Emil 84

Eisner, Kurt 44, 57, 90f, 93
Erzberger, Matthias 35, 38, 48, 55, 67, 87, 99, 101, 105f, 112, 124, 127, 231
Escherich, Georg 122

Fallada, Hans 179
Fehrenbach, Konstantin 75, 118, 120f, 223
Feininger, Lyonel 177
Feuchtwanger, Lion 179
Frick, Wilhelm 152, 274, 294, 332, 352

Gareis, Karl 124
Gayl, Wilhelm Freiherr von 323, 327, 337, 339, 345
George, Stefan 180
Gereke, Günther 343, 345f
Geßler, Otto 101, 112f, 118, 121, 124, 131, 137, 148, 243f
Giebel, Carl 73
Gilbert, Parker 251
Gilsa, Erich von 260
Glaeser, Ernst 179
Goebbels, Joseph 221f, 271, 317, 320f, 332f, 344
Goerdeler, Carl 313
Göring, Hermann 135, 189, 332, 338, 345, 352
Gothein, Georg 39
Gradnauer, Georg 121
Gröber, Adolf 35
Groener, Wilhelm 25, 34, 38, 40, 48, 50, 53f, 58, 73, 75f, 78f, 88, 244, 247, 262, 264, 276, 295, 309, 311, 319f
Gropius, Walter 178
Grosz, George 179
Grzesinski, Albert 241
Guérard, Theodor von 242, 247
Gürtner, Franz 323, 344

Haase, Hugo 49, 52–54, 56f, 81
Hahn, Kurt 35
Hasenclever, Walter 179
Hauptmann, Gerhart 180
Haußmann, Conrad 35f, 42
Heartfield, John 179
Heine, Wolfgang 68f, 112
Held, Heinrich 229
Helfferich, Karl 104, 106
Hellpach, Willy 229
Henderson, Arthur 300
Hergt, Oskar 243

423

Hermes, Andreas 131
Hertling, Georg Graf von 27, 32–34
Heß, Rudolf 189
Hesse, Hermann 180
Heye, Wilhelm 243
Hilferding, Rudolf 110, 136, 140, 247, 258f
Hindenburg, Paul von Beneckendorf und von 16, 25, 33f, 38f, 53–55, 57f, 74–76, 104f, 208, 216, 228f, 238f, 242, 259–262, 265f, 273, 275–280, 285f, 296f, 310–312, 316–320, 322–326, 332–334, 337–339, 341f, 344f, 349–353
Hindenburg, Oskar von 279, 350
Hintze, Paul von 34
Hirschfeld, Magnus 181
Hirtsiefer, Heinrich 328
Hitler, Adolf 16, 91, 103f, 113, 127–129, 134, 141, 143f, 152, 189, 220f, 257, 271f, 274, 290f, 294–296, 311f, 317f, 320, 322f, 325, 331–335, 338, 340–347, 349–353, 359
Hoffmann, Johannes 71, 90f, 112
Hoover, Herbert 300
Hugenberg, Alfred 182, 211f, 234, 250, 256f, 262, 285, 311, 317, 351f

Jagow, Traugott von 114
Jarres, Karl 148, 216, 229
Joël, Curt 278, 311
Jung, Edgar J. 218f

Kaas, Ludwig 198, 250
Kahr, Gustav Ritter von 112f, 122, 124, 141, 143, 151
Kaiser, Georg 177
Kalckreuth, Eberhard von 340
Kanitz, Gerhard Graf von 140
Kapp, Wolfgang 28, 107–109, 112, 114
Kästner, Erich 179
Kastl, Ludwig 274
Kautsky, Karl 57, 68
Kehr, Eckart 180
Kellogg, Frank B. 251
Keppler, Wilhelm 341
Kirdorf, Emil 341
Klepper, Otto 328
Klöckner, Florian 146
Knilling, Eugen Ritter von 127, 151
Koch-Weser, Erich 101, 118, 205, 247
Koeth, Joseph 61f, 64, 67, 140
Köhler, Heinrich 243
Kollwitz, Käthe 179
Krakauer, Siegfried 181
Krause, Paul von 67
Krosigk s. Schwerin von Krosigk

Lampel, Peter Martin 179
Landsberg, Otto 51, 53f, 77, 87, 99
Lautenbach, Wilhelm 314f
Legien, Carl 110
Leipart, Theodor 342
Lequis, Arnold 74f, 79
Lerchenfeld, Hugo Graf von 34, 124, 127
Liebermann, Max 179
Liebknecht, Karl 28, 51, 57, 85
Lossow, Otto von 141, 143, 151
Lübke, Heinrich 210
Ludendorff, Erich 25, 28, 33–35, 37–41, 104, 107, 141, 152, 229
Luther, Hans 137, 140, 146, 148–150, 214, 223, 228, 237–239, 243, 260f
Lüttwitz, Walther Freiherr von 107–109, 114
Luxemburg, Rosa 28, 57, 84f

MacDonald, Ramsay 157, 300, 321
Mann, Ernst Ritter v. 67
Mann, Heinrich 180
Mann, Thomas 46, 180
Marx, Wilhelm 145, 156f, 223f, 229, 239, 242f
Max, Prinz von Baden 35–40, 42, 48, 50f, 55
Meinecke, Friedrich 95
Meissner, Otto 148, 237, 242, 259f, 262f, 279, 333, 350
Michaelis, Georg 27, 35
Mies van der Rohe, Ludwig 178
Millerand, Alexandre 122
Moellendorf, Wichard von 92
Moeller van den Bruck, Arthur 218
Möhl, Arnold Ritter von 112
Moldenhauer, Paul 247, 263–265
Molkenbuhr, Hermann 96
Müller, August 65, 67
Müller, Hermann 101, 111f, 224, 247f, 255, 259, 261f, 264
Münzenberg, Willi 239

Nadolny, Rudolf 309
Neuhaus, Karl 230
Neurath, Konstantin Freiher von 321, 323
Nolde, Emil 177
Noske, Gustav 42f, 48, 80, 85, 87, 89, 99, 101, 105, 107f, 112f, 260

Ott, Eugen 344

Papen, Franz von 279, 321, 323–326, 329, 332, 335, 337–353
Papst, Waldemar 79, 85, 89, 107, 112
Payer, Friedrich von 27, 35, 39

Pfeffer von Salomon, Franz 272, 290
Piscator, Erwin 183
Poelzig, Hans 178
Preuß, Hugo 59f, 67, 87, 93f
Pünder, Herrmann 278

Radbruch, Gustav 124, 136
Radek, Karl 133
Rathenau, Walther 37, 61, 112, 121, 125–129, 135
Raumer, Hans von 118, 137f
Reger, Erik 179
Reich, Wilhelm 181
Reinhardt, Walther 52, 80, 107f
Remarque, Erich Maria 179
Reusch, Paul 260, 341, 347
Ribbentrop, Joachim von 350
Röhm, Ernst 152, 189, 296, 332
Rosen, Friedrich 121
Rosenberg, Arthur 180
Rüdlin, Otto 67

Sahm, Heinrich 317
Schacht, Hjalmar 168–170, 252, 258f, 261, 311, 340f
Schäffer, Fritz 260
Schäffer, Hans 278, 314, 320
Schäffer, Hugo 324, 345
Scharoun, Hans 178
Scheidemann, Philipp 32f, 49–51, 53f, 64, 77, 87, 99, 106, 127, 242
Scheüch, Heinrich 50, 52f, 67, 76f, 80
Schiele, Martin 228, 243f, 260, 264, 285
Schiffer, Eugen 67, 87, 101, 109, 112, 121
Schlageter, Albert Leo 133
Schange-Schöningen, Hans 311, 322
Schleicher, Kurt von 242, 259, 262f, 276, 279, 296f, 310, 319f, 325, 325, 337f, 342–351, 359
Schmidt, Robert 87, 101, 121, 125, 136, 138f, 247
Schmitt, Carl 218f
Scholz, Ernst 118, 139, 241, 250, 260, 265
Schröder, Kurt von 340, 349
Schwerin von Krosigk, Lutz Graf 323
Seeckt, Hans von 108, 113, 139, 143, 152, 216, 311
Seißer, Hans von 143
Seldte, Franz 351f
Severing, Carl 89, 112, 247, 249f, 294, 327f
Siemens, Carl Friedrich von 70
Silverberg, Paul 173, 274, 314
Simons, Walter 118
Solf, Wilhelm 67f
Spann, Othmar 219
Spengler, Oswald 218

Stegerwald, Adam 264, 315, 322
Stegmann, Wilhelm 346
Stennes, Walther 271f
Stimson, Henry 321
Stingl, Karl 228
Stinnes, Hugo 139
Straßer, Gregor 221, 274, 316, 332, 342f, 345–347, 350
Straßer, Otto 221, 271
Streicher, Julius 346
Stresemann, Gustav 70, 136–140, 144–148, 154f, 223, 228, 232, 243, 247, 250, 255, 258, 267, 276, 280–282, 355, 359
Syrup, Friedrich 345

Taut, Bruno 178
Thälmann, Ernst 196, 229, 318
Thyssen, Fritz 340f, 343
Tirpitz, Alfred von 28
Toller, Ernst 91, 177
Treviranus, Gottfried Reinhold 212, 260, 287, 311
Tucholsky, Kurt 179

Vagts, Alfred 180
Valentin, Veit 180
Vögler, Albert 252

Wagemann, Ernst 315
Warmbold, Hermann 311, 314, 320, 323
Watter, Oskar von 111
Weizsäcker, Ernst Freiherr von 281
Wels, Otto 72, 79f, 108
Westarp, Kuno Graf von 212, 259, 266
Wiedfeldt, Otto 139, 143
Wiggin, Albert H. 306
Wilhelm II., Deutscher Kaiser 25, 34, 39f, 49, 50
Wilson, Thomas Woodrow 34, 36–41
Winnig, August 109
Wirth, Joseph 118, 121, 123–126
Wissell, Rudolf 80, 87, 92, 101, 247, 255
Wolf, Friedrich 179
Wolff, Theodor 70
Wurm, Emanuel 67

Young, Owen D. 252

Zehrer, Hans 214, 219
Zeigner, Erich 135, 141
Zörgiebel, Karl Friedrich 250
Zuckmayer, Carl 179
Zweig, Arnold 179